继承案件
裁判要旨总梳理

贾明军　袁芳　主编

DIGEST OF HOLDINGS IN
SUCCESSION CASES

法律出版社 | LAW PRESS
北京

图书在版编目(CIP)数据

继承案件裁判要旨总梳理 / 贾明军，袁芳主编. --
北京 : 法律出版社，2022
ISBN 978 - 7 - 5197 - 6892 - 8

Ⅰ. ①继… Ⅱ. ①贾… ②袁… Ⅲ. ①继承法－审判
－案例－中国 Ⅳ. ①D923.55

中国版本图书馆 CIP 数据核字(2022)第 122943 号

继承案件裁判要旨总梳理
JICHENG ANJIAN CAIPAN YAOZHI ZONGSHULI

贾明军　袁　芳 主编

责任编辑 冯雨春　张　颖
装帧设计 汪奇峰

出版发行 法律出版社
编辑统筹 法律应用出版分社
责任校对 王　丰　郭艳萍
责任印制 刘晓伟
经　　销 新华书店

开本 710 毫米×1000 毫米　1/16
印张 35.25　　**字数** 609 千
版本 2022 年 10 月第 1 版
印次 2022 年 10 月第 1 次印刷
印刷 三河市兴达印务有限公司

地址:北京市丰台区莲花池西里 7 号(100073)
网址:www.lawpress.com.cn
投稿邮箱:info@lawpress.com.cn
举报盗版邮箱:jbwq@lawpress.com.cn

销售电话:010 - 83938349
客服电话:010 - 83938350
咨询电话:010 - 63939796

书号:ISBN 978 - 7 - 5197 - 6892 - 8
定价:142.00 元

凡购买本社图书,如有印装错误,我社负责退换。电话:010 - 83938349

编　委　会

自　　序

从事婚姻家事业务已多年，我们一直都在研究婚姻家事审判的裁判规则。虽然法律规定是统一的、确定的，但是在实务中，我们发现，各地裁判规则有所不同。即使原《婚姻法》、《民法典》有规定，各地对此部分的处理也有所差别，帮助大家厘清差别，有助于各位法律界同人能够在实务中有所得，此为此次总结裁判要旨的立意之一。

2020 年春节我们未感受到往年节日的氛围，而是为了安全都在居家等待。这一时期，我们编辑组三人在线探讨了进行婚姻家事案件财产类判决裁判规则项目的可能性，将分析对象的裁判要旨和规则集中在 2017 ~ 2019 年。在评估了工作量、论证过工作可行性后，我们认为这个项目是可行的。于是迅速联系了全国 300 余名婚姻家事律师，组成了一个庞大、临时的婚姻家事裁判规则项目研究小组。

为了防疫需要，大家都在家中办公，所有的沟通都只能通过互联网。这是一段难忘的时光，让我们又一次深切感受到了律师同行们无私、奉献的精神。项目小组里，有自告奋勇跨省帮其他省份进行业务研究的律师，有身怀六甲仍然不下“火线”的同人，还有一边看着楼下救护车拉走疑似新冠肺炎病毒感染者一边抓紧时间完成工作的伙伴。这些情形常常使人泪目。我们至今记得当时疫情最严重的湖北地区，湖北小组的律师们在第一时间迅速响应并组织起来，他们也奉献出了荆楚人民最棒的智慧。湖北小组曾在项目期间写过一篇新闻稿，有一句话我们一直都记得：等到春暖花开时，希望我们能摘下口罩，互道一声“你好”。

这段特殊的时光，给我们带来的是最特别的价值。我们的同人当时也提出，我们此时组织的这个项目给大家带来了非常大的希望，让惶恐在家的彼此能够将注意力放到业务研究上来，一个月，足以让大家都从中得到了足够多的专业知识滋养。此为此次总结裁判要旨的立意之二。

在这里，我们要特别感谢来自全国各地的婚姻家事律师的支持、帮助、理解和信任。这一篇篇饱含着大家辛苦工作的文章终会凝成宝贵的财富，最终成为我们每一个人执业生涯中最难忘、最璀璨的经历。

本书成稿于2020年,因为《民法典》及相关司法解释出台,我们在后期根据新的法律、司法解释进行了注解和修订。因相关法律规定有部分改动,我们后期的修订也主要是为了解决新法和旧法及相关司法解释的衔接问题,将新法和旧法之间改动的地方进行了标注,并对不同之处进行了说明,最大限度地解决了读者在面对法律规定变化对裁判结果可能发生的影响的疑惑问题。

需要特别说明的是,本次裁判要旨总结了除西藏外的其他30个省份的裁判文书,基本上呈现了国内大部分地区的婚姻家事及继承案件裁判规则。因网上披露的西藏自治区的判决文书数量比较有限,较难总结出具有普遍适用性的裁判要旨,故本书所列的裁判要旨暂不包括西藏自治区裁判文书的裁判要旨。同时,因人手和资源限制,关于港澳台的裁判文书,本书也未作统计。

本书具有极大的实用价值,同时也具有重要的纪念意义。编著本书时,正值2020年2月,武汉发生疫情,全书的所有作者均在疫情中研读海量裁判文书坚持工作。2021年12月下旬修订本书时,西安发生了疫情,张莹及团队律师对本书稿做最后修订。2022年本书修订完成后,在袁芳与出版社做最后沟通时,上海又发生了疫情。可以说,疫情的考验,也让本书成书过程中的经历和经验更加宝贵。未来,当病毒散尽,阳光袭来,希望所有参与本书编写的律师同人,能一起摘下口罩,互道一声"你好",给彼此一个拥抱。

往事不止于回味,未来可鉴于星空。

2022年5月13日

简　目

详　　目

继承案件裁判要旨梳理

2019 年 11 月 14 日，最高人民法院正式发布了《全国法院民商事审判工作会议纪要》（以下简称《九民纪要》），朝着统一裁判思路、规范法官自由裁量权，增强民商事审判的公开性、透明度以及可预期性，提高司法公信力，又迈出了一大步。2020 年 2 月 6 日，笨鸟学习俱乐部发起“全国法院审理婚姻、继承案件财产分割大数据报告”课题研究，来自全国各地 300 多名律师加入课题小组，共同工作抗“疫”。本篇是在全国 30 个地区小组提交的继承案件裁判规则数据报告的基础上，提炼了关键、典型的问题，总结成书，以期为统一全国法院审判思路提供一些参考。

一、法院审理继承案件概况

本书的分析样本基础是各地人民法院通过公开渠道公布的可查询的判决书，来源包括裁判文书网、Alpha、威科先行、聚法案例、Open Law 等软件。根据 2016 年 10 月 1 日施行的最高人民法院《关于人民法院在互联网公布裁判文书的规定》第 4 条的规定：“人民法院做出的裁判文书有下列情形之一的，不在互联网公布：……（三）以调解方式结案或者确认人民调解协议效力的，但为保护国家利益、社会公共利益、他人合法权益确有必要公开的除外；（四）离婚诉讼或者涉及未成年子女抚养、监护的；（五）人民法院认为不宜在互联网公布的其他情形。”故不在网上公布的判决不在本次统计分析之列。

本书搜索的案件为：各地法院 2017～2019 年公开的案由为“继承纠纷”的判决书。这三年公布的案件中，全国共有继承纠纷类案件判决书 58,487 份（聚法案例数据），剔除二审判决书，全国共有继承纠纷类案件 45,087 件（聚法案例数据）。当然，由于选择的数据库不一样，各个数据库显示的案件总量可能有微小差异。

经过大家的共同努力，我们共计收到全国 29 个省市有效样本判决书 38,917 份。①

（一）各省市继承案件概况

全国 30 个省市的继承判决数量如图 1 所示：

① 除西藏、香港特区、澳门特区以及我国台湾地区外，本书只对海南省的案件进行统计，没有单章进行汇总分析。

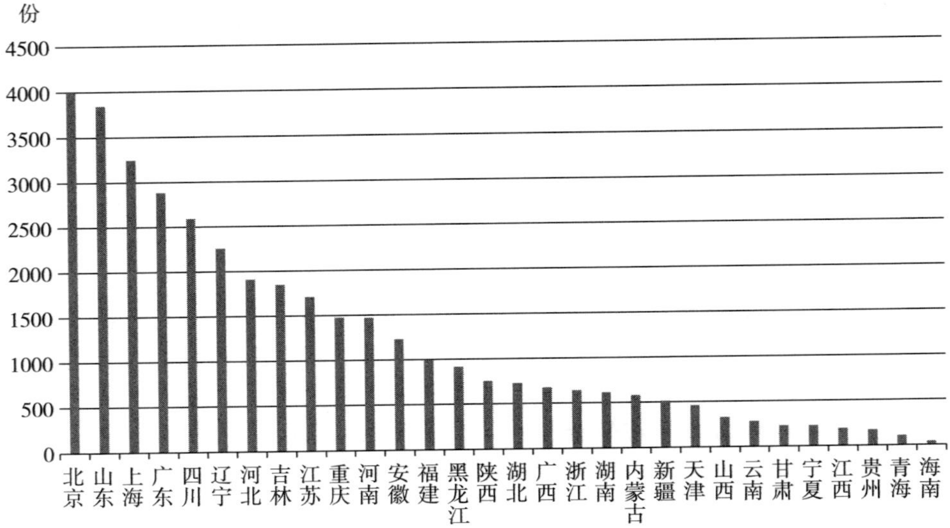

图1　各地继承纠纷判决数量

(二)生前立遗嘱情况

在各省市的38,917份判决中,被继承人生前立有遗嘱的情况,仍然属于少数,即使是在上海、北京、广东等较为发达的省市,立遗嘱的比例也未到50%(见图2)。由此可见,继承纠纷中被继承人生前立有遗嘱的情况仍属少数,在大多数继承纠纷中,被继承人生前都没有立遗嘱。

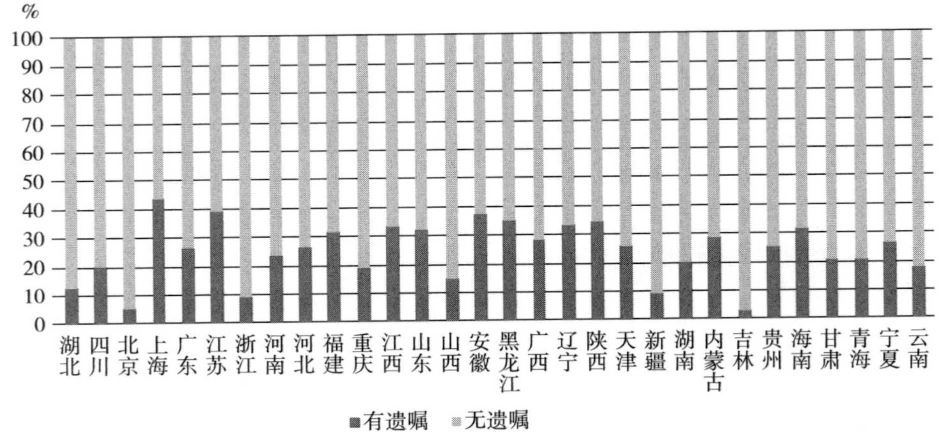

图2　全国各省市生前立遗嘱情况

(三)遗嘱的效力

在本次统计的38,917份样本中,涉及遗嘱效力的案件共计有8107件,其中遗嘱有效的判决有5814份,遗嘱无效的判决有1598份,遗嘱部分有效、部分无效的判决有695份,遗嘱有效的比例约为71.7%。也就是说,约有七成遗嘱被法院认定为有效,两成左右的遗嘱被法院认定为无效,另有不到一成的遗嘱被认定为部分有效、部分无效(见图3)。

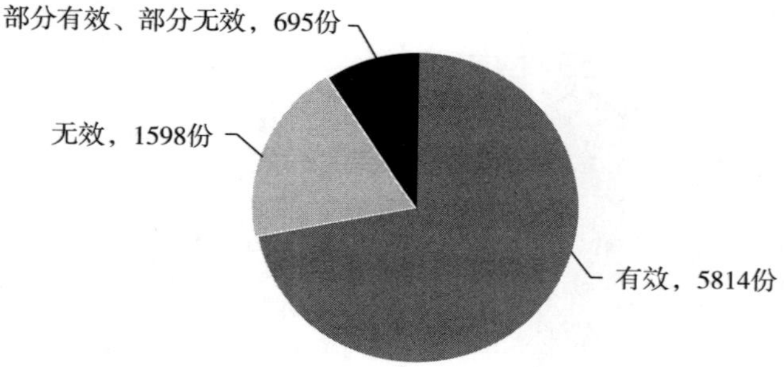

图3 遗嘱的效力

(四)遗嘱的类型

在统计的各类型的遗嘱中,数量最多的是自书遗嘱,共有3488份;其次是代书遗嘱,共计2662份;再次是公证遗嘱,共有1940份;口头遗嘱有239份;数量最少的是录音遗嘱,只有152份(见图4)。(有些案件涉及多份遗嘱)

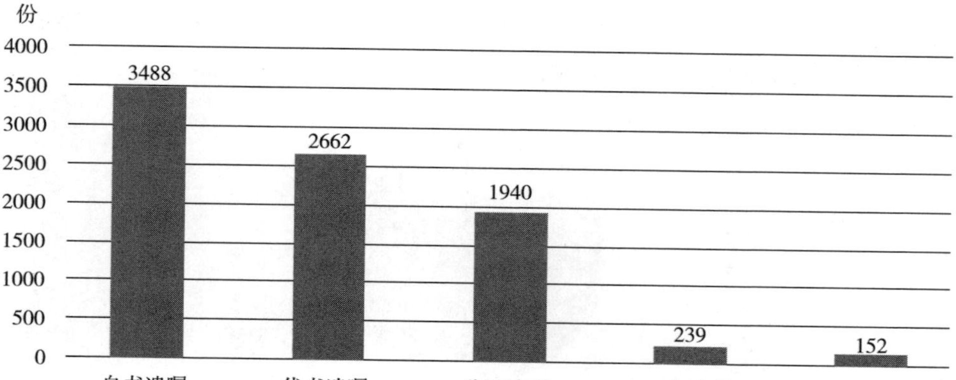

图4 遗嘱的类型

(五)五种类型遗嘱的效力

在五种遗嘱类型中,有效比例由高到低分别为公证遗嘱、自书遗嘱、代书遗嘱、录音遗嘱和口头遗嘱,公证遗嘱的有效比例约为93.5%,口头遗嘱的有效比例仅为13.8%(见图5)。

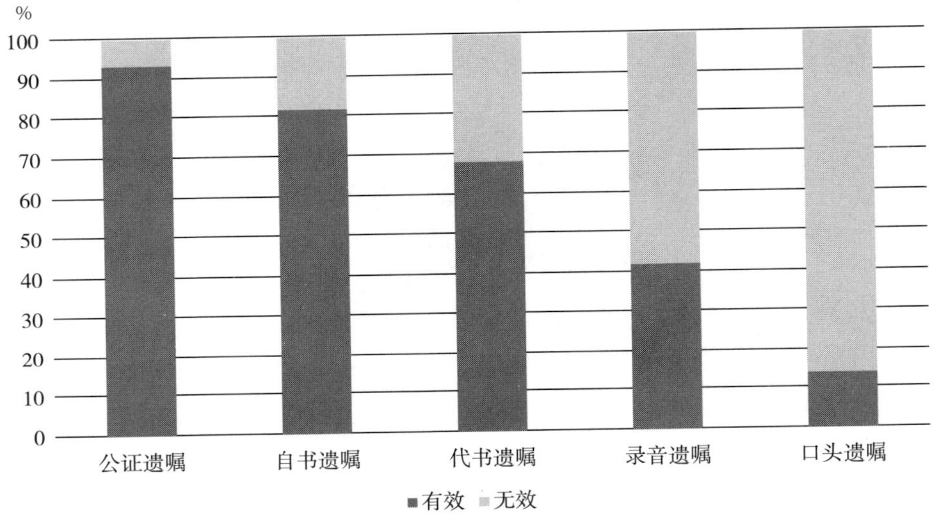

图5　五种类型遗嘱的效力

(六)共同遗嘱

涉及共同遗嘱的共有412份判决,其中,335份判决被认定为有效,77份判决被认定为无效或者部分无效部分有效,有效的比例约为81.3%(见图6)。

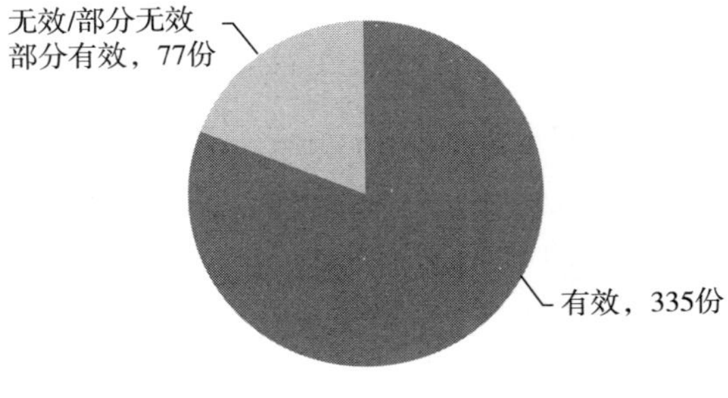

图6　共同遗嘱

（七）遗产的类型

在38,917份继承判决中，涉及房产分割的共有17,363份判决，涉及金融类财产（包括存款、现金、理财产品等财产）分割的共有5451份判决，涉及公司股权分割的共有451份判决，另有1449份判决涉及其他类型（包括车辆、家具家电等生活用品等）的财产分割。① 由此可见，房产是最常见的遗产类型，有近一半的继承纠纷涉及房产的分割，涉及存款、现金、理财产品等金融类财产分割的继承纠纷占比约14%，涉及公司股权分割的继承纠纷较少，约占1.2%（见图7）。

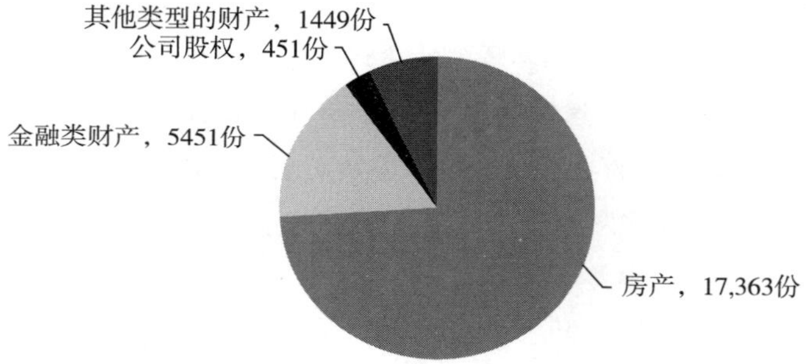

图7 遗产的类型

二、遗嘱继承裁判要旨总结

《民法典》规定，继承开始后，按照法定继承办理；有遗嘱的，按照遗嘱继承或者遗赠办理；有遗赠扶养协议的，按照协议办理。《民法典》同时规定，公民可以立遗嘱将个人财产指定由法定继承人的一人或者数人继承。公民可以立遗嘱将个人财产赠给国家、集体或者法定继承人以外的组织、个人。遗嘱的形式有公证遗嘱、自书遗嘱、代书遗嘱、录音录像遗嘱、打印遗嘱、口头遗嘱。

（一）共同遗嘱效力裁判要旨

共同遗嘱并不是《民法典》规定的遗嘱类型，但又大量存在于现实生活中。虽然原《继承法》以及《民法典》并未将共同遗嘱作为遗嘱类型的一种，但是地方司法文件中早有涉及共同遗嘱的规定。

北京市高级人民法院《关于审理继承纠纷案件若干疑难问题的解答》中曾对共

① 一份遗嘱中可能涉及多种财产类型。

同遗嘱作出规定:“19.共同遗嘱能否认定有效?在世一方能否单方撤销、变更共同遗嘱?

以夫妻双方名义共同订立的处理夫妻共同财产的遗嘱,符合遗嘱形式要件的应为有效。当事人仅以遗嘱内容为一方书写,不符合代书遗嘱相关形式要件为由请求认定遗嘱无效的,人民法院不予支持。夫妻一方先死亡的,在世一方有权撤销、变更遗嘱中涉及其财产部分的内容;但该共同遗嘱中存在不可分割的共同意思表示,上述撤销、变更遗嘱行为违背该共同意思表示的除外。”

本次样本中,共同遗嘱的判决书共有412份,其中,335份最终判决认定为有效,有效比例约为81.3%,这也印证了实践中大部分法院还是认可共同遗嘱这一形式的。但是在实践中,依然有一些特殊的裁判要旨。

1.一方书写、另一方仅签名或盖章的共同遗嘱效力

共同遗嘱,经常遇到的一个问题是一方负责书写,而另一方仅签名或盖章,此种操作在司法实践中存在两种裁判观点。

(1)对书写人有效、对签名人无效

在(2018)闽0722民初436号判决中,福建省南平市浦城县人民法院认为:共同遗嘱由一个遗嘱人书写遗嘱主体内容并签名,另一个遗嘱人仅在遗嘱上签名,这种情况下共同遗嘱对于书写并签名的遗嘱人而言是自书遗嘱,对于没有书写只签名的遗嘱人而言就是代书遗嘱,所以具有两种不同的遗嘱性质。自书遗嘱因符合原《继承法》关于自书遗嘱的形式要求,应当认定有效;代书遗嘱因不符合原《继承法》关于代书遗嘱的形式要求,应当认定无效,所以共同遗嘱部分有效、部分无效。

在(2017)沪0151民初12044号判决中,法院判定“该遗嘱全文系张某某所书,应系张某某的自书遗嘱。对于沈某某财产的处分部分,系张某某代书,且该遗嘱无见证人见证,亦无沈某某签名,仅有沈某某捺印,不符合沈某某自书遗嘱或代书遗嘱的形式要件。本院认为:该份遗嘱应认定为部分有效,即张某某处分其名下财产的部分有效,对于处分沈某某名下财产的部分的效力不予确认”。

在(2018)沪0113民初1268号判决中,法院判定:“遗嘱系陈某3一人在居委会书写,夏某某的遗嘱内容由陈某3代书,即使捺印系由夏某某本人所捺,但因见证人未见证夏某某表达意思并清楚陈某3书写遗嘱的内容并捺印的过程,故夏某某的遗嘱部分严重不符合法律规定的形式要件,应认定该部分无效。”

在(2016)沪0101民再8号判决中,法院亦判定“《对家庭今后事务的安排》一文,由陈某某书写并签名,阮某某在文书下方签名,依照我国《继承法》对成立遗嘱的构成要件,该文书内容由陈某某书写并由其签字符合自书遗嘱,阮某某仅在该文

书下方签字既非自书遗嘱,亦不符合代书遗嘱”。

而广东的法院则认定共同遗嘱无效,其理由为:本案中,被继承人夫妻两人共同立下自书遗嘱,必须由遗嘱人两人亲笔签名,但该遗嘱仅有被继承人丈夫签名,被继承人妻子没有签名,仅加盖妻子印章,违反了自书遗嘱的法定形式要件,不符合法律强制性规定,故该遗嘱中妻子的遗嘱部分应属无效遗嘱。

(2)共同遗嘱整体有效,形式瑕疵不影响遗嘱效力

在(2019)粤01民终15706号判决中,法院认定共同遗嘱有效的理由为:有效遗嘱的实质要件仅包括遗嘱内容合法以及遗嘱符合遗嘱人的真实意思,故立法规定遗嘱形式要件的目的是最大限度地保障遗嘱能完全符合、充分体现遗嘱人的真实意思而非为了遗嘱的形式完美。因此,不能仅因遗嘱形式上存有瑕疵即当然地否定遗嘱的效力。判断形式存有瑕疵的遗嘱是否有效的关键,在于审查该形式瑕疵是否足以影响对遗嘱人真实意思的认定,涉案两份遗嘱虽然存在形式上的瑕疵,但被继承人夫妻两人订立遗嘱时已是耄耋之年,且文化水平有限,不应过于苛求其订立遗嘱的形式。该两份遗嘱订立于同一日,均是被继承人其中一人生前亲笔书写,另一人为文盲,由其丈夫执笔书写遗嘱符合常理,两份遗嘱内容清晰明确、没有涂改。涉案同一地块上的两处房屋系两人生前的夫妻共同财产,双方均有权通过遗嘱的方式处分其享有的财产份额。两份遗嘱内容虽然是丈夫所写,但该遗嘱上有妻子的个人印章,且两人系夫妻关系,是基于特殊身份关系的共同意思表示,处分的又是双方的共同财产,故应认定夫妻两人基于处分涉案房屋的共同意思表示订立了两份遗嘱,两份遗嘱均合法有效。

在(2018)豫0105民初26234号判决中,同样也是涉及一份共同遗嘱,法院认为:根据“王某某遗嘱三页”:若王某2、王周某均不住在涉案房屋,则王某4拿3万元买下涉案房屋,王某2、王周某、王某1每人得1万元。该份“王某某遗嘱三页”在本院准许鉴定后,西南政法大学司法鉴定中心做出司法鉴定意见,载明:该份“遗嘱”原件上落款部位“王某某郝某芳,2000年字,2004年修改”系同一人同一支笔一次性书写形成。现涉案房屋由被告王某4居住,结合双方当事人陈述及本案案情来看,该份“遗嘱”对涉案房屋全部份额进行了处分,载明王某4出资3万元继承涉案房屋,郝某芳亦在“遗嘱”上签字。该份遗嘱应认定为有效遗嘱。

2. 共同遗嘱的继承自何时开始?

(1)一方过世即发生继承

在(2018)闽01民终4464号判决中,法院经审理认为:王某某与郑某在协议书中关于“我们两人百年之后,房产归郑某女儿乔某继承所得”的遗嘱约定,系附期限

的民事法律行为。继承或遗赠依法从被继承人死亡之时开始，不因约定而延时发生。无论是黄某何时继承，该房屋最终权属应归黄某所有，且该房屋另一产权人郑某同意黄某继承王某某份额并办理产权变更登记。王某某死亡后即由黄某取得该房屋产权符合郑某意愿，变更登记既不会侵害郑某利益，也未侵害第三人合法权益。因此，根据协议书关于双方百年后案涉房屋产权归黄某继承所得的约定，在王某某死亡后，即可由黄某继承王某某的遗产份额，对原判决关于应当在被继承人夫妻双方都死亡以后才能发生法律效力的意见不予支持。

(2)双双过世后发生继承

在(2017)沪0101民初12264号判决中，法院查明“余某某与被告(双方系夫妻)在一份遗嘱中签名确认，内容中有……余某某与被告双双故世后其两人所有徐家汇路房屋由儿子严某3与女儿严某2各继承五分之二、由原告继承五分之一……2017年3月14日，余某某(被继承人之一)死亡”。

据此，法院判定“法律规定了继承从被继承人死亡时开始，故被继承人立下遗嘱的，被继承人的死亡应为遗嘱的生效条件。本案争议之遗嘱即使如原告、被告所述是真实的，由于该遗嘱系被继承人(余某某)与被告同时立下的共同遗嘱，且将其两人双双故世作为继承发生的条件，现被告尚在世，故该遗嘱尚未发生法律效力”。

遗嘱本是单方的法律行为，基于单方意思表示就可以发生法律效力。但是在该共同遗嘱样本案例中，因双方合意设立了“双双故世”这一遗嘱生效的条件，导致法院据此判决遗嘱未发生效力。值得注意的是，法院判决该共同遗嘱未生效，而非共同遗嘱无效。

3.在世一方能否变更已逝一方的遗嘱内容

(1)需共同变更或撤销，一人无权单独变更

在(2015)厦民终字第4619号判决中，法院经审理认为：施某、方某订立共同遗嘱，约定“夫妻二人百年以后，名下三套房产由子女四人平均分配。只要我们二位老人有一人健在，健在的人仍自行行使这三套房产的权利，但不得变更本遗嘱的内容”，该遗嘱属于共同遗嘱，合法有效，对遗嘱人施某及方某均具有法律约束力，仅得由共同遗嘱人共同变更或撤销。虽然遗嘱约定，健在的人有自行行使案涉三套房产的权利，但该权利的行使有限制条件，即不得变更本遗嘱的内容。现方某起诉要求按照法定继承分割案涉房产，实质上已变更了共同遗嘱中关于案涉房产在夫妻百年之后由子女施某1、施某2、施某3、施某4四人平均继承的约定。因此，方某要求分割案涉房产的请求，违背了其与施某共同所立遗嘱的内容，法院依法不予支持。

在(2019)黑02民终1960号判决中,共同遗嘱本身被认定为有效,但案件涉及其中一位被继承人嗣后再行立遗嘱要求撤销签署的共同遗嘱,法院最终认定其仅能撤销共同遗嘱中关于自己的遗产处分的部分而无权撤销另一位被继承人的遗嘱。该案体现了司法实践中对于共同遗嘱仅仅是法定遗嘱形式的一种特别表现,遗嘱之于遗产的效力仍应区分每一位被继承人而论。

(2)单方有权对自己部分内容进行变更

在(2018)闽0111民初1131号判决中,法院经审理认为:张某、陈某在1999年9月28日订立公证遗嘱,内容为"在我们二人去世后,诉争房产全部由张某1继承,他人不得干涉"。陈某去世后,张某于2001年12月14日订立公证遗嘱一份,内容为"待本人过世后,诉争房产属于本人的产权份额全部由次女张某勤继承,其他子女不得干涉"。张某、陈某于1999年9月28日订立的公证遗嘱及张某于2001年12月14日订立的公证遗嘱,均合法有效。张某有权对其之前订立遗嘱的部分内容进行变更,两份遗嘱存在抵触的部分应以最后一份遗嘱为准。

在(2018)豫0105民初26234号判决中,该案涉及的被继承人生前立有两份遗嘱,一份是和丈夫共同订立的共同遗嘱(以下简称遗嘱一)。在丈夫过世后,被继承人又通过代书遗嘱的方式对遗嘱内容进行了变更(以下简称遗嘱二)。法院认为:"王某某遗嘱三页"内容为:若王某2、王周某均不住在涉案房屋,则王某4拿3万元买下涉案房屋,王某2、王周某、王某1每人得1万元。遗嘱一在本院准许鉴定后,西南政法大学司法鉴定中心作出司法鉴定意见,载明:该份"遗嘱"原件上落款部位"王某某郝某芳,2000年字、2004年修改"系同一人同一支笔一次性书写形成。现涉案房屋由被告王某4居住,结合双方当事人陈述及本案案情来看,该份"遗嘱"对涉案房屋全部份额进行了处分,载明王某4出资3万元继承涉案房屋,郝某芳亦在"遗嘱"上签字。该份遗嘱应认定为有效遗嘱。郝某芳所立遗嘱是其真实意思表示,被告王某4无证据证明郝某芳立遗嘱时受到胁迫、欺骗,该代书遗嘱合法有效,应予执行。法院认定遗嘱一书写时间在前,遗嘱二时间在后;立有数份遗嘱,内容相抵触的,以最后的遗嘱为准。但因本案王某某与郝某芳对涉案房屋各享有50%的份额,遗嘱二中郝某芳对属于其的份额另行处分,改变了遗嘱一中原本对其份额的处分,故对郝某芳就涉案房屋所享有的50%的份额应以遗嘱二为准。

通过分析上述两个案例可以发现,若共同遗嘱明确约定"不得变更遗嘱的内容",人民法院倾向于认为:共同遗嘱人之一无权单独变更。但如果共同遗嘱中并未约定单方不可变更遗嘱内容,则法院有不同的裁判观点。

4. 打印的共同遗嘱的效力

司法实践中，有法院认为：共同遗嘱内容系打印形成，不符合遗嘱法定形式要件，因而无效。

在（2016）沪0112民初20320号判决中，法院查明"2013年5月12日，被继承人姚某娣召集了原告、被告五人及姚某生的徒弟夫妇，告知他们，她立了遗嘱，遗嘱载明：我们老夫妻二人年事已高，慎重商量后决定在百年后将财产（一套产权房虹中路×××弄×××号×××室）赠与晚辈，由小辈平均分配。该遗嘱系打印文稿，由两被继承人（姚某生、姚某娣）及原告、被告签名"。据此，法院判定"自书遗嘱由遗嘱人亲笔书写并签名，注明年、月、日。代书遗嘱应当有两个以上见证人在场见证，由其中一人代书，注明年、月、日，并由代书人、其他见证人和遗嘱人签名。姚某生、姚某娣于2013年5月12日所留遗嘱一纸，并不符合法律所规定的形式要件，故原告主张该遗嘱无效，于法有据，应予采信"。

因该样本案例中的共同遗嘱为打印遗嘱，法院认为打印遗嘱既不具备自书遗嘱亲笔书写的形式要件，也不具备代书遗嘱见证人书写的形式要件，最终判决该份共同遗嘱无效。

在（2018）湘0104民初4349号判决中，法院亦认为：《我们的遗嘱》系打印件，不符合法律规定的自书遗嘱、代书遗嘱的形式要件，且《我们的遗嘱》的见证人刘某3、刘某2与继承人存在利害关系，不具备代书遗嘱的见证人资格，故《我们的遗嘱》不具有法律效力。

笔者认为，《民法典》生效后，如果通过打印的形式订立共同遗嘱的，则需要符合《民法典》关于打印遗嘱的形式要件。

（二）涉外遗嘱效力裁判要旨

本书所探究的涉外遗嘱，主要是指在境外签署的涉及中国境内遗产处理的遗嘱。判断涉外遗嘱效力，关键在于其是否适用中华人民共和国法律。我国《涉外民事关系法律适用法》第33条规定，遗嘱效力，适用遗嘱人立遗嘱时或者死亡时经常居所地法律或者国籍国法律。① 法律适用的查明是涉外遗嘱效力认定中的关键部分。

① 最高人民法院《关于适用〈中华人民共和国民事诉讼法〉的解释》第549条规定："人民法院审理涉及香港、澳门特别行政区和台湾地区的民事诉讼案件，可以参照适用涉外民事诉讼程序的特别规定。"最高人民法院《关于适用〈中华人民共和国涉外民事关系法律适用法〉若干问题的解释（一）》第17条规定："涉及香港特别行政区、澳门特别行政区的民事关系的法律适用问题，参照适用本规定。"根据上述规定，针对香港特区、澳门特区遗嘱效力问题，可以参照适用《涉外民事关系法律适用法》及相关规定。

在(2016)闽0524民初5878号判决中,关键在于案涉遗嘱是否适用香港特别行政区法律?由于本案双方当事人均为香港特别行政区永久性居民,且常住于香港,双方所发生的民事关系应认定为涉外民事关系。根据《涉外民事关系法律适用法》第12条、第32条、第33条的规定,我国对涉外遗嘱继承明确规定了遗嘱继承规范适用属人法或被继承人本国法或被继承人经常居所地法或惯常住所地法。而本案的遗嘱人黄某6为香港特别行政区永久性居民,且在香港居住,立遗嘱(遗嘱行为地)及死亡时的经常居所地均在香港,故判定黄某6所立遗嘱是否合法有效,应适用香港特别行政区法律。

黄某5所提供的黄某6遗嘱,不仅有香港执业律师涂某中、社区干事戴某芳的见证,遗嘱明确声明"本遗嘱系应根据香港法律处理",且该遗嘱具有司法部委托公证人出具的公证文书,经香港特别行政区高等法院原讼法庭进行认证,遗嘱的内容符合香港特别行政区法例,不具有违法性。

遗嘱经香港特别行政区高等法院原讼法庭进行认证,且也不违背我国关于涉外遗嘱继承的法律规定,黄某5作为遗嘱指定的唯一执行人,又根据我国法律规定履行了相关的证明手续,因此,该遗嘱合法有效。

关于涉案房屋的产权归属问题。根据《涉外民事关系法律适用法》第24条规定的"夫妻财产关系,当事人可以选择适用一方当事人经常居所地法律、国籍国法律或者主要财产所在地法律。当事人没有选择的,适用共同经常居所地法律……"显然如果黄某6与谢某双方均健在的,可以协议选择适用不同国家(地区)的法律,但现在黄某6已经死亡,谢某无法单方面选择适用法律,只能按照他们共同的经常居所地法律,即中国香港特别行政区的法律。案涉房产登记在黄某6一人名下,《香港法例》第182章《已婚者地位条例》中规定的夫妻财产实行的是财产分别制,故黄某6名下的财产属于黄某6的个人财产,而非黄某6与谢某的夫妻共同财产。因此,黄某6在香港特别行政区订立遗嘱指定涉案房产由黄某5一人继承,合法有效。

在(2017)沪02民终1359号判决中,遗产为不动产,遗产所在地为上海市长乐路,涉案两份遗嘱订立的时间分别为1990年和2002年,但是一审、二审[①]法院均未根据《继承法》第36条[②]的规定适用不动产所在地法律即均未适用中国法,而是适用美国纽约州的相关法律规定。

---

① 样本案例中仅有二审判决书,未检索到一审判决书。

② 《继承法》已废止,本条内容参见《涉外民事关系法律适用法》第31条。

第一，法院对于“涉外民事关系发生时的有关法律规定确定应当适用的法律”的理解不同，显然本案一审、二审法院均认为《涉外民事关系法律适用法》实施以前我国不存在关于涉外遗嘱的法律适用；第二，本案一审、二审法院寻找连结点时并未刻意回避外国法，而是依据《涉外民事关系法律适用法》第32条、第33条确定了连结点。二审法院认为“周某萍在2002年立遗嘱时系美国人，居住在美国，在美国纽约州立下遗嘱，在纽约州死亡，故对于张某玉、周某1主张周某萍2002年所立遗嘱是否有效应适用美国纽约州的法律法院予以确认”。案件一审、二审以“立遗嘱和死亡所在地”为连结点确认了适用美国纽约州的相关法律。

值得一提的是，虽然本案一审、二审均适用《纽约州遗产、权力和信托法》作为认定涉外遗嘱效力的依据，但是一审、二审的判决结果却截然不同。一审认定无效，二审改判认定有效。一审法院认为：本案2002年遗嘱是否成立以及内容是否有效应适用《纽约州遗产、权力和信托法》第3－1.1款及第3－2.1款，根据该法律中文译本的表述，《周某萍的最后遗嘱》的认证时间超过该法律规定的30天要求，故《周某萍的最后遗嘱》因不符合美国纽约州法律的规定而无效；因此周某萍于1990年所立律师见证遗嘱依法生效，系争房屋产权应由周某2一人继承。

二审法院考虑到美国系判例法国家，而一审法院已经查明的美国纽约州法律仅限于《纽约州遗产、权力和信托法》第3－1.1款及第3－2.1款的条款规定，且一审法院对上述成文法的理解也受制于中文译本的表述，故二审法院特将涉案相关外国法查明事项委托华东政法大学外国法查明中心予以辅助。该中心专家出具《法律意见书》认为：(1)遗嘱的方式和效力问题应当依据美国纽约州法律及相关判例来认定；(2)《纽约州遗产、权力和信托法》第3－2.1款30天的期限是指两位见证人见证并签字的时间间隔，并非指见证人签字与遗嘱人签字的时间期限。

二审法院据此认定《周某萍的最后遗嘱》的形式和内容均符合《纽约州遗产、权力和信托法》的规定，真实有效，因此二审撤销原判，依据《周某萍的最后遗嘱》分割系争房产。

该样本案例中，专家的意见对法院审理结果起到了极为重要的作用，律师在办理涉外继承纠纷案件中，在诉讼策略的制定上应重视专家意见的作用，从而在诉讼中争取有利局面。

(三)公证遗嘱效力裁判要旨

在《民法典》出台之前，公证遗嘱比自书遗嘱、代书遗嘱、录音遗嘱、口头遗嘱具有更高的法律效力。而《民法典》出台之后，公证遗嘱并未有优先效力，和其他遗嘱具有同等法律地位。

在实践中，虽然公证遗嘱的有效比例在五类法定遗嘱类型中是最高的，但仍然存在公证遗嘱被法院认定为无效或者部分无效的情形。

1. 遗嘱人无权处分导致遗嘱无效或者部分无效

在(2018)渝0104民初496号判决中，公证遗嘱中的涉案房屋系被继承人和配偶共同共有，所立遗嘱处分配偶享有的份额部分无效，遗嘱的部分无效不影响遗嘱其他部分的效力。

在(2019)川0106民初1791号、(2017)川1381民初2684号、(2018)吉0191民初1122号判决中，公证遗嘱被认定为无效的主要原因在于公证遗嘱处分的遗产包含了属于他人的财产，对他人财产的处分应当无效。

在(2018)黑0207民初533号判决中，由于被继承人立遗嘱时尚未取得遗嘱中涉及财产的处分权(系期房，已签购房合同但尚未办理房产证)，故公证遗嘱被认定为无效，这也是遗嘱人无权处分的一种情形。

2. 不符合特留份的要求导致遗嘱部分无效

在(2019)宁0104民初10999号判决中，被继承人郭某去世时原告尚未成年，郭某所立公证遗嘱没有为原告保留必要的遗产份额，违反了原《继承法》的相关规定，故法院认为：被告在继承郭某遗产时，应当在继承遗产范围内为原告保留必要的遗产份额，剩余遗产参照遗嘱确定的分配原则处理。

在(2018)黑0203民初965号判决中，公证遗嘱也因为没有考虑特留份而被认定为部分无效。

3. 遗嘱人不具备相应的行为能力导致遗嘱无效

在(2016)沪0109民初24883号判决中，被继承人王某某生前患有偏执型精神分裂症几十年，多次就医诊治并需长期服用药物，法院认为：不能排除被继承人精神状态随时出现异常波动的情况，故推断被继承人即使不是不能辨认自己行为的精神病人，至少是不能完全辨认自己行为的精神病人，在没有确凿的证据证明王某某具有完全民事行为能力的情况下，应该先评判其立遗嘱时妨碍其具有完全民事行为能力的因素是否消除，而原告徐某并未举证证明被继承人王某某当时具有完全民事行为能力。法院因此判决被继承人王某某订立的公证遗嘱无效。

在(2017)沪0109民初20560号判决中，一审法院认为：被继承人生前患有酒精中毒性精神障碍，有多年的住院、就诊和开药记录，不具有完全的民事行为能力，这从其办理的×××残疾证亦可侧面反映。2014年为达成结婚的目的，被继承人主动要求撤销残疾证，经上海市虹口区残疾人联合会复查鉴定其“不符合×××残疾”。但“不符合×××残疾”不等同于其精神疾病痊愈，且鉴定意见中“无明显精神病性症状，社会功能尚可”的表述只能说明被继承人的病情尚达不到构成残疾的标准，无法推断出其已恢复完全民事行为能力。而证人的相关证词亦说明被继承人生前的行为特点与调查员的调查结果相吻合。此外，被继承人虽以结婚为由要求撤销残疾证，但实际并未办理结婚登记，故其行为能力亦未能得到相关行政机关的验证或认可。综合其生前“嗜酒”的常态生活方式，以及酒后暴躁、难以沟通的表现，与其精神疾病的发病原因契合，这进一步证明了其行为能力障碍的存在。由此判断被继承人不具有完全的民事行为能力，故其订立的公证遗嘱无效，其遗产应按照法定继承予以分割。

值得注意的是，二审法院对于当事人的行为能力作出了截然不同的认定，最终推翻了一审的判决，认定有效。

4. 公证遗嘱与遗嘱人真实意思表示不一致导致遗嘱无效

在（2018）吉0382民初1549号判决中，法院在双辽市司法局公证处调取的刘某生前所立公证遗嘱书面记载为：“经过慎重考虑，我决定在我去世后将上述房屋中属于我的产权（无论是出售还是拆迁）留给我的两个女儿平分，由徐某3、徐某2共同继承，这是我的真实意思。”但在刘某办理公证遗嘱时由公证处录制的公证过程的影音资料显示，公证员问刘某对房子想如何处理时，刘某回答：“我要用它生活，我现在没生活，还有病，还没钱治疗，就想把它处理了，连看病，我要能花了就更好，花不了，老头子死的时候俩闺女代送的，儿子啥也没管，我有病也是俩姑娘扶持，这房子我连生活带看病，用了了就拉倒，用不了剩下的给我俩姑娘平分。”公证员问刘某：“你这房子是固定的财产，你咋用啊？”刘某答：“就得卖了呗。”刘某在双辽市司法局公证处办理的公证遗嘱属于代书遗嘱，代书遗嘱的内容应与遗嘱人的意思表示一致。法院认为：从上述刘某的个人意见可以看出，她对诉争的房屋处分意见为：出售房屋，所得钱款先用于其生活、看病，如有剩余，由其两个女儿平分。而由公证员代书的遗嘱内容，明显与刘某的表述意见不一致，故刘某生前在双辽市司法局公证处办理的公证遗嘱无效。

5. 公证遗嘱的程序瑕疵导致遗嘱无效

（1）公证书在公证处成立之前出具导致遗嘱无效。

在（2018）皖16民终27号判决中，上诉人出示亳州市谯城区公证处（2001）皖亳谯证字第20号公证书以主张按公证遗嘱继承。该公证书落款时间为2001年3月10日，而安徽省司法厅于2002年4月23日作出皖司复〔2002〕13号批复同意成立亳州市谯城区公证处，并明确自2002年5月1日起承办国内公证业务。虽然原审在卷询问笔录中，涉案公证书签名公证员常某认可公证书的真实性，但根据《继承法》第17条①的规定，公证遗嘱由遗嘱人经公证机关办理，涉案公证书加盖亳州市谯城区公证处印章，但出具时间在亳州市谯城区公证处成立之前，不具有合法性，不能认定涉案公证书具有法律效力。

(2)公证程序存在诸多瑕疵可能导致遗嘱无效。

在(2018)苏01民终10566号判决中，南京市中级人民法院对玄武区人民法院(2017)苏0102民初3255号判决进行了改判。玄武区人民法院一审认为：因公证程序存在诸多瑕疵，公证遗嘱无效。在二审中，南京市中级人民法院认为遗嘱没有存在无效情形，公证遗嘱如果被撤销将导致法定继承违背遗嘱人真实意愿，因此认定公证遗嘱有效。

在(2018)黑81民终594号判决中，公证遗嘱认定无效的主要原因是公证遗嘱本身存在重大瑕疵，如公证遗嘱存在诸多矛盾之处，且无法作出合理说明及提供确实、充分的证据佐证因而被认定为无效。

(四)自书遗嘱效力裁判要旨

自书遗嘱是最为常见的遗嘱类型之一，也是遗嘱中订立简便、成本最低的一种，但也是存在较大风险的遗嘱类型。

1. 因遗嘱内容意思表达不准确导致遗嘱无效

在(2017)闽0402民初1357号判决中，法院经审理认为：胡某某在《我的留言》中写道："我决定，房子给德旺(郭某1)住，你们就不必争吵了，培儒的950元钱，由住房的出，建华宝林分。"遗嘱中写"让某某住"或者"交由某某"处理，未明确诉争产权归属，不应认定诉争产权按自书遗嘱进行处理。

在(2017)闽02民终4545号判决中，法院经审理认为：陈某泰于2015年2月22日出具的书面字据："故宫路94号之六802室交由庄某1处理，房产证交庄某1处理。"仅能体现的内容为陈某泰愿将故宫路房产交由庄某1处理。然而，"处理"并非明确的法律概念，即便其文义亦无法体现"赠与"的意思表示。陈某泰在同一时期相继出具了赠与书与字据、《申明》但措辞却明显不同，其中赠与书直接写明赠与房产，而字据未使用"赠与"或相关的表述，这可以反映出陈某泰对两套房产作出了不同的意思表示，应当认定"处理"不包含"赠与"的意思表示。

在(2017)川1703民初1038号判决中，虽然原告提交了罗某如生前遗嘱，但罗

① 《继承法》已废止，本条内容参见《民法典》第1139条。

某1、罗某2、罗某3、罗某4对该遗嘱的真实性、合法性提出异议，且该遗嘱仅明确“原告年老在经济上遇到困难，特别是大病时，你们可将石家湾那套住房卖掉救急”，并未明确该房屋救急后如何处理，由谁享有继承权，各继承人份额是多少，因此按法定继承处理。也即，在遗嘱中未明确将遗产指定给某一继承人继承所有的，法院认定自书遗嘱无效。

在(2016)沪0104民初30290号判决中，潘某1去世后，杨某将吴某某诉至法院，要求继承潘某1的财产，后法院追加马某某为本案被告。案件审理过程中，杨某提交遗嘱一份，内容为：“本人潘某1无子女，因惧于身故发生财产纷争特立此字据：一、本人所有的有血缘关系的均不享有继承权；二、本人所有财产包括房产、存款、现金一律由侍待本人终生的人继承，旁人不得干涉”。遗嘱下方有“潘某1”签名并署期为2006年10月5日。尽管法院对于遗嘱的真实性予以确认，但是对于遗嘱的效力，法院认为：杨某自认其曾作为潘某1的住家保姆，双方相识时杨某并未与其前夫离婚，其时杨某对潘某1的照顾是基于双方的雇佣关系，潘某1在双方相识不久、杨某与他人的婚姻关系尚未解除的情况下即书写遗嘱表示其遗产全部归杨某所有不符合生活常理，且遗嘱中关于继承方式的表述为“本人所有财产包括房产、存款、现金一律由侍待本人终生的人继承”，其中“侍待本人终生的人”并不具有专属指向性，综上，遗嘱虽系潘某1本人所书，但遗嘱的意思表示不明，故遗嘱的效力本院不予认可，潘某1名下的遗产应当按照法定继承的方式处理。

在(2017)川0823民初2315号判决中，法院认为：无论涂某4意识是否清楚，张某是涂某4生前的妻子，是涂某4遗产的法定继承人，不能作为受遗赠人，故认定涂某4于2012年8月16日作出的将涂某4的遗产遗赠给张某的行为无效。

2. 自书遗嘱未由遗嘱人亲自书写、签名并注明年月日导致遗嘱无效

在(2017)川1822民初400号判决中，法院认为：原告方起诉确认的手写遗书有效。该遗书虽经四川求实司法鉴定所鉴定为代某某所写，但该遗书上代某某并未签其公安机关户籍登记部门依法登记的名字，同时该遗书上书写的日期为“二〇十一年六月八日”无法确定该遗书形成时间，该遗书不符合原《继承法》规定的自书遗嘱的形式要件，故对原告方请求确认2011年6月8日自书遗嘱有效的诉讼请求，法院不予支持。但是，一审判决已被(2018)川18民终54号二审判决书撤销，二审法院认为：经鉴定，其内容系代某某所书写，虽然签名的“戴某某”与其身份证和户籍上的名字不一致，但本案证据显示，代某某生前确有书写“戴某某”的情况，而其他人在书写“代某某”名字时亦有“戴某某”的写法，即正常情况下对该签名的指向是清楚的；虽然“遗書”中的日期为“二〇十一年六月八日”并不规范，但普通人根据社

会常识应不难判断其书写日期,且结合内容相同的打印件的“遗书”落款日期“二〇一一年六月八日”、代某某手写的“授权委托书”落款日期“二011年6月8日立”及代某某于2014年12月25日死亡的等事实,可以清楚地判断其日期为2011年6月8日。因此,本案所涉的“遗书”系代某某生前所写,有其签字并注明了年月日,符合原《继承法》规定的自书遗嘱的构成要件,系死者生前的真实意思表示,应属合法有效。

在(2017)沪0105民初11077号判决中,法院审理后认为:自书遗嘱需由遗嘱人亲笔书写、签名,注明年、月、日。而本案中,被继承人史某某文化程度低,没有书写能力,且所立遗嘱是由与遗产继承具有利害关系的曹某2代为书写。故而,该份遗嘱在形式上并不符合自书遗嘱的形式要件。因此,被告所提供的史某某生前所立自书遗嘱,不符合法律所规定的自书遗嘱应具备的形式要件,法院不予认可该份遗嘱的效力。

在(2018)渝0233民初2306号判决中,法院认为:自书遗嘱要求遗嘱人亲笔书写遗嘱的全部内容,并署名、注明年月日。涉案遗嘱经司法鉴定仅仅确认署名的真实性,未能确认其他内容系遗嘱人亲笔书写的事实;未确认的原因系出于对比样本缺少和目前技术条件,难以归责于原告、被告任何一方,但其足以影响人民法院对于该遗嘱真实性的采信。另外,法院不能查明遗嘱形成时的具体情况,致使不能排除影响认定遗嘱真实性的合理怀疑。因此,法院对遗嘱真实性合法性不予采信。

在(2017)渝0103民初19330号、(2019)渝05民终4002号判决中,法院认为:遗嘱非本人书写或未写明具体日期,不符合法律规定的遗嘱形式,不能认定遗嘱有效。

在(2019)湘0902民初1642号判决中,法院认为:自书遗嘱中“我意外死亡后资金资产安置决定如下”未签字进行明确,这不符合法律规定的遗嘱形式,因此无效。

在(2019)吉0581民初605号判决中,法院认为:虽双方均认可该遗书是李某3本人书写,但是无论该遗书中的6月17日是李某3书写但没有写明年份,还是李某3当时没有书写日期,该遗嘱都不符合自书遗嘱要求注明年、月、日的法定形式要件,不能视为有效的自书遗嘱。

在(2018)宁0202民初1521号、(2019)宁0104民初4772号判决中,法院认为:遗嘱人虽然亲自书写遗嘱并签名,但因未注明立遗嘱日期,该遗嘱不符合自书遗嘱的形式要件,属无效遗嘱。

3. 遗嘱人不具有相应的民事行为能力导致遗嘱无效

在(2018)宁0104民初8222号判决中,经医院诊断,被继承人被明确诊断为“精神分裂症”,法院认为:被继承人社会功能严重受损,生活不能自理,应为无民事行为能力人,因此,被继承人所立遗嘱无效。

在(2016)浙0108民初3596号判决中,因遗嘱人在订立自书遗嘱时高龄并患有阿尔茨海默病,法院认定自书遗嘱无效。

在(2016)苏0104民初5722号判决中,当事人申请对于遗嘱人在立遗嘱时的民事行为能力进行司法鉴定,由南京脑科医院司法鉴定所鉴定被继承人自书遗嘱时是否具有完全民事行为能力,法院最后参考司法鉴定意见认定遗嘱有效。

4. 自书遗嘱的变更和撤销

在(2019)黑0203民初1426号判决中,被继承人立遗嘱时房屋未拆迁,遗嘱处理的是未拆迁的房屋。法院认为:房屋拆迁后安置房增加的面积、房屋装修等都交给另一继承人处理并占有使用,视为被继承人以实际行动改变了遗嘱内容,故而遗嘱效力不能及于动迁后房屋,该部分应按照法定继承处理。

在(2019)宁0104民初14636号、(2017)宁0104民初2087号判决中,被继承人生前书写两份自书遗嘱后又立下公证遗嘱,后又将公证遗嘱撤销,故法院认为上述遗嘱均不具有法律效力。

5. 自书遗嘱因不符合特留份的要求而部分无效

在(2018)湘02民终1300号判决中,法院认为:原告提交的遗嘱最后形成于2016年8月16日,没有为缺乏劳动能力又没有生活来源的继承人王某保留必要份额,因违反法律强制性规定而无效。故对原告请求确认王某某于2016年8月16日形成的遗嘱有效,并按遗嘱确认继承权办理房屋产权过户,于法无据,本院不予支持。

6. 自书遗嘱因无权处分而无效或者部分无效

在(2017)青0103民初3016号判决中,西宁市城中区人民法院认为:遗嘱人以遗嘱处分了财产共有人的财产,遗嘱的这部分,应认定无效,有效部分按遗嘱继承,无效部分按法定继承。

在(2018)宁05民再10号、(2017)宁0104民初12595号、(2016)宁0104民初6699号、(2016)宁0521民初1092号等判决中,由于被继承人早年间已经将自有的几套房分家析产并办理了房产证,因此被继承人早已不再享受涉案几套房屋的所有权。由于遗嘱人对于其他共有人的财产进行了处分,法院认为:被继承人在遗嘱中对已经不属于自己的财产进行处分是无效的。

此外,有的案例中遗嘱人对于抚恤金、丧葬费进行分配,由于抚恤金、丧葬费不属于遗产,因此法院认定遗嘱中该部分内容无效。

(五)代书遗嘱效力裁判要旨

《民法典》对代书遗嘱的形式做了明确规定,即需要两个无利害关系的见证人,其中一人根据遗嘱人意思书写遗嘱,遗嘱人、两个见证人在遗嘱上签名。代书遗嘱如果缺少以上任一环节,遗嘱都可能被认定为无效。

1. 代书遗嘱必须有两个见证人见证并签字,否则无效

在(2019)浙10民终2271号判决中,法院认为:法人不具备担任遗嘱见证人资格。

在(2018)浙11民终1499号判决中,由于遗嘱中无见证人、遗嘱人的签名,代书遗嘱无效。

在(2018)内25民终529号判决中,法院认为:两份遗嘱内容并不是张某叶本人书写,其女儿吴某1代书的事实,在庭审中双方均无异议,故上述两份遗嘱应为代书遗嘱。《继承法》第17条第3款①规定:代书遗嘱应当有两个以上见证人在场见证,由其中一人代书,注明年、月、日,并由代书人、其他见证人和遗嘱人签名。但本案中的两份遗嘱中并没有见证人在场,也并没有见证人的签字,该遗嘱形式不符合代书遗嘱的法定形式要件,故该遗嘱无效,应按法定继承分割遗产。

在(2017)湘12民终24号判决中,法院认为:代书遗嘱应当有两个以上见证人在场见证,由其中一人代书,注明年、月、日,并由代书人、其他见证人和遗嘱人签名。本案遗嘱虽系继承人书写,但有三个无利害关系人在场见证。在场人虽未签名,但不影响遗嘱的真实效力,且本案上诉人在遗嘱人立遗嘱时在场,对涉及其本人的权利未提出异议,因此遗嘱有效。

在(2018)湘0725民初1190号判决中,法院认为:本案中刘某所持有的代书遗嘱没有遗嘱人陈某某的亲笔签名,虽然刘某提交了订立代书遗嘱时的照片及询问笔录,但未提交其他证据予以佐证代书遗嘱的内容系陈某某的真实意思表示,因代书遗嘱不符合法律规定的形式要件系无效遗嘱。

在(2016)川0122民初1447号判决中,见证人周某出庭作证陈述其在遗嘱上签字时遗嘱已经写好了,唐某5告知周某该遗嘱的内容是写的由谁供养老人,唐某5让周某在遗嘱上签字,周某就签字了。因周某的签字是在该份代书遗嘱形成后补签的,并非当场见证遗嘱的形成过程。因此,该份代书遗嘱不符合法律规定的要件,法院认定为无效。

---

① 《继承法》已废止,本条内容参见《民法典》第1135条。

在(2016)沪 0110 民初 18948 号判决中,法院经审理后认为:代书人薛某陈述因被继承人陆某所说方言其听不懂,需询问利害关系人原告陆某 1,部分语句也由原告组织好再由其抄写。见证人陆某 2 自述其不识字,也不知道遗嘱上写的是什么,只是签了名。两人均未能保证该遗嘱是被继承人原本意思的客观反映。薛某及陈某均陈述该遗嘱由薛某某代书,陆某 2 称该遗嘱由被继承人自行书写,三名证人在遗嘱形成的关键细节上说法不一,自相矛盾,无法客观反映立遗嘱的过程,最终法院判定该份代书遗嘱效力不予认定,被继承人陆某的遗产按法定继承处理。

2. 代书遗嘱的见证人必须无利害关系

在(2018)晋 0109 民初 290 号判决中,代书遗嘱中的两名见证人存在利害关系,不能作为遗嘱见证人,法院认定代书遗嘱无效。

在(2017)京 0108 民初 22201 号判决中,法院认为:葛某所立代书遗嘱系由高某代书,由陈某和聂某在场见证。高某系杨某 1 的姑姑,聂某系杨某 1 的高中同学,陈某系杨某 1 的大学同学。上述三人均系与受遗赠人杨某 1 有利害关系的人,不能作为遗嘱见证人。综上,葛某所立代书遗嘱不符合原《继承法》规定的形式要件,遗嘱应为无效。

而在江西地区的一个案例中,见证人是遗嘱人的大儿子,遗嘱指定的继承人是二儿子和小女儿;另一案件的见证人是遗嘱人的哥哥,指定继承人是遗嘱人的儿子和女儿。法院判决皆作出了如下认定:见证人虽然是遗嘱人的近亲属或是遗嘱继承人之外的其他法定继承人,但遗嘱人未将其列为遗嘱继承人,故该见证人不享有遗嘱利益,与遗嘱继承人不具有利害关系,且未侵害其他继承人的合法权利,故认定遗嘱有效。

在(2016)内 0785 民初 256 号判决中,法院认为:对张某 1 提供的遗嘱中张某 2 的签名和手印未予认定,证人王某 4 出庭证明遗嘱书写过程,而王某 4 与张某 2 系亲属关系,李某 3 未见证王某 4 代书遗嘱的全过程,只是看到张某 2 签名后的遗嘱,另一见证人白某未证明见证过程,以上皆不符合代书遗嘱的形式,法院对两份代书遗嘱不予采信,本案应当以法定继承分割遗产。

3. 遗嘱人未签名、仅有捺印的遗嘱效力,实践中存在争议

在(2018)川 0107 民初 5514 号判决中,遗嘱人不会写字仅在代书遗嘱上按拇指印确认,关于代书遗嘱的形式要件,在没有相反证据予以推翻的情况下,法院认定代书遗嘱有效。也即,遗嘱人未签字但亲自捺印的,并不影响代书遗嘱的效力。

但是,在(2018)川 03 民终 290 号判决中,代书遗嘱由代书人代被继承人签名,但由被继承人在名字上盖有私人印章及指印,法院认为:因没有被继承人本人亲笔

签名,代书遗嘱无效。

在(2018)晋08民终2471号判决中,法院认为:代书遗嘱应当有两个以上见证人在场见证,由其中一人代书,注明年、月、日,并由代书人、其他见证人和遗嘱人签名。遗嘱人未在遗嘱上签名,仅仅是捺印,不符合代书遗嘱的法定形式要件,该遗嘱应为无效。

在(2019)渝0119民初3720号判决中,法院认为:遗嘱人的签名非本人所签,即使有加盖私章和手印,但无充分证据证明系遗嘱人本人加盖,遗嘱的形成过程没有相关证据予以证明,遗嘱内容不是遗嘱人的真实意思表示,因而代书遗嘱无效。

在(2017)渝0103民初25812号判决中,代书遗嘱中的两名代书人否认遗嘱人的亲笔签名,且两人对遗嘱人捺印的说法也大相径庭,在这种情况下,法院采取更为严苛的审查标准。由于代书遗嘱是由他人书写,其意思表示需要通过他人代书来表达,其表达个人意愿的自由度会有所降低,遗嘱人在他人胁迫或诱导下签名或者他人伪造遗嘱的可能性较自书遗嘱更大,最终,法院因涉案遗嘱形式上有瑕疵而认定其无效。

4. 非遗嘱人亲口表述的代书遗嘱效力,实践中存在争议

在(2018)川0115民初3323号判决中,见证人宣读遗嘱,被继承人点头示意并按手印,法院认定为对该遗嘱的事后认可,即案涉遗嘱虽不是被继承人亲口表述,但通过代书人的证言及遗嘱内容,可推断出被继承人对于其女儿成长担忧且想给予保障的意愿。在宣读遗嘱时,被继承人对于每一条遗嘱内容都明确点头示意,可认定被继承人对于该遗嘱的事后认可,系其真实意思表示。也即,见证人宣读遗嘱后,遗嘱人点头认可并按印的,表示遗嘱内容属于遗嘱人真实意思表示,遗嘱应认定有效。

但是,在(2018)川1702民初1955号判决中,法院认为:从整个录像内容看,见证人手持遗嘱,就载明事项一一向遗嘱人核实和征询意见,并由遗嘱人签字、捺印,缺失遗嘱人口述遗嘱的内容环节、缺失代书遗嘱环节,形成过程存在重大瑕疵。综上,法院认为:即便遗嘱人在见证人核实和征询意见下,对遗嘱内容进行了确认,但本案遗嘱作为代书遗嘱,其形成过程存在重大瑕疵,欠缺法律要件,其不发生法律效力。

在(2018)沪02民终2134号判决中,被继承人吴某因急性脑梗死入院急救,次日立代书遗嘱一份,由潘某某与杨某某见证。该遗嘱无吴某签名,但盖有吴某的印章及其手指捺印。根据原《继承法》之规定,无论是代书遗嘱还是自书遗嘱,均需遗嘱人签名,而"按手印"本身并不符合遗嘱的形式要件,但是,仅"按手印"的遗嘱属

于形式瑕疵还是实质要件缺失,在司法实践中却存有争议。虽然,法院最终通过遗嘱人的民事行为能力和真实意思表示否定了涉案遗嘱的效力,但是针对被继承人吴某所捺手印是他人握住吴某的手进行的这一细节,法院认为:吴某是否系在遗嘱内容形成后,完全自愿在遗嘱上签章确认,法院无法确认。

在(2017)津0105民初1155号判决中,法院认为:代书遗嘱缺失遗嘱人口述、代书人代为书写或制作电子文本的过程,不能证明代书人书写的遗嘱内容即为遗嘱人的真实意思表示,且该份遗嘱中的主要内容均在第一页内,第一页遗嘱却没有被继承人的签字,该代书遗嘱欠缺法律要件,不发生法律效力。

5. 形式上存在瑕疵并不必然导致遗嘱无效

在实践中,有些地区,法院对于代书遗嘱的认定条件相对宽松,在代书遗嘱形式稍有欠缺的地方,只要能提供其他证据证明遗嘱人真实意思的表示,法院一般予以认可。

在(2017)闽01民终4136号判决中,福州市中级人民法院认为:代书遗嘱作为遗嘱的一种,其最终发生效力的是遗嘱本身,而不是代书行为。原《继承法》要求代书遗嘱应当有两个以上无利害关系见证人在场见证,其目的在于确认遗嘱的真实性以保障继承人的合法权益。现遗嘱证明人李某、孙某已确认系吴某本人签名或盖手印,并确认系吴某本人要求其帮忙予以证明,可确认该遗嘱系吴某本人的真实意思表示。代书遗嘱在形式上存在瑕疵,并不必然导致遗嘱无效。

在(2019)晋0702民初516号判决中,法院认为:原《继承法》实施前订立的,形式上稍有欠缺的遗嘱,如内容合法,又有充分证据证明确为遗嘱人真实意思表示的,可以认定遗嘱有效。

在(2016)晋0109民初2473号判决中,法院认为:虽名为"分单",但实际具有遗嘱的效力,且分单有见证人、执笔人、被继承人及三个继承人的签字,可以确认是被继承人的真实意思表示,因此为有效遗嘱。

在(2016)沪0110民初17495号判决中,被继承人费某生前立有两份代书遗嘱,将其名下的财产全部交由陈某继承。被继承人是三原告的姑母。被继承人曾经领养被告陈某,但是后经生效判决解除收养关系。被继承人父母、配偶、兄弟姐妹都先于被继承人死亡,没有法定继承人。本案被告提供的两份遗嘱均不符合代书遗嘱的形式要件,但是,法院依据遗嘱所体现的"被继承人的意思表示"以及"是否对被继承人承担了较多抚养义务"等规定,在涉案当事人不是被继承人法定继承人情形下,确定了涉案当事人对被继承人遗产份额的继承。法院对此认为:被告陈某提供的被继承人订立的两份遗嘱,一份没有代书人签名,另一份代书人签名系庭后补签,非同时形成。该两份遗嘱缺乏代书遗嘱有效的形式要件,法院对该两份遗嘱不予采信。被告陈某提供的被继承人的代书遗嘱虽然在形式上不符合法律规定而未被采信,但是综合见证人、代书人的证人证言,一定程度上反映了被继承人的意思表示。三原告在日常生活中对被继承人也有所照顾,也有轮流帮被继承人做些家务,代领房租等情况。据此,法院判决上海市杨浦区的涉案房屋产权归被告陈某所有,陈某各支付三原告房屋折价款。

在(2018)青01民终1576号判决中,法院经审理后认为:虽然遗嘱形式上有缺陷,但能证实该遗嘱是被继承人真实意思的表示,且是事实存在的,可认定该遗嘱基本符合法律规定的代书遗嘱形式要件和实质要件。

在(2017)鄂01民终3662号判决中,法院认为:代书遗嘱因为系继承人代书并签名,不符合遗嘱法定形式要件,故被认定为无效。但法院同时认为:"遗嘱载明邱某去世后,指定陈某2为房屋继承人,姐弟三人对以上遗嘱完全赞同,陈某3、陈某2、陈某1三人亦在遗嘱上签名确认,这应视为陈某3、陈某1对该房屋权利的处分,该约定并不违反法律、行政法规的效力性禁止性规定,应为有效,各方均应依约履行"。据此支持了陈某2依据该份遗嘱要求继承房屋的诉请。上述裁判观点并未将约定作为遗嘱适用,而是认定为一份合约,判令各方依约履行。该案历经二审,二审法院维持原判。

在(2018)湘0726民初1771号判决中,法院认为:代书遗嘱应当有两个以上见证人在场见证,由其中一人代书,注明年、月、日,并由代书人、其他见证人和遗嘱人签名。上述法律规定对代书遗嘱的形式要件的规定旨在保证代书遗嘱的内容是被继承人的真实意思表示,以维护各方的合法权益。众见证人虽当场未在遗嘱上签字,但事后已予以补签,该形式上的瑕疵并不影响遗嘱的效力,故该代书遗嘱合法有效。

在(2019)湘0528民初1593号判决中,法院认为:蒋某某所立遗嘱系代书遗嘱,由无利害关系的李某2代书,李某1出证。在立遗嘱过程中,李某1在遗嘱尚未完全书写完毕的情况下先行离开,未全程参与代书遗嘱全过程,不符合代书遗嘱的严格法定形式要求,故该代书遗嘱形式存在瑕疵。庭审过程中,证人李某2当庭陈述,李某1系在代书遗嘱尚有最后两行字未书写完的情况下因事先行离开。并陈述了蒋某某所立遗嘱的内容所涉的财产没有四被告的继承份额的事实。同时,所书遗嘱内容是经蒋某某本人阅读后签字确认的。证人李某1的当庭陈述与李某2陈述的内容一致。结合遗嘱原件,其最后两行内容为交代遗嘱执行人、见证人李某1的个人信息以及遗嘱份数,与蒋某某个人财产处理无关。同时结合庭审查明,蒋某某当过多年村支书，立遗嘱时其精神状态好，表达清楚，具有识字能力。李某2、李某1均与双方当事人无利害关系，两人当庭陈述的内容一致，可信程度较高。综上，该遗嘱形式上虽存在瑕疵，但确系遗嘱人蒋某某真实意思表示，且其立遗嘱时系完全民事行为能力人，具有识字阅读能力，代书遗嘱在其阅读后签字确认，与其自书遗嘱无异，故该遗嘱的形式瑕疵不足以影响遗嘱的效力，遗嘱有效。

6. 订立遗嘱过程无法反映遗嘱人真实意思表示，代书遗嘱无效

在(2017)沪0105民初2202号判决中，虽然案涉代书遗嘱由张某某律师代书，并与该所高某律师一起予以见证，代书遗嘱过程也有录音录像，但是，法院通过立遗嘱的过程及录像内容确认系争遗嘱无法体现被继承人的真实意思表示。法院经审理后认为：通过五原告提供的立遗嘱当日的视频录像显示，当时主要由高某律师与被继承人进行谈话，整个过程中，由高某律师主讲，被继承人给予回应。但在高某律师提起是否将遗产全部给五原告不再给被告时，被继承人的回应含混不清，不能明确体现系被继承人本人独立、真实的意思表示。在宣读遗嘱内容时，也未能体现被继承人本人是否充分理解遗嘱的内容。在宣读遗嘱内容时，被继承人也只是作出被动的响应，无法体现被继承人是否完全知晓并明确遗嘱的内容，被继承人按手印的行为也是在高某律师操控下被动完成，至于盖章的行为则更是非被继承人本人亲自所为，且该枚图章也并非由被继承人本人亲自拿出，无法确认是否为被继承人本人所持有的私人印章。所以，该份遗嘱不能充分体现系被继承人本人的真实意愿，订立遗嘱的过程存在重大瑕疵，故法院对该份代书遗嘱的效力不予认可。

在(2019)赣0103民初1518号判决中，法院认为：综观几份遗嘱的订立过程，虽然均有无利害关系人和律师见证，符合代书遗嘱的形式，但在遗嘱订立过程中，相关继承人撇开其他继承人现身遗嘱订立现场、为订立遗嘱张罗、支付费用，遗嘱人陈某某时年86岁、李某某时年93岁。原告李某华、李某及被告熊某2各自请父母订立遗嘱，在一定程度上会影响遗嘱人的意思表示，诱使遗嘱人作出有利于在场继承人的处理意见，不能客观反映遗嘱人的真实意愿。因此，对上述遗嘱的效力，本院均不予认定。

在(2018)津0114民初7933号判决中，法院认为：脑萎缩不代表遗嘱人属于限制民事行为能力人。其通过代书方式书写遗嘱，并通过视频方式确认，只要视频显示遗嘱人能够表达自己的意志，遗嘱是真实意思，则该遗嘱具有法律效力。

在(2019)津0114民初4019号判决中，法院认为：虽然有遗嘱人、代书人和见证人签字，但遗嘱人的签字时间与代书人和见证人的签字时间不一致，不能证明立遗嘱时有两个以上的见证人在场。所提交的视频光盘中，亦不能反映出有两个以上

见证人在场见证并签字的事实。所立遗嘱无法满足代书遗嘱生效的要件要求。

7. 代书遗嘱因无权处分部分无效

在(2017)赣0428民初891号判决中,法院认为:石某丙生前无权以"承诺"、"声明"或"遗嘱"等方式处分其死亡后国家按有关规定发给的丧葬费、抚恤金,若有以上行为即属无效处分行为,不具法律效力。该案中,丧葬费已实际支出,剩余147,000元抚恤金被被告领取,依国家政策对抚恤金性质的规定及本案案情,该147,000元抚恤金应在原告、石某丙的四个子女之间平均分配。至于原告诉求中的安家费,因国家对事业单位人员病亡后并未有此项补助,法院不予支持。原告诉称的石某丙死亡后国家发给的10个月退休工资即抚恤金,不再赘述。原告还诉求遗属补助,该遗属补助原告已按国家有关政策规定享有(每月390元),对原告的该项诉求法院不予支持。

在(2017)赣0721民初297号判决中,法院认为:根据原《物权法》的规定,房屋权属登记与实际不符产生纠纷,应根据实际情况确定房屋的实际权属,而不应受房产证的限制。赣县梅林镇红专组55号的房产(房权号为:赣房权证梅林字第××号)起建于1988年,被告曾某3已成年工作并参与了建设,房产登记面积也含曾某3名义所报建面积,而所有证件办理时系曾某某一人行为未征得曾某3同意,因此现有证据不能排除被告曾某3对该房产的共有关系。两原告所主张的遗嘱内容侵害了共有权人的权益系无权处分,因此法院对其诉讼请求不予支持。

在(2016)晋0109民初2473号判决中,法院认为:夫妻在婚姻关系存续期间所得的共同所有的财产,除有约定的以外,如果分割遗产,应当先将共同所有的财产的一半分出为配偶所有,其余的为被继承人的遗产。

在(2019)陕0404民初2449号判决中,法院认为:虽然案涉代书遗嘱符合法定形式,但由于未能举证证明遗嘱中所涉及的财产现状,所以,不能确定遗嘱中的内容是遗嘱人生前的真实意思,因而无法确认遗嘱的效力状态。与此相对应,在(2019)陕0112民初1355号判决中,法院认为:虽然一方当事人辩称案涉房屋不存在、不明确,但对方提交了拆迁安置卡、选房顺序卡等,这些足以保障房屋的取得,故其抗辩无事实及法律依据,法院不予采信,仍认定了案涉遗嘱的效力。

在(2017)宁0104民初2087号、(2018)宁0502民初2708号判决中,代书遗嘱虽然符合形式要求,但是由于处分了属于配偶的份额,因此遗嘱无权处分部分无效。

(六)口头遗嘱效力裁判要旨

《民法典》对订立口头遗嘱有非常严格的规定,订立口头遗嘱必须在"危急情况”且有两个以上见证人在场，一旦“危急情况”解除，所立的口头遗嘱无效。在实务中，口头遗嘱被认定为无效的概率极高。

1. 认定口头遗嘱有效的案例

在(2016)闽0102民初6140号判决中，关于三原告提交的“手书口述遗嘱”，被告认为该遗嘱非其母亲陈某娇亲自书写，不予认可。法院认为：

其一，《继承法》第17条①规定，遗嘱人在危急情况下，可以立口头遗嘱。口头遗嘱应当有两个以上见证人在场见证。危急情况解除后，遗嘱人能够用书面或者录音形式立遗嘱的，所立的口头遗嘱无效。

其二，就本案来说，原告主张的“手书口述遗嘱”形成于2016年5月30日，遗嘱人陈某娇于2016年6月1日因病逝世，其间，间隔仅有两天，可以认定为情况危急，符合立口头遗嘱的条件。

其三，陈某娇逝世前所就诊医院福建中医药大学附属第二人民医院2016年6月1日的出院记录上载明，“查体……神志清楚”。因此陈某娇在2016年5月30日有立遗嘱的行为能力。

其四，陈某俤、全某妫、陈某月、陈某金作为“手书口述遗嘱”见证人，虽与原、被告均有亲属关系，但是并非本案遗产的继承人，并无证据证明他们与继承人存在利害关系。上述见证人能够到庭作证，并能陈述“手书口述遗嘱”的形成过程，内容大致相符，故法院依法确认上述见证人陈述属实。

基于上述分析，法院认为：三原告提交的“手书口述遗嘱”所记载的口头遗嘱，有相关证人证言予以证明，内容属实，所立遗嘱过程并无违反法律法规的相关规定，故法院依法认定该口头遗嘱合法有效。

广东省2017～2019年3年内只有一例口头遗嘱案例，法院认定有效。对于该例口头遗嘱个案，法院认为：涉案房属于被继承人的遗产，被继承人因年老、病重进入某医院住院，住院期间，被继承人在原告、被告等人面前，口述该房屋在其死后由原告继承。这属于被继承人对死后个人财产如何处分的意思表示，应当认定为其口头遗嘱。被继承人订立遗嘱时因年老、病重，已需在重症监护病房内接受观察和治疗，故应当认定订立遗嘱时其已在生命最后阶段的危急状态。从订立遗嘱后一直到死亡，被继承人的身体情况没有好转，故危急状态并没有解除，据此，应当认定被继承人的口头遗嘱有效。

在(2017)内0403民初4023号判决中，法院认为：遗嘱人在危机情况下，可以立

① 《继承法》已废止，本条内容参见《民法典》第1138条。

口头遗嘱。口头遗嘱应当有两个以上见证人在场见证。田某春患有胰腺癌,住院多日。2010年4月10日上午,田某春血压异常。当日下午,田某春虽然头脑清醒,但是身体虚弱,在李某2、张某两名见证人的见证下对其遗产作出处分,案涉房屋也实际交由被告田某2居住使用。故田某春所立口头遗嘱有效,应尊重其遗愿。

2. 认定口头遗嘱无效的案例

样本案例中,大部分的口头遗嘱无效是因为遗嘱设立时的情况不属于“危急情形”,或危急情形消失后即脱离生命危险后已具备了设立其他遗嘱类型的条件和能力而未更改遗嘱形式。

在(2017)沪0107民初10076号判决中,法院认为:根据原告、被告的陈述以及证人证言,被继承人当时的情况并不属于危急情况,是可以采取书面或录音形式立遗嘱的,但被继承人却没有选择书面或录音形式订立遗嘱,故对所谓口头遗嘱的真实性难以认定,遗产应按法定继承处理。

在(2017)沪0104民初24113号判决中,法院认为:继承开始后,按照法定继承办理;有遗嘱的,按照遗嘱继承或遗赠办理。倪某某、陈某2虽称陈某6生前立有“口头遗嘱”,但根据两名证人的陈述,陈某6作出其死亡后其名下财产归倪某某、陈某2所有的意思表示时是在陈某6死亡之前十余日,陈某6并非在危急情况下作出上述意思表示,倪某某、陈某2亦未提交证据证明陈某6在之后已丧失了以其他形式订立遗嘱的能力,故倪某某、陈某2所称的“口头遗嘱”不符合原《继承法》规定的口头遗嘱的形式要件。法院对该“口头遗嘱”的效力不予认可,认定陈某6名下的遗产应当按照法定继承的方式处理,即由马某某、陈某5、倪某某、陈某2继承。

在(2018)浙01民终9799号判决中,法院认为:案涉口头遗嘱的订立情形与法律规定的立有效口头遗嘱的情形不符,因而认定口头遗嘱无效。

在(2018)浙0723民初2816号判决中,法院认为:该案仅申请一名证人出庭作证,无法查明是否还存在其他的见证人,同时从证人证言看出遗嘱人订立遗嘱时系在非抢救期间与探望者随便聊聊的时候,不符合口头遗嘱“情况危急”的情形,故认定遗嘱无效。

在(2019)浙0212民初8932号判决中,由于没有两个以上见证人,以及遗嘱人在危急情况解除后,没有订立书面或者录音遗嘱,故法院认定口头遗嘱无效。

在(2018)渝0106民初6331号判决中,法院结合当事人的陈述和庭审查明的事实,认为被继承人所立的口头遗嘱不符合法律规定“遗嘱人在危急情况下”的要件,因而无效。

在(2019)渝0106民初21967号判决中,法院认为:录音证据中无处理遗产的明确意思表示且无法证明录音时被继承人神志清醒，现场也无两个以上见证人予以见证，故该录音不符合口头遗嘱的形式要件。

在(2017)渝0105民初11789号判决中，法院认为：证人证言显示证人只是听说过被继承人要将涉案房屋留给其儿子继承，而且，当时被继承人只是做了手术，其死亡的时间在之后，这不符合口头遗嘱所需要的形式要件。事后被继承人也没有通过书面或者其他方式立下遗嘱。因此，法院对主张留有口头遗嘱的意见不予采纳。

在(2017)渝0155民初3837号判决中，法院认为：关于是否留有口头遗嘱的事实，证人的陈述相互矛盾，内容不一致，与《财产分割协议》载明的内容亦不一致，证言内容法院不予采信，最终认定口头遗嘱无效。

在(2016)渝0107民初7603号判决中，法院认为：当事人仅提供了书面证言，不仅证人未依法出庭作证，且未举示相关证据证明存在发生危急情形，故对立有口头遗嘱的事实不予采信。

在(2017)渝05民终7775号判决中，法院认为：证人证言证明被继承人生前作出过房屋由上诉人一人继承的口头意思表示。但被继承人并非在情况紧急时作出的口头遗嘱，也没有请见证人，因此，所称口头遗嘱完全不符合法律规定，应当为无效。

在(2019)内0102民初2623号判决中，证人李某6、证人王某称在被继承人李某万查出患病后，曾听到李某万说将房屋处分给李某明。证人李某6及被告均称被继承人李某万曾留有书面字据处分遗产。因被继承人李某万留有书面遗嘱，故其口头遗嘱无效。被告称书面遗嘱在多次搬家中遗失，故视为被继承人李某万并未留有遗嘱对遗产进行处分，被继承人李某万的遗产应按照法定继承处理。

在(2019)宁02民终945号判决中，法院认为：因自马某1立口头遗嘱后至其死亡时止，中间间隔两日，其完全可以采取其他方式订立遗嘱，且其当时并非处在生命危急情况下。同时，根据原《继承法》的规定，口头遗嘱要求两位无利害关系人在场见证。当时的在场人均系马某1的亲属或继承人，系利害关系人。故马某1作出口头遗嘱时，因不符合危急情况及应有两个无利害关系人在场见证的法定条件，其口头遗嘱无效。

(七)录音遗嘱效力裁判要旨

在(2018)川13民终2554号判决中，法院认为：录音通话视频的目的是核对账目，遗嘱意思表达不明确，且与之前的自书遗嘱内容有出入，故录音通话视频不具备遗嘱的形式要件和实质要件,应为无效。

在(2018)川0302民再2号判决中,法院认为:遗嘱不符合录音遗嘱的形式条件,同时也没有证据证实被继承人在录制该录音时的神志状态清醒,故录音遗嘱无效。在这个案例中,被继承人陈某昌因病住院期间订立录音遗嘱不符合录音遗嘱的形式条件,同时也没有证据证实被继承人在录制该录音时的神志状态清醒等,故该录音不具备《继承法》第17条①规定的形式要件,故法院对原审当事人"按录音分割遗产"的"遗赠"主张不予支持。

在(2018)苏0106民初5186号判决中,被告并未参加庭审,原告起诉要求继承其原日籍配偶的房产,被告系其配偶在日本的儿子。法院的判决书中并没有体现调查过程而是直接认定了录像遗嘱的真实性,判决本案涉及房产由原告继承。

在(2017)渝0242民初781号判决中,法院认为:案涉房屋复垦费(含存款利息)系被继承人与其已故妻子的共同财产,故该笔房屋复垦费的50%应属妻子的遗产。被继承人与其三子女系妻子的法定继承人,故被继承人应享有妻子遗产25%的份额,故被继承人的遗嘱效力应及于房屋复垦费(含存款利息)的62.5%。录音遗嘱因无权处分而部分无效。

在(2018)渝0103民初5409号判决中,因录音遗嘱不符合法定要件,法院不予认可。

在(2019)内01民终23号判决中,对于被继承人孙某国生前录制的视频,因法律对视频遗嘱无规定,故法院认为:可参照以录音形式订立遗嘱的规定,视频遗嘱应当有两个以上见证人在场见证,且继承人不能作为见证人。故被告孙某3提举的孙某国生前录制的视频不符合法律规定的遗嘱形式,该视频无效,孙某国占诉争房屋58%的份额应按法定继承执行。

在(2018)宁04民终125号、(2017)宁0424民初917号、(2016)宁0424民初934号、(2016)宁0424民初934号判决中,由于不符合应当有两个以上见证人在场见证的形式要求,法院认定案件中的录音遗嘱无效。

在(2016)宁0104民初6699号判决中,虽然录音遗嘱符合形式要求,但是由于遗嘱人无权处分了配偶的份额因而被法院认定为部分无效。

---

① 《继承法》已废止,本条内容参见《民法典》第1134~1139条。

(八)律师见证遗嘱效力裁判要旨

1. 未当场签字、仅在见证书上签字但未在遗嘱上签字的见证遗嘱,因不满足法定要件而无效

律师见证的遗嘱并非法定的遗嘱形式,审判实务中通常将其性质归类为代书遗嘱。

在(2017)沪0106民初24900号判决中,法院查明,2011年10月9日,由上海市××律师事务所律师陈某某打印,龚某某、翟某5分别立下代书遗嘱,两份遗嘱,遗嘱人处分别由龚某某、翟某5签名,代书人处陈某某签名。2011年10月10日,上海市××律师事务所分别在两份遗嘱后面出具见证书,证明遗嘱是龚某某、翟某所立,董某某、陈某某受委托在场见证。该见证书落款处董某某、陈某某未签名但盖章。据此,法院判定,关于2011年10月9日的代书遗嘱,遗嘱上只有代书人签名,无其他见证人签名,虽遗嘱后面附有两个见证人见证的见证书,但见证书上的日期和遗嘱日期并非同一日,不符合法律规定的代书遗嘱的形式要件,故本院认定该份遗嘱无效。

在(2018)沪0104民初798号判决中,见证遗嘱因律师事务所无法举证证明见证书上的签章行为系发生在遗嘱设立当场而被判决无效。该案例中,法院认为:第一,代书人在与郑某某沟通交流并获取证人所称的郑某某自行书写的"遗嘱初稿"并作相应修改时,只有一位证人在场或操作;第二,遗嘱并非由代书人打印;第三,律师见证书上的律师事务所公章及骑缝章系事前制作或盖印。两位证人对是否当场盖个人印章陈述不一。综上,法院认定该份代书遗嘱不符合法律要求的形式要件,确认该代书遗嘱无效。

在(2017)沪0104民初27912号判决中,法院查明,2013年12月,律师见证人周2(律师)和另一位律师至裘某4家中。两位律师到时,房屋内已经有另两位见证人,他们应该已有交流。见证人在和裘某4沟通下,了解他的意思,确认他的行为能力,并从遗嘱格式上给予意见。裘某4主动表达了要将房屋留给孙女。遗嘱是杨姓见证人书写的,现场还读给裘某4听,裘某4点头表示同意。律师见证书系当场文字输入,并在外面打印出来。当时未作录音录像。据此,法院判定"该份遗嘱系由他人代书,故应严格审查该份遗嘱是否体现裘某4的真实意思表示。……律师见证人周2见证的内容为杨某某(代书人)、周某1(见证人)如何见证,即见证的见证。在律师见证人有无和裘某4(遗嘱人)沟通交流的问题上,周2(律师)表示有沟通交流,杨某某(代书人)表示好像没有,周某1(见证人)表示没有注意。综上,本院无

法确认裘某4主动表达了其遗产由谁继承，若仅以点头或摇头表示其意思，可能存在误导的情况。综合以上意见及结合裘某4的病例，本院认为：原告提供的2013年12月13日代书遗嘱无效”。

2. 代书人和见证人对遗嘱形成过程陈述不一致，真意无法确认导致遗嘱无效

如果律师见证遗嘱的遗嘱人存在年事已高、文化水平不高等情形时，法院对遗嘱形成过程的审查尤为细致。当代书人与见证人之间对于代书遗嘱的形成过程的陈述不一致时，遗嘱的形成过程存在重大瑕疵，因无法充分体现被继承人的真实意思表示导致效力不予认可。

在(2017)沪0113民初14558号判决中，法院判定，原告提交的遗嘱由律师支某某见证、苏某某代书完成，庄某某(遗嘱人)亲笔签名并有两个以上见证人在场见证，其形式要件符合法律规定。然而，庄某某当时已年届85岁，其自身精神、健康状况是否具有设立遗嘱的行为能力即遗嘱能力，原告未能举证证明。至于遗嘱内容是否为庄某某真实意思表示，见证人苏某某、支某某均先后作出截然相反之陈述，在原告无补强证据以排除对遗嘱实质要件合法性怀疑的情况下，该遗嘱效力难以认定。

在(2017)沪0105民初2202号判决中，法院查明，2013年11月21日，被继承人马某华立有一份代书遗嘱，该遗嘱由上海××律师事务所张某某律师代书，并与该所高某某律师一起予以见证。为此，五原告提供立遗嘱时的视频录像作证，遗嘱代书人张某某及见证人高某某亦到庭作证。据此，法院判定，通过五原告提供的立遗嘱当日的视频录像显示，当时主要由高某某律师与被继承人进行谈话，整个过程中，由高某某律师主讲，被继承人给予回应，但高某某律师提起是否将遗产全部给五原告，而不再给被告李某6、李某8时，被继承人的回应含混不清，不能明确体现被继承人本人独立、真实的意思表示。在宣读遗嘱内容时，也未能体现被继承人本人是否充分理解遗嘱的内容。尤其值得注意的是，当被继承人表示其本人不识字，不会签名，高某某律师向其说明可以按手印和盖章时，被继承人曾提到自己的私人图章在家中，而高某某律师表示图章已由他人帮被继承人准备好，但并未和被继承人进行核实，确认是否为被继承人本人的私人印章。然后在按手印时，主要由高某某律师持被继承人的手在遗嘱上进行操作，加盖图章时则完全由高某某律师予以操作。本案被继承人马某某系文盲，而该份遗嘱内容详尽而复杂，明显不符合被继承人本人能力范围内的理解与认知，通过视频录像显示，遗嘱内容的大部分意思表达系主要通过高某某律师的阐述而得以体现，结合两位证人的到庭陈述，两位证人对遗嘱究竟由谁代书，陈述不一致，订立遗嘱的过程中不排除又加入了其他相关利

益人员意思的可能。在宣读遗嘱内容时，被继承人也只是作出被动的响应，无法体现被继承人是否完全知晓并明确遗嘱的内容。被继承人按手印的行为也是在高某某律师操控下被动完成，至于盖章的行为则更是非被继承人本人亲自所为，且该枚图章也并非由被继承人本人亲自拿出，无法确认是否为被继承人本人所持有的私人印章。所以该份遗嘱不能充分体现系被继承人本人的真实意愿，订立遗嘱的过程存在重大瑕疵，法院对该份代书遗嘱的效力不予认可。

3. 遗嘱处分的财产因侵犯配偶财产权导致遗嘱部分无效

在(2019)沪0112民初2415号判决中，法院查明，陈某某立下遗嘱一份，载明：在我过世以后，属本人所有的坐落在颛桥镇西街×××号旧房一间，面积约50平方米(包括阁楼)由孙女陈某1继承。该遗嘱上显示代书人为闵行区××法律服务所工作人员罗某某，在场人为张某某、吴某某。据此，法院判定：被继承人陈某某于2002年5月9日立下的遗嘱，该遗嘱为代书遗嘱，遗嘱的形式要件合法，本院予以确认。但在遗嘱的相关内容上，陈某某将属于其和朱某某共同共有的系争房产均遗赠给陈某1，不符合法律规定，对此本院确认属朱某某份额遗赠给陈某1的内容无效。

在(2019)浙0702民初42号、(2019)浙07民终3396号判决中，经一审、二审，法院最终认定见证遗嘱无效，主要原因如下：录音录像无法证明两位见证律师或其他见证人在现场见证，不符合遗嘱形式要件；按原《继承法》和《律师见证遗嘱规则》的规定，在遗嘱人核对、签名并捺手印后，应当记入谈话笔录，见证人员在与遗嘱人谈话时，应当录音或录像，但该案未制作谈话笔录也未提供见证书，只提供告知笔录打印件，遗嘱的打印件未表明律师事务所及指派律师身份也并未盖有公章；律师见证费用发票开具时间与见证当日的签收回单注明时间不符等。

在(2017)渝0103民初1939号判决中，律师见证书载明的见证时间和内容与遗嘱的时间不一致(仅相差一天)，当事人解释为笔误，但法院根据社会一般常理常情，出于对遗嘱人的尊重、对生命的尊重，有别于对待一般民事法律行为，对涉及身后事处理的无论遗嘱人或是见证人均会持更加严谨、审慎的态度。遗嘱时间作为遗嘱内容极其重要，故法院对于时间不一致系笔误的意见不予采纳。

在(2019)渝0117民初5620号判决中，法院认为：遗赠扶养协议是遗赠人和扶养人之间关于扶养人承担遗赠人生养死葬的义务，遗赠人的财产在其死后转移给扶养人的协议，遗赠扶养协议是一种平等、有偿和互为权利义务的民事法律关系。本案原告、被告自愿签订遗赠扶养协议，并经律师见证，该协议合法有效，受法律保护。双方签订遗赠扶养协议后，原告主要在康复养老中心生活，相关费用亦从原告的养老金中支出。而后原告刘某1的精神状态为脑外伤所致精神障碍(重度痴呆),被告未对原告履行实际的扶养义务,刘某1在其孙子刘某5处生活,并由刘某5负责护理照料。此时,遗赠扶养情况已发生改变,刘某1被宣告为无民事行为能力人,由法院指定的监护人提起诉讼,请求解除2013年4月6日签订的遗赠扶养协议,其理由正当,法院予以支持。

在(2019)赣0103民初1518号判决中,法院认为:综观几份遗嘱的订立过程,虽然均有无利害关系人和律师见证,符合代书遗嘱的形式,但存在在遗嘱订立过程中,相关继承人撇开其他继承人现身遗嘱订立现场、为订立遗嘱张罗或支付费用,遗嘱人陈某某时年86岁、李某某时年93岁的情况。原告李某华、李某及被告熊某2各自请父母订立遗嘱,在一定程度上会影响遗嘱人的意思表示,诱使遗嘱人作出有利于在场继承人的处理意见,不能客观反映遗嘱人的真实意愿。因此,对上述遗嘱的效力,法院均不予认定。

在(2019)津0111民初3743号判决中,法院认为:根据《继承法》第18条①规定,见证人不得是无行为能力人、限制行为能力人,继承人、受遗赠人或者是与继承人、受遗赠人有利害关系的人。可见,见证人只需满足以上条件,不需要取得其他资格。没有取得律师执业证书,未违反原《继承法》中有关见证人的规定。也即,见证人在未取得律师执业证书的情况下见证,并不当然导致遗嘱无效。

内蒙古自治区律师见证遗嘱在样本案例中仅有一份,且该遗嘱被认定为无效。在该案例中,法院认为:2017年10月18日,律师A、B接受C的委托,出具了律师见证书,在C的打印遗嘱见证人处签字。在原告提供的落款时间为2017年10月18日的遗嘱中,A、B仅以见证人的身份签字,注明的时间及所载内容均系打印。现无证据证明该遗嘱系由上述见证人其中1人代为书写,原告亦未提供其他证据证明该遗嘱形成时另一人在场,故该遗嘱因不符合法律规定的代书遗嘱形式要件而无效。对于原告主张被告按照该遗嘱第2项及第3项配合原告领取被继承人的住房公积金和银行卡上的医疗保险费的诉讼请求,法院不予支持。

(九)打印遗嘱效力裁判要旨

打印遗嘱是《民法典》继承编中新增的遗嘱形式,《民法典》第1136条规定:“打印遗嘱应当有两个以上见证人在场见证。遗嘱人和见证人应当在遗嘱每一页签名,注明年、月、日。”在《民法典》出台之前,各地区法院对于打印遗嘱的效力存在较

① 《继承法》已废止,本条内容参见《民法典》第1140条。

大的分歧，主要是应当参照自书遗嘱还是代书遗嘱来认定的问题。

上海市高级人民法院认为：打印遗嘱不能笼统地认定为自书遗嘱或代书遗嘱，其法律属性应当结合被继承人是否具有计算机操作能力、遗嘱形成过程等方面的证据来综合予以认定。因此，对打印遗嘱，有遗嘱人签名，注明年、月、日，并能举证证明确为遗嘱人真实意思表示，如遗嘱人有计算机操作能力、有其他证据材料与遗嘱内容相互印证等，则可以认定为是遗嘱人的自书遗嘱。

北京市高级人民法院《关于审理继承纠纷案件若干疑难问题的解答》针对打印遗嘱的效力问题，也给出了类似的倾向性意见，该解答规定：继承案件中当事人以打印遗嘱系被继承人自己制作为由请求确认打印遗嘱为有效自书遗嘱的，人民法院不予支持。但确有达到排除合理怀疑程度的证据表明打印遗嘱由被继承人全程制作完成，并具备自书遗嘱形式要件的，可认定为有效自书遗嘱。打印遗嘱由被继承人以外的人制作的，应符合法律规定的代书遗嘱形式要件。《民法典》生效之后，对于打印遗嘱的效力，争议将大大减小。

（十）数份遗嘱冲突裁判要旨

《民法典》第1142条规定，遗嘱人可以撤回、变更自己所立的遗嘱。立遗嘱后，遗嘱人实施与遗嘱内容相反的民事法律行为的，视为对遗嘱相关内容的撤回。立有数份遗嘱，内容相抵触的，以最后的遗嘱为准。

《民法典》出台之前，公证遗嘱具有优先于其他遗嘱的效力，但《民法典》取消了公证遗嘱的优先效力。

1. 被继承人在短时间内分别签署多份内容截然相反的遗嘱，因无法确认立遗嘱本人真实意愿，对数份遗嘱均不采纳，按法定继承予以分割

在（2019）闽02民终1269号判决中，法院认为：双方各提供的遗嘱和声明，均产生于钟某某病重期间，且在短时间内钟某某分别签署多份打印生成的、内容截然相反的遗嘱及声明，难以确认遗嘱和声明系钟某某本人的真实意愿。对于一审法院审理认为：钟某某针对讼争房产份额分配及遗嘱等内容分别于不同场合作出不同的声明陈述，且其陈述并无其他证据加以佐证，对双方各自提供的遗嘱及声明均不予采纳，二审法院认为该判决符合实际情况，并予以支持。故对钟某某的遗产按法定继承予以分割。

2. 违反遗嘱人与第三方关于限制或禁止变更遗嘱的在先合同约定导致不能按见证遗嘱继承的

在（2018）沪0115民初29286号判决中，法院认为：被继承人李某某、沈某某与

第三人幸福人寿公司签订的《幸福房来宝老年人住房反向抵押养老保险(A款)合同》以及被继承人李某某、沈某某,被告沈某某与第三人幸福人寿公司签订的《幸福房来宝老年人住房反向抵押养老保险(A款)合同》之《补充协议》系各方当事人真实意思表示且不违反法律规定,故各方当事人均受合同内容的约束行使权利、履行义务。根据《补充协议》第4条约定:投保人保证并承诺,本协议经签订生效并公证后,本协议附件遗嘱为其生前立下的最终遗嘱,除非事先通知并征得保险人同意,将不再就主险合同项下的抵押房屋及相关权益作出不同的遗嘱或者赠与等处分行为。可见,保险合同附件遗嘱即2016年10月26日被继承人李某某、沈某某在上海长宁公证处所立公证遗嘱为两人最终的遗嘱。现被继承人李某某在《幸福房来宝老年人住房反向抵押养老保险(A款)合同》签订后,未经保险人同意,擅自将保险合同附件遗嘱予以撤销(2017年9月1日被继承人李某某至上海市长宁公证处对《撤销遗嘱声明书》公证,《撤销遗嘱声明书》内容为:李某某,男,一九三一年九月八日出生,公民身份号码:××××××××××××××××××。本人,李某某,于2016年10月26日立有公证遗嘱[公证书编号:(2016)沪长证字第××××号],现经本人郑重考虑,声明如下:本人声明撤销上述公证遗嘱。以上声明系本人诚实自愿作出,本人承担由此产生的一切法律责任 2017.9.1。上海市长宁公证处于2017年9月4日对此出具公证书),并委托律师另行设立代书遗嘱的行为,违背了合同的约定。被继承人李某生是完全民事行为能力人,在订立《幸福房来宝老年人住房反向抵押养老保险(A款)合同》时应当清楚合同的内容,其签订合同即表明认可合同的内容,亦表明了其放弃撤销附件遗嘱并另行订立遗嘱的权利,因此其之后所立代书遗嘱对被告沈某某及第三人幸福人寿公司并无约束力,否则即突破了合同相对性。在保险合同未解除抑或是保险人未同意变更遗嘱情况下,仍应按保险合同附件遗嘱的内容发生继承而非按律师所立代书遗嘱继承。

3.“后订立的遗嘱”不可变更先前由遗嘱人与继承人之间达成的有关赡养、抚养权利义务的家庭内部协议

在(2017)沪0115民初56595号判决中,法院经审理后认为:被继承人杨某富、赵某娣与原告、被告签订的《人民调解协议》以及协议书均是当事人真实意思的表示且不违反法律规定。因协议书订立的时间晚于《人民调解协议》,且明确“其他签订的协议均作废,以本协议为准”,故当事人均应当按照协议书的内容履行。本案争议的焦点是被继承人赵某娣在协议书后所立的代书遗嘱是否能够对抗协议书。从协议书的内容看,不仅约定5名子女对被继承人过世后房屋的分配方案,亦约定5名子女在被继承人生前对其负有的赡养、照顾义务。原告、被告也实际按协议书

履行赡养、照顾被继承人的义务,因此,此协议是一种具有对等权利义务内容的家庭内部约定,对所有家庭成员都具有了法律约束力,故在未经家庭成员同意的情况下,被继承人无权通过遗嘱方式擅自变更上述协议中约定的财产处分内容。如果擅自变更,便既突破了合同的约束力,也无法体现公平性。综上分析,赵某娣代书遗嘱不能对抗协议书,法院根据协议书的约定,判定房屋产权份额由5名子女平均继承。

(十一)遗嘱性条款效力裁判要旨

现实生活中常会出现这种情形,被继承人与他人达成某种协议,该协议并非被冠之以"遗嘱",却涉及被继承人去世后遗产如何处理的条款,我们将这样的条款称为遗嘱性条款。比较常见的情形是,夫妻双方在离婚协议中约定一方去世后将财产指定给子女继承,或在夫妻财产约定中确定一方去世后财产由另一方继承。

1. 法院一般认可遗嘱性条款的效力

辽宁地区的案例中,对于遗嘱性条款,除非有其他无效的情形,法院一般认可此类条款的效力,将被继承人的遗产按此类条款确认遗产的归属。值得注意的是,针对遗嘱性条款,如果被继承人在确认财产归属的同时附有一定条件的,例如,一些分家书或赡养书中明确被继承人随小儿子共同生活,由小儿子负责生活起居,被继承人身故后,该房产由小儿子继承。针对类似情形,大部分法院的判决是将共同生活作为对老人赡养和扶养的一种约定,不将其作为后续的遗产继承的条件。至于老人最终是否一直与小儿子生活,与小儿子继承父亲的遗产不具有直接的联系,在不具有其他导致小儿子丧失继承权的因素时,即便小儿子并未与老人共同生活,亦未对其生活起居进行照料,小儿子也当然依据上述条款的约定享有遗产继承权,除非被继承人在后期以遗嘱或其他遗嘱性条款的形式撤销或变更小儿子的继承权。其理由是:如被继承人将共同生活作为遗嘱生效以及遗产归属的条件,则在子女未满足与老人共同生活时,老人可以通过撤销或变更该子女对该项遗产的继承权来阻却之前遗嘱的生效。如果老人未对原遗嘱进行变更,则推断其真实的意愿仍是将该项遗产归属原确定的继承人继承。但也有例外,一些法院在针对此类约定时,将共同生活作为遗嘱的生效条件,如该继承人未按分家书或赡养书约定与被继承人共同生活并对其进行照料,则视为其中的遗嘱性条款因生效条件未达成而未发生法律效力,则被继承人的遗产按照法定继承的规定在第一顺序继承人之间进行分配。

在陕西地区,在(2018)陕0402民初556号、(2018)陕04民终1537号、(2017)

陕0115民初3179号、(2018)陕01民终8113号、(2017)陕0103民初8311号和(2018)陕01民终6969号判决中,法院均认定被继承人在婚前协议、夫妻财产协议等协议中对其财产的处置有效。法院依照双方夫妻共同财产协议的内容先对被继承人的遗产范围进行区分,该处置对财产的继承也产生了影响。

(1)有些法院认为只要能证明遗嘱性条款系被继承人真实意思,法院便认定为有效,对条款的性质不做讨论。在(2017)川0703民初3447号判决中,法院认为:三兄弟姊妹为了遗产对簿公堂,这绝对不是逝者李某洲愿意看到的局面。本案争议的焦点在于,2010年9月23日《家里开会决定》的内容是否可以覆盖2010年9月12日李某洲遗嘱的内容,是否是对原遗嘱内容的一个变更?参照四川鼎城司法鉴定中心的(2017)文鉴字第0227号鉴定意见书结论,原告不认可李某洲签名和认为《家里开会决定》的一、二段与三、四段系不同的人书写的观点均被该份鉴定书结论所否定,故法院推定:2010年9月23日的《家里开会决定》内容是当事人各方的真实意思表示。原告的诉讼请求法院不予支持。鉴于二被告当庭并未提出反诉请求,本案对遗产的分割暂不做分割处理。

(2)有些法院根据或者结合原《继承法》对于遗嘱表现形式的规定,对遗嘱性条款的效力进行认定。在(2017)川0113民初961号、(2018)川01民终17004号判决中,法院认为:当事人主张按夫妻协议中相关内容处理遗产的,因夫妻协议中对于遗产的处理属于遗嘱范畴,应按照原《继承法》的相关规定对其效力予以评价。打印的夫妻协议应当以遗嘱的制作过程作为认定依据,无法查明该份遗嘱系何人印制的,不应认定为有效的遗嘱。

在(2017)豫1302民初3417号判决中,法院认为:离婚协议中指定遗产继承人,即便在自书遗嘱和代书遗嘱形式要件上存有瑕疵,只要不违反法律禁止性规定,应为有效。

在(2017)川0302民初1875号判决中,对于婚内财产夫妻通过《夫妻合约书》约定:"兹有再婚夫妻张某、周某良于2008年在自贡大安区源盐站购得一套房屋价值6万元含装修费,属夫妻共同出资所买;为防止今后房屋有变动,共同出资所买的房子也有一人一半的财产分割权,如夫妻双方在人生旅途中,有一方不测后应由在世的一方,妻或夫补偿现买房的市场价一半的钱款5万元给合法继成(承)人子:李某、女:周某,特立此据。最后,经过我夫妻协商,同意这个合约的产生,并遵守合约书的内容执行。"法院认为:双方签订的《夫妻合约书》虽有"各自的财产由各自子女继承"的意思表示,但不具有原《继承法》所规定的、严格意义的遗嘱特征,不具有遗嘱效力。

在(2019)川1304民初99号判决中,法院认为:被继承人生前与他人签订的协议中虽然没有被继承人亲自注明的年、月、日,在遗嘱形式上存在欠缺,但是有被继承人的签名(捺印),亦有同室病友的签字,应认定该协议为被继承人的真实意思表示。从内容显示,协议前部分主要是对被继承人生前费用的分担和死后遗产三姐妹的分割,后部分为对"生前三姐妹共养,生后房产必须由三姐妹共有"的约定,从该内容看该协议属附义务的遗嘱。庭审查明三原告(三姐妹)履行了协议上的义务,因此,应认定该协议合法有效。

2. 遗嘱性条款被认定为无效或者部分无效的案例

在(2019)闽06民终911号判决中,1994年7月28日,李某施与陈某根在离婚登记申请书财产处理一栏载明:漳州市行政干校三楼宿舍一套归陈某根。其他协议载明:漳州市干校三楼宿舍一套,陈某根百年以后产权及使用权全部由女儿陈某继承。上述内容均由李某施书写,陈某根及李某施在该离婚登记申请书上签名。同日,李某施与陈某根达成协议附件:自离婚后陈某根再婚,干校宿舍要由再婚后夫妻住至百年以后由陈某继承。该协议内容亦由李某施书写,李某施、陈某根均在该协议附件上签名。福建省漳州市中级人民法院认为:本案中,李某施与陈某根约定的是对夫妻共有财产的分割,即讼争房屋归陈某根所有,但附有陈某根将来应通过遗嘱继承的方式将讼争房屋指定由婚生女陈某继承等条件,而不是直接体现为陈某根立下的遗嘱。陈某根并未根据离婚协议的约定立下遗嘱指定由陈某继承讼争房屋,故陈某主张遗嘱继承讼争房屋,该房屋应归其所有,亦没有事实依据,不予采纳。但离婚协议对于双方均有拘束力,若陈某根违背离婚协议及其附件的义务另立遗嘱由他人继承,李某施有权根据协议对其提起诉讼主张权利。

在(2017)川0106民初4502号判决中,继承人之间签订《关于照顾好母亲晚年生活的协议》,内容如下:"由于母亲年事已高,身体渐差,身边需要子女照顾。为最大限度地世(使)母亲生活在平稳祥和的环境中,签订本协议。一、经母亲同意,新某愿意搬进来照顾母亲的生活。母亲每月给予新某人民币800元包干使用,主要用于生活费、水、电、气、电话及保姆费。医疗费及服装费等另外列支。母亲可以自由使用空调、电话、电视机等。……五、交大北园××栋×单元×号之房屋产权仍按父母意见办。其房屋产权及相关权益均归新某所有。待办理房产过户手续时,其余兄弟姐妹给予协助。(仅限于房产权益,不涉及其他动产)六、新某尽最大努力使母亲生活快乐,其他子女同样有尽孝的责任、义务……并由兄弟姐妹六人共同担保本协议的实施。"法院认为:在被继承人死亡前,继承人之间达成的对被继承人晚年生活的安排,约定被继承人财产归属的协议因处分了他人权利而无效。

在(2017)川0302民初107号判决中,法院认为:本案中,原告荣某1与被告荣某3签订协议时,其协议所涉及财产的所有权人均在世,依据《继承法》第2条①“继承从被继承人死亡时开始”的规定,二人无权对涉案财产进行处理,故双方协议对无权处理财产部分的约定无效。

在(2016)黑1004民初380号判决中,法院认为:被继承人生前所写的声明虽具有遗嘱性质,但与此前经公证的《婚前财产公证》的内容相冲突,因而无效。

在(2017)黑1282民初849号判决中,所有继承人于被继承人去世前达成分配被继承人遗产的“协议”,但被继承人未在协议上签名,且该“协议”是关于遗产分配的“协议”,法院认为按照法律规定,被继承人没有处分该财产的权利,该协议既不符合遗嘱继承的法律规定,也不符合遗赠扶养协议的法律规定,从而认定该“协议”无效。

① 《继承法》已废止,本条内容参见《民法典》第1121条。

北京市法院审理继承案件裁判要旨总梳理

一、北京市继承案件概况

(一)数据统计

简介内容包括:统计对象、地域范围、法院级别、时间区间、案件来源、检索条件、审理程序、案件数量、具体数据采集时间、统计目的、统计标准、统计人员等信息。

统计对象:继承类纠纷案件,具体包括法定继承纠纷、遗嘱继承纠纷、遗赠纠纷、遗赠扶养协议纠纷、被继承人债务清偿纠纷和分家析产纠纷。

地域范围:北京市。

法院级别:各区县基层人民法院及各中级人民法院。

时间区间:2017 年 1 月 1 日至 2019 年 12 月 31 日。

案例来源:Alpha、威科先行、无讼、聚法。

检索条件:关键词"继承纠纷""分家析产"等;文书类型"判决书"。

审理程序:一审判决(包括全部支持、部分支持)、二审判决(包括维持原判)。

案件数量:4000 件左右。

具体数据采集时间:2020 年 2 月 8 日至 2020 年 2 月 21 日。

(二)典型案例

在本次继承类纠纷案例第一轮的数据统计中,我们从法定继承、遗嘱继承、被继承人债务清偿纠纷、分家析产纠纷、遗赠纠纷等案由中选取了 8 个典型案例的裁判规则,这些案例的审理程序包括一审程序与二审程序。

1. 在(2018)京 03 民终 11746 号法定继承纠纷案中,继承人放弃继承的意思表述需要清晰直白,而本案中继承人"我的那份给其他继承人"的声明不构成对继承的放弃,而构成赠与。

2. 在(2019)京 02 民终 9943 号遗嘱继承纠纷案中,代书遗嘱中若讲明了因病书写困难,以及不能签字的原因,另外以按手印的形式代替签名,且在遗嘱中予以明示,则手印与签名效力等同,代书遗嘱合法有效。

3. 在(2019)京 02 民终 8790 号继承纠纷案中,政策性福利所对应财产价值的个人部分应作为被继承人的遗产予以继承,如购买作为遗产的房屋时依国家有关政策折算了被继承人的工龄并因此减少的购房款数额。

4. 在(2019)京 02 民终 5514 号继承纠纷案中,夫妻一方亲笔书写的共同遗嘱符合原《继承法》关于自书遗嘱的形式要求，另一方在共同遗嘱上签名或按捺的，并标注签名日期的，可以认为共同遗嘱的形式要件已经成就。

5. 在(2018)京 0114 民初 1380 号被继承人债务清偿纠纷案中，继承人出资购给被继承人的房产，在未表示购房出资款为借款的情况下，不得在被继承人死亡后在房产作为遗产继承给其他继承人时要求其他继承人在继承的范围内承担购房款的连带清偿责任。

6. 在(2018)京 0108 民初 48863 号被继承人债务清偿纠纷案中，若唯一继承人对遗产的放弃继承会致使遗产处于无人管理状态，导致债权人的债权无法得到有效维护，损害债权人的合法权益，则继承人在庭审中主张放弃继承权的声明属于无效行为。

7. 在(2017)京 0107 民初 5980 号析产纠纷案中，继承人对被继承人的原有房屋进行翻建，被继承人仍享有翻建后房屋的相应财产权利，该份财产权利可作为遗产由其所有继承人继承。在分家析产中，其余继承人有权得到这部分遗产。

8. 在(2019)京 03 民终 15760 号遗赠纠纷案中，在鉴定机构因检材特征不足、样本写法不同等原因无法对遗赠书进行鉴定时，法院依据继承人中其中一位的证词认定遗赠书的真实性。

在汇总北京市继承类纠纷案例的相关数据后，我们需要学习和借鉴的裁判要旨有：

1. 判断遗嘱是否为缺乏劳动能力又没有生活来源的继承人保留必要遗产份额的前提是对遗嘱的实质内容进行分析。只要遗嘱人在处分遗产时为缺乏劳动能力又没有生活来源的继承人今后的生活作出了特别安排，即使形式上没有指定其继承遗产，亦不应当认定遗嘱人未为缺乏劳动能力又没有生活来源的继承人保留遗产份额。

2. 遗嘱人生前以赠与方式处分遗嘱中所列部分财产的，应视为遗嘱被撤销或部分撤销。

3. 财产共有人立遗嘱处分自己财产的部分有效，处分他人财产的部分无效。

4. 经律师见证的遗嘱因不符合法律规定的形式要件被确认无效，致使遗嘱受益人蒙受经济损失的，律师所在的律师事务所应当承担责任。

5. 遗嘱人在遗嘱中约定给继承人的房屋在遗嘱人死亡前已被拆除，但遗嘱人并未因此修改遗嘱的，遗嘱人死亡后，遗嘱中确定的原房屋继承人不能以原房屋被拆迁后所得补偿房屋或补偿款为原房屋的变更物主张继承。

6. 认定受遗赠人“知道受遗赠后六十日内”中“六十日”的最早起算点应是从被

继承人死亡之日起算,如果受遗赠人在被继承人死亡后才得知遗赠之事,应当在知道受遗赠后60日内作出接受或者放弃受遗赠的表示。

7. 精神损害抚慰金赔偿的请求权,原则上不得让与或者继承。但赔偿义务人已经以书面方式承诺给予金钱赔偿,或者赔偿权利人已经向人民法院起诉的除外。

8. 同居关系一方当事人对对方遗产不享有继承权;但属于事实婚姻的,在一方死亡后,另一方可以配偶身份享有继承权。

9. 保险金能否作为被保险人遗产,首先需要看保险金的类型。如果是人身保险金则看被保险人是否指定了受益人。指定了受益人的,被保险人死亡后,其人身保险金应付给受益人;未指定受益人的,被保险人死亡后,其人身保险金应作为遗产处理,可以用来清偿债务或者赔偿。如果是财产保险,因财产保险不存在指定受益人的问题,故而属于被保险人的遗产。

10. 房屋重置成新价作为遗产继承的,各项补偿、补助、奖励及周转费属于被安置人,遗嘱处分房产只与房屋重置成新价有关,与其他各项补偿、补助、奖励及周转费无关。

11. 按成本价或标准价购买公房时,依国家有关政策折算已死亡配偶一方工龄而获得政策性福利的,该政策性福利所对应财产价值的个人部分应作为已死亡配偶的遗产予以继承。

12. 工龄被量化为一定的经济价值作为购房的出资时,属于财产性利益,其对应的价值由继承人继承。

在对数据的二轮研读中,我们分类提炼出继承析产案件更详细具体的裁判要旨,在后面的内容中会做详细解读。

二、继承房产分割与处理规则

继承析产案件中,房产纠纷案件是继承纠纷案件类型中数量最大、争议最多的案件,涉及房产类型主要有商品房、公房(公租房、公产房)、房改房、自建房等。除了房产本身的纷争之外,房屋拆迁涉及的拆迁权益尤其是拆迁款,是房产继承析产案件中的焦点问题、争议最突出的问题。另外,房屋租金的继承析产也比较集中。以下分别就商品房、房改房和公房、法定继承中自建房以及房屋拆迁权益及拆迁款与房屋租金析产继承案件分类梳理出如下裁判要旨。

(一)商品房析产继承裁判要旨

1. 一般规则

继承开始后,按照法定继承办理;有遗嘱的,按照遗嘱继承或者遗赠办理。对被继承人尽了主要扶养义务的继承人,分配遗产时,可以多分。继承人以外的对被继承人扶养较多的人,可以分配给他们适当的遗产。

同一顺序继承人继承遗产的份额,一般应当均等。对生活有特殊困难的缺乏劳动能力的继承人,分配遗产时,应当予以照顾。对被继承人尽了主要扶养义务或者与被继承人共同生活的继承人,分配遗产时,可以多分。继承人协商同意的,也可以不均等。

以下是在研读案例时,通过对商品房析产继承案件的梳理,对在没有遗嘱情况下,发生法定继承时,法院对商品房析产继承裁判规则几个特殊问题的裁判观点的汇总。

2. 城市住宅平房翻建、改扩建的继承

(1)拆迁时以面积为安置标准计算所转换的房产,家庭成员有出资证明,对房屋翻建有一定的贡献的,发生继承时会酌情予以多分。

在(2015)海民初字第21566号判决中,法院认为:拆迁时90号院内的房屋权属应为:北房4间系陈某和欧某夫妇所留遗产,此二人生前未立有遗嘱或遗赠扶养协议,应由其法定继承人按照法定继承处理。基于五被告提供的证人证言,以及欧某4一家一直与欧某夫妇共同生活的事实,可以认定欧某4对于房屋的建设有较大贡献,故本院将在考虑欧某4建房出资出力及其与父母共同居住等情节的基础上,酌情判定其多分遗产。尽管欧某4翻建原东房2间和原西房2间,但二原告就此所享有的继承权利并不因此灭失,五被告应就原东房2间和原西房2间的残值向二原告予以补偿。至于欧某4翻建后的东房和西房、自建的南房、封院等,均发生于欧某去世后,与二原告无关。另外,尽管欧某4一家长期在90号院居住生活,并在该院落内新建、翻建房屋,但由于五被告均非农业家庭户,无法自行取得90号院的宅基地使用权,故该宅基地区位补偿亦应按上述继承比例分配。本院根据具体情况,结合二原告继承的房屋面积,确定2502号房屋归二原告和五被告共有,其中,二原告享有该房屋61.75%的份额,五被告享有该房屋38.25%的份额。二原告应得拆迁补偿款和拆迁补助费扣除2502号房屋购房款、五被告已经支付的10万元后余款应由五被告予以补偿。

(2)拆迁时以实际居住人口数量对应补偿面积为安置标准,不改变整体所得补偿利益,亦不能改变安置房屋的归属。

在(2017)京0116民初7126号判决中,法院认为:关于房屋重置成新补偿及装修、设备、附属物的补偿。其中,北房的房屋重置成新补偿法院按照上述宅基地区位补偿的原则予以分配,对于其他房屋的重置成新补偿及其相应奖励以及附属设施补偿法院结合双方当事人的陈述酌情予以分配。关于搬迁补助费及搬迁奖励费的补偿,因上述补偿系针对房屋实际居住人即实际腾退人给予的补偿,王某4、王某5、王某1、刘某、刘向某、刘亚某、刘祖某、高某3、高某1、高计某、高某2无权主张分配。关于租房补贴、燃气入户费及集体配合奖励。租房补贴系针对房屋实际居住人配合拆迁政策给予的补偿,王某4、王某5、王某1、刘某、刘向某、刘亚某、刘祖某、高某3、高某1、高计某、高某2无权主张分配。但集体配合奖励系针对宅基地使用权给予的补偿,燃气入户费亦与宅基地补偿利益中的回迁安置房屋有关,王某4、王某5、王某1、刘某、刘向某、刘亚某、刘祖某、高某3、高某1、高计某、高某2有权要求分配,分配原则亦与宅基地区位补偿利益分配原则一致。因拆迁补偿款已实际发放至周某名下,故周某应将属于王某4、王某5的拆迁补偿利益返还给王某4、王某5。

(3)系继承人出资建房且有证据证明继承人参与翻建扩建等相关手续的,继承人享有房屋所有权。

在(2015)密民初字第364号判决中,法院认为:涉案被拆迁房屋在项某与张某死亡后并未进行实际分割,相关继承人亦未明确表示放弃继承,上述房屋被拆迁后,对安置房屋及其他财产亦未进行析产分割,故不应认定本案超过诉讼时效;×村原有院落中北正房五间于1989年由被继承人项某、张某主持翻建,应当认定北正房五间属项某、张某、项某2、项某1、项某3共同所有。在对涉案房产分割时,应首先析出共有人的各自份额后,对属于项某、张某的房屋份额,由各继承人按份继承,现原有房屋已被拆迁,争议遗产转化为本案当事人争议的房屋及现金,故该房屋及现金中应有部分属于项某、张某遗产,至于项某、张某及其他当事人各自应有的份额,由本院依据现有证据材料并考虑当事人在建房时的年龄及经济状况等因素予以酌定;本院依照法定继承处理,原告、被告均有权作为第一顺序继承人继承遗产,因项某2系残疾人,缺乏劳动能力,故在分配遗产时,对其适当予以照顾;此外,因该房屋为整体建筑,且该房产现由项某3、李某占有、使用,该房屋现无房屋产权手续,故将房屋判归项某3、李某居住、使用,由其二人向其余当事人支付财产折价款为宜。

(4)有证据证明就翻建扩建的出资及利益分配与被继承人达成一致协议,法院依协议约定判决。

在(2014)昌民初字第4065号判决中,法院认为:关于协议书的效力。根据任某3提交的录像显示,李某在协议书签订时精神状态良好,语言表达清晰,且见证人王某3、王某4均系与任某3无利害关系的邻居,故法院确认协议书系李某的真实意思表示,合法有效。该协议书显示,李某认可2003年所翻建房屋系由任某3出资所建,且李某已将其对房屋的所有权利均赠与任某3,并由任某3照顾其日常起居。关于房屋。本案中,任某4于1996年去世,任某4与李某于1978年所建房屋的一半份额系任某4之遗产,并未予以分割和继承。2003年任某3出资将老房翻建,任某1和任某2虽主张对翻建房屋出资出力但未提交有效证据予以证明,根据协议书和任某3的证人证言,本院确认翻建房屋系任某3出资,任某1和任某2未出资,但根据任某1和任某2的主张,其二人是知晓并同意任某3翻建房屋的。由于任某4与李某所建老房已不存在,翻建的房屋亦系任某3出资,故任某1和任某2要求分割任某3所翻建房屋的主张,法院不予支持。但由于任某4去世时其遗产未进行分割和继承,且任某3系对老房进行翻建,故任某3应当对任某1和任某2进行适当补偿,数额方面,法院考虑农村继承传统、老房的建筑面积、建筑年代及本案的事实情况酌定为任某3给付任某2和任某1每人各10,000元。

(5)夫妻共同翻建扩建的按共同财产,配偶去世后被继承人自己出资修建的房屋所对应的部分归被继承人单独享有。

在(2017)京0108民初13838号判决中,法院认为:关于××号院内房屋的权属争议。××号院落宅基地及院落中北房系王某与刘某5(已故)婚姻关系存续期间取得的,故××号院落中原有北房应属王某与刘某5的夫妻共同财产。此后,王某曾申请对××号院内房屋进行翻建扩建,刘某2、崔某主张1985年与王某共同出资,且于1993年、1998年、2001年三次出资对××号院内房屋进行了扩建翻建。由刘某2、崔某提交的录像可知,王某确认了刘某2、崔某1985年、1993年、1998年出资翻建扩建房屋的事实,且刘某2、崔某亦为建房申请时的家庭成员,故应当视为刘某2、崔某与原房屋权利人王某、刘某5形成了新的共有关系,被拆迁房屋应属王某、刘某5、刘某2、崔某的共有财产。本案中,拆迁安置房系对被拆迁房屋内实际居住人员居住权利的保障。本案中,刘某5在拆迁时已经去世,故刘某5并不享有购买拆迁安置房的权利,王某购得的拆迁安置房屋应为保障其自身居住权利而取得,应为王某的个人财产,购房后剩余的拆迁款项中仍含有刘某5的拆迁所得。

(6)不能确认物权归属,其后续翻建的房屋未经合法审批,没有相关房产权属证明,且已经列入腾退范围,不具备继承条件。

在(2016)京0107民初16463号判决中,法院认为:本案诉争房产经过翻建,已在物权形态上发生改变,翻建过程中,除被继承人外的其他家庭成员对房屋价值的添附、混同享有合法权益,故在本案中应先析分出其他家庭成员的财产份额,然后就属于被继承人份额部分发生继承,在析分涉诉房产时应当根据现有房屋状态及权利人贡献大小及实际居住使用情况进行综合考虑。现北房四间有合法审批手续,本院对上述房屋所有权进行处理,其他房屋,即东房二间、西房二间、水房一间、北侧小房(含卫生间、锅炉房、小厅)均无合法审批手续,故本院仅对房屋居住使用权进行处理。过道、门厅不属于可以居住的房屋,本院依法不予分割。另外,本判决内容不代表对未经审批所建房产合法性的认定,不能以此对抗行政处罚、不能作为产权归属证明或拆迁依据等。

3. 房屋加装部分作为遗产的分配

(1)单独作为一项费用合计到拆迁补偿款进行分配。

在(2015)大民初字第1245号判决中,法院认为:本院生效的(2010)大民初字第9315号民事判决书判决×号院内《房屋拆迁补偿价格结果通知单》中载明的6号房的有关拆迁利益归甄某、孙某所有。根据协议内容,6号房屋对应的拆迁利益包括房屋重置成新价、装修设备及附属物补偿、搬家补助费、房屋周转补助费,经本院计算上述该项补偿款项共计124,965.60元。对于孙某协议中的区位补偿款项,本院认为孙某、甄某不能分割。理由如下:第一,从拆迁协议中的补偿对象来看,主要包括对于房屋的补偿(重置成新补偿、装修附属物补偿)、对于宅基地的补偿(区位补偿价款)和其他补偿(搬家补助费、周转费等)三部分……在(2010)大民初字第9315号案件中,甄某和孙某请求80%拆迁利益的主要理由就是二人对于宅基地享有使用权,据此其主张应取得大部分拆迁利益。本院最后仅判决6号房屋的有关拆迁利益归甄某和孙某,并没有判决该房屋所坐落的宅基地的拆迁利益归二人所有。因此该判决没有支持二人对于孙某协议中的宅基地相关补偿利益的主张。

(2)作为评估对象纳入被征收房屋重置成新价及附属物补偿价中进行分配。

在(2016)京0108民初39324号判决中,法院认为:《玲珑巷项目腾退搬迁补偿安置方案》第6条规定:"腾退搬迁补偿方式,本项目采取宅基地置换和货币补偿等方式供被腾退人选择。(一)宅基地置换方式:……(二)货币补偿标准:……(三)补助。1. 周转补助费……2. 装修补助费:按协议约定的安置房建筑面积计算,一次性给予600元/平方米补助。3. 空调拆装费:……4. 有线电视移机费:……8. 外迁补助……关于高某4取得诉争24号院之腾退搬迁补偿款、安置房的分割具体处理如下……"房屋腾退搬迁补偿实行合法宅基地面积置换,即按原宅基地占地面积

1∶1 置换安置房建筑面积，装修补助费系按照安置房建筑面积计算，高某 1、高某 2 享有的相关利益亦应包括安置房屋及装修补助费。根据房屋的历史演变、对房屋贡献等情况，本院酌情判定高某 1、高某 2 各享有装修补助费 2400 元。

4. 城市成套住宅、住宅平房所有的分割

（1）购房时曾出资，结合对房屋的贡献情况，继承人可适当多分。

在（2018）京 0105 民初 88943 号判决中，法院认为：根据拆迁安置政策规定，安置原则为按照原住房建筑面积予以补偿安置，就地安置标准为拆除成套住宅房屋，按照原住宅户型予以安置，其安置房建筑面积不低于原房屋建筑面积。安置的房屋仅与原住房面积和户型有关，并非按照安置人口的多少计算安置面积，人口的多少仅涉及对超出部分的购买价格。周某 2、曾某 1、曾某 2 作为被安置人口，虽不享有安置房屋产权，但对房屋购房款优惠具有一定贡献，房屋产权人周某去世后，其法定继承人应当在继承安置房屋前对上述三人进行相应的补偿，具体数额本院综合考虑安置政策、房屋现值、优惠金额等因素酌情予以确定。

（2）继承发生后，根据房屋实际居住情况，实际居住人继承房产，并支付房屋折价款给其他继承人，其他人协助办理所有权人转移登记手续。

在（2014）朝民初字第 37360 号判决中，法院认为：该房屋系对马某 1 取得的拆迁安置房屋，该房屋购买时使用了马某 1 和杨某 5 的房屋安置指标，购房款亦从被继承人的拆迁补偿款中直接支付，且从被继承人拆迁之后购买回迁安置房的整体情况来看，该房屋亦未使用其他安置人的购房指标，故应当认定为马某 1、杨某 5 的遗产。关于该房屋的继承方式，该院认为：遗产分割应当有利于生产和生活需要，不损害遗产的效用。考虑到该房屋系拆迁安置所得，现房屋坐落位置、房号等信息已经具体明确，从最大限度发挥遗产效用，减少当事人不必要的诉累等角度考虑，本院认为该房屋在继承时以进行实物分割为宜。综合考虑各继承人关于该房屋分割的意见，本院认为应将该房屋的相关权益判归杨某 4 所有为宜，并由杨某 4 对其他继承人进行折价补偿。杨某 4 同意按照每平方米 20,000 元的标准对其他继承人进行补偿，本院对此不持异议。

（3）各继承人之间的口头协议，发生继承时，继承人不承认口头协议内容，口头协议无效。

在（2017）京 0106 民初 32948 号判决中，法院认为：孙某称拆迁后其与李某 1、李某强曾口头约定分割拆迁款事宜，未向本院提供相关证据证明，现李某 1 对此不予认可，而李某强已去世，故对孙某的此项辩称，本院不予采信。综上所述，对李某 1 要求孙某、李某 2 支付其 2,901,390.39 元的诉讼请求，本院予以部分支持。

(4)关于房屋份额及归属,或继承人放弃继承权等有书面协议的,法院按协议约定判决。

在(2018)京0108民初25862号判决中,法院认为:郭某8与郝某去世后,房屋应属二人的遗产,在二人未留有遗嘱的情况下,对该套房屋的分割应按照法定继承办理,由郭某9、郭某1继承。郭某9去世后,其继承遗产的权利转移给他的合法继承人,即郭某3、郭某4、赵某、郭某2、张某、郭某5、郭某6、郭某7。郭某8去世后,郭某9与郭某1就郭某8、郝某的遗产分配达成了书面协议,二人均签字确认,郭某3虽不认可该协议书的签订时间,但未提出反证,且其认可该协议书为郭某9所签。郭某3辩称该协议侵犯了其在涉案房屋中的权利,本院认为郭某9、郭某1才是郭某8与郝某的第一顺位继承人,对郭某8与郝某遗留的财产有合法的处置权利。同时,郭某9作为郭某3的父亲,理应对郭某3与郭某8与郝某的关系及财产情况较为了解。在此情况下,郭某9仍与郭某1签署协议书,该协议应为二人的真实意思表示,应遵照履行。按照协议书的约定,房屋应由郭某1继承。

(二)房改房和公房继承裁判要旨

1. 关于房改房的继承问题

房改房,是指本单位将自有的公房,以货币分配方式出售给职工,职工以标准价或成本价购买,从而对其享有部分产权或全部产权的住房。购买房改房的职工通常享受了工龄折扣、付款折扣及税收方面的优惠。因为房改房的特点导致房改房继承有一定的特殊性。因此,司法实践中,对于房改房的继承,一般按照以下几个原则处理:

(1)在婚姻关系存续期间,使用了配偶的工龄购买房屋并取得产权的,所购房屋的性质为夫妻共同财产。其中一半为一方个人财产,继承时先析出一半份额,另一半作为被继承人的遗产继承。

在(2017)京0108民初33404号判决中,法院认为:遗产是公民死亡时遗留的个人合法财产。根据诉争房屋的档案,诉争房屋系张某4、徐某于婚姻存续期间购买并取得的产权,购买该房屋时亦使用了二人的工龄,因此诉争房屋系张某4与徐某的夫妻共同财产。张某4生前未留遗嘱,故诉争房屋中属于张某4遗产的1/2应由第一顺位继承人徐某、张某6、张某2、张某3依法继承。张某6后于张某4去世,故张某6应继承张某4遗产的权利转移给其法定继承人刘某、张某1。徐某后于张某4去世,故徐某应继承张某4遗产的权利转移给其继承人张某2、张某3。

(2)婚姻关系存续期间以标准价购买房屋,一方去世后存在标准价转成本价购房补差价情况，法院综合考虑标准价转成本价购房补差价的数额、折用另一方工龄等情形，认定所购房屋为夫妻共有财产。其中一半为一方个人财产，另一半作为被继承人的遗产继承。

在(2017)京0106民初2282号判决中，法院认为：808号房屋系索某某和谷某某在夫妻关系存续期间以标准价购买，虽然在谷某某去世后不到两年期间存在标准价转成本价购房补差价情况，但综合考虑标准价转成本价购房补差价的数额、折用谷某某工龄等情形，法院认定808号房屋为索某某和谷某某夫妻共有财产，其中一半为索某某的个人财产，另一半作为谷某某的遗产。

(3)已死亡配偶一方，按成本价或标准价购买公房时，依国家有关政策折算了已死亡配偶一方工龄而获得政策性福利的，该房产为一方个人财产。该政策性福利所对应财产价值的个人部分应作为已死亡配偶的遗产予以继承。

在(2018)京0108民初43928号判决中，法院认为：按成本价或标准价购买公房时，依国家有关政策折算已死亡配偶一方工龄而获得政策性福利的，该政策性福利所对应财产价值的个人部分应作为已死亡配偶的遗产予以继承。本案诉争房屋系在崔某6去世多年后购买，应属王某的个人财产，以崔某6工龄而获得的财产价值属崔某6的遗产，由王某、崔某3、崔某1、崔某4、崔某2继承。

在(2018)京0108民初49249号判决中，法院认为：×1号房屋系王某7去世多年后，朱某以个人名义购买，虽然在购买时使用了王某7的工龄，导致了购房款的降低，但不因使用工龄购买就直接导致房屋权属变更，而认定房屋为王某7与朱某的共同财产，该房仍应属朱某的个人财产。然而，工龄优惠具有一定的经济价值，属于财产性利益，使用工龄使得在购买房屋时，实际购买价低于原购买价，因此，应通过计算确定因使用工龄而减少的费用在房屋增值中所占的比例，以此确定使用死去配偶工龄购房所对应的财产权益。本案中，法院根据《单位出售公有住房房价计算表》记载的内容，确定房屋购买时因王某7工龄优惠了22,498元，再根据双方认可的房屋现有价值数额计算得出×1号房屋中因王某7工龄优惠对应的财产利益应为481,880元。因×1号房屋中有王某7的部分财产利益，本案处理时先析出涉案房屋中属于王某7的481,880元，由王某1、王某2、王某3、王某4、王某5、王某6平均分割，各分得80,313元。剩余部分属于朱某的个人财产，由王某2和王某3继承，各继承50%份额。王某4、王某5、王某6、王某1应配合王某2和王某3办理房屋过户手续。

在(2015)海民初字第21567号判决中，邱某于李某荣去世后签署购房合同并交纳了大部分购房款，该房屋亦在李某荣去世后登记于邱某名下，故×号房屋应属于邱某个人财产。邱某1、邱某2以李某荣在世时申请购买×号房屋并交纳了小部分房款为由主张该房屋属于邱某与李某荣之夫妻共同财产,缺乏事实及法律依据,法院不予采信。另查,在购买×号房屋时计算了李某荣20年的工龄,但因购房时李某荣已去世,不能因使用工龄购买就直接认定房屋为健在一方与死去配偶的夫妻共同财产,从而导致房产的性质发生变化。但鉴于工龄具备人们认可的经济价值,属于财产权益,应当在不改变房产性质的情况下将因使用工龄而减少的费用作为析产继承的依据。因此,×号房屋虽系邱某的个人财产,但应当在分割邱某遗产时析出因李某荣工龄而减少的相对应财产性权益,并将该部分作为李某荣遗产予以继承分割。

(4)双方非婚姻关系但在购房时使用了一方工龄的,房屋为一方个人财产。遗产分割时工龄因可量化为一定的经济价值,属于财产性利益,此部分应从房屋中析出,再进行继承。

在(2017)京0108民初32704号判决中,本案双方争议的焦点为:①张某1名下的房产是否为本人个人财产,是否包含有杨某的份额;②遗嘱是否有效。对此法院认为:根据查清的事实,张某1与杨某之间不存在婚姻关系,张某1购买房屋时虽使用了杨某的工龄,但不影响房屋的所有权性质,故房屋应为张某1个人财产。对于杨某的工龄折抵的一部分购房款,因工龄被量化为一定的经济价值,属于财产性利益,故此部分财产性利益应从房屋中析出,在处理张某1遗产时应先从该房屋中析出杨某所占的财产权益后,再进行继承。关于杨某所占的财产权益,因双方当事人均表示不申请鉴定,法院根据现实情况综合考虑酌情予以判定。

(5)再婚夫妻,虽然产权登记发生在婚姻关系存续期间,但大部分收益取得于婚前,法院一般会综合考虑案情和现有证据,以及双方婚后财产各自保管的情况处理。

在(2015)丰民初字第00692号判决中,关于诉争两套房屋,迟某1、迟某3、迟某4、迟某5、迟某2主张201号房屋为迟某7婚前个人财产,203号房屋为夫妻共同财产,而周某主张201号房屋为夫妻共同财产,而203号房屋为其个人财产。

根据查明事实,诉争两套房产在实际取得时间、房改情况以及产权登记等方面存在相似之处,均在登记结婚前后进行房改、登记,在之后进行了房款补交。虽然产权登记发生在迟某7与周某夫妻关系存续期间,但大部分权益取得于婚前,故综合考虑本案案情和现有证据,以及迟某7与周某生活中将退休金各自保管的情况,法院认为:其二人各自名下的房屋中包含对方一部分权益,且比例相当。因此,根据相关法律规定,周某名下203号房屋归其所有,201号房屋按照迟某7遗嘱由5个子女进行继承为宜，故法院对诉争财产依法酌情予以分割处理。

(6)购买时使用了已去世一方配偶工龄等优惠政策，该政策性优惠作为已死亡配偶一方的遗产，由继承人另案解决。

在(2019)京0105民初49479号判决中，本案的争议焦点为涉案房屋是张某某个人的财产还是夫妻共同财产。法院认为：涉案房屋购买于1998年，房屋产权登记办理完毕的时间为1999年，此时距离银某某死亡已经近十七年，在没有证据显示银某某生前留有存款的情况下，可以推定张某某购买涉案的房屋系使用银某某死后其个人存款购置。虽然张某1在庭审中表示其出资购买，但仅有证人证言在案佐证，法院不予采信。故法院认为：上述房屋为张某某个人遗产。张某某立遗嘱，明确涉案房屋由张某1继承，故法院判令上述房屋由张某1一人继承。关于张某某使用了银某某工龄、享受了价格优惠，该优惠对应的财产价值为银某某的遗产，继承人可另案解决。

(7)工龄不属于可继承遗产。

在(2019)京0105民初14320号判决中，法院认为：402号房屋的购买行为发生于王某春去世之后，系师某亭个人与出售方形成的房屋买卖关系，无论是否使用王某春工龄、积蓄均不认定购买是夫妻共同行为，402号房屋不应被认定为夫妻共同财产。另核算房价时王某春已经去世，使用其工龄折算房价系针对师某亭购买的政策性补助，具有特定性，失去此特定性工龄则不具备价值，故王某春的工龄不属于可继承财产。综上，法院认为402号房屋系师某亭个人财产。

(8)享有部分产权的公房办理继承过户后，登记方仅有使用权，不得擅自将该房屋出租、出售或挪作他用，否则将承担违约责任。

北京市丰台区人民法院作出的(2015)丰民初字第26573号判决中指出，在涉案房屋过户至李某1名下后，李某1对该房屋仅享有使用权，如其将该房屋擅自出售、出租或挪作他用，应依法承担违约责任。

2. 关于承租公房的继承问题

公房，一般是指“公家”的房子，使用者不具有房屋产权，只有使用权。司法实践中，一般有以下几种处理方式：

(1)原则上，这类房屋法院在审理时，只会判决使用权的归属，而不会涉及房屋产权问题。

在(2018)京0108民初33706号判决中，沈某3留有的承租房屋因没有产权，法院将对居住权予以处理，考虑到现沈某1、陈某1居住在该房内，沈某2居住在×号房屋内，故法院认为该承租房屋由沈某1、陈某1居住为宜。

(2)承租的公房拆迁的,拆迁权益归承租人所有。承租人死亡的,析产后由其继承人继承。

在(2016)京0108民初41553号判决中,关于×号房屋的性质,双方均认可×号房屋系承租公房。关于×号房屋的承租人,王某1、王某2、王某3曾在庭审中认可母亲王某6去世后,×号房屋承租人变更为王某5,后又对此予以否认,但并未进行合理的解释,在此情况下应当对其作出不利的解释。此外,王某5系被拆迁人,根据强佑公司的拆迁通知、房屋回购管理办法及拆迁补偿流程的相关规定,拆迁针对的是房屋所有权人或公房承租人。综合上述事实可以认定王某5为被拆迁的×号房屋的承租人,×号房屋的权益应归王某5与马某共同所有。

在(2018)京01民终9789号判决中,据查明的事实,×-×号房屋系直管公房。2011年经法院判决,撤销了王某与住房和城乡建设委员会就×-×号房屋订立的租赁合同,但在原承租人高某7已死亡的情况下,对尤某要求变更承租人的诉讼请求并未支持。对于公房承租人死亡后承租人的变更问题,由公房管理部门依据其房管职权审查当事人承租资格后确定。×-×号房屋继续由王某居住使用,该房屋被列入征收范围后,公房管理部门根据房屋实际居住情况及交纳租赁费等情况,明确该房屋由王某承租。在此前提下,王某作为承租人就该房屋(包括有证房及无证房)与房屋征收部门签订协议,依据协议,王某获得的房屋征收补偿款及安置房应归其个人所有。

(三)法定继承中自建房(拆迁)继承裁判要旨

本部分内容旨在对继承案件中自建房及相关利益的分割规则进行分析。而继承纠纷分为遗嘱继承纠纷和法定继承纠纷,因遗嘱继承纠纷的焦点问题是遗嘱是否有效,遗嘱有效就要尊重被继承人的意思表示,只有在遗嘱无效或者没有遗嘱的情况下才会由人民法院对遗产进行判定。因此,本部分只选取法定继承案例为分析样本。

根据北京市自建房分布格局的现状以及发展过程来看,目前自建房大多存在于非中心区域,且面临拆迁或已经被拆迁,拆迁所带来的巨大经济利益变成了矛盾产生的直接导火索。因此,我们选取自建房已被拆迁的案例作为有效分析样本。

1. 自建房(拆迁)利益的分配规则

(1)被继承人和第三人共有,法官酌定遗产份额或数额。

自建房原本登记在被继承人名下,在被继承人去世后房屋未进行变更登记,那么在被拆迁时,就由第三人作为被拆迁人与拆迁单位签订协议并接收拆迁补偿利益，该第三人一般是继承人之一或其中几位。

虽然被拆迁人不是被继承人，但被拆除的自建房包含了被继承人所有的原自建房的残值。房屋被拆迁后，该部分残值已经转化为相应的拆迁利益，拆迁利益可以作为遗产进行继承，但遗产占多大比例或多少数额，由法官综合考虑后酌情确定。

(2)以支付折价款为主要分配方式。

当被继承人所有的自建房残值所占的比例确定之后，就可以结合拆迁补偿款的数额来确定遗产的具体数额，由继承人分别继承自己应得的份额。遗产的具体分割方式，一般是由被拆迁人取得全部拆迁利益，同时被拆迁人向其他继承人支付相应的折价款。

2. 影响遗产份额的因素

继承纠纷的关键问题就是确定遗产范围，而在确定共有自建房中遗产比例时，明确影响遗产份额的因素就尤为重要。影响因素有很多，原始登记人、被征收前格局建造人，翻修、翻建及出资、居住、使用情况，签订协议，这几种因素是法官裁判时通常会参考的。首先要考虑的就是房子原始登记在谁名下、格局如何，其次被征收前房屋格局是由谁建造，这两者之间的对比就能直接了解房子的变动过程及变动程度；房子何时进行过翻修、翻建，由谁出资，居住、使用情况如何，这些因素会影响到共有人以及共有份额的确定；如果被继承人生前就房子的所有权同第三人签订了书面的协议，则以有效的协议为准。

(四)拆迁权益及拆迁款继承裁判要旨

本部分主要针对北京市全部范围内2017～2019年标的额在65万元(案件受理费10,000元)以上的继承纠纷判决中，涉及房屋拆迁权益和拆迁款问题的审判观点进行分析。

通过研读案例，发现引发房屋拆迁权益及补偿款继承析产纠纷的起因主要有腾退和征收拆迁两大类，其中又以宅基地的腾退为主要诱因。

腾退一般是在集体土地上进行的由被腾退人与村委会、开发商签订腾退安置补偿协议以后，村委会将被腾退人拥有的房屋和土地收回的行为。腾退不具有强制性，腾退的补偿标准一般参照各地区的《腾退安置方案》来进行补偿。征收拆迁属于国家征收行为，具有行政强制性。

获得补偿款的案例一般均涉及补偿协议，主要涉及征收补偿协议、拆迁补偿安置协议、腾退补偿安置协议等。补偿方式区分为货币补偿、补偿款加置换安置面积

（房）和补偿款加置换房等形式，这些补偿方式的不同往往决定了补偿款具体项目的不同，而此类案件中争议最大的就是对拆迁款如何分配与继承的问题。北京为全国政治中心，寸土寸金，案例涉及的500多份判决中，房屋（含地上建筑物、附着物，以下均同）的补偿款均在百万元级以上。

1. 房屋拆迁析产与继承案件裁判要旨

（1）析产与继承一并处理。

通过梳理典型案例处理的概况发现，因房产拆迁导致的继承析产案件涉及的房屋相关利益，基本上都转化为包括回迁安置房及拆迁补偿款在内的拆迁利益。分家析产法律关系与继承法律关系无法严格区分，法院一般将析产与继承一并协调处理。

（2）析产主要区分房屋共有与单独所有。

房屋的析产主要在于厘清房屋是共同所有还是单独所有。如果是共有房屋，首先进行宅基地使用权人，房屋所有权人、使用权人确认，再进行共有人确认，析出共有份额与遗产份额；析清权属后，属于遗产的，根据遗产继承原则，没有遗嘱或遗赠扶养协议的，按照法定继承办理。同一顺序继承人继承遗产的份额，一般应当均等，参与过房屋建设、在翻改扩建中有出资、与房屋所有权人长期共同生活的或对被继承人尽主要赡养义务的继承人，在分配时由法官酌情予以多分。

2. 拆迁房屋涉及的析产继承高发问题裁判要旨

（1）房屋共同所有和拆迁权益的认定。

①子女出资与父母共同建房必须有证据证明，或者双方须是宅基地使用权人，或者双方对房屋的共有有约定，否则一般不认定为共有人。

在（2019）京02民终14375号判决中，法院认定：宅基地原使用权人为韩某、刘某（韩某之妻，被继承人），其在该宅基地上建造北房6间、东房2间、西房2间、南房2间、厨房2间，上述房屋系韩某、刘某的夫妻共同财产。

因刘某、韩某4（刘某之子）一家、韩某1（刘某之子）一家在×号院内共同居住，且韩某1提供证据证明其于2009年出资在×号院中间建北房2间，故法院确定×号院内中间北房2间系刘某、韩某4、韩某1共同出资所建，该北房2间为刘某、韩某4、韩某1共同所有。对于签订2010年分配方案之后的2011年的建院墙及封院行为，一审法院认为：因双方均未提供证据证明其在2011年×号院封院及建房时出资，故认定2011年封院及建房人系刘某，2011年所建的房屋及封院的补偿全部归刘某所有。二审法院认为：一方面，子女出资的举证并不充分，不足以佐证其主张；另一方面，鉴于母亲刘某为宅基地使用权人，即使子女有出资，在无其他明确约定的情况下，权利应归宅基地使用权人刘某所有。

②父母在时，即使子女出资出力建房，也应当认定为对父母的赠与或者帮扶。被继承人去世后，继承人之间协商一致同意由某子女进行的翻扩建行为，是对遗产的合意处理，翻建后的院落及拆迁利益作为遗产由继承人继承，继承人不是宅基地的共有权人。

在(2019)京01民终1830号案例中，一审法院认为：某胡同17号院内房屋原为王某5(被继承人)与张某夫妇居住使用，王某5、张某均未留有遗嘱，故应依法定继承处理遗产。

首先，就1992年建房，王某1(子女)主张系其出资，但未提供证据予以证明其父母同意其所建房屋归其所有，即使系王某1出资出力所建，也应当认定为对父母的赠与或者帮扶。就2003年、2006年建房，王某3(子女)、王某4(子女)表示知情且与王某1商议决定，可见此两次建房是各继承人达成一致合议，双方仅在出资方面存在争议。王某1主张以房屋租金的形式出资进行了翻扩建，结合古城街道流动人口和出租房屋管理委员会出具的证明，法院认为该租金虽与建房无必然的关联性，但建房时租金确系为王某1掌管，王某3、王某4的陈述具有一定的合理性。历经数次建房后，王某1、王某4、王某3之间形成新的共有关系。

其次，就三人继承份额的分割，王某1居住在涉案院落内，与被继承人共同生活时间较长，可以认定其对被继承人尽了较多赡养义务。故对于征收利益中的遗产部分，法院对王某1予以适当多分。综合考虑历次建房过程、赡养情况以及双方当事人陈述，法院酌定诉争院落内房屋转化的征收利益20%部分归王某3、王某4享有。

二审法院认为：一审法院在王某5夫妇均未留下遗嘱，又无其他遗赠扶养协议的情况下，将翻扩建后的院落作为遗产在法定继承人中进行继承，符合法律规定，并无不当。

③第一，先区分房屋是否共有。父母在时，子女有经济收入、与父母共同生活在老宅房屋内，且建房时出资出力，所建房屋所有权性质为子女与父母共同所有；父母年龄大、劳动能力不足、收入水平低时，子女主要出资建房，认定为共有；父母去世后，共有房屋的子女对原房屋位置上的改扩翻建认定包含房屋原值，属于共有；对非原房屋位置的新建，认定为子女单独所有；子女搬出老宅单过，不与父母共同生活，即使出资参与建房，也认定为亲属之间的帮扶赠与行为，不享有房屋共有权。第二，确定遗产范围。遗产范围限于地上物的补偿部分，不包括其他的拆迁安置权益。拆除的房屋对应的房屋及附属物重置成新价中，先析出与被继承人共有的子女所占财产份额价款后剩余的价款为被继承人夫妇的财产，其中一半为被继承人配偶

所有,剩余一半为遗产,未立遗嘱的,在法定的继承人之间继承。第三,根据拆迁补偿安置的基本原则,应在保证宅基地使用人及其共居人安置补偿利益不受损的基础上,再对其他被安置人的补偿利益综合考量予以分配处理。第四,明确宅基地使用权人和共同居住人、被安置人地位。被继承人死亡,与被继承人长期共同居住、主导历次房屋翻建与扩建并与拆迁人签署拆迁补偿协议的继承人,为宅基地的使用权人。而该继承人之配偶子女为家庭共同生活的成员,属于被安置人。另被安置人还应参照拆迁安置协议中明确的被安置人确定。第五,确定安置房相关权利。安置宅基地面积置换的安置房相关财产权利,由宅基地使用权人和与其共同生活的家庭成员享有,非宅基地使用权人,非房屋居住人,虽然系被安置人,但与以宅基地面积置换的安置房无关;因安置房户型超出的安置房面积所对应的财产权益,在被安置人间予以合理分配。法院可以酌情根据被安置人情况,在不能享受以宅基地面积置换的安置房相关财产权利的被安置人之间进行分配。

在(2017)京0108民初5083号判决中,法院认为:在1971年河北新营×号院内房屋翻建前就已经存在的房屋属于被继承人赵某华夫妇的共有财产。1971年所建的北房3间、耳房1间是在拆除原有旧房的基础上翻建而成,建房时使用了旧房材料。当时其子赵某1、赵某2均已参加工作,且与赵某华夫妇共同生活,故法院认定房屋系由赵某华夫妇、赵某2(子女)、赵某1(子女)共同所建,翻建后的4间房屋应为赵某华夫妇、赵某2、赵某1的共有财产。赵某6(子女)在1971年翻建房屋时已结婚单过,赵某6虽主张翻建房屋时其曾出资出力,但其并无证据证明其所谓的“出资”属于共同投资建房的行为,因此即便赵某6曾出资出力,也应认定为亲属之间的帮扶赠与行为。

赵某1主张1983年在北院新建北房时、1992年翻建房屋时、2001年在北院新建南房2间时有少量出资或提供建材;赵某6主张1981年新建西房1间半时、1983年在北院建北房时、1992年翻建房屋时、前后两个院建二层楼时其曾出资或提供建材帮忙买材料,但就上述主张赵某6、赵某1均未提交证据证明。

从建房时间上看,赵某6、赵某1当时均已结婚搬出单过,不属于与赵某华夫妇共同生活的家庭成员,因此即便赵某6、赵某1参与了建房,也应认定为亲属之间的帮扶赠与行为。

赵某2夫妇主张1981年由其夫妇出资在河北新营×号院内新建西房1间半。从当时赵某华夫妇的年龄和收入状况考虑,此次建房应是以赵某2夫妇出资为主。法院认定1981年新建的西房1间半应为赵某华夫妇、赵某2夫妇的共有财产,其中赵某2夫妇所占财产份额比例较大。

赵某 2 夫妇主张 1992 年由其夫妇出资将院内的北房拆除,建成北房 4 间、西房 1 间半、东厨房 1 间。此时赵某华夫妇年事已高,仅有的收入仅能维持自身的生活,法院对于赵某 2 夫妇的主张予以采信。

赵某华夫妇去世后,赵某 2 夫妇又对南院的房屋进行了新建翻建,至拆迁前院内有北房 4 间、西房 1 间、南侧为二层楼房、东厨房 1 间。其中北房 4 间是 1992 年在原有房屋基础上翻建而成,房屋中仍应包含原有房屋的残值,故北房 4 间应属于赵某华夫妇、赵某 2 夫妇、赵某 1 的共有财产;西房 1 间也是在原有房屋基础上翻建而成,故应为赵某华夫妇、赵某 2 夫妇的共有财产。在上述房屋中赵某 2 夫妇均占较大的财产份额。南侧二层楼房、东厨房 1 间应为赵某 2 夫妇的共有财产。1983 年在河北新营 × 号院内北院新建的北房 4 间,应为赵某 2 夫妇、赵某华夫妇的共同财产,其中赵某 2 夫妇应占较大的财产份额,此后北院中房屋的建设应认定为系赵某 2 夫妇出资所建。至拆迁前河北新营 × 号院内北院有二层半楼房,南侧东边有厨房 1 间、锅炉房 1 间,二层半楼房中除包含的原有老房的少量残值属于赵某华夫妇的共有财产外,其余绝大部分均系赵某 2 夫妇的共同财产。南侧东边的厨房 1 间、锅炉房 1 间应为赵某 2 夫妇的共同财产。

关于拆迁的利益,法院认为:

被继承人在签订《拆迁补偿协议》前早已死亡,故赵某华的遗产范围仅限于地上物补偿部分,而不再包括其他的拆迁安置权益。鉴于涉案房屋已经拆除,故拆除的南院北房 4 间所对应的房屋及附属物重置成新价 99,609 元以及西房 1 间所对应的房屋及附属物重置成新价 4406 元,在先行析出赵某 2 夫妇、赵某 1(不含西房)所占财产份额所对应的价款后剩余的价款即应为赵某华夫妇的财产,法院酌定为 15,000 元。上述析出的房屋价款中有一半应归何某所有,剩余的一半即 7500 元应为赵某华的遗产。鉴于赵某华死亡时未留有书面或口头遗嘱,故赵某华的上述遗产应由其法定继承人何某、赵某 6、赵某 2、赵某 1 继承。河北新营 × 号南院二层小楼,东厨房 1 间对应的房屋及附属物重置成新价,以及北院厨房 1 间、锅炉房 1 间对应的房屋及附属物重置成新价应归赵某 2 夫妇所有。

根据拆迁补偿安置的基本原则,应在保证宅基地使用人及其共居人安置补偿利益不受损的基础上,再对其他被安置人的补偿利益综合考量予以分配处理。本案中,赵某 2 夫妇长期随赵某华夫妇在河北新营 × 号院内居住生活,并主导历次房屋的翻建和扩建,河北新营 × 号北院的《拆迁补偿协议》也是由赵某 2 与北京大学签订。因此,在赵某华去世后赵某 2 应为实际的宅基地使用权人,李某、何某(二人系赵某 2 之配偶和子女)则为共同生活的家庭成员。按照宅基地面积置换的安置房的相关财产权利应由赵某2、李某、何某享有。

赵某1、贾某哲、贾某2、贾某3、贾某1虽为被安置人，但并非宅基地使用权人，其亦未实际在河北新营×号院内居住，故按照宅基地面积置换的安置房的相关财产权利与赵某1、贾某哲、贾某2、贾某3、贾某1无关。

超出宅基地面积取得的安置房面积是在考虑被安置人数量的情况下给予的，在赵某2、李某、何某已经取得宅基地所对应的安置房相关财产权利的情况下，超出部分的安置房权益应归属于其他的被安置人即赵某1、贾某哲、贾某2、贾某3、贾某1。

因安置房户型原因超出400平方米的安置房面积所对应的财产权益，本院将在被安置人间予以合理分配。

(2)拆迁权益的遗产范围。

①宅基地区位补偿款不适用“地随房走”的原则，不作为遗产继承。

在(2018)京02民终8596号判决中，二审法院认为：本案的争议焦点即本案中被拆迁房屋134号内1号、内2号、内3号所得的区位补偿价，腾退奖励费和腾退补助费是否应作为遗产予以分割处理。上述房屋134号内1号、内2号、内3号在被拆迁前一直分别由陈某3、陈某5、陈某4三人居住，陈某1、陈某2并未在上述拆迁房屋居住，且其户籍并不在被拆迁房屋处，亦非被安置人，在三份协议中亦未提及陈某1、陈某2，而上述房屋的拆迁所得的区位补偿价、腾退奖励费和腾退补助费系针对被安置人，现无充分有效证据证实区位补偿价、腾退奖励费和腾退补助费系属被继承人，故一审法院认定被拆迁房屋134号所得的区位补偿价、腾退奖励费和腾退补助费并非遗产符合本案事实。

在(2018)京03民终13550号判决中，二审法院认为：本案的争议焦点为×××号院内6号房屋和21号房屋的宅基地区位补偿款是否为陈某、陈杨氏的遗产。综合考虑农村宅基地使用权的身份属性，按照“一户一宅”的原则，宅基地使用权一般登记在户主名下，由家庭成员共同使用。老人去世后，与老人构成共居关系的子女，作为宅基地使用权人有权单独享有拆迁获得的宅基地区位补偿款，此款项不应作为遗产进行继承。本案中，陈某、陈杨氏于20世纪80年代即已去世，不再享有民事权利能力，此后其不再系×××号院宅基地的使用权人，此处宅基地的使用权应由该农户内剩余人口享有。虽然×××号院内6号房屋和21号房屋作为陈某、陈杨氏的遗产予以分割，但不应根据“地随房走”的原则，将6号房屋和21号房屋对应的宅基地区位补偿款认定为陈某、陈杨氏的遗产。

观点提炼：区位补偿价、腾退奖励费和腾退补助费并非遗产，权利主张人不在被拆迁房中居住、户籍不在被拆迁房处、非被安置人、补偿协议中未提及的，无权继承区位补偿价等补偿款。

②被继承人死后对老宅的翻扩建,不改变房屋权属性质。其中房屋重置成新价及附属物补偿款可考虑翻建因素,对翻建人多分配。区位补偿归宅基地使用权人,其他各项补助奖励归被安置人。

在(2016)京0108民初27796号判决中,法院认为:被继承人死亡后,未经继承人同意,擅自对被继承人生前所有的宅基地上房屋进行翻扩建的,不影响已确定的该宅基地上房屋遗产份额划分。未经其他继承人同意,擅自将西院祖产房屋拆除,侵害了其他继承人的合法权益。虽改变房屋的状态,但新建房屋中的各继承人合法的财产权利应得到保护,各继承人均应享有该房屋的财产权益。本院考虑到温某20对被拆迁房屋的翻盖建因素,可以酌情对其就房屋重置成新价及附属物补偿多分配。就该财产权益本院判定温某20及其一辈其他各户享有的比例依次为30%,17.5%,17.5%,17.5%,17.5%。就区位补偿如何分配,关键在于确定涉案宅基地使用权人。从查明事实来看,由于温某20一直与温某17、温某18共同居住于涉案宅基地所建房屋上,在根据现有证据无法认定温某20还存在其他宅基地的情况下,本院认定温某20系共居人。故在拆迁中依据涉案宅基地所获区位补偿,应由温某20所有。其他各项补助奖励归被安置人口。

(3)宅基地/自建房的拆迁权益及补偿款分配。

在进行拆迁或腾退时,一般会参照相关的拆迁政策与方案确定拆迁权益、支付拆迁补偿款,实践中主要纠纷在于如何分配。相关补偿协议中确定的支付对象是否合法,是否符合继承析产时依法分配的原则,是法院审理此类问题的焦点。

①第一,原房屋重置成新价(含附属物)属于房屋所有权人(被继承人夫妇),作为遗产进行分割;第二,原房屋补偿价、提前搬家奖励费、过渡期生产生活补助、搬家费及其他补偿,不作为遗产,归属于被腾退人;第三,安置房屋属定向安置,非被继承人遗产,归属于现有实际居住人口。

在(2017)京0108民初5083号判决中,法院认为:房屋重置成新价及附属物补偿,在先行析出房屋共有人赵某2夫妇、赵某1所占财产份额所对应的价款后剩余的价款即应为被继承人赵某华夫妇的财产。

第六项中的搬家补助费7124.8元、重点工程配合奖30万元、地上附属物补助费20万元、其他补助费2535元,以及第七项中的其他项下给予25万元,均与搬迁和土地、房屋使用相关,应归赵某2、李某、何某所有(房屋共有人)。第六项中的装修补助费415,260元、周转费595,000元以及补充协议中的延期周转费136,000元涉及被安置人所分得的安置房面积,本院将根据被安置人所得的安置房面积按比例在被安置人间予以分配。

如前所述,赵某1、贾某哲、贾某2、贾某3、贾某1并非宅基地使用权人,故其应按照《拆迁补偿协议》的约定支付超面积部分的购房款,支付的购房款本院将从其分得的装修补助费、周转费中直接予以抵扣,不足的差额部分赵某1、贾某2、贾某3、贾某1应支付给赵某2、李某、何某。

在(2019)京03民终9805号判决中,法院认为:李某1、李某2并非原房屋所有权人,其要求分割××号院内房屋所获全部安置房屋及补偿款的权利来源系基于其继承人的身份,因此应当以上述财产属于被继承人王某珍、李某的遗产为前提,换言之,本案的争议焦点即被继承人王某珍、李某遗产范围的认定问题。需要指出的是,王某珍1996年即去世,距离2017年房屋拆迁已经10年,关于房屋拆迁安置产生的相关利益涉及实际居住人、户籍在册人口等因素,在认定王某珍的遗产范围时应当对拆迁安置协议中相关款项的计算依据进行审查。根据当地拆迁安置政策及腾退补偿协议书,××号院的原房屋重置成新价(含附属物)382,225元是基于原房屋面积、价值等因素计算,王某珍、李某系原房屋所有权人,该款项应当作为二人遗产进行分割。根据《北京市朝阳区王四营乡绿化隔离地区集体土地房屋腾退安置管理办法实施细则》规定,被腾退人现有实际人口的确定不包含已死亡人口,即××号院现有实际人口为8人即8个被上诉人,原房屋补偿价864,000元、提前搬家奖励费64,000元、过渡期生产生活补助40,800元均与现有实际人口相关,搬家费及其他补偿亦与实际人口有关或按户发放。由于王某珍及李某不计入现有实际人口,以上拆迁补偿款中未涉及二人份额,原审法院对于李某1、李某2要求分割上述款项的请求未予支持,并无不当。关于安置房屋,亦是为解决现有实际人口的居住问题作出的定向安置,与已故人口无关,李某1、李某2作为继承人,无权主张相关利益,原审法院驳回其该项诉讼请求,处理适当,本院予以维持。

注意:补偿价款区分为原房屋重置成新价和原房屋补偿款,分别归属于不同补偿主体,而原房屋补偿款法院认定为属于被腾退人,并非属于房屋所有人,比较特殊。

②第一,补偿款分配:拆迁补助费归属于实际居住人,非遗产范围;包含房屋重置成新价格在内的被拆迁房屋补偿款属于遗产的转化形式,作为遗产分割。第二,安置房分割:因本案房屋补偿方式为货币补偿,房屋的安置利益属于房屋的实际居住人,非居住人的分配安置房要求法院不予支持。

在(2015)海民初字第45341号判决中,法院认为:北京市海淀区四季青乡人民政府同意陈某7翻建该院落房屋的决定是对翻建申请所作的处理,陈某7于1989

年9月申请翻建的房屋原系陈某与沈某的夫妻共同财产,该房产并不因进行翻建而使得性质改变。该院获得的补偿款中,拆迁补助费系对实际居住人的补偿项目,不属于分割范围。包含房屋重置成新价格在内的被拆迁房屋补偿款应属被继承人陈某与沈某遗留的夫妻共同财产的转化形式,应在继承人之间进行分割。对于陈某1等5人要求分割陈某7购置的安置房的诉讼请求,本院认为:拆迁通知书载明涉案院落所在地段的补偿方法为货币补偿。陈某7虽购置了安置房屋,但其系225号院实际居住人,且在房屋翻建后与父母共同居住,故购置安置房屋的签约权应属于实际居住人的安置利益。不支持非居住人的安置房分配要求。

注意:本案中,被拆迁房屋补偿款被认定为遗产的转化形式,属于遗产分割范围,与(2019)京03民终9805号判决中的裁判结果不同。

观点提炼:房屋重置成新价及附属物补偿析出共有份额后,剩余部分为遗产,在继承人之间分割;搬家补助费、重点工程配合奖、地上附属物补助费、其他补助费归房屋共有人;装修补助费及周转费根据被安置人所得的安置房面积按比例在被安置人间予以分配;超面积购房款从被安置人分配获得的款项中扣除,如有差额,另行向房屋共有人支付。

(4)公房补偿款问题。

公租房为保障性住房,主要解决城镇中等偏下收入住房困难家庭、新就业无房职工和在城镇稳定就业的外来务工人员的住房问题,涉及社会公共利益。公租房承租人只享有承租权,不享有房屋所有权。公租房被拆迁后相关拆迁利益和补偿款问题争议较大。

①原承租人虽然死亡,但继承人不享有公租房的继续承租权,对拆迁安置利益,应按照继承的规则予以处理;除特困补助针对具体人员外,其他的安置费、房屋补偿款、提前搬迁奖等费用在继承人之间分配,折抵的购房款不再分割;安置房无权属情况下,法院不处理归属问题,待有条件后另诉。

在(2016)京0108民初41811号判决中,法院认为:根据拆迁政策,本次拆迁对象为公房,而刘某为租赁房屋的承租人,租赁房屋在刘某去世前已面临拆迁,其享有的承租权所对应的拆迁利益已处于可期待状态,且已在刘某及其子女的明确预期范围之内,故本次拆迁仍系基于刘某的承租权。因本案所涉租赁房屋为单位自管公房,不同于一般私有住房,如在签约主体上有特定性、在签约地位上有不平等性等。而合同法系调整平等民事主体之间的合同关系,故《合同法》第234条[①]的规

① 《合同法》已废止,本条内容参见《民法典》第732条。

范内容并不能直接适用于自管公房的租赁合同关系，在自管公房原有承租人去世后，应由自管公房产权人自主决定后续承租人，而现有证据无法证明产权人已认定张某7(刘某孙女)为承租人。另外，张某7虽作为被腾退人与上地公司就租赁房屋签署了相应补偿协议，但此亦不能反推其已取得租赁房屋的承租权。本案所涉的拆迁安置利益，应按照继承的规则予以处理。在具体分割上：根据张某6提交的上地公司出具的《证明》，可以证明该协议中的“特困补助费”系针对张某6专门发放，该部分利益应归张某6个人所有。而其他的安置房、房屋补偿款、提前搬迁奖等费用，结合拆迁政策，均系针对租赁房屋的补偿，与四被告的个人因素无关。析出前述拆迁安置利益后的剩余拆迁安置利益，应当在五原告和张某6之间予以分配，分配比例应为均分。同时，因部分补偿款已折抵安置房的购房款，故折抵部分不再另行分割。安置房虽已交付，但尚未取得权属证据，本院仅对房屋上的权益予以处理，待具备实际分割条件后另行处理。

②虽然承租人变更，但获取的征收利益仍为原承租人遗产。

在(2018)京0112民初40227号判决中，法院认为：虽公房承租权本身不能直接发生继承，但公房承租权不同于一般商品房的承租权，具有长期使用、租金远低于市场租金水平以及转化为拆迁利益等特点，在拆迁后相应的拆迁利益可作为遗产进行分割。×××号房屋系由范某瑞承租，范某瑞去世的10年间一直未变更承租人，征收工作开始后，承租人变更为范某4，并由其购买该房屋，成为所有权人。现×××号房屋的承租权已经转化为征收利益，且变更承租人、所有权人均系在征收开始后，是为征收工作顺利进行而发生的变更，且范某4在领取征收补偿款后亦将其在五被告间进行了分割，故其真实意思表示也系将×××号的征收补偿款视为范某瑞的遗产进行分割。综上，×××号房屋的征收补偿款应认定为范某瑞的遗产。

③被继承人婚前承租的公房为个人财产，公房的征收补偿利益为个人遗产，其中的“低保补助”在共同居住人之间分配。

在(2019)京02民终14152号判决中，法院认为：刘某3结婚前个人承租的公房被征收，其作为被征收房屋的被征收人，其自愿选择货币补偿方式。其中，法院已生效判决书确认“低保补助”按每户40,000元一次性补助，该40,000元属于家庭共有财产，应由刘某3、郭某2、郭某1三人平均分配。除该40,000元外，刘某3作为被征收房屋的被征收人，征收补偿款2,725,724.8元系刘某3的个人财产，郭某1(刘某3丈夫之女)主张对2,725,724.8元先析出其份额再进行继承，依据不足，不予支持。

④针对公租房拆迁问题签署的《拆迁分配方案》合法有效。拆迁利益中，移机补助费、支持环保周转奖励费、私自建房补助费等由承租人享有，其余按照约定分割。

在(2019)京01民终5973号判决中，田某1作为承租人，田某2、周某作为共同居住人，2016年11月5日，就某×1号公租房拆迁分配，达成书面《拆迁分配方案》，方案内容如下：经家庭会议协商，该房屋及拆迁费拥有权，田某1占有60%，田某2占有40%。如其中一方放弃房屋拥有权，拥有房屋一方按拆迁市场价返还给另一方，多出的平方米数按拆迁市场价返回给另一方(拆迁市场价为拆迁补偿价格——编者注)。田某1、田某2在该协议上分别签字。《拆迁分配方案》中所述房屋即北京市石景山区某×1号房屋。该房屋系北京市石景山区房屋修缮所直管公租房。后田某2起诉要求分配补偿款及选购的安置房40%的权益。田某1依据《合同法》第52条①规定主张协议无效，并以此作为答辩和上诉理由。

法院认为：田某1虽依据《合同法》第52条②之规定主张《拆迁分配方案》无效，但其并未提交充分有效的证据证明《拆迁分配方案》符合无效的法定情形。《拆迁分配方案》系田某1、田某2的真实意思表示，其内容及形式均未违反我国法律、行政法规的强制性规定，应属合法有效。就征收利益的分配问题，在扣除移机补助费、支持环保周转奖励费、私自建房补助费等与双方约定的被征收公租房屋无关的费用后，涉案被征收公租房共取得补偿补助款共计2,170,128.2元。扣除应付购房款1,168,472.9元后，田某1取得被征收房屋补偿款为1,001,655.2元，田某2应享有其中40%的份额，为400,662.1元。就案涉拆迁安置房屋，因该房屋现在尚未交付，不具有分割条件及居住使用条件，故本案中不予处理，就分割及居住使用问题，双方当事人可在条件成就后另诉解决。本案经二审维持原判。

3. 房屋拆迁继承析产的特殊问题裁判要旨

(1)国有土地上房屋的拆迁补偿款分配。

①在所涉房屋建房过程中的帮忙行为系家庭成员间无偿帮扶，不影响所建造房屋的所有权归属，如没有证据证明有出资，对房屋不享有所有权。这与宅基地处理原则基本一致。

在(2019)京01民终9783号判决中，一审法院认为：不动产或者动产可以由两

---

① 《合同法》已废止，本条内容参见《民法典》第153条等规定。

② 《合同法》已废止，本条内容参见《民法典》第153条等规定。

个以上单位[①]、个人共有。本案中，邢某1、邢某2虽主张在房屋建设过程中有出资，但其提交的证据不足以证明该事实，法院对该项主张不予采纳。而邢某1、邢某2在建房中帮忙刷碗、做饭的行为，法院认为系家庭成员之间相互协助的行为，该协助行为不足以导致其对新建房屋的共有。

二审法院认为：邢某1、邢某2主张在建房过程中有出资，但未提交相应证据予以证明。另主张在建房过程曾帮忙刷碗、做饭，本院认为：从尊重风俗习惯和公平角度出发，在建房过程中的帮忙行为宜认定为家庭成员之间的无偿帮扶，不影响所建造房屋的所有权归属。故邢某1、邢某2上诉认为二人对涉案房屋享有所有权，并无依据，本院不予采纳。

②二审法院认定了给予原告的并非"经济补偿"，而是对被继承人邢某5夫妇享有的征收补偿利益的继承。这似乎否定了一审法院关于国有土地上房屋相关拆迁利益不包含遗产的观点。

在(2019)京01民终9783号判决中，一审法院认为：位于北京市石景山区北辛安××号院的房屋在被征收之前的格局系由邢某6夫妇出资出力在1979年、1988年、2006年建设而成，邢某5夫妇原留有的房屋年久失修，均已灭失。但该院落房产原系邢某5夫妇所留且邢某5夫妇一直居住于涉案院落内，综合涉诉房屋历史及拆迁前的居住使用情况、翻建审批等因素，邢某5夫妇应对院内现有房屋享有部分权益，现涉案房屋已拆迁完毕，邢某5夫妇对该房屋享有的相应权利份额亦转化为相应的拆迁利益，应当按照法定继承由其继承人进行继承。

关于诉争院落内房屋的全部征收利益，因临时安置费，搬迁费，停产停业损失费，被征收房屋中设备、装修及附属物价款，移机，地下室、地面××层及以上等建筑补助费，提前搬迁奖励费等补偿费等均系直接补偿给被征收人及被安置人员本身，不属于被继承人遗产。

二审认为：本案中，邢某5夫妇在石景山区北辛安×××号院建设的房屋因年久失修，均已灭失。邢某6夫妇分别于1979年、1988年、2006年建设了被征收房屋。综合考虑房屋的建设审批情况、翻建扩建情况、居住使用情况，可以认定邢某6夫妇对被征收房屋所做的贡献较大。邢某5夫妇对房屋亦享有部分权益，该部分权益在房屋征收完毕后转化为相应的征收补偿利益。结合涉案房屋的具体征收补偿政策及征收补偿协议中约定的补偿项目，除邢某5夫妇享有的部分权益外，石景山区北辛安×××号院的剩余征收补偿权益均应由邢某6夫妇享有。邢某1、邢某2

---

① 《民法典》第297条将"单位"改为"组织"。

在本案中所获得的权益来源于对邢某5夫妇享有的征收补偿利益的继承，一审法院关于“给付邢某1、邢某2一定的经济补偿”的表述不当，本院予以纠正。

注意：因课题组报告数据中关于国有土地上房屋征收补偿的案例数量有限，关于国有土地上房屋相关拆迁利益是否包含遗产的观点有待进一步论证和检验。

③国有地上房屋的征收价值补偿款中不包含土地使用权价值，这不同于宅基地补偿中宅基地使用权有对应的补偿价值。因此，对于在国有地上房屋中没有共有权的继承人来说，其获得的权益来源于被继承人在该房屋中享有的征收补偿利益，而非土地基于土地使用权价值的补偿。

在（2019）京01民终9783号判决中，原告要求继承石景山区北辛安×××号的国有土地使用权对应的征收补偿利益的1/3，继承、取得石景山区北辛安×××号地上房屋对应的征收补偿利益的1/3。

一审法院认为：首先，根据拆迁政策，征收对象为私有住宅房屋；其次，根据评估报告的评估方法，评估报告仅按照房屋面积对房屋的价值进行评估，并无按照土地面积对土地价值进行的评估，若土地上无附着房屋，则该部分土地使用权无价值体现；最后，被征收房屋价值评估考虑被征收房屋的区位、用途、建筑结构、新旧程度、建筑面积以及占地面积、土地使用权等因素，并不代表对土地使用权价值进行了补偿。综上，拆迁补偿协议中征收对象并无土地使用权，邢某1、邢某2主张拆迁安置补偿中对土地使用权价值进行了补偿证据不足，法院不予采信。

二审法院认为：邢某1、邢某2上诉主张二人应获得土地使用权相应的征收补偿利益，本院认为：判断个案中国有土地上房屋征收补偿利益是否包含土地使用权价值，除不违反法律法规的强制性规定以外，还应当主要依据涉案房屋所在区域的具体征收补偿政策、征收对象的评估方法、协议约定的及被征收人实际获得的补偿补助项目等因素综合予以考虑。本案中，一审法院通过综合考察本案涉及的征收补偿政策、征收对象、征收评估方法，认定拆迁补偿协议中征收对象并无土地使用权，并无不当。邢某1、邢某2关于邢某5夫妇遗产中应包含土地使用权、被征收房屋价值应包含土地使用权价值，及一审法院适用法律错误、未查明核心事实的上诉意见，无事实和法律依据，本院均不予采纳。

（2）房屋拆迁权益中租金的相关问题。

①有租金必须要提供证据证明租金的存在，否则对租金是否是遗产不予定性。

在（2019）京民申271号判决中，对于在取得拆迁安置房后，对房屋出租的租金，是否认定为遗产，二审和再审高院均认为：关于刘某1、刘某2主张的租金应为遗产的问题，刘某1、刘某2提供的现有证据不足以证明马某生前尚有结余，故难以认定租金为马某的遗产。

在(2019)京01民终317号判决中,二审法院认为:关于某号院拆迁安置房及拆迁补偿款,在原户主张某4去世后,继承人未对张某4财产进行析产继承,该某号院拆迁利益处于家庭成员共有状态。就张某1主张分割某号院租金收益一节,张某2也认可自建房存在租金收益,因张某1未向法院提供证据证明收益情况,故对此项请求,法院不予支持。

②对于安置房自获取后至被继承人死亡期间的使用费及租金问题,因析产之前被安置人为共有状态,被安置房对外租金收益亦属于房屋的被安置人共有。安置房系因安置而得,因此,非被安置人要求享有对外租金收益的,法院不予支持。

在(2018)京0108民初64539号判决中,法院认为:就涉案宅院含安置房在内的各项腾退利益,涉及原房屋利益的均应归彭某(被继承人)所有,杨某2、杨某1虽被列为安置人,但现无证据证明二人对原宅院及房屋享有权利,与原宅院相关的利益,二人无权分割。对于杨某1、杨某2要求分割安置房自2013~2018年期间占有使用费的诉请,一则二人提起本案析产之前,安置房属于相关权利人共有的状态;二则涉案院落拆迁腾退利益的取得系基于彭某宅院安置而得。安置房上述期间对外租金收益,亦由彭某享有,故本院对杨某1、杨某2二人该项诉请,不予支持。

(3)其他问题。

①在房屋拆迁过程中,达成的分家协议因已经实际履行,合同真实有效,对签署原因法院并未进行特殊关注。

在(2018)京03民终12695号判决中,为多获拆迁款,被拆迁房屋涉及的当事人曾签署分家协议,约定分户及房屋财产继承权问题。

一审法院认为:本案的争议焦点为在2011年涉案房屋拆迁之际,双方当事人是否就涉案房屋完成了分家,涉案房屋权属是否发生了改变,即落款日期为1998年10月28日分家单是否为本案双方当事真实意思表示,分家协议是否合法有效。从分家单的内容来看,分家单对涉案房屋财产继承权利进行了较为详细的约定,且分家单签字部分均为当事人本人签字,对其真实性予以确认。在2011年泉水头村拆迁之际,双方当事人已经就程某某、宋某某遗留的院落和房产协商分割完毕,涉案房产实际为程某2、程某成共同共有,程某2、程某成作为被拆迁人签订了补偿协议、优惠购房协议,实际入住安置补偿房屋,取得了房屋产权证书。二审法院认为:本案二审争议焦点为涉案分家协议的效力问题。根据庭审的事实和有关证据可以看出,本案中,程某1兄弟签署有分家协议,该分家协议对于涉案房屋的财产权益进行了明确约定,在签署涉案房屋拆迁协议时也是按照上述分家协议的约定进行,一审法院据此认定上述分家协议合法有效，处理正确。

②拆迁安置房未交付无产权，应另案起诉解决。

在(2019)京02民终14375号判决中，法院认为：因拆迁安置房屋现尚未交付，法院暂不处理，双方可待安置房屋交付并取得房屋所有权登记手续后，另行诉讼解决。

③请求继承取得拆迁征收利益不适用诉讼时效规定。

在(2019)京01民终9783号判决中，法院认为：就尹某、邢某3、马某、田某、邢某4主张邢某1、邢某2诉求已经超过诉讼时效一节，法院认为在被继承人死亡后，邢某1、邢某2就涉案房屋享有的物权权益系与其他继承人共同共有，本案系就涉诉房屋提起的物权纠纷，不应当适用诉讼时效的规定。

说明：以上是针对北京地区涉及房屋拆迁利益及补偿款继承析产的审判规则与法院观点的梳理，因本报告采集与分析样本未能穷尽所有此类案例，故存在一定局限性。同时本报告亦发现不同的法院也存在不同观点的裁判的现象，这在报告中已做提示。

三、继承中其他纠纷裁判要旨

(一)遗赠纠纷及遗赠扶养协议的裁判要旨

继承制度是一项重要的民事法律制度，继承权为自然人享有的重要民事权利。遗赠相对法定继承来说更能体现被继承人的意思自治，遗赠优先于法定继承。

本部分旨在通过归纳介绍遗赠纠纷的相关规定，主要围绕北京市2017年1月1日至2019年12月31日期间一审法院审判的遗赠纠纷、遗赠扶养协议纠纷裁判案例，归纳提炼遗赠纠纷及遗赠扶养协议的司法裁判要旨。

1. 遗赠

通过案例的检索阅读不难发现，遗赠纠纷往往发生在受遗赠人与法定继承人之间，争议焦点几乎集中在：遗嘱是不是真实有效、受遗赠人是否能够获得遗赠财产这两个方面。从2017～2019年北京市一审法院受理遗赠纠纷的案例来看，只要遗嘱符合法律规定，是当事人的真实意思表示，处分的属于自己的财产，基本都会被法院支持。

(1)遗赠纠纷的遗嘱必须符合法律规定的形式要件，属于代书遗嘱的，代书遗嘱的见证人与受遗赠人有利害关系的，遗嘱应为无效。

在(2017)京0108民初22201号判决中，法院认为：根据双方当事人诉辩主张及理由，本案争议焦点在于：葛某所立代书遗嘱是否有效。《继承法》第17条[①]规定：代书遗嘱应当有两个以上见证人在场见证，由其中一人代书，注明年、月、日，并由代书人、其他见证人和遗嘱人签名。该法第18条[②]规定：下列人员不能作为遗嘱见证人：①无行为能力人、限制行为能力人；②继承人、受遗赠人；③与继承人、受遗赠人有利害关系的人。本案中，葛某所立代书遗嘱系由高某代书，由陈某和聂某在场见证。高某系杨某1的姑姑，聂某系杨某1的高中同学，陈某系杨某1的大学同学。上述三人均系与受遗赠人杨某1有利害关系的人，不能作为遗嘱见证人。综上，葛某所立代书遗嘱不符合原《继承法》规定的形式要件，遗嘱应为无效。杨某1并非葛某的法定继承人，其依据上述遗嘱要求判令涉案房屋归其所有的诉讼请求，缺乏事实和法律依据，本院不予支持。

(2)受遗赠人应当在知道受遗赠后60日[③]内，作出接受或者放弃遗赠的表示。到期未表示接受遗赠的，视为放弃受遗赠。

在(2015)丰民初字第06963号判决中，法院认为：遗产是公民死亡时遗留的个人合法财产。公民可以依法立遗嘱处分个人财产，可以立遗嘱将个人财产赠给国家、集体或者法定继承人以外的人。自书遗嘱由遗嘱人亲笔书写、签名，注明年、月、日。受遗赠人应当在知道受遗赠后2个月内，作出接受或者放弃受遗赠的表示。到期没有表示的，视为放弃受遗赠。本案中，原告董某并非田某某的法定继承人，田某某通过自书遗嘱将东高地×号房屋赠与董某，董某系受遗赠人。作为受遗赠人，其应当在知道受遗赠后2个月内作出接受或者放弃受遗赠的表示。本案中，董某未举证证明其于2009年取得遗嘱后的2个月内曾作出接受遗赠的表示，亦未举证证明其于2012年11月5日田某某再次签字确认遗嘱内容后的2个月内曾作出接受遗赠的表示，应视为其已放弃受遗赠。因此，董某的诉讼请求于法无据，本院不予支持。

(3)如果遗赠系附条件的，受遗赠人未能达到遗赠人所要求的条件，则不发生遗赠的法律效果。

在(2017)京0106民初8585号判决中，法院认为：公民可以立遗嘱处分个人财产。本案中，根据原告提供的遗嘱，孙某虽表示"我把需要的钱用完之后(包括住院费等)剩余的钱都由陈某1来继承"，但同时表示"等她长大了，成家立业的时候给

① 《继承法》已废止，本条内容参见《民法典》第1135条。

② 《继承法》已废止，本条内容参见《民法典》第1140条。

③ 《民法典》第1124条将"两个月"改为"六十日"。

她”。“长大”“成家立业”系口语，未明确具体年龄，但对于“长大”通常应理解为年满18周岁。陈某1只有15岁，未达到遗嘱表明的条件，故对陈某1要求继承房产、存款的诉讼请求，本院暂不支持。

2. 遗赠扶养协议

通过案例的检索阅读不难发现，遗赠扶养协议纠纷往往发生在扶养人与遗赠人之间、扶养人与遗赠人的法定继承人之间，争议焦点几乎集中在：扶养人有无按照遗赠扶养协议约定履行义务；扶养人是否能够获得遗赠的财产以及遗赠扶养协议能否解除；已经按照遗赠扶养协议履行义务，遗赠人可否解除合同；合同解除后能否得到补偿，等等。从2017～2019年北京市一审法院遗赠扶养纠纷的案例来看，只要遗赠扶养协议是双方当事人的真实意思表示，遗赠人处分的属于自己的财产，扶养人按照协议履行了扶养义务的，遗赠人起诉到法院要求解除遗赠扶养协议，一般不会被法院支持。

（1）被继承人生前与他人订有遗赠扶养协议，同时又立有遗嘱的，继承开始后，如果遗赠扶养协议与遗嘱有抵触，按协议处理，与协议抵触的遗嘱全部或部分无效。

在（2019）京0113民初651号判决中，法院认为：最高人民法院《关于贯彻执行〈中华人民共和国继承法〉若干问题的意见》第5条[①]规定，被继承人生前与他人订有遗赠扶养协议，同时又立有遗嘱的，继承开始后，如果遗赠扶养协议与遗嘱没有抵触，遗产分别按协议和遗嘱处理；如果有抵触，按协议处理，与协议抵触的遗嘱全部或部分无效。根据上述规定可以看出，遗赠扶养协议的效力要高于遗嘱，即使有遗嘱，如果遗嘱的内容与遗赠扶养协议抵触，也应当按照遗赠扶养协议来处理被继承人的遗产。本案中，王某生前与王某1、李某1签订了遗赠扶养协议，即使李某2提交的遗嘱系王某本人所写，但是该遗嘱的内容与王某签订的遗赠扶养协议完全抵触，应当全部无效。因此，对于王某所留房产应当按照遗赠扶养协议来处理，归王某1、李某1所有。

（2）扶养人与遗赠人签订遗赠扶养协议，并按照约定履行自己的义务，遗赠人主张解除遗赠扶养协议的，法院综合考虑后，从有利于遗赠人角度出发，不支持合同解除。

① 最高人民法院《关于贯彻执行〈中华人民共和国继承法〉若干问题的意见》已废止，本条内容参见最高人民法院《关于适用〈中华人民共和国民法典〉继承编的解释（一）》（以下简称《民法典继承编司法解释（一）》）第3条。

在(2018)京 0112 民初 36559 号判决中,法院认为:双方签订的协议系双方真实意思表示,不违反法律和行政法规的强制性规定,合法有效,对当事人具有法律约束力,受法律保护。当事人应当按照约定履行自己的义务。本案中,原告与被告签订遗赠扶养协议后,二被告对原告所属院内的房屋进行了翻修及新建,在一定程度上改善了原告居住生活的环境,亦为提高原告的日常生活质量付出了努力。原告提供的证据和所述的意见,缺乏事实依据且证据不足,故本院不予支持。考虑到原告已过耄耋之年且孤苦无依,独自生活确存在诸多不便。故法院认定原被告双方应互相体谅、冰释前嫌,被告应根据协议约定的内容尽心尽力在物质和精神上给老人以慰藉,帮助老人度过一个平安幸福的晚年。

(3)扶养人与遗赠人签订遗赠扶养协议,并按照约定履行自己的义务,遗赠人主张解除遗赠扶养协议的,法院从有利于遗赠人角度出发,不支持协议解除后,双方关系持续恶化的,遗赠人再次起诉要求解除遗赠扶养协议的,法院支持解除协议。

在(2018)京 0112 民初 40555 号判决中,法院认为:遗赠扶养协议是我国原《继承法》确立的一项制度,《继承法》第 31 条第 1 款[①]规定,公民可以与扶养人签订遗赠扶养协议。按照协议,扶养人承担该公民生养死葬的义务,享有受遗赠的权利。根据遗赠扶养协议制度的设立初衷和基本精神,该制度设置的主要目的是让老年人安度晚年,如该目的无法实现,应当准许遗赠人解除遗赠扶养协议的请求。本案中,双方于 2009 年 3 月签订遗赠扶养协议,李某 1 于 2009 年 12 月起诉至法院要求解除。经法院判决驳回后,双方关系持续恶化,遗赠扶养协议所希冀达成的目的已无法实现。故对李某 1 请求解除遗赠扶养协议的诉讼请求,本院予以支持。

(4)遗赠人无正当理由不履行,至协议解除的,则应偿还扶养人已支付的供养费用。

在(2019)京 0118 民初 89 号判决中,法院认为:于某 1 与于某 2 签订的遗赠扶养协议,由于于某 2 无正当理由不履行导致解除,依据最高人民法院《关于贯彻执行〈中华人民共和国继承法〉若干问题的意见》第 56 条[②]"遗赠人无正当理由不履行,致协议解除的,则应偿还扶养人或集体组织已支付的供养费用"的规定,于某 1 已经支付的供养费用于某 2 应当偿还。由于双方对供养期限、供养数额存有争议,

① 《继承法》已废止,本条内容参见《民法典》第 1158 条。

② 最高人民法院《关于贯彻执行〈中华人民共和国继承法〉若干问题的意见》已废止,本条内容参见《民法典继承编司法解释(一)》第 40 条。

本院认定供养期限自 2014 年 3 月 1 日开始至于某 2 立案要求解除遗赠扶养协议之日即 2018 年 8 月 27 日(不含)止。供养数额法院参照赡养关系处理,结合当地的生活水平、于某 2 身体状况、低保收入情况等因素予以酌定。对于某 2 庭审中认可于某 1 已经给付的物品有具体数额的原价返还,没有数额的本院酌定。于某 1 在于某 2 居住院落内所建的彩钢房,是为了于某 2 居住,虽然没有获得相关行政管理部门的批准,但确实支付了一定费用,由于《遗赠扶养协议》的解除,造成了实际损失,于某 2 应当返还于某 1 支付的建房费用。

(5)遗赠人为夫妻二人,遗赠扶养协议履行到一半,在配偶去世后遗赠人要求解除遗赠扶养协议的,已经履行扶养义务的扶养人,应按照遗赠扶养协议享有受遗赠的权利。

在(2019)京 0106 民初 2162 号判决中,法院认为:公民可以与抚养人签订遗赠扶养协议。按照协议,抚养人承担该公民生养死葬的义务,享有受遗赠的权利。2011 年 10 月 1 日,黄某某、丁某和黄少某签订了《遗赠与抚(扶)养协议》,约定了协议自书写之日起生效。2013 年 5 月,丁某将黄少某诉至法院,要求解除其与黄少某之间签订的上述协议,经(2013)丰民初字第 10529 号民事调解书确认,"解除丁某和黄少某于 2011 年 10 月 1 日签订的《遗赠与抚(扶)养协议》;丁某于 2013 年 10 月 11 日前偿还黄少某已支付的供养费 4 万元"。丁某和黄少某之间《遗赠与抚(扶)养协议》的解除不影响黄某某与黄少某之间的《遗赠与抚(扶)养协议》的效力。协议虽约定了"房屋的所有权变更,应在黄某某、丁某逝后才能变更为黄少某所有",但是丁某和黄少某之间《遗赠与抚(扶)养协议》的解除,表明该协议约定的丁某和黄少某之间的权利义务终止。2012 年 2 月 1 日,黄某某死亡。鉴于黄少某在黄某某生前长期和黄某某夫妻共同居住生活,黄某良认可其操办黄某某丧葬事宜,相关费用系黄少某所出,丁某与黄少某之间《遗赠与抚(扶)养协议》的解除有返还供养费等情形,可以认定黄少某依照《遗赠与抚(扶)养协议》对黄某某履行了生养死葬的义务,享有依照《遗赠与抚(扶)养协议》受遗赠的权利。现黄少某持《遗赠与抚(扶)养协议》要求继承 7 号房屋 50% 的份额,于法有据,本院予以支持。

从上述几个案例可以看出,遗赠扶养协议具有很强的人身依附性,协议的双方必须具有真实的意思表示。扶养人在签订遗赠扶养协议后,可能会在之后的十几年的时间里按照协议约定去履行义务,在很长的时间里尽了扶养义务。遗赠人起诉至法院要求解除遗赠扶养协议,使扶养人失去了对这份协议的期待利益,如果得到法院的支持会显失公平。当然扶养人要证明自己尽了扶养义务相对容易,而遗赠人要提供证明扶养人未尽扶养义务的证据则比较有难度,这也是解除遗赠扶养协议很难得到法院的支持的因素之一。

(二)特殊遗产分割裁判要旨

李某染,著名画家,师从齐白石。1989 年 12 月 5 日李某染因心脏病猝然辞世,没有留下遗嘱。1991 年其配偶邹某珠与李某染的继承人共同签署了《李某染遗产继承问题协议书》,同意将遗产中的精品及有代表性的作品由邹某珠统一保管 5 年,作为家庭成员的共同财富,以备将来提供给纪念馆、出画册、巡回展览、复制宣传等使用,并将于适当的时机奉献给国家。在遗作中划出一部分作品给"艺术基金会"和"家庭基金会"使用。给子女每人有代表性的绘画作品 2 张,一般的 4 张,书法作品 2 张至 3 张。远在日本的李某,放弃对遗产的继承权,所附条件是,对于李某染的艺术作品不进行分割,保持作品的完整性。故事到这里也还算是个圆满的结局,但是后来其他继承人认为"李某染艺术基金会"存在账目不清等问题,于是诉至北京市第一中级人民法院要求对李某染的遗产析产继承。2008 年 11 月 7 日,北京市第一中级人民法院作出一审判决,法院判定邹某珠已经托管的作品判归其所有。因李某染生前未立遗嘱,对李某染的遗产,按照法定继承处理。2009 年 5 月 14 日,北京市高级人民法院作出终审判决,法院最终认定李某染绘画作品为 308 幅,以单幅作品之间相互等值进行夫妻共同财产分割,而各方当事人共有遗产均为 200 余件。中国画作品 108 件、书法作品 122 件、速写 9 册、水彩画 13 件归遗孀邹某珠所有。历经几年该案尘埃落定。除了邹某珠与李小某将属于自己的 108 幅李某染的绘画精品捐赠给正在筹建中的北京画院美术馆李某染艺术馆作为藏品外,其余作品的去向不得而知。

书画家留下的书画等艺术作品作为特殊的遗产具有不菲的经济价值,同时对于社会而言亦是不可再生的宝贵文化遗产。上述结果对社会而言又何尝不是一种巨大的损失呢?

同样甚嚣尘上的还有许某庐遗产纠纷案。许某庐是我国著名国画家、书法家、书画鉴赏家,2011 年 8 月,许某庐因病去世。不久其配偶、子女等因遗嘱真实性、遗产归属等争议诉至法院。该遗产继承案经过长达两年多时间审理后,北京市第二中级人民法院一审宣判,许某庐所留遗嘱真实,遗产包括 72 件珍贵字画、3 把紫砂壶,其中包含齐白石书画 24 幅及徐悲鸿等名家作品,坊间估价约 21 亿元,全部由配偶王某文根据遗嘱继承,许某庐的 8 位子女等后人不能依法定继承其遗产。虽然沸沸扬扬的许家遗产纠纷暂时画上句号,但因纠纷被伤害的亲情经历过时间的洗礼是否能够弥合却是未知数。

纵观该两继承案，一案因为被继承人无遗嘱，最终按照法定继承的规则，各继承人按份分得遗产，被继承人呕心创作的艺术作品分散各处。另一案有遗嘱但却因遗嘱的真实性引发了争议，该案在程序上历经一审、二审、重审、再二审，历经4年之久，庭审过程中又申请启动遗嘱鉴定，后因鉴定样本不足终止鉴定程序，最终遗嘱被确认符合法律规定的自书遗嘱的形式要件，被认定合法有效。对于家庭结构复杂又有书画等价值连城的艺术作品等特殊的动产的情况，只有遗嘱显然无法完全解决代际传承的问题。研读了以上判例，除了扼腕叹息，亦希望书画家醉心于艺术创作的同时，能提前规划书画作品的归属，做到定分止争，以使艺术作品千古流芳。

1. 书画等特殊遗产分割的裁判要旨

本部分笔者共统计了24个案例，其中有遗嘱并且遗嘱有效的1例，按遗嘱继承；无遗嘱而遵循法定继承，对实物进行分割的3例；其余均为因无证据证明存在字画等遗产导致要求分割的诉讼请求被驳回。下文中笔者截取几个典型案例进行说明。

（1）遗嘱有效，遗嘱优先。

在（2016）京民终305号判决中，法院认定继承人王某所提交遗嘱符合法律规定的自书遗嘱形式要件，合法有效。王某与许某共同生活70余年，遗嘱内容系许某将财产留给结发妻子，亦符合人之常情，故按遗嘱内容由配偶继承全部遗产。驳回其余继承人要求继承许某遗产的诉讼请求。

（2）无遗嘱，法定继承；无法估值，分割实物。

在（2016）京0108民初10658号判决中，5把紫砂壶若干字画被确认为被继承人的遗产，但已有证据难以确认该遗产的价值，故法院以充分发挥共有物最大效用为原则，综合考虑紫砂壶的具体情况以及继承人的实际生活条件等因素对紫砂壶予以实际分割，根据继承人确定的字画物品数量及名称依法确认份额并分割实物。

（3）无证据证明存在字画等遗产，要求分割的诉讼请求被驳回。

在（2018）京03民终7623号判决中，继承人主张继承画作、分割景泰蓝等物品，但未就上述物品的存在提供证据，法院对其要求分割的诉讼请求不予支持。

在（2019）京01民终339号判决中，继承人要求依法分割被继承人遗留的勋章、瓷器等物品，其未向法院充分举证证明上述物品的存在，且经法院现场勘验亦未发现上述物品，故法院对其诉讼请求不予支持。

以上案例中占比数量最多的是无证据证明存在字画等遗产导致要求分割的诉讼请求被驳回的案件。显然以上案例大部分无遗产清单、遗嘱，更谈不上规划，因此引发诉讼。以上案例中所涉及字画等并非名家作品、无法估值，故法院大多时候只是对实物进行分割。但不管这些艺术作品是被继承人自己创作还是收藏的，被继承人在创作或者收藏之时亦是心情愉悦的。但不想在其百年后，继承人竟因此争得头破血流，如若是价值连城的名家之作，那么遗产之争更是旷日持久。

2. 被继承人债务清偿纠纷裁判要旨

2017～2019年北京地区法院被继承人债务清偿纠纷案件的裁判观点归纳如下：

（1）法院通常判决继承人在继承遗产价值范围内对债务承担共同清偿责任。即便在遗产处理前或在诉讼进行中，继承人放弃继承的，法院仍然会认定该继承人在继承遗产范围内承担还债责任（继承人对放弃继承翻悔的，由人民法院根据其提出的具体理由，决定是否承认，即该放弃行为具有不确定性）。另外，唯一的第一顺序法定继承人，放弃继承行为无效，该继承人仍应在继承遗产范围内承担还债责任，如（2018）京03民终14373号、（2018）京0118民初1209号、（2018）京0108民初25665号、（2018）京0108民初48863号。

（2）其他继承人同意在继承遗产范围内对债权人还债，放弃继承的继承人可免责，如（2017）京0108民初30584号。

（3）关于被继承人生前债务关系中的违约责任，如若继承人知晓该债务并积极和债权人联系偿还事宜，无怠于履行或拒绝履行行为，则继承人不承担违约责任。因此，要提示继承人防范承担被继承人债务中违约责任的风险，如（2019）京0102民初10435号。

天津市法院审理继承案件裁判要旨总梳理

第一部分:遗嘱继承纠纷

天津市 2017～2019 年的遗嘱继承相关判决共 118 件,其中 2017 年 35 件、2018 年 38 件、2019 年 45 件。数量增长幅度虽然不大,但每年呈现递增趋势。

一、遗嘱的效力

基于统计的 118 份判决书:有效遗嘱案件 98 个,占比 83%;无效遗嘱案件 18 个,占比 15%;部分有效遗嘱案件 2 个,占比 2%(见图 1)。根据这三年的判决书数据发现基本上无论是书写遗嘱还是见证、公证遗嘱,遗嘱都是合法有效的。经过分析发现,遗嘱无效或者部分有效的原因主要有两个方面,一是遗嘱形式不合法,二是遗嘱处分了他人财产。

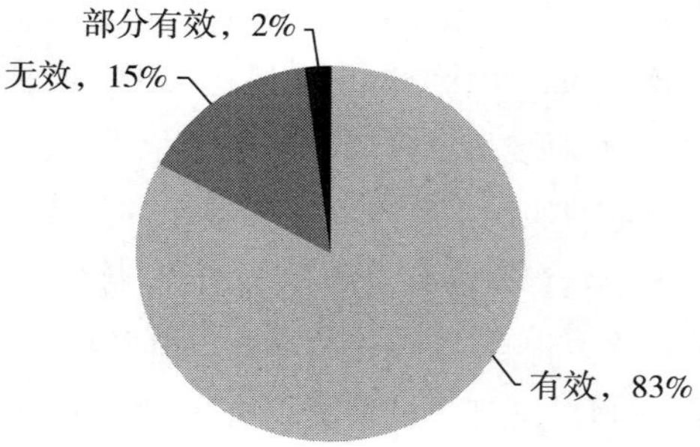

图 1 遗嘱效力

另外,这些判决中只有一个遗嘱无效的原因是当事人伪造了被继承人的签名。

(一)遗嘱有效

遗嘱具备实质及形式要件则有效。虽然大多数判决是遗嘱有效的情况,但其中有一些裁判要旨值得注意:

1. 公民是否具有民事行为能力,不以距离死亡时间的长短推断,而应以公民是否能清楚地表达自己的意思为标准,卧床不起、气力不足不代表不能正确表达自己的意思。如即使立遗嘱时间距离死亡时间过近,也并不代表遗嘱人没有民事行为能力无法实施民事法律行为、不具备真实的意思表示,如(2017)津 01 民终 5642 号判决。

2. 遗嘱只有遗嘱人捺印，但无遗嘱人签名，形式上存有瑕疵，但证据影像资料能够证明被继承人生前患有疾病，右臂行动受限，属于代书遗嘱因其他原因非由遗嘱人自行书写并签名的情形，亦合乎常理。该影像资料能够佐证遗嘱人所立代书遗嘱的真实意思表示，应当认定该代书遗嘱合法有效。此种情况系判决特例，在通常情况下，无遗嘱人的签名法院将认定遗嘱无效，如(2016)津0116民初47255号判决。

3. 公证遗嘱的效力最高。公证遗嘱具备形式和实体要件，并不以被继承人全部到场签字或事后签字确认放弃继承为生效要件，如(2016)津0116民初65651号判决。

4. 自书遗嘱中，处分的房屋产权证号有数字存在修改痕迹，但该处经涂改后意思表示明确，亦指向讼争房，对遗嘱的真实性不构成影响。此为"误载不害真意"的意思表示，遗嘱有效，如(2017)津01民终1077号判决。

5. 脑萎缩不代表遗嘱人属于限制民事行为能力人。遗嘱人通过代书方式书写遗嘱，并通过视频方式确认，只要视频显示遗嘱人能够表达自己的意志，该遗嘱是真实意思，就具有法律效力，如(2018)津0114民初7933号判决。

6. 证人证言及订立遗嘱时现场录像能表明被继承人自己主观上具有完成签字的意思表示，只是由于严重的疾病不能独立完成签字的行为，而在他人帮扶下完成签字，且在整个签字过程中其意识没有受到他人干扰、胁迫、欺骗，完全是自己决定的签字行为，则该遗嘱形式要件合法，该遗嘱有效，如(2018)津01民终200号判决。

7. 见证人在未取得律师执业证书的情况下见证，并不当然导致遗嘱无效。根据《民法典》继承编第1140条，见证人不得是无行为能力人、限制行为能力人以及其他不具有见证能力的人，不得是继承人、受遗赠人及与继承人、受遗赠人有利害关系的人。可见，见证人只需满足以上条件，不需要取得其他资格。见证人没有取得律师执业证书，未违反《民法典》中有关见证人的规定，如(2019)津0111民初3743号判决。

(二)遗嘱无效

遗嘱形式不合法是遗嘱无效的主要原因。关于遗嘱无效，大致有以下8种比较典型的裁判要旨，现列举如下：

1. 代书遗嘱缺失遗嘱人口述、代书人代为书写或制作电子文本的过程，不能证明代书人书写的遗嘱内容为遗嘱人的意思表示，且该份遗嘱的主要内容均在第一页内，第一页遗嘱却没有被继承人的签字，该代书遗嘱欠缺法律要件，不发生法律效力,如(2017)津0105民初1155号判决。

2. 遗嘱仅有被继承人盖章没有其签名,无效,如(2018)津0114民初7903号判决。

3. 遗嘱文首载明的遗嘱人与文末遗嘱人的签名身份信息不符,该签名存有瑕疵,不完全符合代书遗嘱签名的形式要件,如(2018)津0116民初41939号判决。

4. 短信聊天记录截图不符合法律规定的遗嘱形式,如(2018)财产津0116民初42896号判决。

5. 遗嘱内容系打印,只有被继承人签名盖章,且见证人未留存立遗嘱及见证现场的完整视听资料,无法再现立遗嘱及见证过程,如(2017)津0119民初5400号判决。

6. 遗嘱人双目失明,遗嘱的内容是否与其真实意思表示相一致,无充分证据证明。在这种情况下,应注意要有其他证据,如录像等佐证以形成完整的证据链,如(2017)津0112民初7393号判决。

7. 见证遗嘱,见证人未出庭,如(2019)津0116民初28343号判决。

8. 虽然有遗嘱人、代书人和见证人签字,但遗嘱人的签字时间与代书人和见证人的签字时间不一致,不能证明立遗嘱时有两个以上的见证人在场。所提交的视频光盘亦不能反映出有两个以上见证人在场见证并签字的事实,无法满足代书遗嘱生效的要件要求,如(2019)津0114民初4019号判决。

(三)遗嘱部分无效

遗嘱部分无效的原因基本上只有一个:遗嘱未对缺乏劳动能力又没有生活来源的继承人保留必要的遗产份额。

二、被继承人的遗产

需要注意的是,在存在夫妻共同财产的情况下,必须先分割夫妻共同财产,再分配被继承人的遗产。公民的私有财产的继承权受到法律保护,遗产是公民死亡时遗留的个人合法财产。夫妻在婚姻关系存续期间所得的共同所有的财产,除有约定的以外,如果分割遗产,应当先将共同所有的财产的一半分出为配偶所有,其余的为被继承人的遗产。继承开始后,按照法定继承办理;有遗嘱的,按照遗嘱继承或者遗赠办理。公民可以立遗嘱指定个人财产由法定继承人的一人或者数人继承。

（一）金钱等一般等价物

被继承人涉及金钱的遗产数额一般集中在 10 万元以下，其他数额范围大致相当（见图 2）。通过对判决的分析，通常情况下，被继承人现金遗产数额较小，现金遗产数额较大的往往是有安置补偿款和过渡费的人群，由此可以预测，这将是未来继承案件纠纷的热点问题，需要引起大家的关注。

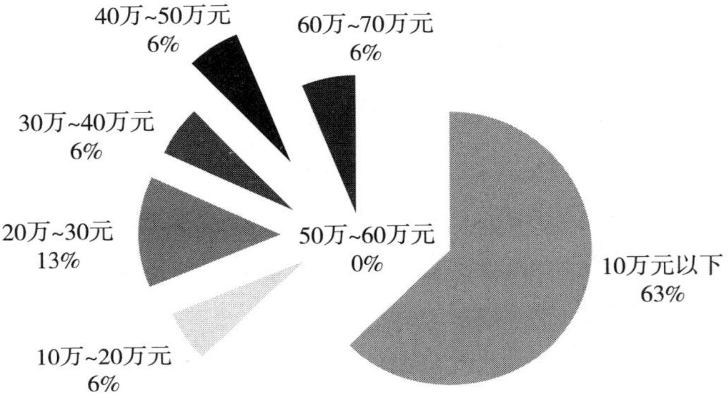

图 2　金钱等一般等价物数额分布

（二）房产

基于统计的 118 份判决书：房产大多由婚生子女继承。配偶取得房产也是比较常见的，因为通常情况下，房产都是在婚姻关系存续期间取得的，在被继承人死亡后，首先房产的一半份额是属于配偶的个人财产，剩下的一半份额才能作为被继承人的遗产以法定继承或者遗嘱继承予以分割，所以这种情况下配偶取得房产所有权的概率也是比较大的（见图 3）。

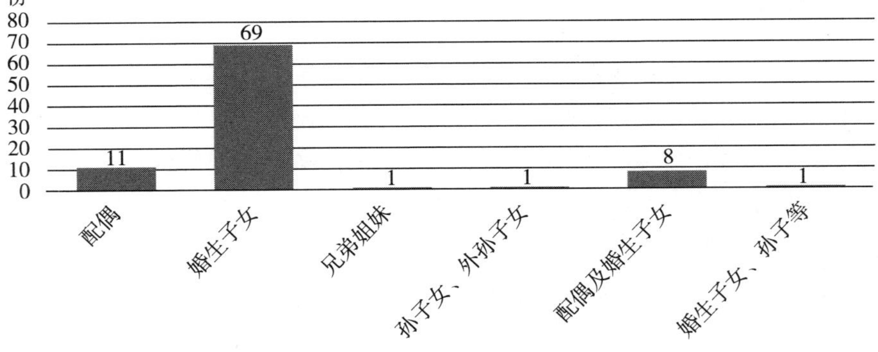

图 3　房产归属

三、遗嘱涉及房产的判决情况分析

基于统计的118份判决书：凡涉及房产继承的，法院一般判决在判决生效之日起5日、10日、15日内过户。5日至15日的过户准备时间较为充足、合理，因此判决次数集中于此（见图4）。

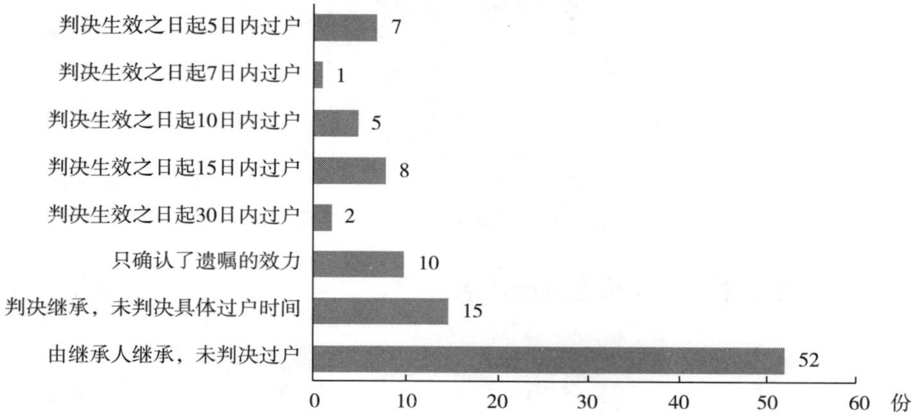

图4 房产继承的过户情况

另有10份判决仅确认了遗嘱效力，这往往是根据原告诉讼请求（请求确认遗嘱效力）作出的。

绝大多数判决的情况是：由继承人继承，未判决过户和判决继承，未判决具体过户时间这两种情况。上述两种情况一般为：

第一，涉及多个子女为继承人的，尤其是被继承人的配偶系父母。考虑到家庭、夫妻共同财产等多方面因素未判决过户。

第二，被继承人的遗产并非房产，不涉及过户问题。

第二部分：法定继承纠纷

一、继承人与被继承人的关系

关于继承人与被继承人的关系，从图5来看，首先，法定继承案件中，继承人与被继承人的关系多数为父母子女关系、夫妻关系。特别是老人去世后，各子女对财产的争夺尤为剧烈。其次，被继承人的配偶对财产的争夺在此类案件中也占有相当大的比例。此外，被继承人的父母、子女以及婚生子女和继子女对财产的争夺在法定继承案件中的占比并不大。这反映出在这类案件中,矛盾主要集中在家庭兄弟姐妹之间。

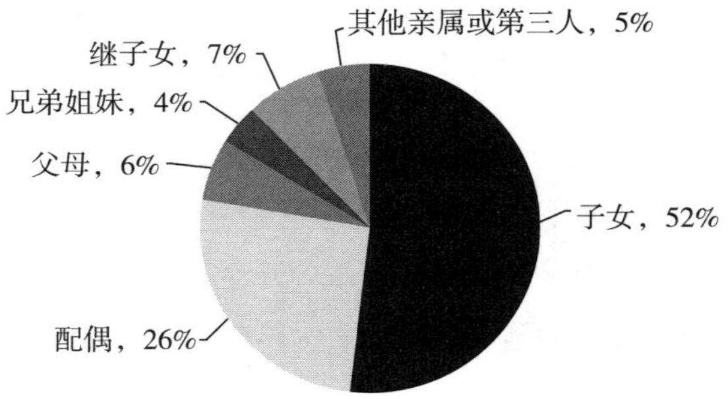

图5　继承人与被继承人的关系

二、继承案件中不被认定为遗产的财产

通过分析天津市2017～2019年法定继承案件,发现一审案件共278件,其中驳回诉讼请求的有46件,占比约16.5%。而在驳回诉讼请求的案件中,案涉财产不能认定为遗产的占比40%,存在有效遗嘱以及达成遗产分割协议书的占比60%。总结非遗产的情形,有助于厘清遗产的范围,所以下文对财产不被认定为遗产的情形做重点分析。

(一)财产权属不明

财产的权属不明,主要是指被继承人生前所住房屋未进行确权发证,继承人也无法提供相应的证据来证明该房屋属于被继承人遗产。这种情况下,法院不会认定该房屋属于被继承人遗产,从而也就不会产生法定继承的问题,法院通常会判决驳回诉讼请求。

在(2019)津0115民初4693号判决中载明,"本案的争议焦点为诉争房屋是否为王某全的遗产。现原、被告双方对诉争房屋的权属发生争议,诉争房屋未进行确权发证,而原告未能提供确实充分的证据证明诉争房屋系王某全的遗产,故原告起诉要求张某继承诉争房屋60%的份额、原告王某1继承诉争房屋10%的份额、原告王某2继承诉争房屋10%的份额、被告王某3继承诉争房屋10%的份额、被告刘某继承诉争房屋10%的份额的诉讼请求,证据不足,本院不予支持"。

(2017)津0119民初7381号判决认为,"原告主张其父母生前遗留0.36亩空园并要求继承该遗产份额,但根据法律规定,不动产权属证书是权利人享有该不动产物权的证明,原告主张0.36亩空园为父母遗留遗产,但并未提供证据证明其主张,故本院对原告的主张不予支持”。

(二)被继承人生前已处分了相应财产

被继承人生前已处分财产主要是指,房屋或者其他财产已卖给他人。这种情况下,财产肯定不能被认定为被继承人的遗产,所以也就不存在相应的法定继承。法院判决驳回诉讼请求。

(2017)津0119民初7938号判决认定,“三原告要求继承坐落于蓟州区的房屋,但本院调取的证据显示该房屋经由原、被告父亲刘某新及刘某友卖予他人,三原告并未提供充足证据证明该诉争房屋系原、被告父母死亡时遗留的遗产,故三原告要求继承该诉争房屋,理据不足,本院不予支持”。

(三)丧葬费、抚恤金

大多数继承人会将上述两个方面的财产认定为遗产,要求分割。死亡抚恤金应当归近亲属共有,对该抚恤金的分割属于对共有财产的析产,而非对遗产的继承。如若当事人在继承案件中提出分割死亡抚恤金的请求,法院可以一并处理,但不会按照遗产分割进行,也就不存在相应的法定继承。

(2019)津0106民初4272号判决认为,“此外,潘某2去世后,陈某1领取的丧葬费11214元,该款项是对死者近亲属办理丧葬事务的补偿,并非被继承人的遗产,被继承人去世后,该款项已用于潘某2的丧葬事宜,故对原告要求分割丧葬费的诉讼请求本院不予支持”。

(四)首饰

这属于判决当中一个比较特殊的点,法院对这类物品的观点是不属于遗产,认定其为动产,遵循物权上的占有原则,不按照遗产来继承。

(2018)津0116民初62605号判决认定,“关于原告要求分割金戒指和金耳环问题,该物品为动产,在物权上遵循占有原则,原告主张上述物品为遗产要求继承,证据不足,本院对该诉讼请求不予支持”。

三、裁判要旨总结

（一）被继承人的配偶和子女之间遗产分割

1. 先进行夫妻共同财产的分割，将分割后的财产按法定继承处理，一般应当均等。

2. 若涉及财产是房产，法院会判给配偶居住，配偶要给付其他继承人相应的折价款。判决依据：配偶占有房产份额较多，而且一直居住。

3. 若财产是夫妻一方在婚前购买的，则不属于夫妻共同财产，分割该财产时不会进行夫妻共同财产的分割。

（二）被继承人子女之间遗产分割

1. 是否对被继承人尽扶养义务、是否跟被继承人共同居住，仍然是法院分配财产时决定是否多分的主要依据。是否身患重病、是否无劳动能力，也是法院分配财产时决定是否多分的考量条件。法院主要依据被继承人的子女同属于第一顺序继承人，依相关法条规定同一顺序继承人继承遗产的份额，一般应当均等分配来处理。对生活有特殊困难的缺乏劳动能力的继承人，分配遗产时，应当予以照顾。对被继承人尽了主要扶养义务或者与被继承人共同生活的继承人，分配遗产时，可以多分。

（2017）津 0113 民初 5592 号判决载明，"庭审中原被告均认可李某泉在世时李某泉和郭某华随李某 4 共同生活，李某泉去世后郭某华随李某 3 共同生活，因此可以认定李某 3 与李某 4 对父母尽了较多的扶养义务，应当多分遗产"。

（2017）津 0112 民初 5180 号判决认为，"对于贾某 2 主张自己身患疾病，属肢体二级残疾，又缺乏劳动能力，分配遗产时予以照顾的请求，应予采纳"。

2. 法院在分割遗产时对尽到扶养义务以及共同生活的子女会有明显的倾向，分割财产的比例一般是 6∶4，当然也会有个别的是 7∶3，这主要是因为子女不仅共同生活，而且承担了更多的家庭体力劳动。相反如果子女没有尽到相应的赡养义务，在分配遗产时将会面临少分甚至不分的情况。其中少分遗产占据了大多数，而分不到遗产的情况较为特殊，值得我们注意。

（三）财产权属是否明确、财产是否在被继承人生前已被处分、有无相应证据证明财产权属是法院认定财产是否属于被继承人遗产的重要条件

（2017）津 0119 民初 7381 号判决认为，"原告主张其父母生前遗留 0.36 亩空园

并要求继承该遗产份额,但根据法律规定,不动产权属证书是权利人享有该不动产物权的证明,原告主张0.36亩空园为父母遗留遗产,但并未提供证据证明其主张,故本院对原告的主张不予支持”。

(2017)津0119民初7938号判决认定,“三原告要求继承坐落于蓟州区的房屋,但本院调取的证据显示该房屋经由原、被告父亲刘某新及刘春友卖予他人,三原告并未提供充足证据证明该诉争房屋系原、被告父母死亡时遗留的遗产,故三原告要求继承该诉争房屋,理据不足,本院不予支持”。

(四)当事人要求分割金戒指和金耳环,该物品为动产,在物权上遵循占有原则,当事人主张上述物品为遗产要求继承,证据不足,法院对该诉讼请求不予支持

(2018)津0116民初62605号判决认定,“关于原告要求分割金戒指和金耳环问题,该物品为动产,在物权上遵循占有原则,原告主张上述物品为遗产要求继承,证据不足,本院对该诉讼请求不予支持”。

河北省法院审理继承案件裁判要旨总梳理

一、对继承纠纷判决文书统计、研究的目的

本部分以河北省为地理坐标,对该地区2017、2018、2019三个年度1908份继承纠纷案件样本(以下简称统计样本)涉及的当事人情况、诉讼代理人、遗嘱情况、涉及遗产及处理等数据进行可视化整理,分析研究河北地区目前继承纠纷案件的现实状况,进行裁判规则的收集提炼,把握主流观点和特别观点,促进律师和法官就法律的理解和裁判规则达成一致,共同提升此类案件在司法实践中的可预测性和操作性,以期为律师同人处理相关案件和为当事人提供法律服务提供指引和参考。

二、河北省遗嘱继承纠纷分析

对于被继承人曾立有多份遗嘱的情形,在《民法典》实施之前,多数法院裁判观点都是认为以最后一份遗嘱为准,如果前期有公证遗嘱的会以公证遗嘱为准。不过,《民法典》取消了公证遗嘱的优先效力,以被继承人最后一份有效遗嘱为准。

另外,本报告统计的样本中,有大部分的案件当事人提供了证人证言,律师团队通过阅读大量案例发现,大部分证人证言被采纳是因为有证据能相互佐证,单独被采纳的概率极低。

三、遗产情况分析

(一)房产的继承规则

有关房产的分割方式也一直是法院裁判的主要内容。存在有效遗嘱的,按遗嘱分割;没有遗嘱的,法院判决按份共有、共同共有或折价补偿。

(二)抚恤金、拆迁补偿款、农村土地承包经营权等存在同案不同判现象

据统计,1908份样本中涉及抚恤金、丧葬费、赔偿款的有410份,占样本总数的21.4%,判决中处理的占54%;涉及拆迁补偿款的共有201份,占样本总数的10.5%;还有部分案件涉及农村土地承包经营权。在统计过程中发现,此三项在判决中有的处理,有的未作处理。

1.死亡赔偿金、抚恤金、丧葬费的处理存在同案不同判

继承人往往将被继承人的死亡赔偿金、抚恤金、丧葬费误认为遗产而产生纠纷。实际它们是给予死者近亲属和被扶养人的生活补助费,并非被继承人的遗产。

它们虽不是遗产,但是可以参照遗产在近亲属间进行分配。所以有很多法院为了减轻当事人的诉累,在遗产分割案件中,也参照遗产分割规则对死亡赔偿款、抚恤金、丧葬费一并进行了分配。不过仍然有很多的法院认定这些不是遗产,不能与遗产一并分割,要求当事人另行起诉。

2. 农村土地承包经营权的处理存在同案不同判

关于农村土地承包经营权和其收益,法院往往将其认定为行政问题而不做处理,仅有个别案例进行了分割。

3. 农村土地承包经营权的处理产生同案不同判的原因

之所以出现同案不同判的现象,笔者认为,一是审判人员对农村土地承包经营相关法律的解读不同,法官的裁量权的行使程度不同。二是审判人员没有将农村土地承包经营权和土地承包经营权收益的性质区分开来。三是每个家事纠纷案件几乎都有调解的成分在里面。判决仅仅显示一个继承案件审理程序的一部分内容。为了达到解决纠纷的目的,有的判决会一并处理上述财产争议。

(三)股权的继承规则

受河北经济发展水平的影响,及股权分割的复杂性,股权在河北继承类案件中涉及较少。经统计样本分析,对该类案件的判决主要有两种,如表1所示:

表1　股权继承案例

判决结果	判决理由	案号
股权不予分割,另案处理	继承人不能直接通过继承直接成为该公司的股东,需要考虑其他股东意见,并依据公司章程约定进行处理	(2016)冀0104民初2751号
直接分割	公司章程无限制新股东加入条款	(2019)冀01民终1588号

笔者认为,在对股权进行分割时,如果继承人之间或继承人与财产共有人之间能够协商一致,法院可以按协商意见处置。或者如果公司股东单一,只有被继承人及其配偶,不涉及其他第三人权益的,法院可以分割。在其他情况下,为了保障公司其他股东的利益,可以另案处理。

(四)股票等证券类财产分割规则

河北省涉及股票等证券类财产分割判决较少,在整个财产类型判决中占比

3%。根据统计样本分析,对于该类财产的判决,多采用在持股票按股票数额分割,已抛售股票按受益分割的分割规则,详见(2018)冀04民终7101号、(2019)冀0102民初552号判决。

(五)保险金分割规则

涉及保险金判决在财产类型判决中占比2%,经对统计样本进行分析,判决认定,保险金指定受益人的不属于遗产,未指定受益人的可以作为遗产进行分割,详见(2017)冀01民终4990号判决。

(六)共有财产的析产规则

根据统计样本分析,继承类案件中有很大一部分涉及共有财产的继承问题,如果诉争的遗产中涉及其他共有人的财产,需要先析产再继承。涉及共有财产的案件可分为三大类:

1. 涉及夫妻共同财产。对于此类案件,需要先根据原《婚姻法》及相关法律规定来确定哪些是夫妻共同财产,哪些是被继承人个人财产。确定被继承人的遗产范围后再进行继承分配。

其中需要注意的是,在河北省的继承判决中存在较多房改房继承问题,如在房改时使用夫妻一方的工龄,如何认定房屋所有权的问题。根据有效样本分析,对于当配偶一方死亡而遗产未分配时,未死亡配偶借用其工龄买房是否算作夫妻共同财产的问题,有两种判决结果,如表2所示:

表2 房改房继承案例

判决结果	判决理由	案号
视为被继承人的个人财产	被继承人房改时享受已死亡配偶的工龄优惠,应视为一种政策性补偿	(2018)冀0302民初4653号
视为夫妻共同财产	争议的房屋虽在被继承人配偶死亡后实行房改,但对该房已死亡配偶享有部分权益,该房应认定为夫妻共同财产	(2019)冀0703民初158号

2. 涉及家庭成员共建房屋或者家庭共同经营类的财产。对于此类案件,首先对财产性质进行分析并认定,认定是否属于共同财产,继而在认定共有的基础上予以分割,如(2018)冀0626民初1241号判决。

3. 涉及发生了多次继承的财产。此类案件多在以下两种情况下发生:一是配偶一方死亡未进行遗产分割，直到另一方死亡后产生遗产分割问题；二是被继承人去世后，其继承人当中存在转继承或代位继承的问题。从统计样本分析，在此类案件中无论发生几次继承，法院都会依据《民法典》婚姻家庭编和继承编及相关法律规定首先进行析产，然后再做继承分割。

（七）继承份额的分配是否有倾斜及倾斜的原因

继承份额的分配，如果出现法定情形则会有倾斜，主要体现在以下三方面：

1. 对于继承人中有未成年人的。根据《民法典》的相关规定，一般法院会为未成年人保留继承份额。即使被继承人有遗嘱将自己遗产全部留给未成年人以外的其他继承人，法院也会适当考虑在该遗嘱有效情况下，给未成年人保留一定份额后再按照遗嘱处置分割，如（2016）冀0105民初2103号判决。

2. 继承人是否尽到赡养义务。《民法典》第1130条第3款和第4款规定：对被继承人尽了主要赡养或扶养义务的继承人应当适当多分财产，对于伤害被继承人或者不尽赡养义务的继承人应当少分甚至不分。在河北各地如石家庄、唐山的一审、二审法院判决中均有体现。比如，在（2019）冀02民终5356号判决中，继承人自幼随姑姑、姑父生活并改姓，二审认为其与被继承人仅形成收养关系，不属于法定继承人，但因其对被继承人尽了扶养义务，应适当分得部分遗产。

3. 继承人当中存在无劳动能力又无生活来源的人。法官会对这类继承人适当多分，如（2018）冀0824民初2542号判决。

四、被继承人债务清偿纠纷案件分析

被继承人债务清偿纠纷在继承纠纷案件中的数量相对较少，所占比例也较小。但因为该类纠纷涉及继承人以外的第三人，人民法院在对具体案件进行裁判时除了依据《民法典》的规定，还会依据最高人民法院《关于审理民间借贷案件适用法律若干问题的规定》、《民法典》婚姻家庭编及司法解释中有关夫妻共同债务的规定。

我们通过裁判文书网检索河北省法院裁判日期在2017～2019年的被继承人债务清偿纠纷有效判决书，可供参考的案件总量有233件。

我们主要从四个方面对河北法院在处理该类案件的裁判规则进行分析：

1. 在该案由的案件中，有5.6%的案件存在部分继承人要求放弃继承的情形，仅有几例案件法院同意了继承人放弃继承的申请，大部分案件法院出于各种考虑没有同意，如（2018）冀0130民初2623号判决。

2. 从时间轴上来看，2017～2019年，法院在判定被继承人债务清偿纠纷的责任承担主体时的裁判规则发生了较大变化。这主要由于随着我国经济发展的需要和新情况的出现，最高人民法院《关于适用〈中华人民共和国婚姻法〉若干问题的解释（二）》（已废止，以下简称原《婚姻法司法解释（二）》）第24条不断作出的更适合现实审判需要的解读：

2017年之前一直适用原《婚姻法司法解释（二）》第24条①的规定。

2017年2月28日，最高人民法院公布的《关于适用〈中华人民共和国婚姻法〉若干问题的解释（二）的补充规定》②，在原《婚姻法司法解释（二）》第24条的基础上增加两个条款。

2019年最高人民法院办公厅又作出对"修订《婚姻法司法解释（二）》第24条"的答复。此次答复的最大亮点是：举证责任主体有变化。

随着法条解读的变化，人民法院在判决该类案件时，对于夫妻一方举债的情况，尤其是对于明显超出家庭正常生活消费的债务，2017年之前的观点是只要配偶举证证明债权人不明知，方可免除配偶的债务承担责任。在我们检索到的案例中，大部分案件债权人有证据证明是夫妻共同举债，比如，双方共同签订借款协议，或者在配偶一方去世后，另一方单独声明对债务明知，或者法院查明配偶之间在举债后相互之间有资金往来等。由此人民法院判决债务系夫妻双方共同债务由配偶一方承担，同时判令其他继承人在遗产继承范围内承担（配偶承担无限责任，其他继承人承担有限责任）的案件占据了较大的比重，占比67.7%；对于债权人无证据证明系夫妻共同债务的，判决由继承人在被继承遗产范围内共同/连带承担偿还责任的案件，占比13%。

《民法典》统一了夫妻共同债务的认定规则。《民法典》第1064条规定："夫妻双方共同签名或者夫妻一方事后追认等共同意思表示所负的债务，以及夫妻一方在婚姻关系存续期间以个人名义为家庭日常生活需要所负的债务，属于夫妻共同债务。夫妻一方在婚姻关系存续期间以个人名义超出家庭日常生活需要所负的债务，不属于夫妻共同债务；但是，债权人能够证明该债务用于夫妻共同生活、共同生产经营或者基于夫妻双方共同意思表示的除外。"

3.另有13.7%的案件，债权人被判决驳回诉讼请求。其原因有三：

一是债权人的证据不足以证实与被继承人之间存在债务关系，如（2019）冀

① 《婚姻法司法解释（二）》已废止，本条内容参见《民法典》第1064条、《民法典婚姻家庭编司法解释（一）》第34条。

② 该规定已废止。

0608 民初 1368 号判决；二是债权人无证据证实被继承人（债务人）留有遗产，如（2019）冀 0637 民初 1257 号判决；三是因有一方抗辩起诉超诉讼时效，如（2018）冀 0635 民初 1977 号判决。

4. 被继承人生前存在多个债权人，在其去世后，其继承人可能会面临着多个债务清偿的问题。通过对河北省被继承人债务清偿纠纷案件的统计，有的被继承人生前债权人少则三两个，多则十几个，法院判决时，依然要根据债权人起诉的每笔债务的证据和继承人以及继承财产的情况进行判决。这种情形下，债权人就成了最大的风险承担者，一旦被继承人遗产不足以清偿所有的债务，那债权人将面临不能被全额清偿的后果，及判决生效后遗产在债权人之间如何分配的问题。

山西省法院审理继承案件裁判要旨总梳理

一、山西省近三年继承纠纷案件概况

本次统计样本案卷376份，其中法定继承纠纷122份，遗嘱继承纠纷46份，遗赠纠纷8份，遗赠扶养协议纠纷3份，被继承人债务清偿纠纷197份。

二、相关法院审理规则

笔者团队着重对法院审理遗嘱继承案件的观点和裁判规则进行了统计总结。

1. 自书遗嘱效力裁判规则

(1)公民对自己的合法财产享有处分权，公民可以依照法律规定立遗嘱处分个人财产，但若遗嘱处分了属于国家、集体或他人所有的财产，则该部分应认定无效，如(2018)晋01民终3124号判决、(2017)晋01民终1773号判决。

(2)公民可以立遗嘱处分个人财产，并可以指定遗嘱执行人。自书遗嘱由遗嘱人亲笔书写、签名，注明年、月、日。由本人亲笔书写，落款处有其签名，注明了日期，符合法律规定的自书遗嘱的形式要件的遗嘱合法有效，如(2019)晋01民终3924号判决、(2017)晋01民终1535号判决。

(3)遗嘱中的抚恤金及丧葬费，不属于法律规定的遗产范畴，如(2019)晋1022民初1125号判决。

(4)将家庭财产进行分配，并就自己寿终后事进行安排的分单，虽名为分单，但实际具有遗嘱的效力，且分单有见证人、执笔人、被继承人的签字，可以确认是被继承人的真实意思表示，该“遗嘱”有效，如(2017)晋01民终1773号判决。

(5)被告对遗嘱签名持异议，但拒绝申请鉴定，其主张不予支持，如(2017)晋0202民初1642号判决。

2. 代书遗嘱效力裁判规则

(1)代书遗嘱应当有两个以上见证人在场见证，由其中一人代书，注明年、月、日，并由代书人、其他见证人和遗嘱人签名。遗嘱人未在遗嘱上签名，仅仅捺印的，不符合代书遗嘱的法定形式要件，该遗嘱应为无效，如(2018)晋08民终2471号判决。

(2)代书遗嘱的两名见证人如存在利害关系，则不能作为遗嘱见证人，该代书遗嘱无效，如(2018)晋0109民初290号判决。

(3)在原《继承法》实施前订立的，形式上稍有欠缺的遗嘱，如内容合法，又有充分证据证明其确为遗嘱人真实意思表示的，可以认定遗嘱有效，如（2019）晋0702民初516号判决。

（4）虽名为分单，但实际具有遗嘱的效力，且分单有见证人、执笔人、被继承人三人的签字，可以确认该分单是被继承人的真实意思表示，该“遗嘱”应为有效，如（2016）晋0109民初2473号判决。

（5）夫妻在婚姻关系存续期间所得的共同所有的财产，除有约定的以外，如果分割遗产，应当先将共同所有的财产的一半分出为配偶所有，其余的才为被继承人的遗产，如（2016）晋0109民初2473号判决。

3. 公证遗嘱效力裁判规则

（1）结合案情前后事实认定被继承人生前在公证处公证的遗嘱系其真实意思表示，认定公证书真实、合法、有效，如（2017）晋05民终194号判决。

（2）遗嘱人可以撤销、变更自己所立的遗嘱，立有数份遗嘱，内容相抵触的应以最后的遗嘱为准。《民法典》取消了公证遗嘱的优先效力，如（2019）晋0902民初804号判决。

（3）公证遗嘱内容清楚明确，表达意思清晰；并有遗嘱执行人在场签名和公证人员在场公证，应认定是被继承人的真实意思表示，如（2019）晋0109民初1946号判决。

（4）公证程序并无不当的认定遗嘱有效，如（2018）晋11民终15号判决。

（5）法律并不禁止公证遗嘱打印成文，故被继承人是否文盲不作为认定其是否有能力订立遗嘱的标准，如（2017）晋1181民初1164号判决。

（6）被继承人所立遗嘱虽系由公证员代书，但该代书行为并非代书遗嘱，而是公证遗嘱的一个环节，该遗嘱属于公证遗嘱，如（2017）晋05民终194号判决。

（7）被继承人在立遗嘱时神志清楚，具备民事行为能力，意思表示真实，且无证据显示其在立遗嘱时受他人胁迫、欺骗，立遗嘱的过程经过了公证人员公证，并由公证处出具公证书，法院予以认可，如（2018）晋01民终6369号判决。

（8）通过在公证书中所附的自书遗嘱、自书证明，反复表达被继承人对死后自己财产的分配意愿，法院认定是被继承人的遗嘱，如（2019）晋0109民初20号判决。

4. 口头遗嘱效力裁判规则

（1）口头遗嘱发生在被继承人病情稳定、出院恢复期间，不符合口头遗嘱发生的前提“危急情况下”；危急情况结束后被继承人可以采取书面或录音方式立遗嘱，但在此期间其未立有书面或录音遗嘱，该口头遗嘱无效，如（2018）晋05民终339号判决。

(2)口头遗嘱,如当事人提供的证人证言均与其有一定的利害关系,法院依法不予采信,如(2017)晋0724民初484号判决。

三、裁判要旨总结

1.根据《民法典》的规定,继承从被继承人死亡时开始,继承开始后,按照法定继承办理;有遗嘱的,按照遗嘱继承或者遗赠办理;有遗赠扶养协议的,按照协议办理,如(2016)晋01民再35号判决。

2.夫妻在婚姻关系存续期间所得的共同所有的财产,除有约定的以外,如果分割遗产,应当先将共同所有的财产的一半分出为配偶所有,其余的为被继承人的遗产,如(2017)晋01民终1773号判决。

3.遗产在家庭共有财产之中的,遗产分割时,应当先分出他人的财产,如(2017)晋05民终194号判决。

4.遗产分割应当有利于生产和生活需要,不损害遗产的效用。不宜分割的遗产,可以采取折价、适当补偿或者共有等方法处理。人民法院在分割遗产中的房屋、生产资料和特定职业所需要的财产时,应依据有利于发挥其使用效益的原则,考虑继承人的实际需要,兼顾各继承人的利益进行处理,如(2019)晋0902民初15号判决。

5.中国公民继承在中华人民共和国境外的遗产或者继承在中华人民共和国境内的外国人的遗产的,动产适用被继承人住所地法律,不动产适用不动产所在地法律。

外国人继承在中华人民共和国境内的遗产或者继承在中华人民共和国境外的中国公民的遗产的,动产适用被继承人住所地法律,不动产适用不动产所在地法律。

中国与外国订有条约、协定的,按照条约、协定办理。

内蒙古自治区法院审理
继承案件裁判要旨总梳理

一、样本情况

报告团队将内蒙古自治区2017～2019年,20本大数据报告分为两部分内容进行统计,将法定继承纠纷、遗嘱继承纠纷、遗赠纠纷、遗赠扶养协议纠纷、其他继承纠纷5个案由统计为“继承纠纷”,被继承人债务清偿纠纷案由单独统计为“被继承人债务清偿纠纷”。剔除案例数据库中部分无有效统计意义的“驳回诉讼请求”、“不公开”及“无判决内容”等文书后,共计578个统计样本参与法定继承与遗嘱继承案件统计,193个统计样本参与被继承人债务清偿纠纷案件统计。

在有效样本判例中,共计73份判决含有以有抚养能力和抚养条件未尽到抚养义务、对被继承人尽了主要赡养义务或者共同生活、生活有特殊苦难又缺乏劳动能力为由要求不分、少分或者多分遗产的诉求。法院支持此种诉求的判决有57份,驳回16份。在判决多分或者少分遗产的比例上,法官自由裁量权较大,有多分4%的判决,也有少分20%的判决,就现掌握的样本数据而言,无规律可循。

二、内蒙古自治区遗嘱继承案件裁判要旨

(一)公证遗嘱效力裁判要旨

裁判要旨　在设立公证过程中应关注订立公证遗嘱的文件的有效性,若组成文件存在瑕疵,则存在被认定为无效遗嘱的可能性。

【典型案例】(2018)内0105民初9584号

原告提交了被继承人伍某瑛两份遗嘱,其中一份为2012年9月23日的代书遗嘱,但见证人未出庭作证,被告亦不认可;另一份为2016年的公证遗嘱,其中表述了遗嘱人的遗产由三个儿子共同继承、平均分配。经本院依法向公证机关核实,因伍某瑛2016年时已经90岁高龄,公证机关要求伍某瑛提供医院出具的诊断证明,以证明其智力正常,表达清晰,该诊断证明盖有内蒙古医科大学附属医院门诊部门专用章。而在本案中被告提交的医生齐某飞的证明,其内容载明齐某飞从未出示过2016年9月2日诊断证明,该证明上亦盖有内蒙古医科大学附属医院门诊部专用章。据此,原告提供的伍某瑛遗嘱证据存疑,故本院不予采信,对于被继承人伍某瑛遗产按照法定继承处理。

【典型案例】(2019)内01民终2679号

本案中,刘某3提交了医生齐某飞2018年12月20日所书证明,其内容载明齐

某飞从未开出过2016年9月2日诊断证明，该证明与2016年9月2日诊断证明上均盖有内蒙古医科大学附属医院门诊部专用章，但该否定性陈述尚不足以证明伍某瑛于2016年9月5日立公证遗嘱时为无行为能力人或者为限制行为能力人或该公证遗嘱中关于呼和浩特市赛罕区乌兰察布西街318号干休所××栋×号房屋的内容非伍某瑛的真实意思表示，故此，一审认为刘某1、刘某2提供的伍某瑛公证遗嘱证据存疑而不予采信判决不当，本院予以纠正。

【案例评述】(2019)内01民终2679号为(2018)内0105民初9584号的终审判决。一审判决中因公证机关要求原告提供的医院出具的诊断证明存在部分瑕疵而被认定公证遗嘱无效，二审对此判决进行纠正。虽该案件中的公证遗嘱被认定为有效，但在设立公证遗嘱时，应审查公证遗嘱中的组成文件是否存在瑕疵，如有效力瑕疵，即存在被认定为无效遗嘱的风险。

(二)口头遗嘱效力裁判要旨

遗嘱人在危急情况下，可以立口头遗嘱。口头遗嘱应当有两个以上见证人在场见证。危急情况解除后，遗嘱人能够用书面或者录音形式立遗嘱的，所立的口头遗嘱无效。样本案例中口头遗嘱无效的情形多为无见证人或见证人为利害关系人。

裁判要旨一　危急情况解除后，遗嘱人能够用书面或者录音形式立遗嘱的，所立的口头遗嘱无效。

【典型案例】(2019)内0102民初2623号

证人李某6、证人王某称二人在被继承人李某万查出患病后，曾听到李某万说将房屋处分给李某明，证人李某6及被告均称被继承人李某万曾留有书面字据处分遗产，因被继承人李某万留有书面遗嘱，故其口头遗嘱无效。被告称书面遗嘱在多次搬家中遗失，故视为被继承人李某万并未留有遗嘱对遗产进行处分，被继承人李某万的遗产应按照法定继承处理。

裁判要旨二　紧急情形下符合法定形式的口头遗嘱有效。

【典型案例】(2017)内0403民初4023号

本院认为，遗嘱人在危急情况下，可以立口头遗嘱。口头遗嘱应当有两个以上见证人在场见证。田某春患有胰腺癌，住院多日。2010年4月10日上午，田某春血压异常。当日下午，田某春虽然头脑清醒，但是身体虚弱，在李某2、张某两名见证人的见证下对遗产作出处分，案涉房屋也实际交由被告田某2居住使用，遗嘱人所立口头遗嘱有效，应尊重逝者遗愿。

（三）自书遗嘱效力裁判要旨

因自书遗嘱中法律所要求的形式条件较少，因此内蒙古自治区大多数遗嘱纠纷中的被继承人选择其为遗嘱形式。在效力认定中，70%继承案件中的自书遗嘱被认定为有效。无效的自书遗嘱多出现内容被篡改、被继承人无权处分相关财产等情形。

裁判要旨　立有数份遗嘱，内容相抵触的，以最后的遗嘱为准，遗嘱被篡改的，篡改的内容无效。

【典型案例】（2016）内0104民初3157号

法院查明，原告张某、被告张某均有被继承人张某生生前所立遗嘱，但经鉴定，被告张某所持遗嘱落款日期有明显改动，且无法分辨改动前该日期是位于原告张某所持遗嘱日期之前抑或之后。虽内蒙古中泽司法鉴定中心出具的关于日期是否系改动的鉴定意见与法大法庭科学技术鉴定研究所出具的关于日期是否系改动的意见相左，但综合考量，本院认定法大法庭科学技术鉴定研究所出具的鉴定意见更具专业性，证明力足。故被告张某所持遗嘱落款日期改动明显，瑕疵较大，相反，原告张某所持遗嘱内容具体、完整，落款清晰，证明力明显高于被告张某所持遗嘱，故对原告张某所持遗嘱证明的事实，本院予以认定，对被告张某所持遗嘱，本院不予采信。

（四）代书遗嘱效力裁判要旨

代书遗嘱的法定形式要件为两个以上见证人，且见证人与被继承人遗产无利害关系。本次案例统计中代书遗嘱被认定无效的占代书遗嘱的比例为64%，无效的主要原因为见证人不符合法律规定的形式要件。

裁判要旨一　代书遗嘱应当有两个以上见证人在场见证。

【典型案例】（2018）内25民终529号

法院认为：上述两份遗嘱内容并不是张某叶本人书写，其女儿吴某1代书的事实，在庭审中双方均无异议，故上述两份遗嘱应为代书遗嘱。根据《继承法》第17条第3款[①]：代书遗嘱应当有两个以上见证人在场见证，由其中一人代书，注明年、月、日，并由代书人、其他见证人和遗嘱人签名。但本案中的两份遗嘱并没有见证人在场，也并没有见证人的签字，该遗嘱形式不符合代书遗嘱的法定形式要件，故该

① 《继承法》已废止，本条内容参见《民法典》第1135条。

遗嘱无效,应按法定继承分割遗产。

裁判要旨二　见证人须与遗产无利害关系。

【典型案例】(2016)内 0785 民初 256 号

法院认为:对张某 1 提供的遗嘱中张某 2 的签名和手印未予认定,证人王某 4 出庭证明遗嘱书写过程,因王某 4 与张某 2 系亲属关系,李某 3 未见证王某 4 代书遗嘱的全过程,只是看到张某 2 签名后的遗嘱,另一见证人白某未证明见证过程,不符合代书遗嘱的形式,本院对两份代书遗嘱均不予采信,本案应当以法定继承分割遗产。

(五)律师见证遗嘱效力裁判要旨

裁判要旨　律师被认定为代书遗嘱中的见证人,未因其特殊身份增强遗嘱效力。

【典型案例】(2018)内 0105 民初 × ×

法院认定:2017 年 10 月 18 日,律师 × ×、× × 接受 × × 的委托,出具了律师见证书,在 × × 的打印遗嘱见证人处签字。在原告提供的落款时间为 2017 年 10 月 18 日的遗嘱中,× ×、× × 仅以见证人的身份签字,其注明的时间及所载内容均系打印,现无证据证明该遗嘱系由上述见证人其中 1 人代为书写,原告亦未提供其他证据证明该遗嘱形成时 × × 在场,故该遗嘱因不符合法律规定的代书遗嘱形式要件而无效。对于原告主张被告按照该遗嘱第 2 项及第 3 项配合原告领取被继承人的住房公积金和银行卡上的医疗保险费的诉讼请求,不予支持。

【案例评述】内蒙古自治区律师见证遗嘱在样本案例中仅有一份,且该遗嘱被认定为无效。由此可见,律师对遗嘱见证时,需极度谨慎,订立遗嘱过程应参照公证处订立公证遗嘱要求进行操作。通过录音录像等形式将整个订立过程留痕,确保遗嘱的有效性。

(六)共同遗嘱效力裁判要旨

共同遗嘱在样本案例中共计 11 件,有效 8 件,无效 2 件,部分有效 1 件。被认定为无效的两份共同遗嘱都为被代书的共同遗嘱,因见证人无法证明其在现场而被认定为无效。

裁判要旨　见证人自证其未全程参与遗嘱订立,法院认定遗嘱无效。

【典型案例】(2018)内 2222 民初 4251 号

法院认为:孙某平与王某花于 2007 年 7 月 8 日订立书面共同遗嘱,将孙某平名下位于科右中旗巴彦呼舒镇图什业图居委会200号的房产及一切财产均分配给三女儿孙某1(原告)继承。2009年12月23日孙某平去世。去世后原告与其母亲王某花仍共同生活居住在遗嘱中载明的房屋。原告提供的2007年7月8日遗嘱中的见证人吴某、齐某均认可遗嘱形成的时候他们不在场,并没有见证被继承人立遗嘱及签字、画押的经过。因此遗嘱缺乏有效的要件。法院不予支持原告的诉讼请求。

(七)录像遗嘱效力裁判要旨

裁判要旨　视频录像可参照录音形式确定遗嘱效力。

【典型案例】(2019)内01民终23号

对于被继承人孙某国生前录制的视频,因法律对视频遗嘱无规定,故可参照以录音形式订立遗嘱的规定,即视频遗嘱应当有两个以上见证人在场见证,且继承人不能作为见证人。故被告孙某3提举的孙某国生前录制的视频不符合法律规定的遗嘱形式,该视频无效,孙某国占诉争房屋58%的份额应按法定继承执行。

(八)遗赠的裁判要旨

裁判要旨　受遗赠人未在规定时间内及时声明是否接受遗赠,视为放弃。

【典型案例】(2017)内04民终1654号

法院认定:张某又辩称,遗嘱第8条"只有在我上述股权因出售而变现时,于鹏飞、张某仅在各自上述金额范围内主张自己的权利"规定的内容即为附生效条件的内容,条件成就时应是陈某1等四人在2016年8月相继转让出售变现其所拥有股份的时间,张某于2016年9月6日起诉到法院,从时间上看,张某接受遗赠的表示并未超过法律规定的两个月期限。但法律规定的"两个月"是除斥期间,不得中断、中止或者延长,受遗赠人应该在知晓受遗赠、知晓遗赠人死亡后两个月之内作出接受遗赠的意思表示,而遗嘱第8条规定的仅是主张取得遗赠财产的时间点,并非对接受遗赠表示时间的延缓期。故对于张某的该抗辩理由,本院不予采信。综上,因张某在法定期间内未作出接受遗赠的意思表示,视为其放弃接受遗赠。

(九)其他法定遗产继承裁判要旨

裁判要旨一　无收养手续的养子女,如双方收养关系得到群众公认,该养子女可作为第一顺序继承人继承遗产。

【典型案例】(2018)内06民终2350号

法院认为:亲友、群众公认或有关组织证明确双方以养父母与养子女关系长期共同生活的，虽未办理合法手续，也应按收养关系对待。本案中，何某月、郭某和分别于1958年、1965年抱养了何某2与何某1，相互以父母子女相称，长期共同生活，何某月、郭某和将何某2、何某1抚养成人，且亲友、帮郎色太村委会均认可何某月、郭某和与何某2、何某1以父母子女相称，应视为得到群众公认，认定他们形成事实收养关系。综上，何某月、郭某和与何某2、何某1之间形成收养关系。

裁判要旨二　被继承人的孙子女因长期随被继承人生活可认定为第一顺位继承人。

【典型案例】（2015）扎鲁民初字第2000号

法院认为：最高人民法院《关于贯彻执行〈中华人民共和国继承法〉若干问题的意见》第22条①规定："收养他人为养孙子女，视为养父母与养子女的关系的，可互为第一顺序继承人。"因王某9系徐某1配偶，王某1、王某3、王某4、王某5、王某6系徐某1的子女，他们均系第一顺序的继承人。王某8的父亲王某贵去世后，王某8从小由其祖父母王某9、徐某1抚养，所以也应视为第一顺序继承人。

【案例评述】上述案例的裁判要旨是法官在裁判特殊案例和特殊家庭时对法律运用的突破。

三、内蒙古自治区继承析产裁判要旨

（一）房产继承要旨

裁判要旨一　房屋尚未取得房屋所有权证，暂时不宜分割。

【典型案例】（2018）内0105民初6379号（不分割）

任某国于2013年10月29日签订合同购买的呼和浩特市武川县兴元东街北碧水新城×#－×－×××号住房，是夫妻共同财产，其中一半价值为任某国遗产，一半价值归段某珍所有，但因该房屋尚未取得房屋所有权证，暂时不宜分割，故待该房屋取得房屋所有权证后各方当事人可另行解决。

裁判要旨二　对尚未取得房屋所有权证的房屋，继承人对其归属无异议，判决待涉案房屋符合办理所有权登记条件时由某一继承人办理至其名下，该继承人应向其他法定继承人支付相应的遗产份额折价款。

【典型案例】（2018）内0502民初5151号

法院认为：当房产被人民政府征收后，原、被告对该房产所享有的权利相应地

① 最高人民法院《关于贯彻执行〈中华人民共和国继承法〉若干问题的意见》已废止。

转移到回迁安置房屋上，原告要求涉案回迁安置房屋作为遗产分割的诉讼请求具有事实根据。但由于涉案回迁安置房屋尚未办理所有权登记，该房屋的所有权问题在本案中不宜直接处理。鉴于四原告及被告杨某伟均表示此房屋归原告杨某某所有，且杨某某表示同意向其他法定继承人支付遗产分割折价款，故涉案房屋依法可由被告杨某某居住使用，被告杨某君在《房屋征收安置协议书》和《房屋征收货币补偿协议书》中的权利义务全部由原告杨某某享有和承担，待涉案房屋符合办理所有权登记条件时由被告杨某某办理至其名下即可，被告杨某某应向其他法定继承人支付相应的遗产份额折价款。

裁判要旨三　对尚未取得房屋所有权证的房屋，仅做使用权分割。

【典型案例】(2017)内0122民初200号(对使用权做分割)

原告王某2、被告王某2父母留下的遗产只有旧院中由其父母所建的房屋六间，原告王某2提出的依法分割位于双河镇城圐圙村的院落(旧院)的请求，本院依法不予支持。因该六间房屋至今没有取得房屋产权证，故原告王某2、被告王某2只能就其使用权进行分割。依据《继承法》第13条第1款①之规定，法院判决如下：

原告王某2对其以前居住过的3间房屋享有使用权；被告王某2对其以前居住过的2间房屋及其父亲王某仁居住过的房屋1间享有使用权。

【案例评述】以上是针对在继承过程中，被继承房屋因各种原因未办理所有权登记的案件所作出的判决。对该类房屋在继承诉讼中，大部分案例判决该类房屋待所有权清晰后，另做处分。但也有特殊情形，如继承人对房产所有权归属无异议时，法院可做房产所有权归属性的判决；法院在房产未办理所有权登记情形下，可对所有权进行继承分割。

裁判要旨四　数继承人主张房屋所有权，房屋出价高者获得房屋所有权。

【典型案例】(2018)内0291民初93号

法院认定，现原告申某2和被告李某均主张对该房屋的居住使用权，原告申某2出价200,000元，被告李某出价160,000元，故应由出价高的原告申某2居住和使用该房屋，并由其按照出价200,000元的标准对其他三名继承人进行折价补偿。

【典型案例】(2015)扎鲁民初字第2000号

法院认定，原告对本案涉及的房屋及院落申请评估，通辽鑫博资产评估事务所评估房屋、后倒房、花墙价值为149,667元。原告支付评估费3000元。庭审中，原告与部分被告以院落未评估为由提出异议，且房屋及院落竞价的最高额为620,000

① 《继承法》已废止，本条内容参见《民法典》第1130条。

元,原告王某1愿意出620,000元取得该房屋和院落所有权。故法院裁定:位于扎鲁特旗鲁北镇的三间土房(扎房字第××××号)及院落归原告王某1所有。

裁判要旨五　房产产权归属有争议时,判决长期占有使用,或对涉案财产应分得大部分份额的继承人获得所有权。

【典型案例】(2018)内0502民初6873号

法院认为:因涉案房屋属于一个统一的整体,各当事人之间无法对该房屋的按份共有形成一致意见,同时考虑到该房屋一直由二原告占有使用,且二人对涉案财产应分得大部分份额,因此二原告要求该房屋归其所有,由二原告按评估价值给予其他被告相应补偿的诉讼请求本院予以支持。

裁判要旨六　支付了对价但未获得房屋产权的廉租房不能作为遗产继承。

【典型案例】(2018)内07民终105号

法院认为:本案中廉租房的初始合同约定,"乙方……甲方有权解除合同,收回房屋"。但被继承人曹某胜与廉租房购买人卢某华签订的楼房买卖合同违反了廉租住房出售合同的相应约束条件。故涉案房屋的所有权不属于被继承人曹某胜。而被继承人曹某胜与上诉人孙某因购买涉案房屋所支出的85,000元,在今后能否产生取得该房屋所有权的后果尚不能确定。在产权未定、价值未定、上诉人孙某是否可以对该廉租房享有权利尚不确定的前提下,将涉案房屋的出资款作为被继承人的遗产进行分割,对两位被继承人来说是不公平的。一审判决上诉人孙某给付被上诉人曹某出资价款的1/4,实有不当。故上诉人孙某关于涉案廉租房尚无产权证,不属于遗产范围、不应继承分割的主张成立,本院予以支持。对于被上诉人曹某针对涉案房屋所提出的相应请求,可待房屋产权明确后,另行诉讼。

(二)农村宅基地继承裁判要旨

裁判要旨一　农村宅基地使用权不能作为遗产进行继承。

【典型案例】(2017)内0103民初202号

法院认为:《土地管理法》第62条第1款规定:"农村村民一户只能拥有一处宅基地。"从以上法律规定来看,农村的宅基地使用权是以"户"单位的,并非以单独的个人为单位取得。宅基地使用权是家庭共同共有的财产权利,家庭成员对宅基地使用权享有平等的权利,承担平等的义务,家庭成员之间不产生份额的问题,家庭个别成员的死亡,并非家庭关系的消亡,不会产生宅基地使用权的分割问题,无法形成死亡人对宅基地使用权的个人份额,故此宅基地使用权不能作为遗产进行继承。对于原告主张分割院落的诉讼请求,本院不予支持。

裁判要旨二　宅基地所有权随房屋所有权转移，房屋并非被继承人遗产，宅基地不能够被继承。

【典型案例】(2019)内01民终3254号

法院认为：被继承人郭某盛和康某花于1970年从呼和浩特市新城区毫沁营镇沙梁村获批宅基地一处，后郭某盛与康某花在此宅基地上建房三间。2000年因该宅基地上的房屋年久，郭某3出资将整个院落房屋推倒重新翻建，共翻建四间房，即康某花与郭某盛所建房屋已于2000年灭失。因公民使用的宅基地，只能随房屋所有权转移，故其不能作为遗产。

(三)家庭联产承包经营户内的征地补偿款继承裁判要旨

裁判要旨　家庭联产承包经营户内的征地补偿款只能由农户内在成员所有，为其个人财产，不能作为夫妻共同财产分割，或发生继承。

【典型案例】(2017)内04民终1704号

法院认为：刘某贞家庭联产承包经营户内的征地补偿款应由该农户内在成员所有，在孔张氏于2010年去世后，该承包户内的土地承包经营权人仅为刘某贞，该土地补偿款65,518元应为刘某贞所有。

【典型案例】(2017)内02民终525号

2016年发放的征地补偿款158,400元系对征收家庭承包土地给予的补偿款，土地承包经营权应属家庭成员共有，不是某一家庭成员的个人财产权利，不因某一家庭成员去世而发生继承，且遗产应为被继承人去世时遗留的合法财产，而该征地补偿款发生在被继承人去世后多年，故不属于遗产范围。

(四)抚恤金丧葬费的裁判要旨

裁判要旨一　丧葬费不属于遗产继承范围，原告可另行起诉。

【典型案例】(2017)内0102民初849号

法院认为：丧葬费不属于遗产继承范围，原告可另行起诉。

裁判要旨二　丧葬费、奠金参照遗产进行分割。

【典型案例】(2016)内0785民初256号

抚恤金169,288元、奠金13,000元，为张某2去世后国家和亲朋好友对张某2家属的慰藉，参照遗产进行分割。

裁判要旨三　虽抚恤金额在诉讼时未确定，但其仍然按照遗产继承份额进行分割。

【典型案例】(2018)内0102民初323号

原告要求分割其母亲周某孝单位呼铁局暂未发放的抚恤金及丧葬费约180,000元，因原告并未提供证据证明具体数额，故本院仅对被继承人周某孝的抚恤金及丧葬费中原、被告所占份额进行分割，因原、被告均为被继承人周某孝法定第一顺位继承人，享有均等继承权，故被继承人周某孝的抚恤金及丧葬费原、被告各占1/4的份额。

裁判要旨四　与被继承人共同生活及对被继承人照顾较多的人员可多分抚恤金。

【典型案例】(2018)内0203民初606号

法院认为：丧葬费及抚恤金均不是遗产，丧葬费应支付给办理丧事人员。抚恤金的性质是对死者直系亲属的精神抚慰和经济补助。原被告均认可因被继承人满某虎的丧事产生的费用被告乌某支付较多，其中巴某、李某、朝某支出较少，故丧葬费20,664元由被告乌某享有。本案中，被告乌某与被继承人满某虎共同生活，其照顾被继承人满某虎较多，亦结合被继承人满某虎去世，原被告均需精神抚慰的情形，综合考虑原被告的情况，由被告乌某分得抚恤金的60%，原告巴某分得20%，被告李某、朝某各分得10%。

【案例评述】虽然丧葬费及抚恤金均不是遗产，但在继承纠纷中，当事人请求对该笔资金进行分割的案例不在少数。为了息诉，大多数判决中，针对丧葬费，如当事人能够举证实际支出丧葬费，则法院在扣减实际支出丧葬费后，会将剩余部分与抚恤金一起按照遗产继承份额或是否存在应当多分的情形进行判决。

四、被继承人债务清偿纠纷类案件裁判要旨

裁判要旨一　丧葬费和抚恤金不是遗产，不能够用来清偿被继承人债务。

【典型案例】(2019)内05民终1707号

在该案中，原告起诉被告，作为被继承人的子女，在继承遗产之后，应当归还被继承人的生前债务1.5万元。但在该案中，被告仅获得了保险公司在道路交通强制保险范围内事故中向无过错方家属支付的丧葬费和精神抚恤金，金额为11万元，并无证据显示被告继承了被继承人的遗产。法院认为：继承人应在继承的遗产范围内偿还被继承人的债务，在原审未认定上诉人敖某继承其父亲遗产的情况下，判令上诉人偿还其父亲生前债务缺乏事实依据。也即二审法院认为上述11万元不属于

遗产,不必用于归还被继承人的生前债务。

裁判要旨二　无证据证明遗产由继承人继承,驳回诉请。

【典型案例】(2019)内0783民初1259号

法院认为:本案的争议焦点是被告张某武是否继承了其父亲张某军的财产。因原告未向本院提供关于被告张某武继承了其父亲张某军的财产的相关证据,故原告的主张缺乏证据的支撑,本院对原告的诉讼请求不予支持。

裁判要旨三　债权人无证据证明债务为夫妻共同债务,被继承人死亡后,其要求被继承人配偶清偿债务的诉讼请求,不予支持。

【典型案例】

法院认为:孙某辉在与被告王某旭婚姻关系存续期间以个人名义向原告张某强借款80,000元,被告王某旭否认其有共同借款的意思表示,且该款超出家庭日常生活需要,原告张某强亦未能举证证明该款用于孙某辉与被告王某旭的夫妻共同生活、共同生产经营,故原告张某强以属于夫妻共同债务为由要求被告王某旭偿还借款的主张不成立,本院不予支持。

裁判要旨四　继承人放弃继承权,仍负有对用来偿还债务的遗产妥善保管及协助变现清偿债务的义务。

【典型案例】(2019)内2221民初2373号

被告海某、郜某虽然放弃继承被继承人的遗产,二被告不承担偿还债务的责任,但被继承人生前所负债务仍应以其遗产进行清偿,二被告对被继承人郜某1的遗产负有妥善保管及协助变现清偿的义务。故被告海某、郜某应在被继承人郜某1的遗产范围内向原告敖某清偿借款。被告海某、郜某负有保管遗产及履行协助清偿义务。

裁判要旨五　人寿保险赔付的死亡理赔金属于法定受益人,应认定为被继承人遗产。

【典型案例】(2019)内0781民初511号

马某花遗产经法院调查已经明确的部分为理赔的保险金。马某花在新华人寿保险股份有限公司满洲里支公司获得理赔金2660元,其为法定受益人,该理赔金应属于马某花遗产。

【案例评析】笔者认为,(2019)内0781民初511号的裁判要旨是有待商榷的。

《保险法》第42条第1款规定,被保险人死亡后,有下列情形之一的,保险金作为被保险人的遗产,由保险人依照原《继承法》的规定履行给付保险金的义务:(1)没有指定受益人,或者受益人指定不明无法确定的;(2)受益人先于被保险人死亡,没有其他受益人的;(3)受益人依法丧失受益权或者放弃受益权,没有其他受益人的。

最高人民法院《关于适用〈中华人民共和国保险法〉若干问题的解释(三)》第 9 条第 2 款规定,当事人对保险合同约定的受益人存在争议,除投保人、被保险人在保险合同之外另有约定外,按以下情形分别处理:(1)受益人约定为“法定”或者“法定继承人”的,以原《继承法》规定的法定继承人为受益人;(2)受益人仅约定为身份关系,投保人与被保险人为同一主体的,根据保险事故发生时与被保险人的身份关系确定受益人,投保人与被保险人为不同主体的,根据保险合同成立时与被保险人的身份关系确定受益人;(3)受益人的约定包括姓名和身份关系,保险事故发生时身份关系发生变化的,认定为未指定受益人。

根据《保险法》及司法解释相关规定可以看出,只有存在《保险法》第 42 条第 1 款规定情形的,才能够视为未指定身故受益人,将保险金作为遗产处理。在本案中,保险合同的身故受益人填写为“法定”,根据《保险法》及司法解释的规定,应视为指定法定继承人为身故受益人,并非属于没有指定受益人的情形。因此,本案将身故受益作为遗产处分,值得商榷。

辽宁省法院审理继承案件裁判要旨总梳理

本次数据采集的目的在于总结辽宁省各级法院在审理继承纠纷、遗赠案件、遗赠扶养协议纠纷案件以及继承人债务纠纷案件时有关财产分配和处置的基本裁判规则，旨在通过对案件的主流裁判观点的总结和剖析，为被继承人、继承人和债权人在实务中处理继承相关问题提供风险防范提示，为律师及各方当事人在处理相关案件时提供有效的指引和参考。

一、统计样本

数据来源：威科先行、Alpha 数据库。

裁判年份：2017～2019 年。

裁判地区：辽宁省。

文书类型：判决书。

检索关键词：法定继承纠纷；遗嘱继承纠纷；遗赠纠纷；遗赠扶养协议纠纷。

检索日期：2020 年 2 月 10 日。

本次继承案件大数据采集我们通过威科先行和 Alpha 数据库检索出 2017～2019 年辽宁省各级法院判决审结的 2709 个案件。其中继承纠纷案件 2258 件，占全部案件的 83.4%，被继承人债务纠纷案件 451 件，占全部案件的 16.6%。在继承纠纷案件中，涉及遗嘱继承的案件有 754 件，占全部继承案件的 33.4%，其中遗嘱有效的案件 424 件，占全部涉遗嘱继承案件的 54%。在经统计的被继承人债务纠纷案件中，继承人在继承遗产时须先行履行“父债子偿”或“夫债妻偿”责任的案件数量为 275，占全部被继承人债务纠纷案件的 61%。

二、继承案件有关财产归属的裁判要旨

（一）有关房产继承分配的裁判要旨

在统计的样本中，被继承人遗产中有多套房的情况较少，约有 95% 的房产继承是由各继承人共同分割同一套住房。此种情形下，法院一般采取两种方式在继承人之间分配遗产：其一，判决房产由各继承人按份共有；其二，判决房产归属一方，并由该方对其余继承人进行现金补偿。通过本次案例检索，采用这两种处分方式的案件的数量不分伯仲。

对于判令房产按份共有的案件，法院主要针对的是如下情形：

1. 有继承人未亲自或委托代理人到庭参加诉讼的；

2. 各继承人均不主张房屋所有权或有继承人主张继承权，但没有支付能力对其他人进行补偿的；

3. 继承人均不申请评估房屋价值，房屋价值无法确定，各继承人亦不能就一方取得房屋并向其他人进行折价补偿达成一致的；

4. 各继承人均不同意将房屋变卖后分割变卖款项的；

5. 不排除法院因审限等因素倾向于判令各继承人对房屋按份共有。

除上述情形外，各级法院一般倾向于将房屋判归一方所有，并由该继承人对其他继承人进行折价补偿。在确定房屋归属于哪一方继承人时，法院主要参考了如下因素：

1. 判归有房屋继承份额多的一方；

2. 判归无房一方或生活困难的一方；

3. 竞价取得，判归折价补偿出价高的一方。

在遗嘱继承案件中，法院的判决内容大致有如下几种情况：

1. 只确认遗嘱有效；

2. 确认遗嘱有效，并确认份额或折价补偿金额；

3. 按照遗嘱确定的遗产归属进行判决；

4. 同时判令其他继承人配合办理房屋变更登记或共有登记。

关于房产作为遗产的归属，亦有个别法院有极端的判决，如某法院因继承人均不同意对房产进行评估而驳回当事人的诉讼请求，亦有个别法院对当事人要求其他人配合办理房屋变更登记的诉讼请求判令另案起诉，极显另类，这也在无形中造成了当事人的诉累。

（二）有关股权资产继承的裁判要旨

当被继承人的遗产中包含有限公司股权时，由于有限公司具有人合性质，如果该公司章程中对股权的继承存在限制性规定，则继承人仅能继承股权中的财产权利，而不能无条件代替被继承人成为该有限公司股东，这是法院判决股权继承案件的基本规则。但对于多个继承人能否同时加入有限公司成为公司股东的问题，各法院均未在判决中提及。有一个案件，由于原股东有多名继承人，且同时要求加入公司，致使有限公司的股东人数可能突破法律规定的上限，此时如何具体操作？鉴于此类判决书样本过少，无法援引判决内容对实践进行指导。

对于股东资格的继承问题，部分法院在判决中比照《公司法》第 75 条规定处理,即继承人是否取得股东身份,应由全体股东过半数同意,如果股东不同意继承人取得股东身份,其必须购买已故股东的出资,如果不同意股权继承的股东不购买,则视为其同意该继承人成为公司股东,并同时追加该有限公司为案件第三人,判令公司将新股东记载于股东名册并办理工商变更登记。

案例检索显示,对于夫妻双方在同一家公司名下登记的股权份额,大多数法院认定全部股权为夫妻共同财产,夫妻一方不以各自名下的股权份额享有股权权益,而将夫妻一方分别持有的双方共同持股份额的1/2确定为遗产份额。但对于夫妻一方登记为公司股东,在另一方身故后,其继承人能否申请继承该登记股东名下部分股权的情况,法院判决则有较大差异。有判决显示,在妻子去世后,其继承人要求分割丈夫名下股权时(非婚前财产),法院确认继承人可继承50%股权项下的财产权,同时也有判决认定该股权不属于共同财产并驳回了继承人申请将该股权的50%作为妻子遗产进行继承的诉讼请求。

(三)关于抚恤金、丧葬费的裁判要旨

在检索的大部分案例中,法院都在判决中将抚恤金和丧葬费比照遗产的分配标准在家庭成员间一并进行分配。但也有个别法院对当事人要求分割抚恤金和丧葬费的诉讼请求不予支持,判决另案起诉解决。

三、有关遗嘱继承案件相关问题的裁判要旨

(一)关于遗嘱人行为能力的裁判要旨

遗嘱人的行为能力主要体现在遗嘱人在遗嘱订立时的精神状态,比如遗嘱人是否因伤病陷入意识模糊、是否清楚地知道通过遗嘱处分财产的法律后果,遗嘱人的意思表示和表达是否清晰等。在自书遗嘱以及部分未制作视频资料的代书遗嘱中,当事人针对遗嘱人的行为能力提出异议的情况极多,法院主流的观点是要求异议人提供证据证明遗嘱人在订立遗嘱时不具有民事行为能力,如相关的医学诊断证明等。而在大部分附有视频资料的代书遗嘱中,法院可通过遗嘱人在遗嘱订立前以及订立过程中的语言交流情况判断遗嘱人当时的行为能力状态以及意思表示是否真实,故此部分遗嘱的效力一般都能得到法院的确认。而在公证遗嘱中,由于公证机关严格的遗嘱公证流程,当事人基本不质疑遗嘱人的行为能力和意思表示的真实性,法庭亦基本不审查遗嘱人的行为能力以及意思表示。关于遗嘱人的行为能力,我们建议,如果遗嘱人因年龄或某些特殊疾病可能令继承人对其行为能力

产生怀疑,其最好采取公证遗嘱或在订立遗嘱前向有关有资质的医疗机构申请行为能力鉴定,以避免后续继承时产生不必要的争议。

(二)关于遗嘱成立和生效时间的裁判要旨

法院判决确认遗嘱成立的时间是遗嘱各方当事人即遗嘱人、代书遗嘱中的代书人、见证人在遗嘱上签名,口头遗嘱人在见证人面前完成遗嘱的口述,录音遗嘱人完成音频制作,公证遗嘱由公证机关出具遗嘱公证书之时。而遗嘱的生效时间则为遗嘱人死亡之时。这两个时间都是客观确定的,不因当事人的主观意愿而变化。

在某法院审理的一起代书遗嘱纠纷中,遗嘱人的法定继承人之一因见证人未在遗嘱上签名而请求法院确认遗嘱未成立,后遗嘱继承人申请遗嘱见证人作为证人出庭作证。见证人当庭对遗嘱内容的真实性予以确认,提出当时其因疏忽而忘记签字,同意于法庭上补充签字。法院最终认定遗嘱未成立,理由是遗嘱人生前对其财产或权利所做的处分,于遗嘱人死后发生法律效力,本案的遗嘱因欠缺代书人的签字未成立,故遗嘱人死亡时并不存在具有法律约束力的遗嘱,故认定遗嘱未生效,遗产按法定继承进行分配。

(三)关于遗嘱人只按手印未签名遗嘱的效力的裁判要旨

针对遗嘱人在遗嘱上只按手印未进行签名的情形,各级法院的裁判观点趋于一致,即不予认可遗嘱的效力,其理由主要有两点,一是法律规定要求遗嘱人在遗嘱上签名而不是按手印,二是按手印无法判断遗嘱内容是不是遗嘱人真实的意愿,存在遗嘱人被强制按手印或在不知情的情况下被按手印的可能性。

关于此种情形的例外情况是,如果有视频资料证明,遗嘱人在订立遗嘱时存在客观上不能签名的因素,则不影响遗嘱的成立和生效。如某法院的判决载明,在一份共同遗嘱中,视频资料显示丈夫因疾病手指不能执笔,其在视频中陈述了其因病无法签名的原因,授权其妻子代为签字,并自己在遗嘱上加按手印予以确认,法院即认可了该份遗嘱的法律效力。

(四)关于遗嘱中存在笔误等错误的裁判要旨

如果遗嘱中存在个别笔误,如继承人姓名或身份证号码、房产处所或证照号码、存折或银行卡信息等存在错误,法院裁决的基本规则是若上述错误经查确系个别笔误,如无相反证据,鉴于个别笔误并不影响遗嘱全部内容的合法性和有效性,则可认定遗嘱有效。

但也有法院以遗嘱是遗嘱人处分重要财产的法律文件,不应存在信息错误为由否决遗嘱的效力。这种做法虽然有些过于简单粗暴,但如果遗嘱中存在多处笔误,则遗嘱人在订立遗嘱时是否出于真实意思表示,是否因为胁迫等因素而有意笔误也不得而知,故此类判决结果亦存在一定的合理性。

(五)遗产的替代物效力的裁判要旨

针对遗产在继承时灭失的情况,比如遗产为房产,继承开始时房产已被拆迁,遗产为动产,继承开始时发现动产已灭失,法院的基本裁判观点是在确认遗产已灭失的条件下,认定相关的房产拆迁补偿款或安置房屋,或者灭失动产的保险赔款不属于遗嘱中所处分的财产,故裁判按法定继承对遗产进行分配。

此种情形我们发现有一个例外的判决,法院认为房产动迁(即使遗嘱人在遗嘱订立后参与了动迁补偿协议的签署过程)或动产灭失不是遗嘱人的主动行为导致,即不属于最高人民法院《关于贯彻执行〈中华人民共和国继承法〉若干问题意见》第39条规定①的"遗嘱人生前的行为与遗嘱的意思表示相反,而使遗嘱处分的财产在继承开始前灭失,部分灭失或所有权转移、部分转移的,遗嘱视为被撤销或部分被撤销"情形,据以认定上述房屋拆迁补偿款或安置房屋以及保险赔款系作为原财产的一种转化形式而存在,即原遗产并未灭失,只是在存在形式上发生了变化,故遗嘱继承人仍有权依据遗嘱继承上述已转化的遗产。

(六)各类型遗嘱效力的裁判要旨

1. 公证遗嘱效力裁判要旨

《民法典》出台之前,公证遗嘱具有优先效力,在各级法院有关的判决中均对此予以确定,即只要存在公证遗嘱,且不存在相反证据或为新的有效公证遗嘱所替代,公证遗嘱就是最高效力的遗嘱,法院均判决以公证遗嘱所载明的分配原则和内容为依据进行遗产分配。

需要说明的是,《民法典》出台前,公证遗嘱效力等级最高,这并不代表公证遗嘱一定具有法律效力。如果遗嘱内容违法或与事实不符,即便遗嘱经过公证程序,亦可能成为无效、部分无效或者可以撤销的遗嘱。根据检索的判决书样本,公证遗

① 最高人民法院《关于贯彻执行〈中华人民共和国继承法〉若干问题的意见》已废止,本条内容参见《民法典》继承编第1142条。

嘱无效的情形主要表现在:遗嘱内容涉及已经被处分过或无权处分的财产;遗嘱中遗漏了被继承人或者违反法律强制性抚养义务;没有为缺乏劳动能力又没有生活来源的继承人以及胎儿保留必要的继承份额等。

公证遗嘱优先原则在本次案例数据中未查到有特殊适用标准的个案。但实践中,对公证遗嘱效力优先的认定可能存在与被继承人意愿不甚相符的案例。在某法院审理的一起案件中,一老人自书遗嘱将其名下房产处分给儿子,并办理了公证。此后其因生活问题与儿子儿媳有了较深的矛盾,遂产生变更遗嘱的想法。于是老人决定重新订立遗嘱将房产给女儿,由女儿单独继承,与公证处约定第二天即去办理新遗嘱公证,并在电话中将遗嘱变更的内容告知了公证员。谁知当天晚上老人不幸因心梗突发去世,随后老人的儿女因遗产归属问题诉诸法院。最终,法院认定虽然老人最后的意愿可能是由女儿继承房产,并已自书遗嘱对相关事实进行了确认,但由于之前继承人为给儿子的遗嘱办理了遗嘱公证,但新遗嘱尚未办理公证,鉴于公证效力优先的原则,确定老人的遗产分配仍依据现有的公证遗嘱由儿子予以继承。

2. 口头遗嘱效力裁判要旨

关于口头遗嘱的效力,各级法院的认定非常一致,即口头遗嘱仅限于紧急状态下作出,且应当有两个以上无利害关系见证人在场见证。危急情况解除后,遗嘱人能够用书面或者录音形式订立遗嘱的,该口头遗嘱无效。实践中,法院主要审查口头遗嘱的真实性和紧迫性的问题,如紧急状态解除后遗嘱人有条件以自书或代书等形式订立其他类型遗嘱而不订立的,法院均不认可该口头遗嘱的效力。

3. 自书遗嘱效力裁判要旨

自书遗嘱系指由遗嘱人亲笔书写、签名、注明订立日期的遗嘱。实践中,自书遗嘱是遗嘱人采用最多的亦是发生争议案件最多的遗嘱类型。自书遗嘱的效力主要取决于签名的真实性和遗嘱人意思表示的真实性。法院对上述两方面的认定的标准主要体现在举证责任的分配上,即依据谁主张谁举证的原则,由异议人提供签名和意思表示不真实的相关证据。通常要求异议人提供同期签字样本进行笔迹鉴定以及要求其提供医学证明等能够证明遗嘱人精神状态等与意思表示能力有关的证明材料。此外自书遗嘱对遗产处分的意思表示要求必须清楚明确,不能存在前后矛盾,且不能剥夺没有生活来源的需要特殊照顾的继承人的份额。

4. 代书遗嘱效力裁判要旨

对于代书遗嘱的效力,代书遗嘱不仅要满足自书遗嘱的相关要件,还要接受法院的审查,法院主要审查代书人和见证人是否与继承人具有利害关系、代书的方式等条件。代书遗嘱要求至少2名见证人在场，由其中1人代书，注明遗嘱日期，并由代书人、见证人和遗嘱人三方签名。由于电子工具的普及，近几年订立的代书遗嘱一般都有视频资料做辅助，用以证明代书遗嘱订立过程符合相关法律的规定，此类遗嘱法院的认可度更高。

关于见证人的身份，大部分法院都依据《民法典》继承编的规定将与继承人具有近亲属关系或见证人本身亦是法定继承人之一归属为具有利害关系，因为如果见证人是继承人的近亲属可能会影响遗嘱人订立遗嘱的真实意愿或者遗嘱内容的真实性，故基本都认定遗嘱无效。但我们也看到了不一样的案例，有一个案例的见证人是遗嘱人的大儿子，遗嘱指定的继承人是二儿子和小女儿；另一案件的见证人是遗嘱人的哥哥，指定继承人是遗嘱人的儿子和女儿。法院判决作出了如下认定：见证人虽然是遗嘱人的近亲属或遗嘱继承人之外的其他法定继承人，但遗嘱人未将其列为遗嘱继承人，故该见证人不享有遗嘱利益，与遗嘱继承人不具有利害关系，且不侵害其他继承人（无其他继承人）的合法权利，故认定遗嘱有效。笔者认为，上述观点属于极端的个案，与遗嘱人具有近亲属关系的见证人，是否对遗产或对应的资产价值具有利益不能简单地从遗嘱内容推定，该见证人是否与继承人具有利害关系也难以推断，故近亲属作为遗嘱见证人并不适合推广应用。

代书遗嘱中有一种特殊的情况，即代书人或见证人为律师。本次检索的案件样本中，律师参与代书遗嘱订立的案件不足1%，这一方面说明选择律师做遗嘱代书或见证的遗嘱人数量相对较少，另一方面亦可能说明因为有律师参与，代书遗嘱后续产生争议的数量相对较少。各级法院对律师见证遗嘱效力的认定标准与普通代书遗嘱并无差别。但是，由于律师提供遗嘱见证服务的程序相对严格，内容更趋严谨，且均有视频资料，故法院主要审查遗嘱见证的程序以及视频资料的真实性、完整性和连贯性。由于律师见证的遗嘱案例样本较少，本次检索尚未发现有律师见证无效的情形，但实践中因见证律师疏忽大意或对见证业务流程不熟悉而使遗嘱见证无效的案件亦偶有发生，见证律师在相关工作中还需更趋严谨和专业。

5. 录音遗嘱效力裁判要旨

法律对录音遗嘱的形式要件并未作出其他特别规定，故实践中录音遗嘱只要满足遗嘱内容合法、是遗嘱人真实的意思表示的条件，且有符合法律规定的见证人在场见证，法院即认可录音遗嘱的效力。对录音遗嘱无效的认定，主要体现在如下情形：遗嘱人对遗产的处分意愿表述不清楚或前后表述不一致；见证人引导遗嘱人陈述遗嘱内容等无法证明遗嘱内容系遗嘱人的真实意思表示；录音中无两名见证人对遗嘱内容进行见证的声音，无法证明录音遗嘱符合法律有关见证人的要求等。

随着电子产品的普及，视频录像已逐渐取代了有声无影的录音遗嘱。视频资料能够更真实、更清晰地展示遗嘱订立的全部过程，有助于通过视频图像中遗嘱人的精神状态、形象特征等判断遗嘱内容是否是遗嘱人真实的意思表示。因此，如果遗嘱人希望遗嘱的效力不被质疑，应当在订立遗嘱的过程中采用视频录像方式，并将录像作为遗嘱的辅助资料一并保存。

6. 打印遗嘱效力裁判要旨

在《民法典》实施之前，打印遗嘱并不是我国原《继承法》规定的五种遗嘱类型之一，究其原因亦不排除与原《继承法》出台较早，电脑尚未普及有关。在实践中，出于方便需要，打印遗嘱数量呈现上升趋势。鉴于打印遗嘱的大量存在，且法律亦未明文禁止打印遗嘱的效力，故大部分法院将打印遗嘱视为代书遗嘱的一种，即见证人经听取或询问遗嘱人，将遗嘱人对于遗嘱内容的意见整理并打印而形成的代书遗嘱。虽然打印遗嘱在形式上与继承法规定的遗嘱形式要求有些许欠缺，但其确系见证人在场见证并在遗嘱上签字确认，与代书遗嘱的法定要求并无实质冲突。故对于符合代书遗嘱要求的打印遗嘱，法院一般均认可其效力，如果打印遗嘱还附有相关人员的陈述及视频资料，并与之相互印证，则更加能够确认该打印遗嘱系遗嘱人的真实意思表示，此种情形下打印遗嘱的效力毋庸置疑。

实践中亦有相当多的法院将打印遗嘱认定为自书遗嘱的一种，要求打印遗嘱须满足自书遗嘱的法律要件，要求遗嘱持有人举证证明打印遗嘱为遗嘱人本人打印并签字，如不能完成该项举证，则认定遗嘱非本人打印，判决该打印遗嘱不符合自书遗嘱的要求而认定该打印遗嘱无效。此种观点下，我们还发现了一个非典型判例，遗嘱人本人系作家，平时在家用电脑写作并用打印机打印已完成的书稿，在遗嘱人过世时，打印机仍一直处于联机状态，法院最终以遗嘱的打印符合遗嘱人日常的写作习惯，有理由相信该遗嘱系由遗嘱人亲自打印为依据，认定该打印遗嘱符合自书遗嘱的法律要件，从而认定该打印遗嘱有效。

7. 共同遗嘱效力裁判要旨

共同遗嘱主要是指夫妻双方共同签署一份遗嘱，在双方身后对夫妻共同财产的归属作出安排。共同遗嘱大致有两种形态：一种是以夫妻双方均身故为遗嘱继承开始的条件，另一种则是在一方去世后，由另一方先行继承全部财产，待另一方身故后，再由子女按遗嘱确定的条件分别继承。对于上述两种共同遗嘱，在审判实践中均予以认可，即在不存在遗嘱无效的其他情形下，法庭尊重共同遗嘱人的意愿，以共同遗嘱人确定的继承开始的时间和条件在继承人中确定遗产的分配。

（七）数份遗嘱内容有冲突，遗嘱效力的裁判要旨

实践中，经常出现不同的子女之间，再婚配偶与原婚生子女之间同时持有数份内容不同甚至完全抵触的遗嘱的情形，法院裁判观点为：在排除虚假和无效遗嘱后，以遗嘱人最后订立的遗嘱内容为准，如数份有效遗嘱中有公证遗嘱的，则以公证遗嘱的内容为准（当然，《民法典》已经取消了公证遗嘱的优先效力了）。此种案件的焦点在于法院对各方持有的遗嘱的真实性的认定，排除虚假和无效的遗嘱后再依据上述裁判规则确认最终执行的遗嘱。

（八）遗嘱性条款效力的裁判要旨

除了签署有名遗嘱，在一些案件中，继承人和被继承人也会以分家书、赡养书等形式对生前、身后的财产归属作出安排，其中对身后财产的提前安排即是一种遗嘱性的条款。对于此类带有遗嘱性质的条款，除非有其他无效的情形，一审、二审法院均认可此类条款的效力，按此类条款确认遗产的归属。

此种遗嘱性条款，被继承人在确认财产归属时可能同时附有一定条件，如一些分家书或赡养书明确约定被继承人随小儿子共同生活，由小儿子负责其生活起居，被继承人身故后，该房产由小儿子继承。针对类似情形，大部分法院的判决是将共同生活作为对老人赡养和扶养的一种约定，不将其作为后续的遗产继承条件。至于老人最终是否一直与小儿子生活，与小儿子继承父亲的遗产不具有直接的联系。在不具有其他导致小儿子丧失继承权的因素时，即便小儿子并未与老人共同生活，亦未对其生活起居进行照料，小儿子也当然依据上述条款享有遗产继承权，除非被继承人在后期以遗嘱或其他遗嘱性条款的形式撤销或变更小儿子的继承权。如此判决的理由是如被继承人将共同生活作为遗嘱生效以及遗产归属的条件，则在子女未满足与老人共同生活条件时，老人可以通过撤销或变更该子女对该项遗产的继承权来阻却之前遗嘱的生效，如果老人未对原遗嘱进行变更，则推断其真实的意愿仍是将该项遗产由原确定的继承人继承。

但也有一些法院在处理此类约定时，将共同生活作为遗嘱的生效条件，如该继承人未按分家书或赡养书约定与被继承人共同生活并对其进行照料，则视为其中的遗嘱性条款因生效条件未达成而并未发生法律效力，被继承人的遗产按照法定继承的规定在第一顺序继承人之间进行分配。

四、与继承有关的其他问题的裁判要旨

（一）关于未成年继子女继承继父母财产的裁判要旨

关于未成年继子女继承继父母财产事宜，法院主流的认定规则是依据双方是否具有抚养关系来确定，对于双方是否具有抚养关系则以共同生活为基本评判标准。通常法院以居住在同一处所，或虽不居住在同一居所但继父母在生活上对继子女提供金钱扶持为认定条件，而不简单地以未成年子女的抚养权归属为共同生活的认定标准。

如在一案件中，女方在离婚时，法院判决未成年女儿的抚养权归母亲，后女方再婚。在其再婚丈夫去世后，法院并未确定其女儿对继父的遗产享有继承权，理由是女孩在母亲再婚后一直由姥姥抚养照顾，并由其生父每月向姥姥账户汇入抚养费，女孩并未与其继父形成事实上的抚养关系。而在另一个案例中，女孩在母亲再婚后被继父送入寄宿学校读书，假期亦大部分时间在其乡下姥姥家居住，与继父共同生活时间较少，但该女孩的学费、生活费等均由其母亲和继父支付，法院最终认定女孩与其继父具有抚养关系。

（二）关于夫妻共同财产分割的时效性的裁判要旨

在继承过程中对夫妻共同财产进行分割，除依据婚姻法律的原则外，不容忽视的一个问题是夫妻共同财产分割的时效性。与大部分离婚案件在解除婚姻关系即一并完成共同财产分割不同，相当一部分继承案件中所涉及的夫妻财产的分割时点能够追溯至十几年前甚至几十年前。如某法院以超出法律规定的诉讼时效为由驳回原告诉讼请求的案件：妈妈去世后，夫妻财产未分割，爸爸再婚时亦未明确婚前财产归属。爸爸与继母共同设立公证遗嘱，将包括祖宅在内的全部财产给予他们的婚生子小儿子所有。待爸爸离世后，大儿子就遗产继承问题将小儿子告到法院，要求对遗嘱所处分的财产中妈妈所有的部分进行继承。此时距妈妈离世已过去30余年。此种情形下，法院通常的裁判观点是因妈妈去世时共同财产未进行分割，故祖宅等其他财产有一部分属于妈妈的遗产，应由爸爸和大儿子共同继承。但由于妈妈去世已超过30年，大儿子如今主张对妈妈遗产的继承权已超过诉讼时效，法院不予支持，故上述诉争财产归属爸爸所有，爸爸与继母的共同遗嘱合法有效，法院最终将爸爸的全部财产都判归小儿子所有。在继承案件中此类型纠纷数量不少，继承人或基于孝道、或基于面子、或基于传统，一般都是在父母双方都离世后统

一处理遗产分配问题，不及时进行析产分割，致使家庭资产长期处于共有状态，相关证据亦常有缺失，导致继承开始后被继承人的遗产范围不清。因父母离世时间跨度较大，查明案件事实具有极大的困难，甚至可能因时效问题致使继承人丧失继承家庭财产的权利，极易加剧兄弟姐妹之间尤其是继兄弟姐妹之间的纷争，引发社会矛盾。

相较而言，我们看到一些案件，虽然没有出现继承事由，但家庭成员通过及时分割共有财产或签署家庭析产协议，将未来继承发生时的各方财产和利益提前确定下来，即便因个别争议诉诸法院，各方因继承所享有的财产权益亦能够得到合理的保障，不会因一方陷入明显失利状态而形成新的家庭矛盾。

（三）关于继承权放弃的裁判规定

关于继承权的放弃，实践中有两种情形：一种情形是指继承法（《民法典》继承编规定）意义上的放弃继承权，即继承人在继承开始后遗产分割前以书面形式向其他继承人作出放弃继承权的意思表示。另一种情形是指继承人在被继承人在世时即作出放弃继承权的意思表示。针对后一种放弃，各级法院均要求该继承人在继承开始后重新确认是否放弃继承权。如该继承人向法庭作出翻悔意思表示，则其继承权当然恢复。但对于前一种情形下的继承权放弃，如继承人在遗产分割前对放弃继承反悔的，须由法院视情况决定是否恢复已放弃的继承权。

各级法院对于继承人基于逃债目的或逃避法定义务而放弃继承的行为，一致认定该继承人放弃继承权的行为无效。

（四）关于遗赠人是否有权解除遗赠扶养协议的裁判要旨

遗赠扶养是我国《民法典》明文规定的法律制度，遗赠扶养协议是指遗赠人与扶养人签订的，由扶养人承担遗赠人生养死葬的义务，遗赠人将自己的合法财产的一部分或全部于其死后转移给扶养人所有的协议。关于遗赠扶养协议的解除，应适用《民法典》合同编有关合同解除的相关规定。大部分法院的裁判准则是基于双方已就继续扶养事宜发生了争议和分歧，不宜强加维护双方的合同关系，判决准予遗赠人同扶养人解除遗赠扶养协议，但遗赠人应就合同解除前扶养人的依据协议所履行的义务及各方面的付出等事宜依据公平原则给予其赔偿和补偿。同时，亦就保护遗赠人的权利等事宜作出相应判决。

但根据本次案例检索结果，亦有个别法院对遗赠人要求解除遗赠扶养协议的诉讼请求不予支持，理由是扶养人没有侵害遗赠人权利或存在其他不适于继续履行遗赠扶养协议的情形，遗赠人不得单方解除协议，对于遗赠人提出的在解除协议的前提下同意给予扶养人合理补偿的意见不予理睬，这让人有种“遗赠门一入深似海”的感觉。

吉林省法院审理继承案件裁判要旨总梳理

笔者团队以继承纠纷适用继承为关键词，检索自 2017 年 1 月 1 日至 12 月 31 日、2018 年 1 月 1 日至 12 月 31 日、2019 年 1 月 1 日至 12 月 31 日的裁判文书，共搜索到 4081 篇从一审到再审的裁判文书。继承纠纷类有 3872 件，占总数一半以上。

继承类案件最重要的三部分内容，首先是继承方式，是遗嘱继承、遗赠还是法定继承；其次是继承人的范围，如非婚生子女、继子女的继承权；最后是遗产的种类和数量等，如是否需要先区分夫妻共同财产。在笔者团队调研的众多案例中，将因被继承人去世获得的丧葬费和抚恤金等，不作为遗产，但是参照遗产继承等方式进行分配已经成为通识。因此，笔者团队并未将丧葬费和抚恤金等作为财产类型进行统计。

一、法定继承

（一）继承财产种类

无论是法定继承还是遗嘱继承、遗赠等，财产的种类及范围几乎一致，笔者团队在此合并分析。统计数据显示，目前遗产主要以房产及租金、车辆、股权及分红、银行存款、社保金、赔偿款等形式存在，涉及房产的继承案件或占 90% 以上。同时，股权和被继承人生前的债权、债务成为审理过程中的难点。

（二）分配原则

在笔者团队分析的案例中，以继承人平均分配为基本原则，在一定程度上，对照顾被扶养人较多的继承人适当多分财产。

1. 房屋继承

（1）适当多分。吉林省四平市中级人民法院（2018）吉 03 民终 1359 号单某 1 单某 1 与单某 2、单某 3 等继承纠纷二审民事判决书。法院认为：被继承人刘某芹生前与被上诉人单某 2 长期共同生活，分配遗产时单某 2 多分遗产并无不当。长春市南关区人民法院（2019）吉 0102 民初 2833 号李 1 与满 1、满 2 继承纠纷一审民事判决书。

（2）未取得房产证，暂时不处理。吉林省白山市中级人民法院（2018）吉 06 民终 234 号王某 1、王某 2、王某 3 与王某 4 继承纠纷二审民事判决书。法院认为：王某 3、王某 1、王某 2 及王某 4 均认可本案诉争商铺没有办理产权证，亦未提供充分有效的证据证明本案诉争商铺归陈某芬所有，故暂时不予分割。

2. 股权

(1) 工商登记的股权比例并不视为对股权的约定，仍旧按照共同财产一人一半的标准进行分割。对共同财产进行区分后，再进行遗产分割。延吉市人民法院(2016)吉2401民初6635号崔某、林某与金某1、金某2、金某3、金某4、金某5继承纠纷一审民事判决书。

(2) 直接在案件中认定股权的所有权。吉林市丰满区人民法院(2018)吉0211民初1266号张某卉与邱某等继承纠纷一审民事判决书。

二、遗嘱继承

如被继承人留有有效遗嘱，则遗产将在充分尊重被继承人的情况下，按照遗嘱分割遗产。遗嘱继承的前提是被继承人的遗嘱合法有效。

(一) 无效遗嘱裁判要旨

笔者团队以遗嘱无效为关键词进行搜索，结果显示，2017～2019年，吉林省基层人民法院、中级人民法院、高级人民法院审理的关于遗嘱效力的案件共148件，经过具体筛选，实际审理遗嘱的效力问题并作出判定的案件共110件。这110件案件中，法院判定遗嘱无效的案件共42件，判定遗嘱部分无效的案件共9件。

在认定遗嘱无效的42件案件中，31件案件涉及的遗嘱形式为代书遗嘱，且法院认定无效的原因均为"不符合法定形式要件"。其余认定遗嘱无效的案件中，还存在非被继承人真实意愿表示、多份遗嘱且前后冲突、笔迹鉴定不同等认定依据。对于遗嘱部分无效的案件，其遗嘱形式是符合法定要件且有效的，但部分内容因处分了不属于遗嘱人的财产而无效，除该部分外，其余遗嘱部分仍有效。例如，处分了他人(通常是配偶)的财产，如吉林省吉林市中级人民法院(2017)吉02民终2644号王某1诉王某2法定继承纠纷二审民事判决书；长春经济技术开发区人民法院(2018)吉0191民初1122号韩某1诉陈某、韩某4、韩某2、韩某3继承纠纷一审民事判决书。

由此可见，在审理关于遗嘱效力纠纷的继承案件时，法院首先要审查涉案遗嘱的法定形式要件，并严格依照法律规定的遗嘱形式要件判定遗嘱效力。其次，对形式上略有瑕疵但有充分证据证明是遗嘱人真实意思表示且内容合法的遗嘱，也可以认定有效。

(二)公证遗嘱效力裁判要旨

《民法典》取消了公证遗嘱的优先效力,不过在《民法典》实施前,因公证遗嘱效力高于其他类型遗嘱,在有公证遗嘱的情况下,均判决依照公证遗嘱办理。笔者团队以公证遗嘱为关键词进行搜索,2017~2019 年 3 年内从一审到再审,共收集到案件 95 件,去掉其他类型案例(自书遗嘱、代书遗嘱和其他),其中涉及公证遗嘱继承的 49 件,公证遗嘱有效的 47 件,无效的 2 件,公证遗嘱有效率 96%。两件案件中公证遗嘱无效的原因为:

1. 即便生前办理公证遗嘱,但记载的内容与本人意见不一致,该公证遗嘱无效。如双辽市人民法院(2018)吉 0382 民初 1549 号,徐某 1、杜某与徐某 2、徐某 3 继承纠纷一审民事判决书。

2. 公证遗嘱处分了其他人的财产。如长春经济技术开发区人民法院(2018)吉 0191 民初 1122 号韩某 1 诉陈某、韩某 4、韩某 2、韩某 3 继承纠纷一审民事判决书。

(三)录音遗嘱效力裁判要旨

随着电子设备的不断升级,录音遗嘱越加少见。录音遗嘱符合法定要件,一般被认定为有效。如吉林市丰满区人民法院(2019)吉 0211 民初 2260 号芦某、孙某 1 与孙某 2 继承纠纷一审民事判决书。

(四)口头遗嘱效力裁判要旨

口头遗嘱为紧急情况下作出的遗嘱,一般存在取证的难题。如吉林省四平市中级人民法院(2019)吉 03 民终 256 号王某 1 与王某 2、王某 3 等继承纠纷二审民事判决书;吉林省四平市中级人民法院(2018)吉 03 民终 1054 号李某 1 与李某 2、李某 3 等法定继承纠纷二审民事判决书。

(五)代书遗嘱效力裁判要旨

最容易被认定为无效的代书遗嘱,除部分律师见证遗嘱被认定为有效的代书遗嘱外,多数代书遗嘱因不符合法律规定被认定为无效。如吉林省长春市中级人民法院(2018)吉 01 民终 3024 号王某业与王某辉、王某华、王某新、王某伟继承纠纷二审民事判决书。

（六）自书遗嘱效力裁判要旨

如梅河口市人民法院（2019）吉0581民初605号李某1与葛某1、葛某2、葛某3遗嘱继承纠纷一审民事判决书。法院认为：虽双方均认可该遗书是李某3本人书写，但是不论该遗书中的6月17日是否为李某3书写，该遗嘱都不符合自书遗嘱要求注明年、月、日的法定形式要件，不能视为有效的自书遗嘱。

（七）遗嘱冲突裁判要旨

1. 多份遗嘱以公证遗嘱为准。如吉林省吉林市中级人民法院（2017）吉02民终712号二审民事判决书；吉林省吉林市中级人民法院（2018）吉02民再121号再审民事判决书。

不过，《民法典》取消了公证遗嘱的优先效力，现行法律规定，以最后一份有效遗嘱为准。

2. 律师见证遗嘱参照代书遗嘱的判断规则，认定有效。如吉林省吉林市中级人民法院（2018）吉02民终914号吴某1诉吴某2遗嘱继承纠纷二审民事判决书。

三、涉外继承案件

以涉外为关键词，经搜索，2017年1月1日至2019年12月31日，吉林省审理的涉外继承纠纷案件共24件，经筛选，共9件有效案件。其中，依据《涉外民事关系法律适用法》第31条审理的法定继承案件有2件，依据该法第33条审理的涉外遗嘱案件有2件，依据该法第41条审理的涉外合同案件有4件，依据该法第44条审理的涉外侵权案件有1件。

经检索，2017～2019年，吉林省审理的涉外离婚后财产纠纷案件共27件，经筛选，共6件有效案件，且均适用中国法。法院基本是依据《涉外民事关系法律适用法》来认定案件的法律适用。其中，依据该法第24条审理的涉外婚姻案件有2件，依据该法第36条审理的涉外不动产案件有1件，依据该法第41条审理的涉外合同案件有1件，依据该法第44条审理的涉外侵权案件有1件，另有一件未提及而直接适用中国法。

涉外遗嘱是指具有涉外因素的遗嘱，包括遗嘱人国籍、被继承的财产在域外等。吉林省靠近韩国，涉外案件的对方当事人以韩国公民为主。根据《涉外民事关系法律适用法》第33条的规定，遗嘱效力，适用遗嘱人立遗嘱时或者死亡时经常居所地法律或者国籍国法律。如吉林省延边朝鲜族自治州中级人民法院（2017）吉24

民再 76 号郑某善与裴某国同居析产纠纷一案再审民事判决书。

1. 被继承人在国外去世。如吉林省延边朝鲜族自治州中级人民法院(2018)吉 24 民初 264 号李某 1 诉李某 2 遗嘱继承纠纷一审民事判决书;吉林省高级人民法院(2019)吉民终 264 号李某 1 与李某 2 遗赠纠纷二审民事判决书。

本案中,被继承人在韩国去世,且法定继承人之一为韩国公民,被继承人去世前曾留有遗嘱,被继承人将其在某银行的存款人民币 × 元、单位发放的 20 个月抚恤金、位于延边一中的房子、太平洋保险 × 万元遗赠给原告。法院认定遗赠有效。

2. 被继承人为外国人。如长春市朝阳区人民法院(2016)吉 0104 民初 210 号王某与蒋某丽继承纠纷一审民事判决书;长春市中级人民法院(2017)吉 01 民终 4917 号蒋某丽与王某继承纠纷二审民事判决书。

本案中,被继承人为美国公民,在长春市去世,在长春市留有财产,去世前留有自书遗嘱一份及有见证人的录音遗嘱一份,自书遗嘱与录音遗嘱内容一致,故法院认可了两份遗嘱的效力。本案在处理过程中,存在一定问题,即法官没有识别涉外因素,没有就法律适用问题进行审查,直接适用了中华人民共和国法律。

四、其他继承案件裁判要旨

1. 无继承人,被继承人财产收归国家。

【典型案例】(2018)吉 0291 民特 3 号

法院认为:吉林省航道管理局请求认定张某良的丧葬费、补助费合计 5060 元为无主财产。张某良生前为吉林省航道管理局精简退职职工,于 2011 年 6 月 3 日去世,因其父母已经先于其死亡,且无子女,故张某良的第一顺位继承人为其配偶张某兰。2012 年 3 月 6 日张某兰因病死亡,其无子女、兄弟姐妹,其唯一配偶(张某良)、父母、公婆、祖父母、外祖父母均先于张某兰死亡,张某兰死亡后已无法定继承人继承上述财产,故张某良的丧葬费、补助费合计 5060 元为无主财产。法院于 2018 年 8 月 15 日在人民法院报(总第 7442 期)发出认领上述财产的公告,法定公告期间为一年,现已届满,上述财产无人认领,收归国有。

2. 继子女、收养子女的继承权。

(1)未共同生活,不能作为继承人。

【典型案例】(2019)吉 0621 民初 4 号

曹某 3 自称在曹某 1 与陈某结婚时,其已入伍当兵,未与二人共同生活,本案亦无证据证明陈某对曹某 3 进行了抚养,故曹某 3 作为陈某的继子,并未与陈某形成扶养关系,其不能作为第一顺序继承人对诉争遗产进行继承。

(2)收养子女。

【典型案例】(2019)吉0581民初238号

法院认为:董某3未与董某2协商过解除收养关系,也未向人民法院起诉解除收养关系,故董某3与董某2的收养关系未解除,董某2作为董某3的养女享有第一顺序继承人的继承权。

3. 无法起诉要求自行撤销遗嘱。如通化市东昌区人民法院(2019)吉0502民初1256号刘某山与刘某祥继承纠纷一审民事判决书。

4. 非婚生子享有继承权。如蛟河市人民法院(2018)吉0281民初3134号徐某1与王某1、徐某2、徐某3、徐某4、徐某5、王某2继承纠纷一审民事判决书。

5. 公证处依法撤销伪造遗嘱。

【典型案例】(2018)吉0106民初1247号

法定继承人之一通过伪造手续骗取继承公证书,后公证处发现,自行撤销该公证书。

6. 家庭协议中作出的处分行为,在被继承人死亡后,仍有效。

【典型案例】(2019)吉0104民初2336号

法院认为:裴某与子女所签订的家庭协议,系当事人各方真实意思表示,不违反法律法规强制性规定。虽然协议所处分的房屋为夫妻共有财产,但对于裴某自身所享有的一半份额,裴某有权进行处分,该家庭协议约定裴某与吴某去世后所住的房屋由裴某7、裴某5平分,故对于裴某所享有的争议房屋的一半份额应按照该家庭协议由裴某7、裴某5平分,即裴某7、裴某5分别分得房屋的1/4份额。

7. 不符合遗嘱形式的文件,不能认定为遗嘱。如长春汽车经济技术开发区人民法院(2016)吉0192民初833号陈某1与陈某2、陈某3、陈某4继承纠纷一审民事判决书。

8. 超过60日期限,视为放弃受遗赠。

【典型案例】(2019)吉7605民初161号

法院认为:原告吕某诊未能提供证据证明其在许某广死亡后继承开始的两个月内,向案涉遗产的继承人明确表示接受遗赠,应视为其放弃接受遗赠。

黑龙江省法院审理继承案件裁判要旨总梳理

一、统计样本

我们通过 Alpha 系统,检索设定裁判年份为 2017 ~ 2019 年、地域范围为黑龙江省的继承案件,共搜索得到判决书 1614 份,其中 913 份被纳入分析样本(2017 年 288 份、2018 年 335 份、2019 年 290 份)。

二、黑龙江省遗嘱继承裁判要旨

《民法典》第 1133 条第 1 款规定,"自然人可以依照本法规定立遗嘱处分个人财产,并可以指定遗嘱执行人"。遗嘱是被继承人对于遗产处分的自主意思表示。继承纠纷中,有遗嘱的,应按照遗嘱执行。我们在所有的分析样本中未发现特殊的裁判规则。同时,我们也注意到遗嘱继承纠纷案件中更多的争议焦点往往在于遗嘱的形式、效力,而非遗产的形式。以下,根据课题组预先确定的遗嘱类型以及我们在研读分析样本中自行总结的情况,分述之。

(一)共同遗嘱效力裁判要旨

共同遗嘱,一般体现为夫妻双方在同一份遗嘱中落款签字。司法实践中,曾有过关于共同遗嘱中未书写遗嘱主文内容的一方是否适用代书遗嘱以及遗嘱是否需要根据代书遗嘱规则要求另有两位无利害关系的见证人见证的争议。但近期的司法实践已有在无相反证据证明,且落款签字均真实的情况下,认定共同遗嘱有效的判例和倾向。在分析样本中,涉及共同遗嘱效力裁判的案例共有 9 个,其中 8 个案例均认定共同遗嘱有效。

在(2018)黑 0403 民初 1677 号判决中,共同遗嘱被认定为无效,系因为其中一位被继承人的签字非本人亲自书写,见证人亦未见证遗嘱形成的全过程,仅应被继承人要求于事后在遗嘱上补签名。该案符合对于共同遗嘱效力认定的基本规则,即至少被继承人签字应当为本人亲自书写。

在(2019)黑 02 民终 1960 号判决中,共同遗嘱本身被认定为有效,但案件涉及其中一位被继承人嗣后再行立遗嘱要求撤销签署的共同遗嘱,法院最终认定其仅能撤销共同遗嘱中关于自己的遗产处分的部分而无权撤销另一位被继承人的遗嘱。该案体现了司法实践中共同遗嘱仅仅是法定遗嘱形式的一种特别表现,遗嘱之于遗产的效力仍应区分每一位被继承人而论。

（二）公证遗嘱效力裁判要旨

作为广大群众认知度最高的遗嘱形式，分析样本中共有 55 个案例涉及公证遗嘱，其中 49 个认定公证遗嘱有效，另有 2 个认定公证遗嘱无效，4 个认定公证遗嘱部分无效。

公证遗嘱被认定无效的主要原因是公证书本身存在重大瑕疵，如在（2018）黑 81 民终 594 号判决中因为公证遗嘱存在诸多矛盾之处，且无法作出合理说明及提供确实、充分的证据佐证而被认定为无效。而无权处分则是公证遗嘱部分/全部无效的另一大常见原因，如在（2018）黑 0207 民初 533 号判决中，公证遗嘱由于被继承人立遗嘱时尚未取得财产处分权（系期房，已签购房合同但尚未办理房产证）而被认定无效。此外，在（2018）黑 0203 民初 965 号判决中公证遗嘱因未考虑特留份而被认定为部分无效。

（三）口头遗嘱效力裁判要旨

《民法典》第 1138 条规定，“遗嘱人在危急情况下，可以立口头遗嘱。口头遗嘱应当有两个以上见证人在场见证。危急情况消除后，遗嘱人能够以书面或者录音录像形式立遗嘱的，所立的口头遗嘱无效”。分析样本中共有 30 个案例涉及口头遗嘱。而口头遗嘱被认定无效的主要原因是没有相应的证据，不符合《继承法》第 17 条第 5 款①规定的形式以及准用情形要件。

（四）自书遗嘱效力裁判要旨

分析样本中共计有 145 个案例涉及自书遗嘱，是所有遗嘱类型中数量最多的，也是争议最多的，共计有 24 个案例认定自书遗嘱无效，15 个案例认定自书遗嘱部分无效。认定无效/部分无效的理由主要是其不符合法定形式要件。

在（2019）黑 0203 民初 1426 号判决中，被继承人立遗嘱时房屋未拆迁，遗嘱处理的是未拆迁的房屋。被继承人房屋拆迁后安置房增加的面积、房屋装修等都交给另一继承人处理并占有使用，视为被继承人以实际行动改变了遗嘱内容，故而遗嘱效力不能及于动迁后房屋，应按照法定继承处理。

① 《继承法》已废止，本条内容参见《民法典》第 1138 条。

(五)代书遗嘱效力裁判要旨

分析样本中共计有79个案例涉及代书遗嘱,在所有遗嘱类型中数量仅次于自书遗嘱,共计有19个案例认定代书遗嘱无效,4个案例认定代书遗嘱部分无效。判决代书遗嘱无效的主要理由是不符合法定的代书遗嘱形式要件,而判决部分无效的主要理由是代书遗嘱涉及了被继承人无权处分的财产。

(六)律师见证遗嘱效力裁判要旨

分析样本中关于律师见证遗嘱的案例共7个,其中1个案例认定律师见证遗嘱部分无效。实践中作为公证遗嘱和代书遗嘱的常见替代形式,律师见证遗嘱面临着公证机构办理遗嘱要求愈加严格的机遇以及利润不高但风险较大的挑战。该份律师见证遗嘱部分无效,系因遗嘱处分了他人财产而部分无效。

(七)数份遗嘱冲突裁判要旨

分析样本中共有8个案例涉及数份遗嘱之间的冲突效力认定,其中7个均遵从公证遗嘱优先、在后遗嘱优先的效力认定规则。唯有在(2017)黑11民终560号判决中,因在后遗嘱非被继承人真实意思表示而被认定无效,依前一份遗嘱进行遗嘱继承。不过,《民法典》取消了公证遗嘱的优先效力,立有数份遗嘱,内容相抵触的,以最后的遗嘱为准。

(八)遗嘱性条款效力裁判要旨

分析样本中有2个案例涉及遗嘱性条款的效力认定,且均认定为无效:

在(2016)黑1004民初380号判决中,被继承人生前所写的声明虽具有遗嘱性质,但与此前经公证的《婚前财产公证》的内容相冲突而无效。

在(2017)黑1282民初849号判决中,所有继承人于被继承人去世前达成分配被继承人遗产的“协议”,但被继承人未在协议上签名。且对于该关于遗产分配的“协议”,法院认为按照法律规定,继承人没有处分该财产的权利,该协议既不符合遗嘱继承的法律规定,也不符合遗赠扶养协议的法律规定,从而被认定为无效。

三、黑龙江省继承析产裁判要旨

这一部分我们将剔除分析样本中涉及遗嘱的判决书,分析、总结针对不同类型财产的析产裁判要旨。

（一）夫妻共同财产的裁判要旨

继承纠纷中涉及被继承人夫妻共同财产的，应先将属于被继承人配偶的财产移出遗产范围，再进行继承。分析样本中共有 212 个案例涉及如前所述的夫妻共同财产的分割。其中仅有 1 个案例不先分割夫妻共同财产：

在（2017）黑 0206 民初 249 号判决中，原告与被继承人系再婚家庭，原告二婚、被继承人三婚，原告婚后不到一年就与被继承人分开去外地生活，十几年一直没有回来共同生活，并于 2006 年 7 月 11 日在石家庄市与赵某某登记结婚，而案涉主要遗产则系被继承于 2010 年 4 月 8 日购买。虽然是婚姻关系存续期间购买的房屋，应属被继承人个人财产，但法院认为：原告霍某某虽然与被继承人保持婚姻关系，但未尽到夫妻义务，且在外与他人结婚，违背了家庭伦理道德，基于婚姻关系适当予以考虑，未对该部分遗产先行分割夫妻共同财产。

（二）房产的裁判要旨

作为我国广大群众财产中价值较高，也是最易产生纠纷的财产类型，房产在此次的分析样本中同样占有极高的比例，涉及：（1）已取得房产证的商品房的案例 293 个；（2）尚未取得房产证的期房 23 个；（3）公房 4 个；（4）私房 206 个；（5）宅基地 5 个；（6）动迁受配房及补偿款 46 个。从以上数据也可以看出，遗产范围中私房所占比例较高。

在分析样本中，判决由继承人之一取得房产权利并向其他继承人支付折价款的案例与判决由继承人按份共有的案例数量大致相当。而在按份共有的判决书中，除了一般的按比例共有外，有部分案例判决继承人按面积共有。

（三）股权的裁判要旨

分析样本中涉及公司股权继承的案例有 3 个，涉及公司股票继承的案例有 5 个。整体样本数量偏小，其中涉及的公司股票均为二级市场的证券投资，非一级市场直接持有的上市公司股票。

虽然样本数量偏小，但在有限的样本中我们注意到了不同的裁判规则：

在（2018）黑 07 民终 212 号判决中，公司在被继承人死亡前已经股东会决议解散并经工商行政管理部门（现为市场监督管理部门）登记注销，原告未能举证证明被继承人在伊某商厦公司分得的财产情况，法院不予处理，如有证据可另行主张权利。而在（2018）黑 27 民终 227 号判决中，对尚未经法定清算程序清产核资的公司，法院对公司资产不予分割,但确认各继承人对被继承人所享有的股权的继承比例。

对于二级市场上所持有的股票,继承时的主要问题在于是分股票还是分股票的市值。两种方式在分析样本中均有判决书予以采用。

(四)其他遗产继承的裁判要旨

除以上已分析的财产类型之外,分析样本中还有涉及车辆、银行存款、个人生活用品、保险金和保单现金价值、粮食补偿款、土地经营权、承租权、手机号码使用权、树木以及抚恤金的案例。其中车辆、银行存款以及保险金和保单现金价值样本数量相对较多,其裁判规则也未有特别之处。

关于比较少见的手机号码使用权的继承,样本中的两个案例作出了完全不同的裁判:在(2019)黑 0604 民初 87 号判决中,法院判决被继承人手机号码使用权由原告继承;而在(2019)黑 1005 民初 945 号判决中,法院认为号码资源归国家所有,且不具备财产属性,故不是遗产,不能继承。

《民法典》第 1130 条第 1 款规定了同一顺序继承人一般应当均等继承遗产份额的基本规则,并在该条第 2 款、第 3 款、第 4 款、第 5 款中规定了基本规则之外的处理规则。分析样本中对于继承份额非均等的判决主要是依据《民法典》第 1130 条第 2 款和第 3 款,即"对生活有特殊困难又缺乏劳动能力的继承人,分配遗产时,应当予以照顾"以及"对被继承人尽了主要扶养义务或者与被继承人共同生活的继承人,分配遗产时,可以多分"。倾斜的比例则在 20% 以内不等。

上海市法院审理继承案件裁判要旨总梳理

第一部分:继承案件涉财产分割裁判观点数据研究

检索说明:

案件时间:2017 年 1 月 1 日—2019 年 12 月 31 日。

案例来源:Alpha 案例库。

案由:继承纠纷。

地域:上海市。

审理程序:一审、二审。

文书类型:判决。

检索数量:3287 件。

样本案例:3248 件。

案例采集时间:2020 年 2 月 9 日。

特别提示:

1. 因本次研究重点探讨分析遗嘱效力的裁判规则、财产分割问题的裁判规则(研究目的),故裁定书、调解书不在本次检索范围内;继承纠纷案由项下的"被继承人债务清偿纠纷""遗赠扶养协议纠纷"亦不在本次检索的范围内。

2. 本次检索案例数量为 3287 件,因检索工具、检索方法及不同法院公开案例的标准不同等因素影响,检索案例中存在空白文书、重复文书及无关文书。为尽量确保研究数据的客观性,对空白文书(仅公布案例和名称,未公布判决书内容)、重复文书(案例相同、内容相同)及无关文书(判决书内容非继承纠纷案件)进行了删除,最终实际选用进行分析研究的案例数量为 3248 件,对于该部分选用的案例,以下简称为"样本案例"。

3. 同样地,因检索工具、检索方法及不同法院公开案例的标准不同,我们发现一审案例和二审案例并不是一一对应关系,考虑到尽可能扩大统计范围及二审生效判决观点研究的需要,我们将检索到的二审案例纳入了数据统计部分。但需要说明的是,有可能存在极少数一审案例与二审案例一一对应关系,这最终有可能导致报告数据存在微小误差。另在统计研读判决书过程中,我们发现一审案例的检索数据包含了 6 件再审案例,考虑到这些案例具有研究意义,并未将其从样本案例中删除,而是单独归为再审统计项。

4. 基于以上,本研究报告仅代表报告者(课题组)的观点,可能存在误差,也难免有所疏漏，有未能盖全之处，敬请指正。

一、遗嘱效力裁判要旨

（一）共同遗嘱效力裁判要旨

对于共同遗嘱，学术界有两种观点：第一种观点是共同遗嘱具备实质要件，且同时具备特定的形式要件的，共同遗嘱有效；第二种观点为否定说，认为共同遗嘱限制了遗嘱自由，且不属于我国遗嘱的法定类型，不应发生法律效力。审判实务中对共同遗嘱持宽松态度，即大多数案件适用"同时具备实质要件和特定形式要件"的按有效处理这一裁判规则。从上述统计的数据来看，这三年上海法院通常情况下对大部分共同遗嘱认定有效，但是也有多例被判定无效或部分无效，对于比较典型的案例将重点分析其裁判规则，但因篇幅有限在此不予全部展开论述。

（1）共同遗嘱内容系打印形成，因不符合自书及代书遗嘱的法定形式要件而无效。

在（2016）沪0112民初20320号判决中，法院查明"2013年5月12日，被继承人姚某娣召集了原、被告五人及姚某生的徒弟夫妇，告知立了遗嘱，载明：我们老夫妻二人年龄已高，慎重商量后决定在百年后将财产（一套产权房虹中路×××弄×××号×××室）赠与晚辈，由小辈平均分配。该遗嘱系打印文稿，由两被继承人（姚×生、姚×娣）及原、被告签名"。据此，法院判定"自书遗嘱由遗嘱人亲笔书写并签名，注明年、月、日。代书遗嘱应当有两个以上见证人在场见证，由其中一人代书，注明年、月、日，并由代书人、其他见证人和遗嘱人签名。姚某生、姚某娣于2013年5月12日所留遗嘱一纸，并不符合法律所规定的形式要件，故原告主张该遗嘱无效，于法有据，应予采信"。

因该样本案例中的共同遗嘱为打印遗嘱，法院认为打印遗嘱既不具备自书遗嘱亲笔书写的形式要件，也不具备代书遗嘱见证人书写的形式要件，最终判决该份共同遗嘱无效。

（2）仅单方意思表示，非共同意思表示，不构成共同遗嘱。

在（2018）沪0104民初7671号和（2018）沪0104民初5994号判决（两案当事人相同，分别互为原被告）中，法院查明"当事人提交2009年3月28日代书遗嘱一份，主要内容为……我（富某5）和老伴（萧某某）应所享受的份额，如动迁份额，华泾镇×××村撤村撤队的份额等所有一切享受的份额，均以富某一50%，大女儿富某2、小女儿富某3各25%的分配。……今写下本遗嘱是本人的意愿。如有不妥之处请小辈们谅解。……左下角有口述人:富某5(仅为印章和捺印),右下角有笔录人:马某;见证人:马某的签名及署期,还有见证人乔某某的签名”。

据此,法院判定:“纵观该份遗嘱的内容,首部仅有本人富某5的身份资料,并未列明共同遗嘱人萧某某的相关个人资料,通篇也未提及该份遗嘱系两位老人共同遗嘱的字眼,落款也仅有富某5的盖章及捺印,未显示有萧某某法定代理人的称谓,故对于该份遗嘱的性质,本院对于系富某5、萧某某共同遗嘱的观点不予采纳,其中对于萧某某的财产所作的分配不能发生效力。”

综上所述,在该样本案例中当事人虽主张遗嘱为共同遗嘱,但实质上该遗嘱仅是富某5的单方意思表示,萧某某并未签字,遗嘱并非双方共同意思表示,因此法院未按照共同遗嘱处理,对于萧某某名下财产按照法定继承处理。

(3)因不符合“被继承人双双故世后”的遗嘱生效条件而不生效。

在(2017)沪0101民初12264号判决中,法院查明“余某某与被告(双方系夫妻)在一份遗嘱中签名确认,内容中有……余某某与被告双双故世后其两人所有徐家汇路房屋由儿子严某3与女儿严某2各继承五分之二、由原告继承五分之一……2017年3月14日,余某某(被继承人之一)死亡”。

据此,法院判定“法律规定了继承从被继承人死亡时开始,故被继承人立下遗嘱的,被继承人的死亡应为遗嘱的生效条件。本案争议之遗嘱即使如原、被告所述是真实的,由于该遗嘱系被继承人(余某某)与被告同时立下的共同遗嘱,且将其两人双双故世作为继承发生的条件,现被告尚在世,故该遗嘱尚未发生法律效力”。

遗嘱本是单方的法律行为,基于单方意思表示就可以发生法律效力;但是该共同遗嘱样本案例中,因双方合意设立了“双双故世”这一遗嘱生效的条件,法院据此判决遗嘱未发生效力。值得注意的是,该共同遗嘱法院判决未生效,而非共同遗嘱无效。如果“双双过世”的条件成就,继承人是否可再行主张按照共同遗嘱继承值得商榷和探讨,笔者个人对此持肯定态度。

(4)一方亲笔书写、另一方捺印或签字的共同遗嘱部分有效。

在(2017)沪0151民初12044号判决中,法院判定“但该遗嘱全文系张某某所书,应系张某某的自书遗嘱。对于沈某某财产的处分部分,系张某某代书,且该遗嘱无见证人见证,亦无沈某某签名,仅有沈某某摁印,不符合沈某某自书遗嘱或代书遗嘱的形式要件。本院认为:该份遗嘱应认定为部分有效,即张某某处分其名下财产的部分有效,对于处分沈某某名下财产的部分的效力不予确认”。

还有一起类似案例,在上海市宝山区法院(2018)沪0113民初1268号判决中,法院判定“遗嘱系陈某3一人在居委会书写,夏某某的遗嘱内容由陈某3代书,即使捺印系由夏某某本人所捺，但因见证人未见证夏某某表达意思并清楚陈某 3 书写遗嘱的内容并捺印的过程，故夏某某的遗嘱部分严重不符合法律规定的形式要件，应认定该部分无效”。

在（2016）沪 0101 民再 8 号判决中，法院亦判定“《对家庭今后事务的安排》一文，由陈某某书写并签名，阮某某在文书下方签名，依照我国继承法对成立遗嘱的构成要件，该文书内容由陈某某书写并由其签字符合自书遗嘱，阮某某仅在该文书下方签字既非自书遗嘱，亦不符合代书遗嘱”。

从上述三个样本案例，可以看出，对于非亲自书写遗嘱一方的捺印或签字行为，法院认为：其既不符合自书遗嘱法定形式要件，亦不符合代书遗嘱法定形式要件，判决未亲自书写一方的遗嘱部分为无效遗嘱。这三起案例中，法院并未探查捺印或者签字行为是否为双方共同的意思表示，而审判实务中也有法院认为该种形式的遗嘱为共同遗嘱，认为捺印签名行为系双方共同的意思表示从而判定遗嘱全部有效。

（二）涉外遗嘱效力裁判要旨

虽然本次样本案例中境外遗嘱继承这一现象较少，但是随着经济的全球化趋势，可以预见境外遗嘱继承纠纷数量会逐渐呈现上升趋势，且境外遗嘱继承一般涉案标的额较大，易发生诉讼纠纷，属于家事纠纷案件中的热点难点问题。尤其是涉外继承法律适用问题，因为适用不同国家的法律，涉外遗嘱效力可能得到完全不同的判决结果。因此虽然检索到的相关样本案例仅有一例，但是本报告仍对该热点难点问题予以关注。本部分将根据样本案例对涉外遗嘱继承法律适用进行初步探讨分析，但因案例数量有限，研究有待深入。

目前，我国现行有效的关于涉外遗嘱继承法律适用的法律规定有如下几条：即《涉外民事关系法律适用法》第 32 条规定：“遗嘱方式，符合遗嘱人立遗嘱时或者死亡时经常居所地法律、国籍国法律或者遗嘱行为地法律的，遗嘱均为成立。”

根据《涉外民事关系法律适用法》第 33 条规定：“遗嘱效力，适用遗嘱人立遗嘱时或者死亡时经常居所地法律或者国籍国法律。”而《继承法》第 36 条①规定：“中国公民继承在中华人民共和国境外的遗产或者继承在中华人民共和国境内的外国人的遗产，动产适用被继承人住所地法律，不动产适用不动产所在地法律。外国人继承在中华人民共和国境内的遗产或者继承在中华人民共和国境外的中国公民的

① 《继承法》已废止，本条内容参见《涉外民事关系法律适用法》的相关内容。

遗产,动产适用被继承人住所地法律,不动产适用不动产所在地法律。中华人民共和国与外国订有条约、协定的,按照条约、协定办理。"

而《涉外民事关系法律适用法》第51条又规定,原《民法通则》第146条、第147条,《继承法》第36条①,与该法的规定不一致的,适用该法。

《涉外民事关系法律适用法》自2011年4月1日起生效,从上述规定看在涉外遗嘱继承纠纷案件中,《涉外民事关系法律适用法》与《继承法》第36条②冲突的,并不适用《继承法》第36条③。但根据《涉外民事关系法律适用法》司法解释一第2条,《涉外民事关系法律适用法》实施以前发生的涉外民事关系,人民法院应当根据该涉外民事关系发生时的有关法律规定确定应当适用的法律;当时法律没有规定的,可以参照《涉外民事关系法律适用法》的规定确定。那么如果遗嘱设立时间为2002年的话,法院会如何适用准据法呢?让我们从下面的案例中一窥端倪。

在(2017)沪02民终1359号判决中,遗产为不动产,遗产所在地为上海市长乐路,涉案两份遗嘱订立的时间分别为1990年和2002年,但是一审、二审法院均未根据《继承法》第36条④适用不动产所在地法律即中国法,而是适用美国纽约州的相关法律规定,且一审二审法院并未在判决文书中提及案件适用《涉外民事关系法律适用法》而非原《继承法》的原因。

究其原因,笔者认为有以下两点:第一,法院对"根据涉外民事关系发生时的有关法律规定确定应当适用的法律"的理解不同,显然本案中的一审、二审法院均认为《涉外民事关系法律适用法》实施以前我国不存在关于涉外遗嘱的法律适用;第二,本案一审、二审法院寻找连结点时并未刻意回避外国法,而是依据《涉外民事关系法律适用法》第32条、第33条确定了连结点。二审法院认为:"周某萍在2002年立遗嘱时系美国人,居住在美国,在美国纽约州立下遗嘱,在纽约州死亡,故对于张某玉、周某1主张周某萍2002年所立遗嘱是否有效应适用美国纽约州的法律法院予以确认。"样本案例中的一审、二审法院以"立遗嘱和死亡所在地"为连结点确认了适用美国纽约州的相关法律。

值得一提的是,虽然本案中一审、二审法院均将《纽约州遗产、权力和信托法》作为认定涉外遗嘱效力的依据,但是一审、二审的判决结果却截然不同。一审认定无效,二审改判认定有效。一审法院认为:本案2002年遗嘱是否成立以及内容是否

---

① 《民法通则》《继承法》已废止,上述条文内容参见《涉外民事关系法律适用法》的相关内容。
② 《继承法》已废止,本条内容参见《涉外民事关系法律适用法》的相关内容。
③ 《继承法》已废止,本条内容参见《涉外民事关系法律适用法》的相关内容。
④ 《继承法》已废止,本条内容参见《涉外民事关系法律适用法》的相关内容。

有效应适用《纽约州遗产、权力和信托法》第3－1.1款及第3－2.1款，根据该条款中文译本的表述，《周某萍的最后遗嘱》的认证时间超过该法律规定的30天要求，故《周某萍的最后遗嘱》因不符合美国纽约州法律的规定而无效；因此周某萍于1990年所立律师见证遗嘱依法生效，系争房屋产权应由周某2一人继承。

二审法院考虑到美国系判例法国家，而原审法院已经查明美国纽约州相关法律仅限于《纽约州遗产、权力和信托法》第3－1.1款及第3－2.1款，且原审法院对上述成文法的理解也受制于中文译本的表述，故二审法院特将涉案相关外国法查明事项委托给华东政法大学外国法查明中心。该中心专家出具的《法律意见书》认为：(1)遗嘱的方式和效力问题应当依据美国纽约州法律及相关判例来认定；(2)《纽约州遗产、权力和信托法》第3－2.1条30天的期限是指两位见证人见证并签字的时间间隔，并非指见证人签字与遗嘱人签字的时间期限。

二审法院据此认定《周某萍的最后遗嘱》的形式和内容均符合《纽约州遗产、权力和信托法》的规定，该遗嘱真实有效，因此二审撤销原判，依据《周某萍的最后遗嘱》分割系争房产。

该样本案例中，中心专家的意见对法院审理起到了极为重要的作用，笔者建议律师办理涉外继承纠纷案例时，在诉讼策略的制定上应重视专家意见的作用，从而在诉讼中争取有利局面。

(三)公证遗嘱效力裁判要旨

公证遗嘱由遗嘱人经公证机关办理。遗嘱人需亲自到公证机关口述或书写遗嘱，公证人员要对遗嘱的真实性、合法性进行认真审查，在确认其有效性后，由公证员出具《遗嘱公证书》。在《民法典》出台之前，公证遗嘱具有非常高的法律效力，其他形式的遗嘱即使设立时间在公证遗嘱之后，仍不能变更或撤销公证遗嘱，公证遗嘱的优势显而易见。因此越来越多的人在设立时优先考虑公证遗嘱，但因公证处水平参差不齐，审判实务中公证遗嘱亦存在无效情形。公证遗嘱除了应具备民事法律行为的一般要件外，还应具备法定的实质要件，即“遗嘱人具备相应的行为能力、意思表示真实、不违反法律或社会公共利益”这几点裁判规则必须具备，否则公证遗嘱亦面临无效情形，当然这几点裁判规则也是所有遗嘱类型必须具备的实质要件。

在(2016)沪0109民初24883号判决中，被继承人王某某生前患有偏执型精神分裂症几十年，多次就医诊治并需长期服用药物，法院认为不能排除被继承人精神状态随时出现异常波动的情况，故推断被继承人即使不是不能辨认自己行为的精神病人,至少也是不能完全辨认自己行为的精神病人,在没有确凿的证据证明王某某具有完全民事行为能力的情况下,应该以其立遗嘱时妨碍其具有完全民事行为能力的因素是否消除为标准进行评判,而原告徐某并未举证证明被继承人王某某当时具有完全民事行为能力。法院因此判决被继承人王某某订立的公证遗嘱无效。该案例中被继承人无法举证证明遗嘱人具备相应的行为能力导致公证遗嘱无效。

同样地,还有一起样本案例因被继承人不具备相应行为能力公证遗嘱无效。在(2017)沪0109民初20560号判决中,一审法院认为:被继承人生前患有酒精中毒性精神障碍,有多年的住院、就诊和开药记录,不具有完全的民事行为能力,其办理的×××残疾证亦可侧面反映。2014年被继承人主动要求撤销残疾证,其本意为结婚,经上海市虹口区残疾人联合会复查,鉴定其"不符合×××残疾"。但"不符合×××残疾"不等同于其精神疾病的痊愈,且鉴定意见中"无明显精神病性症状,社会功能尚可"的表述只能说明被继承人的病情尚不达到构成残疾的标准,无法推断其已恢复完全民事行为能力。而证人的相关证词亦说明被继承人生前的行为特点与调查员的调查结果相吻合。此外,被继承人虽以结婚为由要求撤销残疾证,但实际其并未办理结婚登记,故其行为能力亦未得到相关行政机关的验证或认可。综合其生前"嗜酒"的常态生活方式,以及酒后暴躁、难以沟通的表现与其精神疾病的发病原因契合,这进一步证明了其行为能力障碍的存在。由此判断被继承人不具有完全的民事行为能力,故其订立的公证遗嘱无效,其遗产应按照法定继承予以分割。

一审判决无效后,当事人不服法院判决上诉到中院;值得关注的是,关于本案例中当事人的行为能力,一审和二审法院作出了截然不同的判决结果。

二审法院认为:精神类疾病有轻有重,有长期性有间歇性,有痊愈的有未痊愈的。人的精神健康状态判定也因判断人的认知能力、医疗水平的不同而出现不同的判定结果,故我国法律规定认定自然人有无民事行为能力,应按照民事诉讼法规定的特别程序予以确定。未经法定程序确认,即便是有长期病史的患者,也不能当然否定其民事行为能力。本案中,被继承人姜某因患有酒精中毒性精神障碍曾被虹口残联评定为二级残疾并发放残疾证,但该残疾证经发证机关复查鉴定后撤销,故不能以此推定被继承人在订立公证遗嘱时是限制或无民事行为能力人。被继承人通过公证遗嘱,确定在其去世后由姜某2继承涉案房屋中属于自己所有的产权份额,未违反法律的规定,现有证据亦难以证明被继承人在订立遗嘱时非本人真实意思表示。虹口公证处依法独立行使公证职能,其所作出的公证遗嘱合法有效,被上诉人亦未提供足以推翻该公证遗嘱的证据，故被继承人于2016年2月在虹口公证处所立公证遗嘱有效，原审法院认定被继承人所立公证遗嘱无效不当，应予以更正。

综上几起案例可看出，审判实务中公证遗嘱的无效多由遗嘱不符合实质要件导致，即公证遗嘱应满足“遗嘱人具备相应的行为能力、意思表示真实、不违反法律或社会公共利益”这几点裁判规则，否则公证遗嘱亦将面临无效情形。

(四)口头遗嘱效力裁判要旨

上海市2017~2019年继承纠纷中被继承人设立遗嘱的样本案例数量总计为142,429件口头遗嘱所占比例约2%，这主要是因为口头遗嘱在危急情况下才具备设立的条件，毕竟生命危险的危急情况比较罕见，所以口头遗嘱数量在样本案例中数量不多也符合常理。但是在这为数不多的口头遗嘱案例中，竟然有9成以上为无效案例，仅有2例口头遗嘱有效，口头遗嘱无效的比例非常惊人。究其原因，可回归到我国法律规定本身：遗嘱人在危急情况下，可以立口头遗嘱；口头遗嘱应当有两个以上见证人在场见证；危急情况解除后，遗嘱人能够用书面或者录音形式立遗嘱的，所立的口头遗嘱无效。根据上述规定可看出口头遗嘱必须同时具备多个形式要件方才有效：

1. 口头遗嘱只能在危急情况下设立，只有在这种情况下设立的口头遗嘱才具备法律效力。所谓“危急情况”，是指遗嘱人面临生命危急而无法设立其他遗嘱的情形，如自然灾害、意外事故、重病急病、海难、空难等危险情形或者其他特殊情形。

2. 危急情况解除后遗嘱人没有死亡的，口头遗嘱即废止。如果处在生命危险中的遗嘱人度过了危急情况，恢复了设立其他遗嘱的能力的，那么该口头遗嘱就不具备法律效力了，应设立其他形式的遗嘱。

3. 口头遗嘱必须有两个以上见证人在场见证方能有效，且法律规定：“下列人员不能作为遗嘱见证人：(一)无行为能力人、限制行为能力人；(二)继承人、受遗赠人；(三)与继承人受遗赠人有利害关系的人”。见证人必须符合无利害关系这一形式要件。以下就样本案例中有关口头遗嘱无效的典型情形进行简要分析。

比如，在(2017)沪0107民初10076号判决中，法院认为：根据原、被告的陈述以及证人证言，被继承人当时的情况并不属于危急情况，是可以采取书面或录音形式立遗嘱的，但被继承人没有选择书面或录音形式订立遗嘱，本院对所谓口头遗嘱的真实性难以认定，本案应按法定继承处理。该案例就因不符合上述第一种情形而被认定无效。无独有偶，在(2017)沪0104民初24113号判决中，法院认为：继承开始后,按照法定继承办理;有遗嘱的,按照遗嘱继承或遗赠办理。倪某某、陈某2虽称陈某6生前立有“口头遗嘱”,但根据两名证人的陈述,陈某6作出其死亡后其名下财产归倪某某、陈某2所有的意思表示时是陈某6死亡十余日之前,陈某6并非在危急情况下作出上述意思表示,倪某某、陈某2亦未提交证据证明陈某6在之后已丧失了以其他形式订立遗嘱的能力,故倪某某、陈某2所称的“口头遗嘱”不符合继承法规定的口头遗嘱的形式要件,本院对该“口头遗嘱”的效力不予认可,陈某6名下的遗产应当按照法定继承的方式处理,即由马某某、陈某5、倪某某、陈某2继承。该案例中亦是因为不符合“危急情形”这一形式要件而被法院判定口头遗嘱无效。样本案例中,大部分口头遗嘱无效是因为遗嘱设立时的情况不属于“危急情形”,或危急情形消失后即遗嘱人脱离生命危险后已具备了设立其他遗嘱类型的条件和能力而导致口头遗嘱无效。

综上所述,虽然口头遗嘱与其他遗嘱形式相比较而言更为简单方便,既不需要遗嘱人亲自书写,也不需要遗嘱人亲自签名或捺印,但是正因如此,立法对口头遗嘱生效的形式要件要求更为严格,即口头遗嘱必须在生命危急的情况下才能设立,且脱离危险后应及时变更遗嘱形式,这也是大部分口头遗嘱无效的原因所在。

(五)自书遗嘱效力裁判要旨

五种遗嘱形式中自书遗嘱形式最为多见,根据统计的样本,有近四成的遗嘱是以自书的形式确立,这是因为自书遗嘱更为容易操作,且成本最低。因自书遗嘱最为多见,无效案例也较多,有两成半多的无效遗嘱来自自书遗嘱。

自书遗嘱必须同时具备实质要件和形式要件方才有效,同样地,这也是所有遗嘱类型必须遵守的裁判规则,否则将发生无效的情形。以下就样本案例中有关自书遗嘱无效的几种典型情形进行简要分析:

1. 自书遗嘱人设立遗嘱应亲笔书写,非亲笔书写的自书遗嘱因不满足形式要件而无效。

在(2017)沪0105民初11077号判决中,法院审理后认为:自书遗嘱需由遗嘱人亲笔书写、签名,注明年、月、日。而本案中,被继承人史某某文化程度低,没有书写能力,且所立遗嘱是由与遗产继承具有利害关系的曹某2代为书写。故而,该份遗嘱在形式上并不符合自书遗嘱的形式要件。本案中遗嘱所涉财产处分内容,实际上是史某某私自处分了其配偶曹某某所遗财产,其内容侵犯了其他继承人的权利。综上,被告所提供的史某某生前所立自书遗嘱,不符合法律所规定的自书遗嘱应具备的形式要件,其内容也与法律规定相悖。对于该份遗嘱的效力,本院不予认可。

上述案件中,除了不具备亲笔书写的形式要件导致自书遗嘱无效,还有一个因素值得注意,即遗嘱所涉财产处分的内容涉及了配偶的财产。遗嘱处分的财产必须是遗嘱人个人财产,否则遗嘱将因侵犯配偶财产权而无效或部分无效。

2. 自书遗嘱意思表示不明确导致遗嘱无效。

自书遗嘱的遗嘱人大多不是专业人士,且有很多人文化素质修养有限,在遗嘱中经常使用生活用语,因此语言表达不规范也是遗嘱无效的情形之一。

在(2016)沪0104民初30290号判决中,潘某1与其前妻张某2婚后未生育子女,张某2与其前夫育有一女马某某,潘某1与张某2结婚时马某某尚未成年,潘某1与张某2结婚后马某某随其二人共同生活。潘某1与张某2于2005年9月20日协议离婚,之后潘某1未再婚。杨某于2006年经人介绍认识潘某1,并给其做居家保姆直至潘某1去世。潘某1之父潘某4与其配偶吴某某除潘某1外还育有两名子女:潘某2、潘某3,潘某3于1956年4月28日被他人收养并更名为吴某某。潘某4于2004年3月14日死亡,吴某某于2002年8月13日因死亡注销户籍,潘某2于2007年7月18日因死亡注销户籍,潘某1于2016年7月8日死亡。

潘某1去世后,杨某将吴某某诉至法院,要求继承潘某1的财产,后法院追加马某某为本案被告。案件审理过程中,杨某提交遗嘱一份,内容为"本人潘某1无子女,因惧于身故发生财产纷争特立此字据:一、所有与本人有血缘关系的人均不享有继承权,二、本人所有财产包括房产、存款、现金一律由侍待本人终生的人继承,旁人不得干涉"。遗嘱下方有署名为"潘某1"的签名并署期为2006年10月5日。

经司法鉴定科学研究院鉴定遗嘱全文系潘某1所书,对该遗嘱的真实性本院予以确认。对于遗嘱的效力,法院认为:杨某曾为潘某1的住家保姆,双方相识时杨某并未与其前夫离婚,其时杨某对潘某1的照顾是基于双方的雇佣关系,潘某1在双方相识不久,在杨某与他人的婚姻关系尚未解除的情况下即书写遗嘱表示其遗产全部归杨某所有不符合生活常理。而且遗嘱中关于继承方式的表述"本人所有财产包括房产、存款、现金一律由侍待本人终生的人继承",其中"侍待本人终生的人"并不具有专属指向性。综上,遗嘱虽系潘某1本人所书,但遗嘱的意思表示不明,故遗嘱的效力本院不予认可,潘某1名下的遗产应当按照法定继承的方式处理。

该案例中,法院认为"侍待本人终生的人"并不具有专属指向性,遗嘱语言不规范不明确导致意思表示不清楚、不明确,最终导致遗嘱无效。值得注意的是,本案有一特殊事实,即杨某自认其曾作为潘某1的住家保姆,双方认识不久,遗嘱人在其婚姻关系尚未解除的情况下即设立了遗嘱将财产遗赠给杨某,法院认为该事实情节不符合生活常理。实际上,违反公序良俗和法律规定亦是遗嘱无效的情形之一。该案例情节确实颇为蹊跷，如果双方确实存在男女关系，遗嘱也有可能因违反公序良俗而无效。

因篇幅和时间有限，对无效的自书遗嘱样本案例不一一展开论述，但是这些案例具体归纳总结为以下几种情形：

（1）必须满足形式要件，否则无效，即自书遗嘱应当由继承人亲笔书写，签名，并注明年、月、日。非亲笔书写的自书遗嘱无效。实践中，确实存在自书遗嘱被伪造篡改的情形，因此，众多自书遗嘱案例存在申请笔迹鉴定的情形，而鉴定机构需要提供笔迹样本才能鉴定，也有案例因为无法提供笔迹样本进行鉴定从而出现不利的判决结果。相较于“亲笔书写”这一形式要件，审判实务中，没有签名或没有备注日期这些形式瑕疵导致自书遗嘱无效的案例也比比皆是。

（2）遗嘱内容应使用规范的语言，如果语言措辞过于生活化或者艰涩难懂，将会导致意思表示不明确，从而影响遗嘱的效力。

（3）违反公序良俗和法律规定的遗嘱无效。

（4）遗嘱处分的财产必须是遗嘱人个人财产，否则将因侵犯配偶财产权或他人财产权益遗嘱整体无效或部分无效。

（5）遗嘱人的意思表示真实才有效，遗嘱人有受胁迫欺骗情形的自书遗嘱无效。

综上所述，自书遗嘱必须同时满足上述所有形式要件和实质要件方才有效。这也是自书遗嘱无效频发的原因，可见，遗嘱人聘请专业人士对遗嘱的设立进行规划指导是十分必要的。

（六）代书遗嘱效力裁判要旨

样本案例中，有近三成的遗嘱以代书的形式确立的，而超过五成的无效遗嘱来自代书遗嘱。这充分说明，实践中，代书遗嘱的运用相当的广泛，在样本案例对遗嘱的效力认定上，相较其他形式的遗嘱来说，代书遗嘱被法院认定为无效的更多。因此，分析代书遗嘱的效力裁判规则，对于该类案件的司法实践来说有着重要意义。

以下就样本案例中有关代书遗嘱无效的几种典型情形进行简要分析：

1. 代书遗嘱代书人与见证人对遗嘱形成的关键信息表述矛盾，无法客观反映立遗嘱的过程，导致代书遗嘱无效。

对于代书遗嘱来说，因为存在代书人、见证人的情形，所以遗嘱的形成过程将成为判断遗嘱人真实意思表示的重要环节，当代书人与见证人对代书遗嘱的形成过程的陈述相矛盾时，遗嘱本身的真伪尤其是遗嘱内容是不是遗嘱人的真实意思表示就需要引起注意了。

在(2016)沪0110民初18948号判决中，法院就遇到了代笔人与见证人陈述的遗嘱制定过程不一致的情形。法院审理后认为："代书人薛某陈述因被继承人陆某所说方言其听不懂，需询问利害关系人原告陆某1，部分语句也由原告组织好再由其抄写。见证人陆某2自述其不识字，也不知道遗嘱上写的是什么，只是签了名。两人均未能保证该遗嘱是被继承人原本意思的客观反映。薛某及陈某均陈述该遗嘱由薛某某代书，陆某2称该遗嘱由被继承人自行书写，三名证人在遗嘱形成的关键细节上说法不一，自相矛盾，无法客观反映立遗嘱的过程。"最终法院判定对该份代书遗嘱效力不予认定，被继承人陆某的遗产按法定继承处理。

当然上述案件中，还有一个重要的因素是见证人之一是继承人，这与"与继承人、受遗赠人有利害关系的人不能作为遗嘱见证人"的规定也是明显相悖的。

2. 遗嘱人具有完全的民事行为能力是所有遗嘱形式都应具备的前提条件。

无行为能力人或者限制行为能力人所立的遗嘱无效。这对于自书遗嘱形式来说，遗嘱人亲自书写并签字，在很大程度上可以说明其民事行为能力的问题。但是，对于代书遗嘱来说，因为遗嘱内容不是遗嘱人亲自书写，那么，审查遗嘱人的民事行为能力将显得格外重要。

在(2018)沪02民终2134号判决中，被继承人吴某因急性脑梗死入院急救，次日立代书遗嘱一份，由潘某某与杨某某见证。该遗嘱无吴某签名，但盖有吴某的印章及其手指捺印。

对于遗嘱人仅按手印未签名的情形，根据原《继承法》及《民法典》继承编之规定，无论是代书遗嘱还是自书遗嘱，均需遗嘱人签名，而"按手印"本身并不符合遗嘱的形式要件，但是，仅"按手印"的遗嘱属于形式瑕疵还是实质要件缺失，在司法实践中却存有争议。当然，本案中，法院根据遗嘱人的民事行为能力和真实意思表示最终否定了涉案遗嘱的效力。法院经审理后认为：公民设立遗嘱，处分其遗产的前提系该公民在设立遗嘱时有完全行为能力。本案中，被继承人吴某于2016年3月13日发病，同日22时45分，被医院诊断为急性脑梗死后入院治疗。而代书遗嘱的设立时间为次日早晨5时许，此时，吴某已经产生脑梗死现象，虽设立遗嘱的当天下午医院检查吴某为神志清楚，气略促，呼之可应，但医院同时指出吴某伴有构音障碍，查体不能完全配合。考虑到吴某因2016年3月13日急性脑梗死产生的上述症状，故吴某在2016年3月14日早晨设立遗嘱时是否具有完全行为能力，法院无法确认。

当然，该案还有一个值得注意的细节是，被继承人吴某所按手印是他人握住吴某的手进行的。对此,法院认为:“吴某是否系在遗嘱内容形成后,完全自愿在遗嘱上签章确认,法院无法确认”。最终,对该案所涉遗嘱的效力,法院未予确认。

3. 最大限度地尊重被继承人的真实意思表示,是所有继承案件都需要遵循的原则。

遗嘱效力的确认,实际是如何确认“被继承人死亡情形下被继承人的真实意思表示”,在遗嘱存在“瑕疵”或有其他继承人针对其效力提出挑战时,法院往往需要回归到如何判断和确认被继承人的真实意思表示上来。

在(2016)沪0110民初17495号判决中,被继承人费某生前立有两份内容一样的代书遗嘱,遗嘱将其名下的财产全部交由陈某继承。被继承人是三原告的姑母。被继承人曾经领养被告陈某,但是后经生效判决解除二者的收养关系。被继承人父母、配偶、兄弟姐妹都先于被继承人死亡,被继承人没有法定继承人。本案被告提供的两份遗嘱均不符合代书遗嘱的形式要件,但是,法院依据遗嘱所体现的“被继承人的意思表示”,根据“是否对被继承人承担了较多抚养义务”等规定,在涉案当事人不是被继承人法定继承人的情形下,确定了涉案当事人对被继承人遗产份额的继承。法院对此认为:“被告陈某提供的被继承人订立的两份遗嘱,一份没有代书人签名,另一份代书人签名系庭后补签,非同时形成。……该两份遗嘱缺乏代书遗嘱形式的有效要件,法院对该两份遗嘱不予采信。……被告陈某提供的被继承人的代书遗嘱虽然在形式上不符合法律规定而未被采信,但是综合见证人、代书人的证人证言,这些遗嘱在一定程度上反映了被继承人的意思表示。三原告在日常生活中对被继承人也有所照顾,也有轮流帮被继承人做些家务,代领房租等情况。据此,判决上海市杨浦区的涉案房屋产权归被告陈某所有,陈某各支付三原告房屋折价款60,000元。”

由此可见,代书遗嘱除在形式上符合代书遗嘱的要件要求以外,更为重要的是其内容应该是被继承人的真实意思表示。

(七)律师见证遗嘱效力裁判要旨

律师见证遗嘱并不属于单独的遗嘱类型,司法审判实践中将律师见证遗嘱归类为代书遗嘱,因此律师见证遗嘱必须满足代书遗嘱的形式要件和实质要件方能有效。在遗嘱继承的样本案例中,不到4%遗嘱涉及律师见证遗嘱。虽然律师见证遗嘱在样本案例中比重很低,但其却是律师见证业务中的常见业务。且在最高人民法院公报案例中,亦有律师见证遗嘱无效导致律所承担赔偿责任的情形。因此,律师见证遗嘱成为高危业务,对律师见证遗嘱的效力进行裁判规则分析研究就显得尤为重要，以下就样本案例中有关律师见证遗嘱无效的几种典型情形进行研究分析：

1.律师未当场签字，仅在见证书上签字未在遗嘱上签字的律师见证遗嘱因不满足法定要件无效。

律师见证的遗嘱并非法定的遗嘱形式，其性质被审判实务归类为代书遗嘱。法律规定：代书遗嘱应当有两个以上见证人在场见证，由其中一人代书，注明年、月、日，并由代书人、其他见证人和遗嘱人签名。因此律师见证遗嘱必须满足上述法定条件才有效，在此总结归纳代书遗嘱有效的法定要件：

(1)律师作为见证人必须在遗嘱订立的现场并见证遗嘱订立的全过程，否则无效；

(2)必须有两个以上的见证人，由其中一人代书；

(3)两位见证人必须都在遗嘱上签字，且遗嘱上必须清晰注明年、月、日；

(4)两位见证人与继承人不存在任何利害关系。

在(2017)沪0106民初24900号判决中，法院查明，“2011年10月9日，由上海市××律师事务所律师陈某某打印，龚某某、翟某5分别立下代书遗嘱……两份遗嘱立遗嘱人处分别由龚某某、翟某5签名，代书人处陈某某签名。2011年10月10日，上海市××律师事务所分别在两份遗嘱后面出具见证书，证明遗嘱是龚某某所立，董某某、陈某某受委托在场见证。该见证书落款处董某某、陈某某未签名但盖章”。据此，法院判定，“关于2011年10月9日的代书遗嘱，遗嘱上只有代书人签名，无其他见证人签名，虽遗嘱后面附有两个见证人见证的见证书，但见证书上的日期和遗嘱日期并非同一日，不符合法律规定的代书遗嘱的形式要件，故本院认定两份遗嘱无效”。

该份判决中律师出具的见证书虽然两个见证人都进行了签字，但是因见证书日期与遗嘱日期不同，导致见证人不符合必须在场的实质要件，从而否定了见证遗嘱的效力。鉴于该起案例，笔者建议律师见证遗嘱尽量在当天办理完毕并在代书遗嘱上签字。

同样地，在(2018)沪0104民初798号判决中，因律师事务所无法举证证明见证书上的签章行为系发生在遗嘱设立当场而被判决见证遗嘱无效。该案例中，法院认为：“第一，在与郑某某沟通交流并获取证人所称的郑某某自行书写的‘遗嘱初稿’并作相应修改时，只有一位证人在场或操作；第二，该遗嘱并非由代书人打印；第三，律师见证书上的律师事务所公章及骑缝章系事前制作或盖印。两位证人对是否当场盖个人印章陈述不一。综上，该份代书遗嘱不符合法律要求的形式要件，本院确认该代书遗嘱无效”。

在(2017)沪0104民初27912号判决中,法院查明“2013年12月,证人周2(律师)和另一位律师至裘某4家中。两位律师到时,房屋内已经有另两位见证人,他们应该已有交流。证人在和裘某4沟通后,了解他的意思,确认他的行为能力,并从遗嘱格式上给予意见。裘某4主动表达了要将房屋留给孙女。遗嘱是杨姓见证人书写的,现场还读给裘某4听,裘某4点头表示同意……律师见证书系当场文字输入,并在外面打印出来。当时未作录音录像”。据此,法院判定“该份遗嘱系由他人代书,故应严格审查该份遗嘱是否体现裘某4的真实意思表示。……律师见证人周2见证的内容为杨某某(代书人)、周某1(见证人)如何见证,即见证的见证。在律师见证人有无和裘某4(遗嘱人)沟通交流的问题上,周2(律师)表示有沟通交流,杨某某(代书人)表示好像没有,周某1(见证人)表示没有注意。综上,本院无法确认裘某4主动表达了其遗产由谁继承,若仅以点头或摇头表示其意思,可能存在误导的情况。综合以上意见及裘某4的病例,本院认为:原告提供的2013年12月13日代书遗嘱无效”。

该案例的特殊性在于除律师之外还有两个见证人,律师仅对这两个见证人的见证行为进行见证,即仅对遗嘱见证过程进行见证,即法院所说的见证。类似案例中,律师应尤为注意见证人资格、见证人是否全程在场、代书的遗嘱内容是否存在形式瑕疵等情况。

从上述三个案例可看出,律师作为遗嘱的见证人和代书人应当全程在场见证遗嘱的形成过程;仅一位律师当场见证及在遗嘱上签字,或仅是对其他见证人的见证进行签字的行为,不符合代书遗嘱的法定形式要求。

2. 代书人和见证人对遗嘱形成过程陈述不一致,真意无法确认导致遗嘱无效。

如果律师见证遗嘱的遗嘱人存在年事已高、文化水平不高等情形,法院对遗嘱形成过程的审查将尤为细致。当代书人与见证人对代书遗嘱的形成过程的陈述不一致时,遗嘱的形成过程将存在重大瑕疵,遗嘱将因无法充分体现被继承人的真实意思表示效力不被认可。

在(2017)沪0113民初14558号判决中,法院判定,“原告提交的遗嘱由律师支某某见证、苏某某代书完成,庄某某(遗嘱人)亲笔签名并有两个以上见证人在场见证,其形式要件符合法律规定。然而,庄某某当时已年届85岁,原告未能举证证明庄某某自身精神、健康状况是否具有设立遗嘱的行为能力即遗嘱能力。至于遗嘱内容是否为庄某某真实意思表示,见证人苏某某、支某某均先后作出截然相反之陈述,在原告无补强证据以排除对遗嘱实质要件合法性怀疑的情况下,该遗嘱效力难以认定”。

还有一例也是代书人与见证人陈述不一致导致遗嘱被判定无效，在（2017）沪0105民初2202号判决中，法院查明，“2013年11月21日，被继承人马某华立有一份代书遗嘱……该遗嘱由上海××律师事务所张某某律师代书，并与该所高某某律师一起予以见证。为此，五原告提供立遗嘱时的视频录像作证，遗嘱代书人张某某及见证人高某某亦到庭作证”。据此，法院判定，“五原告提供的立遗嘱当日的视频录像显示，当时主要由高某某律师与被继承人进行谈话，整个过程中，由高某某律师主讲，被继承人给予回应，但高某某律师提起是否将遗产全部给五原告，而不再给被告李某6、李某8时，被继承人的回应含混不清，不能明确体现遗嘱系被继承人本人独立、真实的意思表示。在宣读遗嘱内容时，也未能体现被继承人本人是否充分理解遗嘱的内容。尤其值得注意的是，当被继承人表示其本人不识字，不会签名，高某某律师向其说明可以按手印和盖章时，被继承人曾提到自己的私人图章在家中，而高某某律师表示图章已由他人帮被继承人准备好，并未和被继承人进行核实，确认是否为被继承人本人的私人印章，然后在按手印时，均主要由高某某律师持被继承人的手在遗嘱上进行盖章，加盖图章时则完全由高某某律师予以操作……本案被继承人马某华系文盲，而该份遗嘱内容详尽而复杂，明显不符合被继承人本人能力范围内的理解与认知。视频录像显示，遗嘱内容的大部分意思表达系主要通过高某某律师的阐述而得以体现，结合两位证人的到庭陈述，两位证人对遗嘱究竟由谁代书，陈述不一致，订立遗嘱的过程中不排除又加入了其他相关利益人员意思的可能。在宣读遗嘱内容时，被继承人也只是被动响应，无法体现被继承人是否完全知晓并明确遗嘱的内容，被继承人按手印的行为也是在高某某律师操控下被动完成，至于盖章的行为则更是非被继承人本人亲自所为，且该枚图章也并非由被继承人本人亲自拿出，无法确认是否为被继承人本人所持有的私人印章，所以该份遗嘱不能充分体现被继承人本人的真实意愿，订立遗嘱的过程存在重大瑕疵，故本院对该份代书遗嘱的效力不予认可”。

当然，该案还有一个特别值得注意的细节是，被继承人按手印的行为是由律师持被继承人的手在遗嘱上进行盖章，最终，法院认为该份遗嘱不能充分体现被继承人本人的真实意愿，对遗嘱效力不予认可。

3. 遗嘱处分的财产因侵犯配偶财产权导致遗嘱部分无效。

在（2019）沪0112民初2415号判决中，法院查明“陈某某立下遗嘱一份，载明……一、在我过世以后，属本人所有的坐落在颛桥镇西街×××号旧房一间，面积约50平方米（包括阁楼）由孙女陈某1继承……该遗嘱上显示代书人为闵行区

××法律服务所工作人员罗某某，在场人为张某某、吴某某”。

据此，法院判定：“被继承人陈某某于2002年5月9日立下的遗嘱，该遗嘱为代书遗嘱，遗嘱的形式要件合法，本院予以确认。但在遗嘱的相关内容上，陈某某将属于其和朱某某共同共有的系争房产均遗赠给陈某1，不符合法律规定，对此本院确认属朱某某份额遗赠给陈某1的内容无效。”

因此，法律职业者或律师办理遗嘱见证业务，应当充分注意遗嘱内容是否涉及处分他人（包括配偶）财产的内容，以保障遗嘱人（及其配偶）遗嘱意愿的完整实现。

4. 违反遗嘱人与第三方签订的关于限制或禁止变更遗嘱的在先合同约定导致未按见证遗嘱继承。

如果案例中存在多份遗嘱，以哪份遗嘱为准？法律对此有着明确规定。《民法典》明确规定，遗嘱人可以撤销、变更自己所立的遗嘱。遗嘱人立有数份遗嘱，内容相抵触的，以最后的遗嘱为准。这一点在审判实务中并非难点。那么，如果遗嘱人将设立在先的遗嘱与第三方（保险公司）约定不得撤销变更，还能否按照后设立的见证遗嘱进行继承呢？

在（2018）沪0115民初29286号判决中，法院判定，“被继承人李某某、沈某某与第三人幸福人寿公司签订的《幸福房来宝老年人住房反向抵押养老保险（A款）合同》以及被继承人李某某、沈某某、被告沈某某与第三人幸福人寿公司签订《幸福房来宝老年人住房反向抵押养老保险（A款）合同》之《补充协议》系各方当事人真实意思表示且不违反法律规定，故各方当事人均受合同内容的约束行使权利、履行义务。《补充协议》第四条约定：投保人保证并承诺，本协议经签订生效并公证后，本协议附件遗嘱为其生前立下的最终遗嘱，除非事先通知并征得保险人同意，将不再就主险合同项下的抵押房屋及相关权益作出不同的遗嘱或者赠与等处分行为，可见在未征得保险人同意的情况下，保险合同附件遗嘱即2016年10月26日被继承人李某某、沈某某在上海长宁公证处所立公证遗嘱为两人最终的遗嘱。现被继承人李某某在《幸福房来宝老年人住房反向抵押养老保险（A款）合同》签订后，未经保险人同意，擅自将保险合同附件遗嘱予以撤销（2017年9月1日被继承人李某某至上海市长宁公证处对《撤销遗嘱声明书》公证，《撤销遗嘱声明书》内容为：李某某，男，一九三一年九月八日出生，公民身份号码：××××××××××××××××××。本人，李某某，于2016年10月26日立有公证遗嘱［公证书编号：（2016）沪长证字第××××号］，现经本人郑重考虑，声明如下：本人声明撤销上述公证遗嘱。以上声明系本人诚实自愿作出，本人承担由此产生的一切法律责任，2017年9月1日。上海市长宁公证处于2017年9月4日对此出具公证书），并委托律师另行所立代书遗嘱的行为,违背了合同的约定。被继承人李乔生是完全民事行为能力人,在订立《幸福房来宝老年人住房反向抵押养老保险(A 款)合同》时应当清楚合同的内容,其签订合同即表明认可合同的内容,亦表明了其放弃撤销附件遗嘱并另行订立遗嘱的权利,因此其之后所立代书遗嘱对被告沈某某及第三人幸福人寿公司并无约束力,否则即突破了合同相对性。在保险合同未解除抑或是保险人未同意变更遗嘱情况下,仍应按保险合同附件遗嘱的内容发生继承而非按律师所立代书遗嘱继承"。

该案例类型比较特殊且少见,浦东新区法院认为在先设立的遗嘱并未经第三人同意,遗嘱人擅自撤销在先设立的遗嘱对第三人并无约束力,因此不能按照后设立的律师见证遗嘱继承。

综合前述案例分析,法院在审理由律师代书/见证的遗嘱继承案件中,对律师见证遗嘱的见证过程的完整性、见证书的签名时间、见证的见证人是否当场签字、见证人和代书人是否陈述一致、遗嘱内容的合法性等问题,均对证据有相对较高的证明能力要求和相对更严格的遗嘱形式要求。笔者建议,律师(包括法律工作者)作为专业人士,从事代书/见证遗嘱的有偿法律服务业务时,应当增强风险意识,完善和标准化服务流程,结合运用录音、录像、网络、时间戳等辅助手段,保障当事人对代书/见证遗嘱法律服务的可期待权益,以及有效减低律师在该类业务中的执业风险。

在统计分析样本时,还有一起案例并非无效见证,但是对律师开拓新型法律服务产品有启发作用,在此简单介绍。

在(2017)沪0101 民初24566 号判决中,法院查明:"2007 年1 月5 日,李某某去世。同月22 日,原告在安徽蒋某华律师事务所出具声明,在律师马某、俞某的见证下表示接受遗赠。"据此,法院判定:"原告在知道受遗赠后的数日内,即在律师事务所律师的见证下表示接受遗赠,该遗赠关系成立。"

笔者认为,该判决的意义在于,在公证、法院起诉、向其他法定继承人表达接受遗赠等传统的接受遗赠方式之外,律师提供接受遗赠的见证,也被生效判决予以认可。基于被继承人处分遗产意愿的多样化趋势,向非法定继承人(包括自然人、法人、各类组织及慈善机构等)遗赠遗产的情况也日渐增加,建议律师进一步完善该类业务的服务流程,研发见证接受遗赠的标准化服务产品。

(八)数份遗嘱的冲突效力裁判要旨

关于存在多份遗嘱时,以哪份遗嘱为准的问题,《民法典》有明确的规定,即"遗嘱人可以撤销、变更自己所立的遗嘱。立有数份遗嘱，内容相抵触的，以最后的遗嘱为准。”因此，认定遗嘱的效力时，仍需回归到《民法典》关于不同形式遗嘱规定上来。关于“遗嘱有多份”，在司法实践中本身不是难点。

比如，在(2017)沪0110民初23301号判决中，被继承人生前就立有多份遗嘱，法院认为：“被继承人何某4、陈某某生前立有多份遗嘱，故两被继承人遗留的财产应当按照其最后订立的遗嘱办理。被继承人何某4、陈某某生前于2009年4月8日和2009年5月20日分别留有代书遗嘱各一份，根据法律规定，代书遗嘱应当有两个以上见证人在场见证，由其中一人代书，注明年、月、日，并由代书人、其他见证人和遗嘱人签名。何某4、陈某某的代书遗嘱均符合法律规定的形式要求。”上述法院的观点就非常明确，关于多份遗嘱的问题，以时间在后的为准；关于遗嘱本身的效力问题，需要根据法律的规定分别进行确认。

当然，上述案件中，还有一个值得注意的细节是，被继承人立遗嘱时所用的名章与其真实姓名有异，这就需要回归到我们多次提及的“被继承人真实意思表示”问题上来，法院认为：“虽然陈某某使用的名章×××与其姓名有异，但根据两原告、证人赵某、荀某某的陈述，结合原告提供的《上海市房地产买卖合同》，可以认定遗嘱上加盖的×××名章系由陈某某使用。被告鲁某某与被告何3辩称不清楚陈某某对×××名章的使用情况，但鞍山八村房屋买卖合同上多处盖有×××名章，且该合同中的出售人为鲁某某，可以认定鲁某某知晓并认可陈某某使用×××名章……法院认定何某4、陈某某在律师事务所所立的两份代书遗嘱合法有效，两被继承人名下的遗产按照遗嘱继承。”

上述案例是司法实践中较为常见的情形，那么，“后订立的遗嘱”是否可以变更先前遗嘱人与继承人之间达成的有关赡养抚养权利义务的家庭内部协议呢？虽然该种情形不是严格意义上的“多份遗嘱并存”的情形，但是，一方面，关于家庭内部共同赡养老人的协议往往会涉及老人百年后的遗产分配问题；另一方面，在继承人较多的家庭中，家庭成员之间签署类似赡养协议、分家协议的也不在少数。因此，关于类似“家庭内部协议”在先，“被继承人立遗嘱”在后的效力认定问题值得探讨。我们的样本案例中就有一例涉及该种情形的案件：

在(2017)沪0115民初56595号判决中，被继承人不仅与继承人之间签署有《人民调解协议》(时间最早)，也有关于老人在世期间家庭成员赡养问题和老人去世后的遗产分配问题的《协议书》(在《人民调解协议》之后签署)，同时还有被继承人所立的代书遗嘱(时间最晚)。那么，前述《人民调解协议》、《协议书》以及最后的代书遗嘱，在效力上如何认定呢？

浦东新区人民法院经审理后认为:“被继承人杨某富、赵某娣与原告、被告签订的《人民调解协议》以及《协议书》均是当事人真实意思的表示且不违反法律规定,因《协议书》订立的时间晚于《人民调解协议》,且明确‘其他签订的协议均作废,以本协议为准’,故当事人均应当按照《协议书》的内容履行。本案争议的焦点是被继承人赵某娣在《协议书》后所立的代书遗嘱是否能够对抗《协议书》。从《协议书》的内容看,其不仅约定5名子女对被继承人过世后房屋的分配方案,亦约定5名子女在被继承人生前负有的赡养、照顾义务,且原告、被告也实际按此协议履行赡养、照顾被继承人的义务,因此该协议是一种具有对等权利义务内容的家庭内部约定,对所有家庭成员都具有法律约束力,故在未经家庭成员同意的情况下,被继承人无权通过遗嘱方式擅自变更上述协议中约定的财产处分内容。如可擅自变更,既突破了合同的约束力,也无法体现公平性。综上分析,赵某娣代书遗嘱不能对抗《协议书》,本院根据《协议书》的约定,判定房屋产权份额由5名子女平均继承。”

由此可见,在单纯的遗嘱有多份的情形下,判定效力孰先孰后并不复杂,但是,现实中的案例要比我们想象的复杂得多,各种协议、遗嘱夹杂在一起时,如何对其效力进行认定才是该类案件的难点所在,上述浦东新区人民法院的判例就是很好的借鉴。

二、继承析产裁判要旨

(一)法定继承纠纷裁判要旨

样本案例中,有超过四成的案件涉及遗嘱继承,有近六成的案件涉及法定继承。这充分说明,审判实务中继承纠纷案件中法定继承纠纷案件最多,因此,法定继承纠纷的裁判要旨,对司法实践和律师实务来说有着重要意义。

基于此,我们试图以法定继承的判例为出发点,探讨法定继承案例的裁判要旨,并希望以此能够获得一些具有普适性的裁判规则。

以下就样本案例中几种典型情形进行简要分析:

根据《民法典》的规定,法定继承按照下列顺序继承:第一顺序为配偶、子女、父母;第二顺序为兄弟姐妹、祖父母、外祖父母。继承开始后,由第一顺序继承人继承,第二顺序继承人不继承。没有第一顺序继承人继承的,由第二顺序继承人继承。其中子女包括婚生子女、非婚生子女、养子女和有扶养关系的继子女,父母包括生父母、养父母和有扶养关系的继父母,兄弟姐妹包括同父母的兄弟姐妹、同父异母或者同母异父的兄弟姐妹、养兄弟姐妹、有扶养关系的继兄弟姐妹。

1. 共同所有的财产分出一半为配偶所有后再分割。

在(2016)沪0115民初86629号判决中，两原告是夫妻，共生育被继承人莫1、莫2、莫3。莫1与被告于2014年1月18日登记结婚，婚后未生育，并于2016年1月8日死亡。莫1留下房屋、存款等遗产，莫1去世后，原告要求分割莫1的遗产。

法院判定：被继承人莫1生前未立遗嘱，故依据原《继承法》的规定，对被继承人的遗产，应按照法定继承处理。结合《婚姻法》第17条①的规定，故被继承人去世后，首先应当将婚后取得的夫妻共同财产中的一半分出归配偶所有。在已经查明的财产中，属于婚后夫妻共同财产的部分包括从尾号2424银行卡取出的169,833.6元、从尾号7008卡取出的5400元、农行卡的42,643.4元、还贷卡中的2280.2元、在被继承人去世后用于冲还贷的公积金6550元、养老金39,083.6元、从公司转入被告卡中的10万元，合计365,791.1元，其中的一半182,895.5元为被继承人的遗产，另一半归被告所有。

从这一案例中我们可以看出，首先应当将婚后取得的夫妻共同财产中的一半分出归配偶所有。事实上，这也是大部分法定继承纠纷案件适用的裁判规则。

2. 银行贷款作为债务应当从遗产价值中先行扣除。

在(2016)沪0104民初28662号判决中，被继承人胡某2(2015年3月死亡)与配偶王某某2005年10月结婚，共生育一名子女即胡某1，原告是胡某2的母亲。中春路房屋于2012年取得产权证(2014年补发)，权利人登记为胡某2和王某某。2011年1月胡某2作为借款人向银行贷款180万元，截至2015年3月尚余贷款本金165万余元。2015年4月至2016年12月共计归还贷款本息18万余元。截至2016年12月尚余贷款本金158万余元。原告、被告就继承事宜协商未果提起诉讼。

法院认为：现无证据证明被继承人留有遗嘱，故其名下的遗产应当按照法定继承办理。关于王某某在胡某2死亡后归还的中春路房屋贷款是否应当从遗产价值中扣除的争议，本院认为：因中春路房屋登记在胡某2和王某某两人名下，王某某对贷款也有一半的归还义务，故在其归还的贷款中，一半作为胡某2的债务，从遗产价值中予以扣除。

目前，大量涉及房屋标的的案件均有银行贷款，在计算房屋遗产价值中，应当对银行贷款先行扣除，而这一裁判规则也是大部分法定继承纠纷案件适用的裁判规则。

---

① 《婚姻法》已废止，本条内容参见《民法典》第1062条。

3. 继承人公证放弃继承权的行为有效，配偶主张遗产作为夫妻共同财产进行分割不予支持。

《民法典》婚姻家庭编第1062条规定，夫妻在婚姻关系存续期间，继承或受赠所得的财产归夫妻共同所有。那继承人放弃继承权并对放弃行为进行公证的行为是否会因损害配偶权益而无效？

在(2017)沪0115民初91609号判决中，被告林2与案外人周某某系夫妻关系，并生育了被告林某1。2007年9月，被告林某1、林2及案外人周某某购买了上海市浦东新区红枫路×××弄×××号×××室房屋一套。2008年11月18日，原告王1与被告林某1登记结婚。2014年10月6日，案外人周某某死亡。2016年9月29日，被告林某1出具放弃继承权声明书：对登记在林2、周某某、林某1名下的上海市浦东新区红枫路×××弄×××号×××室房屋中属于周某某的遗产份额放弃继承。2017年10月30日，原告与被告林某1判决离婚。现原告主张被告林某1继承的红枫路房屋中母亲周某某的遗产份额应作为夫妻共同财产进行分割。

法院认为：系争的红枫路房屋产权登记在被告林某1、林2以及周某某三人名下，三人对系争房屋享有共同共有的权利。被告林某1在红枫路房屋遗产处理之前已经进行公证放弃了对红枫路房屋中母亲周某某遗产份额的继承，此系继承人依法处分自己继承权的行为，并不违反法律规定，合法有效。在被告林某1未继承的情况下，红枫路房屋中母亲周某某遗产份额不能作为夫妻共同财产进行分割。故对于原告的上述分割继承部分的主张，本院不予支持。

该案例中，法院认定继承人公证放弃继承权的行为属于依法处分继承权，合法有效。因此配偶一方主张按照夫妻共同财产分割未获得法院支持。审判实务中，类似案例较多，通常情况下法院均认可放弃继承权行为有效。

(二)房产继承裁判要旨

1. 对房屋份额直接进行分割，并未进行折价析产的情形并不少见。

在我们统计的样本案例中，上海2017~2019年的继承案件中有近八成案件的受理费超过5000元，这有一点重要因素是大部分继承案件的遗产涉及房产分割处理，而房产价值在上海动辄百万元或者数百万元甚至千万元豪宅也不在少数。本次样本案例并未对遗产形式进行统计分析，但是从上述案件受理费的统计情况来看，大部分继承纠纷案件涉及房产的分割处理。而在法定继承纠纷案例中，法院判决第一顺序法定继承人对房屋份额直接均等分割，并未对房屋进行析产分割的案例颇为常见。

如在(2019)沪0115民初56706号判决中,被继承人康某某与被继承人毛某某生前生育原、被告6名子女,分别为毛某1、毛某2、毛某3、毛某4、毛某5、毛某6。2011年4月10日,康某某因车祸死亡;2018年3月5日,毛某某因病死亡。康某某、毛某某死亡后留有遗产为系争房屋,建筑面积61.2平方米,为两人共同共有。毛某某生前留有公证赠与合同,其中明确,毛某某自愿将系争房屋中属于其所有的产权份额及其应该继承的被继承人康某某的遗产份额无偿赠与毛某6;受赠人毛某6接受赠与并让赠与人毛某某居住在此房屋至过世。现原告毛某1、毛某2、毛某3、毛某4、毛某5请求依法继承系争房屋。

法院认为:我国继承法规定,继承从被继承人死亡时开始。遗产是公民死亡时遗留的个人合法财产,包括公民的收入、房屋、储蓄和生活用品等。继承开始后,按照法定继承办理;有遗嘱的,按照遗嘱继承或者遗赠办理;有遗赠扶养协议的,按照协议办理。同一顺序的继承人继承遗产的份额,一般应当均等。遗产继承第一顺序为配偶、子女、父母。夫妻在婚姻关系存续期间所得的共同所有的财产,除有约定的以外,如果分割遗产,应当先将共同所有的财产的一半分出为配偶所有,其余的为被继承人的遗产。被继承人康某某死亡后,因无遗嘱和遗赠等,其遗留的系争房屋中的50%份额应由原告、被告六人及配偶毛某某按法定继承办理,各继承人各继承50%份额中的1/7(系争房屋整体的1/14)份额。被继承人毛某某死亡后,因其生前与继承人毛某6订立了赠与合同,故按遗赠协议办理,其所享有的8/14份额全部归被告毛某6所有,原告毛某1、毛某2、毛某3、毛某4、毛某5对被继承人毛某某系争房屋中的份额不享有继承份额。故系争房屋中五原告各享有1/14(7.1%)的份额,被告毛某6享有9/14(64.3%)的份额。

该案例中,在共同所有的财产的一半分出为配偶所有后,法院将剩余的产权份额直接均等分割,并未确定房屋价值及房屋归属,事实上,该分割原则在审判实务中并不少见。

2. 将建房出资情况、房屋结构及目前和将来使用方便等因素作为房屋所有权归属的分割依据。

在(2018)沪0115民初72369号判决中,被继承人孔某3与被告张某某是夫妻,原告孔1、被告孔某2是其子女。上海市浦东新区×××村××号房屋产权系孔某3、张某某、孔1、孔某2共有。孔某3于2017年8月8日死亡,生前没有遗嘱。现原告孔1起诉要求分割房屋产权。

法院认为:原告孔1、被告张某某、孔某2及被继承人孔某3是1990年批建的占地44平方米的1间平房、1间二层楼房的建设用地使用权人,对在该土地上建筑的房屋享有所有权。被继承人孔某3生前没有遗嘱，其父母先于孔某3死亡，故属于被继承人孔某3的房屋产权份额，由原告、被告按法定继承。房屋批建时，被告孔某2未成年，对房屋没有出资。原告孔1、被告张某某均认为是自己出资建造了房屋，但均没有证据证明，可认为是共同出资建房。故根据建房出资情况、房屋结构及目前和将来使用方便，确定东面底层1间房屋产权归原告所有，东面二层1间房屋产权归被告张某某所有，西面楼梯南面一间(底层)产权归被告孔某2所有。楼梯、过道出入维持原状。

在上述案例中，法院将房屋建房时的出资情况、房屋结构及目前和将来使用方便等因素，作为房屋所有权分割处理的依据。事实上，审判实务中，该裁判规则亦比较常见。

3. 系争房屋归实际占有使用房屋的继承人所有，由其支付给其他继承人所继承份额对应的房屋折价款。

在(2019)沪0115民初24726号判决中，被继承人彭某某和张某某系夫妻关系，育有原告、被告子女四人。被继承人张某某于1995年8月24日报死亡，被继承人彭某某于2005年5月3日报死亡，两被继承人父母均先于被继承人去世。系争房屋登记在被继承人彭某某名下，两被继承人生前一直居住在系争房屋内。原告、被告均未支付过赡养费，两被继承人生前未留遗嘱。目前，系争房屋由被告彭某3占有使用。因原告、被告就继承及分家析产事宜未达成一致，故诉至法院。

法院认为：系争房屋为被继承人彭某某和张某某的夫妻共同财产，两人生前未留遗嘱，故系争房屋由各法定继承人均等继承为宜，即原告、被告各继承系争房屋1/4的产权份额。原告、被告均要求分割系争房屋，本院予以准许。至于分割方案，原告、被告未协商一致，考虑到系争房屋的实际居住使用情况、对系争房屋行使权利之便捷性等因素，法院酌情确定系争房屋归被告彭某3所有，由被告彭某3给付其他原告、被告所继承份额对应的房屋折价款。

上述案例中，法院直接对房屋进行析产处理，法院根据房屋实际居住使用情况等因素判决房屋归一方，由其对其他继承人按照相应份额支付房屋折价款。该裁判规则在继承析产案件中比较常见，亦是继承析产案件的普遍性裁判规则。

4. 判决房屋归产权份额比例较高者所有，由其给付其他继承人房屋折价款。

在(2019)沪0115民初34073号判决中，郝某某、曹某某夫妇共生育一子二女，分别为郝某1、郝某2、郝某3。博华路房屋系郝某某、曹某某、郝某2共有。郝某某于2014年9月5日去世，曹某某于2018年9月9日去世，两人均未留遗嘱。两人去世后，姐弟三人就博华路房屋继承问题，始终未能达成一致，故提起本案诉讼。

法院认为：涉案房屋登记的产权人为郝某某、曹某某、郝某2，未有证据证明三人就房屋产权约定过份额，故该房屋为三人共同共有，三人各占1/3份额。郝某2与两位老人共同生活，照顾两位老人起居近十年，两位老人生命后期又均罹患×××疾病，郝某2对两位老人尽主要赡养义务，应当多分遗产。而原告郝某1具有赡养能力，但未尽到赡养义务，应当少分。因此，本院酌定郝某2获得遗产50%左右的份额，郝某3获得遗产30%左右的份额，郝某1获得遗产20%左右的份额。因郝某2占有房屋产权比例高于郝某3及郝某1，房屋产权判归郝某2，由郝某2给付郝某3及郝某1房屋折价款。

5. 在各继承人均表示无力支付折价款的情况下，判决任意产权人均有权申请拍卖或变卖，所得价款按产权比例分配。

在(2018)沪0115民初86539号判决中，上海市浦东新区利津路×××弄×××号×××室房屋为殷某1、魏1、魏某某共同共有。魏1已去世。原告殷某1提出诉讼请求：要求对系争房屋析产，殷某1、魏某某、魏1继承人各得1/3房屋，由殷某1取得房屋，将房屋出售后向其他方支付折价款。

法院认为：系争房屋的产权登记为原告、魏1、魏某某共同共有，因魏1去世，因此魏1在系争房屋内的产权份额发生继承，在继承之前，需要析出原告和魏某某的产权份额。现原告和魏某某均确认其产权各占1/3，无不当，法院予以确认。魏1的第一顺位法定继承人为殷某2，故魏1的产权份额由殷某2一人继承。在系争房屋进行析产继承后，系争房屋为产权人按份共有，根据规定，在没有约定不得分割的情况下，按份共有人可以随时请求分割共有物，难以分割实物的，应当对折价或者拍卖、变卖取得的价款予以分割。原告殷某1现因治疗需要要求分割，符合法律规定。各方均表示无力支付折价款，被告殷某2的法定代理人不同意在未取得房屋折价款的情况下将系争房屋的所有权归属原告，故不支持原告在未支付折价款的情况下直接取得房屋产权的请求。现双方均同意在判决生效后6个月内协商出售，出售不成则申请法院拍卖，符合法律规定，本院予以准许。

故法院判决：原告殷某1、被告殷某2、被告魏某某于本判决生效之日起6个月内协商出售上海市浦东新区利津路×××弄×××号×××室房屋，逾期未能出售的，任意产权人均有权申请拍卖或变卖，所得价款按产权比例分配，所需税费应由特定人员承担的则各自承担，其余税费按产权比例分担。

该案例中法院对房屋分割处理的方式并不常见，但是审判实践中确实存在继承人均无能力支付折价款的情形，该案可作为类似案例的参考。

6. 拆迁安置房屋为拆迁后所得利益，应当将拆迁安置房屋建筑面积作为遗产处理范围。

在(2019)沪02民终6420号判决中，朱某新与陆某娟系夫妻关系，生育子女3人即朱某1、朱某2及朱秋华。朱某1与李某英系夫妻关系，生育儿子1人即朱某青；朱某华未婚，无子女。朱某新、陆某娟、朱某华先后去世，未立有遗嘱。本案争议财产即×××室、×××室、×××室安置房屋，系×××号房屋被拆迁后所得利益。

一审法院认为：公民的合法继承权受法律保护；被继承人生前对其财产处理未立遗嘱的，依法应按法定继承处理；继承开始后，由第一顺序继承人即配偶、子女、父母继承，没有第一顺序继承人继承的，由第二顺序继承人即兄弟姐妹、祖父母、外祖父母继承。本案争议财产即×××室、×××室、×××室安置房屋，系×××号房屋被拆迁后所得利益。鉴于×××号房屋原系朱某1一家所有之财产且其中建筑面积102.9平方米的房屋未调换给朱某华一家，又根据×××号房屋核定拆迁建筑面积263.5平方米、安置房屋建筑面积323平方米，故上述未调换部分房屋经拆迁所得安置房屋建筑面积126.1平方米仍属朱某1一家所有之财产。此外，鉴于朱某1一家已实际取得×××室房屋，故扣除朱某1一家应得建筑面积126.15平方米房屋，该套房屋中剩余建筑面积2.8平方米及×××室、×××室安置房屋共计建筑面积196.8平方米应属于朱某华、朱某新、陆某娟遗产，并应由朱某2、朱某1继承，各应继承建筑面积96.4平方米房屋。经继承后，有关大套×××室房屋、小套×××室房屋的归属，考虑到×××号房屋原系朱某1一家所有之房屋，朱某1一家仅将其中一部分与朱秋华一家原有的×××号房屋调换并在原×××号房屋基础上翻建房屋，朱某1一家与朱某华一家仍属同村村民并紧邻生活，而朱某2因婚嫁早已迁居他处，故在继承遗产价值相等的情况下，由朱某1取得×××室房屋、朱某2取得×××室房屋较为妥当。

该案例中房屋性质为拆迁安置房，在房屋产权证未办理的情形下，考虑到房屋已实际取得，法院直接将房屋建筑面积认定为遗产范围，而予以分割处理。对于涉及拆迁安置房的继承析产案例，该案例十分具有参考价值。

7. 农村宅基地使用权审批核定的人员为房屋的权利人；无相应的批建手续的宅基地房屋，应属违章建筑，做建筑材料予以继承。

在(2016)沪0115民初48064号判决中，原告陈某1、陈2与被继承人侯某某在1982年8月共同申请，经批准建造占地50平方米的房屋。1986年10月，由三原告与二被告共同申请，经批准建造占地30平方米的房屋。1996年12月，由三原告与二被告共同申请,经批准建造占地13平方米的卫生间。被继承人侯某某于1984年1月14日死亡。现原告、被告就上述坐落于本市浦东新区×××村×××宅×××号的三上三下房屋产生纠纷,故诉请对系争房屋进行析产、继承。

法院认为:根据法律规定,公民、法人的合法民事权益受法律保护,任何组织和个人不得侵犯。在共同共有关系终止时,对共有财产的分割,有协议的,按协议处理;没有协议的,应当根据等分原则处理,并且考虑共有人对共有财产的贡献大小,适当照顾共有人生产、生活的实际需要等情况。公民依法享有财产继承权。因无证据证明被继承人在生前就系争房屋曾立遗嘱,故其在系争房屋中的房产份额应进行法定继承。就本案系争的三开间三层楼房,本院根据宅基地使用权核定人员情况确认共同权利人。然而第三层房屋因无相应的批建手续,应属违章建筑,本院作建筑材料予以处理。

该案例中房屋的性质为宅基地房屋,宅基地使用权核定人员为房屋共同权利人,对于违章建筑部分法院直接将违章建筑按照建筑材料予以分割处理。对于宅基地房屋的继承析产案例,该案例十分具有参考价值。

8. 违法建筑产生的收益属遗产范围。

在(2018)沪0115民初36723号判决中,被继承人在上海市×××镇×××村10组723号建造了723号房屋(批准手续为一层),723号房屋现由被告苏某某出租,2018年租金为15,000元,被告苏某某收取了上半年租金。被继承人去世后,并未立有遗嘱,原、被告对房屋分割产生争议,故原告起诉要求继承房屋,每人均分产权份额,并要求分割自2018年1月起按年租金15,000元计算的租金。

法院认为:公民依法享有继承遗产的权利。继承开始后,按照法定继承办理,有遗嘱的,按照遗嘱继承或者遗赠办理,有遗赠扶养协议的,按照协议办理。本案中被继承人未立遗嘱,故其两人的遗产应按法定继承处理。关于723号房屋,根据相关部门的批准,723号房屋批准建造为一层,建筑面积为40平方米,现被继承人实际建造了二层,因此二层房屋系违法建筑,故本院予以分割一层房屋,由于该房屋无法予以具体区分,故本院按份额予以分割。关于723号房屋的租金,虽二层房屋属违法建筑,但由此产生的收益属遗产范围,现2018年上半年租金7500元已由法定继承人苏某某收取,故苏某某应按份额支付其他法定继承人相应的租金。2018年下半年起的租金按法定继承人各自在723号房屋中的份额分配,可另行结算,如产生争议,可另行主张权利。

该案例中的二层房屋为违章建筑,该违章建筑产生的租金收益,法院认为属于遗产范围,予以分割处理。

9. 根据一人不能同时拥有两处以上农村宅基地房屋的原则,继承人对其他处的系争宅基地房屋不享有产权,但仍能享有房屋折价款。

在(2016)沪0115民初44654号判决中,被继承人于1996年经批准建造了占地面积60平方米的两上两下楼房,现地址为上海市浦东新区×××镇×××宅×××号。1999年,被继承人经批准建造了占地面积12平方米的一上一下楼房,现地址为上海市浦东新区×××镇×××宅×××号。2010年,被继承人经批准建造了占地面积30平方米的两层楼房,现地址为上海市浦东新区×××镇×××宅×××号。因各继承人就上述房屋的析产及继承事宜无法达成一致意见提起诉讼。

法院认为:根据查明的事实,上海市浦东新区×××镇×××宅×××号于2010年批准建造的占地面积30平方米的两层楼房产权应归被继承人所有,该房屋应作为遗产由其法定继承人继承,但继承权仅及于房屋本身,房屋建造所占用的宅基地使用权并不属于可继承的范围。

根据一人不能同时拥有两处以上农村宅基地房屋原则,有两位继承人对上海市浦东新区×××镇×××宅×××号于1986年批准建造的占地面积20平方米的一间平房与上海市浦东新区×××镇×××宅×××号于1996年批准建造的占地面积60平方米的两上两下楼房以及于1999年批准建造的占地面积12平方米的一上一下楼房不享有产权,仅能享有房屋折价款。

该案例中房屋的性质为宅基地房屋,法院根据一人不能同时拥有两处以上农村宅基地房屋的原则,判决继承人对其他处的系争宅基地房屋不享有产权,但仍能享有房屋折价款。对于宅基地房屋的继承析产案例,该案例十分具有参考价值。

综上所述,从上述判例情况来看,我们认为有以下一些裁判规则可供参考:进行法定继承时,需要先分割夫妻共同财产,方能确认被继承人遗产范围;确定房屋所有权时,不以登记公示为唯一标准,还应结合历史原因、贡献情况、实际使用情况等综合判断;没有获得批建手续的宅基地房屋或没有产权登记的房屋,一般会因无法确认财产的合法性和所有权而不予处理,但也存在将违建的房屋作为建筑材料处理的情况;多位继承人继承房产的,一般为按份共有房产,若在继承同时要求对共有房产进行分割的,则应由共有人协商确定,协商不成则应审视是否可分割、是否会减损价值等因素,作出实物分割还是折价分割的处理。

第二部分:分家析产案件涉财产分割裁判要旨

检索说明:

我们此次研究报告的目的是研究上海地区针对分家析产案件所涉房屋、拆迁安置补偿等财产分割问题的裁判要旨。经人民法院审理后有的案件是被驳回起诉,但是大部分案件还是进行了分割。

在搜寻案例、寻找样本时,我们在 Alpha 案例库中以"分家析产"为关键词进行案例检索(检索案例),以期尽可能找到符合研究目的的上海各区法院分家析产的样本案例。

为了扩大最终的样本案例范围,我们检索案例的时间跨度是 2017 年 1 月 1 日到 2019 年 12 月 31 日,以期丰富样本案例并尽可能实现研究目的。当然在 2017 ~ 2019 年的判决中,也存在法院于 2015 年、2016 年受理的案件,但是案件在 2017 ~ 2019 年作出了判决,为了数据的完整性我们没有特意剔除,保留在其中。因统计时间仓促且案件总体数量较大,可能存在统计误差,统计数据仅供参考。

特别提示:

1. 限于检索方法、检索工具以及不同法院公开案例的标准可能不一样等因素的影响,我们的样本案例不可能覆盖这三年所有的判决分家析产的案例,我们的研究仅仅基于现有的样本案例。

2. 在检索案例时,我们也通过上述方法检索了可以检索得到的所有二审案例,但是,二审案例与各区一审案例不是一一对应关系,所以并没有将二审的案件和一审的案件一一对应后进行分析,跟踪最终裁判结果。

3. 除了数据统计部分外,我们还会针对典型的案例所涉相关财产分割的裁判规则进行分析和研究,这也是本次研究的核心所在。因为涉及裁判要旨的分析,法院的裁判观点和判决意见十分重要,所以,我们对已检索到的一审、二审案例,分别分析,当然二审改判的案件比例占比也比较小。

基于以上,本研究报告仅代表报告者(课题组)的观点,难免有所疏漏,有未能盖全之处,敬请指正。

一、分家析产纠纷中涉及遗产继承问题的裁判要旨

根据我们的统计，1399 个有效案例①中有 272 个是因为当事人之间的继承问题引发析产纠纷，在全部有效案例中的占比将近 20%，比重可谓不小。该 272 个涉及遗产继承案例的裁判实践可在一定程度上为类似案件提供参考。

在这 272 个涉及遗产继承的案例中，被继承人存在合法有效的遗嘱且涉案遗嘱被法院作为析产依据的有 69 个；被继承人未留有遗嘱或遗嘱被法院依法认定为无效，根据法定继承在当事人之间进行遗产分配的有 159 个。② 这会引起一个思考，即为何有如此多的涉及财产继承诉求的当事人不直接以继承权纠纷提起诉讼，而选择提起分家析产之诉呢?

其实，我国的继承法律对当事人行使继承权的诉讼时效有着明确的规定。《继承法》第 8 条③规定：继承权纠纷提起诉讼的期限为两年，自继承人知道或者应当知道其权利被侵犯之日起计算。但是，自继承开始之日起超过 20 年的，不得再提起诉讼。因此，在当事人未能及时行使继承权利的情况下，一旦诉讼时效经过，当事人不得再就继承权纠纷提起诉讼。当然，这并不意味着当事人所享有的遗产继承权利就此灭失了。倘若自继承发生之日起超过 20 年，而各方当事人均未曾对被继承人所留遗产进行过分配，那么被继承人的遗产成为其法定继承人共有的物权。在财产共有的基础上，各方当事人提起分家析产纠纷的诉讼是完全可行的。例如，在上海市静安区人民法院审理的(2018)沪 0106 民初 44073 号案例中，当事人诉争的房屋产权登记在被继承人项某某名下，而项某某死亡已超过 20 年。静安区人民法院根据《继承法》第 8 条④以及《物权法》第 99 条⑤关于共有财产分割原则的相关规定，认为被继承人项某某的遗产已成为其法定继承人共有之物权。共同共有人在共有的基础丧失或者有重大理由需要分割时可以请求分割财产，现原告依法提起

---

① 1399 个有效案例的构成：2017 年的有效案例 558 个，2018 年的有效案例 489 个，2019 年的有效案例 352 个。下文不再赘述。

② 本部分提到因继承引起纠纷的案件有 272 个，因为该类案件是分家析产纠纷，所以在裁判时除有涉及遗嘱和法定继承外，还将家庭协议等作为法院裁判依据。鉴于引起纠纷原因和财产分割依据系在不同维度下进行数据统计，即统计纠纷起因时是根据当事人提起诉讼的缘由进行分类，如发生继承时当事人提起分家析产，我们会统计到因为继承而引发的分家析产数据中；而在统计法院裁判依据时主要是根据个案中的关键证据进行分类，比如案件存在分家协议和法定继承时往往只统计为依据分家协议裁判，而未统计为法定继承。为了避免读者不必要的疑虑，特此说明。

③ 《继承法》已废止，本条内容参见《民法典》第 188 条。

④ 《继承法》已废止，本条内容参见《民法典》第 188 条。

⑤ 《物权法》已废止，本条内容参见《民法典》第 303 条。

诉讼,要求对系争房屋进行分割,于法不悖,应予支持。可见,就遗产继承和分配问题提起分家析产诉讼是当事人享有的法定权利。

在法院审理分家析产纠纷中涉及遗产继承问题的案件时,需要依照原《继承法》及其司法解释的相关规定,对各方当事人的权利及其法律行为进行分析,从而认定其就诉争遗产是否享有权利以及分配的具体份额。当然,无论诉争遗产最后以法定继承还是遗嘱继承的方式进行分配,在能够查明被继承人真实意思表示的情况下,法院也会在最大程度上尊重被继承人的真实表示,从而对相应的遗产进行分配。以(2016)沪01民终13770号判决为例,张某2、张某3、张某5与张某6系亲姐弟关系,均居住于北京。父母在1937年建造的祖房位于上海市长宁区,该祖房于1990年落实政策还给张家,三位姐姐即张某2、张某3、张某5便委托弟弟张某6全权处理。1992年7月,土地管理部门(现为自然资源主管部门)就涉讼房屋填发土地使用证,该证记载土地使用者为张某6。2009年,上海市长宁区土地资源储备中心取得拆迁涉讼房屋许可证,当时张某2、张某3、张某5、张某6以及其家人均未居住涉讼房屋,涉讼房屋处无户口。2009年8月,张某6与拆迁办签订拆迁安置协议,分配到三套房屋。后张某6去世,张某6的妻子叶某放弃继承,由儿子继承张某6遗产。张某6的三个姐姐张某1、张某2、张某3向法院提起分家析产之诉,要求分割三套房屋。在法院审理过程中,张某6的儿子向法院提交了1991年张某2、张某3、张某5手写的放弃继承的函件。张某2、张某3、张某5均向法庭陈述当时是为了弟弟张某6办理产证方便,并不代表放弃继承,并向法院提交了张某6在土地使用证复印件中缝所作的注记,其载明:"土地使用者一栏内填写的是张某6,实质产权是张某6、张某2、张某5、张某3四人共有。张某6注记"。法院对土地证复印件上的字迹做了笔迹鉴定,证明是张某6笔迹。土地证系1992年取得,张某2、张某3、张某5等人放弃继承的函件均是在办理土地证之前书写,而张某6已明确该土地证虽然登记在自己名下,实质产权是四人共有,且办理土地证在后,三人关于委托弟弟全权办理并出具相关函件的解释有一定合理性。法院据此认定诉争房屋系张某2、张某3、张某5及张某6共同共有,并基于继承事实的发生对三套房屋在当事人之间予以分割。

鉴于民事案由的选择对案件的裁判结果会有重要影响,律师在诉讼前应当进行个案综合判断,选择最有利于维护当事人利益的诉讼方案。

二、关于动迁利益分配问题在分家析产案件中的裁判要旨

在动迁问题引发的分家析产纠纷中,当事人所诉争的财产标的额往往价值巨

大。基于上海地区独特的区位条件和经济发达程度，动迁利益不可小觑，随之而来的利益分配问题，对家庭成员而言往往是一次重大的考验，不少夫妻、父母子女以及兄弟姐妹为此反目成仇，进而对簿公堂。

我们的样本案例数据显示有 804 个案例的纠纷起因涉及动迁问题，在全部样本案例中占比将近六成。由此可见，在上海市范围内，动迁利益分配是当事人提起析产诉讼的首要原因。公民的合法民事权益受法律保护，在法院审理涉及动迁利益分配的分家析产案件时，往往需要对当事人是否具备享有拆迁利益的资格以及其相应的利益份额作出认定。征收补偿利益的分割应当根据有关法律政策，综合考量系争房屋承租及实际居住状况、户籍迁入的历史缘由、家庭居住保障均衡等各项因素，遵循公平公正、着重保障房屋承租人及实际使用人权益原则进行处理。公有房屋承租人所得的居住房屋征收货币补偿款、产权调换房归公有房屋承租人及其共同居住人共有。

在对上海市 2017 ~ 2019 年审结的分家析产纠纷类案件进行总结梳理时，我们发现，在因动迁问题引发的分家析产纠纷中，诉讼当事人是否享有被征收房屋的“共同居住人”身份是此类案件的常见争议焦点。不少当事人虽然户籍落在了被征收房屋之中，却未曾在该房屋中实际居住和生活，故而此类当事人所主张的“共同居住人”身份便难以被法院所支持。根据国有土地上房屋征收与补偿相关法规规定，共同居住人是指作出房屋征收决定时，在被征收房屋处具有常住户口，并实际居住生活一年以上（特殊情况除外），且在本市无其他住房或者虽有其他住房但居住困难的人。以（2016）沪 0106 民初 12100 号判决为例，静安区人民法院认为：虽然原告胡某、张某户籍在系争房屋内，但其从户籍迁入至今从未在系争房屋内居住，属于在被征收房屋处具有常住户口，未实际居住生活一年以上，且在本市有其他住房、居住亦不困难的状况。原告胡某、张某在系争房屋属空挂户籍，不能认定其为系争房屋的同住人，其不能分得系争房屋的动迁补偿利益。在原告未能证明其具备“共同居住人”身份或是对诉争财产享有权利的情况下，法院驳回了原告诉请，对诉争财产不予分割。

需要注意的是，在认定当事人是否具备“共同居住人”身份时，关于当事人在案涉房屋是否实际居住一年以上的问题，应对特殊情况予以考量，从而综合认定其是否属于共同居住人。例如，在上海市第二中级人民法院审理的（2018）沪 02 民终 45 号案件中，当事人潘某 2、潘某 3 户籍均因外地回沪而迁入案涉房屋，二人虽未实际居住，但系因居住困难与家庭矛盾而未能共同居住，属于特殊情况，二人在本市他处也无其他福利性住房，故属于同住人。

当然,即使原被告双方当事人均具备“共同居住人”身份或是对诉争的动迁利益均享有财产性权利,如何认定各方当事人所享有的具体利益份额也是困扰审判人员的一大难题。在全部有效案例中,法院将拆迁安置协议作为当事人之间的财产分割依据的仅有56个。虽然在房屋拆迁之前,动迁的各方通常会签订相应的拆迁安置协议,但由于拆迁安置协议只会对哪些人享有动拆迁利益进行确认,协议内容往往未能进一步明确相关权利人所享有的具体利益份额或比例,仅仅以拆迁安置协议为诉讼当事人之间的财产分割依据不具备可操作性。为此,法院需要综合考虑各种因素,酌定各方当事人所享有的动迁利益的具体份额,并进行相应的财产分配。例如,在(2018)沪02民终111号判决中,上海市第二中级人民法院认为:该案一审法院依据系争房屋的拆迁安置利益、认定的居住困难人口及实际居住等因素酌情确定各方当事人的份额,并无不当,予以维持。

可见,对于因动拆迁引起的分家析产案件,法院在案件裁判时,除了依据拆迁安置协议来确认共有人外,还必须明确被拆迁房屋的实际权属状况。区别于商品房所有权认定的方式,建于农村集体土地上的私有房屋,应以农村宅基地使用权证所记载的权利人,农村宅基地使用权申请表上所列、具备农村宅基地使用权申请条件的申请人,以及该表所列、同样具备前述条件的成年家庭成员为该类房屋的所有权人。在户内利益的分配中,应本着民事活动公平合理的基本原则,结合拆迁利益的来源、各当事人对被拆迁房屋的贡献、诉争房屋的实际居住使用情况、各当事人的经济能力等,并充分考虑原告的诉请以及被告的分配意见等,在避免绝对地平均分配或显著失衡的不均分的前提下,依法作出分配。

三、申请执行人代位提起析产诉讼的裁判要旨

在上海市各级法院审结的分家析产纠纷类案件中,申请执行人代位提起析产诉讼的情况同样较为突出,仅2019年便有十余个案件。债权人在获得法院胜诉判决后,出于对执行结果的不确定性,为了保障自己债权的实现,会考虑代位提起析产诉讼。此时申请执行人作为原告向法院起诉,代位债务人或被执行人,请求法院对债务人或被执行人与他人共有的财产进行分割,从而确保其对债务人或被执行人所享有的债权得以实现。

申请执行人代位提起析产诉讼的权利受到法律保护。2008年最高人民法院《关于人民法院民事执行中查封、扣押、冻结财产的规定》(已修正)第14条第3款规定,共有人提起析产诉讼或者申请执行人代位提起析产诉讼的,人民法院应当准许。诉讼期间中止对该财产的执行。由此可见,作为申请执行人的债权人有权依法

向法院提起代位析产诉讼。

作为申请执行人的债权人向法院提起代位析产诉讼，并不以债务人是否具备债务清偿能力为起诉的前置条件。例如，在(2019)沪0118民初3766号判决中，上海市青浦区人民法院认为原告胡某某依据相关司法解释，可以向法院提起代位析产诉讼，不以瞿1是否有还款能力为前置条件；被告崔1虽称其有还款能力，但自约定的还款日期2017年7月30日至2019年已近两年其仍分文未付，其所谓的债权目前并无实现的可能，故对瞿1的辩称意见法院不予采信。

需要注意的是，作为申请执行人的债权人向法院提起代位析产诉讼时也并非全无限制。在申请执行人作为原告代位提起析产诉讼的情况下，原告的权利来源于对债务人所享有的债权。然而基于债权提起的代位析产诉讼与基于物权所提起的析产诉讼在性质上具备本质差异，因此，作为申请执行人的债权人提起代位析产诉讼时，不得侵犯第三人的利益。例如，在(2018)沪0107民初22203号判决中，法院查实，该案系争房屋上还存在其他债权人并设有其他司法查封以及不动产抵押等产权限制措施。普陀区人民法院认为：原告并不享有被析财产的物权，故由于其基于债权而发起的代位析产与通常意义上基于物权所发生的分家析产案件性质有差异，为避免此类析产的后果侵害其他利害关系人的合法权益，提起析产的前提条件应受到较为严格的限制。在系争房屋设有其他司法查封以及不动产抵押等产权限制措施的情形下，该房屋不符合权属分割的条件，因此普陀区人民法院对于原告的诉请不予支持。

值得一提的是，除作为申请执行人的债权人可以向法院提起代位析产诉讼之外，对被执行人与其他人共有的财产，共有人可以有重大理由需要分割为由提起析产诉讼，请求法院进行分割。在此情形下，法院会保障共有人的诉权。例如，在(2019)沪0113民初2127号判决中指出，根据相关规定，对被执行人与其他人共有的财产，共有人可提起析产诉讼。法院认为：该案中，黄1等与谢某某共同共有系争房屋，且系争房屋被其他执行案件予以查封，现共有人要求对系争房屋进行析产，法院应予准许。在明晰共有人对共同共有财产的产权份额时，一般以各共有人占有相同的份额为原则，在没有相关证据证明各共有人之间存在可以多分或少分法定情节的情况下，法院认定谢某某、黄1、黄某囡、朱某某对系争房屋各享有1/4的产权份额。根据公证书证明内容，黄某囡死亡后，其所享份额由朱某某一人继承，法院予以确认。对黄1等要求析产的请求，予以支持，原被告对系争房屋享有的份额为：黄1 1/4、谢某某1/4、朱某某1/2。对于黄1等要求分割系争房屋的请求，因系争房屋已被其他法院查封，法院无法支持。由此可见，对被执行人与其他人共有的财产，在共有人依法提起析产诉讼的情况下，法院会依法对当事人的析产诉求进行审理并作出份额认定。但是否能够个案分割，依赖于财产分割行为是否会损害第三人利益。在诉争财产存在司法查封等情形时，法院不会对诉争财产作出直接的分割。

四、分家协议等书面文件作为证据对案件审理结果的影响

在全部1399个有效案例中，诉讼当事人向法院提交分家协议、遗嘱等书面文件作为析产依据的案例有631个，而诉讼当事人未向法院提交析产协议等书面文件的案例有768个。可见，超过半数案例中的诉讼当事人未曾对家庭财产做书面安排。在诉讼当事人向法院提交书面财产安排的631个案例中，诉讼当事人提交书面分家协议或者带有家庭财产分配性质的书面文件（以下简称为分家协议）作为证据的案例有130个。基于对各方当事人真实意思表示的尊重，在当事人所提交的分家协议不存在效力瑕疵的情况下，法院通常会将分家协议作为各方当事人之间的财产分割依据。

例如，在（2016）沪0106民初12516号判决中，关于当事人蔡某甲、蔡某乙、李某东对房屋拆迁获得的补偿利益进行协商后所确定的分配方案，上海市静安区人民法院认为：协议时各方当事人对案涉房屋拆迁所应得的拆迁利益已有充分的了解，分配方案是按照三个家庭、每个家庭为一份来考虑的，其中原告与李某东、李某宇作为一个家庭，原告家庭已取得了应有的一份，且所得份额亦属合理，并未显失公平。之后，各家庭按照确定的分配方案予以履行。故本院认为蔡维甲、蔡维乙、李某东对获得的房屋拆迁补偿利益进行协商后所确定的分配方案，分别代表了三个家庭，现原告要求其他两个家庭共同给付其40万元缺乏事实依据和法律基础，原告应向本家庭中获得拆迁利益的人员提出主张。可见，在当事人之间存在合法有效的分家协议时，法院会对协议予以尊重，并将此作为评判当事人主张是否成立的依据。

需要注意的是，分家协议作为家庭成员之间对家庭财产如何分配的凭证，是当事人意思自治的产物，其效力来源于各方当事人对于其财产所享有的处分权。然而，倘若分家协议的内容处分了第三人的财产份额，那么，将会导致该分家协议在效力上存在瑕疵，甚至无效。例如，在（2018）沪02民终6940号判决中，该案一审法院认为：案涉安置方式系拆除宅基地房屋获得补偿款后相关被安置人以优惠价格购买安置房屋。韩某某系宅基地房屋的权利人之一，对安置房屋当享有所有权，贾某3、陈某某、贾某1、贾某2之间签订的证明没有韩某某的签字，其他当事人未能举

证证实韩某某同意对两套安置房屋按照证明上的约定进行分割,也未能证实韩某某事后同意上述分配方案。房屋作为公民的重大财产,且韩某某未能取得拆迁补偿安置协议中的任何款项,上述贾某3、陈某某、贾某1、贾某2的处置房产的行为侵害了韩某某的合法权益,证明对韩某某不产生拘束力。上海市第二中级人民法院在该案二审时认为:一审法院根据当事人的诉辩意见与在案证据,经审理后对案件事实进行了认定,进而针对韩某某向一审法院提出的诉请作出了判决,该判决并无不当,予以认可。可见,违法处分第三人财产权利的分家协议,对被处分财产权利的第三人是不产生效力的。

此外,一份合法有效的分家协议,必须具备全部家庭成员或者是全部必要当事人的签字或确认,否则其会处于效力待定的尴尬地步,一旦有部分当事人不予追认,该协议将很难被法院支持。例如,在(2019)沪0109民初10747号判决中,该案系争房屋原为施某某、沈某共同所有。施某某、沈某共育有沈某甲等兄妹五人。沈某甲向法院提交一张书写于小纸片上的"决定书",上面记载,全家同意父母决定系争房屋二楼归沈某甲所有,落款时间为1994年8月28日,落款人有沈某甲及其四个兄弟姐妹。在沈某去世后,其产权份额由配偶施某某及五名子女共同继承。虹口区人民法院在审理该案时认为:对于沈某甲所持的"决定书",即使各当事人落款签名真实,但因并无其父沈某和其母施某某的签名认可,故其不具有法律效力。可见,在分家协议中对家庭财产进行分配时,所有对拟分配的财产享有权利的人员均应当进行签字确认,如若缺少必要人员的签字,那么分家协议难以产生相应的法律效力。

除分家协议外,在631个案例中,存在遗嘱的判决有69例。事实上,合法有效的遗嘱无论是在继承案件中,还是在有共有人去世的分家析产案件中都非常重要。而现实是,绝大部分老百姓在生前不会对自己的身后事做好规划,即使在有遗嘱的个案中,也有一半以上的遗嘱因不符合遗嘱的法定形式而被法院认定无效,最终依据法定继承予以分割。

五、分家析产案件中所涉的共同共有与按份共有的裁判要旨

分家析产案件是基于共有关系发生的诉讼。共有关系分为共同共有和按份共有。司法实践对按份共有和共同共有有着截然不同的裁判规则。在全部1399件分家析产样本案例中,法院判决不予分割的案件有173件,事实上在这173件判决不予分割的案件中,约90%的共有关系是因动迁房而产生的。而在这些不予分割的案件中,除了原告本身对该拆迁房屋不享有权属法院判决不予分割之外,亦有三成

案件是因法院认定共有关系未丧失或不存在重大事由而判决不予分割。如在(2017)沪0112民初33936号判决中,法院认为根据原《物权法》的规定,共有人约定不得分割共有的不动产或者动产,以维持共有关系的,应当按照约定,但共有人有重大理由需要分割的,可以请求分割;没有约定或者约定不明确的,按份共有人可以随时请求分割,共同共有人在共有的基础丧失或者有重大理由需要分割时可以请求分割。因分割对其他共有人造成损害的,应当给予赔偿。对于共同共有财产,以不允许分割为原则,允许分割为例外。共同共有人只有在共有的基础丧失或者有重大理由需要分割时可以请求分割。本案中,原告、被告之间系亲属关系,三方作为共同共有人并未就涉案房屋的分割达成过协议,即共同共有人只有在共有的基础丧失或者有重大理由需要分割时才可以主张要求进行分割。

司法实践中,共有的基础丧失是指共同共有关系消灭,如夫妻离婚、遗产分割等,上述案件不符合共有基础丧失的情形。重大理由通常是指不分割共有物会严重损害共有人的利益。如共有出现重大亏损,如果不分割将使共有人蒙受损害,或从管理和利用方面考虑,共有财产如果不分别管理可能会发生重大损害,必须通过分割实行分别管理等。上述案件中,法院认为两原告提供的证据仅能证明双方存在过家庭纠纷,并不能证明有重大理由需要分割共有物,并据此驳回了原告的诉请。在笔者多年前代理的一起父亲起诉长子的分家析产案件中①,一审法院认定按照当地风俗,该房屋系老人赠与长子,后该案经过二审、再审程序,最后再审裁定拆迁房屋系老人和长子一家共同共有,但以共有关系并未丧失为由驳回了原告诉请,未支持老人要求析产的请求。事实上,法院在共同共有的分家析产案件中,对原告方举证责任的要求较重,即其必须证明共有关系丧失或存在重大事由。离婚、继承属于法院普遍认可的共有权丧失的情形,但对于子女不赡养父母等是否属于重大事由,法律并没有明确规定,这取决于裁判法官的自由裁量权。

综上所述,除了共同共有之外,很多当事人会对财产按份共有。在按份共有的析产案件中,原告的举证责任会轻很多。这是因为根据原《物权法》,共有人对共有的不动产或者动产没有约定为按份共有或者共同共有,或者约定不明确的,除共有人具有家庭关系等外,视为按份共有;没有约定或者约定不明确的,按份共有人可以随时请求分割。因此,法院在对于按份共有的财产进行分割时,只要当事人提起诉讼,法院原则上予以支持。在此需要明确的是,共同共有在共有关系丧失时,原则

---

① 父亲与长子一家拆迁安置在一户,共分得四套房屋。因长子对父母不孝,将房屋对外出租赚取租金,老人只能和其他子女一起居住。老人希望通过分家析产要回一套房屋居住。

上是等额分割;按份共有人对共有的不动产或者动产享有的份额,没有约定或者约定不明确的,按照出资额确定。

六、案涉财产涉及第三人利益引起撤销之诉的裁判要旨

案涉财产涉及第三人利益,是司法审判中普遍存在的现象。遗憾的是,此类案件的第三人往往因并不知情而未能实际参与到案件审理中,最终导致其利益受损。在分家析产样本统计中,有一个撤销分家析产民事调解书的案件值得思考。该案是一起房屋出售后,共有人又擅自通过分家析产将房屋所有权转移给其他共有人,导致实际购买人不能取得物权,由购买人提起的撤销之诉。法院审理后认为:对当事人双方的诉讼标的,第三人虽然没有独立请求权,但案件处理结果同他有法律上的利害关系的,其可以申请参加诉讼,或者由人民法院通知他参加诉讼。第三人因不能归责于本人的事由未参加诉讼,但有证据证明发生法律效力的判决、裁定、调解书的部分或者全部内容错误,损害其民事权益的,可以自知道或者应当知道其民事权益受到损害之日起 6 个月内,向作出该判决、裁定、调解书的人民法院提起诉讼。五被告在(2015)闵民一(民)初字第 10013 号分家析产案件中分割的案涉江文路×××室房屋已出售给本案原告,原告对该房屋享有交付请求权,故该分家析产案的处理结果与原告有法律上的利害关系,原告应为该案的第三人。因该案审理过程原告并未参加,也无证据证明原告知悉该案,故未参加该案诉讼不可归责于原告。原告对江文路×××室房屋的交付请求权属于债权请求权,且属普通债权,原则上不适用第三人撤销之诉保护,但法律明确规定给予特别保护的情形除外。本案中,五被告在明知案涉房屋已出售的情况下,仍对该房屋进行分割,且最终将该房屋产权由被告康某 1 让渡给康某 3,对原告实现其房屋交付请求权造成了阻碍。五被告明知房屋出售而故意作出上述处分行为,主观上显有恶意,案涉房屋的分割协议因侵害了原告的利益而归于无效。本院基于该无效协议形成的(2015)闵民一(民)初字第 10013 号民事调解书中涉及江文路×××室房屋的内容确有错误,应予撤销。

该案是因分家析产引起的第三人撤销之诉,所幸的是,原告及时发现权益受损且维权成功。但其诉讼成本及付出的精力却无法弥补。所以,法院在调解案件时应当更加谨慎,避免当事人利用司法调解损害案外人合法权益。

第三部分:被继承人债务清偿纠纷案裁判要旨

一、统计样本

涉及被继承人债务清偿纠纷的裁判案件共 193 件。其中一审判决案件 184 件,内容显示“人民法院认为不宜在互联网公布的其他情形”的案件为 8 件,占比 4.3%;显示判决内容的为 176 件,占比 95.7%。二审判决案件为 9 件,均显示判决内容。显示判决内容的案件合计为 185 件,以下均以该 185 件案件判决内容为统计分析的信息基础。

二、形成债务的基础法律中以民间借贷居多

1. 在原告与涉案被继承人之间产生债权债务的法律关系中,民间借贷占绝大多数。

2. 在“其他类”法律关系产生的债务中,笔者认为需要婚姻家事和财富管理律师关注的是,被继承人去世前,因未履行离婚协议中关于夫妻共同财产分割、经济/精神损害补偿等相关内容,而被法院认定其属于被继承人债务的案件。

例如,在(2018)沪 0115 民初 34917 号判决中,法院查明,“2014 年 4 月 1 日,原告邢某某与被继承人金某某签订离婚协议一份,载明……二、婚后无共同财产,男方补助女方 30 万元,分三年付清……同日,双方在上海市浦东新区民政局办理了离婚登记”。法院认为:“离婚协议并非一般民事合同,其是为解除双方婚姻关系而签订的,是夫妻双方对子女抚养、共同财产分割及债权债务等问题达成共识的意思表示,具有人身和财产的双重属性。鉴于婚姻家庭关系的特殊性,特别是本案存在原告邢某某与金某某育有一女、金某某在办理离婚登记手续时已于婚外育有一子等诸多因素,金某某在离婚协议中单方面为自己设定义务,符合意思自治原则,且其对自己权益之处分,并不违反社会公序良俗,亦不违反法律、行政法规的禁止性规定,应当受到法律的承认和保护,故该 30 万元系金某某自愿对邢某某作出的允诺之债,一旦作出,理应对其有约束力”。据此,法院判定,“二、被告黄某某、郭某某、金某 2、金 3、金 4 于本判决生效之日起十日内在继承被继承人金某某遗产范围内各自支付原告邢某某 5 万元”。

在(2017)沪 0104 民初 27466 号判决中,法院查明,“2015 年 4 月 23 日,谢某某与张某某离婚,双方签署的《自愿离婚协议书》约定张某某于 2016 年 10 月 31 日前

给付谢某某 100 万元。后张某某给付谢某某 60 万元,尚有 40 万元余款未给付。为主张余款 40 万元及相应的逾期利息,谢某某向人民法院提起诉讼。经上海市徐汇区人民法院……及上海市第一中级人民法院……判决确定:1. 张某某给付谢某某 40 万元;2. 张某某以 40 万元为基数,按照中国人民银行同期存款利率给付谢某某自 2016 年 11 月 1 日起至实际履行日的利息”。据此,法院认为:“……民事判决书,已经确定张某某应当给付谢某某 40 万元并以 40 万元为基数……的利息。张某某于 2017 年 6 月 16 日死亡。张 1、赵某某、刘某某、张某 2、张某 3 作为张某某的继承人,应当在继承张某某遗产的范围内清偿相应债务”。

3. 关于产生债务的原因,涉及违法犯罪因素的案件有 4 件,占比 2.2%,分别涉及赌博[(2017)沪 0109 民初 10717 号判决]、故意杀人及导致“凶宅贬值”[(2017)沪 0112 民初 13944 号判决、13945 号判决]和婚外向异性“赠与”[(2017)沪 0113 民初 8052 号判决]。

其中,仅有闵行区人民法院在(2017)沪 0112 民初 13945 号判决中认定,“根据公安部门的相关决定书可以推定,何某某系杀害成某的凶手。对此,何某某应承担相应的刑事责任和民事赔偿责任”。由此,法院判定:“两原告作为成某的父母,有权提出民事赔偿主张。因何某某已死亡,故应由何某某的个人财产对成某死亡造成的损失进行赔偿。三被告作为何某某的子女和父母,应当在继承何某某遗产的范围内承担赔偿责任。”

而在其他 3 件案件中,法院均认定不构成被继承人的债务或判定继承人无须承担被继承人债务的清偿责任。

三、放弃继承的比例较低但裁判准予放弃继承的比例较高

1. 继承人表示放弃继承遗产的案件共 35 件。

2. 在 35 件继承人表示放弃继承的案件中,法院裁判准予的为 27 件,占比 77.1%;裁判不准予的为 8 件,占比 22.9%。

3. 法院裁判不准予放弃继承的情形。

(1)遗产范围不明。

在(2018)沪 0107 民初 15221 号判决中,法院查明,“审理中,被告沈某 1 及沈某 2 分别向本院提供《放弃继承权声明书》,表示自愿放弃对志丹路房屋中属于王某 1 遗产的继承”,但法院认为:“因本案中王某 1 的遗产范围及实际价值不明,各继承人应当清偿的债务数额无法确定。为保障原告的合法权益,应由三被告根据各自继承遗产的比例及实际价值承担清偿责任。”

在(2018)沪0107民初3009号判决中,法院认为:“虽然吕某某在审理中表示放弃遗产继承权,但目前遗产范围尚未确定,继承程序尚未终结,且被告吕某某未就放弃继承权进行公证,其在审理中所作的上述承诺不具备公示效力,故本院确认被告吕某某仍应作为姚某某的遗产继承人在遗产继承范围内,以遗产的实际价值为限清偿被继承人姚某某依法所负担债务的责任。”

(2)遗产尚未分割。

在(2017)沪0106民初4493号判决中,法院认为:“虽然被告陈某某、陆某某向本院表示放弃继承陈某某的遗产,但涉及陈某某与谢某1共有的房屋,在本案审理期间尚未进行遗产的分割处理,未变更产权登记。被告陈某某、陆某某可在上述遗产处理之前,明确表示是否放弃继承。”

(3)继承程序尚未终结。

在(2018)沪0107民初3829号判决中,法院认为:“虽然徐某某在庭审中表示放弃遗产继承权,但目前继承程序尚未终结,且被告未就放弃继承权进行公证,其在庭审中所作的上述承诺不具备公示效力,故本院确认被告仍应作为杨某的遗产继承人在遗产继承范围内,以遗产的实际价值为限清偿被继承人杨某依法所负担债务的责任。”

(4)未通过公证程序放弃继承权。

详见前述(2018)沪0107民初3009号判决、3829号判决。

(5)虽放弃继承但仍应协助还款/清偿。

在(2018)沪0151民初10385号判决中,法院认为:“两被告虽表示放弃继承王某林名下的所有遗产,但仍应履行协助还款义务”。

在(2018)沪0105民初21518号判决中,法院认为:“两被告是朱某某的第一顺位继承人,两人均表示放弃继承被继承人朱某某的遗产”,法院判决“被告岑某某、楼某某于本判决生效之日起三十日内,用朱某某的遗产向原告陈某某偿付借款1,100,000元及逾期利息”。

四、继承人应当在遗产范围内清偿债务

在185起案件中,裁判认定应由继承人在遗产范围内清偿被继承人债务的为149件,占比80.5%;裁判认定继承人无须承担清偿责任的为36件,占比19.5%。

五、遗嘱继承案件区分各类继承人的清偿顺序/比例

在185起案件中,按法定继承处理的案件为183件,占比98.9%;被继承人(债

务人）生前立有遗嘱的为 2 件，占比 1.1%。

《民法典》继承编第 1163 条规定："既有法定继承又有遗嘱继承、遗赠的，由法定继承人清偿被继承人依法应当缴纳的税款和债务；超过法定继承遗产实际价值部分，由遗嘱继承人和受遗赠人按比例以所得遗产清偿。"

在被继承人（债务人）立有遗嘱的 2 件案件中，法院均判决区分法定继承人和遗嘱继承人的清偿顺序/比例。例如，在虹口区人民法院（2018）沪 0109 民初 24466 号判决中，法院查明："根据各位被告的身份及获得遗产的方式，吴某 2、吴某 3、吴某 4 为遗嘱继承人，伍 1 为受遗赠人、金某某为《遗赠扶养协议》中的扶养人"。据此，法院认为："结合本案的情况，……金某某不需就其获得的遗产和其他四位被告共同清偿债务。因此，伍 1、吴某 2、吴某 3、吴某 4 应按其各自取得的美丹路房屋产权比例分别向原告清偿债务，……并各自以此数额为基数，各自支付原告按年利率 3.5% 为基准的债务利息。"在（2017）沪 0106 民初 42762 号判决中，法院认定"本案五被告作为李某某的法定继承人和遗嘱继承人，在（2018）沪 0107 民初 8474 号一案中按李某某的生前遗嘱只有被告李某 3 作为遗嘱继承人继承了遗产，故应由被告李某 3 在继承遗产范围内承担清偿责任"。

六、裁判查明被继承人遗产信息和范围

在 149 起裁判认定由继承人清偿被继承人债务的案件中，未见原告在诉请中主动要求法院查明被继承人（债务人）的具体遗产信息；而法院在审理中查明被继承人遗产范围的案件有 3 件。

其余案件均未查明遗产信息和范围，裁判表述也均为"限期内，被继承人在继承遗产的范围内，清偿被继承人的具体债务数额"及类似格式。笔者理解，如以该判决内容申请强制执行，势必再次遇到如何确认遗产类型、价值、现状、实际管理人等问题，以及面对执行法院对此问题的理解和操作差异。

七、无被继承人使用其他法律工具进行财富传承和债务隔离

全部涉案相关判决均未显示被继承人在生前投保人寿保险，或设立家族信托，或使用其他法律工具。其后果是，依据"继承遗产应当清偿被继承人依法应当缴纳的税款和债务，缴纳税款和清偿债务以他的遗产实际价值为限"之规定，被继承人的债务直接传导至继承人，无法更有效地实现财富传承和债务隔离。

八、以协议离婚的方法规避夫妻共同债务被判定无效

生效判决显示，有被继承人在产生债务后，与其配偶离婚，并在离婚协议中约定由其独揽债务，而将夫妻共同财产归配偶/子女，被裁判认定该离婚协议内容无效。

在（2018）沪0115民初15151号判决中，法院认定："关于被继承人徐某4与被告张1在离婚协议中对财产分割方面所达成协议的效力问题，本院经审查后认为：被继承人徐某4在明知其为案外人某硕公司向原告某龙公司的借款进行担保，且应当知道某硕公司在取得原告某龙公司借款后已经停止营业，无力偿还原告某龙公司借款本息以及被继承人徐某4将要承担担保责任的前提下，与被告张1办理离婚登记手续，将被继承人徐某4应得的夫妻共同财产予以放弃，并将应得的财产份额分别赠给被告张1和徐1，导致被继承人徐某4名下无财产可供承担担保责任所发生的债务清偿……被告张1与被继承人徐某4所实施的上述行为，足以使本院确信被告张1与被继承人徐某4为逃避案外人某硕公司向原告某龙公司借款一事应当承担担保责任所产生的债务清偿，经恶意串通后，在离婚协议中约定，被继承人徐某4放弃其对夫妻共同财产、家庭共有财产中享有的份额，并将其应得的份额分别赠给被告张1、徐1。现原告据此认为被告张1与被继承人徐某4就离婚协议中对财产分割所达成的协议无效之主张，本院予以采纳"。

在（2018）沪0110民初25831号判决中，法院认为："被告曹2辩称，被告吴某某与被告曹某某的离婚协议中明确写明双方无债权债务，故该笔资金不是借款；即使是借款，630,000元中的第三笔230,000元转账时间在被告吴某某与被继承人曹某某离婚之后，应视为被告吴某某的个人债务。本院认为：离婚协议中双方的约定无法对抗第三人，本案证据能够证明双方之间借贷事实的存在，且转账日期与离婚日期仅隔一天，根据本案630,000元的资金走向，原告、被告双方的庭审意见及相关证据，可以认定被告吴某某与被继承人曹某某关于630,000元的借款合意形成于离婚之前，属于夫妻共同债务，故被告曹2的答辩意见，本院不予采信"。

江苏省法院审理继承案件裁判要旨总梳理

本报告作出之基础,是通过 Alpha 案例库搜索互联网公布之判决。根据 2016 年 10 月 1 日施行的最高人民法院《关于人民法院在互联网公布裁判文书的规定》第 4 条:“人民法院作出的裁判文书有下列情形之一的,不在互联网公布……(三)以调解方式结案或者确认人民调解协议效力的,但为保护国家利益、社会公共利益、他人合法权益确有必要公开的除外;(四)离婚诉讼或者涉及未成年子女抚养、监护的;(五)人民法院认为不宜在互联网公布的其他情形。”故不在网上公布之判决不在本次统计分析之列。

时间定义:2017 年 1 月 1 日—2019 年 12 月 31 日。

地域:江苏省。

文书类型:判决书。

案由:继承纠纷。

第一部分:遗嘱继承裁判要旨

一、自书遗嘱

1. 无效原因

在自书遗嘱案件中,目前江苏省法官的审理尺度普遍比较宽松,对于当事人一方拿出的自书遗嘱,在表面形式完备的情况下,另一方只要不能提出相反证据证明遗嘱无效,自书遗嘱通常会被法院认定为有效遗嘱。对方当事人向法庭提出的抗辩理由通常集中在这几点:

(1)遗嘱没有见证人;

(2)遗嘱不是被继承人的真实意思表示;

(3)遗嘱不是由被继承人亲笔书写或签字;

(4)被继承人自书遗嘱时没有完全民事行为能力。

2. 法院裁判要旨

(1)对于抗辩遗嘱没有见证人的直接不予认可。

(2)对于抗辩不是真实意思表示的,一般不予认可,除非当事人能提出证据证明,目前案例中暂未发现此类抗辩成功的。

(3)对于抗辩不是亲笔签字的,法院会向当事人释明是否申请鉴定,如果当事人不申请鉴定，法院一般会认定是亲笔签字。

(4)对于抗辩被继承人立遗嘱时没有完全民事行为能力的，在本次调查中有一例案例，即江苏省南京市秦淮区人民法院(2016)苏0104民初5722号判决。该案中，当事人申请对去世的人进行司法鉴定，南京脑科医院司法鉴定所对被继承人自书遗嘱时是否具有完全民事行为能力进行了鉴定，法院最后参考司法鉴定意见认定遗嘱有效。但是在笔者自己亲身办理的一个案件中，南京脑科医院司法鉴定所拒绝为去世的人进行民事能力鉴定，笔者也向江苏省各司法鉴定所进行询问，他们均认为对去世的人鉴定民事行为能力有难度。因此，关于完全民事能力鉴定事项比较特殊，多个案例中当事人对这项抗辩不为法院认可。

二、代书类遗嘱

1. 无效原因

(1)见证人或代书人是继承人、受遗赠人或者是与继承人、受遗赠人有利害关系的人。

(2)没有见证人或者代书人代书时，见证人不在场，不能证明代书人是按照被继承人真实意思表示记录的。

(3)视频资料仅可反映代书人向遗嘱人宣读部分遗嘱内容，难以认定系遗嘱人的真实意思表示。

(4)见证人没有见证完整的立遗嘱过程，见证人之间的陈述不一，视频资料中亦未见两位见证人见证遗嘱人口述遗嘱。

(5)录像视频资料反映，代书人仅是宣读遗嘱内容，并未进行讲解，考虑到遗嘱人年老体衰，其当下是否明白遗嘱内容不得而知。

(6)代书遗嘱仅有遗嘱人签名，没有代书人及见证人签名。

(7)代书遗嘱的原件遗失，仅有复印件不能证明其真实性。

(8)见证人均已去世，无法出庭作证。

2. 法院裁判要旨

(1)目前江苏省法院对代书遗嘱的认定相对宽松，对代书遗嘱中形式稍有欠缺的地方，只要当事人能提供其他证据证明遗嘱是遗嘱人真实意思表示，法院就对遗嘱予以认可。

(2)对于打印遗嘱，由于其在《民法典》实施前并非法定的遗嘱形式，法院通常按照代书遗嘱的要求对其进行审核，详见“六、打印遗嘱”的效力分析。

三、录音录像遗嘱

1. 根据对江苏省继承类涉房案件的分析，目前法院对录像视频类遗嘱的认定参照录音遗嘱的要求："以录音形式立的遗嘱，应当有两个以上见证人在场见证"。

2. 本次调查发现目前调查样本中录音录像遗嘱的有效率为40%，认定有效率仅高于全部认定无效的口头遗嘱。这主要是因为单独采用录像、录音遗嘱的案例比较少，录像的方式更多作为其他自书、代书遗嘱的辅助证明方式出现。法院审核录音录像视频时要求审核原始载体，而对于原始载体的保管很多人缺乏意识，所以认定的有效率不高。

3. 在本次统计数据中有一起比较特殊的录像遗嘱案例：(2018)苏0106民初5186号判决。该案中被告并未参加庭审，原告起诉要求继承其原日籍配偶的房产，被告系其配偶在日本的儿子。法院的判决书没有体现调查过程直接认定了录像遗嘱的真实性，判决本案涉及房产由原告继承。

四、口头遗嘱

1. 从目前已有案例中可以看出，现在遗嘱人的法律意识加强，准备传承房产时大多能考虑使用自书、代书、公证遗嘱等方式，采用口头遗嘱方式的遗嘱人较少。

2. 普通人对口头遗嘱生效的法定要件理解不足，经常出现以下情形：(1)遗嘱人非在危急情况下所口述；(2)没有具备符合法律要求的见证人；(3)危机状况解除后，能够以书面或录音形式办理遗嘱事项而没有办理。

3. 法院对口头遗嘱的效力认定的审查更严格、更谨慎。

五、公证遗嘱

1. 从目前数据看，公证遗嘱在整个案例调查中是有效率最高的一种立遗嘱方式，这跟公证处有专业的公证人员和《公证程序规则》等相关法规规定明确有关。几个被认定为无效的公证遗嘱也是因为遗嘱涉及的标的房屋拆迁灭失。

2. 虽然公证遗嘱有效率最高，但是其仍旧不是遗嘱人首先考虑采取的方式，笔者认为这是因为以下几点：

(1)公证遗嘱缺乏灵活性。根据原《继承法》相关规定，"自书、代书、录音、口头遗嘱，不得撤销、变更公证遗嘱"(《民法典》已经取消了公证遗嘱的优先效力)。因此在《民法典》实施之前，公证遗嘱的变更必须到公证处办理撤销变更的手续，相关费用并不高，但是手续相对复杂。

(2)办理公证遗嘱的公证人员应该对遗嘱进行实质性审查,这导致部分房产不好办理公证遗嘱。比如,一些具有拆迁利益、未办到产权证的安置房、小产权房等。

(3)遗嘱人的实际情况造成公证遗嘱办理难。中国人的传统习惯使人们对身后事的安排有忌讳,不到危重时刻不愿意处理这些问题,因此经常到了遗嘱人年老体弱疾病困扰时才紧急办理公证遗嘱,由于遗嘱人身体状况不能到公证处办理,预约公证员上门办理的较多,公证处安排比较困难,公证人员对遗嘱人的精神状态把控也比较难,公证处不愿意上门办证。

(4)在本次调研中有一起关于公证遗嘱的有效性认定案件值得关注:南京市中级人民法院(2018)苏01民终10566号判决书对南京市玄武区人民法院(2017)苏0102民初3255号判决书的改判。玄武法院的这个判决是这次省内调研中唯一一个因公证程序存在诸多瑕疵认定公证遗嘱无效的判决。虽然后来南京市中院以遗嘱不存在无效情形为由判定公证遗嘱被撤销导致法定继承违背了遗嘱人真实意愿,但是根据两份判决书的释理部分以及笔者在公证处处理遗嘱公证的工作经验,笔者认为原公证存在诸多瑕疵的遗嘱应该被认定为无效。在这例公证遗嘱案件中,公证处连利害关系人回避这一关键性因素都没有做到,公证人员在办理过程中多次违反《公证程序规则》,这样的公证被认定为有效多少违反了程序公正性。建议准备办理公证遗嘱的当事人与公证人员多加沟通确认办理公证的人员具有公证员资格,严格按照公证程序规定办理,以免将来自己传承财富的目的因为程序瑕疵而不能实现。

(5)公证遗嘱最大的优势在于公证遗嘱的档案管理,目前其他类型的遗嘱经常出现原件丢失、见证人失踪过世等情形导致最后遗嘱被认定无效。但是公证遗嘱有专门的档案管理,详细的谈话笔录、录像以及遗嘱人十指指模均有留存,这样即使历时多年,仍旧能够对遗嘱人身前订立遗嘱时的状况加以重现。因此公证遗嘱仍旧是目前遗嘱人立遗嘱时考虑的重要方式。

六、打印遗嘱

《民法典》实施之前,江苏省法院一般将“打印遗嘱”归为代书遗嘱。

打印遗嘱到底有效吗?

【典型案例】(2018)苏06民终1791号

法院认为:遗嘱行为属于要式法律行为,我国原《继承法》规定遗嘱具有公证遗嘱、自书遗嘱、代书遗嘱、录音遗嘱、口头遗嘱五种形式。案涉打印遗嘱非遗嘱人亲笔书写或者亲自打印,故不属于自书遗嘱;从其形式上看,该遗嘱也显然不属于公证遗嘱、录音遗嘱、口头遗嘱。严格而言,原《继承法》第17条第3款"代书"之文义应当为"代为书写",并不包括"代为打印"之意思,但考虑到打印机作为社会经济、科技发展后普及的替代书写工具,打印也是现代社会形成书面文件的普遍方式,"代为打印"并未超出根据"代书"原有文义可以预测的可能性范围。如严格遵循代书遗嘱法定的形式要件,"代为打印"同"代为书写"一样均可以保障遗嘱的真实性,故本院认为:在遗嘱自由的原则下可对"代书"作扩张解释,将代为打印的遗嘱归类于代书遗嘱。

《民法典》规定,代书遗嘱应当有两个以上见证人在场见证,由其中一人代书,注明年、月、日,并由代书人、其他见证人和遗嘱人签名。认定见证人代书行为成立与否,主要审核两个要素:(1)代书人作为见证人之一必须在立遗嘱现场见证。代书人首先是见证人,故其必须在遗嘱人立遗嘱过程中全程见证遗嘱人意思形成的过程。(2)代书人遵从遗嘱人意思将其遗嘱内容转化为书面形式,转化方式包括代书人亲自书写、代书人自己打印、代书人起草后交由他人打印等。不论通过何种形式"代书",均必须遵从被继承人的意愿。符合上述两点要素,并满足遗嘱人、见证人签名等法定要件,即可成立代书遗嘱。

不过,鉴于审判实践中对打印遗嘱的效力存在很大争议,建议对打印遗嘱慎用,尽量采用自书遗嘱或代书遗嘱的方式,对自己的财产作出符合法律规定的处分。

第二部分:房产分割继承裁判要旨

一、统计样本

继承案件纠纷中涉及房产分割类别裁判文书。

范围:江苏省。

时间:2017年1月1日—2019年12月31日。

案例来源:Alpha案例库。

检索条件:在"案由"中搜索关键词"继承案件",文书类型为"判决书",全文"房产"。

判决书数量:2256份。

数据采集时间:2020年2月7日。

在本次纳入统计的江苏省内涉及房产分割的2265份判决中,最后被确认跟本次调查研究有关的案件共1350例。其中被继承人生前设定遗嘱的案件有594例,占总数的44%。

二、房产类型

本次调研中关于江苏省内继承案件中涉及房产类型分割的问题主要集中在两类房产类型:房改房和拆迁安置房。

1. *房改房*

(1)房改房是我国20世纪90年代住房改革政策下的产物,是指城镇职工根据国家和县级以上地方人民政府有关城镇住房制度改革政策规定,按照成本价或者标准价购买的已建公有住房。因此在房改房继承问题上往往会遇到析产分割的相关问题。房改房是一种福利性质的房产,而每个人一生只能享受一次房改福利。在房产改革之前,很多职工享受的分房福利是根据家庭人口来分配的,而房改时房屋只登记在一人名下。因此在最后房改房继承时,法院通常会根据当事人提供的证据情况核实房屋分配情况、同住人享受政策情况进行析产后再分配继承。

(2)笔者在本次调研中还发现一种情况,即被继承人购买房改房时用过世的配偶的工龄和职称待遇购买,因此虽然房产证上产权人是被继承人,但是法院根据当时购买福利政策的享受状况会认定该房产为夫妻共同财产。这种财产认定对遗嘱继承有特别意义,因为在房产被认定为夫妻共同财产时,被继承人的遗嘱就会因为处置他人财产而部分无效。

2. *拆迁安置房*

近几年,由于江苏省内城市扩张建设,涌现了很多拆迁安置房继承的问题,这类房产有其自身的特色。

(1)宅基地自建房的拆迁安置,经常出现被拆迁安置的房产在被继承人一人名下,但是有继承人主张房产实际为家庭共有财产,其作为子女在建房时做过经济上的贡献的情形。

实践中,法院存在以下观点:

①法院认为:父母牵头举债子女实施建房及偿还债务,子女在建房中均有贡献并不代表其能成为翻建房屋共有人,子女的建房和偿还行为只能视为亲情的帮衬行为;即便父母没有出资,在子女拆旧翻新父母原有住宅后,新房屋必然包含父母适当份额,如(2019)苏12民终2518号判决。

②因当事人一方系该户常住登记户籍人口,依法享有该集体经济组织内部成员原有的承包地、自留地等相关权益,且其母子长期在此居住生活,系社区常住居民,即便原告享有本案讼争财产的继承权,并不能据此剥夺被告三人的使用权等相

关权益,如(2018)苏1203民初573号判决。

③农村一户只能拥有一块宅基地,根据房随地走的原则,对被继承人生前宅基地房屋翻新扩建确有贡献的人,据此主张享有宅基地上房屋的共有权或增加相应继承份额的,人民法院不予支持,如(2018)苏1283民初10834号判决。

④自建房所有权因倒塌或拆除而消灭,故不存在继承权,如(2017)苏1203民初772号判决。

(2)城镇房屋拆迁安置。这类房产与房改房观点类似,目前调研中遇到的纠纷的也大多数是房改房拆迁安置后继承的纠纷,详见房改房。

三、法定继承中影响继承份额的因素以及法官观点

在本次调研中,没有遗嘱以及遗赠扶养协议的案件共有756例,加上遗嘱无效后法定继承的121例案件,共有877例案件按照法定继承案件处理,其中极少部分有按照生前签订的协议以及扶养约定来解决,绝大多数是按照法定继承的原则来分割财产。《民法典》规定"同一顺序继承人继承遗产的份额,一般应当均等",目前法院对法定继承案件会根据以下情况行使自由裁量权:

1. 可以多分份额的情形

(1)长期与被继承人共同生活,所尽赡养义务较多的继承人。

(2)对房屋尽到了长期维护义务,对被继承财产贡献比较大的继承人。

(3)承担被继承人生前医疗费的继承人。

(4)料理被继承人后事的继承人。

(5)老弱病残、生活困难的被继承人。

(6)出资购买或装修被继承房产的继承人。

2. 可以少分份额的情形

(1)继承人对被继承人不尽孝、不尽扶养义务的。

(2)继承人下落不明,对被继承人未尽照顾、扶助的义务,应适当少分。

(3)严重侵害其他继承人利益的。

(4)侵害被继承人权益的。

3. 法院自由裁量的尺度

对调查的有效案例进行分析可见,这三年来江苏省法院对于法定继承确认份额的案件根据继承人各自举证的情况,对份额的判决尺度比较大。在我们分析的案例中,两个继承人之间法院根据主要尽赡养义务的情况对遗产进行分割,分割比例达到2:8,即尽主要赡养义务的一方能分割到80%的财产份额,不尽义务的一方

仅仅分到20%。这种根据尽赡养义务的多少分割房产份额的做法非常普遍，成为继承类案件法定继承确定分割份额的重要尺度。

第三部分：股权继承裁判要旨

一、统计样本

1. 关键词：江苏省案例为，江苏省、2013/2014/2015/2016/2017/2018/2019，判决、继承纠纷，一审、二审，股权；全国案例为，股权继承、2013/2014/2015/2016/2017/2018/2019。

2. 因股权继承纠纷案例较少，江苏省案例检索平台采用Alpha，有效案例95件；全国案例检索采用无讼平台，有效案例369件。

3. 由于案件生效、上传存在动态，且部分纠纷以调解、撤诉结案，或者案件涉及当事人隐私，未能公开发布，本部分案例数量仅供参考。

4. "股权"在本部分中特指有限公司股东对公司享有的人身和财产权益等综合性权利；如无特别指明，本部分所指"股东"为有限公司的自然人股东。

5. 团队税务律师朱强对本部分进行校对，并执笔税收筹划部分专业意见，陈茜律师对案例整理提供协助。

二、股权继承纠纷细分案由

江苏省股权继承纠纷细分案由如图1所示。

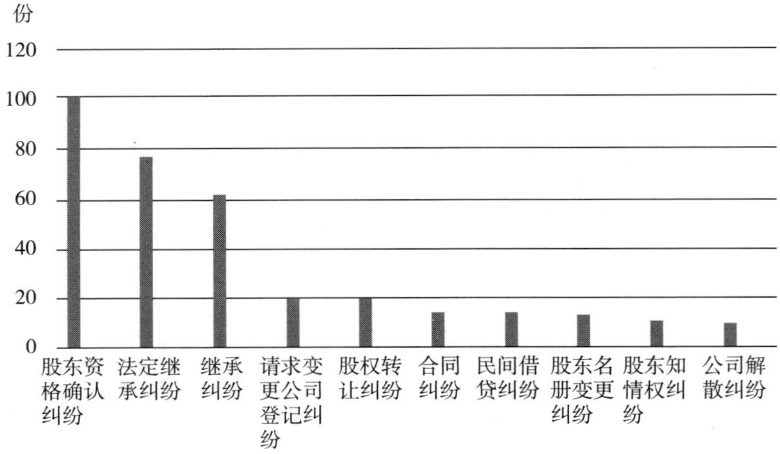

图1　股权继承纠纷细分案由

三、股权继承订立遗嘱的情况、类型分布和有效比例

通过对三幅比例图的分析，可以看出此类纠纷中，大部分案件都没有订立遗嘱（见图2），在立有遗嘱的案件中，代书遗嘱竟然占到59%（见图3），且有效性高达83%（见图4）。

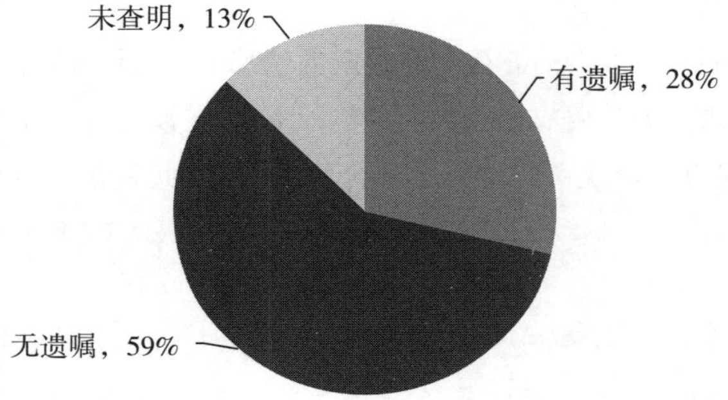

图2　遗嘱比例

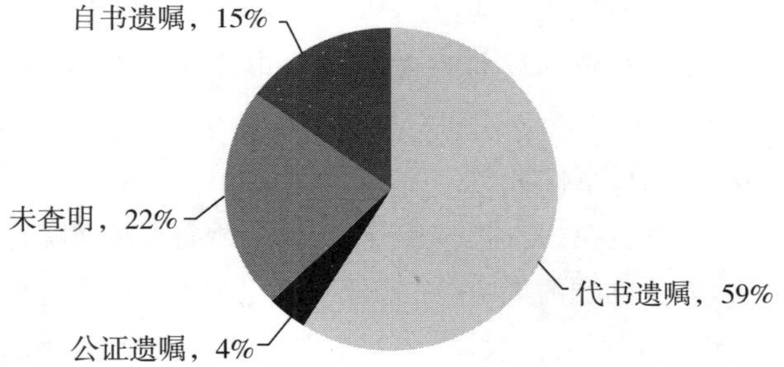

图3　遗嘱类型

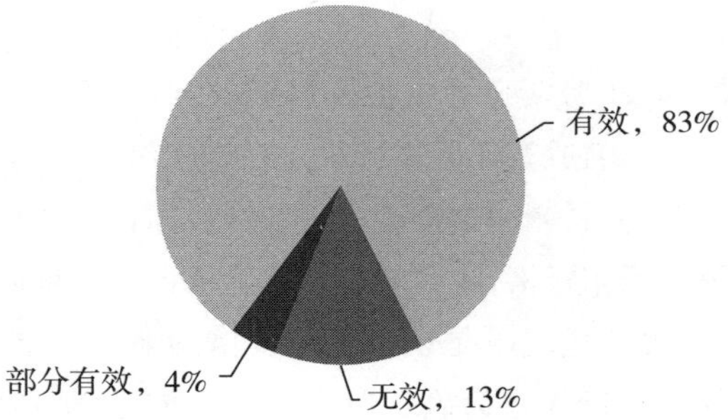

图4　代书遗嘱有效比例

四、典型案例[①]

1. 被继承人去世后，在公司章程对此未有任何约定的情形下，继承人能否继承股东资格？

此类案件在统计的数据中占比最大，法院基本引用《公司法》第 75 条，判决法定继承人有权继承股东资格。

为什么在《公司法》第 75 条有明确规定的情形下，公司仍然会拒绝承认继承人股东资格呢？笔者认为主要有两个原因：第一，公司在设立之初对章程重要性认识不足，直到出现纠纷才发现章程内容不适合公司管理，此种情形在中小民营企业中非常普遍；第二，如果让继承人直接继承股东资格，将极大破坏公司股东之间信任关系。

继承人强行介入容易导致公司治理出现僵局，如无法召开股东会，无法形成股东决议。如果是年幼的孩子和耄耋老人继承了股东资格，容易导致老人和孩子背后的人实际参与到公司治理中，给公司带来更大的混乱，甚至导致公司解散，如(2013)大民初字第 5475 号判决、(2014)中区法民初字第 04646 号判决。

2. 被继承人生前代持他人股权或者其股权由他人代持，继承人能否要求继承股东资格？

据统计，该问题有六种案件类型：

第一种，民事行为发生在《公司法》实施前，根据最高人民法院《关于适用〈中华人民共和国公司法〉若干问题的规定(一)》第 2 条，因《公司法》实施前有关民事行为或者事件发生纠纷起诉到人民法院，如当时的法律法规和司法解释没有明确规定时，可参照适用《公司法》的有关规定。故参照《公司法》第 75 条，有限公司的自然人股东死亡后，其合法继承人可以继承股东资格，如(2013)甬宁商初字第 2194 号判决。

第二种，公司设立时注册资金系由他人垫资，注册登记后垫资款全部转走，这些资金俗称过桥资金。显名股东作为被继承人在未实缴资金时与隐名股东签订股权转让协议，隐名股东向公司缴纳出资款后，未办理工商变更登记。显名股东死亡，其法定继承人要求继承股东资格，隐名股东要求确认自己股东资格。

法院认为：登记机关的登记不是认定股东资格的最终或唯一依据。应将当事人的意思表示和实际履约行为作为确认股东资格的依据，坚持实质要件优于形式

---

① 为更好理解相关裁判要旨，本部分案例不限于江苏省。

要件。当事人之间对股权归属发生争议,一方请求人民法院确认其享有股权的,应当证明以下事实之一:(1)当事人已经依法向公司出资或者认缴出资,且不违反法律法规强制性规定。(2)公司设立之时,工商登记未记载隐名股东身份,但隐名股东通过转账的方式向公司出资,且在公司设立和建设过程中,付诸精力和行动对公司进行实际管理。对该事实公司及公司股东均认可的,应确认隐名股东享有公司的股权,如(2016)新40民终820号判决。

第三种,被继承人丙生前与甲乙两位股东签订《投资协议书》约定成立自然人独资有限公司,工商登记独资公司投资人为丙。丙去世后其法定继承人继承股权,拒绝甲乙参与公司经营,甲能否要求确认其股东身份并办理工商登记?

法院认为:甲依据《投资协议书》,出资事实,并根据股权比例参与公司利润分配,担任公司监事,承担了股东的义务,享受股东权利,其股东资格无法否认。

在非登记为一人有限公司的情形下,隐名股东想要显名成为股东名册登记股东、实际出资人请求公司确认其股东身份,向其签发出资证明书,记载于股东名册、记载于公司章程并办理公司登记的,应征得公司其他股东半数以上同意,如(2016)苏09民终3213号判决。

法理依据:《全国法院民商事审判工作会议纪要》第28条:"【实际出资人显名的条件】实际出资人能够提供证据证明有限责任公司过半数的其他股东知道其实际出资的事实,且对其实际行使股东权利未曾提出异议的,对实际出资人提出的登记为公司股东的请求,人民法院依法予以支持。公司以实际出资人的请求不符合公司法司法解释(三)第24条的规定为由抗辩的,人民法院不予支持。"

第四种,国有企业产权的100%作价转让给本企业职工,由部分员工代持股,共同组建有限公司。《改组实施方案》约定员工死亡后,由公司回购员工持股,股款交还其合法继承人。现员工去世,其法定继承人诉求将被继承人名下股权变更登记在继承人名下,并出具出资证明书。

法院认为:被告公司是在特定历史条件下改制而来的有限责任公司,其股东的构成有其特殊性和限制性,即全部为原企业的职工,故经原企业全体职工表决认可的《改组实施方案》,也为全体股东意志的体现,其内容对公司的全体股东均具有约束力。股东死后,公司有回购权,因此,原告作为继承人无权继承该股权,仅有权继承该股权回购的股款,如(2016)粤01民终1494号判决。

第五种,挂名股东去世后,其名下股份属于谁?

案情:被继承人陈某生前持有公司股份,陈某去世后,其他股东认为陈某未实际出资,只是挂名股东,现陈某继承人要求继承公司股东资格。

法院认为:工商登记章程中已明确陈某为股东,并已验资,本案除了言词证据,没有其他证据证明陈某出资是他人实际投入,也无挂名协议,也不能说清楚何人以何种方式取得陈某身份材料办理工商登记,不足以证明陈某是冒名股东,档案、书证证明力大于言辞证据,如(2014)清中法民三终字第540号判决。故挂名股东名下的股权,到底是否属于遗产,必须要先确认挂名股东与实际股东之间有无代持关系。如果无法证明挂名股东与实际股东之间的代挂关系,则挂名股东名下的股权无法被继承。

第六种,工会委员会代表员工出资持股,员工去世后,其法定继承人能否要求继承股权并办理工商登记?

法院认为:工会委员会对外代表企业职工持股,被继承人以间接方式持有股份,隐名股东依据公司章程与持股工会再次形成的代理关系,不影响其权利,要求办理显名股东登记没有依据,如(2013)江中法民二终字第239号判决。

3. 被继承人因意外事故死亡,继承人能否直接要求担任公司法定代表人?

法院认为:继承人在放弃对股东身份进行依法确认的情况下提起行政诉讼,主张公司登记部门将继承人登记为公司法定代表人,理由不足,本院不予支持,如(2013)川行初字第25号判决。

4. 被继承人生前持有股金证和分红返利记录,能否证明其股东身份?

法院认为:虽然被继承人王某生前向被告付款属实,但目前证据并不足以证明王某为被告的实际出资人,理由有四:首先,成为公司股东应当具有认缴出资、享有股权的真实意思表示,并且与其他出资人达成共同出资设立公司的合意,但涉案股金证并不能产生前述法律效果;其次,工商登记显示被告公司设立时公司股东均及时全额履行了总计50万元的出资义务,目前被告公司注册资本仍为50万元,尚无证据证明前述50万元中有王某的出资;再次,王某虽定期从被告处获取名为"红利"的钱款,但尚无证据证明王某在被告公司实际行使过股东权利,如参加股东会、行使表决权,而从相对固定的"红利"金额来看其也不符合股份红利的特征;最后,从确认书的内容来看,王某确认其始终不参与被告公司的经营、决策,不享有股东权利,对被告公司净资产不享有任何权利。故并不能根据被继承人生前持有的公司股金证和分红记录认定其具有股东身份,如(2013)宝民二(商)初字第615号判决。

5. 被继承人去世后,发现非婚生子,如何进行股权继承?

围绕股权继承,实践中有以下三种典型案例:

第一种,股东去世后,其妻子(香港特别行政区居民)在香港律师行签署《继承遗产声明书》,排斥该股东在内地非婚生子的继承权,是否可行?

被继承人在内地公司中持有股份，该被继承人（股东）病故后，妻子不承认被继承人内地非婚生子的继承人身份，在香港律师行签署《继承遗产声明书》，内容为被继承人没有婚生子、非婚生子、其他继承人，要求由被继承人妻子全部继承被继承人股权。

法院认为：《继承遗产声明书》仅是被继承人妻子的个人意思表示，不能证明其唯一继承人身份。如果没有证据证明另一继承人身份，妻子可以继承财产；如果另有继承人出现，可另诉，如（2013）深中法商提字第5号判决。

第二种，继承人在办理股权继承公证，并办理工商登记后，发现被继承人生前还有非婚生子，怎么办？

法院认为：若除原继承人之外，还存在两个被继承人的非婚生子女，关于原继承人股权继承的公证书已被依法撤销，原继承人相应获得的股东身份就会因丧失了事实和法律基础不能成立。在此情况下，原继承人以不成立的股东身份召开的临时股东会所作出的股东会决议应为无效，根据该股东会决议进行修改的公司章程以及据此作出的《执行董事、法定代表人、监事任免书》《总经理任免书》均应归于无效，公司据此应向公司登记机关申请恢复公司变更前的商事登记注册信息，如（2014）深中法商终字第1833号判决。

第三种，继承人通过民事调解书取得被继承人公司股份后，发现被继承人生前还有非婚生子，怎么办？

案情：被继承人生前持有某公司股份，去世后，法定继承人李某、苏某2013年通过民事调解书取得公司股份，2015年蔡某申请鉴定其与苏某是否为同父异母亲缘关系，结论倾向是二者为同父异母半同胞姊妹关系。

法院认为：蔡某系被继承人非婚生子，享有遗产继承权，在其未参加诉讼的情况下，对2013年李某与苏某达成的民事调解书应予撤销，如（2015）二中少民终字第04635号判决。

6. 公证遗嘱被撤销后，遗产是否按照法定继承办理？

案情：被继承人生前在医院设立公证遗嘱，因该遗嘱办理公证时现场没有同时录音录像，后公证书被公证处以缺乏形式要件为由撤销，当事人主张按照法定继承处理遗产。

法院认为：公证行为的效力与遗嘱效力并无关联，公证被撤销后，遗嘱视为未予公证，其效力仍需根据继承法相关规定来确定。

遗嘱人生前立下遗嘱并申请公证机关办理了公证，虽然公证机关以其公证行为缺乏必要形式要件为由对公证书予以撤销，但遗嘱人本人确认遗嘱内容无误之后亲笔签名并捺印的事实可以得到证实，遗嘱内容系遗嘱人真实意思表示无疑。遗嘱人虽然在立遗嘱当日的治疗过程中注射了盐酸吗啡注射液，但注射量并不足以导致意识障碍，且医院医嘱记载及医护人员均能证实其在立遗嘱当日意识清醒，可以确认遗嘱人设立遗嘱时具备完全民事行为能力，遗嘱有效，应按照遗嘱继承处理，如（2014）鄂秭归民初字第00414号判决、（2015）鄂宜昌中少民终字第00026号判决。

7. 股权继承人能否以不知股权价值为由，申请撤销与其他人签订的股权转让协议？

案情：公司股东王某去世后，其继承人王甲与其他继承人王乙、王丙达成无偿股权转让协议，条件是公司对外债务由受让方承担。后王甲以学历低、未参与公司经营、不知股权价值、重大误解为由要求撤销无偿股权转让协议。

法院认为：股权转让人王甲不了解转让股权价值，对关于公司所负债务应承担的民事责任的法律规定是不了解或不甚了解的。在王某去世后，无证据证实王乙、王丙明确告知了原告王甲公司股东应承担的责任与公司应承担的责任的区别，其亦认可因公司具备相应的建筑施工资质，公司股权存在较大的经济价值，原告王甲的行为存在重大误解，现原告要求撤销双方签订的股权转让协议，本院予以支持，如（2014）莱州商初字第257号判决。

8. 股权配置比例不科学，继承人继承股权后，公司治理僵局如何破除？

法院认为：公司自被继承人去世后已两年无法召开股东会，无法产生新的法定代表人，无法形成有效决议，无执行董事，财务管理不清。继承人虽继承股权，却一直未履行相关法定程序成为公司股东，继承人作为员工掌握印章、营业执照，开展重大经营管理活动，没有法律依据，其与其他两位股东在公司治理、管理方面形成重大分歧，相互之间失去应有信任，公司丧失人合性基础。通过法院调解，未能达成股权收购不予解散目的，未能解决公司僵局问题，判决公司解散。

笔者认为，股权结构的重要性在于其对表决权的分配、公司治理结构的搭建、公司控制权的归属有决定性影响。我们发现，不少涉诉公司尤其是家族式、中小型的有限责任公司存在股权结构不合理的问题。由于投资者彼此之间多为熟人，往往对股权结构背后所隐含的风险考虑不周，或误认为可以避免。有些投资者碍于情面，为创造大家平起平坐的氛围，简单选择相同持股比例。殊不知，这在股东人数较少的情况下往往会埋下隐患。例如，两股东各占50%股份，拥有对等表决权，而公司章程规定“股东会的决议须经代表1/2以上表决权的股东通过”，即只有在两人意见一致的情况下才能作出有效的股东会决议，这样的持股比例与议事规则无异于赋予股东一票否决权，严重影响公司的运作。实践中，矛盾产生后公司出现表决僵局,且难以打破,最终走向解散,如(2015)陕民二终字第00081号判决、(2013)丽莲南商初字第288号判决。

9. 依据口头遗嘱继承股权类型有哪些?

第一种,听说形式确立的口头遗嘱是否可以被认定?

法院认为:虽然第三人确认曾听遗嘱人说过去世后要将其名下的股权给予原告,但并无证据证明遗嘱人是在危急情况下立下前述口头遗嘱的,而且遗嘱人事后也并未以书面或录音形式立下前述遗嘱内容,故原告主张有前述口头遗嘱并据此要求继承案涉股权的全部份额,依据不足,本案应依法适用法定继承规则处理,如(2016)粤1971民初24696号判决。

第二种,口头遗嘱执行人的权利界限怎样划定?

案情:被继承人刘某生前与其父刘某某成立A公司,刘某与李某成立B公司,刘某去世前其父已去世,其未婚无子女,其母亲王某(原告)为唯一法定继承人。刘某去世后,A公司由李某控制,李某作为口头遗嘱执行人与刘某外甥、侄子签订协议,按刘某口头遗嘱内容将其名下财产遗赠给刘某外甥、侄子和母亲,后李某持刘某身份证将刘某账户中的款项转至A公司,并按刘某遗嘱意思将款项分配给刘某母亲、侄子和外甥,王某认为,李某和银行的行为侵犯其继承权,要求返还财产。

法院认为:李某与刘某家人签订的协议表明,李某系刘某的遗嘱执行人,有权清理刘某账户并提取款项用以分配,如(2015)沪一中民六(商)终字第163号判决。

10. 继承人涉嫌刑事犯罪,能否享有股东资格继承权?

案情:被继承人生前持有公司股份,中毒死亡后,其妻子作为继承人继承股权。与此同时,该继承人因挪用公司资产涉嫌犯罪被拘留,公司其他股东认为其丧失股东身份,拒绝配合办理工商变更登记。

法院认为:从被告提交的证据看,继承人涉嫌的犯罪为职务侵占,与本案审理的股东资格确认纠纷并非同一法律关系,且与本案也没有牵连关系,同一公民、法人或者其他组织因不同的法律事实,分别涉及经济纠纷和经济犯罪嫌疑的,经济纠纷案件和经济犯罪嫌疑案件应当分开审理,如(2015)安民初字第865号判决。

11. 股东去世后遗留的境内外财产,法院如何处理?

案情:被继承人因突发疾病,病逝于美国,生前境内外财产有存款、债权、房产、股权,父母、配偶和子女为法定继承人。被继承人去世后,其配偶和子女伪造其签名办理股权转让并进行工商登记。

法院认为:人民法院对故意隐匿、侵吞或争抢遗产的继承人,可以酌情减少其应继承的遗产,关于伪造签名办理股权转让,因利害关系人向工商提出异议,本案不处理。境外财产的处理应当按照遗产所在地适用的继承法律予以继承，本案不受理，如(2013)天民初字第550号判决、(2015)长中民一终字第02128号判决、(2014)清中法民三终字第540号判决。

12. 被继承人生前持有的集体组织量化股，能否通过遗嘱方式由其继承人继承？

法院认为：涉案股份为集体经济组织的量化股，不属于可以自由流转的财产。被继承人生前作为经合社的社员，依据其社员身份取得股权。本案原告并非经合社的成员，被继承人无权将该股权通过订立遗嘱的方式处分给继承人，即原告无法通过继承取得该股权，如(2016)浙01民终2171号判决。

13. 继承纠纷审理中，继承人未到齐，如何处理？

法院认为：根据相关法律规定，在继承遗产的诉讼中，部分继承人作为共同原告起诉的，人民法院应当通知其他继承人作为共同原告参加诉讼；被通知的继承人不愿意参加诉讼又未明确表示放弃实体权利的，人民法院仍应将其列为共同原告，如(2017)沪02民终4055号判决。

14. 继承人与债权人达成分期偿还债务协议后，放弃继承权是否有效？

法院认为：债务人没有证据证明继承人放弃继承权以及无偿转让财产后仍具备足够的履行能力履行生效判决确定的还款义务，无论继承人的主观想法是刻意规避债务或是单纯使子女利益最大化，在其债务尚未清偿完毕之前，其放弃继承房产及赠与房产份额的行为都客观上侵犯了债权人利益，继承人放弃继承权的行为无效，判决撤销赠与行为，如(2018)闽02民终1448号判决。

15. 代书遗嘱效力认定标准是什么？

案情：父母先后死亡，其生前育有4子女，萧1、萧2定居香港，萧3及萧4在身边照顾。父母生前持有股份合作公司股份，死亡后股份分红由萧3和萧4代领。母亲死亡前立有遗嘱，要求股份由萧4继承，其余按照国家规定办理，居委会盖章见证确认。公司章程规定，股份可以继承，但须经董事会审查同意，涉案遗嘱已经股份公司董事会审议通过。

法院认为：代书遗嘱应当有两个以上见证人在场见证，由其中一人代书，注明年、月、日，并由代书人、其他见证人和遗嘱人签名。居委会和股份公司盖章不属于见证人，遗嘱仅有股份公司董事长1人签字见证，不符合代书遗嘱应当有两个以上见证人的规定，另遗嘱系打印，非见证人书写，遗嘱主文在第一页，盖章签字在第二页，无法确保遗嘱内容与见证内容的一致。对涉案遗嘱效力不予认定，如(2018)粤

03 民终 20876 号判决。

16. 香港特别行政区居民生前在香港所立有关内地公司股权遗嘱信托的效力如何认定?

案情:香港特别行政区居民瓮某于 1998 年 4 月 20 日在广东省佛山市顺德区设立有利公司(以下简称有利公司),由翁某及其儿子翁 4 分别持股 80% 和 20%。有利公司的章程未对股东股权继承做任何规定。2004 年 5 月 2 日,翁某在香港去世。2012 年 5 月 3 日,因逾期未年检,有利公司被广东省佛山市顺德区市场安全监管局吊销了营业执照。翁某直到诉讼时被登记为有利公司的法定代表人。其曾于 2001 年 11 月 6 日立下遗嘱,遗嘱注明:委任翁 1、杨翁 2、翁 3、蔡某为遗嘱执行人及信托受托人,由四名信托受托人共同管理其遗产;信托受托人有权依信托将其遗产出售变为现款,只要信托受托人使用绝对酌情权认为恰当,可拥有充分的权利延期出售上述财产,并无须承担损失;信托受托人从其现金及上述出售所得的现款中支出预留款项用于缴付相关债务和费用以及应由其缴纳的遗产税后,由信托受托人将持有的余款和尚未出售的财产分为 17.2 份,分配给 13 名受益人以信托方式持有。本遗嘱根据香港特别行政区法律解释已生效。

2006 年 1 月 11 日,香港特别行政区高等法院出具了上述遗嘱的《遗嘱认证书》,明确对该遗嘱进行了认证及登记。将遗嘱项下的全部及个别遗产和财物的管理权授予以上四人,四人已充分并如实确认。四人将会支付上述遗嘱中所载的因翁某死亡及遗产而欠下的合理债务,并会根据法律的要求,出示相关准确、完整的财产清单和账目。

2013 年佛山市中级人民法院作出该案民事判决:确认翁 1、杨翁 2、翁 3、蔡某有权持有有利公司目前登记于翁某名下的 80% 股份。

后翁某的四名继承人向佛山市中级人民法院提起本案诉讼,以其已年满 18 周岁,有权自行持有涉案股份为理由,认为已经发生法律效力的佛山中院民事判决损害其合法权益,请求撤销该民事判决。

法院认为:第一,关于遗嘱效力的认定及内容解释的问题。翁某是香港特别行政区居民,本案遗嘱是翁某于 2004 年所立,即在《涉外民事关系法律适用法》实施之前,因此对遗嘱效力的认定不适用该法律。而关于继承法律关系方面的立法,《继承法》第 36 条[①]明确规定了外国人继承在中华人民共和国境内的遗产,动产适用被继承人住所地法律。参照适用该法律条文的相关规定,可确定遗嘱问题认定

---

① 《继承法》已废止,本条内容参见《涉外民事关系法律适用法》相关内容。

的准据法为香港特别行政区法律。该遗嘱已经香港特别行政区高等法院认证，并且并不违反内地法律、行政法规禁止性规定，也不违反我国公序良俗及公共利益原则，因此该遗嘱合法有效。该遗嘱赋予了上述四人遗产管理人的身份及相应的权利义务，根据香港特别行政区法律规定，遗产管理人享有收集、管理及分配遗产的权利，且享有以自己的名义行使相关遗产管理的诉权，而遗产受益人在遗产管理结束前并不享有直接继受该权益的权利，因此四人作为遗产共同管理人有权直接以自己的名义起诉有利公司，将涉案股权变更登记在四人名下，法院适用法律正确。

第二，关于遗产管理的问题，其注重的是管理行为本身。由于管理行为必然与遗产所在地的管理部门等发生联系，而遗产受遗产所在地实际管控，适用遗产所在地法律有助于遗产管理活动的有效操作。在四人有合法依据作为诉讼主体时，法院应当依照相应法律审查有关管理行为的诉讼请求是否符合法律规定。在佛山中院案中，四人起诉时间为 2013 年 7 月，此时《涉外民事关系法律适用法》已施行，该法明确规定遗产管理适用遗产所在地法律，因此生效判决适用内地的法律对四人提出的股权过户登记等诉讼请求进行审查，并判令有利公司协助四人履行股权的过户变更登记手续并无不当。

佛山中院民事判决认定事实清楚，适用法律正确，不存在全部或者部分内容错误的问题。另外，该民事判决虽然判令有利公司将 80% 股权过户到四人名下，但根据遗嘱内容及香港特别行政区法律，四人并非独自享有该股权的全部实体权利，其请求股权变更登记仅由于收集变现财产的需要，变现后的有关收益四人仍应按照遗嘱的内容分配给各继承人，故该民事判决亦不存在损害其他继承人权益的问题，该判决不应被撤销，如（2016）粤民终 261－264 号判决。

17. 股东生前未履行出资义务，去世后，公司以股东会决议形式解除其股东资格是否有效？

第一种，法院认为：被继承人并未履行出资义务，其病逝后，公司（被告）已经以股东会决议的形式在实质上解除了被继承人的股东资格。结合该事实，本院认定，被继承人不具备被告的股东资格，其不享有公司 20% 的股权。所以两位原告作为继承人无权继承股东资格，如（2018）豫 0191 民初 1160 号判决。

第二种，法院认为：公司章程未约定时，股东死亡后其继承人无须经其他股东同意，自动取得股东资格，股东会决议虽然规定实收资本 2 年内补缴，但未规定不按时补缴取消股东资格，也未对股东去世后的股权继承作出限制性规定，故支持原告请求，确认原告股东资格，如 2019 皖 01 民终 1172 号判决。

18. 遗嘱系复印件，能否作为继承财产依据？

案情：被继承人生前有房产、门诊部出资份额及文物字画等财产，立有遗嘱，该遗嘱表现形式为：遗嘱人在遗嘱复印件（手写的遗嘱正文部分为复印）上做了亲笔题字，并亲笔书写了训诫，即遗嘱正文为复印件，但题字、训诫的书写是原件。

法院认为：遗嘱虽然是复印件，但有被继承人亲笔题字和落款，可以认定该遗嘱系被继承人所书，被继承人在遗嘱中处分了其他股东的股份权益，该部分遗嘱无效，遗嘱中没有涉及的财产按法定继承办理，如（2014）佛顺法伦民初字第380号判决。

19. 保证责任发生前，担保人死亡，继承人是否在继承财产范围内承担偿债义务？

案情：2013年7月19日，原告与被告甲公司签订《授信协议》，约定原告向被告甲公司提供1500万元的授信循环额度，授信期间为12个月，即从2013年7月19日至2014年7月18日。同时协议约定由被告刘某、李某及财产共有人承担连带保证责任，由被告甲公司、乙公司、丙公司、刘某、李某及财产共有人以其财产作为抵（质）押。

截至2015年7月8日，被告甲公司尚欠原告借款本金14,938,871.9元。被告李某于2014年4月2日因交通事故死亡。

法院认为：因被告李某于2014年4月2日死亡，故其人身权利已终结，承担保证责任的主体已消灭。在被告李某死亡时，其为被告甲公司承担保证责任的情形还未发生，即被告甲公司的承兑汇票还未到期，原告还未就承兑汇票垫款，主债务还未产生，承担保证义务主体就已死亡。被告李某与原告在签订保证合同时也未明确其提供担保的财产明细及抵（质）押手续。故被告李某不对其死亡之后发生的被告甲公司的债务承担担保责任。原告请求被告李某承担担保责任及其继承人在其继承的遗产范围内承担担保责任，本院不予支持，如（2015）鄂樊城民四初字第00352号判决。

20. 笔迹对于遗嘱效力的影响有多大？

案情：被继承人彭某去世后，其儿子彭某甲、爱人梁某甲向法庭提供了一份被继承人生前所立“字据”，内容为：“彭某2010年9月21日中午立下字据如下：彭某从今天起，彭某所有财产及一切属儿子彭某甲、爱人梁某甲所有。字据人：彭某2010年9月21日。”彭某甲、梁其甲认为，本案应适用遗嘱继承。因另一继承人对“字据”真实性有异议，申请笔迹鉴定。

经过鉴定，法院认为：南京金陵司法鉴定所出具的文件检验鉴定意见书中的鉴定意见，即检材中“彭某”字迹与样本中“彭某”字迹可能是同一人所书写，属于非确定性意见，且该可能性认定系非确定性意见中肯定程度最低的结论，不能认定该鉴定意见对上诉人方有利。结合当事人的陈述、字据的来源，以及该鉴定意见隶属于非确定性鉴定意见中肯定程度最低的结论，本院综合评判认为：该证据不能被认定为遗嘱，本院对该证据依法不予采信，本案应适用法定继承，如(2014)宁少民终字第89号判决。

第四部分：其他财产类裁判要旨

一、统计样本

1. 本次报告作出之基础，是通过 Alpha 案例库搜索之互联网公布之判决。根据2016年10月1日施行的最高人民法院《关于人民法院在互联网公布裁判文书的规定》第4条："人民法院作出的裁判文书有下列情形之一的，不在互联网公布：……(三)以调解方式结案或者确认人民调解协议效力的，但为保护国家利益、社会公共利益、他人合法权益确有必要公开的除外；(四)离婚诉讼或者涉及未成年子女抚养、监护的；(五)人民法院认为不宜在互联网公布的其他情形。"故不在网上公布之判决不在本次统计分析之列。

2. 搜索方式介绍。

"案由"："继承纠纷"。

关键词：存款、基金、股票、丧葬费、抚恤金。

时间定义：2017年1月1日—2019年12月31日。

地域：江苏省。

文书类型：判决书。

共检索出334份判决书，剔除与本次分析无关及信息缺失之判决，共有266份判决文书收入在本次统计报告内。

二、法定遗嘱的分配比例

传统继承分为两类：法定继承和遗嘱继承。如果遗嘱被法院认定为有效，则按照遗嘱内容进行财产分配。如果遗嘱被认定为无效或不存在遗嘱，则法院会按照法定继承进行分配。

本次报告统计的是除房产、股权财产之外的其他财产继承纠纷数据，涉及的财产类型分为存款、理财型产品、丧葬费、抚恤金等。按照法定继承进行判决时，这些财产法院是如何分配的?(见图5)。

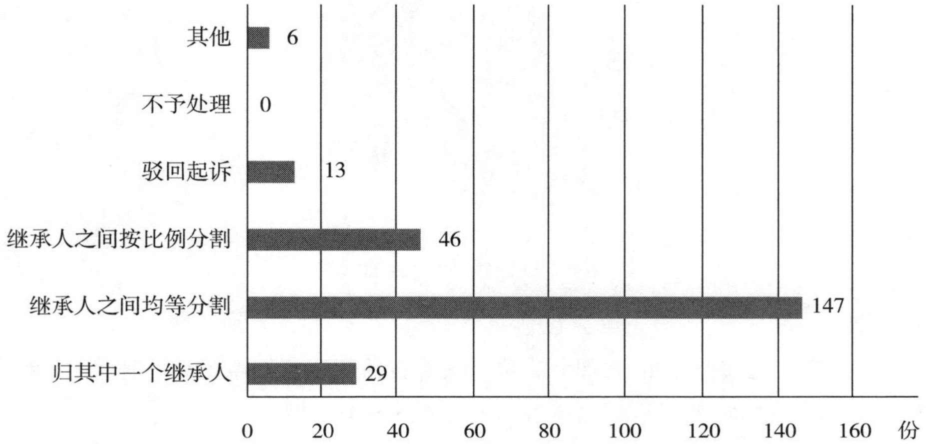

图5 储蓄、基金理财的分配

分析:

1. 根据统计结果,在法定继承纠纷中,大部分法院会在继承人之间进行均等分割。

2. 如果继承人对被继承人生前尽到主要赡养义务,法院在进行遗产分配时,会对尽到赡养一方予以多分。

3. 遗嘱应当对缺乏劳动能力又没有生活来源的继承人保留必要的遗产份额。法院认为:被告现已近90岁高龄,无劳动能力,每月500元左右的定期收入远不能满足其日常生活需要,被继承人遗嘱中没有为被告保留必要的遗产份额。被告要求主张相应份额,符合法律规定。

4. 根据法律规定,继承人故意杀害被继承人的,其依法丧失继承被继承人财产的权利。

三、丧葬费、抚恤金的性质认定及归属

在本次数据分析中,很多判决涉及了丧葬费和抚恤金,这部分款项是不是遗产?(见图6)。

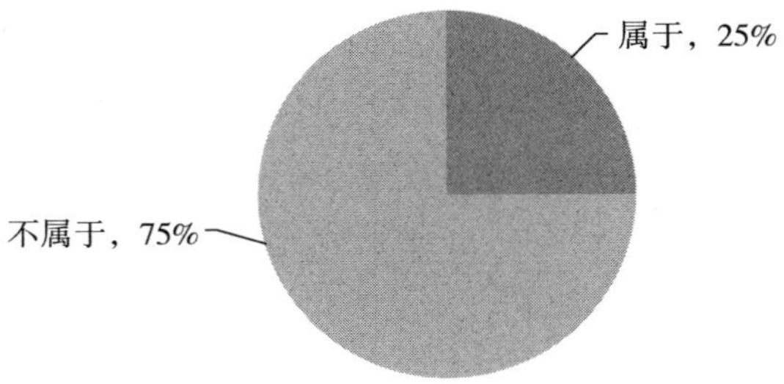

图 6　丧葬费、抚恤金的归属

分析：

1. 分析上述数据可知，大部分法院都认可丧葬费和抚恤金不属于遗产，如果被继承人在遗嘱中涉及对该部分款项的处分，则该部分无效。

2. 对于丧葬费的分割方式，法院原则上以“谁出资办丧事，丧葬费归谁所有”的原则进行分配。

3. 对于抚恤金的分配，法院原则上以均等分割为主，适当照顾、倾斜分割为辅的原则进行分割。

四、特殊情形的财产处理

1. 在没有法定继承人的情况下，被继承人的财产由谁继承？

在（2018）苏 0312 民初 762 号判决中，法院认为：无人继承又无人受遗赠的遗产，归国家所有，死者生前是集体所有制组织成员的，归所在集体所有制组织所有。被继承人生前父母双亡、无兄弟姐妹、一直未婚无子女，因此没有法定继承人。同时，原告提供的证据证明被继承人生养死葬的义务均由原告铜山街道办事处焦山居委会承担，原告是被继承人的实际扶养人，二者虽没有签订遗赠扶养协议，但原告实际对被继承人尽到了扶养义务。被继承人在铜山农商行遗留的存款属于无人继承又无人受遗赠的财产。被继承人生前属于集体所有制组织成员，因此原告主张取得该笔存款的诉讼请求应当得到支持。

分析：

（1）遗赠扶养协议需要双方协议签订，如果没有签订协议，无法认定双方构成遗赠扶养关系；

（2）对于无法定继承人的情况，被继承人生前所在集体经济组织可以作为原告提起诉讼。

2. 僧人去世后，遗留的财产由谁继承？

在(2018)苏0706民初555号判决中，原告为被继承人生前所居寺庙，被告为被继承人的兄弟姐妹。法院认为：我国现有的原《继承法》、原《民法总则》、《宗教事务条例》等法律或规章没有明确规定僧侣、道士等去世后所留财产由谁继承，这在法律上尚属立法空白。原告要求作为继承人的理由，是江苏省民族事务委员会及江苏省宗教事务局根据现行的方针政策编写的"基层民族宗教工作问答"第49条："我国佛教的僧尼、道教全真派的道士、道姑、天主教的主教、神父、修士、修女等脱离家庭独身其生活都是由信徒和宗教团体供养，在其去世后作为个人遗产的生活用品和个人存款应由其所在的宗教活动场所或者宗教团体继承"。由于此问答没有法律上的效力，本院仅作参考。我国实行相对宗教信仰自由，政府尊重和承认佛教的历史和宗教仪规。僧侣遗产处理问题，历来尊重宗教仪规。中国佛教协会通过的《全国汉传佛教寺院共住规约通则》规定："遵照佛制，僧众住寺，常住供养；僧人年衰，常住扶养；僧人疾病，常住医治；僧人圆寂，常住荼毗；僧人遗产，归常住所有"。本案中的觉照大师与原告碧霞寺已经形成常住关系，加之觉照大师的亲属和碧霞寺就遗产没有大的争执，双方经过友好协商，觉照大师圆寂后事已经处理结束。因此，对原告碧霞寺的诉讼请求，本院予以支持。

分析：

最后的判决结果还是双方协商一致的结果，但原告的诉讼主体地位是否适格？如果适格，一旦双方协商不成，又应该如何分割？都值得我们研究。

第五部分：分家析产纠纷裁判要旨

一、统计对象

分家析产纠纷类裁判文书。

范围：江苏省。

时间：2017年1月1日—2019年12月31日。

案例来源：Alpha案例库。

检索条件：在"裁判理由及依据"中搜索关键词"分家析产纠纷"，文书类型为"判决书"。

案件数量：209份。

数据采集时间：2020年2月7日。

二、结果分析

在分析209份裁判文书时，笔者发现人民法院处理分家析产案件的裁判规则集中在：(1)分家析产只能分割家庭共有财产，必须区分家庭共有财产和家庭成员的个人财产；(2)遗嘱同样如此，只能处理属于遗嘱人所有的部分。

不动产登记系物权公示方法，是行政登记机关对不动产权属状态的记载。此种登记并不创设具体的权利义务关系，故不动产权属的认定仍取决于当事人的基础法律关系，而非不动产登记。

如诉争房屋系宅基地房屋，存在登记仅为代表登记等情况，不能仅以此来确定房屋的归属，要结合涉案房屋的历史渊源、翻扩建申请、各方当事人对房屋建造所做的贡献等因素综合予以判断。

家庭共有财产是家庭成员在共同生活关系存续期间共同创造、共同所得的财产。确定不动产是否为家庭共有财产，不能仅以该不动产的登记权属状况为依据，还应结合当事人之间特定的家庭身份、生活关系，当事人对不动产的贡献情况、不动产的实际使用状况及当事人的约定等进行综合判断。

如果没有建房许可、产权登记、建设用地使用凭证、用地登记凭证，不论是起诉确权还是要求析产分家，均会因无法确定财产属性而被法院驳回。

房屋因拆迁灭失的，无须通过其他机关先行确权，各共有人可主张对拆迁补偿款进行分割，但拆迁补偿款中的误工费、搬迁费属于向实际居住人支付的专项费用，不作为共同财产分割。

房屋被拆迁后补偿或者置换的房屋，即便没有办理产权登记手续，人民法院仍然可以确权并析产。

继父母子女间是否形成抚养关系，不能以抚养教育时间长短论，我国《民法典》和相关司法解释并未对形成抚养关系所需要的期间进行规定。抚养的真实含义应当是继父母和继子女如同亲生父母子女之间一样共同生活，继父母对继子女在物质上有帮助，彼此在情感上有交流。

继子女与继父母否形成抚养关系，是否对继父母的遗产享有继承权，不以继父母子女共同生活时间的长短为认定依据。同时，亦不能以继父母在离婚协议书明确继子女随继父生活为由，就认定继子女不与继母形成抚养关系。继父母和继子女共同生活，继父母对继子女在物质上有帮助，在情感上有交流，是确认继父母和继子女形成抚养关系的关键因素。

对于涉及房屋等不动产的析产，应当及时到相关部门办理变更登记手续。

浙江省法院审理继承案件裁判要旨总梳理

第一部分:法定继承纠纷

一、统计样本

本次大数据分析报告采用 alpha 案例数据库进行案件检索,检索关键词为"法定继承纠纷""浙江省""民事""判决""2019/2018/2017"。检索数据显示,浙江省法院从 2017 ~ 2019 年作出的法定继承纠纷案件判决书共计 818 份,筛选有效样本(不包括"未公开"和二审"驳回上诉、维持原判"的判决)后,最终确定参与数据分析的样本共计 643 份。

二、裁判要旨

通过对浙江省上述 643 份法定继承纠纷生效判决的查阅、统计和分析,就这三年浙江省各级法院在法定继承纠纷案件中关于部分遗产类型分割的相关裁判观点进行总结。

(一)未经权属登记的房屋

在农村地区,因历史、政策、扩建未经审批等尚存在未经权属登记的房屋,对这类房屋是否属于遗产、是否处理及如何处理,存在以下两种裁判观点:

1. 不认定为遗产并不予处理

采用这种裁判观点的依据是我国法律规定"遗产是公民死亡时遗留的个人合法财产"。如在(2017)浙 0203 民初 3027 号判决中,对涉案房屋中有权属登记的位于东侧面积为 29.2 平方米的平房法院认定其属于该案处理的遗产范围,而对于"系在一间位于西侧有权属登记的平房原宅基地上(面积为 26.5 平方米)重建并予以扩建,但未办理相关的审批手续并取得权属登记证明"的两层楼房以及楼房对面无权属登记证明的一间平房法院则均不予处理,法院认为待取得相应权属证明后双方可另案解决。采用这种裁判观点的案件还包括(2017)浙 0782 民初 14979 号、(2018)浙 0327 民初 2442 号判决等。

2. 认定为遗产并予以分割

对那些经买卖或经过审批手续合法建造但尚未办理变更登记或权属登记的房屋,法院认定为遗产并依法予以分割。如在(2019)浙 02 民终 2372 号判决中,宁波市中级人民法院即认定:“该处楼房已具备办理产权初始登记条件却未予登记,故一审法院确认涉案楼房系徐某香的遗产,并无不当”,从而维持一审法院关于房屋继承份额的判决。

(二)房屋分割方式

房屋作为第一大遗产类型,在认定涉案房屋全部或部分属于遗产范围并依法确认各方继承份额后,对具体的房屋分割方式主要存在以下三种裁判方式:

1. 按份共有

综上所述,在涉及房屋分割的案件中有 73% 的统计判决采用了按份共有的分割方式,案件情况基本是法院在确定房屋属于遗产范围并认定相关继承人资格后,根据我国《民法典》继承编第 1130 条的规定,在各继承人之间均等或结合扶养、赡养义务履行情况或兼顾照顾原则作出按份共有判决。

2. 折价补偿

在确定各继承人之间关于房屋的继承份额后,有 25% 的统计判决采用了判决归某一或数个继承人所有,在经评估或协商确定或法院酌情认定房屋价值后,由判决房屋归其所有的继承人对其他继承人采用折价补偿的方式。法院裁判理由大致如下:(1)各继承人协商一致;(2)保障老年人权益原则;(3)实际使用案涉房屋情形;(4)有利于生产生活需要;(5)房屋的实际控制管理;(6)案涉房产登记在一方名下。另有少量判决未说明判决理由,直接法院认为判决房屋归 × × 方为宜。

3. 共同共有

在确定房屋属于遗产及继承人后,判决共同共有的裁判理由包括:(1)基于继承人之间的家庭成员关系,如(2017)浙 0782 民初 3434 号判决;(2)基于原告的诉讼请求,如(2019)浙 1082 民初 8408 号判决;(3)在庭审中当事人之间不主张分割仅主张共同共有,如(2017)浙 0108 民初 2289 号判决。

另外,在此次统计中,我们发现(2018)浙 0683 民初 8564 号判决仅判决占有使用。在该案中涉案房屋仅有集体土地使用证,嵊州市人民法院认定涉案房屋为遗产并依法对原、被告的继承份额予以认定,即确认各方所得房屋份额,分别为裘某 2 占 5/8、裘某 1 占 1/8、相某 1 占 1/8、相某 2 占 1/8,相某 1 自愿将其份额赠与两被告。对于房屋的分割方式,法院认为:“原告裘某 1 曾在庭审中提出房屋可由两被告占有、使用,但是要求分得 5 万元。考虑到当事人意见及本案实际情况,本院确认案涉房屋由两被告占有、使用,两被告应支付裘某 1 房屋分割款”。又因案涉房屋系集体土地上的房屋,具有特殊性,评估机构无法进行评估退回了评估委托,同时原告、被告双方对房屋价值无法达成一致，经走访、勘查，法院“酌情确定房屋价值为 28 万元。两被告应支付裘某 1 房屋分割款 3.5 万元”。故法院判决涉案房屋由两被告占有使用，两被告支付原告房屋分割款 3.5 万元。基于法院在裁判理由中已认定各继承人份额，判决主文中也有房屋分割款的支付，因此我们认为该案实际属于折价补偿，故不作为第四种裁判方式予以阐述。

（三）与拆迁相关的继承权益

近些年，因城市发展、基础设施建设等，城市或农村都不同程度地开展了征地拆迁活动。因拆迁改变了原有房屋的价值，故引发了很多继承纠纷。有些甚至是可能拆迁引起的，如（2016）浙 0182 民初 03002 号判决。在此次统计的 643 起案件中，有 184 个案件涉及拆迁或可能拆迁，占比约 29%。在法定继承纠纷案件中，法院裁判要旨主要涉及以下几方面：

1. 拆迁补偿款中哪些属于遗产？

拆迁补偿款一般包括对房屋、装修等的补偿以及搬迁费、临时安置补助费、签约奖励费和奖励费等。因继承发生在前，有关搬迁、临时安置补助费及相关拆迁奖励不属于遗产范围，如在（2016）浙 0226 民初 2394 号判决中，宁海县人民法院认为：“因房屋系公民的个人遗产，故该房屋（房屋所有权证号码为 02378、土地使用权证号码为 0002116 号）被征收所取得的住房评估金额、房屋装修及附属物补偿金额、货币补偿补助金额属于遗产范围，而涉及的一次性补偿搬迁费、临时安置费以及签约搬迁奖励费系补偿给实际居住人员的费用，不属于遗产范围。”在（2018）浙 0110 民初 14448 号判决中，杭州市余杭区人民法院也认为：“被拆迁人的过渡费、搬家费及奖励费，该款项系针对拆迁人发放，不属于被继承人的遗产。”在（2017）浙 0211 民初 2078 号判决中，宁波市镇海区人民法院亦认定，“根据宁波市国家高新区房屋征收管理办公室的复函，四世同堂安置款不属于周某庆的遗产，本案不予处理，当事人可以另行主张自己的权利。”

2. 安置房的分割

将经拆迁取得的安置房作为遗产的，房屋分割方式为按份共有或折价补偿，与一般房屋分割无异，在此不赘述。值得注意的是，即便安置房没有办理产权登记手续，人民法院仍然可以在继承中予以分割。

3. 拆迁所得权益

除上述拆迁补偿款和实际已分配的拆迁安置房外，拆迁所得权益亦为原房屋因拆迁而转化的权益之一，相关法院在法定继承纠纷案件中也应一并对其予以分割。如在(2017)浙0302民初7496号判决中,温州市鹿城区人民法院认为:"考虑到涉案房屋被拆迁后原、被告至今尚未得到正式的安置补偿,故应由原告、被告对涉案房屋的拆迁安置补偿权益予以继承"。其他如(2018)浙0212民初17066号和(2017)浙0111民初6734号判决。

4. 办理拆迁安置补偿手续

在涉及拆迁的继承案件中,被继承人较多且对产权归属、继承份额等产生争议,这会导致不能及时签订拆迁安置补偿协议。对是否选人去办理拆迁安置补偿手续,也有两种裁判观点:

(1)判决由其中一个继承人办理拆迁安置补偿手续。如在(2016)浙0902民初2121号判决中,舟山市定海区人民法院认为:"在征收协议尚未签订,而被征收一方中,遗产继承人人数较多的情况下,有必要在继承人中确定一人出面与征收人签订协议,以便顺利取得拆迁安置补偿利益以供分割处理。签订征收协议属于共有物处分行为,又与遗产分割有关联,人选的确定应以《物权法》第九十七条①和《继承法》第二十九条②的规定为依据。由于被告陈某3自身享有拆迁安置补偿利益的30%份额,加上继承所得,共计32%份额,远超其他继承人,故该人选宜确定为被告陈某3。拆迁安置补偿利益取得后,由原告、被告按前述确定的份额分割遗产",法院据此判决由被告陈某3办理拆迁安置补偿手续。

(2)不处理办理拆迁安置补偿手续。如在(2018)浙0212民初849号判决中,宁波市鄞州区人民法院认为:"关于原告张某1主张的要求二被告立即协助原告办理上述房屋拆迁手续与本案不属于同一法律关系,本案不予处理"。

5. 办理变更登记手续

在所统计的案件中,就是否支持协助办理变更登记手续,有两种裁判观点:

(1)支持协助办理变更登记手续。在(2017)浙0481民初6348号判决中,原告诉请原告、被告四人平均分配遗产。最终,根据法院组织调解时双方当事人对继承财产分割的态度以及现有的房屋、车辆可以进行实物分割的现状,从有利于各继承人今后的生活,防止讼累、防止出现新的家庭矛盾等方面考虑,结合被继承的财产现在的居住、使用情况,再根据同一顺序继承人继承遗产的份额和一般应当均等的原则,海宁市人民法院对遗产中的房屋、车辆进行实物分割,并同时判决各方协助彼此办理房屋、车辆产权变更登记手续;在(2019)浙0302民初4582号案件中,温州

① 《物权法》已废止,本条内容参见《民法典》第301条。

② 《继承法》已废止,本条内容参见《民法典》第1156条。

市鹿城区人民法院亦判决在原告支付折价补偿款后各被告应协助原告就房屋拆迁安置权益产生的所有权办理转移变更登记手续。

（2）不支持协助办理产权变更登记手续。在（2017）浙0421民初1574号判决中，就蔡某1提出的要求蔡某2、蔡某3协助办理房屋的变更登记手续的诉讼请求，嘉善县人民法院认为该案系法定继承纠纷，对该项诉讼请求，不予支持。在该案二审即（2018）浙04民终1197号判决中，嘉兴市中级人民法院虽然撤销了一审判决，就继承人的继承份额做了改判，但仍驳回了蔡某1要求蔡某2、蔡某3协助办理房屋的变更登记手续的诉讼请求。在（2016）浙0381民初9312号判决中，瑞安市人民法院认为："协助办理变更登记不属于继承案件中需要判决确定的义务，双方当事人可持生效判决书至不动产管理登记部门直接办理物权变更登记"。

但在双方无法达成一致意见去不动产管理登记部门办理变更登记的情况下，当事人若仅有确权判决而没有协助办理变更登记判决，则可能会因缺乏"明确给付内容"而无法申请强制执行。如在（2014）台黄民初字第1961号法定继承纠纷案中，虽然台州市黄岩区人民法院判决确认就涉案房屋原告享有30%的产权、被告享有70%的产权，但原告通过另行提起诉讼，最终在（2016）浙1003民初5872号案件中由该院判决被告协助原告办理变更登记手续。

6. 丧葬费、抚恤金

在统计中，我们发现（2017）浙0103民初8398号判决认定"丧葬抚恤费29,200元为毛某达的遗产"，综上所述，在所统计的案件中法院基本认定丧葬费、抚恤金不属于遗产，但对于是否在案件中对其一并处理则又存在如下不同观点：

（1）不予处理。在（2018）浙0604民初197号判决中，绍兴市上虞区人民法院认为："死亡一次性抚恤金系对宋某奇近亲属的抚恤，不属于遗产，丧葬费之目的在于弥补治丧费用，亦不属于遗产，因此该二笔费用亦不能继承"。在（2016）浙0381民初9312号判决中，瑞安市人民法院认为"至于因潘某福死亡，陈某于2016年9月1日领取的社保发放的丧葬费、死亡抚恤金，并不属于我国继承法所规定的遗产范围，不能作为遗产继承。潘某福的三个女儿均已成年婚嫁，陈某作为潘某福的配偶支配丧葬费、死亡抚恤金并无不妥，建议双方按现状处理，若持异议，可另案诉讼"。

（2）一并处理。在参照遗产分割原则一并处理丧葬费、抚恤金的案件中，法院基本根据当事人提出的请求并从减少讼累角度出发作出判决。如在（2018）浙0106民初7750号判决中，杭州市西湖区人民法院认为："遗产是被继承人死亡时遗留的个人财产，包括被继承人名下的财产和被继承人生前应得的但在死亡后取得的财产。被继承人生前所在单位在被继承人死亡后发放的丧葬费、抚恤金，系对死者近亲属、被继承人生前抚养的人的物质补助和精神抚慰，不属于被继承人的遗产"，同时鉴于"可参与分割被继承人的抚恤金、丧葬费的近亲属与遗产继承人范围一致"，故法院对原告李某1、邵某要求在本案中一并分割案涉款项的诉讼请求，予以准许。

第二部分：其他继承纠纷裁判要旨

一、统计样本

本次大数据分析报告案例检索采用 Alpha 案例数据库，检索关键词为"法定继承纠纷""浙江省""判决""2019/2018/2017""民事""其他继承纠纷"。检索数据显示，浙江省辖区法院从 2017～2019 年对法定继承纠纷案件中"其他继承纠纷"作出的判决书共计 1075 份，其中 50 份显示法院未公开，无判决书全文内容，筛选已公开的判决书有效样本后，最终确定参与数据分析的样本共计 1025 份。

二、其他继承纠纷案件的争议焦点

经过统计，继承案件中的争议焦点主要有以下几种：(1)对分割遗产份额的多少有异议；(2)对遗产范围意见不一致；(3)对于遗嘱效力意见不一致；(4)对于继承人的范围意见不一致。接下来将对各争议焦点的裁判规则进行分析。

(一)继承人身份的认定

对于一个继承案件而言，首先需要确定的是继承人的身份，父母子女关系、配偶以及转继承、代位继承的认定相对较为简单，这里主要就几个相对复杂的关系进行裁判规则的梳理。

1. 对非婚生子女身份的认定

法院对非婚生子女的认定从严掌握，对证明非婚生子女的证据要求非常严格，并不轻易认定当事人为非婚生子女，从而参与遗产继承。法院只在证据充分、有被继承人相关有效的自认、被告认可的情况下认定当事人为非婚生子女(见表1)。

表1　对非婚生子女身份的认定

案号	裁判结果	法院观点
(2018)浙 0702 民初 2735 号	认定	继承人虽非被继承人婚生女儿，但根据现有证据，可以认定继承人为被继承人的非婚生女儿，其同样对遗产拥有继承权

续表

案号	裁判结果	法院观点
(2018)浙0702民初2234号	认定	被继承人在有效遗嘱中认可原告系其亲生女儿,故按照遗嘱约定由非婚生女儿继承遗产
(2019)浙0282民初12748号	认定	被告××、××、××共同答辩称:对原告与××系亲子关系无异议。法院认为:原告为非婚生子,判决确认原告为第一顺位继承人,对遗产享有继承权
(2019)浙02民终2324号	不认定	一审法院认为:最高人民法院《关于适用〈中华人民共和国婚姻法〉若干问题的解释(三)》第2条第2款①规定"当事人一方起诉请求确认亲子关系,并提供必要证据予以证明,另一方没有相反证据又拒绝做亲子鉴定的,人民法院可以推定请求确认亲子关系一方的主张成立",该亲子关系推定规则亦可适用于非婚生子女请求法院确认其与被继承人之间的亲子关系案件中。现××提供的证据尚不足以证明其为××的非婚生子,在此情形下,××关于××、××拒绝做亲缘鉴定的行为可以推定其与××存在亲子关系的主张缺乏法律依据,一审法院不予采纳。 二审本院认为:根据最高人民法院《关于适用〈中华人民共和国婚姻法〉若干问题的解释(三)》第2条②,亲子关系推定与"必要证据"之间具有密切的联系,"必要证据"是作出亲子关系推定的前提条件。具体来说,在确认亲子关系存在的诉讼中,如果原告提供了"必要证据",被告没有相反证据又拒绝做亲子鉴定,法院可以推定原告(确认亲子关系存在一方)的主张成立。……在上诉人出生至××去世长达6年的时间中,作为上诉人的监护人,××怠于确认××与××的父子关系,疏于维护××的权益。此两点与常理相悖。虽然法院不要求上诉人的举证要达到"充分和必要"的证明程度,但是这种证明标准要具有优势的盖然性,上诉人提交的证据尚不能达到此要求。综上,上诉人××未能完成最高人民法院《关于适用〈中华人民共和国婚姻法〉若干问题的解释(三)》第2条③规定的"必要证据予以证明"的举证义务,故对上诉人的上诉请求予以驳回

① 最高人民法院《关于适用〈中华人民共和国婚姻法〉若干问题的解释(三)》已废止,本条内容参见最高人民法院《关于适用〈中华人民共和国民法典〉婚姻家庭编的解释(一)》第39条。

② 最高人民法院《关于适用〈中华人民共和国婚姻法〉若干问题的解释(三)》已废止,本条内容参见最高人民法院《关于适用〈中华人民共和国民法典〉婚姻家庭编的解释(一)》第39条。

③ 最高人民法院《关于适用〈中华人民共和国婚姻法〉若干问题的解释(三)》已废止,本条内容参见最高人民法院《关于适用〈中华人民共和国民法典〉婚姻家庭编的解释(一)》第39条。

2. 对养子女身份的认定

我国在1991年发布《收养法》①,1992年最高人民法院在《关于学习、宣传、贯彻执行〈中华人民共和国收养法〉的通知》第2条中指出:"收养法施行后发生的收养关系,审理时适用收养法。收养法施行前受理,施行尚未审结的收养案件,或者收养法施行前发生的收养关系,收养法实施后当事人诉请确认收养关系的,审理时应适用当时的有关规定;当时没有规定,可比照收养法处理……"统计小组对统计样本分析后(见表81),发现1991年《收养法》发布前,关于事实收养关系的认定争议较大。1984年8月30日发布的最高人民法院《关于贯彻执行民事政策法律若干问题的意见》第28条②规定:"亲友、群众公认,或有关组织证明确以养父母与养子女关系长期共同生活的,虽未办理合法手续,也应按收养关系对待。"2021年1月1日起,《民法典》开始施行,婚姻家庭编第五章规定了收养的法律规则。因此法院在对事实收养关系进行认定时对事实的查明和证据的审查更为仔细。

表2　对养子女身份的认定

案号	裁判结果	法院观点
(2017)浙01民终7460号	不认定	认为户籍登记表中及主要社会关系中无原告系养子的记载,原告提供的证据不足以证明其系被继承人的养子,但考虑到其对被继承人抚养较多,根据《继承法》第14条③的规定,其可适当分得被继承人的财产
(2018)浙1102民初7705号	部分认定	认为本案的继承纠纷较为特殊,从查明的事实看,被继承人A、B两位老人特别是A,一生清苦、命运多舛,其二人生子、领养等应有"养儿防老"之意。而五方当事人之间并无血缘关系,且就赡养、身份关系等各执一词。现有在案证据均不能认定哪一方对两老尽到了较长期的主要赡养义务。因此,应综合全案情况确定当事人是否具有继承人身份
(2019)浙1003民初3519号	认定	本案原告主张的收养关系发生在1991年《收养法》发布之前,亲友、群众公认或者有关组织能够证明双方虽未办理合法手续,但明确以"养父母与养子女关系"长期共同生活的,可以认定收养关系。同时,原告提供的《析产契》虽无法证明两位老人对房屋分割的真实意思表示,但《析产契》中载明王某某系两位老人养子,并加盖了宁场经联社公章,应认定宁场经联社对该事项进行了证明。虽然双方未具备形成法定收养关系的形式,但根据庭审中原、被告及证人陈述的事实,结合相关证据来看,应认定形成事实收养关系

① 《收养法》已废止。

② 最高人民法院《关于贯彻执行民事政策法律若干问题的意见》已废止。

③ 《继承法》已废止,本条内容参见《民法典》第1131条。

3. 对继子女身份的认定

对这类身份的认定，法院的裁判观点较为明确，只有继子女与继父母在一起共同生活，受到继父母的扶养或扶助时，认定其形成继子女身份，如（2018）浙 0781 民初 3016 号判决。

但是有例外情形：例如双方形成继父母子女关系后，生母与继父离婚，且明确约定继子女由生母带回，不再由继父继续抚养，且此后继子女也未与继父共同生活，故继父母子女关系不再存续，根据最高人民法院《关于人民法院审理离婚案件处理子女抚养问题的若干具体意见》第 13 条①，该继子女对继父的遗产没有法定继承的权利，如（2019）浙 0104 民初 4080 号判决。

（二）遗产范围的认定

遗产范围的确定首先是对诉争的财产是否是合法财产的判断，如果不是合法财产法院将驳回该部分诉讼请求。其次，是对财产是属于被继承人个人财产还是夫妻共同财产抑或是家庭共同财产的确定。统计小组根据统计样本，对一些相对特殊的财产的判断进行分析。

1. 保险赔偿金的认定

我国《保险法》第 42 条规定，被保险人死亡后，有下列情形之一的，保险金作为被保险人的遗产，由保险人依照原《继承法》的规定履行给付保险金的义务：（1）没有指定受益人，或者受益人指定不明无法确定的；（2）受益人先于被保险人死亡，没有其他受益人的；（3）受益人依法丧失受益权或者放弃受益权，没有其他受益人的。受益人与被保险人在同一事件中死亡，且不能确定死亡先后顺序的，推定受益人死亡在先，如（2019）浙 1081 民初 5458 号判决。

对于保险收益金额不确定的案件，法院的主流裁判观点为：被继承人死亡后，保险公司于保险合同项下应支付的全部款项金额应当以保险公司核算的金额为准。根据保险内容，被继承人的保险收益金额为不确定的，法院判决该保险合同的收益由原告、被告按份享有，实际金额以保险公司认定的金额为准，如（2018）浙 0102 民初 2463 号判决。

2. 债权的认定

法院裁判观点较为明确，只有经法院其他判决确认的合法债权才会作为遗产

---

① 最高人民法院《关于人民法院审理离婚案件处理子女抚养问题的若干具体意见》已废止，本条内容参见最高人民法院《关于适用〈中华人民共和国民法典〉婚姻家庭编的解释（一）》第 54 条。

进行分割，如（2019）浙07民终3444号判决。

3. 丧葬费的认定

关于这一类财产，通说的标准是不属于被继承人的遗产，应归属于相应的近亲属，如（2017）浙0523民初987号判决。

但是在（2017）浙0105民初3418号以及（2017）浙0105民初2512号判决中，法院认为丧葬费属于被继承人的遗产。不难发现，两个案件都由杭州市拱墅区人民法院所判，可进一步理解，即杭州市拱墅区人民法院倾向于认定丧葬费属于遗产。

4. 抚恤金的认定

关于这一类财产，法院裁判观点较为明确，认为其不属于被继承人的遗产，遗产是公民死亡时遗留的合法财产，死亡抚恤金是发给死者家属的费用。抚恤金是国家按照相关规定对特殊人员的抚慰和经济补偿，给付对象为死者家属。由于死亡抚恤金不是给予死者的，也不是死者生前的财产，故不属于遗产的范围，亦不能根据继承法的规定予以分配。死亡抚恤金作为死者家属的共有物，法院应综合考虑共有人是否有生活来源、与死者生前的亲疏程度及所尽的抚养义务等因素确定份额，如（2018）浙07民终5170号、（2019）浙0781民初1447号判决。

5. 土地承包经营权的认定

被继承人去世，户内还有其他人员的，土地承包经营权不作为遗产，但相关收益属于遗产。

农村土地的承包方是本集体经济组织的农户，家庭中部分成员死亡的，如作为承包方的户还存在，不发生继承的问题，由家庭中的其他成员继续承包，如（2019）浙08民终594号判决。

被继承人过世，其生前若存在尚未取得的承包收益，可由发包单位或者接续承包合同的人根据其生前的承包价值进行折价补偿，其法定继承人可对该补偿款进行继承，如（2017）浙1126民初2053号判决、（2019）浙11民终743号判决。

（三）遗嘱或其他财产约定效力的认定

1. 继承中遗嘱的占比、效力

根据统计小组的统计（见图1），1025个案件样本中，共有341个存在遗嘱，占全部案件的33.27%。在其他继承纠纷中，遗嘱所占比例并不算大。

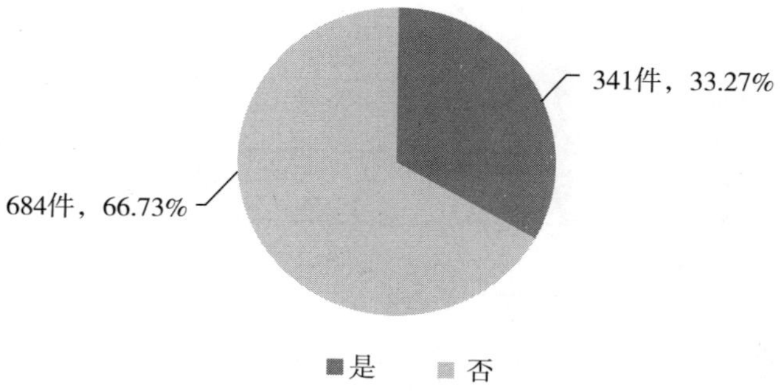

图1　有无遗嘱比例

从图2可见,遗嘱类型中,自书遗嘱所占比例最高,其次是代书遗嘱和公证遗嘱,这和人们传统的习惯有关,对于遗嘱,人们更倾向于自己写或者找人帮忙写。

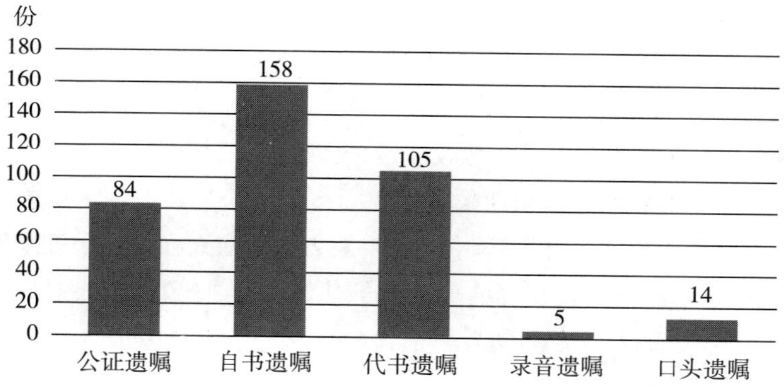

图2　遗嘱类型及数量

据统计(见图3),法院在裁判中对遗嘱的效力认定为有效并且适用的案件,占统计案件的68.8%,对遗嘱的效力部分有效并适用的判决占12.3%,这里的主要原因是被继承人在立遗嘱时处置了他人的财产,遗嘱就处置他人财产部分无效。因无效遗嘱的案件数量达到了53份,占比15.3%,统计小组对法院判定遗嘱无效的原因进行了考察。

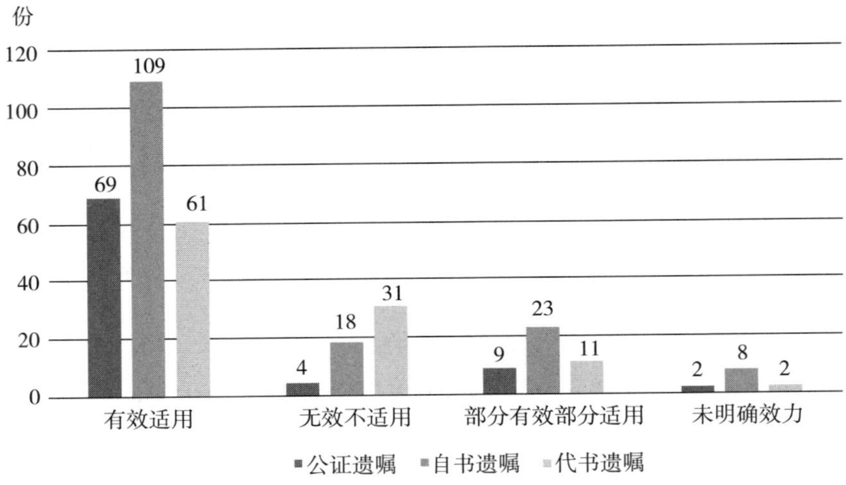

图 3　不同遗嘱效力及数量

（1）公证遗嘱的无效原因。

如前所述，公证遗嘱的效力一般较高，除公证处违反相应行为规范导致遗嘱无效外，公证遗嘱一般有效。但如遗嘱人以实际行为消灭公证遗嘱中所处分的财产的，则公证遗嘱视为被撤销，在继承中不发生效力。遗嘱人在订立公证遗嘱后又将遗嘱中所处分的房屋以产权变更的形式给予其他子女，导致遗嘱人对该房屋的权利灭失的，法院认为这依法应视为公证遗嘱已因遗嘱人的处分行为而撤销，如（2017）浙 06 民终 1175 号判决。

（2）自书遗嘱的无效原因。

自书遗嘱的无效原因主要有两个方面，一是并非遗嘱人本人书写，二是遗嘱人在立遗嘱时丧失了完全行为能力或受到欺骗胁迫。法院会因遗嘱人在订立自书遗嘱时高龄并患有阿尔茨海默病而认定自书遗嘱无效，如（2016）浙 0108 民初 3596 号判决。

（3）代书遗嘱的无效原因。

《民法典》明确规定，代书遗嘱应当有两个以上见证人在场见证，由其中一人代书，注明年、月、日，并由代书人、其他见证人和遗嘱人签名，且继承人的利害关系人不能在场或作为见证人和代书人。以上要件有任何一项不符合都会导致代书遗嘱无效（见表 3）。

表3 代书遗嘱无效原因

案号	无效原因
(2016)浙0681民初14396号	代书人是继承人的利害关系人
(2018)浙11民终1499号	无见证人、遗嘱人的签名
(2019)浙10民终2271号	法人不具备担当遗嘱见证人资格

(4)口头遗嘱无效原因。

《民法典》规定,遗嘱人在危急情况下,可以立口头遗嘱。口头遗嘱应当有两个以上见证人在场见证。危急情况解除后,遗嘱人能够用书面或者录音形式立遗嘱的,所立的口头遗嘱无效。因为口头遗嘱除须有两个以上见证人外,还有危机情况的要求,故口头遗嘱经常会因遗嘱人订立时不符合危机情况或无两个以上见证人而无效。

法院认为口头遗嘱情形与法律规定的立有效口头遗嘱的情形不符的,认定无效,如(2018)浙01民终9799号判决。

法院认为:该案仅申请一名证人出庭作证,无法查明是否还存在其他的见证人,同时从证人证言可以看出遗嘱人订立的口头遗嘱系在非抢救期间与探望者随便聊聊的时候所说,不符合口头遗嘱"情况危急"的情形,故认定为无效,如(2018)浙0723民初2816号判决。

因无两个以上见证人,以及在危急情况解除后遗嘱人没有订立书面或者录音遗嘱,故法院认定口头遗嘱无效,如(2019)浙0212民初8932号判决。

(5)打印遗嘱问题。

由于《民法典》实施之前,原《继承法》并未规定打印遗嘱,据统计小组统计,当时的司法实践对打印遗嘱一般认定为代书遗嘱,打印遗嘱须符合代书遗嘱的要件,否则无效。例如:两原告提供的2017年1月22日《我的遗嘱》,除签名外,全部为打印字体,且非被继承人本人打印形成,法院认为其不符合自书遗嘱"亲笔书写"的要件,故不能认定为自书遗嘱,其也不符合代书遗嘱的形式要件,如(2019)浙0402民初1232号判决。

(6)律师见证遗嘱问题。

因律师见证遗嘱无效可能导致律师以及律师事务所对遗嘱继承人承担赔偿责任,故律师在制作见证遗嘱时更应严格按照继承法规定操作。例如,许某某诉李某某继承纠纷一案,经一审、二审,最终法院认定见证遗嘱无效,主要原因如下:录音录像无法证明两位见证律师或其他见证人在现场见证,不符合遗嘱形式要件;按继承法和律师见证遗嘱规则的规定，在遗嘱人核对、签名并捺手印后，应当制作谈话笔录，如遗嘱人为危重病人，见证人员在与遗嘱人谈话时，应当录音或录像，但该案未制作谈话笔录也未提供见证书，只提供告知笔录打印件，遗嘱的打印件未表明律师事务所及指派律师身份，也未盖有公章；律师见证费用发票开具时间与见证当日的签收回单注明时间不符等，如(2019)浙0702民初42号、(2019)浙07民终3396号判决。

如图3所示，我们可以发现公证遗嘱无效比例最低，代书遗嘱有效比例最低。虽然法院在审理时非常希望追求被继承人在订立遗嘱时的真实意思表示，但是由于我国对遗嘱规定了严格的形式要件，不符合形式要件的遗嘱，对法官而言也是“巧妇难为无米之炊”。因此呼吁更多的当事人采用公证形式订立遗嘱，以保证遗嘱的有效性，从而能够在百年之后让财产按自己的安排分割，减少继承纠纷。

2. 继承中其他财产约定的占比、效力

据统计(见图4、图5)，其他继承纠纷案件中涉及其他财产分配约定的案件有272个，仅比遗嘱在全部统计样本中的占比低6.7%，而有效适用或部分有效适用的比例总和也达到了73%。由此可见，其他财产约定在其他继承案件判决中也占有不小的作用。其他财产分配约定主要有分家协议、分拍约定、析产契、回迁安置房协议等。很多时候，被继承人书写的材料名称上没有体现遗嘱二字，但材料内容系对家庭内部夫妻双方与多子女之间关于抚养及继承的约定，其虽非遗嘱，但真实体现了被继承人真实意思，各子女遵照执行。法院将按照该约定支持相关继承人的请求。

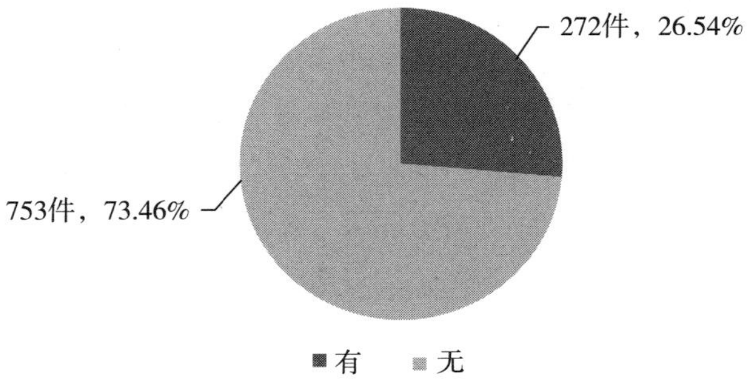

图4　其他财产分配约定占比

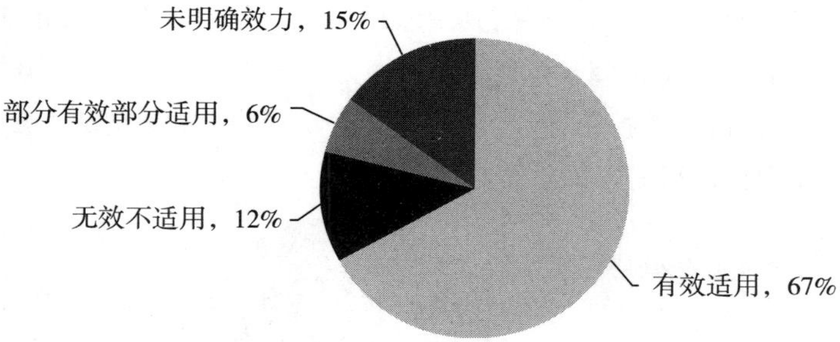

图 5　其他财产分配约定效力

（四）继承份额的认定

在排除遗嘱继承以及存在其他财产约定后，法院对大部分的继承案件判决按法定继承分割遗产。但是对于一些特殊案例，比如履行了较多赡养义务的，因为实施了一些不利于被继承人的行为而减少份额的，下面进行进一步考察。

1. 法院认为其中一个继承人不尽赡养义务，本应减少份额，但考虑到其在被继承人的遗产房屋建造时作出了较大贡献，最后判决对其份额不进行调整，如（2017）浙 06 民终 3409 号判决。

2. 被继承人存在若干未形成抚养关系的继子女，虽然他们不是法定继承人，但法院认为根据《老年人权益保障法》，赡养也包括精神上的慰藉，而精神上的慰藉在老年生活中尤为重要，因此对被继承人尽了精神上的抚养义务的未形成抚养关系的继子女，应当认定其尽了较为重要的抚养义务，并适当多分被继承人的遗产，如（2017）浙 0203 民初 940 号判决。

同时，统计小组发现，法院在审理的过程中有时候会关注各继承人的道德品格。如法院在判文中提到，继承人应本着互谅互让、团结和睦的精神协商处理继承问题，但两次庭审在法官主持下双方均未能达成和解，当事人对纠纷解决态度明显不当，又与娘舅因作证问题发生肢体冲突更为不该，有违法律的规定和社会主义核心价值观，有关责任人应深刻反省和改正，如（2019）浙 02 民终 3265 号判决。

三、继承纠纷中的房屋分割问题

（一）分割原则

根据统计小组对城市商品房、农村自建房以及拆迁安置房三种不同类型房屋的分类考察（见图 6），法院在判决分割房产时主要还是选择适用按比例分割，三类房屋按比例分割的平均占比56.3%,其中农村房屋在分割时按比例分割的占比相对更高,占全部分割方式的65%。判决按比例分割的主要原因有:认为继承纠纷案件仅对权属进行确认不予折价计算、原被告对于房屋价格没有达成一致无法折价补偿、可以在确定比例后另行诉讼等。

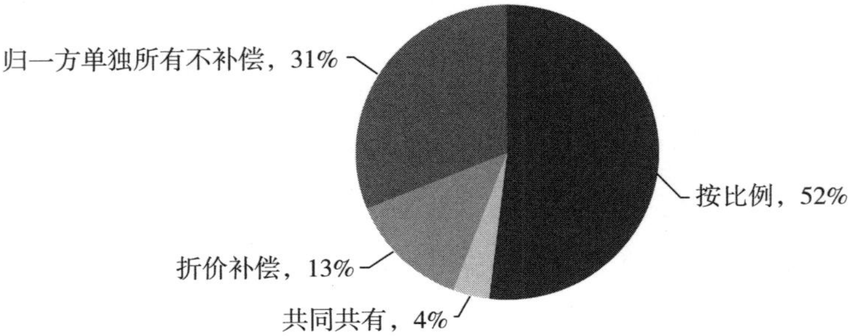

(a) 城市房屋

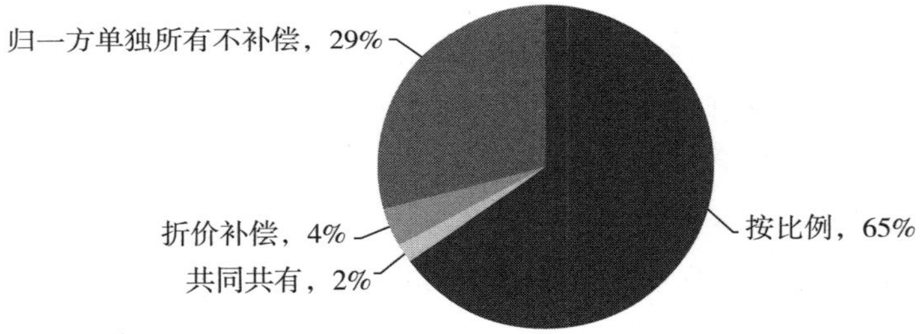

(b) 农村房屋

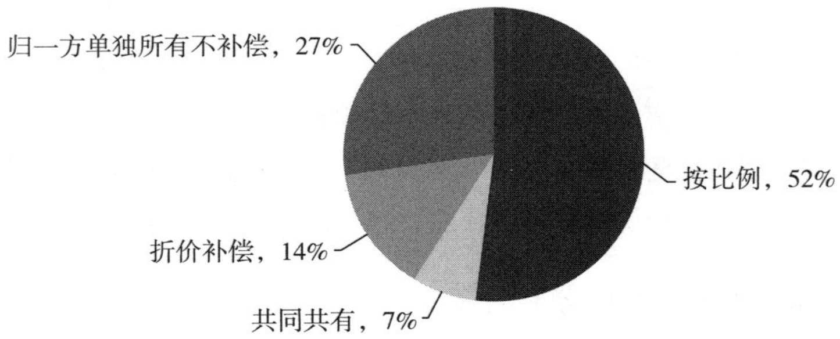

(c) 安置房屋

图6　城市房屋、农村房屋、安置房屋分割方式及占比

(二)其他因素

1. 对协助办理权属变更登记的诉讼请求是否支持?

根据对样本案例的统计,对于办理权属变更登记等诉讼请求,基本上只要原告在诉讼请求中列明协助义务,法院在判项中一般均明确协助义务。但是也有例外,法院认为原告、被告的继承份额确定后,涉案房屋的权属问题即已确定,故驳回协助办理权属变更手续的请求,如(2018)浙1102民初7988号判决、(2019)浙1102民初965号判决、(2019)浙0203民初3529号判决。

2. 继承人在农村房屋建造中的贡献度对继承份额的影响

虽然统计数据中贡献参与度的案例比例(见图7)并不高,只有29.4%,但是这体现了在继承人能够证明自己对被继承人的遗产在建造过程中具有较大贡献度的情况下,法院倾向于适当多分。

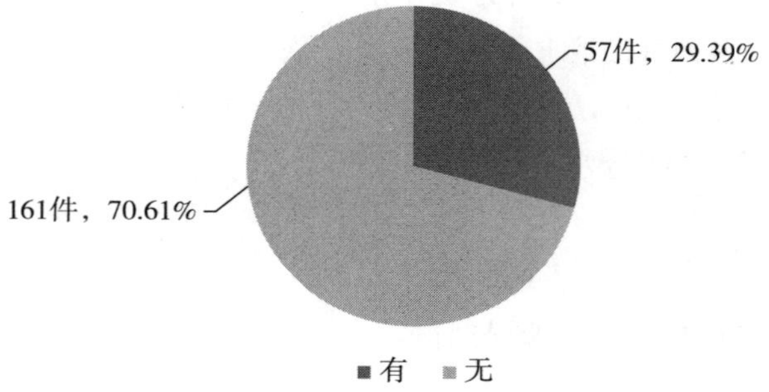

图7 继承人在农村房屋建造中的贡献度

诸暨市人民法院考虑到继承人徐某某、徐某某在案涉房屋建造过程中所作出的贡献和付出较大,对家庭财产的积累贡献较大,予以多分,如(2019)浙0681民初2040号判决。

因建房时继承人姚某某尚未成年,法院酌情予以少分,如(2019)浙0411民初1983号判决。

3. 遗产已拆迁但尚未安置的情况

如遗产确已拆迁并已签订拆迁安置补偿协议,则法院一般判决对拆迁利益进行分割。鉴于案涉房屋已因拆迁被拆除,无法就案涉房屋的份额进行分割,各继承人均主张对案涉房屋的拆迁利益进行分割,法院予以分割,如(2019)浙0681民初2040号判决。

四、分家析产与继承问题

从分析数据中可以看出，近年来浙江省范围内涉及拆迁因素的继承纠纷逐年增加，因拆迁使得农村房屋大幅增值，早已发生的继承，待到十几年甚至二十多年后诉讼至法院，因年代久远，有些家庭成员也已经去世，继而发生代位继承和转继承，使得继承案件财产分割变得更为复杂。由于农村房屋大部分存在多名家庭成员共同审批，系家庭共同财产，根据法律规定，夫妻在婚姻关系存续期间所得的共同所有的财产，除有约定的以外，如果分割遗产，应当先将共同所有的财产的一半分出为配偶所有，其余的为被继承人的遗产，遗产在家庭共有财产之中的，遗产分割时，应当先分出他人的财产，因此法院在继承分割前，会先进行分家析产。

从此次的大数据分析来看，为避免诉累，浙江省的法院在审理兼具分家析产因素的继承案件时，采取一并处理原则。有的法院直接立案由为继承纠纷，有的立案由为析产、继承纠纷，有的立案由为共有分割、继承纠纷。1075 个案件中有 109 件兼具析产与继承，驳回诉讼请求的有 9 件，涉及农村房屋共有权人时先分家析产，再进行继承的有 34 件，城市房屋涉及共有权人时先分家析产，再进行继承的有 20 件，如(2019)浙 09 民终 341 号判决。

五、诉讼时效

(一)关于 20 年的最长诉讼时效

统计小组对样本中第一个死亡的被继承人死亡时间是否超过 20 年进行了统计(见图 8)，共有 54 个案件距第一个被继承人的死亡时间超过 20 年。在这 54 个案件中，有 25 个案件中的当事人提出了超过 20 年最长诉讼时效问题，其中得到法院支持的案件有 10 个，占全部提出超过 20 年诉讼时效案件的 40%。

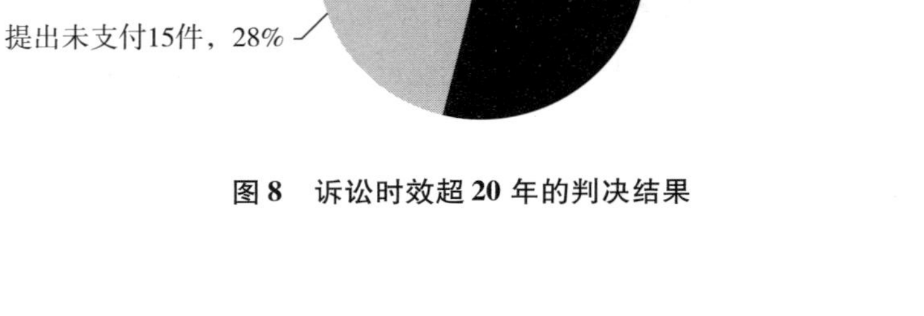

图 8　诉讼时效超 20 年的判决结果

1. 法院认为超过20年诉讼时效不予支持原告诉讼请求的主要理由如下:

(1)《继承法》第8条规定①,继承从被继承人死亡时开始,继承权纠纷提起诉讼的期限为两年,自继承人知道或者应当知道其权利被侵犯之日起计算,但是,自继承开始之日起超过20年的,不得再提起诉讼。法院认为:原告诉请的依据是继承权,应适用上述条文并据此驳回原告诉讼请求,如(2017)浙0624民初2275号、(2017)浙0604民初5736号、(2016)浙0411民初2785号判决。

(2)法院认为对于能否因继承取得相应份额,原告行使的是债权请求权,仍应适用诉讼时效制度,如(2019)浙1023民初4338号判决。

2. 法院认为不能适用20年最长诉讼时效的主要理由如下:

(1)物权说。

法院认为法定继承人未明确表示放弃继承,涉案财产处于法定继承人共同共有之状态,根据最高人民法院《关于继承开始时继承人未表示放弃继承遗产又未分割的可按析产案件处理的批复》,原告对诉争房屋享有的份额在归所有继承人继承后,转化为所有继承人共同共有的状态,物权请求权不应被诉讼时效所阻断,如(2017)浙0602民初10367号判决、(2017)浙0102民初4753号判决、(2019)浙0802民初4783号判决、(2019)浙01民终5694号判决、(2019)浙1102民初272号判决、(2019)浙07民终2190号判决、(2019)浙01民终4024号判决。

(2)权利侵害说。

原房屋在建造后一直未进行过分割确权,一直处于共有状态,被继承人去世后,也未进行过继承分割,继承人的继承权及共有的权利并未并受到侵害,而诉讼时效应当自原告权利被侵害时起计算,如(2019)浙0411民初1983号判决。

(二)关于2年或3年的普通诉讼时效

为了对其他继承纠纷案件中法院是否支持2年或3年普通诉讼时效的裁判规则进行考察(见图9),统计小队对样本中被告对此提出答辩的案件进行了统计,总共有13个案件涉及,其中有11件法院不支持被告关于诉讼时效的抗辩,2件支持被告关于诉讼时效的抗辩。有必要说明一下的是,原《民法通则(试行)》规定的普通诉讼时效为2年,2017年10月1日原《民法总则》施行,普通诉讼时效修改为3年。本次统计样本横跨两个法律,无论是原《民法总则》施行前的2年,还是施行后的3年,都属于对普通诉讼时效的认定规则,在本次统计中加以统计。《民法典》第

① 《继承法》已废止,本条内容参见《民法典》第188条。

188 条规定普通诉讼时效为 3 年。

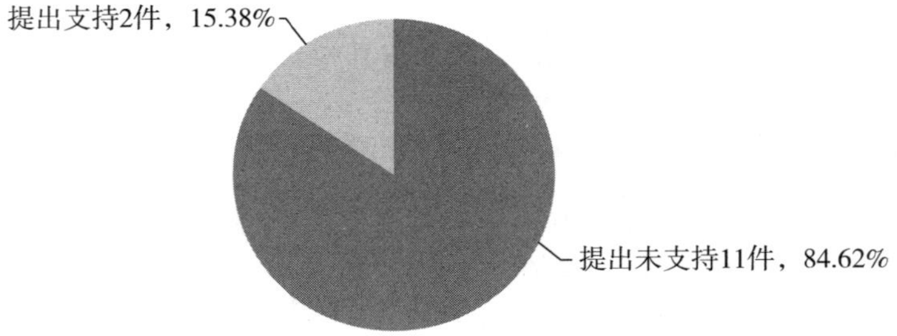

图 9　诉讼时效超 2/3 年的案例判决

1. 法院认为超过 2 年或 3 年诉讼时效不支持原告诉讼请求的主要理由如下：

《继承法》第 8 条①规定，继承权纠纷提起诉讼的期限为两年，自继承人知道或者应当知道其权利被侵犯之日起计算。第 33 条②规定，继承遗产应当清偿被继承人依法应当缴纳的税款和债务，缴纳税款和清偿债务以他的遗产实际价值为限。继承开始之后，当继承人已经有权利对遗产进行处理时，仍未提起诉讼，现原告起诉已经超出法律规定的 2 年诉讼时效，故不支持原告诉讼请求，如(2017)浙 0902 民初 4065 号判决、(2018)浙 0303 民初 960 号判决。

2. 法院认为不能适用 2 年或 3 年诉讼时效的主要理由如下：

(1)被继承死亡后遗产未分割，各继承人均未表示放弃继承，根据《民法典》的规定应视为均已接受继承，遗产属各继承人共同共有。对当事人诉请享有继承权、主张分割遗产的纠纷案件，应参照共有财产分割的原则，不适用有关诉讼时效的规定，如(2016)浙 0681 民初 14396 号判决。

(2)先死亡的被继承人去世已超过 20 年，但被告提出的是超过 2 年诉讼时效的抗辩。法院认为在被继承人死亡后，各继承人均未就如何继承财产作出处理，未发生纠纷，而诉讼时效应当自继承人知道或者应当知道其权利被侵犯之日起计算，故在财产未作处理的情况下，就没有权利侵犯的情况，因此案件的起诉尚未过诉讼时效，如(2017)浙 0784 民初 3626 号判决。

---

① 《继承法》已废止，本条内容参见《民法典》第 188 条。

② 《继承法》已废止，本条内容参见《民法典》第 1159 条、第 1161 条。

安徽省法院审理继承案件裁判要旨总梳理

笔者团队通过“威科先行”数据库，下载了2017～2019年安徽省各级法院审结公布并为威科先行案例库所收录的案由为继承纠纷案件共计1314例(其中，涉及未成年人等不公开因素的案件86例)。通过对以上有效的1228例关于继承纠纷财产处理的判决书进行分析、统计，完成了以下大数据分析报告。

一、继承纠纷中的遗产类型

(一)常见遗产范围情形

1. 遗产是公民死亡时遗留的个人合法财产，一般包括：(1)公民的收入；(2)公民的房屋、储蓄和生活用品；(3)公民的林木、牲畜和家禽；(4)公民的文物、图书资料；(5)法律允许公民所有的生产资料；(6)公民的著作权、专利权中的财产权利；(7)公民的其他合法财产。

2. 最高人民法院《关于适用〈中华人民共和国民法典〉继承编的解释(一)》第2条规定：承包人死亡时尚未取得承包收益的，可以将死者生前对承包所投入的资金和所付出的劳动及其增值和孳息，由发包单位或者接续承包合同的人合理折价、补偿。其价额作为遗产。

3.《公司法》第75条规定：自然人股东死亡后，其合法继承人可以继承股东资格；但是，公司章程另有规定的除外。

(二)不属于遗产范围情形

1. 共有财产中非被继承人的部分不属于遗产。

《民法典》第1153条规定：夫妻共同所有的财产，除有约定的外，遗产分割时，应当先将共同所有的财产的一半分出为配偶所有，其余的为被继承人的遗产。遗产在家庭共有财产之中的，遗产分割时，应当先分出他人的财产。

2. 死亡抚恤金不属于遗产。

死亡抚恤金是被继承人死亡之后产生的，国家或有关单位对死者家属所给予的一种物质帮助和精神抚慰。它不是死者生前遗留的财产，所以不属于遗产。死亡抚恤金应当归近亲属共有，当事人对该金的分割要求属于对共有财产的析产，而非对遗产的继承。但在实务处理中，若当事人在继承案件中提出分割死亡抚恤金的请求，法院从节约诉讼成本考虑都会在继承纠纷案件中参照遗产处理规则一并处理。

在(2018)皖12民终661号判决中,法院认为:抚恤金是死者生前所在单位按照国家有关规定发给其直系亲属、配偶或者生前所抚养的人的金钱形式的抚慰,是死者生前所在单位对死者近亲属的物质帮助和精神抚慰,是职工死亡后才产生的财产,因此抚恤金不是遗产,抚恤金是属于死者近亲属的共有财产。但为了节约诉讼成本、方便处理,在本案中可以比照遗产处理原则一并处理。

二、裁判要旨及案例

(一)遗嘱效力认定的情况

在487例遗嘱继承纠纷案件样本中,法院判决认定遗嘱有效的有267例,占比54.8%;认定遗嘱部分有效的案件180例,占比40%;认定遗嘱无效的案件40例,占比8.2%。由此可见被继承人生前所立的遗嘱大部分都是有效的,法院在处理继承纠纷案件时多数还是尊重被继承人的意愿对其遗产进行依法处理。

在本次数据统计中发现有公证遗嘱被法院认定无效的情况:

在(2018)皖16民终27号判决中:上诉人出示亳州市谯城区公证处(2001)皖亳谯证字第20号公证书以主张按公证遗嘱继承,该公证书落款时间为2001年3月10日。而安徽省司法厅于2002年4月23日作出皖司复〔2002〕13号批复同意成立亳州市谯城区公证处,并明确自2002年5月1日起承办国内公证业务。虽然原审在卷询问笔录中,涉案公证书签名公证员常某认可公证书的真实性,但根据《继承法》第17条①规定,公证遗嘱由遗嘱人经公证机关办理。涉案公证书虽加盖亳州市谯城区公证处印章,但出具时间在亳州市谯城区公证处成立之前,不具有合法性,不能认定涉案公证书具有法律效力。

遗嘱效力问题极为复杂,也容易产生争议。围绕着遗嘱的形式要件以及实质要件,当事人均可能会提出诸多争议,关于遗嘱的形式要件的争议一般围绕着遗嘱是否符合法律规定的形式,比如,代书遗嘱是否具有法律要求的两名以上无利害关系的见证人,口头遗嘱是否存在遗嘱人面临紧急情况且之后不能再立遗嘱的情形。遗嘱实质要件的争议主要体现在遗嘱人订立遗嘱时是否具有完全民事行为能力,遗嘱是否是当事人真实的意思表示,是否存在欺诈胁迫的情形,等等。

---

① 《继续法》已废止,本条内容参见《民法典》第1133条。

(二)继承中的债务清偿问题

1. 继承中的债务清偿一般原则

本次采集的继承纠纷案件中有被继承人债务清偿纠纷案件300例,在综合分析之后统计出,继承案件中的债务清偿原则一般分为三类,其中判决"父债子偿"的案件有53例,占比17.6%;"夫债妻偿"的案件6例,占比2%;剩余241例为"谁继承谁偿还"案件,占比80.4%。可见法院在审理此类案件时还是法情并融,既考虑现实又考虑人情,将被继承人生前所欠债务的偿还责任判给继承人。

"父债子偿""夫债妻偿"乃中国传统文化中一直以来坚持的家庭观念、朴素的债务处理方式;而现实中处理债务所遵循的原则一般是"谁继承,谁偿还",即在纠纷中有书面放弃继承权的,也不能免除清偿债务的责任。以下案例即是此种情况:

在(2017)皖1522民初3911号判决中:被继承人的父母(本案被告)书面放弃继承权,但是法院仍然判决其在应当继承的遗产范围内同其他继承人一样,承担债务清偿责任。判决理由如下:被告江某、臧某(本案被继承人父母),虽书面表示放弃对臧某(被继承人)遗产继承,但不能证明原告债权实现前,两被告确实放弃了继承,因而,仍应负有向原告清偿债务之义务。

2. 遗产所清偿债务的范围

根据我国《民法典》及相关司法解释的规定,遗产所清偿的债务主要是以下几类:

(1)被继承人生前依照税收法规应当缴纳的各种税款,如个人所得税、车船使用税、营业税等。

(2)被继承人生前因未履行合同所负的债务,如买卖合同中未支付的货款、借贷合同中未偿还的本息等。

(3)被继承人生前因实施侵权行为而对受害方所承担的损害赔偿的债务。

(4)被继承人生前因实施不当得利而负担的返还不当得利的债务。

(5)被继承人生前因是无因管理的受益人,而对管理人所承担的补偿其必要费用的债务。

(6)其他应由被继承人承担的债务,如个人合伙或合伙企业的债务中,属于被继承人应当承担的部分;又如,夫妻为共同生活所负的债务,应当共同偿还。

（三）继承纠纷遗产处理中分配的份额问题

1. 遗产继承分配的份额

从本次大数据的统计数据看，大部分的遗产是按照法定继承和遗嘱继承进行遗产分配的。大部分遗产分配是按照均等分配的，均等分配也是法定继承纠纷处理遗产的一般原则。

遗产分配份额问题，主要体现在有多位继承人时，各继承人的份额应该如何分配？

在认定案件审理法官多分、少分或者不分的主要法律依据是《继承法》第 13 条①的规定：同一顺序继承人继承遗产的份额，一般应当均等。对生活有特殊困难的缺乏劳动能力的继承人，分配遗产时，应当予以照顾。对被继承人尽了主要扶养义务或者与被继承人共同生活的继承人，分配遗产时，可以多分。有扶养能力和有扶养条件的继承人，不尽扶养义务的，分配遗产时，应当不分或者少分。继承人协商同意的，也可以不均等。

2. 对特殊群体继承人的照顾

在具体的审判实务中，对继承人中存在未成年人、肢体残疾、无劳动能力、对被继承人生前依赖性较大、遗腹子等特殊群体的案件，法院并不是全部都予以照顾和多分。通过对存在特殊群体的继承人案件进行单独统计，有 79% 的案件仍然按照一般原则进行平均分配遗产，对特殊群体进行照顾多分的案件只占 21% 。特殊群体多分的案例：

在（2019）皖 0104 民初 5336 号判决中，法院认为：原告肢体残疾、患有严重疾病，属于生活有特殊困难的缺乏劳动能力的继承人，分配遗产时应予以多分，故判决认定案涉房屋 90% 产权归原告所有。

3. 对被继承人的经济依赖程度较小的少分遗产

在（2018）皖 1125 民初 646 号判决中，法院认定：在所有继承人中，对被继承人的经济依赖程度较大以及和被继承人生活紧密程度较大的，可予以多分。而该案被继承人去世时，其父亲尚有退休工资且还有其他四个子女赡养，对被继承人的经济依赖程度较小，可予以少分。

4. 可以多分却因继承人自身条件未能多分

在（2018）皖 0202 民初 3089 号判决中：原《继承法》虽然规定对被继承人尽了

① 《继承法》已废止，本条内容参见《民法典》第 1130 条。

主要扶养义务或者与被继承人共同生活的继承人，分配遗产时，可以多分。但该条并非规定必须多分，且在该案件中闫某（继承人3）存在没有如实陈述房产情况，郑某1（继承人1）每个月已有海螺型材支付固定抚养费，郑某2（继承人2）有固定的工作及工资收入来源等情形，故均无须多分。

该判决做法十分新颖，同时具有一定的指导性价值，即虽然法律规定对被继承人尽了主要扶养义务或者与被继承人共同生活的继承人，可以多分，但法院可以根据继承人的具体条件和对遗产的需求等情况，根据综合情况自由裁量依法判决不予多分。

5. 遗腹子同样具有继承权

根据《继承法》第28条①的规定：遗产分割时，应当保留胎儿的继承份额。胎儿出生时是死体的，保留的份额按照法定继承办理。

在(2018)皖1702民初2068号判决中：原告江某、唐某与被告方某法定继承纠纷一案，因本案继承人之一的唐某怀有被继承人××的遗腹子，由于胎儿尚不具有民事权利主体资格，故胎儿并不具有继承权，但为了保护胎儿的权益，应当为胎儿保留其继承份额。故法院判决1/8的遗产份额为唐某腹中胎儿保留。

（四）特殊财产的继承

被继承人所获的勋章是荣誉，是精神财富，理应代代传承下去，这就是家风家教的永续传承。

在(2017)皖0202民初2207号判决中：被继承人刘某3生前获有勋章。对于勋章的数量，虽然原告庭后表示共计7枚，但在庭审过程中，原告认可被告出示照片中的勋章均由其保管，依据照片显示勋章为8枚，故法院认定勋章数量应认定为8枚。勋章作为被继承人生前所获得荣誉的一种载体，更多的是寄托了子女对被继承人的一种怀念。综合勋章的情况，法院酌定8枚勋章中的全国人民慰问人民解放军代表团赠纪念章、华北解放纪念章、解放海南岛纪念章及不知名纪念章各一枚，归原告所有；中华人民共和国成立60周年纪念章、解放华中南纪念章、解放东北纪念章及解放奖章各一枚归被告所有。上述勋章现保存于原告处，故原告应当将应归被告所有的上述勋章给付被告。据此，依照《继承法》第3条②、第5条③、第7条④、第

① 《继续法》已废止，本条内容参见《民法典》第1155条。
② 《继承法》已废止，本条内容参见《民法典》第1122条。
③ 《继续法》已废止，本条内容参见《民法典》第1123条。
④ 《继续法》已废止，本条内容参见《民法典》第1125条。

10 条①、第 13 条第 1 款②、第 25 条第 1 款③,2017 年《民事诉讼法》第 64 条第 1 款,最高人民法院《关于适用〈中华人民共和国民事诉讼法〉的解释》第 90 条之规定,法院判决如下:(1)位于安徽省芜湖市镜湖区北京路市公安局宿舍房屋由原告刘某 1 与被告刘某 2 各享有 50% 产权;(2)被继承人刘某 3 银行存款 212,668.6 元(含被告刘某 2 已取出的 201,809 元)及报销医疗费 21,008.2 元,归被告刘某 2 所有,被告刘某 2 在本判决生效之日起 10 日内支付原告刘某 1,116,838.4 元;(3)被继承人刘某 3 生前所获的全国人民慰问人民解放军代表团赠纪念章、华北解放纪念章、解放海南岛纪念章及不知名纪念章各一枚,归原告刘某 1 所有,中华人民共和国成立 60 周年纪念章、解放华中南纪念章、解放东北纪念章及解放奖章各一枚归被告刘某 2 所有。原告刘某 1 于本判决生效之日起 10 日内将中华人民共和国成立 60 周年纪念章、解放华中南纪念章、解放东北纪念章及解放奖章给付被告刘某 2。

三、律师建议

生前对财富进行规划并留有遗嘱是财富顺利传承的必要条件。

1. 财富传承,通常是使用遗嘱的方式,该方式不但能减少亲人之间的纷争,也是目前最简单、直接的传承财富的方式。其体现了被继承人的自由意志,通过遗嘱,被继承人可以就遗产继承人的范围、继承的份额、继承的顺序等各项内容作出自由具体明确安排。

2. 遗嘱的订立,必须要有专业人员参与,并采取适当方式妥善保管。

遗嘱的订立,不是遗嘱人简单表达自己分配遗产的意愿就可以了。签订一份有效、便于执行无争议的遗嘱,需要专业人员给予必要的指导,也可以到公证机关进行公证,也可以到民间遗嘱库机构进行立遗嘱,并由以上相关单位进行有效的保管遗嘱。

3. 财富的传承,当下早已不仅仅限于遗嘱这一种方式,现有更多使财富有效增值并无忧的传承新产品组合,这些可以更加充分发挥财富增值效用原则。

在大数据分析统计中,我们寻找到了一份珍贵的礼物:最深情最温暖的亲情忠告。现将其作为结语分享给大家,愿我们永远铭记。

在(2017)皖 1502 民初 6461 号判决中:亲情,是世界上最珍贵、最难舍的,但也

---

① 《继续法》已废止,本条内容参见《民法典》第 1127 条。

② 《继续法》已废止,本条内容参见《民法典》第 1130 条第 1 款。

③ 《继续法》已废止,本条内容参见《民法典》第 1124 条第 1 款。

不是无坚不摧的，一旦出现裂缝，也不易恢复原貌；不论是谁对不起谁，那裂缝都会如同两面刃，一面伤人，一面伤己。作为同胞生的兄弟姐妹，应当本着互谅互让、团结和睦的精神，协商处理好遗产分割问题，珍惜现在所拥有的世界上最珍贵的东西。

福建省法院审理继承案件裁判要旨总梳理

第一部分:继承析产纠纷编

一、统计样本

1. 案例来源:Alpha 案例库。

2. 裁判年份:2017 ~ 2019 年。

3. 地域:福建省。

4. 案由:继承纠纷。

5. 搜索获取判决书数量:1045 份判决书。

6. 纳入分析的样本数量:991 份[删除文书无内容案例、重复案例、不涉及遗产纠纷的继承类案件(如确认继承人资格、解除收养关系等)]。

二、遗嘱继承裁判要旨

《民法典》继承编规定,继承开始后,按照法定继承办理;有遗嘱的,按照遗嘱继承或者遗赠办理;有遗赠扶养协议的,按照协议办理。同时规定,公民可以立遗嘱将个人财产指定由法定继承人的一人或者数人继承。公民可以立遗嘱将个人财产赠给国家、集体或者法定继承人以外的人。遗嘱的形式有公证遗嘱、自书遗嘱、代书遗嘱、录音遗嘱、口头遗嘱。

在 991 份判决书样本中,涉及以遗嘱、遗赠协议、遗赠扶养协议或者其他财产协议进行财产安排的有 421 份,占全部继承案件的 42.3%。这一数据表明,老百姓的法律意识不断增强,开始对身后事进行提前安排。其中,被继承人有订立遗嘱的判决书有 315 份(其中公证遗嘱有 83 份,自书遗嘱 111 份,代书遗嘱 113 份,录音遗嘱 3 份,口头遗嘱 5 份),涉及遗赠协议的有 23 份,涉及遗赠扶养协议的有 3 份,涉及其他财产分配的协议(如协议、分家契约等)有 80 份。

(一)共同遗嘱效力裁判要旨

本次统计样本中有 15 份判决书中的被继承人夫妻订立了共同遗嘱。共同遗嘱虽不是原《继承法》及现行《民法典》继承编规定的遗嘱类型,但又大量存在于现实生活中。由于我国《民法典》继承编规定的遗嘱形式属于效力性强制性规定,因此在认定共同遗嘱的性质和效力、生效时间,以及共同遗嘱能否变更、撤销等问题上,司法裁判出现较大的分歧。我们针对上述三个问题进行梳理，总结裁判规则。

1. 共同遗嘱的性质与效力问题

经过统计发现，统计样本判决书中有 15 份存在共同遗嘱，被法院认定有效的有 13 份，被认定无效的有 1 份，被认定部分有效部分无效的有 1 份。可见，福建省大部分法院认可共同遗嘱的效力。

由夫妻一人书写遗嘱主体内容，两人共同签名的共同遗嘱的性质与效力认定问题在实务界争议较大。通过统计发现，福建省大部分法院认为：虽然我国法律没有明确规定共同遗嘱，但原《继承法》亦未对夫妻的共同遗嘱作出禁止性规定，由夫妻一人书写遗嘱主体内容，两人共同签名的共同遗嘱，只要符合订立遗嘱夫妻的真实意思表示，即认定有效。然而，在（2018）闽 0722 民初 436 号判决中，南平市浦城县人民法院认为：如果共同遗嘱由一个遗嘱人书写遗嘱主体内容并签名，另一个遗嘱人仅在遗嘱上签名，这种情况下共同遗嘱相对于书写主体内容并签名的遗嘱人而言是自书遗嘱，相对于没有书写只签名的遗嘱人而言就是代书遗嘱，这是两种不同的遗嘱性质。自书遗嘱因符合原《继承法》关于自书遗嘱的形式要求，应当认定有效，代书遗嘱因不符合原《继承法》关于代书遗嘱的形式要求，应当认定无效，所以共同遗嘱部分有效部分无效。

2. 共同遗嘱的生效问题

在（2018）闽 01 民终 4464 号判决中，法院经审理认为：王某某与郑某在协议书中关于“我们两人百年之后，房产归郑某女儿继承所得”的遗嘱约定，系附期限的民事法律行为。继承或遗赠依法从被继承人死亡之时开始，不因约定而延时发生。无论黄某何时继承，该房屋最终应归黄某所有，且该房屋另一产权人郑某同意黄某继承王某某份额并办理产权变更登记。王某某死亡后即由黄某取得该房屋产权符合郑某意愿，变更登记既不会侵害郑某利益，也未侵害第三人合法权益。因此，根据协议书关于双方百年后案涉房屋产权归黄某继承的约定，在王某某死亡后，即可由黄某继承王某某的遗产份额，对原判决关于应当在被继承人夫妻双方都死亡以后才能发生法律效力的意见不予支持。

裁判要旨：继承或遗赠依法从被继承人死亡之时开始，不因约定而延时发生。共同遗嘱在一方逝世后，已逝一方的遗嘱部分生效。

3. 在世一方能否变更已逝一方遗嘱内容的问题

在（2015）厦民终字第 4619 号判决中，法院经审理认为：施某、方某订立共同遗嘱，约定“夫妻二人百年以后，名下三套房产由子女四人平均分配。只要我们二位老人有一人健在，健在的人仍自行行使这三套房产的权利，但不得变更本遗嘱的内容”。施某、方某所立遗嘱属于共同遗嘱,合法有效,对遗嘱人施某及方某均具有法律约束力,仅得由共同遗嘱人共同变更或撤销。虽然遗嘱约定,健在的人有自行行使案涉三套房产的权利,但该权利的行使有限制条件,即不得变更本遗嘱的内容。现方某起诉要求按照法定继承分割案涉房产,实质上已变更了共同遗嘱中关于案涉房产在夫妻百年之后由子女施某1、施某3、施某2、儿子施某4四人平均继承的约定。因此,方某要求分割案涉房产的请求,违背了其与施某共同所立遗嘱的内容,本院依法不予支持。

裁判要旨:共同遗嘱对两位遗嘱人均具有法律约束力,需由共同遗嘱人共同变更或撤销,一人无权单独变更。

在(2018)闽0111民初1131号判决中,法院经审理认为:张某、陈某在1999年9月28日订立公证遗嘱,约定“在我们二人去世后,诉争房产全部由张某1继承,他人不得干涉”。陈某去世后,张某于2001年12月14日订立公证遗嘱一份,内容为:“待本人过世后,诉争房产属于本人的产权份额全部由次女张某勤继承,其他子女不得干涉。”张某、陈某于1999年9月28日订立的公证遗嘱及张某于2001年12月14日订立的公证遗嘱,均合法有效。张某有权对其之前订立遗嘱的部分内容进行变更,两份遗嘱存在抵触的部分应以最后一份遗嘱为准。

裁判要旨:在世的共同遗嘱人有权对之前订立遗嘱的部分内容进行变更,两份遗嘱存在抵触的部分,应以最后一份遗嘱为准。

通过分析上述两个案例可以发现,若共同遗嘱明确约定“不得变更遗嘱的内容”,人民法院倾向于认为:共同遗嘱人无权单独变更。

(二)涉外遗嘱效力裁判要旨

1. 判断涉外遗嘱效力,需要根据《涉外民事关系法律适用法》选择适用的法律。我国《涉外民事关系法律适用法》第33条规定,遗嘱效力,适用遗嘱人立遗嘱时或者死亡时经常居所地法律或者国籍国法律。

2. 向我国法院提交国外形成的遗嘱必须根据我国法律规定履行相关的证明手续。

根据最高人民法院《关于民事诉讼证据的若干规定》第16条第3款的规定,“当事人向人民法院提供的证据是在香港、澳门、台湾地区形成的,应当履行相关的证明手续”,方可发生证据的证明力。若遗嘱在我国台湾地区、香港特区、澳门特区订立,则处理如下:

(1)我国台湾地区:依据1993年4月29日两岸签署的《两岸公证书使用查证协

议》,由中国公证员协会或省、自治区、直辖市公证员协会向海峡交流基金会联系寄送公证书副本和查证公证书,内容相同的可予以认定。

(2)香港特区:依据最高人民法院、司法部联合发布的《关于涉港公证文书效力问题的通知》(司发通〔1996〕026 号),要求当事人提交中国委托公证人(香港)出具并经司法部中国法律服务(香港)有限公司审核加章转递的公证证明,否则不具有证明效力。

(3)澳门特区:需经中国法律服务(澳门)有限公司和澳门司法事务室下属的 4 个民事登记局出具公证证明,方具有证明效力。

3. 遗嘱人必须对财产有处分权,财产是其个人财产不是夫妻共同财产或者他人的财产。

在(2016)闽 0524 民初 5878 号判决中,判定涉案遗嘱是否合法有效,关键在于是适用内地法律,还是适用香港特区法律?由于本案双方当事人均为香港特区永久性居民,且常住于香港特区,双方所发生的民事关系应认定为涉外民事关系。根据《涉外民事关系法律适用法》第 12 条、第 32 条、第 33 条规定,我国对涉外遗嘱继承明确规定了遗嘱继承规范采用属人法或被继承人本国法或被继承人经常居所地法、惯常住所地法。而本案的遗嘱人黄某 6 为香港特区永久性居民,且在香港特区居住,立遗嘱(遗嘱行为地)及死亡时的经常居所地均为香港特区,故判定黄某 6 所立遗嘱是否合法有效,应适用香港特区法律。

现黄某 5 所提供的黄某 6 遗嘱,不仅有香港执业律师涂谨中、社区干事戴艳芳的见证,遗嘱明确声明"本遗嘱系应根据香港法律处理",且该遗嘱具有司法部委托公证人出具的公证文书,经香港特别行政区高等法院原讼法庭进行认证,遗嘱的内容符合香港特别行政区法例,不具有违法性。

遗嘱经香港特别行政区高等法院原讼法庭进行认证,且也不违背我国关于涉外遗嘱继承的法律规定,黄某 5 作为遗嘱指定的唯一执行人,又根据我国法律规定履行了相关的证明手续,该遗嘱合法有效,依法予以确认。

关于涉案房屋的产权归属问题。根据《涉外民事关系法律适用法》第 24 条规定的"夫妻财产关系,当事人可以协议选择适用一方当事人经常居所地法律、国籍国法律或者主要财产所在地法律。当事人没有选择的,适用共同经常居所地法律……"显然如果黄某 6 与谢某双方均健在的,可以协议选择适用不同国家(地区)的法律,但现在黄某 6 已经死亡,谢某无法单方面选择适用法律,只能适用他们共同的经常居所地法律,即中国香港特区的法律。案涉房产登记在黄某 6 一人名下,根据《香港法例》第 182 章《已婚者地位条例》中规定的夫妻财产实行的是财产分别制,故黄某6名下的财产属于黄某6的个人财产,而非黄某6与谢某的夫妻共同财产。

故黄某6在香港特区订立遗嘱指定涉案房产由黄某5一人继承,合法有效。

(三)公证遗嘱效力裁判要旨

通过统计发现,被继承人订立公证遗嘱仅83份,占全部遗嘱的26.4%,这说明公证遗嘱的普及率还不高。而公证遗嘱被法院认定有效的有69份,认定无效的有6份,认定部分有效部分无效的有8份,有效率达83.1%。

进一步分析我们发现,公证遗嘱被认定无效或部分无效的主要原因是:

1. 遗嘱人对财产没有(或部分没有)处分权,比如,在遗嘱中处分属于配偶或其他家庭成员的财产或者已经存在其他处分财产的协议。

2. 涉案遗产在继承发生之前已经不在被继承人名下,或继承发生前各继承人之间达成分家析产的协议。

3. 遗嘱没有为缺乏劳动能力又没有生活来源的继承人保留份额。

(四)自书遗嘱效力裁判要旨

自书遗嘱既是最常见的遗嘱类型之一,也是遗嘱中订立简便、成本最低的一种,但也是存在较大风险的遗嘱类型。实践中经常出现因为自书遗嘱形式要件有瑕疵,或者遗嘱用词存在歧义直接影响遗嘱的效力等情形。本次统计样本中有111份判决书中的被继承人订立了自书遗嘱,其中被认定为有效遗嘱的判决书有82份,被认定为无效遗嘱的判决书有14份,被认定为遗嘱部分有效部分无效的判决书有15份。我们从自书遗嘱无效的案例中总结出自书遗嘱被认定无效的裁判要旨,以便订立自书遗嘱人防范风险。

1. 因遗嘱形式不规范,没有亲笔书写、签名或没有注明年、月、日导致遗嘱无效。对于打印的自书遗嘱,如果有证据证明遗嘱系遗嘱人自行打印,有其他证据印证遗嘱内容系遗嘱人的真实意思表示,部分法院倾向于认可遗嘱的效力。

2. 因遗嘱处分他人财产导致遗嘱无效。

3. 因遗嘱未对缺乏劳动能力又没有生活来源的继承人保留必要的遗产份额,遗嘱部分无效。

4. 因遗嘱内容意思表达不准确导致遗嘱无效。

在(2017)闽0402民初1357号判决中,法院经审理认为:胡某某在《我的留言》中写道:“我决定,房子给德旺(郭某1)住,你们就不必争吵了,培儒的950元钱,由住房的出，建华、宝林分。”遗嘱中所写的“让某某住”或者“交由某某”处理，未明确诉争产权归属，不应认定诉争产权按自书遗嘱进行处理。

在（2017）闽02民终4545号判决中，法院经审理认为：陈某泰于2015年2月22日出具的书面字据：“故宫路××号之六××室交由庄某1处理，房产证交庄某1处理”，仅能体现的内容为陈某泰愿将故宫路房产交由庄某1处理。然而，“处理”并非明确的法律概念，即便其文义亦无法体现包含有“赠与”的意思表示。陈某泰在同一时期相继出具了赠与书与字据、《申明》，它们的措辞却明显不同，其中赠与书直接写明赠与房产，而字据未使用“赠与”或相关的表述，这可以反映出陈某泰对两套房产作出了不同的意思表示，应认定“处理”不包含“赠与”的意思表示。

（五）代书遗嘱效力裁判要旨

统计样本中订立代书遗嘱的判决书有113份，其中被法院认定有效的有75份，认定无效的有31份，被认定部分有效部分无效的有7份。代书遗嘱无效率达33.6%。究其缘由是法律对代书遗嘱的形式做了明确规定，即需要两个无利害关系的见证人在场见证，其中一人根据遗嘱人意思书写遗嘱，遗嘱人、两个见证人在遗嘱上签名。代书遗嘱缺少以上任一环节，遗嘱都可能被认定为无效。

随着科技的进步，电脑打印已代替大部分书写工作，成为主要的书写方式，打印遗嘱也越来越多。对于以电脑打印代替手工书写的代书遗嘱，福建各地区人民法院是如何认定效力的呢？

通过统计分析我们发现，如果打印的代书遗嘱符合法律规定的形式要件，即两个无利害关系的见证人见证遗嘱订立过程，其中一人根据遗嘱人的真实意思表示制作打印遗嘱，遗嘱人、两个见证人在遗嘱上签名，绝大部分法院则认可打印的代书遗嘱效力，不因遗嘱形式瑕疵而否定遗嘱的效力。

在（2017）闽01民终4136号判决中，代书遗嘱作为遗嘱的一种，其最终发生效力的是遗嘱本身，而不是代书行为。原《继承法》要求代书遗嘱应当有两个以上无利害关系见证人在场见证，其目的在于确认遗嘱的真实性以保障继承人的合法权益。现遗嘱证明人李某、孙某已确认遗嘱上系吴某本人签名或盖手印，并确认系吴某本人要求其帮忙予以证明，因此，可确认该遗嘱系吴某本人的真实意思表示。代书遗嘱在形式上存在瑕疵，并不必然导致遗嘱无效。

（六）律师见证遗嘱效力裁判要旨

统计样本中，代书遗嘱有113份，其中代书遗嘱由律师见证的有41份。律师见证遗嘱被认定无效的有4份,其中因代书遗嘱不符合法律规定的形式要件而被认定无效的有2份。

分析两份律师见证遗嘱被认定无效的判决书,我们总结导致律师见证遗嘱无效的风险点有:

1. 委托人非立遗嘱本人,而是与该遗嘱存在利害关系的遗嘱受益人。

2. 虽然遗嘱有两个见证律师签名,但现场只有一名律师进行见证。

3. 在律所之外的场所会见遗嘱人,没有制作询问笔录,没有现场制作遗嘱,凭回忆打印遗嘱后再让遗嘱人签名。

4. 遗嘱人年龄较大,健康情况、精神状况较差,没有确认遗嘱人能否真实表达意见。

5. 未审核遗嘱人是否处分了他人财产。

(七)口头遗嘱效力裁判要旨

我国的《民法典》对订立口头遗嘱有非常严格的规定,订立口头遗嘱必须在"危急情况"且有两个以上见证人在场,一旦"危急情况"解除,所立的口头遗嘱无效。在实务中,口头遗嘱被认定无效的概率极高。本次统计样本中有5份判决书继承人主张有口头遗嘱,2份判决书口头遗嘱被认定有效(其中1份判决书其他继承人对口头遗嘱无异议,法院予认定;1份判决书其他继承人并不认可口头遗嘱的效力,法院通过分析在案证据,最终认定口头遗嘱有效,该案有一定现实的借鉴意义)。

在(2016)闽0102民初6140号判决中,关于三原告提交的"手书口述遗嘱",被告认为非其母亲陈某娇亲自书写,不予认可。法院分析如下:

其一,《继承法》第17条①规定,遗嘱人在危急情况下,可以立口头遗嘱。口头遗嘱应当有两个以上见证人在场见证。危急情况解除后,遗嘱人能够用书面或者录音形式立遗嘱的,所立的口头遗嘱无效。

其二,就本案来说,原告主张的"手书口述遗嘱"形成于2016年5月30日,遗嘱人陈某娇于2016年6月1日因病逝世,期间间隔仅有两天,可以认定为情况危急,符合立口头遗嘱的条件。

其三,陈某娇逝世前所就诊医院福建中医药大学附属第二人民医院2016年6月1日的出院记录上载明,"查体……神志清楚"。因此陈某娇在2016年5月30日有立遗嘱的行为能力。

---

① 《继承法》已废止,本条内容参见《民法典》第1134~1139条。

其四，陈某俤、全某妫、陈某月、陈某金作为“手书口述遗嘱”见证人，虽与原告、被告均有亲属关系，但是并非本案遗产的继承人，并无证据证明与继承人存在利害关系。上述见证人能够到庭作证，并能陈述“手书口述遗嘱”的形成过程，内容大致相符，故本院依法确认上述见证人陈述属实。

基于上述分析，本院认为：三原告提交的“手书口述遗嘱”所记载的口头遗嘱，有相关证人证言予以证明，内容属实，所立遗嘱过程并无违反法律法规的相关规定，本院依法认定该口头遗嘱合法有效。

（八）数份遗嘱冲突裁判要旨

本次统计样本中有30份判决书被继承人前后立有多份遗嘱，各法院均根据法律规定，以最后所立遗嘱为准，如果有公证遗嘱的，则以最后一份公证遗嘱为准。当然，《民法典》已经取消了公证遗嘱的优先效力，所以此后也不存在公证遗嘱效力优先的问题。

但对于被继承人在短时间内分别签署多份内容截然相反的遗嘱，人民法院认为：因无法确认立遗嘱本人真实意愿，对数份遗嘱均不采纳，按法定继承予以分割。

在（2019）闽02民终1269号判决中，双方各提供的遗嘱和声明，均产生于钟某某病重期间，且在短时间内钟某某分别签署多份打印生成的且内容截然相反的遗嘱及声明，难以确认系钟某某本人的真实意愿。一审法院审理认为：钟某某针对讼争房产份额分配及遗嘱等内容分别于不同场合作出不同的声明陈述，且其陈述并无其他证据加以佐证，对双方各自提供的遗嘱及声明均不予采纳，符合实际情况，本院予以支持。故对钟某某的遗产按法定继承予以分割。

（九）遗嘱性条款效力裁判要旨

本次统计中有1份判决书中夫妻双方在离婚时约定，男方名下的房产在其百年之后归女儿所有。男方去世后，女儿起诉要求继承房产，法院经审理驳回了女儿的诉讼请求。

在（2019）闽06民终911号判决中，1994年7月28日，李某施与陈某根在离婚登记申请书财产处理一栏载明：漳州市行政干校三楼宿舍一套归陈某根。其他协议载明：漳州市干校三楼宿舍一套，陈某根百年以后产权及使用权全部由女儿陈某继承。上述内容均由李某施书写，陈某根及李某施在该离婚登记申请书上签名。同日，李某施与陈某根达成协议附件：若离婚后陈某根再婚，干校宿舍要由再婚后夫妻住至百年以后由陈某继承。该协议内容亦由李某施书写，李某施、陈某根均在该协议附件上签名。

本案中,李某施与陈某根约定的是对夫妻共有财产的分割,即讼争房屋归陈某根所有,但附有陈某根将来应通过遗嘱继承的方式将讼争房屋指定由婚生女陈某继承等条件,而不是直接体现为陈某根立下的遗嘱。陈某根并未根据离婚协议的约定立下遗嘱指定由陈某继承讼争房屋,故陈某主张根据遗嘱继承讼争房屋,该房屋应归其所有,亦没有事实依据,不予采纳。但离婚协议对于双方均有拘束力,若陈某根违背离婚协议及其附件的义务另立遗嘱由他人继承,李某施有权根据协议对其提起诉讼主张权利。

裁判要旨:离婚协议是离婚双方当事人的一致意思表示,包括夫妻双方关于解除婚姻关系、关于离婚后财产分割等的合意。遗嘱是公民生前按照法律规定的方式将其个人财产指定由法定继承人的一人或者数人继承的民事法律行为。离婚协议与遗嘱是不同的法律关系,当事人未依据离婚协议立下遗嘱的,不发生遗嘱的法律效力。

三、福建省继承析产裁判要旨

《民法典》第 1153 条规定,夫妻共同所有的财产,除有约定的外,遗产分割时,应当先将共同所有的财产的一半分出为配偶所有,其余的为被继承人的遗产。遗产在家庭共有财产之中的,遗产分割时,应当先分出他人的财产。因此,在处理被继承人遗产时,福建省各地区人民法院无一例外对继承人主张继承的遗产是属于被继承人的个人财产还是被继承人的夫妻共同财产或是家庭共有财产进行分析。对于处理超出被继承人个人财产范围的遗嘱,认定部分无效。

(一)房产的继承裁判要旨

房产作为国人拥有的最普遍、价值高的财产类型,涉及房产的继承纠纷案件数量最多,相较于其他财产类型出现的情况也更加复杂多样,尤其是特殊房产的处理。本次统计样本涉及房产继承析产的判决书有 826 份,占全部继承析产案件的 83.5%。其中被继承人拥有一套房产的有 658 份,占比 79.7%;拥有 2 套住房的有 84 份;拥有 3 套及以上房产的有 84 份。统计样本中甚至有被继承人拥有房产高达 15 套。通过统计分析,我们针对比较特殊的按揭房、争议比较大的农村自建房、房改房总结裁判要旨。

1. 商品房的继承裁判要旨

(1)对于被继承人有多套房屋的,人民法院根据房屋价值、各继承人所占份额,进行实物分割，差价部分予以补偿。如果仅有唯一住房，部分法院仅确认各继承人享有的份额，不做实物分割。大部分法院会参照房屋使用现状，按照有利于生产、方便生活原则，判决房屋归部分继承人所有，由取得房屋的继承人折价补偿其他继承人。

（2）被继承人婚前购买按揭房的继承规则

由于案涉房产系被继承人的个人财产，但婚姻关系存续期间所还贷部分及相对应增值部分属于夫妻共同财产，对于该部分应分出一半归配偶所有后，再予以继承分割，如（2019）闽01民终2960号判决。

2. 农村自建房的继承裁判要旨

我国农村实行“一户一宅”，很多房产虽然登记在一人名下，但系家庭成员共同所有，有的旧房翻新，有的没有合法批建手续，情况复杂。我们通过案例分析，对多种类型农村自建房的继承规则进行梳理。

（1）有产权的农村自建房继承析产方式。

①可以实物分割的，人民法院判决确定各继承人享有的份额，参照房屋现状，按照有利于生产、方便生活原则，明确各自单独使用部分以及共用公共区域，如（2019）闽01民终5502号判决。

②无法实物分割的，人民法院就各继承人享有的份额进行裁判，对使用权不予处理，驳回其他继承人要求实际占用人返还的请求，如（2019）闽07民终543号判决。

③农村自建房房产以一位家庭成员申请宅基地并建房，人民法院认定该房屋实为家庭成员共有的财产，将房屋被继承人享有的份额析出再继承，如（2017）闽0206民初2166号判决。

（2）没有合法批建手续的农村自建房处理方式。

①未按法律规定办理审批手续，不能认定为个人合法财产，不能列入遗产范围，如（2018）闽08民终936号判决。

②根据实际情况判决讼争房屋由各继承人使用，但不宜对房屋权属作出判决，如（2017）闽0206民初2166号判决。

③先查明建房情况，视为在建房时有出资出力的家庭成员共有，先析产再继承，如（2017）闽0824民初2034号判决。

（3）旧房重建后房产拆迁补偿的裁判方式。

原被继承人所建造的房屋被推翻重新建造，房屋的拆迁安置补偿权益是基于后建造房屋的补偿，不属于遗产范围，如（2018）闽01民终8222号判决。

(4)农村的自留地属于集体所有,使用权归家庭所有,自留地不属于遗产继承的范围,如(2018)闽01民终230号判决。

(5)农村集体土地上所建房产作为遗产可由子女继承,虽然土地属集体所有,但因该土地使用权获得的拆迁补偿利益也属于遗产,可由子女继承,如(2018)闽08民终217号判决。

3. 房改房的继承裁判要旨

(1)用已故配偶的工龄购买并登记于在世配偶名下的房改房,是在世配偶的个人财产还是夫妻共同财产,裁判观点出现了分歧。有的法院认为:诉争房产的申请购房、支付购房款、取得所有权的时间,均发生于已故配偶死亡之后,故诉争房产属于产权人的个人财产,如(2017)闽0602民初2432号判决。也有法院认为:房改房属特定历史时期的政策福利分房,其对特定对象的补偿性、非市场性、社会统筹性、享受政策的一次性,决定了判断其权属时,既不能简单依据出资来源,也不能仅以购房合同签订及房产证取得时间来判断房屋产权归属。职工生前没有实际取得并不能就此否定他对这种财产性权益的拥有资格,职工去世后,仍然可以作为权利主体取得财产权利。本案诉争的房改房系使用了双方的工龄、职级等优惠所购,即使夫妻一方在房改前已去世,该房改房也应当认定为夫妻共同财产,如(2019)闽01民终2833号判决。

(2)夫妻共同出资且用夫妻双方工龄购买的房改房,属于夫妻共同财产。在继承时应先析分夫妻共同财产,另外一半作为遗产发生继承,如(2017)闽0102民初5558号判决。

(3)对于继承人已缴纳部分购房款,但诉争房产房改手续尚未完成,拟补偿安置的房屋未实际交付的财产权益,大部分法院均以权属不清不予处理。而泉州市鲤城区法院、泉州市中级人民法院认为该财产权益属于《继承法》第9条①规定中的"公民的其他合法财产",据此作出判决,创新做法值得借鉴。

在(2016)闽0502民初2883号判决、(2017)闽05民终6981号判决中,法院决定先行以陈某英就诉争房屋(含附属的储藏间)依法可享有的财产权益作为继承析产的标的物,依法确定黄某2、黄某1就此享有的份额,以期化解双方当事人的内部矛盾,为诉争房屋的补偿安置及房改手续的完成奠定基础。至于该财产权益的具体外延内涵,则有待福建省泉州市纸箱厂及相关主管部门根据法律、法规和有关政策另行统一处理确定。

---

① 《继承法》已废止,本条内容参见《民法典》第1122条。

裁判要旨：被继承人对诉争房屋享有一定的财产权益，属于《继承法》第3条①规定中的“公民的其他合法财产”，以被继承人就诉争房屋（含附属的储藏间）依法可享有的财产权益作为继承析产的标的物，由各继承人之间析分。

（二）其他遗产的继承要旨

统计样本中涉及其他遗产类型不多，主要为债权、住房公积金、养老保险金、林地权、专利权等其他合法财产。对于债权、住房公积金、养老保险金等有具体金额的遗产，基本都先对财产是否属于夫妻共同财产进行析分，之后再进行继承。

《民法典》第1130条第2款、第3款、第4款规定：“对生活有特殊困难又缺乏劳动能力的继承人，分配遗产时，应当予以照顾。对被继承人尽了主要扶养义务或者与被继承人共同生活的继承人，分配遗产时，可以多分。有扶养能力和有扶养条件的继承人，不尽扶养义务的，分配遗产时，应当不分或者少分。”通过分析统计样本我们发现，福建省各地区法院均根据各继承人扶养、赡养被继承人的不同情况做相应的倾斜。

具体法律适用上，对于生活有特殊困难的继承人，有的法院认为只要举证证明缺乏劳动能力，就应当在分配遗产时，予以照顾，如（2018）闽0212民初514号判决。有的法院认为：不仅应当具备缺乏劳动能力的条件，还应同时具备生活困难的条件，如（2016）闽0203民初15947号判决。对于尽了主要扶养义务或共同生活的继承人，厦门市思明区人民法院认为虽然继承人与被继承人共同生活，但不能据此认定继承人尽了主要抚养义务，如（2015）思民初字第14599号判决。除此之外的其他法院，对于与被继承人共同生活的亲属，一般直接认定为同时尽了主要赡养义务，而给予多分配遗产。例如，福州市鼓楼区人民法院在（2016）闽0102民初4198号判决中认为，“考虑到陈某与林某英长期共同生活并尽了主要赡养义务，分配遗产时可以多分”。

对于倾斜的比例，我们发现福建省各地区法院没有统一的标准，主要由法官根据继承人的情况，结合遗产的类型、金额，酌情分配，有多份判决酌定的比例为10%。

在（2017）闽0203民初9795号判决中，黄某作为被继承人刘某红的母亲，年龄已逾80岁，明显缺乏劳动能力，且厦门市思明区文屏路××号之三××室房产原本登记于黄某名下，2009年黄某将其份额赠与刘某红并办理产权变更登记。综上，黄

---

① 《继承法》已废止，本条内容参见《民法典》第1122条。

某要求多分厦门市思明区文屏路××号之三××室房产份额的主张具有事实和法律依据，本院予以适当支持。本院确认该房产由黄某分得40%产权份额，其他两人各30%。

在(2017)闽02民终918号判决中，林某星的法定继承人中，杨某自幼年即随生母叶某卿改嫁，与林某星再无联系，从未尽过赡养义务。林某1自2002年出家为僧，闭关精修6年多，而林某星自1998年起生病住院治疗，后在其生活起居均需照顾的时候，林某1未陪侍在旁，也未在经济上给予供养，未尽子女赡养照顾父母的义务，甚至林某星死葬之时，杨某与林某1也未参与，依法应当对其不分或者少分遗产。相反，刘某、林某3虽非林某星的法定继承人，但与林某星长期共同生活，与林某2共同扶养林某星，陪伴林某星度过晚年的痛苦生活，为林某星尽到生养死葬的扶养义务，依法可以分给他们适当的遗产。林某2对林某星尽了主要的扶养义务，分配遗产时，可以多分。综上，原审法院酌定刘某分得林某星遗产的1/10，折合价值为142,148.6元；林某3分得林某星遗产的1/10，折合价值为142,148.6元；剩余价值1,137,188.8元，按具体6:2:1的比例在林某2、林某1、杨某三个第一顺位继承人之间分配。

(三)特留份的裁判要旨

《民法典》第1141条规定，遗嘱应当为缺乏劳动能力又没有生活来源的继承人保留必要的遗产份额。

通过统计分析我们发现，“缺乏劳动能力又没有生活来源的继承人”主要包括三类人：一是年满60周岁以上，无收入来源或收入较低的老人，南平市中级人民法院认为即使老人有退休金，也必须为其保留相应份额，如(2018)闽07民终1382号判决。二是未满18周岁的未成年子女，以年龄为界限。三是已满18周岁、没有劳动能力的成年子女。

而对“保留必要遗产”份额的比例，我们发现福建省各地区法院没有统一的标准，主要由法官根据继承人的情况，结合遗产的类型、金额，自由裁量。但我们在整理被继承人债务清偿案件时，发现有的法院在判决继承人在继承财产的范围内承担债务清偿责任的同时，根据法律之规定，以上年度居民人均年消费支出×抚养年限，计算遗产应保留的份额。

在(2018)闽0426民初657号判决中，至池某某死亡时，继承人池某1、池某2、池某3的年龄分别为11周岁、3周岁、1周岁，均属于缺乏劳动能力又没有生活来源的继承，故应当为其保留适当遗产。池某1、池某2、池某3均系农村居民，对于保留的数额，参照2016年的福建省农村居民人均年消费支出11,961元计算，池某1计算7年，池某2计算15年、池某3计算17年，共计466,479元[11,961元/年×(7年+15年+17年)=466,479元]。池某4、许某、池某1、池某2、池某3应在继承池某某遗产范围内对池某某生前所欠赖某借款60,000元承担偿还责任，但用于偿还债务的遗产应当优先为池某1、池某2、池某3保留抚养费共计466,479元。

(四)丧偶儿媳/女婿作为第一顺序继承人的裁判要旨

本次统计中有1份判决书中丧偶儿媳被认定为第一顺位继承人，法院认定的标准为：儿媳没有再婚，与公婆共同居住，虽然没有经济上的供养，但在精神上给予老人家慰藉，在婆婆生病时能服侍照顾，且为婆婆操办后事。

在(2019)闽01民终5502号判决中，法院审理认为：被继承人本身有工资及退休金，丧偶儿媳在经济上未给予负担，平时与婆婆之间有过纠纷。但是邻居的证言，可证明其平时对公婆日常生活能关心操持，在公婆生病住院时能服侍照顾；婆婆去世时，还为其购买墓地，操办后事，在劳务等方面给予了主要扶助。另外，儿媳丧偶多年，没有改嫁，且与公婆居住在一起，在公婆生病住院时能关心照顾，同时悉心抚养老人唯一的孙子，给公婆以精神上的慰藉。根据《继承法》第12条①“丧偶儿媳对公、婆，丧偶女婿对岳父、岳母，尽了主要赡养义务的，作为第一顺序继承人”，最高人民法院《关于贯彻执行〈中华人民共和国继承法〉若干问题的意见》第30条②“对被继承人生活提供了主要经济来源，或在劳务等方面给予了主要扶助的，应当认定其尽了主要赡养义务或扶养义务”之规定，可以认定儿媳对公婆尽了主要扶养义务，应被列为第一顺序继承人。

第二部分：被继承人债务清偿纠纷编

一、统计样本

1. 案例来源：Alpha案例库。
2. 裁判年份：2017～2019年。
3. 地域：福建省。

---

① 《继承法》已废止，本条内容参见《民法典》第1129条。

② 最高人民法院《关于贯彻执行〈中华人民共和国继承法〉若干问题的意见》已废止，本条内容参见《民法典继承编司法解释(一)》第19条。

4. 案由：被继承人债务清偿纠纷。

5. 搜索获取判决书数量：370 份判决书。

6. 纳入统计的样本数量：363 份［删除文书无内容案例、重复案例、不涉及遗产纠纷的继承类案件（如确认继承人资格、解除收养关系等）］。

二、被继承人债务清偿案件裁判要旨

（一）债权人是否需要证明继承人实际取得遗产

《民法典》继承编规定，继承遗产应当清偿被继承人依法应当缴纳的税款和债务。那么，继承遗产应该是继承人清偿被继承人债务的前提。但在 363 份被继承人债务清偿纠纷判决书中，未查明被继承人是否留有遗产，即判决继承人需在继承遗产范围内承担偿还责任的案件占比约 43.8%，其中，有 18 份判决书中债权人因未证明继承人实际取得遗产而被驳回全部诉讼请求。笔者分析，多数法官认为，公民的遗产往往具有隐匿性，要求债权人必须提供遗产线索或者证明继承人实际取得遗产，大大增加了债权人的举证难度，不利于债权利益保护。多数法官只以继承人身份推定存在继承遗产的可能性，直接在判决事项中确认继承人在继承遗产的范围内承担债务清偿责任。

（二）继承人放弃继承无效的裁判要旨

《民法典》规定，继承人放弃继承的，对被继承人依法应当缴纳的税款和债务可以不负偿还责任。在被继承人债务清偿纠纷案件中，很多继承人为了不承担债务，选择放弃继承遗产。我们统计发现，有的继承人放弃继承遗产的行为被法院认定无效，法院裁判的理由是：

1. 放弃继承的继承人有可能掌握被继承人财产，其目前放弃继承的行为可能影响债权人及其他第三方权益，且原告仍要求其承担还款责任。为保护债权人的合法权益，法院认定继承人放弃继承行为无效，如（2018）闽 0505 民初 903 号判决。

2. 唯一继承人声明放弃继承遗产，必然导致遗产处于无人管理状态，债权人的债权得不到有效维护，损害债权人的合法权益，属于不履行法定义务的情形，如（2018）闽 0623 民初 2715 号判决。

3. 继承人已书面声明放弃继承，但该放弃继承的意思表示属各继承人内部对被继承人遗产分配的约定，并不对继承人以外的债权人发生效力，其仍有义务以被继承人的实际财产价值配合清偿其债务，如（2019）闽 0206 民初 399 号判决。

4. 无民事行为能力人无权自行或通过法定代理人放弃遗产继承权，如(2019)闽05民终16号判决。

5. 已经以积极的行为表明其继承了被继承人的遗产，故其在诉讼过程中作出的放弃继承的意思表示无效，如(2018)闽08民终2242号判决。

(三)遗产析分裁判要旨

被继承人去世后，继承人可能会取得死亡赔偿金、保险金、丧葬费补贴等款项。这些款项有些属于遗产范围，有些虽然是与被继承人的死亡关联，但实质上属于继承人的个人财产。因此，在被继承人债务清偿纠纷中，对继承人可能取得的款项进行析分存在必要。我们列举在统计案件中出现的两种情形：

1. 因被继承人死亡取得的保险金

对于被继承人身故取得的保险理赔金是否属于遗产，《保险法》第42条明确规定了被保险人死亡后，有下列情形之一的，保险金作为被保险人的遗产，由保险人依照原《继承法》的规定履行给付保险金的义务：(1)没有指定受益人，或者受益人指定不明无法确定的……

在纳入统计的363份被继承人债务清偿纠纷判决书中，仅有一件案例中遗产为保险金，该案被继承人的公司曾为被继承人投保团体意外伤害保险金300,000元，未指定受益人，如(2018)闽0924民初1155号判决。因该案中保险金未指定受益人，应当作为被保险人的遗产，故法院判决继承人应当在遗产实际价值范围内对债务予以清偿。

2. 工伤赔偿金、丧葬费及抚养费

对于继承人从公司取得的一次性赔偿的工伤赔偿金、丧葬费及抚养费等财产，并非对被继承人的赔偿，而是对家属赔偿的款项，因此不能被认定为遗产。也就是说，如果被继承人无遗产，即便继承人取得上述款项也无须承担清偿义务，如(2018)闽0481民初2044号判决。

(四)继承类型与清偿顺序的裁判要旨

遗产已被分割而未清偿债务时，如有法定继承又有遗嘱继承和遗赠的，首先由法定继承人用其所得遗产清偿债务，不足清偿时，剩余的债务由遗嘱继承人和受遗赠人按比例用所得遗产偿还；如果只有遗嘱继承和遗赠的，由遗嘱继承人和受遗赠人按比例用所得遗产偿还，如(2017)闽0111民初1032号判决。

江西省法院审理继承案件裁判要旨总梳理

研读组通过设置“江西省”“继承纠纷”“判决书”等关键词进行检索，研读到相关判决189份。其中法定继承案件126件，遗嘱继承案63件。

一、遗嘱效力认定因素裁判要旨

研读组研读到此类焦点判决书32份，发现该部分判决对此焦点的倾向性观点为：遗嘱因不符合《民法典》继承编的相关规定，涉及丧葬费、抚恤金等不具备个人财产性质的财产或涉及他人所有财产，从而被认定为全部无效。在（2019）赣0103民初1518号判决中，法院认为，“综观该几份遗嘱的订立过程，虽然均有无利害关系人和律师见证，符合代书遗嘱的形式，但在遗嘱订立过程中，相关继承人撇开其他继承人现身遗嘱订立现场、为订立遗嘱张罗、或支付费用，遗嘱人陈某某时年86岁、李某某时年93岁。原告李某华、李某及被告熊某2各自请父母订立遗嘱，在一定程度上会影响遗嘱人的意思表示，诱使遗嘱人作出有利于在场继承人的处理意见，不能客观反映遗嘱人的真实意愿。因此，对上述遗嘱的效力，本院均不予认定”；在（2017）赣0428民初891号判决中，法院认为：“本院认为：石某丙生前无权以‘承诺’、‘声明’或‘遗嘱’等方式处分其死亡后国家按有关规定发给的丧葬费、抚恤金，若有以上行为即属无效处分行为，不具法律效力。该案中丧葬费已实际支出，剩余147,000元抚恤金被告领取，依国家政策对抚恤金性质的规定及本案案情，该147,000元抚恤金应在原告、石某丙的四个子女之间平均分配……至于原告诉求中所称的安家费，因国家对事业单位人员病亡后并未有此项补助，本院不予支持。原告诉称的石某丙死亡后国家发给的10个月退休工资，该10个月退休工资即抚恤金，不再赘述。原告还诉求遗属补助，该遗属补助原告已按国家有关政策规定享有该项补助（每月390元），对原告的该项诉求本院不予支持”；在（2017）赣0721民初297号判决中，法院认为：根据《物权法》第17条[①]的规定：“不动产权属证书是权利人享有该不动产物权的证明。不动产权属证书记载的事项，应与不动产登记簿一致；记载不一致的，除有证据证明不动产登记簿确有错误外，以不动产登记簿为准”。由此可见，房屋权属登记与实际不符产生纠纷，应根据实际情况确定房屋的实际权属，而不应受房产证的限制。赣县梅林镇红专组55号的房产（房权号为：赣房权证梅林字第××号）起建于1988年，被曾某3坪已成年工作并参与了建设，房

---

① 《物权法》已废止，本条内容参见《民法典》第217条。

产登记面积也含曾某3坪名义所报建面积,而所有证件办理时系曾某某一人行为未征曾某3坪同意,因此现有证据不能排除被曾某3坪对该房产的共有关系。两原告所主张的遗嘱内容侵害了共有权人的权益系无权处分,因此本院对其诉讼请求不予支持。”

而对于遗嘱中涉及被继承人与他人共有财产,被继承人在立遗嘱时对与他人共有的全部财产作出处理的,经研读发现,该部分判决对此焦点的倾向性观点为:认定遗嘱部分有效,对于涉及他人财产部分无效。在(2017)赣0727民初82号判决中,法院认为:“最高人民法院《关于贯彻执行〈中华人民共和国继承法〉若干问题的意见》第三十八条[①]‘遗嘱人以遗嘱处分了属于国家、集体或者他人所有的财产,遗嘱的这部分,应认定无效’之规定,本案《代书遗嘱》中所涉及的夫妻共同财产未进行分割,因此钟行祥的遗嘱处分了李保媛所享有的财产份额,违反了《继承法》第二十六条[②]之规定,相关部分应属无效”;在(2017)赣0104民初1041号判决中,法院认为:“夫妻共同财产是指在婚姻关系存续期间所得的财产,此期间,始于结婚登记,终结于配偶一方或者双方死亡或者双方办理离婚登记。本案诉争房产的购买、签订合同、付款、登记时间均发生在被继承人徐某某与陈某某婚姻关系存续期间,故该房产应视为徐某某与陈某某的共有财产。遗产是公民死亡时遗留的个人合法财产。坐落于江西省××青云××区新溪桥路××单元××室的诉争房产系徐某某与陈某某共同所有,在徐某某死亡后,诉争房产的一半为陈某某所有,另一半应作为徐某某的遗产由继承人进行继承。继承开始后,按照法定继承办理;有遗嘱的,按照遗嘱继承或者遗赠办理。徐某某生前未办理遗嘱或者遗赠,故其遗产按法定继承办理”;在(2017)赣0925民再1号判决中,法院认为,“因双方当事人均未提交本案所涉两栋老房屋及空地权属的证明文件,为查明事实,本院依职权前往相关行政主管部门进行调查,但仅在靖安档案馆找到舒某某养父舒某国在1953年3月5日办理的江西省靖安土地房屋所有证的存根,该存根记载了房屋、水田及旱地的四界。根据1963年8月28日最高人民法院发布并实施的《关于贯彻执行民事政策几个问题的意见》中‘房屋纠纷问题,一般的应该以土改时决定的产权为准,当时决定归谁所有,即应归谁所有,不再变动’之规定,老房屋属于舒某国的合法财产,而舒某某作为舒某国唯一的法定继承人,有权对老房屋进行继承、处分。老房屋的前后

① 最高人民法院《关于贯彻执行〈中华人民共和国继承法〉若干问题的意见》已废止,本条内容参见《民法典继承编司法解释(一)》第26条。

② 《继承法》已废止,参见《民法典》继承编相关内容。

院空地,虽然客观上由舒某国、舒某某一直使用,但根据1995年5月1日实施的《确定土地所有权和使用权的若干规定》第十九条'土地改革时分给农民并颁发了土地所有证的土地,属于农民集体所有'之规定,该空地应属于农民集体所有。该空地的使用权的归属,也应通过农村集体土地确权登记予以确认。本案所涉空地,未经相关部门确权、发证,其非舒某生的合法权益,不属于其遗产范畴"。

二、商品房继承的裁判要旨

1. 商品房有按揭贷款的

研读组研读到此类焦点判决书20份,经研读发现,该部分判决对此焦点的倾向性观点为:先区分涉案房屋系被继承人个人财产还是共有财产,若为共有财产,则应先扣减共有人所有部分,再按被继承人所有的部分由各继承人平均分配,并由各继承人按其所享有的所有权份额按比例负担按揭贷款,其中如果有继承人表示赠与名下份额或表示愿意多承担按揭贷款的,法院予以支持。

在(2019)赣1021民初542号判决中,法院认为:诉争房产和车库是陈先生婚前购买,该房屋应视为陈先生个人所有,现原告要求依法进行继承,予以支持;在(2019)赣0681民初880号判决中,法院认为:"本案中,吕女士去世后,其遗产即其与原告共同拥有的房屋的一半产权份额依法应由原告王某1、被告王某4、王某3、王某2各平均继承12.5%。现被告王某4自愿将其继承的份额赠与原告以及被告王某3、王某2自愿放弃继承权的行为,符合法律规定,本院予以确认";在(2019)赣1024民初57号判决中,法院认为:"本案涉及的商品房为杨某与原告管某的共同财产,在杨某死亡后此商品房的一半所有权为杨建的遗产,应由继承人原告管某、杨某1、杨某2及被告杨某3、贺某各自继承10%的所有权,此商品房的按揭贷款也应由各继承人按享有所有权的份额按比例负担,现被告贺某提出自愿承担此商品房的按揭贷款30%,有利于其他各继承人,应予以支持"。

研读组发现,研读的此类判决,对此争议均认定为按份共有,鲜见判归一人独有。研读组分析其原因在于:(1)部分原告起诉的诉请不精准,仅要求确认份额。在(2019)赣01民终211号判决,一审原告诉请为,对被继承人位于苏老南昌市青云谱区的4房屋张某有50%的份额、苏某葵有35%份额;一审法院判决确认了各继承人的份额,二审时虽原告张某、苏某葵在庭后申请采取折价、适当补偿方法处理案涉遗产,但法院认为因其未对一审判决提出上诉,其在二审提出的该项主张不属于二审审理范围。(2)原告、被告未就房屋价值进行评估鉴定(或鉴定后一方又反悔或不支付折价补偿款)。在(2019)赣0103民初4588号判决中,法院认为:原告诉请按照每平方米 9000 元支付被告继承份额折价款或确认份额，庭审中因被告不同意折价方案，法院判决按份额继承；在(2019)赣 0102 民初 574 号判决中，法院认为：涉案两套房产均评估了市场价值，由于原告坚持要求分得房屋折价补偿款，而被告表示现无力支付房屋折价补偿款，故本案对被继承人周某某的遗产采取按份共有方式处理。

2. 商品房产权不清晰的

若案涉商品房尚无产权证，则一般对房屋权属问题不予处理，待取得产证后另行起诉。还有"小产权房"的继承问题，也有法院判决可以继承，因其属于法律意义上的物，具有一定的居住使用权益，故认定由各继承人按份平均所有。在(2019)赣 0192 民初 518 号判决中，法院认为："被继承人胡某根在遗嘱中明确载明将其所有的位于新建城的教师集资房的所有权份额由被告黄某继承，但该房屋目前未取得房屋产权证，目前属产权不明或产权待定。对于产权不明的财产，法院不宜作为遗产进行分割，原告、被告可待该争议的房产取得产权后再行主张权利"；在(2019)赣 1002 民初 989 号判决中，法院认为："因涉案房屋系'小产权房'，未办理房屋登记和备案，故本院不宜对该房屋所有权进行处理。但该房屋亦属于法律意义上的物，具有一定的居住使用权益，故本院对属于李某 4 享有的该房屋居住使用权益作为其遗产按继承人各自份额进行继承后确认"。

若涉案房屋已出售且房屋买卖合同有效的，法院判决继承人仅能就房屋出售款进行分割。在(2017)赣 08 民终 1306 号判决中，法院认为："涉案房屋已由邵某 1 以 400 元的价格转让给第三人，并出具了收条，收条内容为：现有邵某 1 处熊家岭老屋壹幢，转让给余某某、方某，金额为肆佰元正。该买卖合同经其他案件经法院判决有效，故继承人仅能就房屋出售价款进行分配，一审判决认定事实清楚，驳回上诉"。

三、房改房继承裁判要旨

研读组研读到此类焦点判决书 15 份，经研读发现，该部分判决对此焦点的倾向性观点为：若房改房的购买、付款、登记均发生在婚姻关系存续期间，则认定为夫妻共同财产。在(2019)赣 0102 民初 541 号判决中，法院认为："房改房系原告刘某与被继承人熊某 3 夫妻共同财产。被继承人熊某 3 死亡后，该房屋的一半系原告刘某所有的财产，另一半属被继承人熊某 3 的遗产，该遗产由原告刘某、熊某 1 和被告熊某 2(代位继承)各继承 1/3 份额"。

若房改房的购买、付款、登记发生在夫妻一方去世后，则该房屋应认定为被继承人的个人财产。在(2019)赣0104民初585号和(2019)赣01民终1936号判决中,法院认为:“房改房的购买、付款、登记均发生在兰某死后,应认定为被继承人的个人财产”。

即使利用去世一方的工龄购买的房屋,也仅属于未去世一方个人财产。在(2017)赣01民终1341号判决中,法院认为:“首先,房改房是国家对工资中没有包含住房消费资金的职工的一种补偿,购买房改房的人只能是承住独用成套公有住房的居民和符合分配住房条件的职工,购房有一定的优惠政策,可用本人以及配偶的工龄予以折扣冲抵房款。公民死亡以后,与其具有配偶身份关系的人,若在购房时尚未再婚,可将死者工龄计算入自己的折扣工龄,即为已故配偶工龄折扣权。享受已故配偶工龄折扣权的主体,是已故者的配偶,该工龄权并未体现任何财产或者财产权益,故该权利应当视为一种购房折扣,而非确认房屋物权归属依据。其次,夫妻共同财产是指在婚姻关系存续期间所得的财产,此期间,始于结婚登记,终结于配偶一方或者双方死亡或者双方办理离婚登记。最后,不动产物权的设立、变更、转让和消灭,经依法登记,发生效力;未经登记,不发生效力。本案诉争房产的购买、签订合同、付款、登记时间均发生于饶某某死亡之后,虽使用饶某某工龄,但该房产不应视为张某某与饶某某的共有财产,而应视为张某某的个人财产”。

四、农村自建房继承裁判要旨

农村自建房不同于城市商品房,由于农村土地集体所有的性质,房屋的转让受到限制,农村自建房需以户为单位审批建造,故其权属的认定涉及多个家庭成员。因此在继承纠纷中,农村自建房与商品房相比,更为复杂。研读组研读到此类焦点判决书14份,经研读发现,该部分判决对此焦点的倾向性观点为:严格区分涉案房屋是否存在家庭成员共有、夫妻共有及个人所有情况,以及确定在原所有权人所有的情况下使用人扩建部分的权属问题,从而对被继承人合法财产进行合理分配。若有房屋所有权证、土地使用权证或宅基地申请等书面权属证明的,大多按物权法定,以产权证来认定所有权人;而在没有相关证件证明的情况下,则综合考虑共同生活时间的长短,房屋建造时家庭成员的年龄、工作及儿女是否成家等情况,推断房屋所有权人。

在(2019)赣11民终354号判决中,法院认为:二审查明,周先生系于1997年9月28日去世,107号房屋的国有土地使用证、建设工程规划许可证、建设用地规划许可证均系于1998年3月31日以郑某名义办理,房屋所有权证登记在郑某个人名下。依照物权法规定,107号房屋第一、二层应认定为郑某个人所有,不能认定为系周先生的遗产；在(2019)赣0681民初1187号判决中，法院认为：原告二人婚后与樊某某、张某某共同生活时间较短，也未提交证据，故丁某与樊某1诉称讼争房产一半归其所有的请求，本院不予支持；在(2019)赣0727民初354号判决中，法院认为："关于2#房屋，原、被告认可建设于1984年或1985年，参与房屋建设的人有袁某某夫妻、袁某4夫妻、袁某2、袁某1、袁某3。由于被告没有直接证据证明该房屋是其独立建造完成的，该房屋应当推定为房屋建成时袁某某户所有成年的且未出嫁的有劳动能力成员的共有财产，彼时袁某1已外嫁(其回娘家做小工等，可视为对娘家的帮工行为)，袁某3(彼时16岁或17岁)、袁某5(彼时12岁或13岁)系未成年人，故该房屋应认定为袁某某夫妻、袁某4夫妻、袁某2五人共同共有，应按均等分配原则分配"。

对于在被继承人所有的房屋的基础上他人出资加盖的房屋部分，若有证据能证明实际出资建房，就不能认定为被继承人的财产。在(2019)赣0902民初194号判决中，法院认为：综合被告刘某3、刘某2提供的《关于请示补办建房和扩建的报告》《买卖房屋协议书》《公证书》《收条》等证据材料以及庭审查明的事实可见，该加盖的房屋实际系由被告刘某3、刘某2所另行出资加盖，该购买的房屋实际系由被告刘某3、刘某2从谢某某、聂某某处出资购买，因此该加盖及购买的房屋并非系刘某源与谢某菊的夫妻共同财产。

五、房屋拆迁款继承裁判要旨

房屋拆迁款系因房屋被征收而收到的补偿款，研读组研读到此类焦点判决书9份，经研读发现，该部分判决对此焦点的倾向性观点为：认定拆迁房屋征收补助费(包括临时安置补助费、提前搬迁奖励费和其他奖励等)属于对房屋实际使用人提前搬迁的奖励及补偿，不属于房屋补偿，依法不属于遗产。在(2019)赣0302民初527号判决中，法院认为："房屋拆迁后，被继承人刘某某与被告易某对拆迁房屋的所有权转化为房屋拆迁补偿款，该笔拆迁补偿款应当视为房屋被拆迁后的对价，系房屋自然、合法的转化，故该笔拆迁补偿款仍为被继承人刘某某与被告易某的夫妻共同财产。但因该拆迁房屋确定的提前搬迁奖励费和其他奖励共计6000元系提前搬迁奖励等费用，属于对该房产实际使用人提前搬迁的奖励及其他补偿，不属于房屋补偿性质，依法不属于遗产"。

六、抚恤金等赔偿款继承裁判要旨

研读组研读到此类焦点判决书13份，经研读发现，该部分判决对此焦点的倾向性观点为：抚恤金系工作单位发给被继承人亲属及被抚养人的生活补助，死亡赔偿金和精神抚慰金，是对死者近亲属的补偿和精神抚慰，不属于遗产范围，但可在扣除办理丧事的费用后再参照法定继承的原则进行分配。在（2017）赣0602民初1508号判决中，法院认为："被告吴某1提出抚恤金等应当共同分配，死亡抚恤金是死者生前单位给予死者近亲属和被抚养人的生活补助，其具有一定的精神抚慰性质，且发生于死者死亡之后，不属于遗产，本案中的抚恤金、丧葬费应当在扣除用于办理丧事的费用后再参照法定继承的原则进行分配，被继承人吴某某遗留的电话费，按照法定继承进行分配"；在（2019）赣0102民初415号判决中，法院认为："对被继承人安某某生前工作单位发给其亲属抚恤金149,670元，因该抚恤金不属于被继承人安某某的遗产，故该抚恤金由张某某和原告安某1及被告安某2、安某3、安某4各自享有29,934元"；在（2019）赣0983民初4089号判决中，法院认为："死亡赔偿金是对受害人的法定继承人因受害人死亡所遭受的未来可继承的受害人财产收入的减少而应受到的补偿，其赔偿金权利人应为死者的近亲属，在死者近亲属之间应当根据其与死者关系的远近、共同生活的亲密程度、分配权利人的生活状况等情况合理分配。因此，死亡赔偿金应当在扣除了相应的丧葬费用以及处理后续事宜的费用后由第一顺位继承人分配"。

七、收养过继等亲属关系中继承裁判要旨

研读组研读到此类焦点判决书7份，经研读发现，该部分判决对此焦点的倾向性观点为：在继父母、继子女关系中，若继父母对继子女履行了抚养义务、继子女对继父母同样履行了赡养义务的，一般认定继父母、继子女均享有继承权；而在收养关系中，若有合法的收养手续，则一般均可认定收养子女、父母相互享有继承权。在（2017）赣0602民初1593号判决中，法院认为："被告周某1、周某2系原告继子，周某3系原告公公。被征收拆迁房屋JD052（143.1平方米）土地使用权证是周某3的，房屋也应属于周某3，原告称属于原告与周某某的共同财产没有证据，该主张不予支持。被征收拆迁房屋JD004（175.0平方米）是周某某与前妻共同购买，属于周某某与前妻的共同财产，周某某前妻去世后，按原《继承法》的规定，周某某应有5/8，对于周某某所有的5/8（109.3平方米），因原告与周某某结婚共同生活也有10多年，应属于原告与周某某的共同财产，周某某去世后，原告应得5/8（68.3平方米），按1∶1.67的比例，原告应得安置房屋114.1平方米，考虑到安置房屋的相对独立性和分割性及有利于生活，现在由原告居住的安置房屋D8栋3单元03051、03052号共计100.6平方米归原告所有，其他归三被告所有。对于周某某因医疗损害责任所

获赔偿款计人民币172,808.3元及诉讼费2679元,合计175,487.3元,扣除被告周某3的赡养费16,313.7元,余款159,169.6元及周某某的银行存款48,000元,合计207,169.6元,按原《继承法》的规定,原告继承1/4,其余由三被告继承。"

而对于无合法收养手续的过继关系,若有证据证明确实存在过继行为,也已实际履行抚养义务或生养死葬义务,则可认定当事人间存在实际收养关系,依法互相享有继承权。在(2017)赣0727民初1279号判决中,法院认为:"原告李某2与被告父母李某某、凌某某是否具有收养关系。根据李某及证人李某4、李某5、李某6的陈述,可以证实被告父母李某某、凌某某在1955年已按民间风俗,与原告李某2建立收养关系,且原告在凌某某年老生活及丧葬事宜尽了相应的义务。根据最高人民法院《关于贯彻执行民事政策法律若干问题的意见》第28条"亲友、群众公认,或有关组织证明确以养父母与养子女关系长期共同生活的,虽未办理合法手续,也应按收养关系对待"的规定,李某某、凌某某收养原告的事实符合民间公序良俗,不违反法律的规定,本院予以确认";在(2017)赣0926民初143号判决中,法院认为:"认定过继关系已形成事实收养,故而无继承权;丧事礼金用于办理丧事,不属于遗产,且已实际支出,故而不予处理;被继承人孙某去世后,被继承人童某对案涉房屋及金戒指的所有权已有协议说明,该协议有效,故而涉案房屋及金戒指不应认定为被继承人遗产"。

八、法院继承中非均分遗产的裁判要旨

仅在2018年继承案件的88份判决书中,不均等分割遗产的案例就有21例,在所有已研读的继承纠纷案件中有30件。经研读发现,法院依照法定继承判决遗产份额时会特别考虑以下因素:继承人身体情况(如是否为未成年,是否存在智障等需要特别照顾的因素)、风俗习惯(如在农村出嫁女与儿子存在区别)、与被继承人共同生活情况、继承人履行赡养义务情况以及对遗产(主要是房产)的出资、维修情况。在(2018)赣1102民初4153号判决中,法院认为:"本院认为,根据《继承法》第十三条第二款①的规定,考虑到被告纪某1、项某1均为未成年人,在继承中酌情予以照顾";在(2018)赣1002民初1490号判决中,法院认为:"首先,董某宏死亡遗产分割,根据《继承法》第十三条第一款②'同一顺序继承人继承遗产的份额,一般应当均等'和第三款对被继承人尽了主要扶养义务或者与被继承人共同生活的继承人,

① 《继承法》已废止,本条内容参见《民法典》第1130条。
② 《继承法》已废止,本条内容参见《民法典》第1130条。

分配遗产时,可以多分的规定,董某宏多年生病期间,因父母年老,多由丈夫、女儿照顾,二被告在分配时可以适当多分";在(2018)赣0902民初2391号判决中,法院认为:"第三人吴某7作为女儿虽享有继承权,但其结婚后未与父母共同生活,也依照农村风俗习惯未承担父母的扶养、照顾义务,应少分配遗产"。

九、继承中诉讼时效抗辩的裁判要旨

研读组研读此类焦点判决书23份发现,该部分判决对此焦点的倾向性观点为:从被继承人死亡之日起至20年后不再支持原告关于继承财产的诉请,不管是财产份额确认,还是要求分割具体遗产;若诉请为对遗产(主要是房产)进行份额分割,一般按照共有物的分割处理,不适用诉讼时效;若诉请为对遗产的转化物进行分割(如房屋拆迁款),诉讼时效起诉点一般从遗产转化之日起算。

在(2018)赣民再19号判决中,法院认为:"自继承开始之日起超过二十年的,不得再提起诉讼";在(2018)赣07民终4119号、(2019)赣07民申42号判决中,法院认为:"诉讼时效仅适用于一般请求权,并不适用于物上请求权。涉案房屋及项下土地使用在上诉人及被上诉人父母过世之后,一直处于闲置状态,未进行遗产分割,未进行转让、抵押等物权处置";在(2018)赣0203民初466号判决中,法院认为:"该赠与合同约定了履行期限,即等原告邱某1长大成人后就将景德镇市中山南路33:6号房屋产权变更登记到原告邱某1名下,原告邱某1年满18周岁后即形成要求邱大成交付赠与房屋的债权请求权,该权利应当在法律保护的诉讼时效期间内行使"。

十、以不支付赡养费、医疗费为由放弃继承的裁判要旨

研读组研读到此类焦点判决书13份,经研读发现,该部分判决对此焦点的倾向性观点为:尚未发生继承前,如部分法定继承人以不承担医疗费为由主张放弃继承,前述主张不会被法院支持。在(2019)赣01民终211号判决中,法院认为:"继承人放弃继承的意思表示,应当在继承开始后,遗产分割前作出,故苏某3于2010年10月30日被继承人苏某生前,作出放弃继承的意思表示无效,苏某3仍然享有继承苏某遗产的实体权利。考虑到张某、苏某葵与被继承人苏某共同生活时间较长,在日常劳务、起居照顾、亲情陪伴、病痛关怀等方面给予了更多扶助、付出了更多精力,尽到了更多的扶养赡养义务且张某年事已高、体弱多病等因素,分配遗产时给予适当照顾。苏某死亡继承开始后,继承人苏某某并未表示放弃继承权,并于苏某遗产分割前死亡,其继承遗产的权利转移给其合法继承人即母亲张某、妻子吴

某、女儿苏某1。二审另查明，苏某某于2016年12月10日立下遗嘱，故苏某某在苏某死亡时继承所得7%的房产份额属于其与吴某的共同财产。因苏某某在生前留有遗嘱，其所有财产由女儿苏某1一人继承，故苏某某的个人部分转由其女儿苏某1继承。”

十一、调解协议、赠与协议效力的裁判要旨

研读组研读到此类焦点判决书13份，经研读发现，该部分判决对此焦点的倾向性观点为：若系根据当事人真实意思签订或出具的协议，则认定为有效，但若未履行协议，则仍可按法定继承处理。在（2019）赣1021民初542号判决中，法院认为：“关于讼争商品房和车库应如何继承问题。诉争房产和车库是陈某婚前购买，该房屋应视为陈某个人所有。陈某去世后，因其未留下遗嘱，双方发生纠纷。原告周某与被告陈某1的法定代理人熊某虽然在江西电视台《金牌调解》栏目达成调解协议，但原告周某与熊某未按协议将诉争的房产进行交易。现原告要求依法进行继承，予以支持。由于继承人王某某于2012年5月去世，其继承份额由其法定继承人依法代位继承。”在（2019）赣0103民初4588号判决中，法院认为：“被继承人黄某某留有夫妻共同住房一套，其中该住房的一半为被继承人黄某某的遗产，应由原、被告按份继承。对三被告将自己的继承份额赠与原告，原告也表示接受三被告的赠与，本院予以确认，故原告合计拥有该住房十分之九的份额。”

山东省法院审理继承案件裁判要旨总梳理

第一部分:继承纠纷裁判要旨

一、统计样本

本次统计分析的数据,来自网络可查询到的人民法院裁判文书,其中通过 Alpha 网站以“2017、继承纠纷、山东省、判决书”为关键词共检索出有效判决书样本 1241 份;以“2018、继承纠纷、山东省、判决书”为关键词进行检索,将信息不公开或信息不全无法统计的裁判文书剔除后,剩余有效判决书样本共 971 份;以“2019、继承纠纷、山东省、判决书”为关键词;共检索出有效判决书样本 1632 份。

二、遗嘱类型

如图 1 所示,占比最多的为代书遗嘱,占到 46%。根据法律规定,代书遗嘱应当有两个以上见证人在场见证,由其中一人代书,注明年、月、日,并由代书人、其他见证人和遗嘱人签名。从该规定可以看出,法律对代书遗嘱的要求是比较高的。首先要求必须由遗嘱人口述遗嘱内容,由见证人代替遗嘱人书写遗嘱。其次,代书遗嘱必须有两个以上见证人在场见证,其中一人可为代书人。再次,代书人、见证人和遗嘱人必须在遗嘱上签名,并注明年、月、日。最后,遗嘱代书人应当具有完全的民事行为能力,不能是未成年人或者精神有问题、智力不健全的人。遗嘱代书人必须不是继承人、受遗赠人,也不是与继承人有利害关系的人。所以鉴于严格的程序、格式、资格的要求,司法实践中较多代书遗嘱存在各种瑕疵,这也就造成了代书遗嘱纠纷较多。同时在代书遗嘱案件的审理中,法院一般还要求代书人、见证人出庭作证,要求其向法庭说清见证或代书的过程,这也一定程度上导致了代书遗嘱效力认

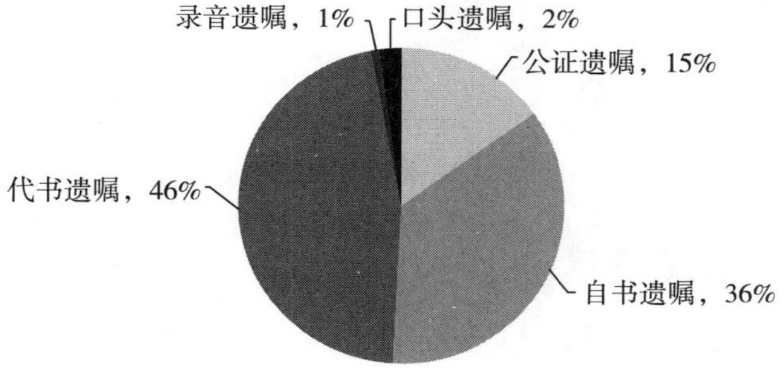

图 1 遗嘱类型

定上的难度。近几年选择通过公证的形式来立遗嘱的人越来越多，公证的严格程序要求也能够在一定程度上提高遗嘱的效力。

三、遗嘱效力

如图 2 所示，大部分遗嘱是被认定为有效的。司法实践中遗嘱被认定为部分有效、部分无效的主要原因是遗嘱处分了其他人的财产，如遗嘱人在遗嘱中处分了夫妻共同财产，而共同财产原则上有一半属于配偶，对属于配偶的那部分财产遗嘱人是无权处分的，所以对该部分财产进行处分的内容会被认定为无效，但这并不影响其他部分的效力。

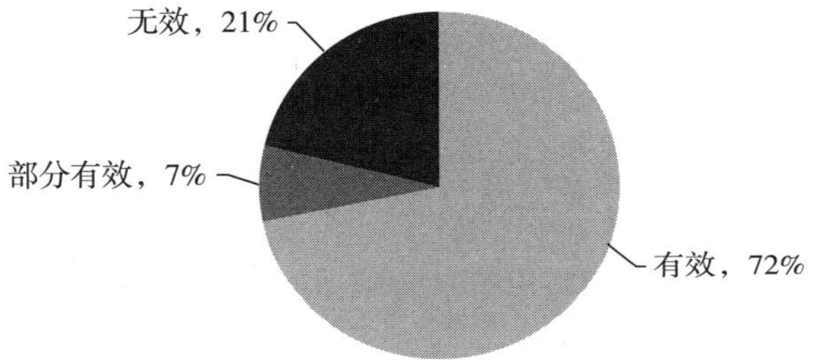

图 2　遗嘱效力

如图 3 所示，遗嘱无效的原因有多种，其中所涉财产系无权处分占的比例最大。

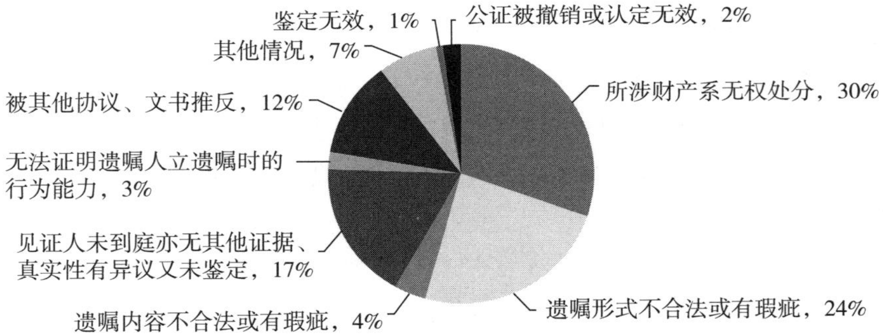

图 3　遗嘱无效的原因

四、非法定“遗嘱”情况

除法律规定的五种遗嘱形式外，实践中出现比较多的也是争议比较大的还有夫妻共同遗嘱、打印遗嘱、分家析产协议等几种特殊形式（见图 4）。

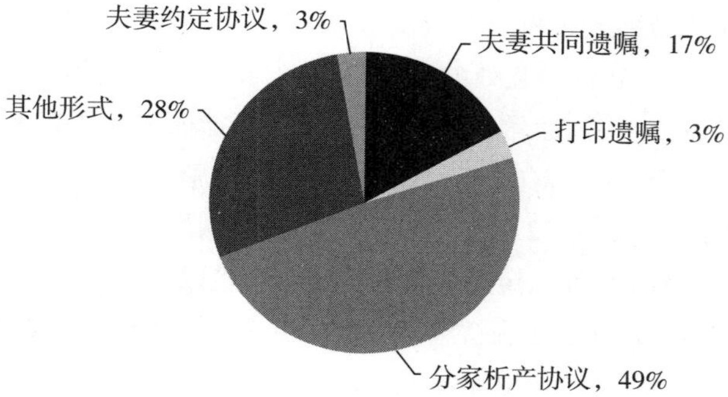

图 4 非法定"遗嘱"情况

本次分析的数据中，涉共同遗嘱的样本有 94 份，打印遗嘱有 14 份，分家析产协议有 268 份，夫妻约定类协议有 14 份，其他形式包括遗产分配协议、赠与协议、拆迁分配协议等有 153 份。这些"遗嘱"虽然严格来讲并不符合法律的规定，但其并不一定因此就无效，审判实践中法院会综合考量其是否为遗嘱人的真实意愿、有无其他证据佐证、所涉遗产是否有权处分等因素来确认其是否有效。

本次统计中出现的夫妻共同遗嘱有 94 份，其效力占比如图 5 所示，其中认定有效的有 67 份；认定部分有效的有 16 份，这 16 份中有 8 份系因财产无权处分而部分无效，2 份系因遗嘱的部分内容不具备生效条件而部分无效，2 份因后续修改遗嘱内容而被认定部分无效，4 份因遗嘱形式不合法而被认定为部分无效；认定无效的有 11 份，这 11 份中有 4 份因无法证明遗嘱签名系本人签名而被认定为无效，有 3 份因遗嘱形式不合法而被认定为无效，有 1 份因财产无权处分而被认定为无效，有 1 份因无法证明系遗嘱人的真实意思而被认定为无效，有 1 份被后续的新遗嘱取代而被认定为无效，有 1 份因在后的遗嘱无法撤销之前的公证遗嘱而被认定为无效（《民法典》已取消公证遗嘱的优先效力）。

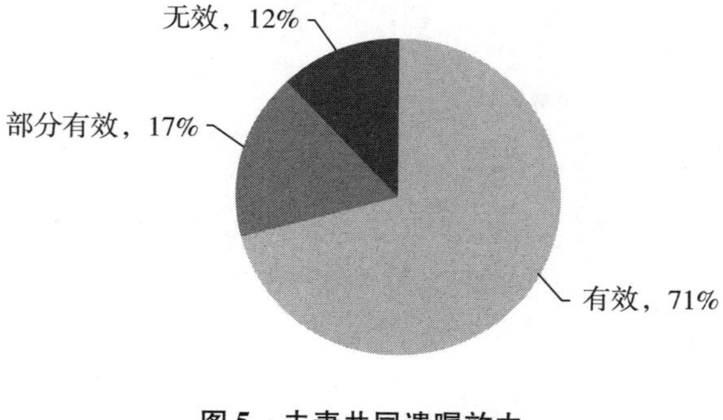

图 5 夫妻共同遗嘱效力

本次统计中出现的分家析产类协议有 268 份，其效力占比如图 6 所示，其中认定有效的有 240 份；认定部分无效的有 6 份，这 6 份中因个别家庭成员未签字而认定无效的有 2 份，因年代久远无法鉴定，认定举证不能而无效的有 1 份，因处分他人财产而被认定为部分无效的有 2 份，因处分财产的意思表示不明确而被认定无效的有 1 份；认定无效中的协议 22 份，其中 8 份因约定的财产系无权处分而认定无效，8 份因家庭成员未全部签字而认定无效，3 份因证据不足以认定有效而认定无效，1 份未达到生效条件，1 份中的协议系在被继承人死亡前签订的，1 份中的协议被遗嘱推翻。

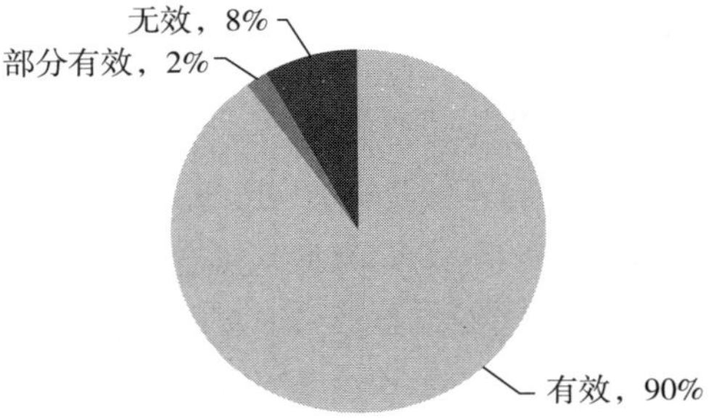

图 6　分家析产协议效力

本次统计中出现的打印遗嘱有 14 份，其效力占比如图 7 所示，其中认定有效的有 3 份；认定部分有效的有的有 10 份，这 10 份中有 2 份被认定部分有效是因为不符合法律规定的遗嘱形式要件，有 6 份是因为所涉财产系无权处分，有 1 份是因为无法证明遗嘱是遗嘱人的真实意思表示，有 1 份是因为在后形成的遗嘱无法撤销之前的公证遗嘱（《民法典》已经取消了公证遗嘱的优先效力）；认定无效的有 1 份，原因是其中的遗嘱不符合法律规定的遗嘱形式要件。

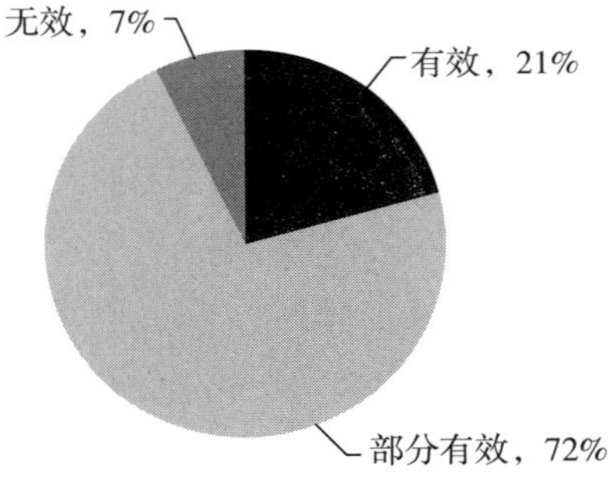

图 7　打印遗嘱效力

五、关于遗赠

本次统计的数据中，涉遗赠问题的样本有 67 份，其效力占比如图 8 所示，其中遗赠协议被认定有效的有56份,被认定部分有效的有1份,被认定无效的有10份。在10份遗赠协议被认定无效的样本中,因受遗赠人未在两个月内作出接受遗赠表示而无效的有5份,因证据不足,真实性存疑而无效的有1份,因后形成的文书取代了在前的遗赠而被认定为无效的有3份,因不符合法律规定的遗赠形式要件而被认定为无效的有1份。

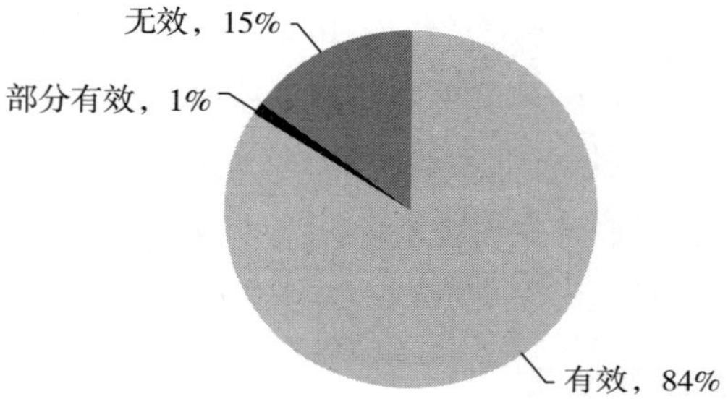

图8　遗赠效力

六、遗产分割考量因素

《民法典》继承编规定在某些情况下,继承人可以多分或少分、不分遗产。如图9所示,存在多分情况的样本有155份,其中因继承人对被继承人尽了主要赡养义务而多分的有131份,占比约84%,因一方继承人生活困难而多分的有3份,占比约2%,因一方继承人无劳动能力又无生活来源而多分的有18份,占比约11%,为胎儿预留份额的有1份,占比约1%,按照当地习俗为被继承人顶盆发丧而多分的有1份,占比约1%,因与被继承人共同生活而多分的有1份,占比约1%。

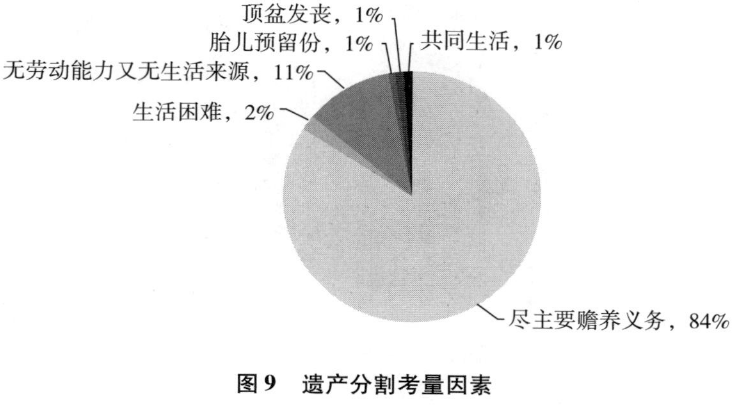

图9　遗产分割考量因素

第二部分:被继承人债务清偿纠纷裁判要旨

一、统计样本

本次统计分析的数据,来自网络可查询到的人民法院裁判文书,其中,通过 Alpha 网站以“2017、被继承人债务清偿纠纷、山东省、判决书”为关键词,共检索出有效判决书样本 44 份;以“2018、被继承人债务清偿纠纷、山东省、判决书”为关键词进行检索,将信息不公开或信息不全无法统计的裁判文书剔除后,剩余有效判决书样本共 93 份;以“2019、被继承人债务清偿纠纷、山东省、判决书”为关键词,共检索出有效判决书样本 122 份。

二、继承人放弃继承情况

在主张放弃继承的 34 份样本中,被法院认定放弃有效的有 14 份,认定放弃无效的有 20 份(见图 10)。在认定放弃无效的 20 份样本中,因实际已经处分了遗产又主张放弃而被认定无效的有 1 份,占比 5%,因无法查明诉讼之前或诉讼之后是否还有未继承的遗产而认定无效的有 1 份,占比 5%,因被认定为系夫妻共同债务而判决不准许放弃的有 1 份,占比 5%,因无法证实被继承人没有遗产而被认定无效的有 2 份,占比 10%,因其他原因被认定无效的有 8 份,占比 40%。另,法院认为继承人虽在遗产处理前表示放弃,但若放弃有效则法院的诉讼将无法进行,债权人的权利将难以实现,所以继承人仍应当作为遗产管理人,并以其所管理的遗产的实际价值为限偿还被继承人的生前债务,此类样本有 7 份,占比 35%。

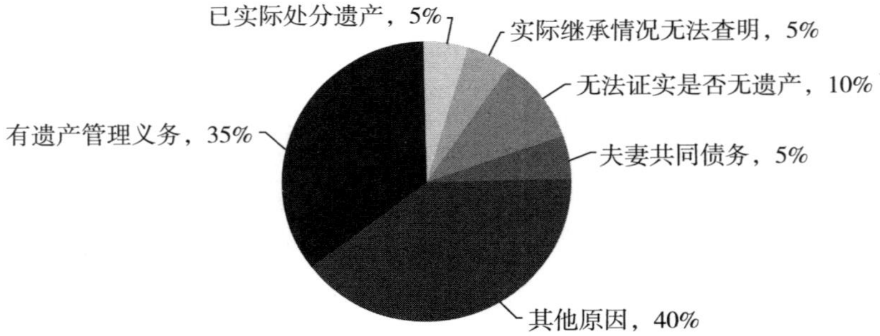

图 10　认定放弃无效原因

三、继承人不承担还款责任的情形

如图 11 所示，经法院审理认定继承人不承担还款责任的样本有 53 份，其中因债权人主张的债务被法院认定不成立而无须承担的有 25 份，占比约 47%；因继承人放弃继承有效而无须承担的有 14 份，占比约 26%；因无遗产继承而无须承担的有 7 份，占比约 13%；因债务已偿还无须承担的有 2 份，占比约 4%；因仅起诉配偶，无证据证明属于夫妻共同债务而无须承担的有 2 份，占比约 4%；因超过诉讼时效而未支持偿还的有 2 份，占比约 4%；因被告不是适格继承人而无须承担的有 1 份，占比约 2%。

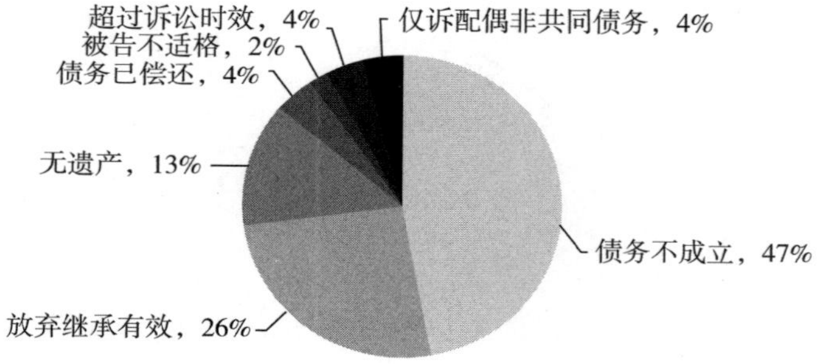

图 11　继承人不承担还款责任的情形

河南省法院审理继承案件裁判要旨总梳理

一、统计样本

本章大数据分析报告采用 Alpha 案例数据库进行检索,检索关键词:“继承纠纷”“被继承人债务清偿纠纷”“河南省”“判决”“2019/2018/2017”“全部、部分支持”“改判、维持原判”。检索样本中已排除抚养权纠纷、赡养权纠纷等不涉及财产案件以及部分重复案件。

根据检索数据,河南省各级人民法院自 2017 年 1 月 1 日至 2019 年 12 月 31 日在网上公布了 1761 份涉继承类判决书。其中继承纠纷判决书 1469 份,被继承人债务清偿纠纷判决书 292 份。

二、河南省继承纠纷案件裁判要旨

(一)涉及遗嘱类案件的裁判要旨

1. 共同遗嘱效力裁判要旨

在统计的样本中,涉及共同遗嘱的有 28 例,法院认定为有效的 18 例,占 64.3%;无效的 5 例,占 17.9%;部分有效、部分适用的 2 例,占 7.1%;另外 3 例未显示效力,占 10.7%。

有些夫妻只立一份遗嘱,由其中一人执笔,夫妻双方共同在遗嘱上签字。共同遗嘱属于继承法上的立法空白,因为不执笔一方的遗嘱内容既不符合自书遗嘱必须亲笔书写的要求,也不符合代书遗嘱应当有两个以上无利害关系见证人在场见证的要求,故有可能被法院认定无效。

(1)法院认定共同遗嘱无效的理由如下:

①因不符合代书遗嘱要件被认定无效,3 例;

②因指印的形成时间与其标称时间不符,或按指印人与签名人不一致,无法证明是否为当事人的真实意思表示被认定无效,2 例。

(2)法院认定共同遗嘱部分有效、部分适用的理由如下:

①因一方尚健在,故所立遗嘱中涉及健在一方财产的处分行为无效,如(2017)豫 0103 民初 8489 号判决。

②立有数份遗嘱,内容相抵触的,以最后的遗嘱为准。共同遗嘱设立在前,而在第二份遗嘱中被继承人对属于自己的份额另行处分,改变了遗嘱中原本对自己份额的处分,故共同遗嘱仅部分有效、部分适用,如(2018)豫 0105 民初26234 号判决。

虽然有些法院认为:共同遗嘱依照法律关于自书遗嘱和代书遗嘱的形式要件的规范,固然有一定的瑕疵,但夫妻共同遗嘱基于双方真实意思,没有违反我国原《继承法》(《民法典》继承编)禁止性规定的,内容应属合法,应当认定遗嘱有效。但遗嘱毕竟是事关身后事的重大安排,我们建议夫妻双方应尽量分开订立遗嘱,如果确需夫妻双方共同订立遗嘱,最好请两个以上无利害关系见证人在场见证,以确保遗嘱的效力。

2. 自书遗嘱效力裁判要旨

在统计的涉遗嘱的343份判决中,自书遗嘱有146例,法院认定有效的93例,占比63.7%;无效的32例,占比21.9%;部分有效、部分适用的21例,占比14.4%。

(1)法院认定自书遗嘱无效的理由如下:

①因处分无权处分的财产而无效,4例;

②因遗嘱上没有签名,没有日期,不符合法律规定的形式要件而无效,18例;

③因不符合法律规定,不能确认是被继承人真实意思表示而无效,5例;

④因遗嘱处理意见违反法律和行政法规的禁止性规定无效,2例;

⑤因生前的处分行为在事实上已经否认了该遗嘱的效力而无效,1例;

⑥因继承开始后,被继承人之间达成其他协议使遗嘱无效,2例。

(2)法院认定自书遗嘱部分有效、部分适用的理由如下:

①对处分他人财产的部分认定无效,15例;

②对遗嘱中处分抚恤金、丧葬费部分认定无效,2例;

③新遗嘱对旧遗嘱进行了部分变更,2例;

④被继承人间达成其他财产协议,变更了部分遗嘱内容,1例;

⑤生前已完成赠与,在遗嘱中再次处分部分认定无效,1例。

3. 代书遗嘱效力裁判要旨

在统计的343份涉遗嘱的判决中,代书遗嘱有128例,法院认定有效的58例,占45.3%;无效的43例,占33.6%;部分有效、部分适用的27例,占21.1%。

代书遗嘱生效的条件,必须符合《继承法》第17条第3款①规定的成就条件与程序,缺失条件之一或程序不符合法律规定,或见证人属于《继承法》第18条②规定的三类人员之一的,均为无效遗嘱。43例无效的代书遗嘱中,因形式瑕疵而被法院认定为无效的有29例,占67.4%;因遗嘱内容不符合法律规定而被法院认定为无

---

① 《继承法》已废止,本条内容参见《民法典》第1135条。

② 《继承法》已废止,本条内容参见《民法典》第1140条。

效的有 14 例,占比 32.6%。

法院认定代书遗嘱因形式瑕疵而无效的理由如下:

①因见证人数量不足而无效,3 例,占比 10.3%;

②因代书人、见证人、遗嘱人未签名或他人代签、事后补签,没有具体日期而无效,13 例,占比 44.9%;

③因见证人未参与或未全程参与立遗嘱全过程而无效,3 例,占比 10.3%;

④因代书人、见证人与继承人、受遗赠人有利害关系而无效,5 例,占比 17.3%;

⑤因系打印遗嘱而无效,3 例,占比 10.3%;

⑥因对代书人是否如实记录存疑而无效,2 例,占比 6.9%。

4. 录音遗嘱效力裁判要旨

在统计的 343 份涉遗嘱的判决中,录音遗嘱仅有 9 例,法院认定有效的 4 例,占比 44.4%;无效的 4 例,占比 44.4%;部分有效、部分无效的 1 例,占比 11.2%。

通过统计数据可以发现,录音遗嘱在实践中比较少见。在 4 例无效的录音遗嘱判决中,有 3 例均是因不符合法定的录音遗嘱形式要件,而被法院认定为无效,其裁判理由是:

①提交的录音证据缺乏两个以上合法有效的见证人在场见证,该录音证据不具备证据的合法性特征,其真实性无法核实,不能作为认定案件事实的有效证据使用;

②见证人均与继承人有利害关系,该录音不符合法律规定的录音遗嘱的形式要求。

5. 公证遗嘱效力裁判要旨

在统计的 343 份涉遗嘱的判决中,公证遗嘱有 54 例,法院认定有效的 38 例,占比 70.4%;无效的 7 例,占比 12.9%;部分有效、部分无效的 9 例,占比 16.7%。公证遗嘱系遗嘱人在公证员参与下设立的,从遗嘱人表达其意愿,到遗嘱的起草形成,以及遗嘱人在遗嘱上签署姓名,均有专业法律人士全程公证,因此公证遗嘱较其他类型遗嘱,更易被法院认定为有效。但在我们统计的案例中,尚存在一些公证遗嘱被认定为部分无效的案例。

法院对 7 例公证遗嘱认定无效的理由:

①继承人之间有新的协议,此前有关继承关系(遗嘱、赠与等)的安排一律终止,应以该协议履行;

②被继承人与他人有新的赠与合同,公证遗嘱已经被公证赠与合同改变;

③遗嘱的公证书已被撤销,遗嘱不符合法律规定而无效;

④公证处及其公证员在公证活动中存在严重过错，该公证遗嘱已被生效法律文书予以否定；

⑤公证遗嘱中所附条件未成就。

6. 口头遗嘱效力裁判要旨

在统计的343份涉遗嘱的判决中，口头遗嘱仅有6例，法院认定有效的3例，占比50%；无效的3例，占比50%。口头遗嘱是较难被法院认定为有效的遗嘱形式。

法院对3份口头遗嘱认定有效的裁判理由：

①被继承人所留口头遗嘱，各方当事人均予以认可；

②在被继承人生命处于危急情况下，所立口头遗嘱有两名见证人作为与继承人无利害关系的人，见证了这一过程，符合口头遗嘱的法定形式条件，其他当事人未提交相反证据；

③其他继承人没有履行护理、照顾等义务，考虑与死者关系的远近及共同生活的紧密程度进行处理。

7. 律师见证遗嘱效力裁判要旨

①律师见证遗嘱符合代书遗嘱形式要件时，应为有效，如(2016)豫0311民初1066号判决、(2017)豫17民终604号判决、(2018)豫0502民初745号判决、(2019)豫0105民初12445号判决。

②若自书遗嘱经过律师见证，且律师出庭作证，则对自书遗嘱的真实性予以认定，如(2019)豫01民终5088号判决。

8. 数份遗嘱冲突的裁判要旨

①遗嘱人订立遗嘱后，可以在去世前撤销、变更自己之前订立的遗嘱。立有数份遗嘱，内容相抵触的，应当以最后所立的遗嘱为准，如(2018)豫1526民初4676号判决。

②对于公证遗嘱，只能通过订立新的公证遗嘱方式进行撤销和变更。不过《民法典》出台后已经取消了公证遗嘱的优先效力。

③后一份遗嘱没有明示保留前一份遗嘱，但是后一份遗嘱仅仅重复、保留前一份遗嘱的部分内容，应认定前后遗嘱均有效。

④后遗嘱仅否定前遗嘱的部分内容，前遗嘱其他部分应为有效。

9. 遗嘱性条款的裁判要旨

离婚协议中指定遗产继承人，即便其在自书遗嘱和代书遗嘱形式要件上存有瑕疵，只要不违反法律禁止性规定，应为有效，如(2017)豫1302民初3417号判决。

(二)继承析产案例的裁判要旨

1. 关于房产的裁判要旨

通过对近三年继承纠纷判决的研读分析,法院在处理涉及房产的继承纠纷时,一般先析产,确定遗产的范围,将属于配偶或其他家庭人员的部分分出去,对剩余属于被继承人遗产的,再进行继承和分配。对于该类案件,通常会有以下几种裁判结果:

第一,实物分割,即判令房产归一方所有,由该方给付其他继承人折价款;

第二,按份共有,即房产按照各继承人应继承的份额,按比例共有;

第三,如果各继承人均不主张房产的所有权,又不主动申请对涉案房产进行价值评估,则判决各继承人在按份共有的基础上,待判决生效后可以申请拍卖、变卖该房产,所得款项按各自应继承的比例分割。

我们认为,第一种裁判结果对于纠纷的解决最为理想。而第二种、第三种表面上看似对争议的房产进行了分割,实际上并没有从根本上做到案结事了,在履行的过程会出现新的障碍和困扰,增加当事人的诉累。

综上所述,建议在实践中参与类似纠纷时,充分做好与审判人员的沟通工作以及各方当事人的调解工作,最大限度争取通过第一种裁判形式了结纠纷。

(1)关于房改房继承的裁判要旨。

法院在处理涉及房改房继承纠纷时,如被继承人在按成本价或标准价购买公房时,依国家有关政策使用已死亡配偶一方工龄而获得政策性福利的,该政策性福利对应财产价值的个人部分可作为已死亡配偶的遗产予以继承。分割时,法院会考虑政策性优惠福利具有的人身和财产双重属性,一般会将其认定为夫妻共同财产,发生继承时,除有约定的以外,如果分割遗产,应当先将共同所有的财产的50%分出为配偶所有,其余的为被继承人的遗产,如(2019)豫0105初25308号判决、(2019)豫0102民初2933号判决。

(2)关于涉宅基地房屋拆迁案件继承的裁判要旨。

法院在审理此类纠纷时,重点和难点在于析产,即先确定被拆迁房屋的拆迁人口,再确定被继承人在宅基地上的房屋产权与份额,由被拆迁人口享有宅基地的拆迁补偿,房屋产权人享有地上建筑物补偿,最后根据具体拆迁政策和拆迁安置补偿协议来分配其他拆迁利益,由此确定被继承人的遗产范围。析出被继承人的拆迁利益后,如存在有效遗嘱则按遗嘱内容分配。没有遗嘱,则按法定继承分配,如(2017)豫0106民初96号判决、(2019)豫0122民初4061号判决、(2019)豫04民再

35 号判决。

2. 关于股权的裁判要旨

涉及股权继承纠纷的案件数量不多,有悖常理,因股权与房产、现金等同样是最重要的资产形式之一,未形成继承纠纷的原因可能有以下几种情形,当然现实情况往往比分析得更为复杂:

①虽然被继承人拥有某公司股权但并未参与管理也未实际分红,所以具有一定的隐蔽性,在发生继承纠纷时容易被忽略。当然若被发现,不影响继承人另行诉讼。

②股权这种资产形式有别于房产和现金等,其分割时除依据《民法典》的规定,还要遵从《公司法》的相关规定,若公司章程有明确禁止股权继承的约定,则不会产生此类纠纷。

③继承人明知被继承人经营的公司亏损或效益不佳,且知道公司股东人数较多,股东之间争议较大,就会先放弃股权继承的诉讼,或待时机成熟另行诉讼。

依据《公司法》第 75 条之规定:自然人股东死亡后,其合法继承人可以继承股东资格;但是,公司章程另有规定的除外。因此,法院在处理涉及股权继承案件时,如起诉主张继承股权的一方没有提供被继承人持有股权的公司章程的,法院就会让其另案处理。依据《民法典》之规定,继承开始后有遗嘱的按照遗嘱,若当事人之间签署股权继承相关协议的,在不违反其他法律规定的情况下,法院予以支持。其中 2 例判决依据法定继承来分割股权的案件,虽在法院查明中虽对公司股权组成没有过多描述,但可以推测公司股东应有两人,股权结构较为清晰,故按照法定继承予以处分,如(2016)豫 0305 民初 1039 号判决、(2017)豫 03 民终 6679 号判决、(2018)豫 0181 民初 6770 号判决、(2018)豫 0185 民初 2812 号判决、(2017)豫 0102 民再 4 号判决、(2019)豫 1330 民初 1669 号判决。

通过对此类判决的分析,提醒持有公司股权的企业家,在公司成立时即在公司章程中明确股权继承的规则或及早设立遗嘱,以确保自己在发生意外时,公司得以正常经营,不会因继承纠纷使公司陷入困境。

3. 涉保险金案件的裁判要旨

根据《保险法》第 42 条及原最高人民法院《关于保险金能否作为被保险人遗产的批复》的规定,如果被继承人投保时,没有指定受益人则保险理赔金会作为遗产处理。在我们统计的保险理赔金被作为遗产处理的案例中,多数未指定受益人,因此被作为遗产进行了分割,这些案例中还包括保险中的受益人为法定的情形,如(2017)豫 0192 民初 1072 号、(2017)豫 1103 民初 3417 号判决。

如果被继承人保险金是否有受益人尚不明确的，法院会暂不予处理。或是当事人未举证证明理财型保险的分红时间及分红具体数额，法院也会暂不予处理，如(2017)豫0305民初3560号判决、(2018)豫0191民初14646号判决。

(2016)豫0305民初1039号判决称：关于意外身故保险金的分割，因该保险合同中明确约定身故受益人为“被保险人身故时生存的配偶、父母、子女”，按照原《继承法》的规定，应由保险公司履行给付保险金的义务。但经本院核实，保险公司称本案中二被告郑某2、杨某未在理赔时效内向保险公司主张理赔，且保险公司对原告诉求的6万元数额有异议，即该笔保险金数额存在不确定因素，涉及保险公司的相关权益，保险公司非本案的当事人，因此对于本案中原告的该项主张，无法一并处理，原告可另行主张其合法权益。

综上所述，在涉及保险金的继承纠纷中，保单未指明受益人是造成保险金被列为遗产而产生纠纷的主要原因，即使购买保险时在受益人一栏填写“法定”也可能会产生争议。因此，购买保险时将受益人和顺位受益人指明，或者在保险合同中约定受益人收益的具体比例，都会起到减少纠纷的作用。

4. 关于车辆的裁判要旨

在全部1469份继承判决中，涉及车辆继承的有30例，其中按照法定继承的有27例；按照遗嘱继承的有3例。

涉车辆继承案例较少的原因，是车辆本身为消耗品，且随着使用年限越长而价值越低。但起诉后若查明车辆为被继承人遗产，法院会遵循有遗嘱的按遗嘱分配，没有遗嘱的按法定继承的分配原则。但考虑到车辆本身无法分割，或采取所有继承人按份共有，或是将车辆判归实际使用人或是占有份额较多的继承人(一般为配偶)，由该方按照车辆现值折价补偿其他继承人。

5. 法定继承案件中各继承人继承遗产份额是否完全均等裁判要旨

在法定继承案件中，同一顺序继承人继承遗产的份额，一般应当均等，但有证据证明法定继承人存在《民法典》第1130条规定应当多分、可以多分、应当少分或不分情形的，法院可以结合遗产财产形式、遗产价值大小、继承人人数以及各继承人经济状况、生活状态等因素，判决遗产继承份额在各法定继承人之间有所倾斜，具体倾斜比例取决于法官的自由裁量。

实践中常见的倾斜方式及倾斜原因：

(1)应当多分。

①继承人为无民事行为能力人。

②继承人主要依靠被继承人生前扶养，没有其他经济来源。

③继承人缺乏或丧失劳动能力，无生活和经济来源。

④继承人患病或生活存在特殊困难，生活急需物质保障。

（2）可以多分。

①在被继承人生前主要与被继承人共同生活，或与被继承人共同生活的时间相对较长，生活更为密切。

②在日常生活中照顾被继承人较多，对被继承人尽了主要的赡养义务或扶养义务。

③在被继承人患病期间和丧葬事宜上付出较多心力。

④对分割遗产有实际出资、部分出资，或对分割遗产有添附行为。

（3）应当不分或少分。

①作为配偶身份的继承人，与被继承人长期感情不睦或长期分居，未履行夫妻扶养义务。

②作为父母或子女身份的继承人，有能力和有条件赡养被继承人，但不尽赡养义务，如（2017）豫 0104 民初 912 号判决。

③继承人有相应能力和条件，但相较于其他继承人，在被继承人患病期间未给予照顾，对被继承人丧葬事宜未付出过心力，如（2017）豫 0302 民初 1045 号、（2017）豫 0391 民初 798 号判决。

6. 被继承人债务清偿案例裁判要旨

从法律上来说，自然人死亡将产生两类法律关系：一类是其遗产将如何分配，即继承人之间的法律关系；另一类是其生前的债务由谁来承担，即债权人与继承人之间产生了债权债务关系。通过统计河南省 2017 ~ 2019 年被继承人债务清偿纠纷案例，裁判规则浅析如下：

（1）裁判要旨总结。

①继承人对被继承人生前所负债务在继承遗产范围内承担清偿责任。

②放弃继承权的法定继承人可对被继承人生前的债务免除偿还责任。

③以被继承人遗产清偿债务时应注意保留必留份。

（2）审判实践中对某些问题的处理存在差异。

①债权人诉前是否必须要举证被继承人遗产范围的问题。有的法院认为提供被继承人遗产范围是诉讼的必要条件，而有的法院认为让债权人提供被继承人遗产范围不合情理，且加重债权人举证责任，如（2018）豫 03 民终 2110 号判决、（2019）豫 0502 民初 1966 号判决。

②关于继承人放弃继承问题。多数法院在法律规定范围内允许，也有个别法

院为防止继承人以此方式规避债务，以继承人为财产保管人的身份要求其承担责任，或是认为继承人在继承前声明放弃是不稳定行为而不予支持，如(2018)豫03民终2117号判决、(2019)豫1726民初5334号判决。

(3)判决由继承人承担清偿责任的裁判结果，审判实践中也存在差异，有代表性的有：

①继承人在被继承人的遗产范围内承担清偿责任，如(2018)豫0522民初95号判决。

②继承人以继承被继承人遗产的实际价值为限承担责任或是继承人在继承的被继承人某一具体财产范围内承担责任，如(2018)豫0603民初1661号判决、(2018)豫0802民初1526号判决。

③继承人在保管被继承人的遗产价值范围内承担清偿责任，如(2019)豫0324民初2318号判决。

结合审判实践，第一种裁判要旨相比第二种更有稳定性；第二种可能导致在执行遗产时继承人有放弃继承的行为，由此会给执行设置障碍；而第三种裁判要旨是防止因继承人放弃继承可能引发不稳定性而将其列为遗产保管人来承担责任，是更科学的裁判要旨。

湖北省法院审理继承案件裁判要旨总梳理

一、统计样本

本报告旨在对 2017 ~ 2019 年湖北省各级人民法院已公开的继承纠纷案件结案文书进行深度挖掘，对文书类型、案由、案件涉及财产类型等相关数据，以及判决文书的主要争议焦点等进行总结归纳。

1. 数据来源：Alpha 案例库。

2. 裁判年份：2017 ~ 2019 年。

3. 全文包含关键词：继承纠纷。

4. 检索日期：2020 年 2 月 9 日。

5. 样本数量：727 份。

6. 其他检索条件：

（1）案由：法定继承纠纷；遗嘱继承纠纷；遗赠纠纷；遗赠扶养协议纠纷；被继承人债务清偿纠纷；分家析产纠纷；共有物分割纠纷。

（2）地域：湖北省。

（3）文书类型：判决书。

根据 Alpha 案例库（截至 2019 年 12 月 31 日），筛选出 2017 ~ 2019 年度湖北省各层级人民法院审结的继承纠纷案件判决书共计 727 份。

二、法定继承裁判要旨

1. 房屋

（1）分割方式。

分割遗产中的房屋，应依据有利于发挥其使用效益和继承人的实际需要，兼顾各继承人的利益进行处理。因此，基于当事人的诉讼请求，遗产分割以确认份额为基础，但是不能止于确认份额。在（2019）鄂民再 72 号判决中，法院认为：二审判决止于确认份额，未能体现原《继承法》和相关司法解释的立法原意，没有解决双方当事人的纠纷，导致实体判决不当。

（2）物权确认。

不动产登记簿属公文书证，立法赋予不动产登记簿权利推定效力，但该推定只及于权利，不及于事实。当事人有证据证明不动产登记簿的记载与真实权利状态不符、其为该不动产物权的真实权利人，请求确认其享有物权的，应予支持。在

(2017)鄂0202民初1101号判决中,法院认为:原告提供的证据能证明其申请建房用地和建房的动机、原因、目的、作为、心态、资金来源及支付能力等事实。其陈述及证据能相互印证,作为否定不动产登记簿的证明力的证据,已达到排除合理怀疑的程度,也达到了最高人民法院《关于适用〈中华人民共和国民事诉讼法〉的解释》第108条规定的"具有高度可能性"程度。

(3)房改房的产权。

虽然房改纠纷通常发生在再婚后,但因再婚配偶不是房改对象,房改也并未考虑其工龄、职级,所以再婚后取得的一部分产权份额属于房改一方的个人财产,不属于夫妻共同财产。在(2017)鄂01民终2806号判决中,法院认为:诉争房屋进行"已售标准价住房向成本价过渡"的延续。虽然成本价房改款交纳时间发生在吴某2与翁某再婚后,但翁某并非诉争房屋的房改对象,房改时亦未计算其工龄、职级。吴某2第二次交款并不改变诉争房屋所有权的性质,此时吴某2所取得40%的产权应属其个人所有。

(4)房屋拆迁中扩建的面积和其他补偿的归属。

房屋扩建的利益由扩建人享有,拆迁协议中的搬迁补助费,临时安置补助费等项目视为对居住在该房屋中的人员的补偿。还建房屋的归属,判决时尊重现状。在(2019)鄂01民终1478号判决中,法院认为:"房屋改建主要由其三兄弟完成,故改建后增加的房屋面积应认定为三被告的个人财产,不应认定为遗产。该房屋一直由陈某3、陈某4、陈某5居住使用,拆迁协议中的其他补偿(搬迁补助费、临时安置补助费等项目)应为对居住在该房屋中的人员进行的补偿,系对陈某3、陈某4、陈某5进行的补偿,不认定为遗产"。

(5)同时死亡的继承顺序。

相互有继承关系的几个人在同一事件中死亡,如不能确定死亡先后时间的,推定没有继承人的人先死亡。死亡人各自都有继承人的,如几个死亡人辈分不同,推定长辈先死亡。在(2016)鄂06民终2079号判决中,法院认为:结合本案朱某昌死亡前有继承人即他的配偶,朱某死亡前有继承人即他的外公,虽然朱某的外公刘某纯放弃继承权,但其继承人的身份客观存在,朱某昌与朱某各自都有继承人,朱某昌是朱某的父亲,故应推定朱某昌先死亡,朱某昌的遗产份额由周某与朱某继承。

(6)当遗嘱继承人先于遗嘱人死亡时,遗产中的有关部分按照法定继承办理。

遗嘱继承或者遗赠附有义务的,但遗嘱继承人先于遗嘱人死亡,在遗嘱约定的条件不能实现的情况下,只能产生法定继承的后果。

(7)子女生前协议处分被继承人的房屋,被继承人死亡后,该协议对继承人有效。

子女在患病老人在世时积极主动对患病老人的晚年生活作出安排并达成协议,并不为法律所禁止,相反,这种做法有利于患病老人晚年生活的安顿,为社会道德风尚所提倡。

在(2017)鄂01民终2545号判决中,法院认为:子女生前协议处分被继承人的房屋,对于涉案房屋的分配也是基于张某1、张某平、张某2作为周某凤的子女享有法定继承权而行使自己权利,虽然周某凤未在该协议上签名或捺印,但周某凤也未对该协议中处分登记在自己名下的房产提出异议。签订该协议时也不存在欺诈、胁迫的情形,该协议对于张某1三兄弟而言应当有效,对于张某1三兄弟具有约束力。

(8)附条件的放弃继承权,该行为无效。

由于继承权是自然人基于一定身份关系享有的权利,继承权的放弃须以明示的方式作出,且不得附加任何条件。在(2018)鄂0506民初244号判决中,法院认为:虽然《公证书》未载明原告放弃继承权的附随条件,但通过公证处询问笔录及放弃继承权声明书可以证实,原告李某放弃继承权的意思表示附加有"王某、蔡某在2017年10月30日前向李某支付现金人民币80,000元"的条件。继承权是自然人基于一定身份关系享有的权利,继承权的放弃须以明示的方式作出,且不得附加任何条件,原告李某以获得80,000元现金为条件而放弃继承权的做法无效,应视为未放弃继承权,原告李某自继承开始时便享有继承权。

(9)放弃继承,翻悔成立的例外情况。

以公证时误判继承人人数为由明确表示参加继承,其翻悔的理由成立。在(2017)鄂0303民初1395号判决中,法院认为:虽然在继承开始后,周某4以公证的形式放弃对被继承人周某潮与被告王某夫妻共同存款的继承权,但在原告周某1、周某2、周某3提起诉讼主张继承权后,周某4以公证时误判继承人人数为由明确表示参加继承,其翻悔的理由成立,《公证书》中放弃继承的部分对其不再具有拘束力。第三人周某4依法享有对被继承人周某潮与被告王某夫妻共同存款的继承权。

(10)送养的子女是否享有生父母的遗产继承权。

养子女与生父母及其他近亲属之间的权利义务关系,因收养关系的成立而消除。在(2017)鄂28民终434号判决中,法院认为:曾某与其生母付某华之间的权利义务关系因收养关系的成立而消除,其亦未提交充分证据证明其对付某华尽到了赡养义务,因此,曾某对其生母付某华的遗产没有继承权。

(11)解除收养关系后,养子女的继承权。

养父通过诉讼程序解除了与养子之间的收养关系,但不影响养子依法享有对养母遗产的继承权资格。在(2019)鄂0502民初165号判决中,法院认为:原告由孙某海与葛某生共同收养,葛某生于1999年8月去世,此时,继承关系已经发生,且原告未表示放弃继承,故原告对葛某生的遗产依法享有继承权,且在遗产尚未分割的情况下,原告作为继承人,有权请求分割,且并不丧失诉讼时效。孙某海通过诉讼程序解除了与原告间的收养关系,原告依法不能继承孙某海的遗产,但不影响原告已经依法享有对养母葛某生遗产的继承权资格。

(12)继承权的诉讼时效。

需要确定继承人资格的案件,适用诉讼时效,自被继承人死亡时开始计算诉讼时效;对继承人资格无异议时,遗产未分割前属于各继承人共同所有,不适用诉讼时效的有关规定。在(2018)鄂1125民初2345号判决中,法院认为:继承开始后,在继承人均未表示放弃继承且遗产也未分割的情况下,遗产属于全体继承人共同共有,当事人基于享有继承权并主张分割遗产,行使的是共有物分割请求权,不适用有关诉讼时效的规定,《继承法》第8条①所称的“继承权纠纷”,应仅限于需要确定继承人资格等不仅仅涉及遗产分割的案件。

2.现金

裁判结果具体分为均分、不均分、驳回诉讼请求,其裁判观点,同房产,在此不再赘述。

3.车辆

针对上述统计数据,对此类财产形式,总结如下裁判要旨。

(1)人民法院分割遗产应有利于发挥其使用效益和继承人的实际需要,兼顾各继承人的利益进行处理。对房屋、车辆等不能分割或者分割有损其价值的可以折价处理。

(2)为方便遗产的分配和履行,酌定车辆归属并折价补偿,如(2019)鄂13民终332号判决。

(3)车辆的价值确定方式包括:①人民法院根据车辆的使用状况和市场行情,酌定车辆现值;②庭审中各方当事人一致确认价值;③一方当事人估价,其他当事人没有提出异议,人民法院采纳估价意见;④对要求实际占有遗产的继承人承担遗产贬值损失的主张不予支持,如(2019)鄂13民终332号判决。

① 《继承法》已废止,本条内容参见《民法典》第188条。

4. 股权、投资、股票

在统计的数据中，涉及股权、投资、股票的判决共有3份。其中涉及有限责任公司股权份额的有1份；涉及被继承人配偶名下的股票账户资产的有1份；涉及公司其他投资权益的有1份。针对上述统计数据，对此类财产形式，总结如下裁判要旨。

（1）涉及有限责任公司股权份额。

部分继承人签署放弃继承书面声明后反悔，法院认定放弃继承有效，判决被继承人的公司股权归被继承人配偶享有。在（2018）鄂0102民初11675号判决中，法院认为：穆某2未提供证据证明《放弃遗产继承声明书》系其在受欺诈、胁迫的情况下所签，穆某2作为完全民事行为能力人，应能辨知《放弃遗产继承声明书》的内容，应知悉自己行为的法律后果。穆某2在《放弃遗产继承声明书》上签名即视为其作出意思表示，未捺印不影响签名的法律效力，《放弃遗产继承声明书》对穆某2产生拘束力。

（2）涉及被继承人配偶名下的股票账户资产。

认定为被继承人与配偶的夫妻共同财产，其中一半为被继承人的遗产，判决股票账户及其资产归被继承人配偶所有，并支付其他继承人补偿款。

（3）涉及公司其他投资权益。

被继承人立遗嘱将投资权益捐给儿童福利院，一审、二审法院认定遗嘱符合自书遗嘱的形式要件，且不存在遗嘱无效的情形，故遗嘱均合法有效，在法定继承案件中对投资不做分割，如（2018）鄂01民终2755号判决。

5. 保险

在统计的数据中，涉及保险金的判决共5份，3份经历了二审，1份维持，2份改判，改判的原因分别为：第一，遗产范围认定错误。一审将被继承人的个人财产认定为夫妻共同财产而分出一半归被继承人配偶，另一半作为被继承人遗产按法定继承分割，二审予以改判，如（2018）鄂96民终457号判决。第二，受益人认定错误。一审在被继承人未立遗嘱的情况下认定被继承人配偶为身故保险金的受益人，二审予以纠正，如（2017）鄂13民终597号判决。3份判决平均继承，2份判决对生活有特殊困难的人适当多分。

根据上述统计数据，对保险这类财产形式，总结如下裁判规则，供参考：

保险合同未指定受益人的，保险赔偿金作为被保险人的遗产由法定继承人依法继承，具体表现为：

①原则上平分，适当照顾生活有特殊困难的继承人。在（2017）鄂13民终597号判决中，法院认为：身故保险金由各继承人平分，因被继承人之继母年事较高，体

弱多病，缺乏劳动能力，生活有特殊困难，为继承之事奔波多年，其长子鲁某云、丈夫鲁某博、次子鲁某福也相继去世，考虑周某的实际生活困难，根据《继承法》第13条[①]“对生活有特殊困难的缺乏劳动能力的继承人，分配遗产时，应当予以照顾”的规定，在分配遗产时，对周某应当予以照顾，将身故保险金产生的孳息分配给被继承人的继母。

②尊重继承人意思自治，对自愿少分的视为放弃，少分部分由其他继承人分得。在（2018）鄂0802民初256号判决中，法院认为：综合考虑柯某乙身患进行性肌营养不良症，生活不能自理，无劳动能力，以及柯某甲、吴某年老体弱劳动能力不足，应认定他们为生活有特殊困难并予以照顾。故对涉案遗产85,180元不予平均分割，确定柯某乙、柯某甲、吴某、李某分配比例为：30%、25%、25%、20%，即25,554元、21,295元、21,295元、17,036元。因柯某甲、吴某共计主张40,000元，多余的2590元视为放弃，由柯某乙分得。

6. 保单现金价值

在统计的数据中，涉及保单现金价值的判决书只有1份。法院判决归配偶所有，由配偶向其他继承人支付补偿。

7. 国有土地使用权

在统计的数据中，涉及国有土地使用权的判决书只有1份。法院判决归某一继承人所有，由该继承人向其他继承人支付补偿。在（2017）鄂1202民初274号判决中，法院认为：被继承人刘某英生前登记于其户下的咸安国用（2014）第××××号国有土地使用权系原告晏某1与被继承人刘某英的夫妻共同财产，应先分出一半为原告晏某1所有，另一半作为遗产，由原告、被告各被继承人平均分配。晏某1对该夫妻共同财产有1/2所有权、对遗产部分享有1/5的份额，两项相加晏某1享有咸安国用（2014）第××××号国有土地使用权3/5的份额，且为发挥该宗地的使用价值，不宜分割，故该国有土地使用权由晏某1享有，但应按评估地价即128,020元分别补偿各被告的应继份额。晏某1与晏某2及妻、晏某3及妻、晏某4及妻达成“被告晏某2、晏某3、晏某4对咸安国用（2014）第××××号173平方米的国有土地使用权无占有份额，该土地使用权由原告晏某1所有”的协议，也就是被告晏某2、晏某3、晏某4对咸安国用（2014）第××××号173平方米的国有土地使用权放弃了相应继承权份额，本院尊重当事人实体处理的意见。一审判决晏某1取得并享有咸安国用（2014）第××××号173平方米的国有土地使用权，并在本判决生效

① 《继承法》已废止，本条内容参见《民法典》继承编第1130条第2款。

后10日内补偿晏某512,802元。

8. 宅基地、农村土地承包经营权

在统计的判决书中,涉及宅基地的有1份;涉及农村土地承包经营权的有2份,1份驳回诉讼请求,1份按面积平分承包地,都经历了二审,二审维持原判;涉及水库承包经营权的有1份;涉及农村承包土地的安置补偿费的有2份。

根据上述统计数据,对这类财产形式,总结如下裁判规则,供参考:

(1)涉及宅基地。法院认为:宅基地归集体所有,不属于遗产,对继承宅基地的请求不予支持。

(2)涉及农村土地承包经营权。法院认为:农村土地承包经营权不属于遗产,不发生继承。

在(2019)鄂05民终197号判决中,法院认为:当承包土地的家庭成员死亡后,承包地仍由该农户剩余家庭成员继续承包经营,法院可根据农村土地承包合同和农村土地承包经营权证上记载的家庭承包人员和承包地面积,在承包经营户的成员之间对承包地按面积进行分割。另在(2019)鄂28民终1813号判决中,法院认为:未记载于农村土地承包合同和农村土地承包经营权证上的人员请求继承土地承包经营权的,不予支持,判决驳回诉讼请求。

(3)涉及水库承包经营权。法院判决继承人按年限平分水库的承包经营权,如(2017)鄂13民终597号判决。

(4)涉及农村承包土地的安置补偿费。法院认为:安置补偿费不属于遗产,农村承包经营户以外的成员请求分割安置补偿费的,不予支持。安置补偿费是国家在征收土地时,为了安置以土地为主要生产资料并取得生活来源的农业人口的生活所给予的补助费用,其实质是以农村土地承包经营户为单位对享有家庭土地承包经营权成员的补偿。农村承包经营户以外的成员请求分割安置补偿费的,不予支持。其他案例,如(2018)鄂28民终659号判决、(2017)鄂05民终454号判决。

9. 收藏品等其他

在统计的判决书中,涉及钻戒、铂金婚戒、项链、包等的有1份。法院在判决时,尊重现状,判归保管人所有,由保管人向其他继承人支付补偿。

10. 抚恤金、丧葬费

(1)抚恤金、丧葬费均不能认定为遗产,但对抚恤金的处理和分配方式,11份判决比照遗产的分割比例进行处理。其中7份判继承人平分;3份判尽主要扶养义务的适当多分,不尽扶养义务的适当少分,1份判照顾老年人的多分。

(2)将抚恤金、丧葬费按遗产分割,如(2016)鄂1002民初1086号判决。

(3)认为抚恤金、丧葬费是劳动者死亡后,用人单位对劳动者近亲属的赔偿,不属于遗产,驳回诉讼请求,如(2019)鄂06民终713号判决。

三、遗嘱继承裁判要旨

由专业律师所做的见证遗嘱,在当事人心中的"公信力"并不比公证遗嘱小。当然,也不排除某些案件的遗嘱不符合办理公证的条件。

(1)研究样本中还出现11份夫妻共同遗嘱,占比11.8%;尽管在我国原《继承法》中并未有夫妻共同遗嘱的形式规定,但其仍然以自书、代书或公证、见证方式出现,脱离不了五种法定形式遗嘱范畴,因此我们不在此单独分析其效力问题。

(2)但我们仍然从统计样本中发现一个零遗嘱案例,即原告未能提交任何形式的遗嘱,只有间接证据如证人证言,利害关系人录音资料等,拟用这些资料来证明被继承人生前立有自书遗嘱,但最终未能被法院支持,如(2017)鄂0821民初661号判决,京山县人民法院。

1. 遗嘱内容

(1)样本中涉及夫妻财产约定的总计3份,均被法院认定为有效。

(2)涉及其他财产约定的总计10份,其中9份,涉及抚恤金与丧葬费用的安排,有1份,涉及对自己债权的处理,1份涉及遗嘱人的债权安排。

(3)对于涉及抚恤金与丧葬费的遗嘱,人民法院裁定依照遗嘱指定来分割的总计3起;认为不是遗产,裁定参照法定继承分割的有6起;认为不是遗产,不在继承案件范围之内处理,裁定另案起诉的有1起。

丧葬费、抚恤金不是死者生前遗留的财产,不能作为遗产来继承,这是法律规定,亦是司法公认的裁判规则。在这里我们引用统计样本中的裁判观点意图对此做更加完整的阐释:"抚恤金是发放给死者近亲属的费用,兼具物质补偿和精神补偿的双重性质,虽然不是遗产,但具有遗产的属性,可以比照遗产进行分配,但应充分考虑与死者生前关系紧密程度及受到精神痛苦的伤害程度。丧葬费是国家对死者亲属处理丧葬事务的一种经济帮助。""胡某某生前在遗嘱中对不属于遗产的抚恤金作出分配,处分行为不发生法律约束力"。"对于丧葬费和抚恤金的分配原则,从公平合理的角度,首先考虑与死者生前共同生活紧密程度和生活来源,其次考虑血缘关系。"如(2017)鄂0582民初311号判决。

2. 多份遗嘱

多份遗嘱中,内容一致或没有冲突的遗嘱13件,占比72%;内容补充遗嘱1件,占比6%;内容变动(主要是指定继承人变动或继承份额变动)的遗嘱4件,占比

22%(见图1)。

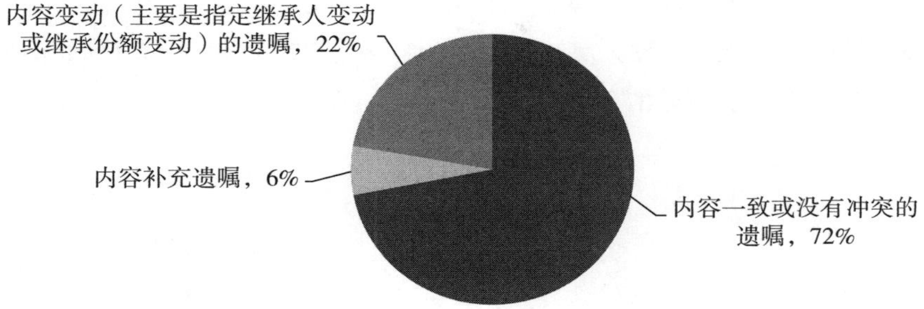

图1　多份遗嘱

出现多份遗嘱前后内容变动的原因多和家庭矛盾纠纷有关,遗嘱人或觉子女不孝,或因与子女债务问题,最终反悔,重新指定继承人。其他案例,如(2018)鄂0103民初6983号判决、(2018)鄂0106民初3275号判决。

3. 遗嘱效力

(1)仍有部分遗嘱在效力上存在瑕疵,不能很好地实现遗嘱人生前的愿望。

存在遗嘱的继承案件中,被人民法院判定为有效遗嘱并全部适用的有61件,占比65.6%;部分有效,并部分适用的遗嘱18件,占比19.4%;无效遗嘱14件,占比15%(见图2)。部分无效与全部无效总计占比34.4%。

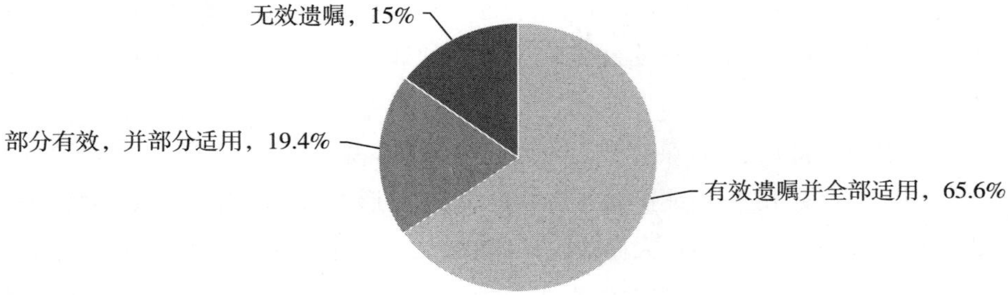

图2　遗嘱效力

(2)五种法定遗嘱类型中,公证遗嘱被认定为有效的占比最高,其次为代书遗嘱;而自书遗嘱被认定为有效的占比最低(见图3)。

①12份公证遗嘱中,被人民法院判定为有效的10件,占比83.3%;无效的2件,占比16.7%。这说明在实践中,即使是被普遍认为公信力最高的公证遗嘱,仍然有16.7%的概率存在效力问题。

②44份自书遗嘱中,被人民法院判定为有效的26件,占比59.1%;无效的3

件,占比 6.8%;部分有效的 15 件,占比 34.1%。从中可以看出,自书遗嘱被认定为有效的比率并不算太高,仍然有 4 成的自书遗嘱存在效力瑕疵。

③37 份代书遗嘱中,被人民法院判定为有效的 25 件,占比 67.6%;无效的 9 件,占比 24.3%;部分有效的 3 件,占比 8.1%。

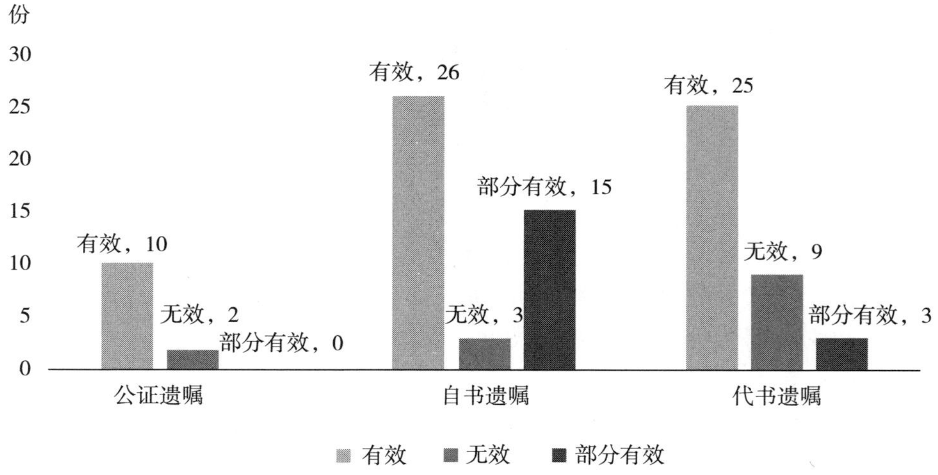

图 3　不同类型遗嘱的效力

从中可以看出,相较于自书遗嘱,代书遗嘱被认定为有效的比例高,但被认定为无效的也比自书遗嘱高出近 3 倍。结合原《继承法》中对代书遗嘱的形式要求比自书遗嘱要严格得多来看,在实践中代书遗嘱的效力认定风险显然比自书遗嘱还要大。

(3)实践中律师见证遗嘱存在效力问题的亦不少见。

统计样本中有 18 份见证遗嘱,其中以自书遗嘱形式出现的有 5 件,以代书遗嘱形式出现的有 13 件。其中被人民法院认定有效的 12 件,占比 66.7%;认定无效的 3 件,占比 16.7%;认定部分有效的 3 件,占比 16.6%。见证遗嘱存在效力问题的比率达到 33.3%,是公证遗嘱的 2 倍(见图 4)。

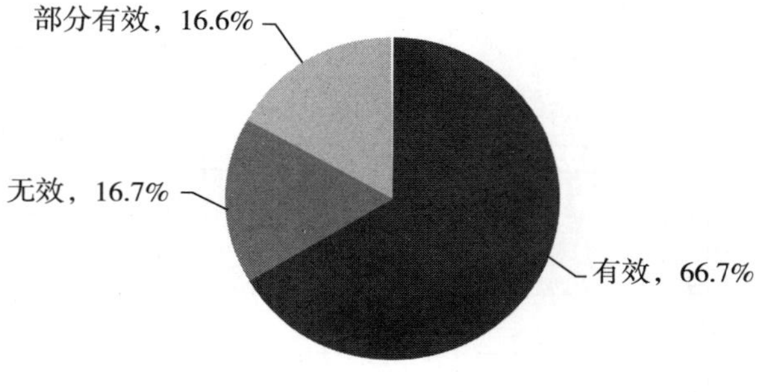

图 4　见证遗嘱效力

抛开律师的专业能力角度来分析，这从另一方面说明了律师对遗嘱进行见证存在很大的风险。但也说明律师在遗嘱见证领域的发展空间很大。

4. 遗嘱无效的原因

我国对遗嘱采取严格法定主义，一份有效的遗嘱必须要符合我国《民法典》继承编及其司法解释的有关规定，遗嘱人的主观愿望是为了合理安排身后事，尽量避免家庭矛盾纠纷，实现财富传承，尽管有的人会去找公证处或律师事务所提供专业的帮助，但仍有大部分人的法律意识不强，水平有限，以致制作出法律效力存在问题的遗嘱，最终无法得到人民法院的认定，而致愿望落空。

以下我们分遗嘱类型来分析样本中遗嘱部分无效或全部无效的原因：

(1) 公证遗嘱：12 份公证遗嘱样本中，2 份无效遗嘱。

无效原因：①遗嘱内容涉及抚恤金的分配，因其不属遗产，故在遗嘱中指定分配丧失法律效力。②遗嘱人处分了不属于自己的财产。

(2) 自书遗嘱：44 份自书遗嘱样本中，18 份部分或全部无效遗嘱，无效原因如下（见图 5）：

①遗嘱人不享有财产处分权的有 13 份：最常见的是将夫妻共同财产当作个人财产进行安排。

②不符合法定遗嘱形式要件的有 2 份：这两件中一件涉及遗嘱人无民事行为能力问题，一件是指定遗嘱人姓名与主张继承权人姓名有偏差。

③意思表示不明的有 1 份：遗嘱人书写的遗嘱没有标点符号，语句不通顺，容易误读，难以理解。

④处分不属于遗产的财产的有 1 份：遗嘱人将不属于遗产的抚恤金、丧葬费纳入遗嘱中。

⑤遗产在遗嘱生效前物权已发生变动的有 1 份：遗嘱人在遗嘱中将其名下房产

进行分配,在遗嘱生效前房产因征收所有权发生转移,遗嘱人在未得到征收补偿款时对此款再定遗嘱分配。

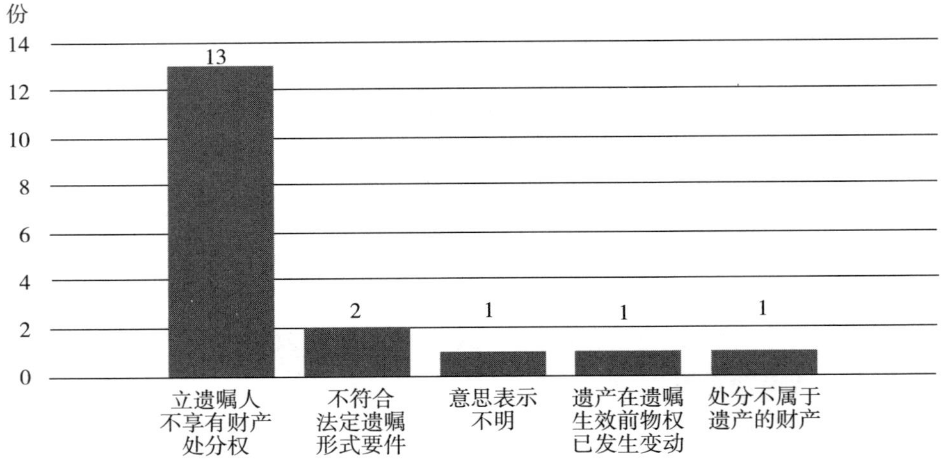

图 5　自书遗嘱无效的原因

从以上对自书遗嘱的无效原因分析中可看出,遗嘱人对不享有财产处分权的财产进行遗嘱安排,从而导致遗嘱废止的占大多数。

(3)代书遗嘱:37 份代书遗嘱样本中,有 12 份部分或全部无效遗嘱,无效原因如下(见图 6):

①不符合代书遗嘱法定形式的有 6 份。这 6 份遗嘱中单独或交叉存在以下几个问题:第一,见证人人数不足两人;第二,见证人与继承人有利害关系,甚至有见证人就是继承人的样本;第三,遗嘱人未在遗嘱上签名。

②遗嘱人不享有财产处分权的有 5 份。其中有 4 份涉及处分了夫妻共同财产中配偶一方的财产;1 份涉及处分了农村集体承包的土地。

③遗产在遗嘱生效前物权变动或灭失的有 1 份。

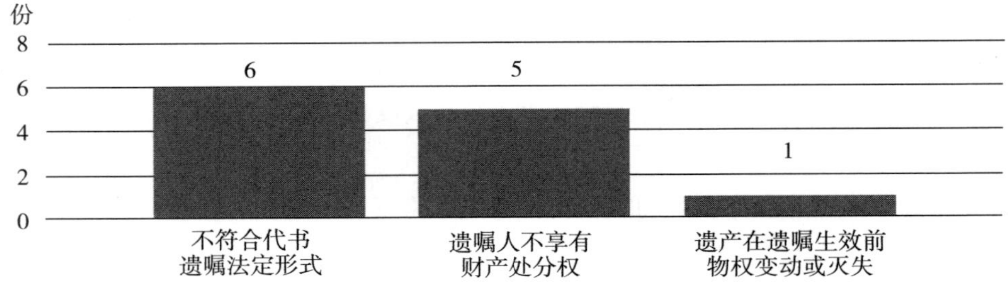

图 6　代书遗嘱无效的原因

遗嘱无效则不适用，但统计样本中出现一件例外案例，如（2017）鄂01民终3662号判决。

代书遗嘱中因为系继承人代书并签名，不符合遗嘱法定形式要件，故被人民法院认定为无效，但人民法院同时认为：遗嘱载明“邱某去世后，指定陈某2为房屋继承人，姐弟三人对以上遗嘱完全赞同”，陈某3、陈某2、陈某1三人亦在遗嘱上签名确认，应视为陈某3、陈某1对该房屋权利的处分，该约定并不违反法律、行政法规的效力性禁止性规定，应为有效，各方均应依约履行。据此支持了陈某2依据该份遗嘱要求继承房屋的诉请。上述裁判观点并未将约定作为遗嘱适用，而是认定为一份合约，判令各方依约履行。该案历经二审，二审法院维持原判。

5. 遗嘱效力的确认之诉

统计样本中发现有10件确认之诉，即当事人仅要求确认遗嘱效力，不要求继承分割。其中，要求确认无效的案例5件，要求确认有效的5件，而在确认有效的案例中，包括一起遗嘱人自己起诉自己撤销公证遗嘱的声明有效的案例。

这给我们提出思考：当事人为什么不在一个诉中同时解决确认遗嘱效力和要求继承分割的问题？笔者认为，为避免诉累，避免引发更大的矛盾纠纷，实现最大的诉讼效应，主审人员应当发挥及时释明的责任，法律工作者亦应积极引导当事人，做好普法宣传工作。

6. 继承人与被继承人的情况

（1）被继承人的情况。

①从被继承人的年龄看，区间在60岁到100岁之间，其中尤以80~90岁期间的老人最多。

统计样本中未载明被继承人年龄的有77件，占比82.8%；载明被继承人年龄的有16件，占比17.2%。其中被继承人年龄为60~70岁的有2件，70~80岁的有3件，80~90岁的有10件，90~100岁的有1件（见图7）。

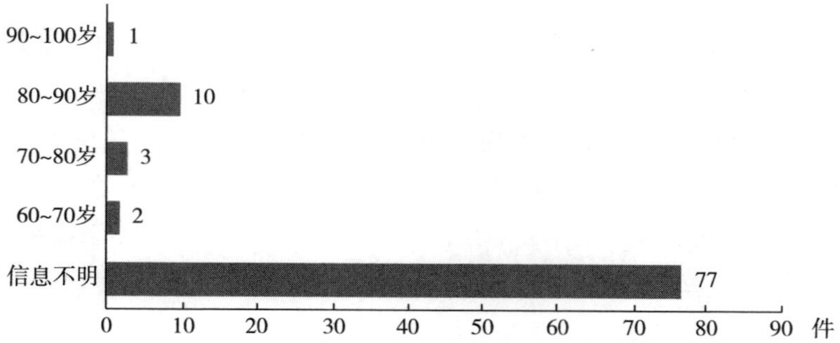

图7　被继承人年龄

②从被继承人的婚姻状况看，再婚率较高，再婚家庭矛盾冲突较多。被继承人再婚的有 38 件，占比 40.9%，最多的再婚三次。

③从被继承人的子女情况看，有 2 个以上子女的有 85 件，占比 91.4%，只有 1 个子女的有 8 件，占比 8.6%。

以上数据综合反映出，遗嘱继承案件的被继承人普遍为60 岁以上的老年人，且案件在多子女家庭、再婚家庭发生的概率较大。分析表明人口老龄化所带来的几代同堂家庭，往往存在代位继承、转继承的复杂情况。而多子女和再婚家庭也带来财产权属状况、家庭成员关系、家庭情感状况的复杂性，使这类家庭中的被继承人群体比其他人更倾向于选择以提前立遗嘱的形式传承财产，但又由于上述各种复杂原因容易引发遗产继承纠纷。

（2）继承人的情况。

继承人为配偶、父母、子女等法定继承人的占大多数，但仍有少部分继承人为非法定继承人。

存在遗嘱继承的案件中，继承人为父母的有 2 件，继承人为配偶的有 24 件，占比 25.8%；继承人为婚生子女的有 71 件；继承人为非婚生子女的有 0 件；继承人为孙子女、外孙子女等的有 19 件，其中孙子女为继承人的有 13 件，占比 14%，其他人为继承人的有 6 件。

以上数据反映出，遗嘱继承案件中，被继承人父母一般都已先于被继承人过世，父母为继承人的情况较少，主要的遗嘱继承人为子女、配偶，大约 20% 的人未将遗产传给法定继承人，这种情况下主要的遗嘱继承人为孙子女。

（3）遗嘱继承人为孙子女。

统计样本中遗嘱继承人为孙子女，且判决孙子女可按照遗嘱继承的案件有 9 个，其中 5 个案件适用遗嘱继承、4 个案件适用遗赠的法律规定进行裁判处理。分析发现，上述案例可区分两种情况：一种是孙子女的父母已先于被继承人去世，另一种是孙子女的父母仍在世；上述两种情形下，应当确定以何种案由审理？

通过研究上述 9 个样本，笔者认为，在法定代位继承事由存在的情况下，以遗嘱继承之规则处理上述案件。

“继承人范围与民法上的近亲属范围并不一致，前者比后者独少了孙子女、外孙子女。其原因在于《继承法》第 11 条[①]规定的代位继承制度的存在，使孙子女、外孙子女为祖父母、外祖父母的第二顺序法定继承人成为不必要。本案徐某 2 系被继

① 《继承法》已废止，本条内容参见《民法典》第 1152 条。

承人周某孙子，按规定不属于继承人范围，但徐某2的父亲徐某先于被继承人周某死亡，徐某2继承周某的财产与代位继承有类似之处。代位继承虽仅发生在法定继承中，但法定与遗嘱继承方式的不同，并不影响特殊案情下可将孙子认定为继承人。考虑到代位继承制度的立法本意，结合徐某2父亲徐某先于被继承人周某死亡的事实，以及被继承人周某立遗嘱的真实本意，本案可以参照代位继承的相关规定，将徐某2纳入继承人范围，从而认定徐某2对周某财产的继承为遗嘱继承。”其他案例，如（2017）鄂0102民初6806号判决、（2017）鄂0281民初4095号判决、（2017）鄂0102民初5013号判决、（2018）鄂0105民初4159号判决、（2018）鄂0502民初2669号判决、（2018）鄂0106民初3718号判决、（2018）鄂0606民初862号判决、（2018）鄂0107民初3111号判决、（2019）鄂01民终9392号判决。

（4）非遗嘱继承人是否属于必要共同诉讼参与人。

统计样本中，法定继承人全部参与诉讼的87件，占比93.6%；法定继承人未全部参与诉讼的有6件，占比6.4%。在未全部参与诉讼的案件中，当事人明确表示放弃遗产分割、不参与诉讼的有2件；法定继承人既未明确表示放弃，又没有被列为案件当事人的案件有4件。其中，1件为遗嘱人提起的确认其此前对公证遗嘱的声明有效，即公证遗嘱已依法撤销的确认之诉，该案仅列遗嘱继承人为被告；其他3案分别有1~5名法定继承人未参与诉讼。

经分析，最为典型的案例为大冶市人民法院（2017）鄂0281民初4095号曹某1与石某、曹某2等遗嘱继承纠纷案。该案中被继承人生前有8名子女，2名子女已先于被继承人去世，其中1名已去世的子女生育5名子女。原告即系另一名已去世继承人之子。对于被告在庭审时辩称本案缺少共同诉讼当事人的主张，一审判决如下：“被告曹某6辩称本案缺少必要共同诉讼人，因本案属于遗嘱继承，非遗嘱继承人不属于必要共同诉讼人，该辩解意见本院不予支持”，该案一审判决原告胜诉。

根据上述分析，继承案件一般列全部法定继承人为当事人，但在遗嘱继承案件中，有些人民法院并不一定认为全部法定继承人为必要的共同诉讼被告。例如，某些法定继承人明显与争议事项无关，可不列其为诉讼当事人，以避免讼累。虽然这种情况仍为特例，但仍值得关注。其他案例，如（2017）鄂0821民初661号判决、（2017）鄂0102民初1879号判决、（2017）鄂0281民初4095号判决、（2018）鄂0106民初3718号判决、（2018）鄂0606民初862号判决、（2018）鄂0103民初6983号判决。

7. 遗嘱继承案件涉及的财产类型

（1）遗产类型及占比。

①统计样本中未发现有境外财产。

②从 93 件统计样本所涉财产类型看，房产仍然是遗嘱中最主要的财产类型，其次为现金，样本中未出现基金、游戏装备、电子货币、微信红包、支付宝账户等遗产类型；亦未出现收藏品等其他财产类型。

存在遗嘱的继承案件中，涉及房产的有 82 件，涉及现金的有 15 件，涉及股份权益的有 5 件，涉及保单现金价值和保险金的有 3 件，涉及车辆的有 1 件，涉及土地使用权的有 2 件（见图 8）。

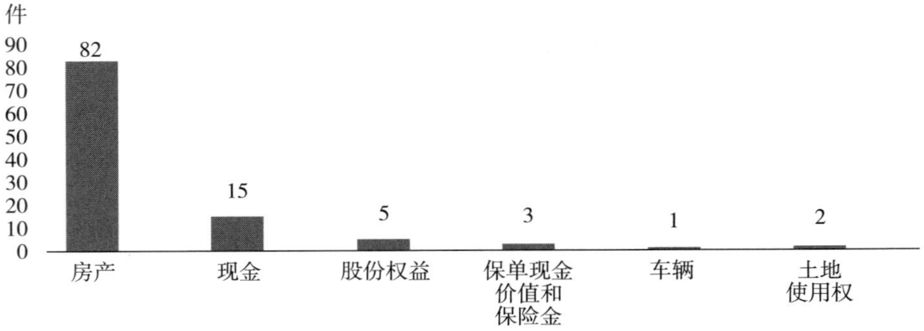

图 8　遗产类型

③单个样本中，可能涉及一套以上房产，但仍然以一套房产居多。

涉及房产的 82 个样本中，涉及 1 套房产的有 75 件，占比 80.6%；2 套房产的有 6 件，占比 6.4%；3 套及以上的有 1 件，占比 1.2%；信息不详的样本有 4 个，占比 4.3%。

④样本中涉及现金的金额总体偏低，仍以 10 万以内金额居多。

在统计样本中，从金额上看，10 万元以下的有 7 件，10 万～20 万元的有 4 件，20 万～30 万元的有 2 件。

统计样本分析显示，主要争议财产为房产，其次是现金，其他类型财产相对较少，但存在保单等新型财产，且同一案件中有时涉及多类财产。分析认为：房产仍然是普通家庭最重要的财富，在统计样本中房产多为 1 套、现金资产金额普遍较低的情况，应与被继承人年龄基本在 60 周岁以上有关，也反映出老年群体财产积累并不多。

（2）房产案件。

82 件涉及房产的统计样本中，涉及商品房的样本有 38 件，占有房产样本的 46.34%；涉及房改房的有 21 件，占比 25.61%；涉及自建房和宅基地集体建房的有 16 件，占比 19.51%；涉及拆迁安置房的有 7 件，占比 8.54%（见图 9）。

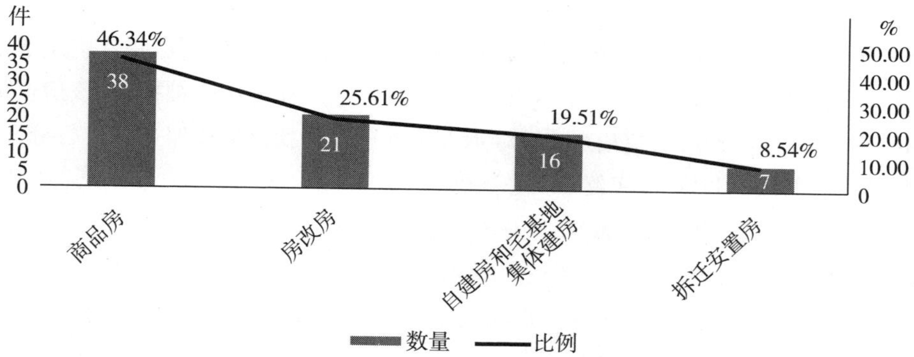

图9　房产类型

一般而言，人民法院对遗产的处理原则，并不因不同的财产类型而有差异，但由于不同房产类型本身在产权关系上具有各自特殊性，导致人民法院面临不同房产类型，需要适用不同的处理原则。

①享受已故配偶工龄优惠后购买的房改房是否属于夫妻共同财产分析。

21件涉及房改房的统计样本中，有4件因被继承人在遗嘱中处分了享受已故配偶工龄优惠后购买的房改房而产生争议，争议焦点在于上述房产是否属于被继承人与已故配偶的夫妻共同财产。

在上述4个统计样本中，有2件因被继承人前妻去世时间与房改时间距离较长，且房产系与再婚配偶婚姻关系存续期间购买，该房产未认定为被继承人与已故配偶的共同财产；有2件被认定为被继承人（房改时生存配偶）与死亡配偶的夫妻共同财产。

裁判要旨：房改房是国家在对职工工龄、职务、工资、家庭人口等各种因素综合考虑后在价值计算上给予职工政策性优惠福利的房屋，此种政策性优惠福利具有人身和财产双重属性，属于财产权益。生存配偶享受本人工龄和已死亡配偶生前工龄优惠后购买的房改房，是对原有承租权的承袭和转化，此类房改房一般认定为夫妻共同财产。

通过以上分析表明，如生存配偶在参加房改时享受了已死亡配偶工龄优惠的，法院倾向于将房改房认定为夫妻共同财产，但仍会结合死亡配偶的死亡时间距房改房购买时间长短等因素进行综合考量。其他案例，如（2017）鄂0102民初1879号判决、（2018）鄂0106民初7125号判决、（2018）鄂0106民初3275号判决、（2019）鄂01民终5021号判决。

②遗嘱中指定房产被拆迁后的继承。

统计样本中涉及遗嘱中指定房产在诉讼中被拆迁的有 1 例。法院认定遗嘱中被继承人处分案涉房产份额的部分有效,但因案涉房产在诉讼中被拆迁,该房产价值已转为拆迁补偿款,法院裁判就被继承人的拆迁补偿款份额按照遗嘱进行分配。其他案例,如(2018)鄂 10 民终 662 号判决。

③遗嘱指定多名继承人但未明确各自份额时法院裁判规则。

统计样本中,存在被继承人指定多名继承人,但未在遗嘱中明确各继承人份额的案例。样本案例中,人民法院参照《继承法》第 13 条第 1 款①"同一顺序继承人继承遗产的份额,一般应当均等"之规定,判令二遗嘱继承人分别享有被继承人遗产 50% 的份额。在遗嘱有效但相关内容缺失的情况下,人民法院参照法定继承之规定进行处理,这对类似情况具有参考意义,如(2017)鄂 0102 民初 1879 号判决。

④是否一并处理产权过户登记诉求。

82 件房产样本中,继承人在要求继承案涉房产同时,提出被告协助办理房产过户诉请的有 13 件,在此类案件中占比 15.9% 。法院判决支持过户诉请的有 9 件,在提出过户诉请的案件中占比 69.2% ;驳回诉请的有 4 件,占比 30.8% 。法院驳回理由,认为办理过户手续系行政机关的行政行为,不属被告的法定义务且不属于遗产案件审理范围,如(2017)鄂 0102 民初 6806 号判决、(2017)鄂 0102 民初 5013 号判决、(2017)鄂 0103 民初 10188 号判决。

(3)土地承包经营权案件。

统计样本中涉及集体土地承包经营权的案件有 1 例。在(2017)鄂 0581 民初 430 号判决中,被继承人立遗嘱指定其宅基地上建设的房屋归遗嘱继承人所有,其承包土地上的柑橘树,其承包的山林、耕地在承包期内由遗嘱继承人继承和享有使用权并经营、耕种。法院认为:宅基地上建设的房屋系被继承人的合法财产,被继承人享有处分权,遗嘱将不能继承的承包经营权进行指定继承,与法律规定不符,该部分条款属于无效条款。

该案例表明,被继承人可以通过遗嘱指定继承的财产类型,应符合其他特别法的规定,否则可能导致相应条款无效。

---

① 《继承法》已废止,本条内容参见《民法典》第 1130 条第 1 款。

四、遗赠纠纷和遗赠扶养协议裁判要旨

1. 遗赠的接受

在统计的数据中，有 2 件认定受遗赠人未在 2 个月内作出接受遗赠的意思表示，故而驳回其诉讼请求。

《民法典》规定：受遗赠人应当在知道受遗赠后 60 日内，作出接受或者放弃受遗赠的表示；到期没有表示，视为放弃受遗赠。实践中如何认定受遗赠人“知道受遗赠后六十日内作出接受的表示”呢？受遗赠人在知道遗赠之事后应及时向遗赠人的法定继承人作出接受遗赠的意思表示，否则遗赠可能落空，如（2017）鄂 0116 民初 4375 号判决、（2018）鄂 0106 民初 3341 号判决。

2. 遗赠纠纷中股权处理

在统计的数据中，有 1 件涉及股份继承。刘某生前以公证遗嘱的形式将其股份赠给法定继承人以外的养外孙女即余某，系是对其个人财产进行了处分，符合法律的相关规定，如（2019）鄂 0105 民初 1036 号判决。

3. 遗赠扶养协议的履行、解除与撤销

在统计的 19 件遗赠扶养协议纠纷案件中（见图 10），其中 1 件涉及被继承人已经死亡，协议另一方要求法院判决协议有效，继承房产；10 件关于协议双方要求解除、撤销遗赠扶养协议；3 件要求履行协议；2 件要求是确认协议无效，要求返还房屋，或返还装修款，赔偿损失；其他情况 3 件。

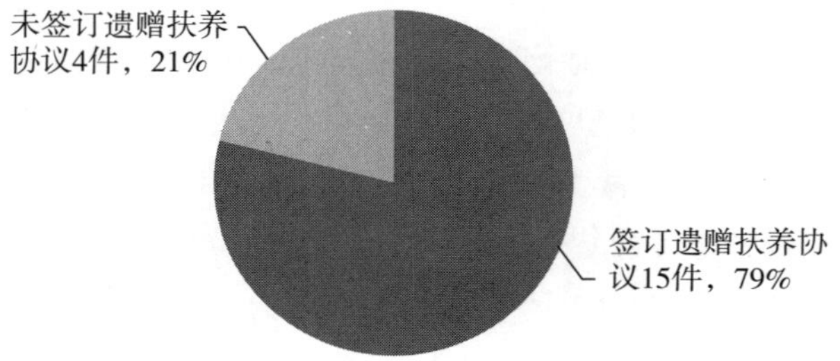

图 10　遗赠扶养协议签订情况

（1）遗嘱与遗赠扶养协议交叉如何处理？

我国《民法典》第 1123 条规定：“继承开始后，按照法定继承办理；有遗嘱的，按照遗嘱继承或者遗赠办理；有遗赠扶养协议的，按照协议办理。”即在财产继承中如果各种继承方式并存，应首先执行遗赠扶养协议，其次是遗嘱和遗赠，最后才是法定继承，如（2017）鄂 0502 民初 1898 号判决。

(2)遗赠扶养协议能否解除？诉请解除法院是否支持？解除的法律依据是什么？

在统计的数据中，有3件驳回了原告的诉讼请求，不支持解除遗赠扶养协议，其中1件认为涉案文件不是遗赠扶养协议，且被告主体不适格。主要驳回理由为：协议双方自愿签订遗赠扶养协议，意思表示真实，合法有效，对双方当事人均有约束性。协议已经得到履行，若无重大的违反约定及法定的情形发生，法院一般不会随意判决解除协议。综上，如果要拟定遗赠扶养协议，最好寻求专业人士的帮助，从而避免拟定协议的目的落空，也可以避免发生纠纷败诉的局面，如(2017)鄂2801民初5168号判决、(2017)鄂0528民初249号判决、(2019)鄂0503民初84号判决。

(3)法院支持解除、撤销遗赠扶养协议的分析。

在10件要求解除、撤销遗赠扶养协议的判决中，有7件支持解除或撤销(见图11)。

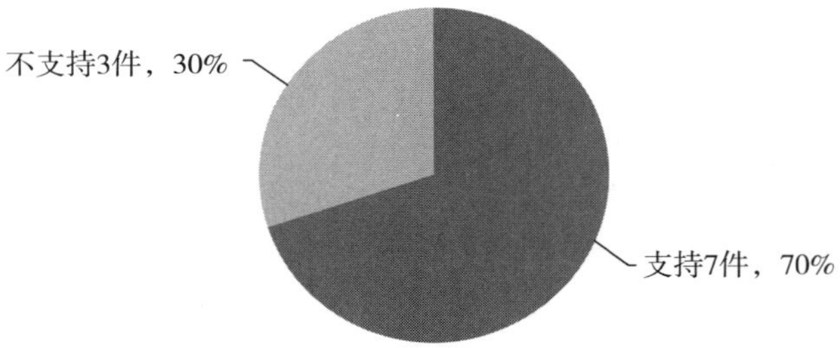

图11　遗赠扶养协议解除、撤销情况

双方要求解除协议的主要原因有：①一方不履行协议中规定的义务，损害了另一方权利的实现，为了维护自己的权益，致使另一方要求解除协议；②协议一方因自己婚姻等生活现状发生变故，无法再来履行协议；③双方自愿达成一致要求解除协议；④事实上已经不能履行。

在(2017)鄂0506民初1767号判决中，法院认为："从形式上遗赠扶养协议虽然具有民事合同的部分性质，但是因为其人身、财产的双重属性，与一般的协议有着很大区别，具有一定的特殊性，其最重要的特点在于扶养人的扶养行为并不仅仅是财产的给付，也不单纯是一次性的作为，而是既有物质又有精神的长时间的照顾和料理。遗赠扶养协议中扶养人和遗赠人的关系是否融洽、是否相互配合，尤其是扶养人、遗赠人的内心意愿对于遗赠扶养协议的实现起着至关重要的作用。所以，不能单纯地依据合同规则进行解释和规范，也不能像强制民事双务合同中的双方履行合同义务一样去强制扶养人履行扶养义务或者遗赠人接受被扶养……"故不宜强制要求履行遗赠扶养协议。

通过数据分析，遗赠扶养协议在目前的境遇下并没有切实解决养老问题。需要再进一步结合法律工具和金融工具，合理做好财富传承规划。其他案例，如(2019)鄂1202民初3221号判决、(2017)鄂0982民初537号判决、(2017)鄂0528民初249号判决、(2017)鄂0506民初1767号判决。

4."单方赠与"不等于"遗赠扶养协议"

即使是附条件的赠与合同，也与遗赠扶养协议有非常大的区别：第一，合同双方之间的权利义务不同。在附条件的赠与合同中，条件的履行与否完全取决于赠与人与相对人的意愿，相对人即使不履行条件的内容，法律也不能强制执行。相反，在遗赠扶养协议中，扶养人从签订协议的那一刻起，就承担被扶养人生养病死，即属于他的合同义务，不得违反，否则就要承担违约责任。第二，双方的法律适用依据不同，附条件的赠与合同为《民法典》合同编的规定所调整，遗赠扶养协议为《民法典》继承编的规定所调整。其他案例，如(2018)鄂0111民初307号判决。

五、共有物分割、分家析产裁判要旨

根据财产的归属情况，大部分财产归属于配偶、父母、子女这三类继承人。

主要的财产类型，大部分归属于配偶、父母、子女这三类继承人。

死亡赔偿金、丧葬费、抚恤金，归配偶的有7件，占比32%；归父母的有5件，占比23%；归子女的有10件，占比45%。

自建房、宅基地、商品房等不动产，归配偶的有4件，占比25%；归父母的有2件，占比13%；归子女的有10件，占比62%。

拆迁安置补偿款，归配偶的有6件，占比33%；归父母的有2件，占比11%；归子女的有10件，占比56%。

六、被继承人债务清偿裁判要旨

1.驳回诉讼请求

在湖北省2017～2019年的330件被继承人债务清偿判决中，只有66件法官认定继承人无须承担被继承人债务，驳回原告诉讼请求的比例为20%。

通过对法院驳回原告诉讼请求的原因进行分析，可以看到60%的案件是由于原告债权人举证不足，有29%的案件是因为继承人放弃继承权，其他的或是超过诉讼时效，或是不属于民事纠纷案由。除此之外，继承人都需要在继承遗产的实际价值范围内承担被继承人生前的债务，不能逃脱。

2. 被继承人债务数额

在判决继承人需要清偿债权人债务的264份判决中,99份判决债务数额在10万元以下,占总数的37.5%;有64份判决债务数额在10万元到20万元,占总数的24.2%;有29份判决债务数额在20万元到30万元,占总数的11%;有24份判决债务数额在30万元到40万元,占总数的9.1%;有6份判决债务数额在40万元到50万元,占总数的2%;有14份判决债务数额在50万到60万,占总数的5.3%;有2份判决债务数额在60万元到70万元,占总数的0.8%;有7份判决债务数额在70万元到80万元,占总数的2.7%;有2份判决债务数额在80万元到90万元,占总数的0.8%;有1份判决债务数额在90万元到100万元,占总数的0.4%;有16份判决债务数额在100万元以上,占总数的6%。

通过以上数据可以看出,债务数额大多集中在10万元以下、10万元到20万元的小额债务,50万元以上、过百万元的大额债务数量较少,其原因在于对于大额债务债权人往往会设有担保,债务人死亡后,债权人会先要求担保人清偿债务,提起被继承人债务清偿之诉的可能性较小。

3. 继承人构成

据我们统计,对于被继承人生前所欠债务,配偶、婚生子女和父母作为清偿责任人的居多。在264份被继承人债务清偿判决中,210份都会判由配偶进行清偿,占到整体的79.5%,67.4%婚生子女也会成为清偿责任人;父母成为清偿责任人的概率为37.1%;继子女、养子女基本上不会成为清偿责任人,其占比不足1%。

在上述责任人中配偶所占比重较大,这是基于配偶的特殊身份关系,一旦债务被认定为夫妻共同债务,配偶即为共同债务人。即便债务非共同债务,配偶作为第一顺位继承人也需在遗产继承的范围内对债务负有清偿责任。那么哪些债务会被认定为夫妻共同债务呢?主要有以下情况:第一,夫妻双方共同签字或者夫妻一方事后追认等共同意思表示所负的债务;第二,夫妻一方在婚姻关系存续期间以个人名义为家庭日常生活需要所负的债务。其他案例,如(2018)鄂1224民初1867号判决、(2018)鄂0102民初11410号判决、(2019)鄂0525民初315号判决。

4. 全部继承人均明确表示放弃继承权的行为性质认定

在统计的湖北省2017~2019年的330件案件中,法院对全部继承人均明确表示放弃继承权的行为性质认定有以下裁判思路:

(1)认定行为无效,判决由全部继承人在继承遗产的实际价值范围内清偿债务。

裁判理由:继承人全部放弃继承权的行为将使被继承人的遗产实际处于无人

管理的状态,导致其他债权人的合法权益受损。

根据《民法典继承编司法解释(一)》第32条"继承人因放弃继承权,致其不能履行法定义务的,放弃继承权的行为无效"的规定,应当认定该行为无效。继承人仍应对被继承人的遗产妥善管理,并用遗产清偿被继承人生前所负债务,债务清偿责任以被继承人遗产的实际价值为限。其他案例,如(2019)鄂2828民初1223号判决。

(2)认定行为有效,此观点在司法实践中存有三类裁判结果:

第一类裁判结果是直接驳回债权人的诉讼请求。

在(2018)鄂1125民初335号判决中,法院认为:汤某某去世时,留有遗产,但三被告作为汤某某的继承人均已明确表示放弃继承权,依照《继承法》第33条[①]"继承人放弃继承的,对被继承人依法应当缴纳的税款和债务可以不负偿还责任"之规定。三被告对汤某某生前的债务可以不承担清偿责任,对原告的诉讼请求,本院依法不予支持。由此可见,继承人放弃继承的,对被继承人依法应当偿还的债务可以不负偿还责任,法院对债权人的诉讼请求予以直接驳回。其他案例,如(2018)鄂1125民初335号、(2018)鄂0303民初719号判决。

第二类裁判结果是判决债权人债务在被继承人的遗产价值范围内进行清偿,继承人不承担清偿责任。

在(2019)鄂1126民初2610号判决中,法院认为:刘某、张某作为刘1的法定继承人,自愿声明放弃对所负债务的继承权,依法可不承担刘1所负债务的清偿责任。对于刘1遗产,原告作为其所负债务的债权人,依法享有参与分配的权利。涉案房产系王某与刘1共同共有财产,且具有不可分割性,王某有协助刘1处置该部分遗产的义务。即继承人不承担清偿责任,由债权人在被继承人的遗产价值范围内进行清偿。其他案例,如(2016)鄂0106民初5248号判决、(2019)鄂1126民初2610号判决。

第三类裁判结果是判决继承人在管理被继承人的遗产实际价值范围内偿还债务。

在(2019)鄂民再331号判决中,法院认为:根据本案查明的事实,可以明确的是,债权债务客观存在且合法有效,债务人杨某死亡后,遗产也是客观存在的,范围也是确定的,至少该房屋的相应部分为杨某的遗产,债权人理应从中得到救济。依照我国原《合同法》等相关法律规定,债权人的合法债权受法律保护。根据《民事诉

① 《继承法》已废止,本条内容参见《民法典》第1159条、第1161条。

讼法》第 154 条第 2 项的规定，只有在债务人死亡没有遗产且没有应当承担义务的人的情况下，才可以终结诉讼，本案显然不符合终结的条件。因本案被继承人（债务人）明显留有遗产，法院的价值导向应该是尽可能维护债权人合法权益，寻找路径在遗产范围内偿还借款。据此，法院判决继承人在管理被继承人的遗产实际价值范围内偿还债务。其他案例，如（2019）鄂民再 331 号判决、（2018）鄂 0582 民初 35 号判决、（2018）鄂 0582 民初 575 号判决。

综上所述，无论采取何种法律逻辑，最终得出的结论偏向于对债权人合法债务予以最大限度的保护。这是一种合理的结论，也能得到社会公众的普遍认可，实现个案法律效果和社会效果的统一。

湖南省法院审理继承案件裁判要旨总梳理

一、统计样本

1. 数据来源：Alpha 案例库。

2. 裁判年份：2017 年度、2018 年度、2019 年度。

3. 检索条件：(1)案由：法定继承纠纷、遗嘱继承纠纷、被继承人债务清偿纠纷；(2)地域：湖南省；(3)年份：2017 年度、2018 年度、2019 年度；(4)文书类型：判决。

4. 检索日期：2020 年 2 月 9 日。

5. 样本案例共计 1048 件，包括法定继承纠纷、遗嘱继承纠纷、被继承人债务清偿纠纷，因遗赠纠纷案件量少，故不在本次统计之列。

本次报告所指的继承析产纠纷只选取了法定继承纠纷、遗嘱继承纠纷及被继承人债务清偿纠纷。本次数据分析将分三大块进行统计与分析。

二、法定继承纠纷之财产分割裁判要旨

因本次报告主要针对继承纠纷中财产分割的案件及裁判要旨进行整理，重点统计涉及房产、股权、房屋拆迁款、夫妻共同债务的裁判要旨及判定结果。法定继承纠纷中认定遗嘱有效的部分财产按照遗嘱继承进行，不纳入本次的数据统计及分析。

1. 房产分割

房产基本是普通家庭中必备的生活资料，在 491 件法定继承纠纷案件中，涉及房产分割的案件有 280 件，占比 57%。在本次报告中主要分析法院在裁判时的基本裁判要旨和特殊情况下的裁判要旨。

(1)房产确权的裁判要旨。

从表 1 可知，房产分割应先对房产性质进行认定，继承人主张分割房产时需提供相应证据予以佐证该房产为被继承人遗产，这样才能启动继承程序。对于无法直接在继承案件中查明事实的，法院一般会要求当事人另案确权，在能确定为被继承人遗产时再进行分割；如在继承案件中可直接查明不属于被继承人遗产的，直接对被继承人遗产予以确认，不认定为遗产的一般为农村宅基地或自建房拆除后新建的房屋。

表 1　房产确权案例

案号	法院认为	判定结果
(2017)湘 03 民终 956 号	“五保户”谭某生死亡后，遗留四间农村房屋，由被告谭某湘代为保管，在继承开始后其中三间房屋灭失，根据《土地管理法》对农村宅基地的有关规定，“五保户”三间房屋因灭失而空出的宅基地，自然由集体组织收回该宅基地土地使用权	不认定为遗产
(2018)湘 01 民终 1518 号	本案系继承纠纷，继承的是公民死亡时遗留的个人合法财产，而本案中上诉人主张作为遗产分割的涉案房屋并未登记在被继承人董某翔名下，而是登记在其女儿董某 2 名下，上诉人如认为乐某及被继承人董某翔系涉案房屋的实际所有权人，应另案处理进行确权	另案确权，不予分割
(2019)湘 31 民终 439 号	本案争议的主要焦点为涉案房产是否为被继承人杨某昌、刘某桃的遗产。根据我国有关法律规定，房屋物权因建造、拆除等事实行为的发生而设立或消灭。因此被上诉人杨某 3 于 1988 年拆除原老房屋后，老房屋的物权随之消灭，同时又因被上诉人杨某 3 于 1988 年的建造行为而取得新的物权，并且该物权得到了房产登记部门的确认。之后，原老房屋所有权人杨某昌、刘某桃及上诉人的父亲杨某武对拆旧建新及房产登记并未提出异议。杨某 3 于 1988 年改建房屋时杨某昌、刘某桃已逾六十多岁，基本上没有多大的劳动能力，上诉人也没有其他证据证明被上诉人杨某 3 于 1988 年改建时杨某昌、刘某桃出过多少资金。因此，一审没有认定涉案房产是杨某昌、刘某桃的遗产，并无不当	不认定为遗产

(2)房产分割基本裁判要旨。

从表 2 可知，在继承案件中，继承人只能继承被继承人死亡时遗留的个人合法财产。在法定继承份额分配之前，法院首先会对遗产的性质进行认定，定性该遗产为夫妻个人财产、夫妻共同财产或家庭共有财产。根据《民法典》婚姻家庭编的规定，一方的婚前财产；一方因身体受到伤害获得的医疗费、残疾人生活补助费等费用；遗嘱或赠与合同中确定只归夫或妻一方的财产；当事人结婚前，父母为双方购置房屋出资的，该出资应当认定为对自己子女的个人赠与，但父母明确表示赠与双方的除外；一方专用的生活用品等为夫妻一方的财产，双方另有约定的除外。因此，如果被继承人和配偶在婚前、婚姻关系存续期间有相关财产约定的，一般有约定部分先按照约定部分认定，其余部分再根据法律规定进行认定。根据对财产性质认定的结果，法院的判定结果基本为以下四种情况：①房产为夫妻共同财产，共同财产部分予以扣除;②房产为夫妻个人财产,按照分配比例直接分配;③房产为家庭共有财产,所占份额内进行分配;④房产不宜分割处理时,被继承人共同共有。

表2　房产分割案例

案号	法院认为	判定结果
(2017)湘0102民初6号	涉案房屋是被继承人生前的婚前财产,原告丁某与被告唐某甲、唐某乙均是第一顺位继承人,三人对涉案房屋各享有1/3的份额,该房虽经本院委托进行了评估,但由于原告、被告三人均不主张涉案房屋的产权,均无钱给付对方相应的对价,本院只宜确定三方对涉案房屋享有1/3的份额	被继承人个人财产,法定继承人均等分配
(2017)湘1228民初34号	本案诉争房屋应为杨某己与蒲某甲的夫妻共同财产。在蒲某甲死亡后,作为夫妻共同财产的该房屋,杨某己享有1/2,另1/2属于蒲某甲的遗产,应由杨某己、杨某丁、杨某甲、杨某乙、杨某丙共同继承,由五人各继承该1/2房屋的1/5	夫妻共同财产,扣除配偶的财产后由法定继承人均等分配
(2017)湘1022民初1984号	申请购买房产时,申请人为吴某国、彭某琼、吴某修三人,吴某修已参加工作,并居住至其结婚,对购买该房产做了贡献,该房产应当认定为家庭共同财产,在未约定份额的情况下,由吴某国、彭某琼、吴某修各占房产1/3的份额。彭某琼死亡后,其所占份额应当由法定继承人吴某国、吴某修、吴某、吴某兴继承	家庭共同财产,扣除家庭成员所占份额后由法定继承人均等分配

(3)房产分割特殊裁判要旨。

从表3可知,家庭共有的房屋、违章建筑房等因其本身具备的特殊性,在处理时,因其不便拆分,在有利于房产发挥原有价值的基础上,法院一般偏向于按照份额划分后由继承人按照继承份额按份共有。自由产权房等其他具备特殊性质的房产,属于被继承人依法应享有的部分民事权益,被继承人可以主张分割。

表3　房产分割特殊案例

案号	法院认为	判定结果
(2018)湘1222民初621号	本案所涉房产因原告、被告均未举证证明房产的价值,属不宜分割的遗产,故可以采取共有的办法处理。本案所涉房产,系被告肖某与被继承人饶某4夫妻关系存续期间所得的共同所有的财产,应当先将房产的一半分出为被告肖某个人所有,其余的一半为饶某4的遗产。被告肖某系被继承人饶某4的妻子,原告饶某1、被告饶某3、被告饶某2系被继承人饶某4的儿子,均属第一顺序继承人,依法可继承饶某4的遗产,且份额均等,故四人均继承饶某4遗产的1/4,即房屋12.5%的产权	不宜分割的房屋可采取共有方式由法定继承人共有

续表

案号	法院认为	判定结果
(2019)湘0528民初2155号	湘桂市场46号、47号门面上加建的3～6层房屋无房产证，其中部分房屋没有建房审批，但并不影响其财产属性及财产具有价值的属性，可将肖某娜所占一半份额作为遗产进行处理。湘桂市场46号、47号房屋上加建的三层半房屋中部分房屋无建房审批，未取得建设工程规划许可证，属违章建筑，依照《城乡规划法》的相关规定，有被国家机关拆除的可能。违章建筑被依法拆除，不仅不能获得经济补偿，而且拆除费用应由个人承担，故，该财产的存在具有不确定性。因此，46号、47号门面上加建的3～6层房屋的1/2由郑某、赵某1、赵某2、赵某3均等继承并共同共有为宜	违章建筑及无证建筑可继承，共同共有
(2017)湘0406民初1479号	原告、被告父亲李某丰有自有产权住房45平方米，李其民出资改建后，房屋产权面积登记为87.9平方米，依法登记的产权证上的姓名仍然是李某丰，即该有房屋法定所有权人为李某丰。被告衡阳崇业建设开发集团有限公司证实房屋拆迁时遵循拆一赔一的原则，即属于李某丰的财产已经经过拆迁变更为拆迁后的房屋，即拆迁补偿后分配的房屋中111.9平方米中包括了87.9平方米。因李某没有出资给李某丰建房，所建房费用由李其民负担，所以，李某应当按权利义务对等原则支付该继承面积的价值费用。是否支付以及如何支付，由双方协商或主张权利	自有产权住房经过改建后新增面积，继承人在继承时需补偿改建人相对应的继承面积的价值费用
(2019)湘13民终2215号	李某1以父亲名义购买的单位房改房，李某1支付了所有房款，是108.5平方米房产的所有权人。杨某华长期与上诉人共同生活，上诉人尽了全部扶养义务，享有多分遗产的权利。经查，虽然涉案房屋登记在被继承人杨某华的名下，但是从房屋的购买和使用以及加建、装修情况来看，案涉房屋完全认定为杨某华的个人财产失之偏颇，认定为李某1与杨某华共同共有更符合本案的实际	共同共有

2. 股权分割的裁判要旨

491件法定继承案件中，股权分割案件为13件，占比2.6%。股权分割案件虽然占比较小，但是作为一种特殊的财产类型，随着经济社会的发展，股权在继承案件中如何分割，也会是企业关心的问题。

从表4可知，在13件股权分割案件中，大多数法院没有对股权如何继承进行处理，只要求按照《公司法》的相关规定进行处分，即在法定继承案件中不宜直接进行认定。进行处理的情况一般是可以明确股权价值并且该价值没有太强的人身依附性，如股权转让款、股票等实际收益。因为股权本身的特殊性质，若是一方法定继承人享有股权权益，其他法定继承人可以享有其份额应有的分红款项。

表 4　股权分割案例

案号	法院认为	判定结果
(2018)湘 0225 民初 264 号	原告主张的北京精诚恒达空调配件有限公司股权，因并无登记机关出具的目前该公司股权实际登记状况的材料，且对非登记于杨某军名下的股权，应依据《公司法》的相关规定进行处分，本院在本案中不宜直接处理，故不予支持	不予处理
(2018)湘 01 民终 10580 号	经查，屈某 1、屈某 2 一审中申请两位证人出庭证明 2010 年年初均借给屈某 2 四万元用于屈某 1 投资，吴某对此不予认可，且屈某 1、屈某 2 未提交支付股权转让款的凭证，也无法证实屈某 2 向他人借款 8 万元并用于支付股权转让金的事实，故屈某 1、屈某 2 未能提交充分证据证实屈某 1 名下股权系屈某 1、屈某 2 及吴某三人的家庭共有财产。一审法院认定为屈某 1 与吴某的夫妻共同财产，符合法律规定	登记在屈某 1 名下的 317,333 股股票由吴某继承，屈某 1 支付原告吴某股票分红 46,919 元

3. 房屋拆迁款分割的裁判要旨

491 件法定继承纠纷案件中，涉及房屋拆迁款的有 95 件，占比 19%。因城市发展，大部分被继承人的房屋都经历了拆迁征收，而拆迁征收款的方案因各地政策不同而有所不同，这是一个值得重点关注的问题。

从表 5 可知，房屋拆迁款的分割与房产分割有着较大区别，房屋拆迁款因为涉及政府政策的原因有不同的拆迁政策及拆迁款、安置房分配方案，因此，在被继承人死亡时，需要查明房屋拆迁款的具体来源，最终判断哪些份额归属于被继承人所有，为被继承人的合法财产，最终由继承人继承。

表 5　房屋拆迁款分割案例

案号	法院认为	判定结果
(2017)湘 01 民终 6961 号	经查，本案中，周某华死亡时遗留的个人合法财产为其与张某 1 共同修建的房屋一栋，现该房屋被政府部门征收，故该栋房屋的表现形式转化成了所获得的货币补偿。故此基于该栋房屋所获得的征收补偿，其中 50% 应认定为周某华的遗产	共有房屋，在份额内予以分割

续表

案号	法院认为	判定结果
(2017)湘 0302 民初 735 号	征收补偿款中的 741,450.8 元房屋补偿费中按房屋测绘面积 479.82 平方米计算的补偿款为 525,301.6 元，按人均 90 平方米共计 630 平方米补足面积 150.18 平方米的补偿款为 216,259.2 元。虽然征收部门计算征收补偿款所依据的湖南省人民政府《关于〈湘潭市集体土地征收与房屋拆迁补偿安置办法〉的批复》(湘政函〔2013〕84 号)附件《湘潭市集体土地征收与房屋拆迁补偿安置办法》第 24 条第 2 项明确房屋补偿费只是对原合法批准或登记的权利人即被告张某 4 的补偿，但此仅系征收部门对征收房屋补偿款的具体计算方式，如果被继承人许某未被计算在被征收房屋人口基数内，被告张某 4 所获得的房屋补偿费将减少 90 平方米的补足面积补偿款 129,600 元，因此被继承人许某对该部分房屋补偿费 129,600 元享有民事权益	根据具体拆迁政策实际判断
(2018)湘 0104 民初 6048 号	原告主张的拆迁补偿款 2,516,635.07 元中包含有房屋过渡补助费、房屋搬迁补助费、购房补助费及其他补偿金额、奖励等。本院认为房屋过渡补助费、房屋搬迁补助费、购房补助费及其他补偿金额、奖励等应为涉案房屋的实际居住和使用人所有，原告无权主张分割，原告能够主张权利的仅为房屋补偿费、房屋设施补偿费、生产用房补偿费、室外设施补偿费、一次性成型拆迁补助费、一户多基房屋拆除补助费	区分房屋所有人和实际居住使用人

4. 夫妻共同债务的分割与承担裁判要旨

从表 6 可知，在法定继承纠纷案件中，涉及夫妻共同债务的一般不在本案中进行处理，我们团队在分析该数据时发现也有对夫妻债务进行处理的法院，在处理的案件中大多数采取承担连带清偿责任，后以被继承人债务清偿纠纷起诉居多。值得注意的是，债务关系清晰，只有借款的时候，也有直接判定夫妻双方各负债务一半，被继承人所负生前债务，直接在其遗产中减除。

表 6　夫妻共同债务案例

案号	法院认为	判定结果
(2015)浏民初字第 166 号	本院在本案审理过程中不能予以确认具体数额，因为根据不告不理的原则，债权人要求熊某湖、何某秋与邱某娥及熊某作为债务人承担债务，应依法向法院进行诉讼，若本院在其确认内部份额的诉讼中即予以确认，势必导致债权人丧失诉权。故本案处理的结果不包含处置债务	不处置债务

续表

案号	法院认为	判定结果
(2016)湘1222民初1280号	被告主张对外负债共13万余元,原告确认的有欠原楠木铺信用社的借款5万元本金及利息,对其他债务未予认可。本院认为:对有争议的债务,本案不宜处理,应由债权人另行主张	不处置债务
(2017)湘0104民初8400号	其账户余额尚不足以清偿所欠贷款,其公积金账户余额又正在按期扣抵贷款本息,故陈某钧个人公积金账户上的余额并不具备支取和分割的条件,陈某钧生前所欠第三人市公积金中心房屋按揭贷款作为夫妻共同债务由黄某2承担连带清偿责任。贷款清偿过程中,各继承人在各自享有的遗产继承份额范围内均有清偿义务,各继承人可就各自应当支付的还贷款项进行协商,协商不一致的,可在债务清偿以后,向其他债务人主张追偿的权利	承担连带清偿责任
(2017)湘0726民初935号	周某生前债务借款100,000元产生在其与陈某婚姻关系存续期间,根据《婚姻法》第41条①的规定,双方应各负担一半即50,000元。周某的应分担生前债务50,000元应当在其遗产中减除	债务各负一半

5. 其他财产的分割裁判要旨

在419件法定继承案件当中,涉及其他财产的有172件,占比35%。在进行其他财产的归置时,比较多的为抚恤金、丧葬费、各类具有人身性的赔偿款或补助金、宅基地使用权及土地经验承包权等,表中列举了两个较为特殊的财产类型。

从表7可知,知情补贴费、特困家庭医疗救助款、农村土地承包经营权等财产类型的发放均有其特殊目的、特殊用途或受政策的影响,其为专项款,不能直接被认定为被继承人的遗产,所以一般法院会判决不予分割,但是也存在按照法定比例进行分担的情况。

① 《婚姻法》已废止,本条内容参见《民法典》第1089条。

表 7　其他财产的分割案例

案号	法院认为	判定结果
(2017)湘 0105 民初 3311 号	知青补贴费 5000 元及特困家庭医疗救助款 20,000 元系国家和长沙市慈善基金会用来帮扶生活困难的家庭的,不属于遗产范围	不予分割
(2017)湘 10 民终 1508 号	采用家庭承包方式取得的农村土地承包经营权,其承包方是本集体经济组织的农户,其不是属于某一个家庭成员。根据《继承法》第 3 条①的规定,遗产是公民死亡时遗留的个人合法财产,农村土地承包经营权不属于个人财产,故不发生继承问题。廖某 1 上诉要求继承承包廖某楚生前承包的责任田和旱土无事实和法律依据,本院不予支持	不予分割

三、遗嘱继承裁判要旨

在本次报告中,遗嘱继承纠纷案件共计 121 件,主要涉及的遗嘱类型包括自书遗嘱、代书遗嘱等形式,口头、录音遗嘱涉及较少,在此不再分析。同时,在统计中,因公证遗嘱的权威性,暂未发现公证遗嘱无效的情形。而对于近几年兴起的共同遗嘱、打印遗嘱等问题笔者也会做简单的分析。

1. 自书遗嘱效力裁判要旨

从所查找的案例样本中,涉及自书遗嘱的案件共计 75 件。自书遗嘱相对其他遗嘱形式易操作,但同时也存在很大风险,很有可能因形式要件或内容等因素被认定无效,法院在认定效力时,除了考虑自书遗嘱生效的形式要件,还会关注遗嘱内容的效力。典型案件如表 8 所示。

表 8　自书遗嘱案例

案号	法院认为	裁判结果
(2016)湘 0111 民初 5436 号	公民可以依照法律规定立遗嘱处分个人财产。自书遗嘱由遗嘱人亲笔书写,签名并注明年、月、日。被继承人杨某某于 2011 年 8 月 8 日和 2013 年 6 月 20 日订立的遗嘱,均由其亲笔书写并签名、注明日期,系其真实意思表示	个人财产部分处分合法有效

① 《继承法》已废止,本条内容参见《民法典》第 1122 条。

续表

案号	法院认为	裁判结果
(2018)湘02民终1300号	原告提交的遗嘱最后形成于2016年8月16日,没有为缺乏劳动能力又没有生活来源的继承人王某保留必要份额,因违反法律强制性规定而无效。故原告请求确认王某某于2016年8月16日形成的遗嘱有效,并按遗嘱确认继承权办理房屋产权过户,于法无据,本院不予支持	无效
(2019)湘0902民初1642号	因"我意外死亡后资金资产安置决定如下"未签字明确,故这一页不符合遗嘱形式的有效性	无效
(2019)湘0102民初14707号	本案中,遗嘱系被继承人刘某某亲笔书写,签名,且注明年、月、日,符合自书遗嘱的形式要件,应属有效	有效

从表8可知,在遗嘱继承案件中,当遗嘱为自书遗嘱时,法院首先审查自书遗嘱是否为遗嘱人亲笔书写,签名,是否注明日期,即审查是否符合自书遗嘱的形式要求。其次,审查遗嘱所处分财产是否为其个人合法财产,是否违反法律强制性规定。符合形式要件和实质要件的,按照自书遗嘱判决。

2. 代书遗嘱效力裁判要旨

代书遗嘱,是指由代书人按照遗嘱人的意思表示,如实地记载遗嘱人口述的遗嘱内容,代替遗嘱人书写的遗嘱。因代书遗嘱并非遗嘱人本人书写,故我国《民法典》要求代书遗嘱须具备严格的法定形式要件。典型案件如表9所示。

表9 代书遗嘱案例

案号	法院认为	认定结果
(2017)湘12民终24号	代书遗嘱应当有两个以上见证人在场见证,由其中一人代书,注明年、月、日,并由代书人、其他见证人和遗嘱人签名。本案遗嘱虽系继承人书写,但有三个无利害关系人在场见证。在场人虽未签名,但不影响遗嘱的真实效力,且本案上诉人在遗嘱人立遗嘱时在场,对涉及其本人的权利未提出异议	有效

续表

案号	法院认为	认定结果
(2016)湘31民终1139号	代书遗嘱应当有两个以上见证人在场见证,由其中一人代书,注明年、月、日,并由代书人、其他见证人和遗嘱人签名。见证人不能是继承人或与继承人有利害关系的人。而在本案出现的打印代书遗嘱中,代书人向某某对该遗嘱不知情且不在场,遗嘱上没有他的签名,也没有遗嘱人赵某某本人的签名;见证人赵某某、杨某某仅证明遗嘱人赵某某名字上的手印是其本人的;证人杨某某、唐某某均证明立遗嘱当天,赵某某处于昏迷状态,遗嘱上的手印是梁某某拉上赵某某的手捺上去的。因此,所立打印代书遗嘱无代书人、遗嘱人的签名,不符合代书遗嘱法定形式,故该代书遗嘱不具有法律效力	无效
(2018)湘0725民初1190号	本案中刘某所持有的代书遗嘱上没有遗嘱人陈某某的亲笔签名,虽然刘某提交了订立代书遗嘱时的照片及询问笔录,但未提交其他证据予以佐证代书遗嘱的内容系陈某某的真实意思表示。因代书遗嘱不符合法律规定的形式要件系无效遗嘱	无效
(2018)湘0726民初1771号	代书遗嘱应当有两个以上见证人在场见证,由其中一人代书,注明年、月、日,并由代书人、其他见证人和遗嘱人签名。上述对代书遗嘱的形式要件的规定旨在保证代书遗嘱的内容是被继承人的真实意思表示,以维护各方的合法权益。众见证人虽当场未在遗嘱上签字,但事后已予以补签,该形式上的瑕疵并不影响遗嘱的效力,故该代书遗嘱合法有效	有效
(2019)湘03民终646号	代书遗嘱必须是本人亲自口授内容,不能由他人代理,应由其中一个见证人代为书写遗嘱内容。为保证遗嘱反映遗嘱人的真实意思,代书人记录完遗嘱内容后,应当向遗嘱人宣读并讲解遗嘱内容,以便遗嘱人核实。而本案中遗嘱的见证过程并不完整,根据代书人彭某、见证人刘某的当庭证词可知,遗嘱系彭某在2017年7月7日之前打印形成,见证人刘某、王某均未全程见证立遗嘱的整个过程,刘某仅见证了宣读遗嘱的过程,而王某更是在宣读完遗嘱之后才临时被找来作为见证人。见证人刘某、王某并没有见证被继承人胡某材本人亲自口述的过程,现有证据不足以证明该遗嘱系根据被继承人亲自口述所书,故无法认定本案代书遗嘱为有效遗嘱	无效

续表

案号	法院认为	认定结果
(2019)湘0528民初1593号	蒋某某所立遗嘱系代书遗嘱,由无利害关系的李某2代书,李某1见证。在立遗嘱过程中,李某1在遗嘱尚未完全书写完毕的情况下先行离开,未全程参与代书遗嘱全过程,不符合代书遗嘱的严格法定形式要求,故该代书遗嘱形式存在瑕疵。庭审过程中,证人李某2当庭陈述,李某1系在代书遗嘱尚有最后两行字未书写完的情况下因事先行离开,并陈述了蒋某某所立遗嘱的内容所涉的财产没有四被告的继承份额的事实。同时,所书遗嘱内容是经蒋某某本人阅读后签字确认的。证人李某1的当庭陈述与李某2陈述的内容一致。结合遗嘱原件,其最后两行内容为交待遗嘱执行人、见证人李某1的个人信息以及遗嘱份式,与蒋某某生前个人财产处理无关。同时结合庭审查明,蒋某某生前当过多年村支书,立遗嘱时其精神状态好,表达清楚,具有识字能力。李某2、李某1均与双方当事人无利害关系,两人当庭陈述的内容一致,可信程度较高。综上,该遗嘱形式上虽存在瑕疵,但确系遗嘱人蒋某某真实意思表示,且其立遗嘱时系完全民事行为能力人,具有识字阅读能力,代书遗嘱在其阅读后签字确认,与其自书遗嘱无异,故该遗嘱的形式瑕疵不足以影响遗嘱的效力	有效

从表9可知,代书遗嘱同自书遗嘱类似,有着严格的形式要求,要求有两个以上见证人在场见证,其中一见证人代为书写遗嘱,见证人和遗嘱人均需签字,注明年、月、日。但在审判案例中,有相当一部分判决并没有严格的形式要求,若有其他证据能够佐证遗嘱系遗嘱人的真实意思表示,法院一般还是会予以支持。在法院审判的案例中对于见证人见证立遗嘱的全过程(包括遗嘱人亲口述说遗嘱内容、代书人代写遗嘱、宣读遗嘱内容、遗嘱人认可签字等)严格审查。还原遗嘱人的真实意愿尤为重要。

3. 遗嘱系打印件的效力裁判要旨

随着科技的进步发展,现在电脑和电子打印系统已基本普及。因此,在审理遗嘱继承案件中,出现了不少为打印件的遗嘱。《民法典》在继承编规定了打印遗嘱这一遗嘱形式,但是原《继承法》没有这一规定,因此打印遗嘱系自书遗嘱还是代书遗嘱,有效或无效,不同的法院出现了不同的判例,现部分统计如表10所示。

表 10　打印遗嘱案例

案号	法院认为	认定结果
(2016)湘 1202 民初 3393 号	该遗嘱系打印件,且见证人邱某某并未在场见证代书遗嘱形成的经过,亦未符合代书遗嘱的要件,不属于代书遗嘱。2008 年 10 月 5 日的《晏某某遗嘱》不符合自书遗嘱及代书遗嘱的形式要件,为无效遗嘱	无效
(2016)湘 1202 民初 630 号	被继承人周某某将 2005 年 6 月 5 日的自书遗嘱制作成一份打印件,该打印遗嘱上有周某某的签名,还有见证人廖某某、杨某某、舒某三人签名。根据原《继承法》的相关规定,被继承人周某某先后确立的两份遗嘱系自书遗嘱,遗嘱有被继承人周某某的签名及见证人的签名,该遗嘱形式合法有效	有效
(2015)岳坪民初字第 00644 号	本案所涉遗嘱显然属于自书遗嘱类型,而自书遗嘱是由遗嘱人亲笔书写,签名,并注明年、月、日。张某、贺某抗辩称龙某出示的遗嘱是打印件,不是由张某某亲笔书写,不符合自书遗嘱的法定要件,故而无效;而在电脑普及的当今时代,电脑打印文件已是社会活动的主要载体形式且见证人李某在遗嘱书上签名时,张某某是在现场的,并没有作出遗嘱并非其真实意思的表示,同时张某某考虑其子张某生活自理能力较差的问题,有想留住龙某由其照顾儿子张某的意思表示,由此可知,龙某所持有的遗嘱是被继承人张某某生前的真实意思表示,合法有效,本院予以认定	有效
(2018)湘 01 民终 8294 号	经分析,该遗嘱如为他人代为打印,为代书遗嘱,根据上述法律规定,该遗嘱不符合代书遗嘱的形式要件;如该遗嘱为自行打印,则需证明其制作经过	无效
(2019)湘 01 民终 10531 号	随着电脑和打印机的日益普及,法律对打印遗嘱的效力并非一概否认,因为时代的变化使打印文件已经成为人们日常书写的一种常见方式。上诉人刘某 1 虽然质疑该遗嘱并非刘某某本人打印,应当认定为代书遗嘱,但并未提交相关证据证实该遗嘱为他人代为打印。因此刘某某本人已去世,在没有其他证据证明的情况下,不能排除该遗嘱为刘某某本人亲自打印的可能,本案遗嘱的形式可以认定为自书遗嘱。按照原《继承法》的规定,自书遗嘱应当由遗嘱人在遗嘱上签名,并注明年、月、日。本案遗嘱上刘某某的签名和年、月、日已经打印好,刘某某本人直接在其打印好的签名处捺印,可以认定效力视同为其本人亲笔签名。一审判决由此认定案涉遗嘱合法有效	有效
(2018)湘 0524 民初 3489 号	本案原告提供的《老木屋及宅基地、责任田、自留地、自留山管理与使用授权书》是电脑打印的版本,并不是自书遗嘱,属于代书遗嘱。代书遗嘱应当有两个以上见证人在场见证,由其中的一人代书,注明年、月、日,并由代书人、其他见证人、遗嘱人签名	无效

从表 10 可知，打印遗嘱越来越普遍，但若使用不得当也将造成遗嘱无效。根据所统计的案例样本，法院虽对于打印遗嘱的效力认定不一，但裁判观点却大相径庭。打印遗嘱如为遗嘱人亲自打印，则认定为自书遗嘱，要符合自书遗嘱的形式要件和实质要件，同时要有见证人见证遗嘱人打印全过程；打印遗嘱若为他人代打印，则为代书遗嘱，需符合代书遗嘱的形式要件和实质要件。《民法典》实施后，打印遗嘱作为法定的遗嘱形式之一，应当有两个以上见证人见证、签名，在符合法律规定的情况下为有效遗嘱。

4. 数份遗嘱冲突的裁判要旨

遗产是公民生前合法的财产，公民生前有权遵照自己意愿处分个人财产，而立遗嘱是最能体现公民对自己财产处理的真实意思。公民在立遗嘱时的真实意愿是建立在当时那一刻的背景下，当背景发生改变时，就会出现再次立遗嘱的情形，从而在一些案件中出现数份相冲突的遗嘱。典型案例如表 11 所示。

表 11　数份遗嘱冲突案例

案号	法院认为
(2016)湘 0105 民初 3306 号	遗嘱人可以撤销、变更自己所立的遗嘱。立有数份遗嘱，内容相抵触的，以最后的遗嘱为准
(2017)湘 0104 民初 10398 号	立有数份遗嘱，内容相抵触的，以最后的遗嘱为准
(2019)湘 0502 民初 361 号	遗嘱人以不同形式立有数份内容相抵触的遗嘱，其中有公证遗嘱的以最后所立公证遗嘱为准①

从表 11 可知，在遗嘱继承案件中，部分案件中会出现多份遗嘱，且互相冲突，而继承人将主张对自己有利的遗嘱有效。在此种情况下，各地法院的裁判要旨为：有数份遗嘱，内容相抵触的，以被继承人最后的遗嘱为准。《民法典》实施之前，存在不同形式的数份内容相抵触的遗嘱时，以最后所立的公证遗嘱为准。《民法典》实施后，取消了公证遗嘱的优先效力，以最后一份有效遗嘱为准。

5. 共同遗嘱效力裁判要旨

共同遗嘱虽不多，但对于一部分有法律意识且年岁高的原配夫妻也有共同订立遗嘱的行为。典型案例如表 12 所示。

① 《民法典》未将公证遗嘱作为优先项，以最后一份有效遗嘱为准。

表 12　共同遗嘱案例

案号	法院认为
（2018）湘 0104 民初 7006 号	良某和黄某桂自书的遗嘱符合法律规定的自书遗嘱的形式要件，且遗嘱是两位老人对自己财产的处分，不违反法律规定
（2018）湘 0104 民初 4349 号	《我们的遗嘱》系打印件，不符合法律规定的自书遗嘱、代书遗嘱的形式要件，且《我们的遗嘱》的见证人刘某 3、刘某 2 与继承人存在利害关系，不具备代书遗嘱的见证人资格，故《我们的遗嘱》不具有法律效力

从表 12 可知，共同遗嘱的案件虽不多，只要遗嘱处理的是自己的财产，不违反法律规定，法院一般都会认定有效。但如果一方未去世，需要将未去世一方的财产排除出来。

遗嘱继承案件，虽可快速地适用法律规定的遗嘱形式认定遗嘱的效力，但在统计的案例样本中，也有相当一部分法官不仅审查遗嘱的表面，还结合家庭关系、立遗嘱背景等深究遗嘱人的真实意思，真正做到按遗嘱人的意愿处分财产，保障继承人和被继承人的财产权利。

四、被继承人债务清偿纠纷裁判要旨

在被继承人债务清偿纠纷案例中，配偶作为债务承担者的有 277 件，其中，有作为继承人承担责任的，也有作为夫妻共同债务承担者清偿债务的。在 277 件案件中，所涉及的债务被认定为夫妻共同债务的案件，共计 80 件，占比 29%，未予认定为夫妻共同债务的共计 197 件，占比 71%。

1. 债务认定为夫妻共同债务的裁判要旨

关于案件所涉债务被认定为夫妻共同债务的裁判要旨，以 2018 年 1 月 18 日施行的最高人民法院《关于审理涉及夫妻债务纠纷案件适用法律有关问题的解释》[①]为分界线，在此司法解释之前，裁判准则主要为原《婚姻法司法解释（二）》第 24 条[②]、第 26 条[③]，同时新的司法解释施行后，也存在配偶直接签字或事后追认以及债务用于夫妻共同生活的情形，也被法官认定为夫妻共同债务。《民法典》实施后，其

① 该司法解释已废止。

② 原《婚姻法司法解释（二）》已废止，本条内容参见《民法典》第 1064 条。

③ 原《婚姻法司法解释（二）》已废止，本条内容参见《民法典婚姻家庭编司法解释（一）》第 36 条。

第1064条统一了夫妻共同债务的认定规则，该条规定："夫妻双方共同签名或者夫妻一方事后追认等共同意思表示所负的债务，以及夫妻一方在婚姻关系存续期间以个人名义为家庭日常生活需要所负的债务，属于夫妻共同债务。夫妻一方在婚姻关系存续期间以个人名义超出家庭日常生活需要所负的债务，不属于夫妻共同债务；但是，债权人能够证明该债务用于夫妻共同生活、共同生产经营或者基于夫妻双方共同意思表示的除外。"

(1)适用原《婚姻法司法解释(二)》第24条，新的司法解释施行前，法院判决债务的属性，基本都是以原《婚姻法司法解释(二)》第24条①为裁判准则(见表13)。

表13　适用原《婚姻法司法解释(二)》第24条②的案例

案号	法院认为
(2017)湘0525民初184号	根据原《婚姻法司法解释(二)》第24条③之规定，债权人就婚姻关系存续期间夫妻一方以个人名义所负债务主张权利的，应当按夫妻共同债务处理。本案中，覃某球有义务向债权人即原告刘某清偿拖欠的全部货款，现债务人覃某球已死亡，被告王某作为死者覃某球妻子，既是共同债务人亦是继承人，理应对覃某球的上述债务承担偿还责任。被告覃某1、覃某2作为死者覃某球的第一顺序法定继承人，在本案审理过程中并没有表示放弃继承，依法应在继承遗产范围内负责清偿该笔债务
(2018)湘0121民初5171号	被告郑某与饶某系夫妻，饶某所借款项系为了共同生产经营的公司经营，按照原《婚姻法司法解释(二)》第24条④"债权人就婚姻关系存续期间夫妻一方以个人名义所负债务主张权利的，应当按夫妻共同债务处理。但夫妻一方能够证明债权人与债务人明确约定为个人债务，或者能够证明属于《婚姻法》第十九条第三款规定情形的除外"的规定，郑某辩称该笔款是饶某借的，并未用于家庭共同生活，不应承担夫妻共同债务的连带还款责任的抗辩理由，因与事实不符，本院不予采信。本院认为：饶某为了共同生产经营的公司所借款项属于夫妻共同债务，故被告郑某应当承担归还饶某所欠原告借款本息的义务

① 原《婚姻法司法解释(二)》已废止，本条内容参见《民法典》第1064条。
② 原《婚姻法司法解释(二)》已废止，本条内容参见《民法典》第1064条。
③ 原《婚姻法司法解释(二)》已废止，本条内容参见《民法典》第1064条。
④ 原《婚姻法司法解释(二)》已废止，本条内容参见《民法典》第1064条。

续表

案号	法院认为
(2018)湘02民终1653号	关于第三个争议焦点，根据原《婚姻法司法解释（二）》第24条①之规定，债权人就婚姻关系存续期间夫妻一方以个人名义所负债务主张权利的，应当按夫妻共同债务处理，但夫妻一方能够证明债权人与债务人明确约定为个人债务，或者能够证明属于原《婚姻法》第19条第3款规定情形的除外。本案借贷发生在李C与被告李L夫妻关系存续期间，被告李L未提供证据证明案涉债务系李C个人债务，也未提交证据证明被告李L与李C对婚姻关系存续期间所得的财产曾约定归各自所有且原告知道该约定，故认定李C向原告的借款系夫妻共同债务，被告李L应对本案借款即夫妻共同债务承担还款责任

（2）适用原《婚姻法司法解释（二）》第26条②（见表14）。

表14　适用原《婚姻法司法解释（二）》第26条③的案例

案号	法院认为
(2017)湘1202民初1206号	该借款发生于曾某华与被告侯某梅夫妻关系存续期间。根据原《婚姻法司法解释（二）》第26条④“夫或妻一方死亡的，生存一方应当对婚姻关系存续期间的共同债务承担连带清偿责任”的规定，原告请求被告偿还3万元借款并自起诉之日2017年5月8日起按照中国人民银行贷款利率支付逾期利息的诉讼请求，于法有据，本院予以支持。被告辩称其对借款不知情不承担借款偿还责任的理由，没有法律依据，本院不予支持
(2016)湘12民终1591号	本案所涉借款用于蒲某明家庭生产经营，发生于蒲某明与李某夫妻关系存续期间，且本案中不存在“债权人与债务人明确约定为个人债务”及“债权人知道债务人有夫妻财产个人所有的约定”的情形，因此，本案所涉借款应认定为夫妻共同债务。依照原《婚姻法司法解释（二）》第26条⑤“夫或妻一方死亡的，生存一方应当对婚姻关系存续期间的共同债务承担连带清偿责任”的规定，李某的丈夫蒲某明在借款发生后因车祸去世，李某应当对该债务承担连带清偿责任

（3）配偶直接签字或事后追认新的司法解释施行后，若夫妻一方签字或事后追认的，法院也会依法认定为夫妻共同债务（见表15）。

① 原《婚姻法司法解释（二）》已废止，本条内容参见《民法典》第1064条。
② 原《婚姻法司法解释（二）》已废止，本条内容参见《民法典婚姻家庭编司法解释（一）》第36条。
③ 原《婚姻法司法解释（二）》已废止，本条内容参见《民法典婚姻家庭编司法解释（一）》第36条。
④ 原《婚姻法司法解释（二）》已废止，本条内容参见《民法典婚姻家庭编司法解释（一）》第36条。
⑤ 原《婚姻法司法解释（二）》已废止，本条内容参见《民法典婚姻家庭编司法解释（一）》第36条。

表 15　配偶直接签字或事后追认的案例

案号	法院认为
(2019)湘 0302 民初 2265 号	被告彭某在 2018 年 4 月 30 日出具的借条上签名,表明其自愿与李某旗一起作为借款人承担所欠原告周某的借款,此系并存的债务承担,不违反相关法律的规定,故被告彭某应对李某旗所欠原告周某的债务承担全部清偿责任
(2018)湘 0621 民初 897 号	关于罗某所欠债务是否属于夫妻共同债务的问题。根据最高人民法院《关于审理涉及夫妻债务纠纷案件适用法律有关问题的解释》第 3 条①之规定,夫妻一方在婚姻关系存续期间以个人名义超出家庭日常生活需要所负的债务,债权人以属于夫妻共同债务为由主张权利的,人民法院不予支持,但债权人能够证明该债务用于夫妻共同生活、共同生产经营或者基于夫妻双方共同意思表示的除外。该解释施行日期为 2018 年 1 月 18 日,对未决案件具有溯及力,可适用于本案的判决。本案中,从罗某生前所留遗嘱来看,罗某生前因在投资岳阳金博机床制造有限公司时,曾将其与被告吴某共有的门面用作抵押贷款,并得到共同共有人签字确认,该贷款应认定为夫妻双方的共同意思表示,故罗某购买股权所负债务应认定为与被告吴某的共同债务
(2017)湘 07 民终 2162 号	根据原《婚姻法司法解释(二)》第 24 条第 1 款②"债权人就婚姻关系存续期间夫妻一方以个人名义所负债务主张权利的,应当按夫妻共同债务处理。但夫妻一方能够证明债权人与债务人明确约定为个人债务,或者能够证明属于原《婚姻法》第十九条第三款规定情形的除外"之规定,本案中,伍某辉与姚某萍系夫妻关系,本案欠款发生于婚姻关系存续期间,伍某辉因意外身亡后姚某萍未放弃遗产继承,且在伍某辉身亡后对陈某军作出承诺,对本案欠款知情并认可,故该债务属于夫妻共同债务,姚某萍应承担偿还责任

(4)债务用于夫妻共同生产生活新的司法解释出台后,涉案债务除了夫妻共债共签或事后一方追认的,有部分债务也被认定为夫妻共同债务,法院裁判理由是涉案债务用于夫妻共同生产生活(见表 16)。

① 最高人民法院《关于审理涉及夫妻债务纠纷案件适用法律有关问题的解释》已废止,本条内容参见《民法典》第 1064 条。

② 原《婚姻法司法解释(二)》已废止,本条内容参见《民法典》第 1064 条。

表 16　债务用于夫妻共同生产生活的案例

案号	法院认为
(2018)湘 05 民终 2632 号	本院认为:本案为继承人债务清偿纠纷。二审争议焦点为:本案所借债务是否认定为夫妻共同债务。本案中,三被上诉人亲属周某于 2014 年 3 月 11 日和 2016 年 5 月 3 日分别向上诉人彭某借款 20 万元和 5 万元,共计 25 万元,该借款周某均用于投资工程项目建设。该投资项目时间长达数年,投资项目的管理工作为周某的唯一工作,周某无其他收入来源。在本投资项目之前周某间或从事工程项目建设,其收益为家庭的主要生活来源,投资期间处于周某与被上诉人邓某婚姻关系存续期间,邓某对周某的投资项目是知情且认可的,该投资项目系基于夫妻共同意思,应当认定为夫妻共同生产经营。周某虽是以个人名义向彭某借款,但根据最高人民法院《关于审理涉及夫妻债务纠纷案件适用法律有关问题的解释》第 3 条①的规定,能够证明借款是用于夫妻共同生产经营的,应认定为夫妻共同债务,故本案债务应该认定为被上诉人邓某和周某的共同债务。对一审没有认定该债务为夫妻共同债务的判决二审依法予以纠正
(2018)湘 01 民终 1136 号	本院认为:本案的争议焦点为:涉案借款是否属于夫妻共同债务。上诉人吴某主张王某借钱是为了赌博,其不知情,应不属于夫妻共同债务。经查,二审中,吴某认可其与王某分别经营宾馆与农家乐、鱼塘,且经营宾馆的所得全部用于了投资农家乐和鱼塘,故即使吴某称其与王某因各自经营生意从 2012 年即开始分居,但其二人的财产仍是混同的。本案借款本金 50,000 元,借期 2 年,从数额上来说,涉案借款的金额没有超出家庭日常生活需要。上诉人吴某主张王某有赌博恶习,本案借款系王某用于赌博,但对此吴某未提供证据予以证明。故,吴某主张涉案借款不属于夫妻共同债务的上诉理由不能成立,本院不予支持

2. 未予认定为夫妻共同债务的裁判要旨

在配偶承担清偿债务的 277 件案件中,虽然有近 30% 的认定为夫妻共同债务,但也有超过 70% 的案件,未认定为夫妻共同债务,仅以配偶为继承人来承担清偿责任。法院未予以认定的原因主要是,一方面债权人放弃要求配偶承担连带清偿责任,另一方面则是新的司法解释后,债权人未能充分举证的。

① 最高人民法院《关于审理涉及夫妻债务纠纷案件适用法律有关问题的解释》已废止,本条内容参见《民法典》第 1064 条。

（1）债权人放弃向配偶主张承担连带责任（见表17）。

表17 债权人放弃向配偶主张承担连带责任的案例

案号	法院认为
（2018）湘1129民初1320号	依照《继承法》第33条第1款①，继承遗产应当清偿被继承人依法应当缴纳的税款和债务，缴纳税款和清偿债务以他的遗产实际价值为限的规定，被告欧阳某娥、蒋某文、蒋某红作为蒋某林的第一顺序法定继承人，在继承发生后，未表示放弃继承，视为接受继承，故应当在遗产继承范围内清偿被继承人蒋某林生前所负担的债务。现原告江某鎏要求被告欧阳某娥、蒋某文、蒋某红在继承遗产范围内清偿蒋某林生前借款本金150,000元和利息（利息自2015年10月10日起按月利率2%计算至本金清偿时止）的诉讼请求，证据充分，于法有据，本院予以支持

（2）新的司法解释施行后，债权人未举证证明债务用于夫妻共同生产生活（见表18）。

表18 债权人未举证证明债务用于夫妻共同生产生活的案例

案号	法院认为
（2019）湘0105民初4607号	案涉债务虽发生在毛某兵与常某夫妻关系存续期间，但根据最高人民法院《关于审理涉及夫妻债务纠纷案件适用法律有关问题的解释》第3条②"夫妻一方在婚姻关系存续期间以个人名义超出家庭日常生活需要所负的债务，债权人以属于夫妻共同债务为由主张权利的，人民法院不予支持，但债权人能够证明该债务用于夫妻共同生活、共同生产经营或者基于夫妻双方共同意思表示的除外"之规定，原告应就案涉债务为夫妻共同债务承担举证证明责任。现原告未举证证明案涉债务用于夫妻共同生活、共同生产经营或者基于夫妻双方共同意思表示，且案涉债务显然已超出家庭日常生活需要，故根据现有证据无法证明案涉债务属于夫妻共同债务，应属于毛某兵的个人债务。但常某作为毛某兵遗产的唯一继承人，根据《继承法》第33条③之规定，其应在继承毛某兵遗产的范围内承担清偿责任

① 《继承法》已废止，本条内容参见《民法典》第1161条。

② 最高人民法院《关于审理涉及夫妻债务纠纷案件适用法律有关问题的解释》已废止，本条内容参见《民法典》第1064条。

③ 《继承法》已废止，本条内容参见《民法典》第1159条、第1161条。

续表

案号	法院认为
(2018)湘0802民初2072号	此借款即使真实也不属于夫妻共同债务。被告胡某与李某树虽是夫妻,但被告胡某对李某树此借款不知情,债权人黄某宜也没有让被告胡某签字,即使借款是真实的,但该借款因不是夫妻家庭生活所需的借款,依据最高人民法院《关于审理涉及夫妻债务纠纷案件适用法律有关问题的解释》第3条①"夫妻一方在婚姻关系存续期间以个人名义超出家庭日常生活需要所负的债务,债权人以属于夫妻共同债务为由主张权利的,人民法院不予支持,但债权人能够证明该债务用于夫妻共同生活、共同生产经营或者基于夫妻双方共同意思表示的除外"的规定,不能认定为夫妻共同债务
(2019)湘1227民初697号	毛某云所欠原告杨某生的借款是否为夫妻关系存续期的共同债务。最高人民法院《关于审理涉及夫妻债务纠纷案件适用法律有关问题的解释》第3条②规定:"夫妻一方在婚姻关系存续期间以个人名义超出家庭日常生活需要所负的债务,债权人以属于夫妻共同债务为由主张权利的,人民法院不予支持,但债权人能够证明该债务用于夫妻共同生活、共同生产经营或者基于夫妻双方共同意思表示的除外。"因原告借款给毛某云时明知该借款的用途是支付工人工资,且原告亦未提交该借款系用于夫妻共同生活、共同生产经营的确凿证据,同时毛某云向原告出具的借条上无被告姚某芳签名,故,本院对原告提出应以毛某云与被告姚某芳夫妻关系存续期的共同财产清偿债务的主张不予支持

3. 其他特殊案件的裁判要旨

根据对案例的研读,在被继承人债务清偿纠纷中,大部分继承人都会以放弃继承遗产来进行抗辩,但法院在认定债权债务真实存在后,会判决继承人依法承担,对于继承人放弃继承的声明,法院会认定放弃声明不发生法律后果,法院对此的裁判理由为:

(1)在遗产分割尚未完成时放弃继承效力不稳定,放弃继承声明不发生效力。

法院一般的说理为:"尽管被告在诉讼中向法院表示放弃继承权利,但被继承人的遗产现今未得到处理,故被告放弃该继承权的意思表示,是一种极其不稳定状态,不能产生约束力。即便继承人有放弃继承遗产的权利,但被告作为被继承人的遗产管理人,亦负有清理、保管、占有被继承人遗产的义务,故被告应在清理、保管、

① 最高人民法院《关于审理涉及夫妻债务纠纷案件适用法律有关问题的解释》已废止,本条内容参见《民法典》第1064条。

② 最高人民法院《关于审理涉及夫妻债务纠纷案件适用法律有关问题的解释》已废止,本条内容参见《民法典》第1064条。

占有被继承人的遗产范围内承担清偿被继承人生前借款本金×元及其利息的责任。”相关说理部分可见以下判例：(2019)湘0104民初1287号判决、(2019)湘1228民初725号判决、(2019)湘0104民初1285号判决。

(2)继承人事实上已经继承遗产，放弃继承的声明是虚假的。

对于继承人在已经对被继承人遗产做了分割，继承了相关遗产情况下作出的放弃继承声明，法院直接认定该声明是虚假的。典型案例见表19。

表19 继承人虚假放弃继承的案例

案号	法院认为
(2019)湘12民终658号	在案件审理过程中，被告王某1、刘某虽然明确表示放弃继承刘某元的遗产，但被告刘某却实际占有并使用一楼门面及三楼住房，刘某元所有的房产均登记在被告王某1名下，即实际上被告王某1、刘某已经继承了刘某元的遗产。因此，涉案债务应当由被告王某1、刘某在所继承遗产的价值内进行清偿

(3)为保护未成年人利益，遗产大于债务时，监护人放弃继承声明无效。

部分案件的继承人为未成年人，在遗产明显大于债务时，其法定监护人出于自身的考虑，也会作出放弃遗产继承的声明。针对该种情况，法院为了保护未成年人的利益，会强制未成年人继承遗产，判定监护人代为放弃的声明无效。典型案例见表20。

表20 监护人放弃继承声明无效的案例

案号	法院认为
(2019)湘0124民初3320号	关于唐某1、唐某2是否应当承担清偿责任的问题。根据《民法总则》第35条第1款①“监护人应当按照最有利于被监护人的原则履行监护职责。监护人除为维护被监护人利益外，不得处分被监护人的财产”的规定，被告胡某作为唐某1、唐某2的监护人，当庭代两被告放弃对唐某遗产的继承权，因唐某所遗留的房产共有部分的价值明显超过本案债务，被告胡某代被告唐某1、唐某2放弃继承权的行为损害了二人的财产性利益，应属无效。故唐某1、唐某2应当在遗产继承范围内清偿被继承人唐某生前所负担的债务

① 《民法总则》已废止，本条内容参见《民法典》第35条。

广东省法院审理继承案件裁判要旨总梳理

本次大数据分析报告采用 Alpha 案例数据库进行检索，继承纠纷检索关键词分别是："法定继承纠纷""遗嘱继承纠纷""遗赠及遗赠扶养协议纠纷""被继承人债务清偿纠纷""其他继承纠纷"；检索时间年度范围为 2017 年 1 月 1 日至 2019 年 12 月 31 日；地域范围为广东省。因数据分析报告旨在探究法院裁判思路及司法观点，调解案例多不具备参考意义，故仅就判决进行检索及分析。在筛选有效样本后，最终确定参与数据分析的样本。

以下根据案由做数据分析报告。

一、遗嘱纠纷裁判要旨

1. 遗嘱效力

有遗嘱的案例样本合计 266 个，其中有效的有 218 个，无效的有 18 个，部分有效的有 22 个，涉港涉澳遗嘱的有 8 个。

对于统计样本中各种遗嘱的效力，法院观点分析总结如下。

（1）公证遗嘱。

公证遗嘱，法院对统计样本中的公证遗嘱全部认定有效。可以看出公证遗嘱作为继承证据的信服力和遗嘱效力极高，法院对公证遗嘱基本都会采信。即便出现如被继承人未在公证遗嘱上签名，公证书时间与遗嘱签署时间不一致等这些严重影响遗嘱效力的情形，但由于有录音录像佐证，法院均认定有效。

在公证遗嘱中需要注意的是：在《民法典》实施之前，订立公证遗嘱以后，如果要撤销公证遗嘱，就必须通过公证撤销，否则，公证遗嘱视为没有撤销，仍然有效。样本中有 2 件案件，订立公证遗嘱后没有去公证撤销，只是在重新订立代书遗嘱或自书遗嘱时，声明原公证遗嘱作废，有一个案件被继承人在尚未撤销公证遗嘱之前被逼自杀。即便如此，法院仍然认定没有撤销的公证遗嘱有效，依法按照公证遗嘱继承。但是，《民法典》实施之后，公证遗嘱不再具有优先效力，以被继承人订立的最后一份有效遗嘱为准。

（2）自书遗嘱。

自书遗嘱只要是自己书写，注明日期，即便无人见证书写过程亦不影响遗嘱效力。法院对绝大部分的自书遗嘱都认定有效。少部分被法院认定无效的案例主要集中在打印自书遗嘱的效力认定方面。

各法院对打印自书遗嘱的效力认定存在较大分歧。对于打印自书遗嘱的效力，法院判决有两种观点：一种认定有效。在（2018）粤06民终1777号判决中，法院认为：涉案遗嘱虽然不是被继承人亲笔书写，但基于时代的进步，遗嘱内容由用笔书写变为打印也符合现状。此案涉遗嘱应属于自书遗嘱，法院推定该遗嘱是被继承人的真实意思表示，该打印的自书遗嘱，合法有效。一种认定无效。在（2018）粤19民终3055号判决中，法院认为：自书遗嘱需遗嘱人亲笔书写，案涉遗嘱内容是电脑打印，并不符合自书遗嘱的形式。从形式上看，案涉遗嘱内容和落款日期均是电脑打印，仅有最后一页是由被继承人签名，案涉遗嘱中间页都是捺指印，案涉遗嘱内容亦非见证人代书，故案涉遗嘱的形式不符合法律规定的任何一种法定形式，其本身亦存在无遗嘱人签名、无遗嘱人签名确认日期等形式瑕疵。故法院认定该遗嘱无效。

另外，关于打印遗嘱是被继承人自行打印还是他人打印，法院认定也有不同。在（2016）粤01民终9479号判决中，法院认为：应从保证遗嘱人亲自表达真实意愿的立法目的来理解"亲笔书写"的相关规定。如果遗嘱人自行用电脑书写遗嘱并打印，该打印的遗嘱也应视为自书遗嘱；如果打印遗嘱是他人打印，则属于代书遗嘱。认定为自书遗嘱或代书遗嘱，结果会截然不同。

（3）代书遗嘱。

代书遗嘱形式要求较严格，见证人的身份必须是两个无利害关系人，由于被继承人对代书遗嘱的法律规定不太清楚，容易导致代书遗嘱无效。值得注意的是：统计样本中律师代书遗嘱全部被法院认定有效，律师以外的人代书，如果形式要件不符合，基本都会被认定无效。这样折射出律师作为专业的法律服务人员，对于法律的理解的确较普通人高。有个案法院观点认为：涉案的《父亲遗嘱》内容是按照其父亲口述，并由继承人代书，然后由父亲签名，因此《父亲遗嘱》属于代书遗嘱。而代书遗嘱依法应当有两个以上无利害关系见证人在场见证，由其中一人代书，注明年、月、日，并由代书人、其他见证人和遗嘱人签名，并且继承人不能作为证人。《父亲遗嘱》的内容不但由具有利害关系的继承人代为书写，而且也没有其他证人在场作证，无论《父亲遗嘱》中被继承人的签名是否真实，该遗嘱均没有法律效力。

对于代书遗嘱的有效性，法院一般会从以下几个方面进行审查：第一，被继承人立遗嘱时的精神状况问题；第二，代书遗嘱的见证人问题；第三，遗嘱中遗嘱人的签名问题。若遗嘱不完全具备代书遗嘱的实质及形式要件，对其效力不予确认。

（4）口头遗嘱。

口头遗嘱在遗嘱中较少，一般是在紧急情况下所订立。广东省三年内只有一例口头遗嘱案件，法院认定有效。在（2017）粤0103民初7516号判决中，法院认为：

该房属于被继承人的遗产,被继承人因年老、病重进入某医院住院,住院期间,被继承人在原、被告等人面前,口述该房屋在其死后由原告继承,这属于被继承人对死后个人财产如何处分的意思表示,应当认定为其口头遗嘱。被继承人订立遗嘱时因年老、病重,已需在重症监护病房内接受观察和治疗,应当认定订立遗嘱时其已在生命最后阶段。从订立遗嘱后一直到死亡,被继承人的身体情况没有好转,故危急状态并没有解除,据此,应当认定被继承人的口头遗嘱有效。

(5)涉港涉澳遗嘱。

样本中涉港遗嘱案件有4件,全部被法院认定有效。该4件涉港遗嘱案件,继承人和被继承人都是香港特别行政区居民,遗嘱也在香港订立,物业在内地。由于法律规定的不动产专属管辖原则,案涉的物业均由不动产所在地法院管辖,并适用内地法律。由于香港遗嘱订立、认证、转递都严格按照香港特别行政区法律和内地法律,有效性都得到认定。

为便于内地律师办理涉港涉澳继承案件,现总结出涉港遗嘱在内地法院诉讼,需要办理的材料和程序:第一,须由被继承人生前在律师的见证下立下遗嘱;第二,遗嘱须经香港特别行政区高等法院原讼法庭作遗嘱认证;第三,须在相关人士(中国委托公证人及香港律师)的见证下作出《证明书》(中外文译本相符证明),证明《遗嘱认证书》的中外文译本相符;第四,须有相关人士(中国委托公证人及香港律师)的见证下作出"声明《继承遗产声明书》";第五,该"声明《继承遗产声明书》"由中国法律服务(香港)有限公司加盖印章进行转递。完成以上程序,涉港遗嘱才能作为证据在内地法院起诉,并得到法院有效认定。

涉港涉澳继承案件的继承人或被继承人一方在香港或澳门,但继承的物业在内地。在办理涉港涉澳案件时,有些法院会先审查涉港涉澳继承案件的管辖及法律适用,也有一些法院并不审查涉港涉澳继承案件的管辖及法律适用,审理程序略有瑕疵。

2. 共同遗嘱

夫妻对共同财产一起订立遗嘱,双方去世后,按照共同遗嘱继承夫妻共同财产。在统计的33份共同遗嘱案件中,大部分是共同遗嘱人全部去世之后再发生继承,也有几个案件是一方先去世,另一方尚在,这种情况下,只能分开继承共同遗嘱人各自的份额。

在266件案件样本中,有33件共同遗嘱案件。共同遗嘱中的公证遗嘱和代书遗嘱都是有效的,有争议的是自书遗嘱。比较典型的是:在共同遗嘱中,一方书写,另一方在遗嘱上盖章,盖章一方的遗嘱是否有效?有两个案情相似的案例,法院的判决却迥异。

在(2019)粤01民终15706号判决中,法院认为:一审、二审法院均认定共同遗嘱有效。法院认定共同遗嘱有效的理由为:有效遗嘱的实质要件仅包括遗嘱内容合法以及遗嘱符合遗嘱人的真实意思,故立法规定遗嘱形式要件的目的是最大限度地保障遗嘱能完全符合、充分体现遗嘱人的真实意思而非为了遗嘱的形式完美。因此,不能仅因遗嘱形式上存有瑕疵即当然地否定遗嘱的效力。判断形式存有瑕疵的遗嘱是否有效的关键,在于审查该形式瑕疵是否足以影响对遗嘱人真实意思的认定。涉案两份遗嘱虽然存在形式上的瑕疵,但被继承人夫妻两人订立遗嘱时已是耄耋之年,且文化水平有限,不应过于苛求其订立遗嘱的形式。该两份遗嘱订立于同一日,均是被继承人其中一人生前亲笔书写,另一人为文盲,由其丈夫执笔书写遗嘱符合常理,两份遗嘱内容清晰明确、没有涂改。涉案同一地块上两处房屋系两人生前的夫妻共同财产,双方均有权通过遗嘱的方式处分其享有的财产份额。两份遗嘱内容虽然是丈夫所写,但该遗嘱上有妻子的个人印章,且两人系夫妻关系,是基于特殊身份关系的共同意思表示,处分的又是双方的共同财产,故应认定夫妻两人基于处分涉案房屋的共同意思表示订立的两份遗嘱,均合法有效。

其他案例中,有的法院认定共同遗嘱无效。法院认定共同遗嘱无效的理由为:本案中,被继承人夫妻两人共同立下的自书遗嘱,必须有遗嘱人两人亲笔签名,但该遗嘱仅有被继承人丈夫签名,被继承人妻子没有签名,仅加盖妻子印章,这违反了自书遗嘱的法定形式要件,不符合法律强制性规定,故该遗嘱中妻子的遗嘱部分应属无效遗嘱。

对于共同遗嘱另外一个关注点是共同遗嘱什么时候开始继承?广东省的案例大部分是共同遗嘱人都去世以后开始继承,也有个别案例是一方去世,另一方尚在就开始继承,这样的情况,只能先继承离世一方的遗产,尚在一方遗嘱暂未生效。

可见,法院对共同遗嘱特别是打印自书共同遗嘱,仍然有不同的观点。实践中对于此类遗嘱仍应慎之又慎。

3. 夫妻财产约定

266件案例样本中有2件涉及夫妻财产约定的情况。有一例夫妻财产约定案例较为典型,放入本总结作为探讨。在(2017)粤0111民初14958号判决中,被继承人在再婚之前,签订了《再婚之约定》并经过了公证,之后被继承人又订立"自书遗嘱"。对于遗嘱和《再婚之约定》,哪一个更具有效力的问题,法院认为:被继承人与原告签署的《再婚之约定》已经办理公证,其内容既是被继承人与原告的真实意思表示,也包括被继承人对自己遗产的处分,既具遗嘱属性,又具协议属性,不可单方撤销。法院认定被继承人于××××年××月××日手书的遗嘱不能撤销、变更经公证的《再婚之约定》,其遗产应按其与原告签订的《再婚之约定》办理。

在(2017)粤0605民初12788号判决中,法院认为:在离婚案件不能撤销对未成年子女的赠与的原则在本案例中未予适用。本案中法院判决可以撤销夫妻对未成年子女的赠与。该案夫妻在签订《离婚协议书》时把财产赠与未成年子女,但没有办理过户手续,之后被继承人立遗嘱指定女儿继承该财产。对于是否可以以遗嘱的形式把已经赠与未成年儿女的财产再行处分的问题,法院认为:《离婚协议书》中约定将夫妻共同财产(涉讼厂房及涉讼13.1××号房产)由其二人及子女共同共有,其实质是约定将夫妻共同财产部分赠与未成年子女。夫妻两人赠与子女的财产属于不动产,在没有办理产权变更登记手续之前,应视为赠与财产的权利没有转移,且其双方的赠与也不属于具有救灾、扶贫等社会公益、道德义务性质的赠与或经过公证的赠与,故赠与人可行使任意撤销权。被继承人在《遗嘱书》中将涉讼厂房及涉讼13.1××号房产中属于其享有的份额指定由女儿继承,其实质是被继承人撤销《离婚协议书》中赠与财产的意思表示。法院判决案涉财产按照《遗嘱书》由被继承人女儿继承。

对于父母对未成年子女的赠与,近年来比较统一的观点是赠与不可撤销,但法官却还是认为可以撤销,说明自由裁量权在一定程度上仍然会影响案件结果走向。

4. 其他涉及财产分配的约定

其他涉及财产分配的约定主要是家庭成员之间签订的财产分配协议书、《放弃财产继承协议》等,大部分约定法院都认定有效。仅有一例[(2018)粤0608民初1087号]系被继承人订立遗嘱后又把房屋及宅基地转让给第三人,与第三人签订《协议书》,且已收到第三人的转让款,但法院仍然判决按照遗嘱执行。法院认为:关于涉案房产,虽然被继承人去世前与第三人签订协议转让该房屋及其所在集体用地的使用权,但根据《土地管理法》第11条的规定,案涉宅基地属于其所在的农村集体所有,第三人并非该村的集体经济组织成员,故其不能通过与被继承人签订的《协议书》和《土地承包经营权转让合同》取得案涉房屋的宅基地使用权。因被继承人与第三人所签订的协议不产生物权变动的效力,故案涉房产仍属被继承人的财产,被继承人通过遗嘱处分该房屋,合法有效。

5. 继承人构成

特别说明:对于继承人构成,有些案件包含多个选项内容,因此统计数量无法完全与案件数量吻合,此也为统计口径不一致所致,本报告的内容仍尽量保持客观公允(见图1)。

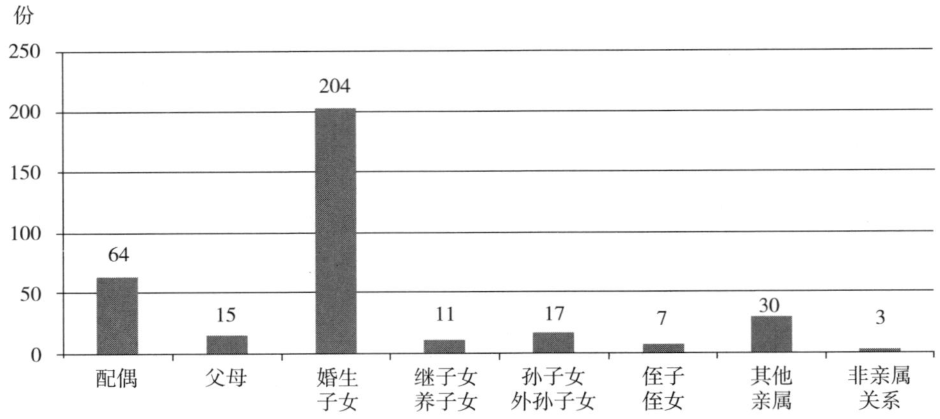

图1　继承人构成

继承人构成中，最多的为婚生子女，其次是配偶。很多家庭对孙子女比较疼爱，往往通过立遗嘱的方式把自己的遗产指定给孙子继承。在法律上，孙子女不是继承人，被继承人立遗嘱把遗产指定给孙子女继承，实际上是遗赠。关于遗赠问题，法院处理存在差异。很多法院连遗赠问题都没有注意，就直接按照遗嘱把遗产判给孙子女。

遗赠接受有时间的限制，受遗赠人从被继承人死亡之日起 2 个月内要接受遗赠，否则视为放弃受遗赠。从广东省判决的案例中总结出，通过以下几种方式接受遗赠会得到法院的有效认定：

(1) 在 2 个月内，通过微信或者信件发送接收遗赠的意思表示给其他继承人；

(2) 在 2 个月内，受遗赠人与继承人签订协议，对遗赠表示接受；

(3) 在 2 个月内，受遗赠人到公证处做一份接受遗赠的公证声明；

(4) 在 2 个月内，受遗赠人到法院起诉。

6. 继承财产类型

广东省继承案件中的遗产数量并不多，绝大部分都只有一套房产。农村房屋及宅基地、农村股权继承占比较高。由于近些年金融市场的繁荣，涉及保险金的亦有 2 例，一例是指定受益人为配偶 × ×，法院判决该保险理赔金由受益人享有。另一例对保险单及受益人等相关情况都未在判决书上叙述，只是直接判决企业年金及养老金 × 元、重大疾病保险金 × 元、一次性抚恤金 × 元、丧葬费 × 元，合计 × 元，在扣除原告支付的 × 元医疗费以及办理后事支出 × 元后，余款 × 元，由两继承人各继承 50%（见图 2）。

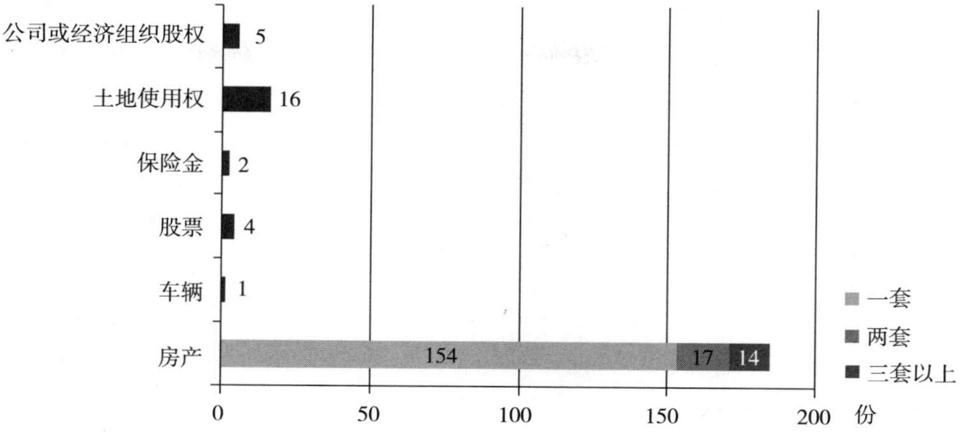

图 2 继承财产类型

在继承财产方面，本报告总结一下农村房屋及宅基地、农村股权继承的判决观点：

（1）对于农村房屋、土地、股权继承中涉及的诉讼主体问题，可以通过继承人、家庭成员互相起诉，也可以通过起诉村委会（居委会），以达到继承房屋及股权过户的目的。在法院判决中，有的法院判决其他继承人或村委会协助过户，而有的法院判决村委会没有协助的义务，这种情况下后续的变更过户可能会麻烦一些。不管法院如何判决，原告在起诉时，尽量在诉讼请求中列明另一方协助变更过户这一内容。

（2）对于农村房屋和土地是一起继承，还是分开继承，农村宅基地是否可以单独继承的问题，法院的判决亦泾渭分明：有些法院只判决继承房屋，农村土地不能继承；根据我国原《物权法》的规定，宅基地使用权人有权依法利用该宅基地建造住宅及其附属设施。建造宅基地房屋必须履行合法报建手续，宅基地使用权人合法报建的房屋在宅基地使用权人死亡后可以作为遗产进行继承。另外，我国《土地管理法》规定，宅基地所有权属于集体所有，集体经济组织成员只享有使用权。根据我国原《物权法》的“房地一体”原则，农民集体内部成员可通过继承房屋取得宅基地的使用权，但宅基地使用权不得脱离房屋单独作为遗产被继承。在（2019）粤0112 民初 6184 号判决中，法院认为：陈某某的“遗嘱”是将宅基地使用证下的土地进行分配，属于处分集体所有的财产，应认定为无效。

在（2019）粤 08 民终 2498 号判决中，法院认为：土地使用权应由原告及两被告各按 1/3 份额继承，由原告向两被告支付土地使用权折价补偿款。

在(2019)粤52民终126号判决中,法院认为:一审法院和二审法院持不同观点。一审法院认定,宅基地的所有权和使用权是分离的,宅基地的所有权属于集体,使用权属于房屋所有人,农村村民的宅基地使用权是基于“村民”特定身份取得,村民只有宅基地使用权,不能随意对宅基地进行处置。宅基地不属于遗产,不能被继承。因宅基地的所有权归集体所有,被继承人生前亦未在3间宅基地建造房屋,3间宅基地不属于被继承人的遗产,遗嘱部分无效。二审法院认定,我国实行土地所有权与使用权分离制度,集体土地所有权不能继承,但本案案涉宅基地已建成房屋,其附属的宅基地应允许继承。一审判决以案涉宅基地所有权属于集体所有,宅基地不属于遗产不能被继承为由确认被继承人处分3间宅基地的遗嘱部分无效理由不充分,本院予以纠正。

(3)关于财产继承方面还有一个值得探讨的方面,即如何认定“缺乏劳动能力又没有生活来源的继承人”?遗嘱未保留未成年人及父母的份额,是否有效?

在广东省近三年的案例中,对于遗嘱未保留未成年人及父母份额的案件,除一例被支持之外,其余未成年人及父母的要求均未被支持。在(2019)粤08民终419号判决中,法院认为:未成年子女“没有生活来源”是指继承人本身不具备独立维持个人最低物质生活水平的经济条件,且是在被继承人生前即依靠被继承人生活的情况。本案中,代位继承人在被继承人死亡时虽未成年,但其法定监护人对其有抚养的法定义务,且有稳定的收入,关于涉案遗嘱对其没有保留必要的遗产份额应属无效的上诉理由,缺乏依据,本院亦不予采纳。

另外尚有三例判例,法院分别认定:在被继承人所立自书遗嘱生效时,崔某虽已年满95岁,丧失劳动能力,但崔某亦承认其每月有退休工资3000多元,且有其他子女可对其进行赡养,因此,崔某虽缺乏劳动能力,但并非没有生活来源,不属既缺乏劳动能力又没有生活来源之列,无须在被继承人自书遗嘱中为崔某保留份额;梁某(92岁)虽无劳动能力,但有养老金、老人金以及数个子女的赡养,故不属于没有生活来源的人;李某甲(精神一级残疾人)虽无劳动能力,但有杨某的抚养,亦不属于无生活来源的人。以上几例均没有得到法院的支持。法院对于“缺乏劳动能力又没有生活来源的继承人”的认定过于严格,也不利于保障未成年人及老年人的权益,如(2018)粤01民终9254号判决、(2017)粤0106民初7429号判决、(2018)粤01民终22287号判决。

二、遗赠及遗赠扶养协议纠纷裁判要旨

鉴于遗赠扶养协议纠纷与遗赠纠纷关系密切,经常如影随形,因此将两者一起

进行总结分析，方便进行对比。广东省 2017～2019 年遗赠纠纷案件共 41 个，遗赠扶养协议纠纷案件共 19 个。以下根据实际统计情况进行数据分类整理。

遗赠纠纷较为复杂，二审比例较高，大多数当事人会不满一审结果，多数案例在二审提交新证据以期改变一审判决。而遗赠扶养协议纠纷相对前者争议性不大，二审比例较低。鉴于遗赠大部分都是以遗嘱的形式展现，很多人在立遗嘱的时候并不知道属于遗赠的范围，因此有时候会产生一定的不确定性，容易引起各方争议。而遗赠扶养协议通常是需要根据具体的协议及履行情况来确定的，是否有协议及是否履行扶养义务是较为显而易见的，因此一般争议性不大。

通过遗赠案件的数据得知，目前自书遗嘱、代书遗嘱、公证遗嘱是大众会采用的三种主流的立遗嘱的方式，且大部分的遗嘱都能够做到成立有效。其中有些一审认为无效二审认为有效的，都是有关自书遗嘱和代书遗嘱的界定。自书遗嘱相对代书遗嘱的形式要求较为简单，更容易成立，因此法院拟判定遗嘱有效。

在遗赠案件判决中最大的争议就是“接受遗赠的标准”。

鉴于遗赠扶养协议是建立在协议的基础上，是双方达成合意的结果，因此接受协议的比例高。但递交到法院的此类案件大多是履行过程中产生纠纷，因此解除协议的比例也较高。对于履行过程中扶养人的扶养与付出，通常较难界定，且双方到底是哪方先违约也通常出现分歧，这可能是导致法院判定不赔偿的主要原因。

对比分析遗赠纠纷与遗赠扶养协议纠纷的被继承人与继承人关系，遗赠中赠给侄辈、孙辈、非亲属的占比大，如此分布是因为遗赠是单方法律行为，受赠人无须履行相应的义务。而遗赠扶养协议受赠人需要履行扶养的义务，方能获得赠与，故，遗赠扶养协议中大多赠给非亲属、侄辈。

对比分析遗赠纠纷与遗赠扶养协议纠纷的继承财产类型，两者中均是房产占比大，不动产已成为现今社会遗产的主要形式。在广东地区比较有特色的继承财产还有经济合作社的股权、分红权等，这是历史遗留的产物，有些合作社会规定股权必须合作社成员方可继承、获赠，这在一定程度上也影响了法院对遗赠和遗赠扶养协议有效性的考量。

1. 接受遗赠的表示

《民法典》第 1124 条第 2 款：“受遗赠人应当在知道受遗赠后六十日内，作出接受或者放弃受遗赠的表示。到期没有表示的，视为放弃受遗赠。”

何种行为才表示“接受”遗赠？不同法院对此理解均有不同，是实务中争议较大的一项。

有的法院认为：接受遗赠应当在 60 日内明确作出书面声明，例如，在报纸上公告、请求公证机关公证或者最直接的在遗赠文书上签名表示同意。只有这些外显的、明确的声明接受才是接受。

有的法院认为：对于存款，接受赠与的方式包括持有并管理存款；对于房屋，入住、居住，即接受遗赠。以实际行动占有、管理就是接受。

2. 有关股权的遗赠

在广东省，有许多经济合作社、联合社等经济组织，村民作为经济组织的成员，拥有经济组织的股权，可以每年享受经济组织的分红。但是关于此类股权的继承，在法律实务中也常有争议发生。

例如，经济组织章程规定股权赠与和继承应当向组织提出书面申请并经批准后方有效。村民擅自处分其在经济组织的股权的遗赠，经济组织认为其是无效的。一审法院认为村民遗赠违背经济组织章程导致遗嘱无效。而二审认为遗赠和赠与不同，组织章程不适用遗赠，因此改判遗嘱有效，即认为股权可以通过遗赠方式继承。

亦有法院认为原股东并非通过出资而取得案涉股权的，而是基于其作为本经济组织成员的身份而取得案涉股权，不能随意处置该股权，不宜认定所涉股权属于村民的个人财产。鉴于章程规定非本集体经济组织成员系不能取得案涉股权，因此股权不可以通过遗赠方式继承。

经济组织的股权能否继承应结合当地实际情况及经济组织的章程规定，方能全面判断。鉴于法律未对此类股权有详细的规定，因此在实践中判决分歧还是较大。

三、被继承人债务清偿纠纷裁判要旨

本类型案件 2017 ~ 2019 年广东省共 206 个。以下根据实际统计情况进行数据分类整理。

被继承人债务清偿纠纷的案件通常比较简单，法律关系较为清晰，即被继承人生前有一笔或数笔债务。大部分的被继承人的债务数额在 20 万元以下，数额均不大，债权人有相关证据往往会选择法律途径来追还欠款。随着国家对法律的宣传与保障，大部分的诉讼当事人会选择聘请律师或者寻找有经验的法律工作者作为代理人，这是未来各类案件的一个发展趋势。

近年来大家越来越关注借条的形式、担保责任的承担、诉讼时效等问题，因此在此类案件中，通常都能做到借条形式合法，担保合同有效，请求清偿债务不超过诉讼时效等，大大提高了获得债务清偿的概率。根据上述数据分析，仍然有少量案件因借款事实不成立导致债务无须清偿，或者被继承人进行了信用担保，在其去世后法院认为信用担保责任因其去世而消失，无须清偿。

根据数据统计分析得知，债权人通常会选择被继承人的配偶、子女作为债务承担者。这和法定继承的第一顺序继承人是基本吻合的。被告选择正确，才有可能获得清偿。

1. 夫妻共同债务

法律规定，债权人就一方婚前所负个人债务向债务人的配偶主张权利的，人民法院不予支持。但债权人能够证明所负债务用于婚后家庭共同生活的除外。

在该规定出台之前的判决，大部分判为夫妻共同债务，配偶需要承担连带责任。少数不是认定为夫妻共同债务的，需要配偶证明债务人长期参与赌博且被行政处罚，否则一般不予认定。在规定出台之后的判决，大部分判为夫妻一方的个人债务，除非债权人能够证明债务用于婚后家庭共同生活。

由于相关法律的变化，导致了同案不同判，法律的优化能够促进法院的判决更加贴近群众的真实生活，这是法治社会进步的体现。

2. 继承人放弃继承权

对于继承人声明放弃继承权后，是否仍需要承担被继承人的债务，不同法院的判决不同。在（2019）粤0117民再4号等判决中，法院认为：书面放弃继承权或当庭放弃继承权，可以不用承担债务清偿责任。在（2018）粤0604民初26933号等判决中，法院认为：即使放弃继承权，并不能排除实际继承财产之可能，仍需在继承范围内承担债务清偿责任。在（2019）粤0306民初9137号判决中，法院认为：虽均向本院表示放弃继承杨某的遗产，但被继承人杨某还有公司股权等遗产，如所有继承人均放弃继承并以此为由拒不清偿被继承人生前债务，不利于债权人合法权益的保护。法院对此指定遗产执行人，进行遗产的分配。在另一案中法院则认为：继承人没有提供证据证明死者所有遗产的继承情况，仍应在继承范围内对债务承担清偿责任。

在相似的案件中，不同法院的判决有明显差异。

我国《民法典》第1161条第2款明确规定："继承人放弃继承的，对被继承人依法应当缴纳的税款和债务可以不负清偿责任。"按照法律字面意思，继承人放弃继承权的，是无须对债务进行偿还的，因为放弃了权利自然没有相关义务。但是在实务中，法院为了防止继承人表面放弃继承权，私下又偷偷转移一些继承财产，同时也为了保障债权人的合法权益，在继承人没有明确放弃被继承人所有遗产的情况下，仍会要求继承人在继承范围内对债务承担清偿责任。

应该说,不同法院对法条理解的不同造成同案不同判,这亦是法官自由裁量权的体现。

四、其他继承纠纷裁判要旨

在绝大部分的一审案例中,原告的诉讼请求能得到支持。但是,如果原审原告、原审被告对一审判决不服提起上诉的,大多数会不予支持。二审维持原判、驳回上诉的占比是非常高的,从而对其他继承案件二审的上诉提出了更高要求。

1. 被继承人信息情况

在统计案例中,被继承人存在再婚情形的占比 14%。此情形下常见的继承纠纷反映为,若被继承人再婚时配偶携有子女共同生活的,其子女是否可与被继承人形成继子女关系从而成为法定第一顺序继承人对于该问题裁判思路大致如下:

(1)继子女尚未成年的,随生父母一方与继父或继母共同生活时,继父或继母对其承担了部分或全部生活教育费,即形成了抚育关系。

(2)继子女虽未与继父母共同生活,但继父母对其承担了部分或全部生活费、教育费,视为形成了抚育关系。

(3)成年继子女在事实上对继父母长期进行了赡养扶助,视为形成了抚育关系。

在统计案例中,独生子女诉讼占比仅为 2%,结合计划生育国策的施行时间与我国人口平均预期寿命,该占比预计将于未来一定时期内显著增长;非婚生子女参与继承诉讼占比同样低至 2%;98% 的统计案件中不存在含有境外财产的情形。

2. 房产归属分布情况

通过案例分析,在一些继承案件中会出现部分继承人放弃继承权的做法。其中比较常见的类型主要为:继承人并非直系亲属,其通过多次转继承或代位继承取得极小部分的遗产份额,或者遗产已经归某一继承人长期使用,或者家庭内部对遗产的处理已经达成一致,又或者是以一方继承人提出放弃继承权给予适当现金补偿的方式分割遗产。

广东省绝大多数的继承案件判决在处理房产分割时,通常按继承人可继承的份额进行判决,在各继承人矛盾特别深无法共同居住使用房屋,或出于照顾某一方弱势继承人时,会对另一方进行现金补偿或分给其其他继承财产。对于车辆、收藏品等动产的继承,会优先考虑如何分割遗产更有利于遗产的使用,因此通常会判决归某一方继承人所有。对于现金、股权、金融资产类的继承,普遍判决所有继承人按比例持有。

广西壮族自治区法院审理继承案件裁判要旨总梳理

一、统计样本

1. 数据来源:威科先行案例库。

2. 裁判年份:2017～2019 年。

3 关键词:继承纠纷。

4. 其他检索条件:(1)案由:继承纠纷;(2)地域:广西壮族自治区;(3)文书类型:判决。

5. 检索日期:2020 年 2 月 8 日。

课题组对其中的 968 份判决书进行了分析。我们统计了继承纠纷案件的类型、是否留有遗嘱、遗嘱的形式和效力、被继承人是否再婚、继承人人数构成、是否有非婚生子参与继承、诉争房产的数量与归属人数、股票现金等财产归属人数等内容,并根据上述内容制作本份报告。

大体上,广西法官的裁判规则是一致的,法官的判决基本上符合法律规定,并没有严重违反法律规定的情形。但是我们也发现了一些值得研究和思考的问题。

二、打印遗嘱裁判要旨

打印遗嘱在《民法典》出台之前并非我国遗嘱的法定种类之一。打印遗嘱只是遗嘱内容的表现形式之一,其是以通过电脑和打印机联合工作将遗嘱打印到纸面上的方式向其他人表达的。本质上笔者认为打印遗嘱和口头遗嘱、录音遗嘱只是表现方式不同,而实质上并没有差别。但是在法律实践当中,法律人对此意见不一。而此时,法官的看法和态度便至关重要,直接决定当事人诉请的成败。

课题组搜索了广西法官对于打印遗嘱的一些案例,并简要进行对比(见表 1)。

表 1　打印遗嘱案例

案号	法院认为	效力
(2018)桂 0102 民初 6365 号	本案中,被告提交证据遗言,该遗言系打印件,被告主张其按照被继承人刘某 6 的授意,拟定并打印出来,后交由刘某 6 及四原告签名、捺印。四原告对此均不予认可,主张遗言不符合代书遗嘱的形式要件,且不是刘某 6 的真实意思表示,应为无效。本院认为:被告自认遗言系由其拟定及打印,故遗言应为代书遗嘱。根据上述法律规定,代书遗嘱应当符合相关形式要件,而遗言不符合"有两个以上见证人在场见证,由其	无效

续表

案号	法院认为	效力
	中一人代书,注明年、月、日,并由代书人、其他见证人和遗嘱人签名”的形式要件,且遗言的代书人为继承人刘某5,与继承有直接利害关系	
(2018)桂0105民初5078号	打印遗嘱系被继承人自行打印好后签字捺印一式四份并交由其女婿雷某瑛转交给四名子女各一份,没有证据表明李某芳在签署遗嘱时有受胁迫或者欺骗,故该打印遗嘱内容应视为李某芳的真实意思表示。《继承法》第17条①虽规定了自书遗嘱、代书遗嘱、公证遗嘱等形式,但其并不能覆盖全部书面遗嘱形式。随着现代科技的发展,电脑打印遗嘱在社会生活中应用越来越广泛,不能简单地用全部遗嘱内容是否系遗嘱人亲笔书写、见证人代书来判断其效力。故遗嘱只要内容合法,系遗嘱人真实意思表示,即便形式上稍有瑕疵,仍应认定为有效	有效
(2018)桂13民终830号	根据《继承法》第17条②的规定,法定的遗嘱形式可以分为:公证遗嘱、自书遗嘱、代书遗嘱、录音遗嘱及口头遗嘱共五种。该条对遗嘱的法定形式作了列举式规定,并已经穷尽了遗嘱的形式。打印遗嘱不属于法定的遗嘱类型,其性质应归属于代书遗嘱,打印遗嘱效力的认定,根据《继承法》第17条第2款③的规定,即“代书遗嘱应当有两个以上见证人在场见证,由其中一人代书,注明年、月、日,并由代书人、其他见证人和遗嘱人签名。”而本案上诉人提交的2014年10月2日签订的遗嘱上除了韦某霖的签名外,再无他人的签名,因此,该份遗嘱不具备代书遗嘱的形式要件	无效
(2018)桂11民终143号	本案中有证据证明打印遗嘱是遗嘱人亲自办理,由遗嘱人、两个以上见证人和遗嘱人共同签名,遗嘱的内容是遗嘱人关于死后遗产处置的真实意思表示。在作出遗产分配的意思表示时,遗嘱人态度是认真、谨慎的,是遗嘱人对如何处分死后遗留下来的财产的真实意思表示,且无相反证据,因此,遗嘱可按自书遗嘱对待	有效

从以上案例中,课题组发现,法官对于打印遗嘱的认识有差异:打印遗嘱是属于自书遗嘱还是代书遗嘱?如果遗嘱由他人拟就、代写并打印,则是代书遗嘱,相信这个争议不大。但是,如果遗嘱是被继承人自己通过电脑打印,或者是由其口授,并

① 《继承法》已废止,本条内容参见《民法典》第1134~1139条。
② 《继承法》已废止,本条内容参见《民法典》第1134~1139条。
③ 《继承法》已废止,本条内容参见《民法典》第1135条。

在其视线范围内由他人打印(如复印店)所产生的遗嘱,那该遗嘱算是自书遗嘱还是代书遗嘱便有争议了。在(2016)桂1122民初949号判决中,法院认为"该遗嘱除了遗嘱人及见证人处为相应人员手写签名外,遗嘱其余所有内容均已事先打印好,这既不符合自书遗嘱应由遗嘱人亲笔书写的法定形式要求,也不符合代书遗嘱应由其中一人亲笔代书、代书人签名等法定形式要求,故该事先打印好的书面遗嘱虽经屈某英对屈某安予以宣读并进行录音,但该遗嘱形式不合法,遗嘱内容也不足以表示屈某安的真实意思"。《民法典》出台之前,最高人民法院《关于贯彻执行〈中华人民共和国继承法〉若干问题的意见》第40条①规定,"公民在遗书中涉及死后个人财产处分的内容,确为死者真实意思的表示,有本人签名并注明了年、月、日,又无相反证据的,可按自书遗嘱对待"。(2018)桂11民终143号判决的法官便以此为依据,认可了打印遗嘱的有效性。由于法律规定的不明确,打印遗嘱在实践中具有较大的争议。好在《民法典》已经将打印遗嘱列入其中,未来对于打印遗嘱的效力将有法可依。

三、亲子鉴定的裁判要旨

亲子鉴定是继承诉讼的一个难点。继承人对非婚生子有什么样的法律义务,各个法官认识也是不一样的。在(2018)桂0922民初2191号判决中,原告为证明其与被继承人有亲子关系,提交了许多材料,有微信聊天记录、生活照片和视频,但是法官仍然认为原告的证据不足,并否定了原告因被告不同意进行亲缘关系鉴定而要求推定原告身份关系成立的意见。法官认为,目前我国对亲缘关系鉴定没有相应规定,仅在最高人民法院《关于适用〈中华人民共和国婚姻法〉若干问题的解释(三)》第2条第2款②规定:"当事人一方起诉请求确认亲子关系,并提供必要证据予以证明,另一方没有相反证据又拒绝做亲子鉴定的,人民法院可以推定请求确认亲子关系一方的主张成立。"故推定亲子关系的规则仅能适用于亲子关系诉讼的相对方,且是在有其他证据佐证的情况下,一方不同意进行亲子关系鉴定而推定其亲子关系成立,不能随意扩大主体的范围,否则不利于合法婚姻中其他家庭成员人格权的保护。同时,法官认为,从权利位阶上来说,人身权大于财产权,继承人作为合法婚姻中的婚生儿子,享有独立而完整的人格权,对于原告要求与继承人进行亲缘

① 最高人民法院《关于贯彻执行〈中华人民共和国继承法〉若干问题的意见》已废止,本条内容参见《民法典继承编司法解释(一)》第27条。

② 最高人民法院《关于适用〈中华人民共和国婚姻法〉若干问题的解释(三)》已废止,本条内容参见《民法典婚姻家庭编司法解释(一)》第39条。

关系鉴定,以帮助其继承被继承人的财产的诉求,继承人有权不作为,甚至明确拒绝。

但在(2018)桂01民终4850号判决中,原告提交给法院的证据材料更为充分,其提交了出生医学证明、授权委托书、产科治疗知情同意书、输血(治疗)同意书、新生儿代谢筛查、听力筛查知情同意书、新生儿黄疸告知书等证据,同时原告也申请与被告进行亲缘关系鉴定,但是被告予以拒绝。该案一审法官遂支持了原告的主张,据此认可了原告主张的亲子关系。二审法官进一步指出,原告这些证据相互印证,证实了其为被继承人的女儿。根据举证责任的分担原则,原告已经尽到举证责任。上诉人吴某1(被继承人的父亲)否认原告是被继承人的女儿,但未提供证据推翻原告的证据,故上诉人的主张不被支持。

有意思的是,被继承人本人对婚生子/非婚生子的亲子关系自认的话,法院则没有异议。在(2018)桂0107民初741号判决中,被继承人未经子女A同意,抽取了她的头发,私下做了亲子鉴定,鉴定结果不支持被继承人与A之间存在亲子关系。被继承人遂留下遗嘱,禁止A继承本人的遗产。因A不认可这份证据,法院遂不采纳这份亲子鉴定,但是尊重了被继承人的遗嘱。在(2018)桂11民终143号判决中,被继承人留下遗嘱,自认原告与其的亲子关系。尽管被继承人的合法配偶不认可该亲子关系,但法院结合被继承人按时支付原告的学费的行为和其的遗嘱,也支持了原告的主张,认为原告与被继承人存在亲子关系。

因此,课题组认为,亲子鉴定不是亲子关系存在的唯一证据。同时,提供的证据如何才能够达到"充分、必要"的地步?如何才能让法院启动鉴定程序?亲子鉴定能否要求被继承人的家属配合?是继承纠纷中非婚生子一方需要认真思考的问题。

四、夫妻共同债务认定的裁判要旨

夫妻共同财产和共同债务是婚姻家事纠纷案件中的难点问题。

在(2018)桂0329民初28号判决中,法院认为:被继承人的家庭财产应当用于归还原告的借款,被告袁某作为被继承人的配偶,应对夫妻关系存续期间的债务承担清偿责任;被告袁某、罗某1、罗某2、唐某2、李某作为被继承人遗产的继承人,应当在其继承遗产范围内偿还被继承人的债务(案件标的60万元)。需要补充一句,被告均未出庭。而在(2018)桂0981民初2447号判决中,被告也没有出庭,法官却没有完全支持原告的诉讼请求。该法院认为:本案被告李某伟(被继承人)向原告覃某、李某1借款200,000元,虽发生在李某伟、黄某美夫妻关系存续期间,但被告黄某美并没有在李某伟立写借据上签字,而被告黄某美也没有确认本案债务属于夫妻共同债务。因此,本案债务依法不能认定为李某伟与被黄某美夫妻共同债务,只能认定是李某伟个人债务,应由李某伟负责偿还。

由此可见,夫妻共同债务,如果夫妻均在借款凭证上签字,则双方争议不大,法院判决也没有什么问题。但是如果只有夫妻一方签字,则法官需要对借款数额、是否用于家庭开支等问题进行综合判断。关于数额,一般而言,广西的标准是5万元以下为家庭共同生活所需要的,10万元则认为非家庭生活所必要。

五、一次性生活困难补助费发放的裁判要旨

首先明确一个问题,广西法院对于一次性生活困难补助费的认定普遍还是认为它不属于遗产。但是对于该笔费用应如何分配,法官们是有不同的判决的。

在(2017)桂1222民初546号判决中,法院认为:根据《自治区人民政府批转自治区人事厅、财政厅制定的广西壮族自治区国家机关、事业单位工作人员死亡后遗属生活困难补助暂行规定的通知》(桂政发〔1991〕31号)的规定,"遗属生活困难补助费"属于政府对符合生活困难补助条件的遗属给予的定期补助,补助对象是依靠死者生前供养的直系亲属和其他亲属。据此他认为生活困难补助费不属于遗产。这没有问题,但是对于原告是否属于该笔补助费的补助对象的问题,法院认为:原告可另行主张权利。但笔者认为这明显增加了原告的诉累。

而在(2018)桂02民再6号判决中,再审法院认可了原二审关于一次性生活困难补助费不属于遗产的观点。但是法官根据被继承人的工作身份,进一步确定该费用是适用《广西壮族自治区国家机关、事业单位工作人员死亡后遗属生活困难补助暂行规定》(桂政发〔1991〕31号)中关于一次性生活困难补助费的规定,还是适用自治区劳动厅、财政厅、总工会《关于调整企业职工因病或非因公死亡待遇的通知》(桂政劳险字〔1995〕23号)的规定,从而再审法院推翻了原二审法院的判决。

重庆市法院审理继承案件裁判要旨总梳理

第一部分:继承纠纷裁判要旨

一、统计样本

本次大数据分析报告采用 Alpha 案例数据库进行检索,检索关键词为“继承”“重庆市”“判决”“2019/2018/2017”。检索数据显示,重庆地区法院从 2017 ~ 2019 年继承纠纷案件判决书共计 1686 份,部分判决书未公开全文,筛选有效样本后,最终确定参与数据分析的样本共计 1477 份(下文统称统计样本)。

二、法定继承裁判要旨

继承案件中,被继承人生前没有立遗嘱、遗赠协议(含遗赠和遗赠扶养),由法定继承人继承遗产。统计样本中,包括法定继承人在继承遗产范围内承担被继承人的债务案件在内,法定继承的案件有 1162 件,占比 78.6%。然而法定继承人的继承并非都是平均分配,统计小组发现未平均分配的案件有 348 件,不同案件有不同的裁决方式,在“多分”“少分”“不分”的分配幅度上,法官有自由裁量权,统计小组重点统计了法定继承的“自由裁量”部分,以期对这类案件的代理提供参考。

(一)法定继承中关于“适当照顾”的问题

统计样本中,法定继承案件判决中有“适当照顾”情形的有 138 件。统计小组,将这 138 件案件总结归纳如下:

1.“适当照顾”的情形

(1)尽了主要扶养、赡养义务或与被继承人共同生活,对家庭付出较多的法定继承人或非法定继承人。

(2)继承人系老年人。

(3)继承人系无民事行为能力人或限制民事行为能力人。

(4)继承人生活有特殊困难缺乏劳动能力。

(5)继承人有需要扶养的未成年人和需要赡养的老人。

(6)继承人对遗产形成和增值的贡献较大。

2.“适当照顾”的幅度

在(2018)渝 0105 民初 14364 号判决中,原告因被收养而与生父母亲属权利关系解除但生父母与其还有往来的,酌情给3%。

统计小组按如下计算方式统计不同情形下的"适当照顾"幅度:幅度计算公式:"被适当照顾一方分得遗产百分比减去分得遗产最少的一方百分比。"例如,A分得70%,B分得30%,则适当照顾幅度为40%。通常情况以此类推,极其特殊情况下分得遗产最少的一方百分比不作参考。

(1)因"尽主要扶养、赡养义务或与被继承人共同生活,对家庭付出较多"而"适当照顾"的案件有109件,其中法定继承人之间"适当照顾"的有100件,"适当照顾"非法定继承人的有9件(见表1)。

表1　尽主要扶养、赡养义务或与被继承人共同生活,对家庭付出较多的人

情形	幅度	数量/件	占比/%
法定继承人之间	10%以下(含10%)	33	33
	10%~20%(不含10%,含20%)	23	23
	20%~30%(不含20%,含30%)	22	22
	30%~40%(不含30%,含40%)	11	11
	40%~60%(不含40%,含60%)	9	9
	60%~80%(不含60%,含80%)	2	2
非法定继承人和法定继承人	10%以下(含10%)	4	45
	10%~20%(不含10%,含20%)	2	22
	30%~50%(不含30%,含50%)	3	33

可见,无论是法定继承人之间,还是非法定继承人和法定继承人之间,如果有证据证明尽了主要赡养、抚养义务,就可以在遗产分配时得到适当照顾。而法官对"适当照顾"的自由裁量是根据证据中赡养、抚养的程度决定,"和被继承人共同生活"是尽主要赡养义务的表现之一。大部分"适当照顾"的幅度在10%以内,幅度在60%~80%的情况是:多个继承人之中,部分有能力赡养却没有尽赡养义务的继承人没有继承,而其他继承人继承后相减之差较大,所以幅度较大。

(2)因"继承人系老年人"而"适当照顾"的案件有10件(见表2)。

表2　继承人系老年人

情形	幅度	数量/件	占比/%
继承人系老年人	10%以下(含10%)	7	70
	10%～20%(不含10%,含20%)	1	10
	20%～30%(不含20%,含30%)	2	20

(3)因"继承人系无民事行为能力人或限制民事行为能力人"而"适当照顾"的案件有13件,其中系未成年人的有6件,系智力残疾等无民事行为能力人的有7件(见表3)。

表3　继承人系无民事行为能力人或限制民事行为能力人

情形	幅度	数量/件	占比/%
未成年人	10%以下(含10%)	3	50
	10%～20%(不含10%,含20%)	1	17
	20%～30%(不含20%,含30%)	2	33
智力残疾等无民事行为能力人	10%以下(含10%)	4	57
	10%～20%(不含10%,含20%)	2	29
	30%～40%(含30%、40%)	1	14

(4)因"继承人生活有特殊困难缺乏劳动能力"而"适当照顾"的案件有13件,其中"正在读书且家庭生活困难,与被继承人长期共同生活"的有4件(见表4)。

表4　继承人生活有特殊困难缺乏劳动能力

情形	幅度	数量/件	占比/%
正在读书且家庭生活困难,与被继承人长期共同生活	10%以下(含10%)	1	25
	10%～20%(不含10%,含20%)	2	50
	20%～30%(不含20%,含30%)	1	25
继承人生活有特殊困难缺乏劳动能力	10%以下(含10%)	5	56
	10%～20%(不含10%,含20%)	1	11
	60%～70%(不含60%,含70%)	3	33

(5)因"继承人有需要扶养的未成年人和需要赡养的老人"而"适当照顾"的案件有9件(见表5)。

表 5　继承人有需要扶养的未成年人和需要赡养的老人

情形	幅度	数量/件	占比/%
继承人有需要扶养的未成年人和需要赡养的老人	10%以下(含10%)	4	45
	10%～20%(不含10%,含20%)	2	22
	30%～50%(含30%、50%)	3	33

(6)因“继承人对遗产形成和增值的贡献较大”而“适当照顾”的案件有5件,其中“遗产系继承人享受优惠政策福利的名额而得的”有1件,“适当照顾”幅度为10%(见表6)。

表 6　继承人对遗产形成和增值的贡献较大

情形	幅度	数量/件	占比/%
继承人对遗产形成和增值的贡献较大	20%以下(含20%)	1	25
	30%～40%(含30%,不含40%)	2	50
	40%～50%(含40%,不含50%)	1	25
遗产系继承人享受优惠政策福利的名额而得的	10%以下(含10%)	1	—

(二)法定继承中关于“丧偶儿媳、女婿”继承权问题

统计样本中,“丧偶儿媳、女婿”作为继承人分得遗产的案件有6件。统计小组总结分析这类案件的具体情况如下:

1. 丧偶儿媳/女婿对被继承人尽了主要赡养义务,可以作为第一顺序继承人继承遗产,如(2018)渝0237民初2851号判决。

2. 丧偶儿媳/女婿对被继承人尽了一定的赡养义务,可以分给她们适当的遗产以作补偿。且是在遗产分配前进行补偿,并未作为继承人继承遗产,如(2017)渝0230民初2152号判决。

(三)法定继承中关于“不分和少分”情况的处理问题

统计样本中,法院判决法定继承人“不分或少分”遗产的案件有6件。统计小组总结分析这类案件的具体情况如下:

1. 对故意隐匿、侵吞或争抢遗产的继承人,可以酌情减少其应继承的遗产,如

(2019)渝0106民初219号判决,少分的幅度为12%。

2.作为有扶养能力和有扶养条件的继承人,对被继承人未尽扶养义务应当少分,如(2018)渝0106民初6320号判决,少分的幅度为35%;(2019)渝0119民初3272号判决,少分的幅度为4%。

3.继承人杀害被继承人的,剥夺继承权,不分,如(2017)渝0112民初18331号判决。

(四)法定继承中关于不属于遗产、参照遗产处理的问题

1.“不属于遗产、参照遗产处理”的财产名目

(1)抚恤金;(2)死亡赔偿金;(3)精神抚慰金;(4)丧葬费、礼金;(5)工亡赔偿款;(6)一次性救济金;(7)被继承人是现役军人的,部队发放的遗属抚恤费、困难补助费、地方民政抚恤优待费。

2.对这种“不属于遗产、参照遗产处理”的财产的处理方式

(1)若在继承纠纷中,要求与其他遗产一并处理,则各个法院的做法不一样:本次统计采样39份,统计样本中,法院参照遗产处理的有37件,处理理由是应原被告的要求,节省司法资源,减少诉累;法院不予处理的有2件,不予处理的理由是不属本案调整范围,双方可以另行协商或诉讼解决。

(2)若没有遗产,仅单独要求处理这些不属于遗产的财产,属于分家析产纠纷,而不是继承纠纷。

(五)法定继承中关于农村“五保户”继承的处理问题

关于农村“五保户”的继承,最高人民法院《关于贯彻执行〈中华人民共和国继承法〉若干问题的意见》第55条①规定:集体组织对“五保户”实行“五保”时,双方有扶养协议的,按协议处理;没有扶养协议,死者有遗嘱继承人或法定继承人要求继承的,按遗嘱继承或法定继承处理,但集体组织有权要求扣回“五保”费用。在继承案件处理中,这点很容易被忽视。在统计样本中,法定继承案件中有2件被继承人系“五保户”的情况。这类案件,发放“五保费”的政府应当要作为第三人参加诉讼(见表7)。

---

① 最高人民法院《关于贯彻执行〈中华人民共和国继承法〉若干问题的意见》已废止。

表 7　法定继承中关于农村“五保户”继承的案例

案号	法院认为
(2018)渝 0155 民初 1493 号	本院认为：第三人星桥政府将秦某纳入五保供养范围，实施的并非由五保供养服务机构集中供养的模式，而是在自己家中分散供养。在日常工作中，第三人按规定支付了“五保”费用，保障了秦某的基本生活；而二原告作为秦某的女儿，照料老人生活起居、负责去世后的丧葬事宜原本便是二原告应履行的法定赡养义务，二原告不能以此拒绝第三人扣回“五保”费用的要求，对原告的主张，本院不予采纳

（六）法定继承中关于“第二顺序继承人”继承和“无人继承”的问题

法定继承样本案件中关于“第二顺序继承人”继承和“无人继承”的有 8 件，其中被继承人无第一顺序继承人由第二顺位继承人继承全部财产的有 5 件；被继承人无继承人的，由尽了主要赡养或扶养义务的人继承全部财产的有 2 件；另外 1 件是被继承人无第一顺位继承人，由第二顺位继承人和尽了主要扶养义务的人按 80%∶20% 比例继承，如(2018)渝 05 民终 7198 号判决。暂未统计到无人继承后，遗产归国家或集体所得的情况。

（七）法定继承中关于“未经收养登记”的收养关系人的继承问题

我国《收养法》[①]于 1992 年 4 月 1 日实施，原《收养法》规定收养应当向县级以上政府民政部门办理登记才有法律效力。未经依法登记的事实收养关系，是否享有继承权，统计小组在统计样本中找到了 12 份相关判决书，分析如下：

1. 原《收养法》实施以前，未经登记的收养关系，符合下列条件，法院认可收养关系。

依照最高人民法院《关于贯彻执行民事政策法律若干问题的意见》第 28 条[②]规定：亲友、群众公认，或有关组织证明确以养父母与养子女关系长期共同生活的，虽未办理合法手续，也应按收养关系对待，如(2019)渝 0101 民初 1137 号判决、(2019)渝 0106 民初 7570 号判决、(2018)渝 0113 民初 6214 号判决。

2. 原《收养法》实施以后，未经登记的收养关系，法院不认可的原因不仅是“未登记”，还有如下原因：

① 《收养法》于 2021 年 1 月 1 日起废止。《民法典》在第五编婚姻家庭的第五章规定了收养。

② 最高人民法院《关于贯彻执行民事政策法律若干问题的意见》已废止。

(1)不符合原《收养法》规定的收养条件而收养,违反法律禁止性规范(见表8)。

表8 不符合原《收养法》规定的收养条件而收养的案例

案号	法院认为
(2017)渝0101民初4455号	《收养法》第9条①规定:"无配偶的男性收养女性的,收养人与被收养人的年龄应当相差四十周岁以上"。《收养法》第15条②第1款规定:"收养人应当向县级以上人民政府民政部门登记。收养关系自登记之日起成立。"因被继承人收养被收养人时,年龄相差不足40周岁,且未到人民政府民政部门登记,违反法律禁止性规定,故而对于原告主张,本院不予采信

(2)双方虽然订立了《抱约》,约定抱养事宜,但被抱养人已经成人,不符合被抱养条件,如(2018)渝04民终101号判决。

(3)虽然从常住人口登记表上显示为"长女",但没有证据证明双方长期共同生活,如(2019)渝0106民初15124号判决、(2018)渝0108民初9148号判决、(2018)渝0113民初6214号判决。

3. 未经登记的收养关系,有养父母公证文书的,也必须符合收养条件,法院才予以认可。

(1)符合收养条件,有养父母公证文书,法院支持继承,如(2017)渝0106民初16411号判决。

(2)有养父母公证文书,但不符合收养条件,法院仍不认可收养关系,如(2017)渝0108民初9697号判决。

4. 未经登记的收养关系,法院不予认可,但可以给予适当照顾。

给予适当照顾的原因:被抱养人与被继承人共同生活时已成人,已能作为主要劳动力参加家庭劳动,一定程度上可以分担家庭负担,尽到了一定扶养义务,且操办了丧事以及修缮了坟墓。根据《继承法》第14条③"或者继承人以外的对被继承人扶养较多的人,可以分给他们适当的遗产"之规定,被抱养人虽然不是法定继承人,但可适当分得遗产,如(2018)渝04民终101号判决。

---

① 《收养法》已废止,本条规定参见《民法典》第1102条。

② 《收养法》已废止,本条规定参见《民法典》第1105条。

③ 《继承法》已废止,本条内容参见《民法典》第1131条。

5. 总结和建议。

(1)未经登记的收养关系,如果办理了收养公证,且符合原《收养法》规定的收养条件,法院会支持其继承权。无论是否符合收养条件、是否办理了收养公证,只要尽了一定的赡养、扶养、抚养义务,可能得到法院判决的“适当照顾”。

(2)未经登记的事实收养关系,若不符合收养条件,无论如何都不会被法院认可,因此凡是不符合收养条件而未登记的事实收养关系,养父母有意将财产给抱养子女的,可以采取遗赠的形式。

(八)法定继承中关于股权的分割问题

统计样本中,遗产涉及有限责任公司股权的继承纠纷案件有4件,这4个案例中,案涉有限责任公司的章程对股东去世后的继承问题均无“继承人不能继承”的特别规定,因此处理方式均为法院直接判决各继承人分别继承公司相应的股权份额,无须经其他股东同意(见表9)。

表9 法定继承中关于股权分割的案例

案号	法院认为
(2018)渝01民终6410号	被继承人顾某某名下重庆××工业股份有限公司数额为43,585元的股份,由原告顾某取得14,383元,原告顾某2取得6974元,被告李某取得22,228元
(2019)渝0106民初628号	1. 谭某某名下的重庆红山饮料食品有限责任公司的股份由原告黄某某继承所有。2. 由被告重庆红山饮料食品有限责任公司在本判决发生法律效力后10日内协助原告黄某某办理第一项中股份转让登记的手续
(2017)渝0113民初5230号	被告豪庄公司的公司章程第18条规定,“自然人股东死亡后,由合法继承人继承其股东资格,其他股东不得对抗或妨碍其行使股东权利”。被继承人施某春持有的被告豪庄公司50%股份,形成于夫妻关系存续期间,故该50%股份应属夫妻共同财产,由原告彭某某与被继承人施某春各享有1/2,计25%股份。因本案原被告均认可被继承人施某春生前未处分过股权,也未立处分该股权的遗嘱,故施某春死亡后所遗留的对豪庄公司25%的股份遗产,应由其第一顺序继承人,即配偶原告彭某某,子女原告施某某1,被告施某某4,父母被告施某鑫、廖某某依法继承,即由原告彭某某、施某某1,被告施某鑫、廖某某、施某某4应各自继承五分之一,计5%股份。判决:被继承人施某春名下持有的被告豪庄公司50%的股份遗产,由原告彭某某继承享有30%股份,原告施某某1继承享有5%股份

续表

案号	法院认为
(2017)渝0233民初3789号	忠县周氏船舶修造有限公司股东为原告周某1、被告周某2、周某4,其中周某1、周某2各占33.3%的股份、周某4占33.4%的股份。被告刘某与周某4于2013年2月26日登记离婚。周某4于2016年10月24日死亡,未立遗嘱,其遗产应由法定继承人继承,其第一顺序的继承人有原告及被告周某2、周某3、冉某2。现原告要求分割继承之请求,本院予以支持。判决:周某4在忠县周氏船舶修造有限公司的股份33.4%,由原告周某1、被告周某2、周某3、冉某2各继承8.35%

三、遗嘱继承裁判要旨

(一)关于遗嘱订立的情况

从继承纠纷案件反映的情况可以看出,本次继承纠纷案件共统计样本1477件,其中有281件立有遗嘱,仅占所有案件的19%,且在有遗嘱的案例中,99%为一份,1%为两份以上。很多人仍然受封建迷信影响,认为订立遗嘱并不吉利,或者自己偷偷订立不规范遗嘱,缺乏财产传承的观念和专业指导,因此,没有遗嘱或没有规范的遗嘱以及没有及时更新遗嘱,而导致后代产生纠纷。

(二)各种类型遗嘱效力的问题

通过案例精读分析,有效的遗嘱大部分属于自书遗嘱和公证遗嘱。其原因在于,自书遗嘱的形式要求最为简单,公证遗嘱有公证机关的严格把控。

无效的遗嘱主要属于代书遗嘱和录音遗嘱、口头遗嘱。其原因在于代书遗嘱以及以录音遗嘱、口头遗嘱要求比较特殊,都需要两个以上的见证人在场,而实践中,往往只有一个见证人参与,而且见证人多数没有当场见证遗嘱形成的全过程,而口头遗嘱还需要符合法律规定的危急情形。

1. 代书遗嘱

在107件代书遗嘱样本中,有60件被认定为有效遗嘱,占比56%;31件被认定为无效遗嘱,占比29%;9件被认定为部分有效,占比8%;7件效力不明,占比7%。

在31份无效的代书遗嘱中,很多是由于不符合法律规定的形式要件而无效(如无两个以上见证人在场见证;注明年、月、日不明确;代书人、其他见证人未签名;未经遗嘱人签字;代书人与继承人有利害关系等);也有处分了不属于遗嘱人的个人财产而无效;还有因遗嘱内容违法而无效。

以上 31 份代书遗嘱的无效原因通常都是交叉复合的，精读分析后筛选整理代书遗嘱无效案例如表 10 所示。

表 10　代书遗嘱无效案例

案号	法院认为
(2019)渝 0119 民初 3720 号	不是遗嘱人真实意思表示，其签名非本人所签，即使有加盖私章和手印，但无充分证据证明系遗嘱人本人加盖，遗嘱的形成过程没有相关证据予以证明
(2018)渝 0110 民初 11014 号 (2019)渝 0156 民初 176 号	遗嘱内容违法，如根据《农村土地承包法》第 32 条第 2 款、第 54 条的规定，对于除林地外的家庭承包，法律未授予继承人可以继承承包的权利，继承人不享有承包土地的继承权，因此，承包经营权及收益权依法不能继承。 再如，遗嘱内容“妻子周某某一个人在不改嫁的前提下对该房享有居住权至百年过世”，明显违背婚姻法所规定之婚姻自由原则
(2019)渝 0106 民初 25797 号	见证人及代书人不符合法律规定的形式要件，如见证人缺位，其签名非本人所签，未当场见证等形式上的瑕疵，以及见证人、代书人与继承人或受遗赠人有利害关系（注：法院认定“利害关系”的界定范围比较广泛，包括与法定继承人、遗嘱继承人、受遗赠人、继承人的债权人等有利害关系）
(2019)渝 0156 民初 176 号	遗嘱内容处分了夫妻共同财产或他人财产，以及公房而导致遗嘱无效
(2017)渝 0103 民初 10578 号	涉案房产权属不明存在另案争议
(2017)渝 0103 民初 25812 号	代书遗嘱中，当两名代书人否认遗嘱人的亲笔签名，且两人对遗嘱人捺印的说法也大相径庭时，法院采取更为严苛的审查标准。由于代书遗嘱是由他人书写，遗嘱人意思表示需要通过他人代书来表达，其表达个人意愿的自由度会有所降低，遗嘱人在他人胁迫或诱导下签名或者他人伪造遗嘱的可能性较自书遗嘱更大。因此，法院因涉案遗嘱其形式上有瑕疵而认定其无效
(2017)渝 0103 民初 1939 号	律师见证书载明的见证时间和内容与遗嘱的时间不一致（仅相差一天），当事人解释为笔误。但法院根据社会一般常理常情，出于对遗嘱人的尊重、对生命的尊重，有别于处理一般民事法律行为，无论对遗嘱人或是见证人均会持更加严谨、审慎的态度。遗嘱时间作为遗嘱内容极其重要，故法院对于时间不一致系笔误的意见不予采纳
(2017)渝 05 民终 6957 号	遗嘱里的涉案房屋地址与实际不符不具有同一性，另，简体字与繁体字存在矛盾

2. 自书遗嘱

在110件自书遗嘱样本中,有92件被认定为有效遗嘱,占比84%;11件被认定为是无效遗嘱,占比10%;6件被认定为是部分有效,占比5%;1件效力不明,占比1%。

在11份无效的自书遗嘱中,因为遗嘱并非遗嘱人亲自书写而无效;也有因为被继承人订立遗嘱时在落款处没有注明具体日期而无效。精读分析后筛选整理自书遗嘱无效案例如表11所示。

表11 自书遗嘱无效案例

案号	法院认为
(2018)渝0233民初2306号	自书遗嘱要求遗嘱人亲笔书写遗嘱的全部内容,并署名、注明年月日。涉案遗嘱经司法鉴定仅仅确认署名的真实性,未能确认其他内容系遗嘱人亲笔书写的事实;未确认的原因系由于对比样本缺少和目前技术条件,难以归责于原告、被告任何一方,但其足以影响人民法院对于该遗嘱真实性的采信。另,法院不能查明遗嘱形成时的具体情况,致使不能排除影响认定遗嘱真实性的合理怀疑。因此,法院对遗嘱真实性合法性不予采信
(2018)渝03民终1871号	电脑打印件遗嘱既不符合自书遗嘱的法定要件,也不符合代书遗嘱的法定要件,就其提供的视频资料亦不能佐证遗嘱依法成立,故依法应当按照法定继承办理
(2016)渝0108民初5681号 (2018)渝0101民初13446号	涉案房屋系公房或者归他人所有或权属不明,主张根据遗嘱继承不符合法律规定,待涉案房屋权属确定后,可另行诉讼
渝0103民初19330号 (2019)渝05民终4002号	遗嘱非本人书写或未写明具体日期,不符合法律规定的遗嘱形式,不能认定该遗嘱有效

实践中,有部分自书遗嘱虽然形式合法,但并不代表就一定有效,还要满足一定的条件:首先,遗嘱人亲自书写全部内容;其次,立遗嘱的人具有民事行为能力,也就是说被继承人具有处理自己财产的权利,不是精神疾病患者、智力方面也没有问题;最后,遗嘱内容出于自愿,也就是说被继承人所立遗嘱不是在受胁迫、被欺骗等情况下违背自己本来的意愿书写的,遗嘱内容还得合法。

3. 公证遗嘱

37件公证遗嘱样本中,有效的有36件,有效性达到了97%。仅有1件被认定为部分无效,如表12所示。

表 12　公证遗嘱部分无效案例

案号	法院认为
(2018)渝 0104 民初 496 号	公证遗嘱中的涉案房屋系被继承人和配偶共同共有，所立遗嘱处分配偶享有的份额部分无效，遗嘱的部分无效不影响遗嘱其他部分的效力

4. 口头遗嘱

在 8 份涉及口头遗嘱的裁判文书样本中，有 6 份被认定为无效，占比约 75%；有 2 份被认定为有效，占比 25%。

6 份口头遗嘱的无效原因，基本上是不符合法律规定的“遗嘱人在危急情况下”的要件，以及无法证明遗嘱人在立遗嘱时神志清醒，或是因为现场无两个以上无利害关系的见证人予以见证。无效案例经筛选梳理如表 13 所示。

表 13　口头遗嘱无效案例

案号	法院认为
(2018)渝 0106 民初 6331 号	结合当事人的陈述和庭审查明的事实，被继承人所立的口头遗嘱，因不符合法律规定的“遗嘱人在危急情况下”的要件，应属无效
(2019)渝 0106 民初 21967 号	录音证据中无处理遗产的明确意思表示，且无法证明录音时遗嘱人神志清醒，现场也无两个以上见证人予以见证，故该录音不符合口头遗嘱的形式要件
(2017)渝 0105 民初 11789 号	证人只是听说过被继承人要将涉案房屋留给其儿子继承，当时被继承人只是做了手术，其死亡的时间在之后，不符合口头遗嘱所需要的形式要件，事后也没有通过书面或者其他方式立下遗嘱。对主张留有口头遗嘱的意见不予采纳
(2017)渝 0155 民初 3837 号	关于是否留有口头遗嘱的事实，证人的陈述相互矛盾，内容不一致，与《财产分割协议》载明的内容亦不一致，证言内容本院不予采信
(2016)渝 0107 民初 7603 号	仅举示了书面证言，不仅证人未依法出庭作证，且未举示相关证据证明存在发生危急情形，故本院对立有口头遗嘱的事实不予采信
(2017)渝 05 民终 7775 号	证人证言证明被继承人生前作出过房屋由上诉人一人继承的口头意思表示。但口头遗嘱并非被继承人在情况紧急下作出的，也没有请见证人，因此，所称口头遗嘱完全不符合法律规定，应当为无效

5. 录音遗嘱

4 份涉及录音遗嘱的裁判文书样本中,1 份部分无效,1 份无效。无效原因梳理如表 14 所示。

表 14 录音遗嘱无效案例

案号	法院认为
(2017)渝 0242 民初 781 号(部分无效)	案涉房屋复垦费(含存款利息)系被继承人与其已故妻子的共同财产,故该笔房屋复垦费的 50% 应属妻子的遗产。被继承人与其三子女系妻子的法定继承人,故被继承人应享有妻子遗产 1/4 的份额,故被继承人的遗嘱效力应及于房屋复垦费(含存款利息)的 62.5%
(2018)渝 0103 民初 5409 号	录音遗嘱不符合法定要件,本院不予认可

(三)遗嘱继承纠纷中的律师见证问题

在统计的样本中,继承类纠纷案件共计 1477 件,遗嘱继承案件共计 281 件,而律师见证遗嘱案件共计 15 件,律师见证遗嘱案件占遗嘱继承案件的 5%,占整个继承案件的 1%。统计数据说明律师参与遗嘱继承程序的比例很低,在整个继承纠纷案件中几乎可以忽略,律师见证遗嘱市场空间广阔。律师见证遗嘱无效以及法院未评价/未处理律师见证遗嘱的情况(见表 15 和表 16)。

表 15 律师见证遗嘱无效的情况

案号	法院认为
(2018)渝 0231 民初 3882 号	财产赠送协议见证书中只有一名律师作为见证人盖章,违反《律师见证业务工作细则》的相关规定。该见证书效力不足,但徐某明、蒋某衣与徐某友签订的财产赠送协议有双方的签字捺印,系其真实的意思表示,不违反法律的强制性规定,合法有效
(2016)渝 03 民终 2781 号	遗嘱人于 2015 年 6 月 26 日立了一份经重庆华升律师事务所律师鲜某某、夏某某见证并由夏某某代书形成的代书遗嘱,代书遗嘱系被继承人本人的真实意思表示。被继承人于 2015 年 7 月 26 日立的《后事交代》为其自书遗嘱,经鉴定对其真实性予以确认。该两份遗嘱内容相抵触,根据《继承法》第 20 条①第 2 款“立有数份遗嘱,内容相抵触的,以最后的遗嘱为准”的规定,应以《后事交代》为准

① 《继承法》已废止,本条内容参见《民法典》第 1142 条。

续表

案号	法院认为
(2017)渝0107民初2573号 (2017)渝05民终8291号	原告举示的《律师见证书》一套,内附遗嘱一页,由重庆均睿律师事务所唐某某、李某某律师对该份遗嘱进行见证。遗嘱内容系打印,立嘱人处手写签名贺某军,时间处手写为2016年6月22日,该份遗嘱从形式上看,属于打印遗嘱,并非死者亲笔书写,不是自书遗嘱。且在该份遗嘱中只有被继承人签名,没有代书人签名,也不符合代书遗嘱的构成要件。故该份遗嘱既不符合代书遗嘱的构成要件又不符合自书遗嘱的构成要件,遗嘱无效
(2017)渝0103民初1939号	"遗赠扶养协议"作为遗嘱不符合代书遗嘱法定形式要件,且与"律师见证书"内容亦有不符,对"遗赠扶养协议"内容本院不予采信

表16　未评价/未处理律师见证遗嘱的情况

案号	法院认为
(2019)渝0109民初1940号	该遗嘱系代书遗嘱,有代书人唐某的签字,有见证人何某某律师、苟某律师的签字,遗嘱人田某按手印。关于被告提出律师见证书上未加盖公章,以及一个律师未签名的抗辩理由,本院认为代书遗嘱的成立要件是应当有两个以上见证人在场见证,其中一人代书,注明年、月、日,并由代书人、其他见证人和遗嘱人签名。故田某所立遗嘱符合法律规定的形式,合法有效
(2016)渝0117民初9426号	被告明某五举示了代书遗嘱、会见遗嘱人谈话记录、律师见证书、合川市土地权属变更登记申请书等证据,拟证实曾某某生前立有遗嘱。原、被告要求按照被继承人曾某某的遗嘱处理房产,但双方未举示房屋产权证明,故本院对遗嘱不作处理

律师见证遗嘱案件共计15件,其中律师见证遗嘱无效的案件有4件,占比27%,未评价/未处理的有2件。在见证无效的案件中,律师见证工作失误的案件有3件,占比75%。

通过对律师见证遗嘱无效案件进行分析,发现见证无效往往基于以下两种情况:一种是形式要件不合格导致遗嘱无效(遗嘱人身份待核实,见证程序不合规,没有视频无法确认在场等),另一种是实质要件不合格导致遗嘱无效(处分他人财产,重新订立遗嘱,遗嘱人没有行为能力等)。

（四）数份遗嘱的冲突效力

在7份涉及两个以上遗嘱的裁判文书样本中，以遗嘱效力为标准进行划分，以公证遗嘱作为遗产分割依据的判决书有2份，认定最后一份遗嘱有效的判决书有4份（最后一份遗嘱不包含公证遗嘱），还有1份判决书在认定遗嘱效力时，对数份遗嘱进行综合判断，认为与最后一份遗嘱相冲突部分之外的部分仍然有效。

面对数份遗嘱的效力认定，尽管存在以上三种裁判思路，但基本倾向于：数份遗嘱中有公证遗嘱的，认定公证遗嘱有效（但是《民法典》已经取消了公证遗嘱的优先效力，因此未来不存在公证遗嘱优先于其他遗嘱的情况）；没有公证遗嘱，有证据证明最后一份遗嘱真实性的，以最后一份遗嘱为准。笔者建议，若订立了数份遗嘱，应当在最后一份遗嘱中对之前订立的遗嘱作出回应，明确之前的遗嘱是否有效，避免自己的真实意思因数份遗嘱的存在而出现偏差。

（五）夫妻共同遗嘱的效力

我们在研究遗嘱样本时梳理出夫妻共同遗嘱5份，有效的有4份，其中2份是得到原告被告双方认可无争议的遗嘱。我国一直以来有立夫妻共同遗嘱的传统，但是我国原《继承法》及现行《民法典》继承编又未明确夫妻共同遗嘱的形式要件，这导致在审判实践中，以原《继承法》及现行《民法典》继承编规定的几种法定遗嘱形式要求来确认夫妻共同遗嘱的形式要件，从而认定夫妻共同遗嘱是否有效。从以上数据可以看出，夫妻共同遗嘱如果严格按照法律规定的形式要件来认定，将会被挑战，实践中也很少采用。

（六）财产分割协议中遗嘱性条款的效力

在6份有遗嘱性条款的判决样本中，4份有效，2份部分有效。遗嘱性条款的效力认定，在性质和法律效力两方面上，与其他形式的遗嘱大抵是相同的，我国原《继承法》有权对其调整。如果财产分割协议属于夫妻双方离婚后出现的财产纠纷，那就应适用原《婚姻法》加以调整，对于属于已分割完毕后的财产的处分行为，应当适用其他相应的部门法进行调整。

综上所述，2017～2019年遗嘱无效原因归纳总结为以下几点：

1. 遗嘱人不享有财产处分权（14件）；

2. 不符合法定遗嘱形式（36件）；

3. 非遗嘱人的真实意思（1件）；

4. 与其他有效协议抵触(3 件);

5. 遗嘱内容违法(5 件);

6. 意思表示不明(1 件)。

通过以上统计图表分析可知,实践中主要以自书遗嘱、代书遗嘱、公证遗嘱为主,其他两种原《继承法》规定的遗嘱形式即录音遗嘱和口头遗嘱在生活中已经很少被采用了。失效的遗嘱类型中,往往就是人们习惯采用的自书遗嘱和代书遗嘱最容易无效。从遗嘱无效的原因来看,最主要的是遗嘱本身的内容、法律形式和法律效力没有得到很好的审查。

一份遗嘱要满足遗嘱人传承财富的意愿,必须符合我国《民法典》继承编及相关法律、司法解释在形式要件和实质要件上的双重要求,我国对遗嘱采取严格法定主义的态度。但是,由于我们对这些法律的宣传普及不够,人们法律意识的淡薄,造成了许多遗嘱在审判实践中被认定为无效遗嘱。

(七)遗嘱继承纠纷中的鉴定问题

根据案例样本统计,有 22 件继承案件涉及鉴定问题,其中笔迹、捺印鉴定 20 件,精神鉴定 2 件。值得注意的是,在本次统计中出现需要精神评估的案件,而这些案件的鉴定机构的答复都是无法评估。因继承案件普遍遗嘱人已过世,遗嘱订立距遗嘱生效时间间隔较长,故产生争议时已很难证明遗嘱人在立遗嘱时的精神状况。同样,在对遗嘱等书面证据中遗嘱人签名的真实性发生争议需要笔迹鉴定时,因时间跨度太长,收集足够比对的检材就不是一件容易的事。关于笔迹、捺印鉴定以及精神鉴定的案例梳理(见表 17 和表 18)。

表 17　关于笔迹、捺印鉴定的案例

序号	案号	送检样本情况	鉴定意见及无法鉴定时法院如何处理
1	(2015)渝 0103 民初 13431 号	样本:鉴定《公证书》与《重庆市商品房买卖合同》《重庆市土地房屋权属登记申请书》上的签名是否一致	公证书上的签名与送检样本上的笔迹系同一人所签名
2	(2019)渝 0110 民初 2949 号	判决书中未记载具体送检样本	遗嘱上的签名与送检样本中的签名系同一人所签名

续表

序号	案号	送检样本情况	鉴定意见及无法鉴定时法院如何处理
3	(2018)渝 0112 民初 6103 号	判决书中未记载具体送检样本	遗嘱主文及签名按印系遗嘱人亲笔书写,同部分押名指印是遗嘱人右手拇指指纹按印形成
4	(2019)渝 0101 民初 7438 号	遗嘱人书写"刘氏十代"的家谱	遗嘱上的书写字迹与落款与家谱上的是同一人所写
5	(2018)渝 0105 民初 8227 号	超出了鉴定机构的鉴定能力被退回	遗嘱无效
6	(2017)渝 0235 民初 5396 号	样本:《结婚登记审查处理表》《结婚登记询问记录》《申请结婚登记声明书》《重庆市商品房买卖合同》《重庆市住房公积金个人住房贷款借款合同》	署名字迹与样本的签名是同一人书写,但不能确定上述遗嘱上除署名字迹的其他字迹是不是遗嘱人书写。法院结合鉴定机构的倾向性意见,认定自书遗嘱有效
7	(2018)渝 02 民终 2 号	需要鉴定的协议与《晚年生活和后事安排意见(代遗嘱)》上遗嘱人的字迹,因二者相差近 10 年,且两者书体、书写速度不同,二者互比条件差,故不能鉴定予以退回	法院认定《协议》无效,《晚年生活和后事安排意见(代遗嘱)》,是对晚年生活和后事安排意见,对遗产处置并没有明显表示,故而并不是遗嘱。遗产按照法定继承
8	(2016)渝 0103 民初 20913 号	样本:法院调取了遗嘱人在银行办理业务留存的签名字迹和其工作单位个人档案材料中的笔迹。但申请方被告等人拒绝交纳鉴定费,鉴定被退回	《遗赠》中涉及的两处涂改从形式上看属于个别文字笔误后的修改,从内容上看与未涂改的部分意思表达一致,故本院认为《遗赠》真实合法有效
9	(2018)渝 0233 民初 267 号	判决书中未记载具体送检样本的情况	遗嘱(题名"房产继承子女平等")原件的内容字迹系遗嘱人本人书写。自书遗嘱有效
10	(2018)渝 0107 民初 11957 号	样本:遗嘱人生前离婚诉讼案卷中授权委托书、情况说明、送达回证的签名复制件	遗嘱上的字迹与样本字迹是同一人所写
11	(2016)渝 0113 民初 11326 号	鉴定机构以检材指纹不具备检验条件为由不予受理	遗嘱有被继承人的签名、手印及代书人的签名、手印并有三个见证人的签名、手印,该遗嘱符合代书遗嘱的形式要件,合法有效

续表

序号	案号	送检样本情况	鉴定意见及无法鉴定时法院如何处理
12	(2017)渝04民终1223号	样本:以被继承人生前离婚诉讼案卷中的字迹作为样本,当事人一方对案卷中的签名不予认可,导致鉴定仍无比对材料,无法鉴定	遗嘱无效,按照法定继承
13	(2018)渝0120民初5282号	样本:公证书原件、离婚协议书原件,对指纹是否为同一枚指纹进行鉴定	经鉴定是同一枚手指指纹所留,遗嘱有效
14	(2018)渝02民终466号	样本:法院调取了遗嘱人在婚姻登记机关的离婚协议上的指纹作为样本对《最后遗嘱》进行鉴定。由于本案检材指印系左手捺印且浅淡、细节特征太少,且样本不完整,当事人已去世无法补充十指指印样本,鉴定中心予以退回	被继承人离婚协议上的财产分割条款具有遗嘱性质,合法有效。《最后遗嘱》因无法鉴定,不能充分证实被继承人真实意思,故《最后遗嘱》无效,采信时间在前的《离婚协议》中关于遗嘱的条款
15	(2017)渝0104民初1620号	申请方经法院两次通知选择鉴定机构后,均未到法院选择鉴定机构,法院视为其未提出鉴定申请,今后也不再接受其对该遗嘱提出鉴定的申请	《房产继承遗嘱书》系遗嘱人本人所书写,合法有效
16	(2018)渝05民终3068号	判决书无记载具体的样本情况	限于样本条件,倾向认定系同一人书写,结合鉴定人出庭接受质询情况,故对遗嘱予以采信
17	(2019)渝02民终1180号	判决书无记载具体的样本情况	经鉴定仅仅确认署名的真实性,未能确认其他内容系遗嘱人亲笔书写的事实,不能排除影响认定遗嘱真实性的合理怀疑,法院对遗嘱真实性不予采信
18	(2018)渝03民终1446号	当事人无法提供比对样本,无法鉴定	虽该《遗嘱书》的内容有一定的瑕疵,但根据证据优势规则,应认定《遗嘱书》具有真实性

续表

序号	案号	送检样本情况	鉴定意见及无法鉴定时法院如何处理
19	(2017)渝 0103 民初 20371 号	本案既有笔迹鉴定也有精神评估鉴定,但对于精神鉴定,虽然遗嘱人符合复发性抑郁症的诊断,但对遗嘱人在遗嘱载明的时点的民事行为能力无法进行评定	遗嘱系遗嘱人生前本人书写,虽然精神鉴定无法评定,但无证据证明遗嘱人在书写遗嘱的时点意识不清无法判断自己的行为,无法理智地处理自身事务。同时嘱托内容意思明确、表达清楚,故该份遗嘱合法有效
20	(2016)渝 03 民终 2781 号	一审遗嘱持有方对鉴定机构不信任不配合,导致鉴定机构回避将遗嘱退回;二审重新启动鉴定程序,但判决书无记载具体的比对样本	一审因遗嘱持有方不配合鉴定,应承担举证不能的法律后果,所举示的《后事交代》无效,采信时间在前的遗嘱。二审重新启动鉴定程序对《后事交代》进行鉴定,经鉴定系遗嘱人真实意思,改判采信时间在后的《后事交代》

表 18 关于精神鉴定的案例

序号	案号	送检样本情况	鉴定意见及无法鉴定时法院如何处理
1	(2018)渝 01 民终 616 号	因被鉴定人已死亡,且送鉴材料不齐,超出鉴定机构能力范围,予以退回	相关病案资料也并未载明遗嘱人在立遗嘱时不具有完全民事行为能力,故遗嘱人的公证遗嘱合法有效
2	渝 0103 民初 20371 号	虽然遗嘱人符合复发性抑郁症的诊断,但对遗嘱人在遗嘱载明的时点的民事行为能力无法进行评定	经鉴定遗嘱系遗嘱人生前本人书写。虽然遗嘱人生前患有抑郁症,但无证据证明遗嘱人在书写遗嘱的时点意识不清无法判断自己的行为,无法理智地处理自身事务,同时嘱托内容意思明确、表达清楚,故该份遗嘱合法有效

根据以上数据,22 件鉴定案件中,能顺利鉴定的有 12 件,无法鉴定的案件有 10 件,其中因“样本”不合格的有 5 件;当事人不配合的有 3 件;超出鉴定机构能力范围的有 3 件;当事人对“样本”不认可的有 1 件。

1. 举证责任的承担

继承纠纷中,原则上应由持有遗嘱并主张遗嘱真实一方承担遗嘱真实性举证证明责任。在因无法提供足够的鉴定对比样本而导致遗嘱笔迹鉴定不能情况下，如有证据证明一方当事人持有鉴定对比样本而拒不提供的，或者持有遗嘱方不配合鉴定而导致鉴定材料被鉴定机构退回的，人民法院可根据案情确定由该方承担不利后果，如(2016)渝03民终2781号判决，但该案在二审中，重新启动了鉴定程序，并根据最新鉴定意见予以改判。

2. 送检样本

对于遗嘱鉴定来讲，“样本”是关键之所在，没有样本就谈不上鉴定。样本有很多，比如，被继承人的日记、笔记、书信、流水账，这些都可以成为样本。但这样的样本通常可能并不被争议的另一方认可，道理很简单，双方都产生争议了，你提供出来的东西我肯定不认可，同理，我提供出来的东西你也会不认可，如(2017)渝04民终1223号判决。由于无法达成一致的“认可”而导致提供的材料不能成为样本。

从我们统计的样本案例来看，争议双方都认可的“样本”通常是存放于第三方的“样本”，比如，银行的存取款凭单、诉讼卷宗材料、婚姻登记机关的备案材料、住房公积金贷款合同、房屋买卖合同、单位的人事档案等，这些材料更有公信力，成为合格样本的概率更高。但这样的样本也可能会因为年代久远，个人笔迹发生变化而不符合样本的要求。另外，如果样本太少，也可能因不具备鉴定条件而导致无法鉴定。当具备鉴定条件时，也未必能得出明确的结论，从我们统计的样本案例来看，鉴定意见大致分为：系同一人书写（签名），不是同一人书写（签名），倾向是其本人书写，不倾向是其本人书写，以及部分无法作出明确结论等。对于类似后三种的结论则不能直接从鉴定意见本身来判断遗嘱效力，需要结合其他证据来综合认定遗嘱效力。

四、遗赠扶养裁判要旨

统计样本数据显示，继承案件中涉及遗赠扶养纠纷的案件数量为34件，这类案件也是继承案纠纷的重要部分。

遗赠扶养协议纠纷案件的基础法律规定为《民法典》第1158条：“自然人可以与继承人以外的组织或者个人签订遗赠扶养协议。按照协议，该组织或者个人承担该自然人生养死葬的义务，享有受遗赠的权利。”

(一)遗赠扶养协议效力问题

1. 遗赠扶养协议的形式分析

在统计样本中，统计小组发现，遗赠扶养协议的形式具有多样性，绝大多数遗赠人和扶养人之间签订的是《遗赠扶养协议》,但有些签的是《立约协议书》《房屋分割协议》《房屋居住协议》《赡养老人房屋所有权协议书》《五保户供养协议书》《报子协议》《人民调解协议》等有名目的协议,更有的以"遗嘱"的形式出现,极个别的达成口头遗嘱扶养协议。遗赠扶养协议的具体效力分析见表19。

表19 遗赠扶养协议效力的案例

案号	法院认为
(2018)渝0106民初7095号	虽然"自书遗嘱"载明的是"在我生前赠与养子之妻王某",但是从双方对于该"自书遗嘱"的实际履行情况,以及当事人、证人对于"自书遗嘱"权利义务内容的解读,该"自书遗嘱"应认定为双务、有偿的遗赠扶养协议
(2019)渝0106民初14235号	本案原告周某甲系案外人周某芳的侄女,双方在重庆市沙坪坝区天星桥街道石碾盘社区居委会人民调解委员会的主持下签订了含有遗赠扶养内容的协议,该协议内容不违反法律禁止性规定,应属合法有效约定,本院予以确认
(2017)渝0120民初7451号	本院认为:原告、被告于2000年4月23日签订的《房屋居住协议书》,双方均签字并捺印,并有证人蔡某4、蔡某3、刘某、印某良、郭某强等人的见证,系双方真实意思表示,合法有效。该协议约定原告对位于璧山区××镇××街××号的55.09平方米房屋享有居住权,在原告及蔡某1均去世后才能归被告所有,并约定被告每年给付原告300元现金,直到蔡某1、唐某去世为止。此协议在性质上是一个附条件的遗赠扶养协议
(2019)渝0105民初3681号	曾某4与曾某1在人民调解委员会调解下达成人民调解协议,从协议约定的权利义务内容来看,具备遗赠扶养协议的法律性质
(2017)渝0106民初8671号	本院生效判决(2015)沙法民初字第11291号民事判决已经认定涉案房屋属于被继承人的遗产,且原告与被继承人之间有口头遗赠扶养协议。依据被继承人户籍所在村村民委员会和被继承人原所在敬老院出具的证明,足以认定原告与被继承人龚某廷之间的遗赠扶养关系成立,且原告已经履行赡养义务,原告有权依据遗赠扶养协议继承涉案房屋

从表19可知,不管协议的名称怎样,法院首先根据协议内容,认定协议的性质是否属于遗赠扶养协议;同时根据协议双方的真实意思表示,认定遗赠扶养协议的效力。

2. 遗赠扶养协议的效力分析

统计样本中,从遗赠扶养协议的效力看,有效的案件占比100%,不存在无效的案件。由此可知,对于此类案件,法院不轻易认定协议无效。

在前述有效的遗赠扶养协议中,均存在见证人或第三方组织,见证人或第三方组织包括亲戚、邻居、村民小组、人民调解组织、律师、公证机关、政府等。其中经律师见证并出具律师见证书的有3份、经公证处公证出具公证书的有1份、经人民调解组织参与的有2份、有政府及村民组织参与的有6份，其余的见证人就是其他自然人主体。因此，对于具有遗赠扶养性质的协议，在立约时，协议双方都倾向于找到第三方见证，有第三方参与更能证明协议双方立约时真实意思的表示，公信力更高。

由此可见，此类案件，只要遗赠人与扶养人自愿达成的遗赠扶养协议，是其真实意思表示，不违反法律和损害社会公共利益，该协议就是合法有效的，受法律保护。法院尊重协议双方的约定，一般不认定协议无效。

（二）遗赠扶养协议的履行问题

从遗赠扶养协议的履行情况看，全部履行的样本案件数量有26件，占比76.5%；未履行、部分履行或者履行效果不好的样本案件数量有8件，占比23.5%。

1. 全面履行

遗赠扶养协议得到全面履行的，法院审查后，确认扶养人与遗赠人签订的遗赠扶养协议有效的，将按照遗赠扶养协议约定判决被继承人的房屋、存款等归扶养人所有（见表20）。

表20　全面履行遗赠扶养协议的案例

案号	法院认为
（2018）渝0102民初415号	本院认为：张某良生前与刘某某签订的“遗嘱”，其实质是张某良与刘某某之间达成的附条件遗赠扶养协议，该协议具有民事合同性质。双方在签订该协议时，张某良长子张某1、次子张某2和邻居殷某洪夫妻等均在场见证并在协议上签名捺印确认，因此，协议双方当事人意思表示真实，协议内容合法有效，对双方具有拘束力。协议签订后，刘某某依约对张旭良履行了养老送终之扶养义务，那么位于涪陵区××路××号房屋一套的所有权当然归原告刘某某所有
（2018）渝0106民初1053号	原告方某某与被继承人李某5、雷某某夫妻系邻居关系。现登记在李某5名下的、坐落于沙区××镇××村××组的（建筑面积为70平方米）乡村房屋为被继承人李某5、雷某某的遗产。原告、被告一致认可，原告方某某与李某5、雷某某签有《遗赠扶养协议》，且原告方某某已经在李某5、雷某某夫妻去世前履行了生养死葬的义务，因此，原告按协议约定继承李某5、雷某某的遗产房屋的意见，不违反法律规定，可以认定。据此，根据《继承法》第31条①的规定，判决如下：（1）原告方某某与被告李某1、李

① 《继承法》已废止，本条内容参见《民法典》第1158条。

续表

案号	法院认为
	某2、李某3、李某4签订的继承协议书有效;(2)现登记在李某5名下的、坐落于沙区×镇××村××组的(建筑面积为70平方米)乡村房屋产权归原告方某某所有
(2017)渝0116民初6422号	本院认为:原告、被告均具有完全民事行为能力,在反复协商基础上自愿签订的遗赠扶养协议,是双方的真实意思表示,协议内容未违反法律或损害社会公共利益,合法有效,应受法律保护。因此,原告诉请确认遗赠扶养协议有效,本院予以支持。综上,依照《民法通则》第55条①,《合同法》第5条、第8条、第44条、第52条,②《继承法》第31条③之规定,判决如下:原告刘某才与被告刘某会于2017年6月11日签订的遗赠扶养协议有效

2. 未履行或部分履行

当公民与扶养人签订了遗赠扶养协议后,扶养人没有完全按照遗赠扶养约定对遗赠人进行关心、照料、生活上的照顾,造成协议未履行或者部分履行、履行效果不好,从而发生争议的,视为协议未履行或部分履行。

统计样本中,因签约后未履行,要求确认解除遗赠扶养协议的案件有2件;因签约后部分履行、履行效果不好,要求确认解除遗赠扶养协议的案件有5件。

此类案件,法院要根据履行情况决定是否解除遗赠扶养协议,确认解除后要对已履行部分进行判定,对此统计人将在“遗赠扶养协议的解除问题”部分进行分析。

(三)遗赠扶养协议的解除问题

通常情况下,只有在遗赠扶养协议未履行、未完全履行、履行效果不好时,遗赠人才会要求解除协议,法院查明事实后根据当事人双方的意愿及履行情况,确认是否解除遗赠扶养协议。

遗赠扶养协议解除的法律依据:《民法典继承编司法解释(一)》第40条规定,“继承人以外的组织或者个人与自然人签订遗赠扶养协议后,无正当理由不履行,导致协议解除的,不能享有受遗赠的权利,其支付的供养费用一般不予补偿;遗赠人无正当理由不履行,导致协议解除的,则应当偿还继承人以外的组织或者个人已

① 《民法通则》已废止,本条内容参见《民法典》第143条。

② 《合同法》已废止,相关内容参见《民法典》合同编规定。

③ 《继承法》已废止,本条内容参见《民法典》第1158条。

支付的供养费用”。

1. 因协议未履行而解除

遗赠扶养协议签订后，协议是处于有效状态，没有履行，遗赠人确实需要解除没达到目的协议。此类案件，都是遗赠人作为原告起诉扶养人要求解除遗赠扶养协议（见表21）。处理此类案件也要注意一个问题即当遗赠人没有民事行为能力时，怎么解除遗赠扶养协议？这时要先确认遗赠人没有民事行为能力，之后确定监护人，由监护人为遗赠人维护权利。

表21　因协议未履行而解除的案例

案号	法院认为
（2019）渝0117民初5620号	本院认为：遗赠扶养协议是遗赠人和扶养人之间关于扶养人承担遗赠人生养死葬的义务，遗赠人的财产在其死后转移给扶养人的协议。遗赠扶养协议维护的是一种平等、有偿和互为权利义务的民事法律关系。本案原、被告自愿签订遗赠扶养协议，并经律师见证，该协议合法有效，受法律保护。双方签订遗赠扶养协议后，原告主要在康复养老中心生活，相关费用亦从原告的养老金支付。现原告刘某1的精神状态为脑外伤所致精神障碍（重度痴呆），被告未对原告履行实际的扶养义务，现刘某1在其孙子刘某5处生活，并由刘某5负责护理照料，遗赠扶养情况已发生改变。刘某1被宣告为无民事行为能力人，由本院指定的监护人提起诉讼，监护人请求解除2013年4月6日签订的遗赠扶养协议，其理由正当，本院予以支持

2. 因协议部分履行、履行效果不好而解除

在遗赠扶养协议部分履行、履行效果不好时，遗赠人通常情况下也会要求解除协议。对于此类案件，法院要根据履行情况，决定是否解除遗赠扶养协议，同时要对已履行部分进行判定。

（1）不支持解除。

遗赠扶养协议是遗赠人和抚养人真实意思表示，在协议履行了部分后，遗赠人不满意，诉讼要求解除协议，而抚养人愿意继承履行协议，这种情形下遗赠人的主张不一定能得到支持（见表22）。

表 22　不支持解除的案例

案号	法院认为
(2019)渝 0156 民初 174 号	虽然近年来双方分家生活,但分家系双方协商达成,从协议履行状况来看,双方均没有重大过错,被告亦没有虐待原告的行为。原告、被告虽在生活中发生矛盾,但并不足以导致协议解除,且被告亦当庭表示愿意继续扶养原告,不同意解除协议。因此,原告要求解除遗赠扶养协议、责令被告退还占用原告房屋的诉讼请求,本院不予支持

因此,此种情况下,法院在认定是否解除协议时,要审查受遗赠人是否存在过错,协议是否还能继续履行。遗赠人不能当然地认为,不满意就可以解除。

(2)支持解除。

通常情况,遗赠扶养协议履行效果不好,抚养人不完全履行或者用自己的行为表示不再继承履行,遗赠人要求解除遗赠扶养协议,法院大多会支持(见表 23)。

表 23　支持解除的案例

案号	法院认为
(2018)渝 0119 民初 6778 号:	原告、被告签订的《遗赠扶养协议》,从内容上看,属于遗赠扶养协议。协议签订后,被告张某 1 应当按照协议照顾原告唐某 1 的饮食起居,承担原告唐某 1 的衣、食、住、行、医疗等费用。而被告张某 1 没有按照协议履行自己的义务。因此,原告唐某 1 要求解除原、被告于 2011 年 2 月 26 日签订的《遗赠扶养协议》,本院依法予以支持
(2018)渝 0116 民初 10961 号	本案中,原告、被告于 2000 年 12 月 20 日签订的遗赠扶养协议是双方真实意思表示,合法有效,故被告作为扶养人,对原告应当在经济上给予帮助,在精神上给予慰藉,在日常生活中给予充分的关心和照料,使原告安度晚年。但被告于 2005 年外出打工后至今不归,和原告分开生活十几年,未能充分履行遗赠扶养协议约定的义务。现双方关系难以维系,据此原告要求解除遗赠扶养协议,本院依法予以支持

另外,针对协议已经履行部分,扶养人和遗赠人发生矛盾,无法继续履行的,法院在解除遗赠扶养协议时,重点审查双方的履行情况,对已支付的供养费是否返还,是否补偿扶养人等进行评析(见表 24)。

表 24　解除已部分履行遗赠扶养协议的案例

案号	法院认为
(2018)渝 0119 民初 7639 号	被告在履行口头遗赠扶养协议过程中,因其妻子与原告发生矛盾,原告因此在心理上对被告产生怨恨情绪。双方虽然经重庆市南川区联合人民调解委员会调解,重新达成了《重庆市南川区联合人民调解委员会人民调解协议书》,被告也将原告送至重庆德康养老服务有限公司(养老院)生活,为原告交纳了养老费,有时也去看望原告,但是,遗赠扶养协议具有人身属性,原告不仅需要被告对其日常生活进行关心、照顾,而且还需要被告经常陪伴在其身边,在精神上给予其关爱、慰藉,满足其情感需求。而双方在履行协议过程中曾发生过矛盾,被告在将原告送至养老院去生活后,也只是偶尔去看望原告,不能满足原告的需求。原告在双方重新达成遗赠扶养协议后两三个月的时间内,便向本院提起解除遗赠扶养协议的诉讼,说明原告对被告已失去信任。因此,本院对原告要求解除遗赠扶养协议的诉讼请求依法予以支持。判决结果:(1)解除原告刘某 1 与被告刘某 2 经重庆市南川区联合人民调解委员会组织达成的人民调解协议。(2)限被告刘某 2 在本判决发生法律效力后,立即向原告刘某 1 返还存款 80 万元以及原告刘某 1 的工资卡、社保卡(包括医保卡)、退休证、户口簿、社保局校对表、结婚证以及原告刘某 1 配偶的骨灰证等物品
(2018)渝 0233 民初 3607 号	原告、被告签订协议后,被告白某 1 未主动积极地履行协议中的义务,有悖于协议约定的初衷,根据《继承法》第 21 条①"遗嘱继承或者遗赠附有义务的,继承人或者受遗赠人应当履行义务。没有正当理由不履行义务的,经有关单位或者个人请求,人民法院可以取消他接受遗产的权利"之规定,原告罗某 1 现要求解除双方之间的遗赠扶养协议,不违反法律规定,本院予以支持。 关于是否应当退还 2 万元的问题。根据原最高人民法院《关于贯彻执行〈中华人民共和国继承法〉若干问题的意见》第 56 条"扶养人或集体组织与公民订有遗赠扶养协议,扶养人或集体组织无正当理由不履行,致协议解除的,不能享有受遗赠的权利,其支付的供养费用一般不予补偿"之规定,本案中,被告不主动积极地履行义务,且在原告申请对其强制执行后,也未主动积极地履行,致协议解除,故,被告不再享有受遗赠的权利,其被强制执行的 2 万元供养费用也不予补偿

(四)农村"五保户"、城镇"三无"人员的遗赠扶养问题

统计样本中,涉及农村"五保户"的遗赠扶养案件有 5 件,涉及城镇"三无"人员的遗赠扶养案件有 1 件。

1. 农村"五保户"和城镇"三无"人员是社会上的特殊群体,这类人群集中供养

---

① 《继承法》已废止,本条内容参见《民法典》第 1144 条。

的，跟政府签订供养协议，由政府负责其生养死葬，其遗产也归政府所有。而部分散养的农村“五保户”和城镇“三无”人员，在政府、村委会或者居委会的参与下，与扶养人签订《五保户供养协议书》《城镇散居“三无”人员联助责任书》。前述协议均具有遗赠扶养协议的性质，其效力问题（见表25）。

表25　农村“五保户”、城镇“三无”人员的遗赠扶养协议效力的案例

案号	法院认为
(2019)渝0112民初949号	2005年4月25日，××镇敬老院作为甲方，五保户蔡某3及包户照料人蔡某1作为乙方，签订了《××镇院外五保户供养协议书》。蔡某3去世后未留有遗嘱，但根据其2005年签订的《××镇院外五保户供养协议》，可认定该协议为遗赠扶养协议。原告作为蔡某3的遗赠扶养人，应在蔡某3生前照料其生活，死后为其送葬，蔡某3的财产在其死后归蔡某1所有。该协议是蔡某3与蔡某1的真实意思表示，内容不违反法律和社会公共利益，合法有效。根据协议的约定，原告有扶养蔡某3生老病死的义务，原告已按照协议履行应尽的扶养义务，故应由扶养人原告蔡某1继承蔡某3财产
(2017)渝0112民初11752号	桂某仁生前与姜某碧签订的《××镇院外五保户供养协议书》，系双方当事人真实意思表示，双方达成遗赠扶养协议，内容不违反法律、行政法规的强制性规定，合法有效。桂某仁死亡时遗留的讼争房产系桂某仁的遗产，姜某碧作为桂某仁的“包户照料人”即扶养人，按照协议约定照料桂某仁直至桂某仁去世，并办理丧葬事宜，根据协议，姜某碧享有受遗赠的权利，姜某碧自桂某仁去世后表示接受遗赠，故姜某碧受遗赠取得讼争房产。据此，依照《继承法》第3条①、第31条第1款②、《民事诉讼法》第152条之规定，判决如下：(1)桂某仁与姜某碧于2015年3月25日签订的《××镇院外五保户供养协议书》有效；(2)姜某碧受遗赠取得登记在桂某仁名下位于渝北区××镇××村7社1幢1-1房产
(2018)渝0110民初10666号	公民可以立遗嘱将个人财产赠给国家、集体或者法定继承人以外的人。继承开始后，按照法定继承办理；有遗嘱的，按照遗嘱继承或者遗赠办理；有遗赠扶养协议的，按照协议办理。本案中，被继承人徐某生前在基层组织和人民政府见证下，与原告郭某1签订的《城镇散居“三无”人员联助责任书》，是双方真实意思表示，合法有效。原告以《城镇散居“三无”人员联助责任书》为凭，要求按照约定，继承徐某的遗产。原告郭某1举示的证据，可以证明其履行了遗赠扶养协议的附随义务，故对原告主张继承徐某遗产存款26,115.23元及利息的请求，本院予以支持

2.部分农村“五保户”与其隔代亲属达成扶养协议，自愿退出“五保户”，与政府

① 《继承法》已废止，本条内容参见《民法典》第1122条。
② 《继承法》已废止，本条内容参见《民法典》第1158条。

解除五保关系。统计样本中,退出“五保户”的遗赠扶养案件有 3 件(见表 26)。

表 26 退出“五保户”的遗赠扶养案例

案号	法院认为
(2017)渝 0106 民初 8671 号	重庆市沙坪坝区某镇敬老院出具的“情况说明”载明:“……被继承人原是我敬老院“五保户”,因年老体衰一直想有人照顾回家度晚年,经协商被继承人的外侄女林某某愿意赡养。2011 年 8 月 8 日,经被继承人向我院和沙坪坝区民政局提出申请,自愿退出养老院与侄女林某某一起生活居住,以后生老病死由林某某负责,与我院和村镇无关。我院当时向被继承人及林某某本人进行了核实,林某某愿意接被继承人回家赡养,所产生相关费用自行负责。另外被继承人本人也表示死后的遗产也由赡养人林某某继承,情况属实,特此证明。”
(2018)渝 0106 民初 2498 号	被继承人喻某某系“五保户”。2011 年 8 月,原告与喻某某在土主镇人民政府签订《遗赠扶养协议》,协议书约定:遗赠人喻某某所在盐井河村毛草坡组现被微电园征地,按照政策喻某某应获得征地补偿等款项。喻某某的外侄罗某某自愿扶养喻某某,喻某某本人也愿意由其外侄罗某某扶养。经二人申请,土主镇人民政府在了解罗某某有监护能力的情况下,同意喻某某由其外侄罗某某扶养,解除五保关系
备注	农村“五保户”指农村中既无劳动能力,又无经济来源的老、弱、孤、残的农民,其生活由集体供养,实行保吃、保穿、保住、保医、保葬(孤儿保教),简称“五保”。享受五保待遇的家庭叫“五保户”。“五保户”主要包括村民中符合下列条件的老年人、残疾人和未成年人:(1)无法定扶养义务人,或者虽有法定扶养义务人,但是扶养义务人无扶养能力的;(2)无劳动能力的;(3)无生活来源的。国家对“五保户”在吃、穿、住、医、葬方面给予生活照顾和物质帮助。 “三无”人员特指为城市“三无”人员,指由民政部门收养的无生活来源、无劳动能力、无法定抚养义务人的公民。政府对“三无”人员的救助政策,主要有福利机构集中供养和分散供养安置政策。其中“三无”老人是指城镇居民中无劳动能力、无生活来源、无赡养人和扶养人或者其赡养人和扶养人确无赡养或扶养能力的 60 周岁及以上老年人

五、被继承人清偿债务裁判要旨

统计样本数据显示,继承案件中被继承人清偿债务纠纷的案件数量有 130 件,可见这类案件较为常见。

被继承人清偿债务纠纷的基础法律依据为:《继承法》第 33 条[①]的规定:“继承

① 《继承法》已废止,本条规定在《民法典》第 1159 条、第 1161 条。

遗产应当清偿被继承人依法应当缴纳的税款和债务，缴纳税款和清偿债务以他的遗产实际价值为限。超过遗产实际价值部分，继承人自愿偿还的不在此限。继承人放弃继承的，对被继承人依法应当缴纳的税款和债务可以不负偿还责任。"

统计样本中，这类型案件，法院通常会解决如下几个问题：(1)债权债务的真实性和债务人的主体身份(配偶继承人是不是共同债务人)；(2)遗产的范围；(3)继承人放弃继承遗产的处理。上述问题都是法院审理这类型案件的审查重点，因此统计人将其分为三大板块，分别分析。

(一)债权债务的真实性和债务人主体

1. 债权债务的真实性

被继承人清偿债务纠纷中的被继承人债务大部分是借款(包括民间借贷和银行贷款)，少部分为下欠的货款、工资、劳务费、医疗费等。因此，法院第一步需审查债务的真实性。

2. 债务人的主体身份

(1)当继承人中有配偶继承人时，债权人直接要求配偶继承人和其他继承人在继承遗产范围承担责任，多数法院不会查明债务是否为夫妻共同债务；

(2)当继承人中有配偶继承人，债权人要求配偶承担连带清偿责任时，多数法院会查明案涉债务系夫妻共同债务还是个人债务，便于债权人实现债权；但偶有法院并不审查债务是否为夫妻共同债务，直接按被继承人个人债务处理。代表案例见表27。

表27 债权人要求配偶承担连带清偿责任的案例

案号	债务性质认定	法院认为
(2019)渝0119民初1499号	个人债务	现得知赵某伦已于2015年1月27日不幸死亡，经了解赵某伦的妻子邵某英继承了赵某伦的财产。案涉信用卡的申领以及信用卡透支的时间均发生在赵某伦与邵某英婚姻关系存续期间，因此该笔债务应属于赵某伦与邵某英的夫妻共同债务，被告邵某英也应当对该笔欠款承担清偿责任…… 本院认为：由于赵某伦已经死亡，其在南川区×××××××××××××遗留房屋一幢为其遗产，本案被告邵某英系赵某伦妻子，为赵某伦第一顺位法定继承人，现未有证据证明邵某英对以上房屋放弃继承。《继承法》第

续表

案号	债务性质认定	法院认为
		33 条①规定,继承遗产应当清偿被继承人依法应缴纳的税款和债务,缴纳税款和清偿债务以他的遗产实际价值为限。为此,邵某英应当对赵某伦的以上债务在其继承的遗产范围内承担偿还责任
(2018)渝 0154 民初 3577 号	夫妻共同债务	民事主体依法享有债权。本案中,被告向某英与徐某桂是夫妻关系,徐某桂因受伤到原告重庆市开州区人民医院进行医治并欠下医疗费用 313,258.2 元,该医疗费用属于被告向某英与徐某桂的夫妻共同债务。现因徐某桂因医治无效死亡,被告向某英应当对该笔医疗费承担连带清偿责任

(二)遗产的范围

通过对比统计数据可知,从法院审理过程中是否查明被继承人遗产范围看,不查明被继承人遗产范围的案件占比 83.1%,查明被继承人遗产范围的占比 16.9%。其中重庆市南川区人民法院、重庆市巴南区人民法院、重庆市彭水苗族土家族自治县人民法院,在审理过程中查明遗产范围的案件数量排前三,在全市被继承人债务清偿纠纷中占比 13.8%。因此,法院在审理同一类型案件时,法律理解和认定标准不一定相同。

1. 法院是否查明遗产范围

(1)未查明遗产范围。

统计样本中,此类案件,大多数法院仅查明债权债务关系是否成立,未查明被继承人遗产范围,在不存在继承人放弃继承时,直接判决继承人在继承被继承人遗产范围内承担清偿责任。代表案例如表 28 所示。

① 《继承法》已废止,本条内容参见《民法典》第 1159 条、第 1161 条。

表 28 未查明遗产范围

案号	法院认为
(2019)渝 0237 民初 3564 号	向某银与被告唐某珍系夫妻关系,双方生育一子一女即被告向某城、向某黎,向某银于 2019 年 3 月去世。2018 年 12 月 14 日,向某银向原告谭某皇出具《欠条》,载明"欠到谭某皇现金陆万伍仟叁佰肆拾元整。小写(65,340.00 元)身份证 512227××××××××××欠款人向某银此款属人工工资。重庆市巫山县庙宇镇九台村 6 组。2018.12.14 号"。原告谭某皇当庭陈述,出具《欠条》后向某银未向原告支付。 以上事实,有原告的身份证复印件,《欠条》,以及庭审笔录等在卷佐证,事实清楚,足以认定。 本院认为:向某银欠付原告谭某皇劳务费,向原告出具《欠条》,对欠款金额予以明确,向某银应当按照《欠条》约定履行付款义务。现向某银去世,被告唐某珍、向某黎、向某城作为向某银遗产的第一顺序法定继承人,原告要求其在继承向某银遗产的范围内承担付款责任的诉讼请求,符合法律规定,本院予以支持。综上所述,原告谭某皇的诉讼请求,符合法律规定,本院予以支持。依照《民法通则》第 108 条①、第 111 条②,《继承法》第 2 条、第 5 条、第 10 条、第 25 条第 1 款、第 33 条,③《民事诉讼法》第 144 条之规定,判决如下: 由被告唐某珍、向某黎、向某城,在实际继承向某银遗产的范围内,支付原告谭某皇劳务费 65,340 元

(2)查明遗产范围。

少部分法院在审理此类案件时,不仅查明债权债务关系是否成立,还查明被继承人遗产范围,举证责任的一方还承担举证不能的后果。

根据统计数据可知,重庆市南川区人民法院、重庆市巴南区人民法院、重庆市彭水苗族土家族自治县人民法院处理被继承人清偿债务纠纷时,倾向于查明被继承人遗产范围,如(2017)渝 0119 民初 801 号判决、(2019)渝 0156 民初 3553 号判决等。代表案例如表 29 所示。

① 《民法通则》已废止,相关内容参见《民法典》规定。
② 《民法通则》已废止,相关内容参见《民法典》规定。
③ 《继承法》已废止,相关内容参见《民法典》规定。

表 29　查明遗产范围的案例

案号	法院认为
(2017)渝 0119 民初 803 号	本案中,原告举示了张某康出具的借条,但未举示任何证据证明张某康是否存在遗产或被告已经继承了张某康遗产,且被告明确表示其未继承张某康遗产,并放弃遗产继承。因此,本院依法不支持原告的诉求。据此,依照《继承法》第 33 条①之规定,判决如下:驳回原告张后华诉讼请求

2. 法院查明遗产并确定继承人清偿比例

法院在审理被继承人清偿债务纠纷时,既查清了遗产也确定了继承人清偿债务的比例,如(2019)渝 03 民终 893 号判决。此案法院依据已生效的继承纠纷裁判文书不仅查明被继承人的遗产范围,且查明各个继承人无论是通过转继承,还是代位继承,应当在各自的继承份额内对被继承人生前债务承担清偿责任,认定该债务由被继承人子女承担 4/9,生前配偶承担 1/3,兄弟姐妹各承担 1/9。

(三)继承人放弃继承遗产的处理

对比统计数据,在被继承人清偿债务纠纷中,从继承人是否放弃继承看,放弃继承的占被继承人清偿债务纠纷的比例为 20.8%,未放弃继承的占被继承人清偿债务纠纷的比例为 79.2%。

此类案件中,当被告继承人不存在放弃继承被继承人遗产时(包括不出庭、不说放弃),大多数法院直接判决继承人在继承被继承人遗产范围内清偿债务;也有一部分当被告继承人放弃继承,且放弃继承被继承人遗产的行为有效时,法院直接认定继承人不承担清偿责任。

1. 继承人放弃继承的行为效力

(1)放弃继承的行为有效。

放弃继承的形式有多种,有当庭陈述并记录在案、有出庭提交书面的放弃继承声明书、有提交经公证的放弃继承声明书(部分未出庭)等。继承人作出自愿放弃继承的真实意思表示,不损害继承人、债权人的利益,法院直接认定继承人放弃继承被继承人的遗产,即放弃继承行为有效,继承人不承担被继承人债务的清偿责任。代表案例如表 30 所示。

① 《继承法》已废止,本条内容参见《民法典》第 1159 条、第 1161 条。

表 30 放弃继承的行为有效的案例

案号	法院认为
(2018)渝 0107 民初 19107 号	万某 3 的继承人有其妻子被告冯某某、儿子被告万某 1、父亲被告万某 2,现三被告明确表示放弃继承万某 3 的遗产,故上述债务不应由三被告承担偿还责任。综上,根据《继承法》第 33 条①、《民事诉讼法》第 64 条之规定,判决如下:驳回原告陈某某的诉讼请求

(2)放弃继承的行为无效。

部分继承人在诉讼过程中也向法院提交书面的放弃继承声明书,有的放弃继承声明书还进行了公证,但其放弃继承的行为,仅是部分放弃或者其放弃行为损害了债权人、其他人的利益,均被认定为放弃继承的行为无效。

统计小组收集了统计样本中几种放弃继承行为无效的典型案例:

①未成年人的监护人放弃继承损害未成年人的利益,放弃继承无效。典型案例见表 31。

表 31 代表案例

案号	法院认为
(2017)渝 0119 民初 7443 号	四被告系韦某坤的继承人,根据《继承法》第 33 条②的规定,虽四被告在本案中以书面形式明确表示放弃继承韦某坤的遗产,但由于韦某羽系未成年人,根据《民法总则》第 35 条第 1 款③"监护人应当按照最有利于被监护人的原则履行监护职责。监护人除为维护被监护人利益外,不得处分被监护人的财产"的规定,作为监护人的林某秀无权对韦某羽继承韦某坤的遗产份额予以放弃,其放弃行为应属无效

②继承人放弃继承损害了债权人利益,视为放弃继承行为无效(见表 32)。

---

① 《继承法》已废止,本条内容参见《民法典》第 1159 条、第 1161 条。

② 《继承法》已废止,本条内容参见《民法典》第 1159 条、第 1161 条。

③ 《民法总则》已废止,本条内容参见《民法典》第 35 条。

表 32　代表案例

案号	法院认为
(2017)渝 0119 民初 7443 号	而林某秀作为韦某坤的妻子且又是上述房屋的产权登记人,在韦某峰、李某明对韦某坤的遗产明确放弃继承的情况下自己放弃继承,损害了债权人的利益,其放弃继承的行为应属无效

③唯一的第一顺序法定继承人放弃继承,因其作为被继承人遗产代管人和实际占有人,法院不予认可放弃继承的行为(见表 33)。

表 33　代表案例

案号	法院认为
(2018)渝 0113 民初 463 号	蒋某梅为所有权人的房屋为重庆市巴南区李家沱林荫村×号×幢×-×(202 房地证 2012 字第××××××号)。审理中,被告胡某聪放弃对蒋某梅遗产的继承权。本院认为:公民的合法财产权益受法律保护。蒋某梅因故去世,被告胡某聪虽然在庭审中表示放弃继承权,但未举证蒋某梅的房屋另有代管人和现实占有人,被告胡某聪作为蒋某梅唯一的第一顺序法定继承人,在遗产现尚未进行分割,实际的继承尚未开始时,作为遗产的代管人或现实占有人仍要以代管或占有的遗产对债权人进行清偿。原告的诉讼请求理由正当,本院予以支持

④继承人只放弃对被继承人部分遗产的继承权,并没有放弃对被继承人全部遗产的继承,视为放弃继承行为无效(见表 34)。

表 34　代表案例

案号	法院认为
(2019)渝 0236 民初 801 号	本案中,被告虽然明确表示放弃对王某胜遗产的继承权,但从被告向本院提交的《自愿放弃继承权声明书》的内容看,其只是放弃对被继承人部分遗产的继承权,并没有放弃对被继承人全部遗产的继承权,如被告继承遗产,则应在其继承遗产的范围内清偿债务,但被告清偿债务以其所继承遗产的实际价值为限。被告经本院合法传唤无正当理由拒不到庭参加诉讼,视为其自动放弃抗辩权,由此产生的法律后果由其自行承担

⑤继承人在被继承人死后,已经实际继承遗产,虽作出放弃继承声明,法院认定不能免除在继承遗产范围内的清偿责任,即放弃继承行为无效(见表 35)。

表 35 代表案例

案号	法院认为
(2018)渝 0113 民初 463 号	被告袁某未到庭,向本院邮寄了《公证书》,声明自愿放弃继承被继承人袁某禄名下所有动产与不动产。另查明,袁某禄生前名下登记有位于重庆市巴南区渝南大道×号×幢×单元×－×号住宅一套,车辆识别码为×××××××××的东风日产牌小型轿车一辆。2018 年 9 月 26 日,被告袁某将前述车辆变更登记到自身名下。被告袁某、刘某惠作为袁某禄第一顺序的法定继承人,应当在继承袁某禄遗产价值的范围内对袁某禄所欠债务承担偿还责任。被告袁某在被继承人死亡后,已经实际继承了遗产,虽然其作出放弃继承的声明,但仍不能免除其在继承遗产范围内偿还欠款的责任

2. 第一顺序继承人放弃继承后是否追加第二顺序继承人参与诉讼的分析

对比统计数据,此类案件中,从第一顺序继承人放弃继承是否追加第二顺序继承人为被告看,第一顺序继承人放弃不再追加第二顺序继承人作为被告的案件数量有 25 件,第一顺序继承人放弃追加第二顺序继承人作为被告的案件数量仅有 2 件。

在继承人放弃继承的案件中,一般第一顺序继承人放弃继承被继承人遗产,债权成立的,部分法院不查明遗产范围,直接判决由被继承人的遗产承担清偿责任。但也有例外,承办人在第一顺序继承人放弃继承后,追加了第二顺序继承人为被告,第二顺序继承人不放弃继承时,判决第二顺序继承人在继承财产范围内承担清偿责任。

以下四个案例较为典型,被继承人为同一人,承办人不同,同一法院"同案不同判"。在(2017)渝 0120 民初 4450 号和(2017)渝 0120 民初 4451 号判决中,第一顺序继承人放弃继承不承担偿还责任后,法院直接判由死者遗产清偿,这是法院的主流判决。而在(2017)渝 0120 民初 6509 号和(2017)渝 0120 民初 6510 号判决中,在第一顺序继承人放弃继承后追加第二顺序继承人参加诉讼,法院判决不放弃继承的第二顺序继承人在继承被继承人遗产价值范围内承担清偿责任(见表 36)。

表 36 代表案例

案号	法院认为
(2017)渝 0120 民初 4450 号	本院认为:因借款人刘某友于 2017 年 6 月 13 日因病死亡,无法履行归还借款及支付利息的义务。被告周某芳、刘某作为刘某友遗产的法定继承人,对刘某友所欠原告的借款及利息,应在继承刘某友遗产的实际价值范围内负责清偿。现因被告周某芳、刘某书面声明表示放弃继承刘某友的全部遗产,根据《继承法》第 33 条第 2 款①的规定,被告周某芳、刘某对刘某友欠原告陶某全的借款及利息,不承担偿还责任
(2017)渝 0120 民初 6509 号	本院认为:刘某友于 2017 年 6 月 13 日死亡,其遗产首先应由其法定第一顺序继承人继承。因刘某友遗产法定第一顺序继承人周某芳、刘某已经明确表示放弃继承,故刘某友遗产应由法定第二顺序继承人继承。又因法定第二顺序继承人刘某钱也放弃继承,而刘某友遗产法定第二顺序继承人刘某福未明确表示放弃继承,根据《继承法》第 25 条②的规定,视为刘某福接受继承。刘某友向原告借款 180,000 元属实,债务应当清偿。因刘某友已死亡,其应当清偿的债务,应由刘某福在继承刘某友遗产价值范围内承担清偿责任

分析可知,法官对《继承法》第 33 条③第 2 款"继承人放弃继承的,对被继承人依法应当缴纳的税款和债务可以不负偿还责任"规定中"继承人"的理解是不同的,这里的"继承人"是仅指第一顺序继承人,还是包括第二顺序继承人在内的所有继承人,各法官观点不同。统计小组认为,虽然绝大多数法院在处理继承人放弃继承案件时,在第一顺序继承人放弃继承时并没有追加第二顺序继承人,但在第一顺序继承人放弃继承时是否追加第二顺序继承人值得研究。

综上所述,在处理被继承人清偿债务纠纷时,除举证证明债权的事实成立外,对是否需要查明遗产范围,是否查明继承人已经继承遗产等事实,法院不同的裁判思路作出判决结果也不同,这值得关注和进一步探讨。

第二部分:分家析产纠纷裁判要旨

一、统计样本

本次大数据分析报告采用 Alpha 案例数据库进行检索,检索关键词为"分家析

① 《继承法》已废止,本条内容参见《民法典》第 1161 条。

② 《继承法》已废止,本条内容参见《民法典》第 1124 条。

③ 《继承法》已废止,本条内容参见《民法典》第 1159 条、第 1161 条。

产""重庆市""判决""2019/2018/2017"。检索数据显示,从2017~2019年重庆市辖区法院分家析产纠纷案件公开判决书共计91份,筛选有效样本后,最终确定参与数据分析的样本共计78份。

二、拆迁安置房分割裁判要旨

统计样本中涉及的诉争标的种类繁多,统计小组统计到诉争标的为拆迁安置房、拆迁安置款、征地补偿款、住房货币安置款、搬家奖励费、农转非安置费、安置过渡费、土地占用费、青苗费、宅基地复垦补偿款等,这些均归为"拆迁安置补偿类财产",占比52%。

在分割"拆迁安置补偿类财产"的时候,法院通常尊重意思自治原则,认定拆迁安置协议有效,按拆迁安置协议内容认定补偿款项归属。若有《离婚协议》《分家协议》《放弃声明》等相关协议的,统计样本中均按协议约定判决。

因涉及拆迁安置房的分家析产案件相对较多,且相对复杂,统计小组对此进行了单独分析,以了解法院裁判的观点和考量因素。

(一)拆迁安置房作为家庭共有财产的认定

对于拆迁安置房是否认定为系共同财产,主要取决于安置协议中的安置对象和补偿政策。统计小组归纳了以下几种情况:

1."农转非"拆迁安置

先由主管部门与安置对象户主签订《定点回购安置住房协议》,房屋修建完工时,再由开发商与所有安置对象签订《拆迁还房安置协议书》或者《货币(安置)回购协议》,这样获得的安置房为所有安置对象的共有财产,如(2018)渝0106民初161号判决、(2017)渝0106民初7997号判决。

2.统建征地拆迁安置

由相关部门与安置对象户主签订《征地拆迁统建优惠购房补偿安置协议》,安置房修建完工后,由安置对象户主选房并签订选房确认单,获得安置房屋。对于安置对象是否是安置房屋共有人,享有安置房面积份额,还需要看在安置协议中安置对象是否分得了房屋面积。在(2019)渝0117民初3715号判决中,李某虽为安置对象,享有30平方米房屋的优惠购买指标,但是户主选择的是"等面积购房安置",因此安置房面积与安置对象无关,安置对象仅应获得优惠购买差价的补偿。

(二)拆迁安置房的分割方式

1."假结婚"安置房纠纷的处理

在"农转非"拆迁安置过程中,较多拆迁户选择了以"假结婚"的方式来获得更多的拆迁利益。这类案件的共性是:(1)"假结婚"的对象还"拖家带口",多人共同成为安置对象,获得了更大面积的安置房;(2)"假结婚"的时间存续非常短,通常只有几天,办完拆迁手续就离婚,离婚协议中约定放弃安置房份额,获得相应的拆迁补偿;(3)"假结婚"对象离婚后,往往因为人数多难做到全部到场配合过户或者下落不明,导致"假结婚"的户主要通过起诉来确定安置房产权,如(2018)渝0106民初161号判决、(2017)渝0106民初7997号判决、(2019)渝0106民初10739号判决、(2018)渝0106民初13817号判决、(2018)渝0106民初20116号判决、(2018)渝0106民初20114号判决、(2019)渝0106民初21号判决、(2018)渝0106民初4580号判决。

法院对这类案件,通常认可安置协议和离婚协议的效力,对于"拖家带口"中包括未成年人的,关于代替未成年人放弃安置房份额的行为的效力问题,法院一致认为作为未成年人的法定代理人有权处分未成年人的财产,其虽然放弃了安置房份额,但获得了相应财产补偿,未损害未成年人的权益,因此放弃行为有效。放弃后,其放弃份额,由"假结婚"户主一家享有。

2.拆迁安置房的常见分割方式

(1)根据统计样本显示的情况,法院处理的方式通常按两步走:第一步,根据拆迁安置协议[包括《定点回购安置住房协议》、《拆迁还房安置协议书》或者《货币(安置)回购协议》、《征地拆迁统建优惠购房补偿安置协议》、选房确认单等]确认共有人被安置的面积,这通常需要按安置协议仔细计算。第二步,若安置房有多套,法院则在已选购的安置房的户型中,选择面积与该共有人被安置面积大致符合的一套判给该共有人所有,如(2017)渝0117民初2290号判决。若房屋只有一套,法院则计算该共有人被安置的面积占安置房总面积的百分比,判决该共有人享有该安置房百分之多少的份额,如(2019)渝0117民初8412号判决、(2017)渝0101民初3148号判决。

(2)关于安置对象为"已婚未孕"夫妻的可享受优惠增购面积拆迁安置政策,凡享受了增购面积的"已婚未孕"夫妻,离婚时仍未孕的,增购面积部分视为夫妻共同财产,予以平均分割,如(2019)渝0117民初8412号判决。

(3)无产权证的安置房的处理。对于在办理安置房产权证过程中发生的分家析产纠纷,虽安置房产权未定,但法院仍然要处理。有的法院谨慎起见,将安置协议的甲方单位追加为第三人,如(2019)渝0106民初10424号判决。对于尚未办理产权证的安置房,法院的判项表述如表37所示。

表37 尚未办理产权证的安置房的案例

案号	法院认为
(2019)渝0106民初10424号	原告吴某1与被告欧某、叶某1于本判决发生法律效力后立即协助原告吴某2将坐落于重庆市××区××街道××路×号附×号×的房屋登记至原告吴某2名下
(2019)渝0106民初10739号	(1)位于××区××号的房屋由原告刘某分得;(2)由被告黄某、黄某1、黄某2于本判决生效后10日内协助原告刘某办理位于沙坪坝区××号房屋的产权登记手续,将该房屋登记至原告刘某名下
(2018)渝0106民初13817号	(1)坐落于重庆市××区某某安置区二期BCD区×栋×层×号、建筑面积124.39平方米的房屋,以及坐落于重庆市××区某某安置区二期BCD区××栋××层××号、建筑面积50.71平方米的房屋,归原告江某、陈某、陈某1所有。(2)被告何某、何某1、王某于本判决发生法律效力后立即协助原告江某、陈某、陈某1将坐落于重庆市××区某某安置区二期BCD区×栋×层×号、建筑面积124.39平方米的房屋,以及坐落于重庆市××区某某安置区二期BCD区××栋××层××号、建筑面积50.71平方米的房屋,登记至原告江某、陈某、陈某1名下

(4)有产权证的安置房的处理。对于已经办理产权证的安置房产生的纠纷,法院判决的判项表述如表38所示。

表38 已经办理产权证的安置房的案例

案号	法院认为
(2018)渝0118民初2506号	①原告姚某某对位于重庆市永川区和顺大道房屋产权享有40%的份额;②第三人陈某对位于重庆市永川区和顺大道房屋产权享有20%的份额;③被告陈某某于本判决生效后10日内协助原告姚某某、第三人陈某办理上述房屋产权变更登记手续

三、自建房分割裁判要旨

本次的统计样本中,标的涉及农村宅基地上的自建房的占比32%。因此统计小组重点对这类案件进行了分析。

在处理这类案件时,法院通常按顺序解决以下三个问题:第一,如何认定诉争标的自建房是不是家庭共有财产?第二,如何确认本案符合分割条件?第三,如何分割自建房？基于此，统计小组围绕这三个主要问题，进行了数据统计，通过以下板块分点归纳。

（一）自建房作为家庭共有财产的认定

1. 认定标准

统计样本中，法院认定家庭共有财产的标准主要是“取得来源和过程”，具体为：首先，自建房建造时或翻新改造时，当事人是不是家庭成员之一？这主要取决于是否与家庭成员共同生活，而不简单按身份关系判断。其次，当事人是否对建房有贡献？贡献主要指出资和出力。出资，主要表现为家庭经济实行统收统支，额外出资、建房的钱来源于家庭成员的拆迁补偿等；出力，表现在参与了修建房屋的过程（见表39）。

表39 自建房作为家庭共有财产的认定标准

案号	法院认为
（2016）渝0228民初2459号	拆迁安置补偿款中除了有对房屋本身的补偿之外，还有与原告尹某个人身份密切相关的搬家补助费和过渡期安置费用，另有原告尹某应享有的土地、青苗补偿款。这些款项共同构成了房屋修建的资金来源
（2017）渝0155民初5751号	原告任某1990年与被告龙某结婚后，入赘到被告龙某家与其父母共同居住生活。1991年以被告张某名义登记修建了房屋，原告系被告家庭成员之一，在共同修建房屋时也是出了劳力的
（2018）渝0119民初2955号	丁304房地证2011字第×××××号房屋虽然登记在被告张某2名下，但从该房屋的取得过程和来源看，房屋并不是张某2个人所有，为包括原、被告父母等家庭成员在内的家庭共有财产，被告张某2并不享有完全的所有权
（2018）渝0117民初4432号	被告赵某1与原告在夫妻关系存续期间，与被告赵某2共同出资修建诉争房屋用于共同生活，且将房屋所有权登记在被告赵某1名下，将土地所有权登记在被告赵某2名下。故该房屋应认定为原告与二被告的家庭共同财产，而非原告与被告赵某1的夫妻共同财产
（2018）渝0117民初5047号	本案争议的房产系被告刘某1婚前从其长辈处分得，刘某1在与被告邓某结婚并生育原告刘某后，又对该房屋进行了修缮，其中原告刘某参与了该房屋的修缮，故该房屋应当认定为家庭共有财产

2. 对认定标准的举证

“共同生活”“出资”相对容易举证，但“出力”的证明，举证有一定的难度，法院通常会考虑两点:第一:修建房屋时,当事人是否已经成年,系完全民事行为能力人,具备出力的能力条件;第二:修建房屋时,当事人是否有外出的情况,具备出力的时间条件,如果建房时未成年,或刚好那段时间在外打工,则法院会推定当事人没有“出力”(见表40)。

表40 自建房作为家庭共有财产的认定标准的举证

案号	法院认为
(2017)渝0120民初6190号	子女长大成人,分家是正常的事情,并且在修建本案所涉房屋时,原告已成年多年,对建房也有贡献,该房屋系共同财产

另外,建房是大事,村委会、村民都会比较清楚建房过程,因此在没有其他证据能够证明当事人出资出力时,村委会的书证、村民的证人证言就非常重要(见表41)。

表41 村委会的书证、村民的证人证言在自建房中的作用

案号	法院认为
(2018)渝0155民初3464号	根据庭审中的证据可以看出,原告及父母所在的重庆市梁平区××社区居民委员会出具的证明证实该房屋系原告出资修建。证人袁某珍、周某珍的出庭证言、本院对该村村民蒋某明、蒋某亮、徐某凤所做的调查笔录、庭审中被告熊某的陈述、熊某的代理人邓某云(亦系原告邓某1、被告邓某2、邓某3、邓某4的堂弟)的陈述,均证实了该房屋系原告修建的事实

3. 对家庭共有财产认定的鉴别

由于分家析产案件,多涉及离婚的情况,有的夫妻在离婚协议中约定:“双方无夫妻共同财产”。当一方离婚后起诉要求分割共同财产时,另一方以离婚协议为由进行抗辩。但经审查,当一方诉求的财产涉及夫妻以外的第三人,且被认定为家庭共同财产时,法院通常认为分割共同财产和离婚协议并不矛盾。对家庭共有财产认定进行鉴别的典型案例如表42所示。

表42 对家庭共有财产认定的鉴别

案号	法院认为
(2016)渝0228民初2459号	原告尹某与被告李某2的离婚协议中虽然表述无夫妻共同财产,但并不影响其基于家庭共同财产的共有人之一主张权利,两者之间并不矛盾

续表

案号	法院认为
(2018)渝 0117 民初 4432 号	案件争议焦点为:诉争房屋系家庭共同财产还是夫妻共同财产?家庭共有财产是以家庭共同生活关系的存在为前提,家庭成员在家庭共同生活关系期间共同创造、共同所得,用以维持家庭成员共同生活或生产的财产。针对本案,被告赵某 1 与原告在夫妻关系存续期间,与被告赵某 2 共同出资修建诉争房屋用于共同生活,且将房屋所有权登记在被告赵某 1 名下,将土地所有权登记在被告赵某 2 名下。故该房屋应认定为原告与二被告的家庭共同财产,而非原告与被告赵某 1 的夫妻共同财产

4. 不予认定的情形

即使按上述判断标准证明了自建房系共同生活期间共同出资出力建造的,但在以下两种情况下,法院仍不能认定自建房为共有财产并予以分割:

(1)自建房未取得合法建造的审批手续(见表 43)。

表 43　代表案例

案号	法院认为
(2017)渝 0155 民初 2609 号	原告诉争的梁平区某街道某村 2 组 32 号房屋通过改建、增建,使现有房屋实体状况与相关权属登记内容不一致。目前,没有证据表明该建设行为获得了相关部门的批准,房屋修建完成后也没有进行新的权属登记。法院可对具有合法物权的房屋进行确权和分割,原告以参与改建为由而主张物权的设立,必须以合法的建设为前提。综上,原告没有证据证明其对诉争的房屋合法享有物权

(2)共有的自建房已经分开进行产权登记,视为已经分割完毕(见表 44)。

表 44　代表案例

案号	法院认为
(2017)渝 0231 民初 2547 号	二原告与张某 1、张某 2 在房屋修建完工后进行登记产权时,三方均知道从东向西第一至第三间门市上面第二、三、四层房屋为套房,但三方在申请产权登记时,仍然将套房分割登记,这是当事人对自己权益的处分,合法有效。现在房屋已分别登记在各自名下,已成为各自的合法财产,已不属于共同财产,不能按照共有财产进行分割,故原告要求对房屋进行分割的诉讼请求,本院不予支持

（二）自建房作为家庭共同财产的分割条件

1. 共同生活的关系

一个家庭，若出现离婚、继承、儿女成年后大家分小家等情况，丧失了共同生活的基础，则法院同意分割家庭共有财产（见表45）。

表45　共同生活的关系解体

案号	法院认为
（2018）渝0102民初3234号	原告与被告系一个家庭共同生活的家庭成员，在其中的成员去世后，其要求分割家庭共有财产的请求，符合法律的规定，本院予以支持
（2018）渝0117民初5047号	原告因生活需要要求将房屋予以分割，符合法律规定，本院予以准许

若共同生活的关系并未解体，比如一家三口，夫妻和婚生女，夫妻一方在未离婚的情况下要求分割三人的家庭共有财产，法院不予支持（见表46）。

表46　共同生活的关系并未解体

案号	法院认为
（2017）渝0155民初5541号	家庭共有财产以家庭成员身份关系存在为基础。本案中，原告尹某与被告李某2于2015年3月10日办理离婚登记，原告尹某与三被告之间的家庭成员身份关系亦随之解除。尹某与李某2在签订的离婚协议中载明无其他共同财产，但该约定针对的是夫妻共同财产，双方对夫妻共同财产的约定不影响尹某基于家庭共同财产的共有人之一主张权利，故现尹某因家庭成员身份关系解除请求分割共有财产，本院应予支持

2. 自建房未办产权登记手续时的处理情况

统计样本中，对于未办理产权登记手续的自建房，不同法院有以下处理方法：

（1）认为自建房虽尚未发放产权证书，但只要经过了相关部门审批，办理了相关审批手续，就是合法财产，可以分割（见表47）。

表47　代表案例

案号	法院认为
（2016）渝0228民初2459号	本院认为：虽然政府尚未向当事人发放产权证书，但该房屋是经审批后修建的，办理了相关审批手续。该批房屋（拆迁安置房）修好后，多数未拿到产权证书，这并不意味争议的房屋不属合法财产，对其抗辩主张，本院不予支持。判决如下：原告尹某分得登记在被告李某1名下的坐落在重庆市梁平区××街道××村××组的住房1/10的份额

续表

案号	法院认为
(2017)渝 0155 民初 5541 号	本案诉争的坐落于重庆市梁平区××街××村×组的房屋系梁平区工业园区征地拆迁,通过土地置换,易地建房形成,虽未最终确权登记,但应认定为合法财产。判决如下:原告尹某分得现被告李某 1、胡某、李某 2、李某 3 居住的坐落在重庆市梁平区××街××村×组的房屋第一层面朝公路最左边门面一间(约 44 平方米,以有关部门实际测量为准),并由原告尹某于判决生效之日起 10 日内,支付被告李某 1、胡某 30,000 元一次性补偿款

注:梁平法院在 2017 年前法院编号为 0228,2017 年后改法院编号为 0155。

(2)认为经过审批但未取得产权手续,就不能对房屋的权属内容进行处理,只能判决由谁使用,且不写进判项(见表 48)。

表 48　代表案例

案号	法院认为
(2018)渝 0102 民初 3234 号	本院所确认的上述事实,有××乡村建设规划许可证等证据材料在卷为凭,这些证据材料已经本院开庭审理质证和审查,可以采信。本院认为:关于房屋问题,登记权利人官某的××村的房屋一幢,在 2012 年重新修建后,因其他原因一直未取得产权手续,故本院不能对该房屋的权利归属及其内容进行处理,但可以根据实际情况由当事人使用,当事人可以在房屋取得完全所有权后,另行提起诉讼分割

(三)自建房的分割方式

法院按照"有利于生产生活使用,不让共有物价值有损的原则,结合双方当事人对家庭共有财产的形成作出贡献的大小,以及生产劳动收入情况"的原则分割自建房。统计小组在统计样本中归纳以下几种典型的分割方式:

1. 通过征地拆迁、土地置换、易地建房形成的自建房的分割计算方式为:按原建房屋出资计算所占份额比例,计算现在房屋应占有的面积,选择房屋中面积相符的一间,需要补差价的酌定差价补偿,如(2017)渝 0155 民初 5541 号判决。

2. 对于各自居住不同房间的双方要求分割自建房时,法院会根据原告、被告现居住的实际情况分割(见表 49)。

表49　代表案例

案号	法院认为
(2017)渝0155民初5751号	原告现居住使用的房间应分给原告居住使用,由原告自己在该居住房间的侧边修建楼梯进出,被告方应当积极配合。判决如下:(1)以被告张某名义登记的房屋一处(位于重庆市原梁平县城北乡星桥村八组,房产证号:×××号,土地使用面积109m²,建筑面积154.98m²,楼层二层共六间)属原、被告共同共有房屋。(2)原告任某分得房屋正面二楼左边的一间(原告任某现居住使用的房间)归原告任某居住使用。(3)由原告任某在本判决生效后3个月内,在自己居住的房间侧边修建楼梯间进出,原告任某在修建楼梯间时,三被告应当配合。原告任某在未完成修建楼梯间前享有进出原房屋、楼梯间、过道的权利

3.法院根据双方当事人对家庭共有财产的形成作出的贡献的大小,酌情判决(见表50)。

表50　代表案例

案号	法院认为
(2016)渝0228民初2459号	考虑到争议房屋是在拆除被告李某1原有房屋后修建的,本院酌情认定本案争议房屋的50%归被告李某1、胡某夫妇共同共有,另外50%归原告尹某、被告李某1、胡某、李某2、李某3共同共有,即原告尹某应分得争议房屋1/10的份额

四、“共有人提起析产诉讼”和“申请执行人代为提起析产诉讼”

本次的统计样本中,涉及共有人提起析产诉讼的案件有1件,涉及申请执行人代为提起析产诉讼的案件有3件。虽然在本次样本中占比不大,但是这种案件事由较为常见。但因其发生在执行程序中,很多人较为陌生,因此统计小组也对其进行了分析。

(一)共有人提起析产诉讼的注意事项

基于债权人的申请执行行为而引发的分家析产诉讼,不仅涉及家庭成员的合法权利保护问题,也涉及债权人的合法权利保护。债权人有权以有利害关系为由作为第三人加入析产诉讼,如(2017)渝0111民初2597号判决。

同时,根据最高人民法院《关于人民法院民事执行中查封、扣押、冻结财产的规定》第12条第3款“共有人提起析产诉讼或者申请执行人代为提起析产诉讼的,人民法院应当准许。诉讼期间中止对该财产的执行”的规定可知,共有人可以申请中止执行。

(二)申请执行人代为提起析产诉讼的分析

1. 处理方式

该种情形下法院的处理方式跟其他共有人析产的诉讼一样，首先认定债权人执行的财产是否为共有财产，如果是，明确债务人的份额。尽管债权人起诉的被告是该共有物的所有共有人，但在共有人较多的情况下，法院也只判决债务人的份额，对其他共有人的份额，只做评述，不写在判项中(见表51)。

表51　法院处理方式

案号	法院认为
(2017)渝0111民初3598号	经本院审查，六被告承认原告的诉讼请求，没有违反法律规定。因被告没有对该房屋析产、继承有份额之约定，故本院按照平均分割之方式予以处理，即房产属于王某游与梁某玉共同所有。在王某游去世后，梁某玉首先享有其中50%的房屋产权，对于王某游享有的50%的房屋产权，作为其遗产，由其继承人即本案的六被告平均享有。据此，判决如下：(1)被告梁某玉享有登记于王某游、梁某玉名下的，位于重庆市大足区龙水镇××街××号×－×－×号房屋(房产权号：×××房地证××××字第×××××××号)中58.3%的份额。(2)被告王某富享有登记于王某游、梁某玉名下的，位于重庆市大足区龙水镇××街××号×－×－×号房屋(房产权号：×××房地证××××字第××××××××号)中8.3%的份额

2. 经典案例分析

重庆市第一中级人民法院的(2019)渝01民终5913号判决书将北碚区(2019)渝0109民初4870号判决予以撤销，直接改判，该案有较强的借鉴意义。

(1)争议焦点。

在非夫妻共同债务的情况下，债务人和其配偶离婚并进行析产，离婚协议是否能够对抗债权人?

(2)两审法院观点。

一审法院观点，认定离婚协议有效，双方对共同财产(讼争财产)已经做了分割，即归非债务方所有，因此债权人的请求没有相应事实基础，一审法院对此予以驳回。

二审法院观点，由于讼争财产，在债权人起诉债务人时做了财产保全。根据最高人民法院《关于人民法院民事执行中查封、扣押、冻结财产的规定》第12条第1

款、第2款:“对被执行人与其他人共有的财产,人民法院可以查封、扣押、冻结,并及时通知共有人。共有人协议分割共有财产,并经债权人认可的,人民法院可以认定有效。查封、扣押、冻结的效力及于协议分割后被执行人享有份额内的财产;对其他共有人享有份额内的财产的查封、扣押、冻结,人民法院应当裁定予以解除”的规定可知,共有人分割被人民法院查封的财产,人民法院对其分割协议认定有效的前提为“债权人认可”。由于,离婚协议关于财产的分割并未取得债权人的认可,故离婚协议仅系双方意思表示,其对财产分割的约定亦只对二人具有约束力,不能对抗第三人,即不能对抗未对分割协议认可的执行申请人。

(3)总结提示。

本案二审法院改判的法律依据是最高人民法院《关于人民法院民事执行中查封、扣押、冻结财产的规定》第12条。倘若本案中,债权人未对债务人的财产进行保全,则二审法院改判就缺乏法律依据。因此提示,在债权债务纠纷中,保全财产至关重要。

(三)“共有人提起析产诉讼”和“申请执行人代为提起析产诉讼”的内在联系

当申请执行人执行到共有人财产时,共有人提出执行异议,若法院裁定执行异议成立,则由申请执行人代为提起析产诉讼,如(2017)渝0111民初3598号判决。若法院裁定执行异议不成立,则由共有人提起析产诉讼,如(2017)渝0111民初2597号判决。

四川省法院审理继承案件裁判要旨总梳理

课题组以继承析产纠纷案件为研究对象,以无讼案例、Alpha为查询依据,收集到2017年、2018年、2019年四川省有关于继承析产纠纷的有效判决文书1881件。具体包括法定继承纠纷780个、遗嘱继承纠纷230个、遗赠纠纷24个、遗赠扶养协议纠纷23个、被继承人债务清偿纠纷356个以及未作案由细分的其他继承纠纷468个,由于被继承人债务清偿案件被独立出来专做一个报告,因此本报告的数据分析并不包含该类案件,本报告样本案例总共1525份。

一、遗嘱纠纷裁判要旨

(一)自书遗嘱

根据法律规定,自书遗嘱由遗嘱人亲笔书写,签名,注明年、月、日。实务审判中,遗嘱只要符合以上条件,法官都会肯定其效力,即使遗嘱处理了他人的财产,或者没有为缺乏劳动能力又没有生活来源的人留下财产,也只是导致遗嘱部分无效,其他部分有效。因此,我们需要关注以下几种被认定无效的情形:

1. 自书遗嘱虽经鉴定为遗嘱人所写,但遗嘱人在遗嘱上未签公安机关户籍登记部门依法登记的名字,且根据遗嘱上书写的日期无法确定该遗嘱形成时间的,容易引发纠纷。一审以遗嘱不符合继承法规定的自书遗嘱的形式要件为由认定无效,后经二审才得以改判。

在(2017)川1822民初400号判决中,原告方起诉确认的手写遗书有效,该遗书虽经四川求实司法鉴定所鉴定为代某某所写,但代某某并未在该遗书上签公安机关户籍登记部门依法登记的名字,同时该遗书上书写的日期为“二〇十一年六月八日”,无法确定该遗书形成时间,该遗书不符合继承法规定的自书遗嘱的形式要件,故对原告方请求确认2011年6月8日自书遗嘱有效的诉讼请求,本院不予支持。

在(2018)川18民终54号判决中,二审法院认为:经鉴定,遗嘱内容系代某某所书写,虽然签名的“戴某某”与其身份证和户籍上的名字不一致,但本案证据显示,代某某生前确有书写“戴某某”的情况,而其他人在书写“代某某”名字时亦有“戴某某”的写法,即正常情况下对该签名的指向是清楚的。虽然“遗書”中的日期为“二〇十一年六月八日”并不规范,但普通人根据社会常识应不难判断其书写日期,且结合内容相同的“遗书”打印件的落款日期“二〇一一年六月八日”、代某某手写的“授权委托书”落款日期“二011年6月8日立”及代某某于2014年12月有25日死亡等事实，可以清楚地判断其日期为2011年6月8日。因此，本案所涉“遗書”系代某某生前所写，有其签字并注明了年、月、日，符合原《继承法》规定的自书遗嘱的构成要件，系死者生前的真实意思表示，应属合法有效。

2. 以遗赠协议形式将遗产赠与给法定继承人的，该遗赠无效。

在(2017)川0823民初2315号判决中，法院认为：不论涂某4意识是否清楚，张某是涂某4生前的妻子，是涂某4遗产的法定继承人，不能作为受遗赠人，故法院认定，涂某4于2012年8月16日立的遗赠遗嘱无效。

而在(2018)川01民终15188号判决中，虽然付某1不是法定继承人，但不能苛求遗嘱人对法律术语遗赠、继承等内容有清楚的表述，而应探究、尊重遗嘱人的真实意思表示。付某某立遗嘱，表示其去世后财产由孙儿付某1继承，女儿付某2、儿子付某3不得享受与干预。该遗嘱清楚地表明付某某将其所有的财产赠与付某1，故应理解为遗赠。

在(2019)川19民终392号判决中，上诉人高某1母亲李某秀于××××年××月签订书面《抱约》，要求其子高某2对李某秀生养死葬，虽然高某2系李某秀亲生儿子，对母亲应当承担生养死葬的法定义务，但因李某秀有多个子女，签订《抱约》系指定高某2对其生养死葬，并有高某2依法享有遗赠的权利的真实意思表示。二被上诉人亦对李某秀尽到了生养死葬的义务，依法享有继承李某秀遗产的权利。李某秀已将财产作了分配，对上诉人主张继承母亲李某秀遗产的诉讼请求，本院不予支持。在遗嘱中未明确将遗产指定给某一继承人继承所有的，自书遗嘱无效。

在(2019)川1703民初1038号判决中，虽然，原告提交了罗某如生前遗嘱，但罗某1、罗某2、罗某3、罗某4对该遗嘱的真实性、合法性提出异议，且该遗嘱仅明确原告年老在经济上遇到困难，特别是大病时，你们可将石家湾那套住房卖掉救急，并未明确该房屋救急后如何处理，由谁享有继承权，各继承人份额是多少，因此按法定继承处理。

3. 被继承人生前所立自书遗嘱与和他人签订的《遗赠扶养协议》相抵触，该自书遗嘱无效。

在(2019)川0703民初649号判决中，被继承人生前立有自书遗嘱，该遗嘱指定原告吴某2为其遗产继承人；其与三被告又签订有《遗赠扶养协议》。根据最高人民法院《关于贯彻执行〈中华人民共和国继承法〉若干问题的意见》第5条①：“被继

① 最高人民法院《关于贯彻执行〈中华人民共和国继承法〉若干问题的意见》已废止，本条内容参见《民法典》第1123条。

承人生前与他人订有遗赠扶养协议,同时又立有遗嘱的,继承开始后,如果遗赠扶养协议与遗嘱没有抵触,遗产分别按协议和遗嘱处理;如果有抵触,按协议处理,与协议抵触的遗嘱全部或部分无效。”被继承人生前所立自书遗嘱与三被告签订的《遗赠扶养协议》相抵触,该自书遗嘱无效。

4. 遗嘱内容字迹不一致,不符合自书遗嘱表现形式,应当无效。

在(2018)川0302民初860号判决中,涉及的遗嘱明显分成字迹浓、淡独立两段,均不符合自书遗嘱的形式要件,该遗嘱不具有法律效力。

(二)公证遗嘱

公证遗嘱相对来说最不易被推翻,涉及公证遗嘱的绝大多数判决,法院都认定其有效。在收集的案例中,公证遗嘱被认定为无效的主要原因在于公证遗嘱处分的遗产包含了属于他人的财产,对他人财产的处理应当无效。

在(2019)川0106民初1791号判决中,最高人民法院《关于贯彻执行〈中华人民共和国继承法〉若干问题的意见》第38条①规定:“遗嘱人以遗嘱处分了属于国家、集体或他人所有的财产,遗嘱的这部分,应认定无效。”本案中,徐某4处分了徐某2、徐某1、徐某3应继承周某的部分,对于该部分应为无效。但徐某4处分的自己所有的部分应为合法有效,被告对遗嘱全部无效的抗辩理由不能成立,本院不予采信。

(三)代书遗嘱

根据法律规定,代书遗嘱应当有两个以上见证人在场见证,由其中一人代书,注明年、月、日,并由代书人、其他见证人和遗嘱人签名。代书遗嘱的效力之争主要集中在有无遗嘱人签字,代书遗嘱的形成过程与遗嘱人的签名是否存在瑕疵,见证人、代书人和继承人、受遗赠人之间是否存在利害关系等方面。在梳理的过程中,我们发现不同的法院对同一问题存在不同的裁判结果,可见在代书遗嘱的效力认定上,同案不同判的现象是十分突出的。

1. 见证人宣读遗嘱后,遗嘱人点头认可并按印的,表示遗嘱内容属于遗嘱人真实意思表示,遗嘱应认定为有效。

在(2018)川0115民初3323号判决中,同事宣读遗嘱,被继承人点头示意并捺

① 最高人民法院《关于贯彻执行〈中华人民共和国继承法〉若干问题的意见》已废止,本条内容参见《民法典继承编司法解释(一)》第26条。

手印，认定是对该遗嘱的事后认可，即案涉遗嘱虽不是被继承人亲口表述的，但通过代书人的证言及遗嘱内容，可推断出被继承人对其女儿成长的担忧且想给予其保障的意愿。在宣读遗嘱时，被继承人对每一条遗嘱内容都明确点头示意，可认定是被继承人对该遗嘱的事后认可，系其真实意思表示。

而在(2018)川1702民初1955号判决中，从整个录像内容看，周某伟手持遗嘱，就载明事项一一向李某信核实和征询意见，并由李某信签字、摁印，缺失李某信口述遗嘱的内容环节、缺失代书遗嘱环节，形成过程存在重大瑕疵。法院认为：即便李某信在见证周某伟核实和征询意见下，对遗嘱内容进行了确认，但本案遗嘱作为代书遗嘱，其形成过程存在重大瑕疵，欠缺法律要件，其不发生法律效力。

2. 遗嘱人未签字但亲自捺印的，并不影响代书遗嘱的效力。

在(2017)川2002民初1574号判决中，虽然因遗嘱人不会写字，代书遗嘱上的签名系他人代签，由遗嘱人捺印，但该遗嘱形成过程经其他人在场见证，另一方当事人不能证明遗嘱人为无行为能力人或限制行为能力人及存在胁迫、欺骗情形和伪造情形的，该遗嘱应认定为有效。该案二审、再审均维持了一审判决结果。

而在(2018)川03民终290号判决中，代书遗嘱由代书人代被继承人签名，但由被继承人在名字上盖私人印章及指印，因没有本人亲笔签名，代书遗嘱无效。

3. 见证人未当场见证遗嘱的形成过程，事后在遗嘱上补签，导致代书遗嘱无效。

在(2016)川0122民初1447号判决中，见证人周某出庭作证陈述，周某在遗嘱上签字时遗嘱已经写好了，唐某5告知周某该遗嘱的内容是写的由谁供养老人，唐某5让周某在遗嘱上签字，周某就签字了。因周某的签字是在该份代书遗嘱形成后补签的，并非当场见证遗嘱的形成过程，故该份代书遗嘱不符合法律规定的要件，是无效的。

(四)口头遗嘱

《民法典》规定："遗嘱人在危急情况下，可以立口头遗嘱。口头遗嘱应当有两个以上见证人在场见证。危急情况消除后，遗嘱人能够以书面或者录音形式立遗嘱的，所立的口头遗嘱无效。"实务审判中，法官认定口头遗嘱效力时，对被继承人立遗嘱时是否处于"危急情况"的审查较为严格。在我们收集到的11件涉及口头遗嘱的案例中，有7件因继承人未提供充足证据证明被继承人处于危机情况而被认定为无效。而在认定口头遗嘱有效的4份案件中，有一份案件判决认为，只要对"危急情况"的证明达到"排除合理怀疑"程度，就应当对"危急情况"作肯定评价。

在(2017)川01民终7743号判决中，姚某与前妻于2011年离婚后，一直与乔某交往。在姚某得病后，乔某也在他的身边进行陪护。2017 年 1 月 24 日中午，在乔某追问姚某“怎么安排我，怎么安排妈”的情况下，姚某明确表明愿给付乔某 10,000,000 元，并委托由乔某赡养姚彭氏，同时让乔某将其陈述录音。同日另一段死者姚某与其嫂子谈话的录音，也表明姚某要写东西安排乔某，只是由于身体原因并未完成。这些事实均表明，姚某已以口头方式对后事进行安排，其遗嘱是本人真实意思表示，并有三个经公证的见证人证实了遗嘱的内容及其真实性，其中两名见证人也在庭审中出庭作证。录音中姚某的声音及其病例，足以证明其立遗嘱时已经进入病危状态。其于立遗嘱后五日内死亡，这表明姚某客观上并无设立其他形式遗嘱的条件和能力。综上所述，本案的口头遗嘱，有两个以上无利害关系并有相应行为能力的见证人在场见证。且该遗嘱是在死者病情危重，身体及精神状况不稳定，多次出现反复情形下设立的，符合口头遗嘱的“危急情况”的客观要件，乔某提交的证据业已达到排除合理怀疑的证明标准，对该遗嘱的法律效力予以认定。

（五）录音遗嘱

根据法律规定，以录音形式立的遗嘱，应当有两个以上见证人在场见证。在我们收集的 8 份涉及录音遗嘱的案件中，大部分是认定为有效的，无效的情形如下：

在（2018）川 13 民终 2554 号判决中，录音通话视频的目的是核对账目，遗嘱意思表达不明确，且与之前的自书遗嘱内容有出入，故录音通话视频不具备遗嘱的形式要件和实质要件。

在（2018）川 0302 民再 2 号判决中，遗嘱不符合录音遗嘱的形式条件，同时也没有证据证实被继承人在录制该录音时神志状态清醒，故录音遗嘱无效。

（六）共同遗嘱

共同遗嘱并非法定遗嘱形式，它多发生于夫妻之间。法院对共同遗嘱基本上都是将其放在其他遗嘱类型当中予以处理，即共同遗嘱是否具有自书遗嘱、代书遗嘱、录音遗嘱、口头遗嘱或公证遗嘱的表现形式。当其不具备某种遗嘱表现形式时，共同遗嘱将会被认定无效。若共同遗嘱系打印件，当无法认定打印件内容的真实性时，共同遗嘱无效。

在（2017）川 0113 民初 961 号判决中，法院认为：协议中关于一方去世后，另外一方享有对夫妻共同财产的全部所有权和使用权，任何子女及家人无权继承的约定，系对遗产的处理，该部分内容应属于遗嘱范畴。因我国原《继承法》对遗嘱的形式进行了严格的规定，故该部分内容是否有效，应当按照我国原《继承法》的相关规定予以评价。该份协议书系打印件,对其性质的认定,应当以遗嘱的制作过程为认定依据。现无法查明该份遗嘱系何人输入印制,虽然遗嘱有李某某二的签名并注明年、月、日,但其仍不符合自书遗嘱的形式要件要求。原告主张该部分内容系原告与李某某二以"夫妻共同遗嘱"的形式对遗产进行处理,但我国原《继承法》并未规定该种形式的遗嘱,故对原告的主张本院不予支持。

(七)打印遗嘱

在《民法典》实施前,打印遗嘱不是法定的遗嘱形式,但随着时代的发展,计算机打字逐渐代替了手写。基于现实,涉及打印遗嘱的案件越来越多。对于打印遗嘱的效力问题,法院存在以下裁判规则:

1. 遗嘱内容是遗嘱人亲自打印完成还是由他人代为打印完成直接影响遗嘱能否被纳入自书遗嘱或代书遗嘱的考察范围。

在(2019)川01民终14401号判决中,根据曾某1、曾某2陈述的打印遗嘱的形成过程,打印遗嘱的内容并非曾文俊亲自打印,其显然不属于自书遗嘱,可归入代书遗嘱范畴,但该打印遗嘱缺少两名见证人在场见证及签名,该打印遗嘱无效。曾某1、曾某2要求按照打印遗嘱继承案涉房屋的主张,于法无据,法院不予支持。

在(2019)川1528民初493号判决中,二原告提供的肖某在2008年4月26日签名的遗嘱系打印件,因其不符合法律规定的自书遗嘱需亲笔书写的法定形式要件,本院不予采信。

2. 不讨论打印遗嘱的形式要件,只要能证明其内容是遗嘱人真实意思的,打印遗嘱有效。

在(2019)川2002民初3840号判决中,该遗嘱虽系打印件,但当时杨某树病重不能书写,符合当时的客观情况。因此该遗嘱能够反映杨某树的真实意思表示,系合法、有效的遗嘱。根据遗嘱内容,杨某树将位于资阳市雁江区教育园区拆迁赔偿房××××房屋的50%的产权归原告莫某继承,于法有据,本院予以支持。被告杨某1应当协助办理产权登记手续。

(八)律师见证遗嘱

从当事人的层面讲,律师参与遗嘱见证使得被继承人所立遗嘱更加完善。但从法院层面来看,律师与一般的见证人的法律地位无异,认定遗嘱是否有效,仍然要考察遗嘱的内容和表现形式是否符合法律的规定。

（九）数份遗嘱

有数份有效且内容矛盾的遗嘱时，法院一般根据下列法律条文进行裁判：《民法典》实施前，依据最高人民法院《关于贯彻执行〈中华人民共和国继承法〉若干问题的意见》第42条①，遗嘱人以不同形式立有数份内容相抵触的遗嘱，其中有公证遗嘱的，以最后所立公证遗嘱为准；没有公证遗嘱的，以最后所立的遗嘱为准。当然，《民法典》生效后，公证遗嘱不再具有最高效力，以最后一份有效遗嘱为准，因此在后的遗嘱效力会优先于在先的遗嘱。

在（2017）川14民终724号判决中，王某英在2016年3月21日公证的《赠与合同》中明确“……自愿将本人享有的房屋拆迁赔偿款中提出5万元赠与刘某甲。余款用于生前的生活治病，百年后事处理所用。如有不够，由三子女承担，如有余额，由赠与人三个子女平均享有。”在该赠与合同中，王某英明确了其所得拆迁补偿款除去生活所需剩余部分的分配，明确由三子女平均享有，该意思表示是对其去世后财产的分配，实质为公证遗嘱。虽然王某英在2016年4月10日又立有一份代书遗嘱，但本案中公证遗嘱的效力优先于代书遗嘱，故仍然应以其所立公证遗嘱确定其遗产的分配。②

（十）遗嘱性条款的效力

现实生活中常会出现这种情形，被继承人与他人达成某种协议，该协议并非被冠之以“遗嘱”，却涉及被继承人去世后遗产如何处理的条款，我们将这样的条款称为遗嘱性条款。如夫妻双方在离婚协议中约定一方去世后将财产指定给子女继承；又如在夫妻财产约定中确定一方去世后财产由另一方继承等。对于这种遗嘱性条款，法院是如何认定其性质和效力的呢？

1. 协议中对遗产的处分是不是有权处分？

在（2017）川0302民初107号判决中，原告荣某1与被告荣某3签订协议时，该协议所涉及财产的所有权人均在世，依据《继承法》第2条③“继承从被继承人死亡时开始”的规定，二人无权对涉案财产进行处理，故双方协议中对无权处理财产部分的约定无效。对于约定其他的部分，因协议主要是对二位老人财产处理、附带对

---

① 最高人民法院《关于贯彻执行〈中华人民共和国继承法〉若干问题的意见》已废止。

② 《民法典》取消了公证遗嘱的优先效力。

③ 《继承法》已废止，本条内容参见《民法典》第1121条。

如抚恤金其他的约定,其是一个整体解决协议,其主要部分无效、而认定其他约定有效,明显不公平,故应当认定该协议整体无效。

2. 协议是否具备法律规定的某种遗嘱的表现形式?

在(2017)川0302民初1875号判决中,夫妻婚内财产通过《夫妻合约书》约定,“兹有再婚夫妻张某、周某良于2008年在自贡大安区源盐站购得一套房屋价值6万元含装修费,属夫妻共同出资所买;为防止今后房屋有变动,共同出资所买的房子也有一人一半的财产分割权,如夫妻双方在人生旅途中,有一方不测后应由在生的一方,妻或夫补偿现买房的市场价一半的钱款5万元给合法继成(承)人子:李凯、女:周某,特立此据。最后,经过我夫妻协商,同意这个合约的产生,并遵守合约书的内容执行”。法院认为:双方签订的《夫妻合约书》虽有“各自的财产由各自子女继承”的意思表示,但不具有原《继承法》所规定的、严格意义上的遗嘱特征,不具有遗嘱效力。

在(2019)川1304民初99号判决中,被继承人生前与他人签订的协议中虽然没有被继承人亲自注明的年、月、日,在遗嘱形式上存在欠缺,但是有被继承人的签名(捺印)、同室病友的签字,应认定是被继承人的真实意思表示。协议前部分主要是对被继承人生前费用的分担和死后遗产三姐妹的分割,后部分为“生前三姐妹共养,生后房产必须由三姐妹共有”。从该内容看协议属附义务的遗嘱,庭审查明三原告(三姐妹)履行了协议上的义务,应认定该协议合法有效。

3. 只要能证明遗嘱性条款系被继承人真实意思,就应该认定有效,对条款性质不予讨论

在(2017)川0703民初3447号判决中,为了遗产三兄弟姊妹对簿公堂,这绝对不是逝者李某洲愿意看到的局面。本案争议的焦点在于2010年9月23日订立的《家里开会决定》内容是否可以覆盖李某洲2010年9月12日遗嘱内容,该决定是否是对原遗嘱内容的一个变更?参照四川鼎城司法鉴定中心(2017)文鉴字第0227号鉴定意见书的结论,原告不认可李某洲签名和一、二段与三、四段系不同的人书写的观点均被该份鉴定书的结论所否定,故本院推定:2010年9月23日的《家里开会决定》内容是当事人各方的真实意思表示。对原告的诉讼请求本院不予支持。鉴于二被告当庭并未提出反诉请求,本案对遗产暂不做分割处理。

(十一)附义务遗嘱

附义务的继承人或受遗赠人有选择是否履行该义务的自由,但继承人以实际行动表明不放弃继承或接受遗赠的,继承人应当履行遗嘱或遗赠协议中的附随

义务。

在(2017)川0504民初414号判决、(2018)川05民终323号判决中,被继承人生前订立遗赠协议,明确去世后将自己所有的房屋遗赠给徐某,同时要求徐某向被继承人母亲支付5万元人民币。被继承人去世后,何某敏要求徐某履行支付义务。一审法院认为:附义务遗嘱,其本质上是附负担民事法律行为,附负担民事法律行为以负担的履行行为民事法律行为生效的特别要件,附义务遗嘱中所规定的义务,是遗嘱人对继承人或受遗赠人取得遗产所附加的负担。遗嘱继承人或受遗赠人有选择是否履行该义务的自由,该义务并非一般法定或约定的义务,相关权利人不能向法院请求强制其履行,更不能作为债权予以继承。

二审法院认为:根据最高人民法院《关于贯彻执行〈中华人民共和国民法通则〉若干问题的意见(试行)》第66条①"一方当事人向对方当事人提出民事权利的要求,对方未用语言或者文字明确表示意见,但其行为表明已接受的,可以认定为默示。不作为的默示只有在法律有规定或者当事人双方有约定的情况下,才可以视为意思表示"之规定,徐某实际占有和使用该房屋,表明其接受遗赠。根据《物权法》第29条②"因继承或者受遗赠取得物权的,自继承或者受遗赠开始时发生效力"之规定,徐某以其行为表明接受被继承人遗赠的房屋时,遗赠即发生法律效力。徐某应当遵从被继承人的遗嘱,向何某敏支付5万元。

二、继承析产裁判要旨

(一)是否先分割夫妻共同财产

《民法典》婚姻家庭编明确规定,夫妻在婚姻关系存续期间所得财产,归夫妻共同所有。《民法典》继承编第1153条规定:"夫妻在婚姻关系存续期间所得的共同所有的财产,除有约定的以外,如果分割遗产,应当先将共同所有的财产的一半分出为配偶所有,其余的为被继承人的遗产。"因此,处理遗产的基本原则是先厘清夫妻共同财产,明确遗产范围。在实践中,夫妻共同财产分割存在争议的地方主要是共同财产范围和性质的识别。

1. 针对婚前购房、婚后还贷的房产,配偶一方死亡后如何继承(如何区分个人财产和夫妻共同财产)。

---

① 最高人民法院《关于贯彻执行〈中华人民共和国民法通则〉若干问题的意见(试行)》已废止,本条内容参见《民法典》第140条。

② 《物权法》已废止,本条内容参见《民法典》第230条。

在(2017)川01民终16745号判决、(2018)川民再760号判决中,参照相关司法解释,将房屋增值部分作为夫妻共同财产。法院参考最高人民法院《关于适用〈中华人民共和国婚姻法〉若干问题的解释(三)》第10条①的规定,认定刘某个人支付的首付款及婚前个人支付款项及相应的增值部分、刘某和袁某婚后共同还贷及相应增值部分的一半为遗产,应当从房屋价值中析出袁某个人还贷的款项及其相对应的增值部分。根据《继承法》第2条②"继承从被继承人死亡时开始"、《物权法》第29条③"因继承或者受遗赠取得物权的,自继承或者受遗赠开始时发生效力"的规定,从继承开始到遗产分割前,各继承人对遗产始终处于共同共有状态,各继承人应共享遗产的增值。

在(2017)川0681民初2735号判决中,夫妻一方在婚后取得的由其婚前所有房屋的权利转化而来的房产,且其未在婚后使用夫妻共同财产支付差价的,该房产应当认定为一方的个人婚前财产。法院认为:案涉房屋虽为贺某明在与范某婚姻关系存续期间取得的,但该房屋系贺某明婚前所有房屋的权利转化形式,现被告也未举证证明贺某明支付了安置房差价款,故以上三套房屋应视为贺某明个人婚前财产,故贺某明在遗嘱中对此三套房屋的处分是合法有效的。

2.家庭财产和夫妻共同财产的区分。

在(2017)川1381民初4201号判决中,夫妻共同财产是夫妻关系存续期间,夫妻一方或双方所取得的财产。家庭共同财产是家庭成员在家庭共同生活关系存续期间共同创造、共同所得的共有财产。财产是否为家庭共同财产取决于三个条件:第一,家庭成员之间是否有共同生活的关系;第二,家庭成员有无共同的生产经营活动;第三,财产是不是共同经营所得取得的财产。

(二)房产的继承规则

1.产权房屋的分割

(1)按房屋面积分。

在(2018)川0107民初2048号判决中,案涉房屋中关于谢某华个人所有部分的份额应当按照遗嘱由原告刘某1继承,其余部分按照法定继承处理。综上,位于成都市武侯××号房屋由原告、被告按份共有,其中原告享有32.4平方米(26.8+2.8+

① 最高人民法院《关于适用〈中华人民共和国婚姻法〉若干问题的解释(三)》已废止,本条内容参见《民法典婚姻家庭编司法解释(一)》第78条。

② 《继承法》已废止,本条内容参见《民法典》第1121条。

③ 《物权法》已废止,本条内容参见《民法典》第230条。

2.8),各被告均享有2.83平方米。

(2)按份额分。

在(2018)川0302民初2867号判决中,陈某元生前未留有遗嘱,其死亡后两套房产由其8个子女按法定继承方式均等继承,即各继承1/8。

(3)一人享有所有权,并折价补偿其他继承。

在(2018)川1323民初90号判决中,庭审中以竞价的程序确定案涉房屋所有人,李某3作价26万元,该房屋归李某3所有,被告李某3应支付原告李某1分割款67,407元,应支付李某2分割款38,518元。

2. 按揭房屋分割

在(2018)川0181民初1460号判决中,虽房产登记所有权人为陈某,但因该房屋系按揭购买,故陈某与钟某婚后共同还贷及其财产增值部分,钟某个人的还贷部分及其财产增值部分,房屋的装修价值均应在房屋分割前先行予以析出,其余部分为被继承人陈某的遗产。最终法院判决位于四川省双流县的商品房,在扣除钟某享有的27.3%份额后,对剩余的72.7%份额,按照陈某1继承18.9%、钟某继承14.5%、陈某3继承18.9%、陈某4继承20.4%的比例由各方继承所有。被继承人陈某所欠银行的按揭款,由陈某1、陈某3各负责偿还18.9%的份额,钟某负责偿还41.8%的份额,陈某4负责偿还20.4%的份额。

3. 未交付的拆迁安置房继承分割

安置房权益是否应作为遗产利益进行分割?有支持和反对两种观点。

(1)支持观点。

在(2018)川0302民初2867号判决中,虽现安置房尚未交付,但安置房作为原房产的拆迁权益,各继承人享有期待物权,根据《继承法》第3条①"遗产是公民死亡时遗留的个人合法财产,包括……(七)公民的其他合法财产"及最高人民法院《关于贯彻执行〈中华人民共和国继承法〉若干问题的意见》第3条②"公民可继承的其他合法财产包括有价证券和履行标的为财物的债权等"的规定,该安置房属于被继承人陈某元的遗产,可以依法继承。超面积安置应补差款项,各继承人亦应按继承比例共同承担。

(2)反对观点。

在(2018)川11民终917号判决中,"本案拆迁协议中约定的履行标的为将新

① 《继承法》已废止,本条内容参见《民法典》第1122条。

② 最高人民法院《关于贯彻执行〈中华人民共和国继承法〉若干问题的意见》已废止。

建造的房产置换给权利人,该债权为财产性权利,可以作为遗产继承。但根据原《物权法》的规定,不动产所有权的取得实行登记生效制度,因新置换的房产所有权并未过户到被继承人名下,故不能直接继承该房产,只能继承其合同约定的债权请求权。案涉还房未交付,也未进行相应的房产登记,不能径行判决确认由谁继承,本案当事人均不能依据拆迁安置协议径行要求确认继承对案涉还房的所有权。鉴于伍某1、伍某2、伍某3、伍某4在二审中坚持不变更诉讼请求,故对其要求继承案涉还房的诉讼请求予以驳回”。

4.宅基地上房屋分割

(1)取得房屋所有权的房屋以房间数量为标准进行分割。

在(2017)川1921民初1905号判决中,位于通江县社宗地预编号“青－×－×－×××”土地上的瓦木结构房屋由东向西第一、二个口面两间房屋归被告王某所有,由东向西第三个口面三间房屋归原告高某1、蔡某共同所有。

(2)对于未取得房屋所有权的房屋,可以先确认房屋的使用权。

在(2018)川0132民初1583号判决中,邹某文自书遗嘱内容中位于××县××镇××路281、283约300平方米的两间楼房修建在其具有合法土地使用权的土地上,该两间楼房自邹某文去世后一直由原告张某居住使用,且五被告皆同意由原告继续使用该房屋,目前该房屋未取得产权手续,故对原告要求确认案涉遗嘱效力并要求使用该房屋的理由成立。

(3)登记权利人与实际所有权人不一致,宅基地上房屋不属于登记权利人的遗产。

在(2017)川0116民初9037号判决中,法院认为:在农村集体土地上自建房屋,其宅基地属集体所有,村民只享有使用权,虽然案涉房屋信息登记权利人为吴某2、刘某琼、吴某、黎某,但农村集体经济组织人员按照国家政策取得宅基地使用权,不意味着其当然对在该宅基地上修建的房屋享有所有权。协议约定内容、询问笔录以及本院核实情况足以证明房屋信息摘要上登记刘某琼为权利人与真实权利状态不符,房屋信息登记不足以证明案涉房屋中的93.8m^2的房屋所有权属刘某琼的遗产,驳回石某的其他诉讼请求。

5.夫妻一方以工龄折抵成本价购买的公有住房如何处理?

在(2017)川01民终3989号判决中,婚姻关系存续期间,夫妻一方以成本价购买公有住房确与职工工龄相关,但职工购买房屋时工龄的因素仅影响其是否享受国家给予的价格折扣优惠,不影响房屋所有权的认定,案涉房屋为夫妻共同财产。

6. 福利房

在(2017)川01民终7742号判决中,黄某坝的房屋原是成飞集团公司为员工提供的福利房,在未实施房改以前,付某德对该房屋仅有使用权而无所有权。2012年7月7日成飞集团公司与付某德签订了《成都市住房制度改革售购房合同》,将该房屋出卖给付某德,2013年12月28日该房屋登记至付某德名下。因此,一审认定该房付某德与周某婚姻存续期间取得,系夫妻共同财产,其1/2作为付某德的遗产进行处理正确。

7. 公租房

公租房仅有使用权不能继承。

在(2017)川1802民初2455号判决中,本案在审理过程中,法院根据原告的申请,前往四川农业大学国资基建处房地产管理科进行了调查取证,形成了调查记录,该记录载明:(1)本案争议的两套公租房不能继承;(2)该两套公租房分别由杨某2、杨某、杨J按川农大校发(2014)×号文件规定支付了款项。法院还提取了"川农大校发(2014)×号"文件,该文件明确规定此类住房仅有长期使用权。公租房的承租人可以长期使用,但不能将其作为遗产处理。

8. 房屋被变卖

在(2017)川0108民初7537号判决中,位于××的房屋系谭某和杨某夫妻在婚姻关系存续期间取得的,在杨某去世时该房屋未产生继承。虽然出卖房屋并取得房款的时间在2017年,但该出卖行为只是房屋价值形态的转变,应当按照转化增值后的价值对本案遗产进行综合分割。

9. 土改留房返还

在(2017)川1126民初1587号判决中,讼争房屋因土改留房政策返还时已不属于干某8的个人遗产,而属于干某8家人的家庭共有财产,该家庭共有财产中有属于干某8个人财产、遗产部分。

(三)股权的继承规则

1. 是否需要明确股权价值?

在(2018)川0903民初4108号判决中,原告申请对股权价值进行鉴定,但本案系继承纠纷,仅涉及对股权份额的分割,不涉及价值,没有必要进行股权价值鉴定,故对原告的申请,本院不予准许。对于诉争股权,按照三继承人各自应当继承的份额进行继承。

2. 继承分割公司股权所指向的权利已灭失

在(2018)川0181民初1460号判决中,成都麓城数码科技发展有限公司和四川成功投资顾问有限公司在原告启动诉讼程序时,均已被注销,陈某1主张继承分割的公司股权所指向的权利也已经灭失,其请求已不具备事实基础,故对此请求,法院不予支持。

3. 放弃股权继承权

在(2019)川民申5949号判决中,继承人认为,放弃股权,是指放弃对公司的经营管理、决策等权力,并非放弃股权对应的财产性权利。最终法院认为:股权包含共益权和自益权,不单指股利分配和剩余财产分配等财产性权利,放弃股权当然不限于放弃公司经营管理权。因此,继承人提出的理由均不成立。

(四)其他遗产的继承规则

1. 公积金余额

在(2018)川0115民初3323号判决中,对于被继承人甘某的住房公积金余额,因遗嘱中并未对其作处分,故应将其作为被继承人甘某的遗产予以分割。

2. 保险金

在(2018)川1724民初1197号判决中,龚某、张某在同一交通事故中死亡,且无法确定二人的死亡先后顺序,在处理本案所涉保险合同时,应当推定张某先于龚某死亡,以龚某为被保险人、张某为受益人所投保险的保险金750,000元应当作为龚某的遗产,由其法定继承人依法继承。

3. 宅基地使用权

在(2017)川01民终10528号判决中,基于身份关系无偿从村集体经济组织获得的宅基地使用权,是一种特殊物权。农村宅基地使用权与农民个人的集体组织成员资格紧密相关,其必须因个人具有农村集体经济组织成员资格而取得,具有很强的人身依附性。不具有该处集体经济组织成员身份,其宅基地使用权资格亦随之丧失。宅基地上所有的房屋、建筑物分别经数次修建后已灭失的,不属于遗产。

4. 土地承包经营收益

在(2017)川1423民初1181号判决中,农村土地以家庭承包经营为基础,以户为单位,以户籍为标准,土地承包主体始终是农户,而不是该户内的个人,土地承包经营权依法出租后取得的流转收益归承包方即农户集体所有,而非户主个人所有。

5. 被继承人债权

（1）被继承人债权涉及第三人，属于另一法律关系，另案处理。

在（2017）川0411民初893号判决中，关于原告诉请的房屋补差款15万元及利息，法院认为：该款项应由张某支付给肖某4，而张某在本案中不是当事人，其只是作为被告的法定代理人参加诉讼，故张某在本案中不能单独承担民事责任，加之关于肖某4死亡后该款是否支付、支付了多少，双方存在争议，应由另一法律关系确定后再将该款项作为肖某4的遗产由二原告及被告进行分割，故本案中不作处理。

（2）对民事判决书中确认的债权权益在继承案件中进行分配。

在（2017）川1502民初3131号判决中，载明的财产权益系李某1与马某婚内的共同债权，故在李某1去世后，应先进行析产再进行继承，其中该财产权益的50%为原告的个人合法财产，剩余50%的财产权益再由李某1的继承人予以继承。

6. 参照遗产处理的财产

（1）丧葬费、抚恤金不属于遗产范围。

在（2018）川01民终9232号判决中，丧葬费、抚恤金不属于遗产范围，但本案双方均主张在本案中进行处理。一审法院将丧葬费20,172.3元、抚恤金10,680.8元参照遗产分配方案，与社保余额三项共计46,385.5元一同进行处理。

（2）一次性抚恤金、特别抚恤金、保险赔偿金等。

在（2018）川0411民初632号判决中，被继承人的银行存款、合法收入、房产、车辆及公积金等属于遗产，被继承人与其配偶的共同财产中，被继承人所占的份额作为其遗产进行继承、分割。而对于一次性抚恤金、特别抚恤金、保险赔偿金及扣除实际支出的剩余的丧葬费，可以参照遗产由法定继承人继承、分割。

（五）涉外财产的继承规则

选取的案例中有74个案例涉及境外财产，对于境外财产，法院全部未做处理。

三、法定继承裁判要旨

（一）应当多分的规则

1. 年老多病无生活来源

在（2018）川0603民初4580号判决中，由于被告李某年老多病、无生活来源，被告孟某3在洪某芝生前尽到了照顾义务，在洪某芝去世后尽到了丧葬义务，法院酌定被告李某、孟某3各继承遗产的30%，原告孟某1、孟某2各继承遗产的20%。

2. 现年事已高又身患疾病

在(2018)川 0181 民初 1460 号判决中,陈某 4 现年事已高,又身患疾病,符合照顾条件,对其辩称应适当多分的理由,法院予以支持。法院在遗产的分割上酌情增加其分配比例。

3. 生前尽了更多赡养义务

在(2018)川 1323 民初 90 号判决中,李某 1 对李某华生前尽了更多的赡养义务,在分配李某华的遗产时其应当适当多分。

4. 生活上、精神上给予被继承人更多陪伴和照顾

在(2018)川 01 民终 17004 号判决中,双方均没有虐待、遗弃被继承人等应当不分或少分遗产的行为,也都对被继承人尽到了一定的赡养义务,但从本案的实际情况看,殷某 3 在被继承人殷某贵、陈某香去世前多年随二人生活,在生活上和精神上较其他三名当事人给予了被继承人殷某贵、陈某香更多的陪伴和照顾,可适当多分。

5. 共同生活并尽了主要抚养义务

在(2018)川 0781 民初 1505 号判决中,原告王某 2 与被继承人王某 5 共同生活并尽了主要抚养义务,故在继承遗产时可适当多分;原告王某 3 与被继承人虽已形成了继母继子女关系,但由于双方共同生活时间较短,王某 3 在继承遗产时可适当分得遗产。

6. 未成年人应予以照顾

在(2018)川 0781 民初 1505 号判决中,被告王某 1 系未成年人、现尚未年满 2 周岁,为有利于其健康成长,在分配遗产时应当予以照顾。

7. 按供养时间来认定贡献

在(2017)川 1921 民初 1905 号判决中,在随王某单独生活前,高某山已随高某 1、蔡某夫妇生活长达 30 多年,而王某供养的时间仅为 7 年,所以高某 1、蔡某夫妇对高某山的扶持贡献无疑大于王某。故该房屋应由高某 1、蔡某多分,王某少分。

8. 如何认定"尽了主要扶养义务"?

在(2018)川 0503 民初 2156 号判决中,确定向老年人提供扶助的人是否符合"对被继承人扶养较多"的标准,应当从经济上供养、生活上照料和精神上慰藉三个方面判断。因此,在刘某才晚年生活中,被告刘某 2、陈某对其生活进行了照顾,精神上给予了慰藉,已超出了其他同胞姐妹及亲属对刘某才的照顾,应当认定其"尽了主要扶养义务",可以适当分得刘某才的遗产,就其分得遗产的份额,法院酌定为 40%。

（二）不应当多分的规则

1. 夫妻扶养是法定义务

在（2018）川0181民初1460号判决中，陈某去世前与钟某属于夫妻关系，钟某在陈某生病期间对其进行陪伴、照顾，是履行夫妻之间的法定扶养义务，不能将此作为其应当多分遗产的依据。故对钟某辩称其应多分遗产的理由，法院不予支持。

2. 女儿照料父亲是子女应尽义务

在（2018）川01民终15598号判决中，杨某1系杨某5的女儿，杨某1提出的其照顾、看望生病父亲的行为是其作为子女应尽的义务，并不因为杨某1尽到了对其父亲的义务就必然有权继承其父亲的遗产。上诉人杨某1也不属于法定特留份继承人。被继承人杨某5在遗嘱中将自己个人财产由其现任妻子继承合法有效。

3. 孙女不是为被继承人提供主要生活来源的亲属

在（2018）川3427民初103号判决中，原告李某系雷某美与李某祥的女儿。因李某不是李Y发生前为其提供主要生活来源的亲属，故其不能参与对供养亲属抚恤金的分配。

4. 继承人有社保收入和法定赡养人

在（2018）川01民终4825号判决中，即使可以认定周某系被继承人杨某江的生父，在案证据显示，周某有社保收入，有法定赡养人，不属于缺乏劳动能力又没有生活来源的继承人。

（三）应当少分的规则

1. 存在隐瞒、转移财产的行为

在（2018）川0181民初1460号判决中，陈某1主张钟某存在隐瞒、转移财产的行为，应当不分或者少分遗产。钟某在陈某去世后，冒用陈某的签名，将成都麓城数码科技发展有限公司和四川成功投资顾问有限公司予以注销，针对其不当行为，法院在对陈某的遗产进行分割时，酌情减少其应继承的份额。

2. 继承人未在成年后履行法定赡养义务

在（2017）川0108民初7383号判决中，虽然原告严某1对彭某享有继承权，但是根据在案证据无法认定严某1在其成年后按照法律规定对彭某履行了法定赡养义务，故按照法律规定应当予以少分。

3. 继承人在被继承人未成年时不尽抚养义务

在（2018）川0781民初1505号判决中，被告汤某虽系被继承人生母，但其在被继承人未成年时长期下落不明不尽抚养义务，故在继承遗产时应当少分遗产。

4. 农村出嫁女

在（2017）川 0811 民初 1077 号判决中，考虑到农村女儿出嫁后对父母所尽赡养义务较少，判决另一方适当多分。

（四）其他少分的规则

1. 一方以欺骗方式取得产权证的行为并未被判决少分

在（2016）川 1322 民初 1207 号判决中，法院认为：一方以欺骗方式取得产权证的行为明显有违公序良俗并对其他继承人的合法权益造成了一定程度的损害，当事人具有明显过错，应当受到批评。但注意，法院并没有未判决其少分。后在（2017）川 13 民终 1831 号判决中，法院认为该案事实不清、发回重审，我们注意到在该案发回重审后当事人各方均撤回本反诉。

2. 伪造继承公证并未被判决少分

在（2016）川 0106 民初 6534 号判决中，原公证书中刘某 5 提供的亲属关系证明内容失实，故意隐瞒了其他合法继承人，致使该项公证的基本内容与事实不符，故撤销了（2007）川成蜀证内民字第 67272 号《公证书》。但法院认为：伪造公证文书、骗取房屋转移登记、侵吞被继承人财产的当事人应丧失遗产继承权的主张，不符合《继承法》第 7 条①规定，不予采纳。

四、被继承人债务清偿裁判要旨

课题组以被继承人债务清偿纠纷为核心，以无讼案例、Alpha 为查询依据，搜集到 2017 年、2018 年、2019 年四川省有关被继承人债务清偿纠纷判决文书 356 件。课题组以此为基础，分析了该类案件的基本特点与法院对该类案件的审判特点。

（一）夫妻共同债务裁判要旨

1. 夫妻共同债务，配偶与继承人各 50%

在（2018）川 16 民终 1511 号判决中，陈某的借款发生于陈某与赵某婚姻关系存续期间，且借款用于偿还房屋按揭款，属夫妻共同债务。陈某 2 要求赵某承担一半的债务，于法有据。本案被继承人陈某的债务范围为借款的一半即 160,900 元。陈

① 《继承法》已废止，本条内容参见《民法典》第 1125 条。

某的债务应由其遗产继承人赵某、陈某1、甘某、陈某3以所继承的遗产为限进行清偿。

2. 夫妻共同债务，配偶连带清偿责任

在(2018)川17民终343号判决中，借款发生于徐某礼与被继承人杨某莉婚姻关系存续期间，徐某礼未能举证证明债权人与债务人明确约定该笔债务为个人债务，也未能举证证明该债务属于《婚姻法》第19条第3款①规定的情形，该笔债务应按夫妻共同债务处理，徐某礼应当对被继承人向杨某华所借120,000元承担连带清偿的法律责任。被继承人杨某莉去世后其遗产尚未继承分割，被继承人的法定继承人应当在其对被继承人的遗产继承范围承担偿还被继承人所负债务的义务。

在被继承人债务清偿案件中，大部分当事人愿意聘请专业的律师为其代理案件。该类案件既包括婚姻家事法律的运用，还涉及大量民商事法律问题的处理。该类案件所涉基础债务类型多种多样，这些都需要运用不同的法律规范和实操技巧，要理顺其中的法律关系并非易事，所以选择专业的律师担任自己的代理人，能够有效地实现自身利益最大化。

3. 夫妻共同债务，配偶与被继承人共同承担

在(2017)川0107民初10846号判决中，唐某作为授信申请人在《个人授信协议》《个人贷款随借随还协议书》上签字，表明其自愿共同承担伍某红对原告所负的贷款债务。虽然案涉贷款发放之时唐某与伍某3已经离婚，但该事实并不影响上述两份协议及于唐某的法律后果。故法院对原告要求被告唐某承担共同还款责任的主张予以支持。被告唐某于本判决生效之日起15日内支付原告招商银行股份有限公司成都西体北路支行借款本金305,777.9元及利息；对本判决第一项确定的债务，被告伍某1、伍某2、伍某3、伍某4在各自继承伍某红遗产的范围内向原告招商银行股份有限公司成都西体北路支行承担清偿责任；原告招商银行股份有限公司成都西体北路支行对位于成都市武侯区财产享有以该财产折价或者以拍卖、变卖该财产的价款优先受偿的权利。

4. 夫妻共同债务与遗产继承时的债务清偿责任竞合

在(2018)川15民终836号判决中，案件争议焦点为赵某芳是否应当对该借款承担共同偿还责任。因刘某生的借款用于成都明亨投资有限公司的经营，赵某芳基于刘某生经营成都明亨投资有限公司的事实享有利益，且其在刘某生死亡后，对原夫妻共同财产的房屋进行了处理，故赵某芳应当对上述债务共同偿还。赵某芳

① 《婚姻法》已废止，本条内容参见《民法典》第1065条。

承担的偿还责任与其作为刘某生的继承人在遗产范围内承担的清偿责任存在竞合,一审法院判决赵某芳承担偿还责任并无不当。赵某芳自判决生效之日起10日内偿还卓某勤借款本金1,000,000元及逾期利息。

5. 非夫妻共同债务,不能用遗产清偿

在(2018)川0182民初226号判决中,本案争议焦点为陈某3在婚姻关系存续期间的个人借贷是否属于夫妻共同债务,是否应当由邱某的遗产进行清偿。法院认为该笔借款不能被证明系陈某3、邱某购车所借,应系陈某3的个人债务。故对陈某2诉讼请求要求陈某3归还借款及支付利息合理部分,法院予以支持。对陈某2要求刘某、邱某、陈某1在继承邱某遗产的实际价值范围内对上述债务承担连带清偿责任的诉讼请求,法院不予支持。

6. 夫妻二人的内部协议能否对抗债务人?

在(2017)川1526民初1355号和(2018)川15民终633号判决中,一审法院认为:宋某先出具的夫妻间约定财产各自所有的《承诺》签订时间在韦某良与宋某先结婚前,而本案诉争借款发生在二人婚姻存续期间,宋某先提交的证据不足以说明韦某良婚姻存续期间的投资收益未用于家庭生活,也不能证明该债务系韦某良的个人债务,故法院确认,本案诉争债务为韦某良与宋某先的夫妻共同债务。

二审法院认为:本案讼争的债务虽然发生在韦某良与宋某夫妻关系存续期间,但该借款系韦某良以个人名义所负债务,该举债并非家庭日常生活所需,何某未提交证据证明该借款用于夫妻共同生活、共同生产经营或者基于夫妻双方共同意思表示,故法院确认,120,000元为韦某良的个人债务,宋某不承担还款责任。

(二)遗产继承

对于被继承人的遗产,有5份判决显示案件所涉及的遗产已经在案前由被告继承;有124份判决中被继承人的遗产还未进行分割。而在这些遗产未予以分割的判决中,有110份判决显示继承人未明确放弃继承,有14份显示继承人明确表示放弃继承。在涉及放弃继承的判决中,又有9份判决中的法官认定继承人不承担清偿义务,有3份认定继承人承担债务清偿责任,有2份判定继承人协助债权人实现债权。

在基础债务被认定为有效的前提下,对于已经继承和未放弃继承的案件,法院判决被告在遗产范围内承担清偿责任是不容置疑的。但对于被告明确表示放弃继承的案件,法院存在以下三种裁判路径:

1. 免责型

在(2019)川2021民初1958号判决中,被告应某龄、应某举已当庭表示放弃继承应某明的遗产，根据《继承法》第33条第2款[①]"继承人放弃继承的，对被继承人依法应当缴纳的税款和债务可以不负偿还责任"的规定，被告应某龄、应某举对案涉借款不负清偿责任。

在(2018)川0112民初3258号判决中，陈某1提供证据证明其向何某3出借了41万元，陈某1享有相应的借款债权，但因何某3已死亡，其法定继承人何某1以及何某2自愿放弃继承其财产，陈某1要求何某2以及何某1对何某3所负债务承担偿还责任于法无据。故法院对陈某1要求何某1、何某2承担责任的诉讼请求不予支持。

在(2018)川0112民初1331号判决中，虽然作为债务人的何某全已死亡，但左某某系案涉债务的担保人，其仍应对前述债务承担连带保证责任。因何某全的法定继承人何某1以及何某2自愿放弃继承其财产，李某要求何某2以及何某1对何某全所负债务承担偿还责任于法无据。

2. 承担债务型

在(2019)川1602民初5689号判决中，虽然三被告现已经以公证方式均明确表示放弃遗产继承，但嗣后，其是否保管有蒲某平遗产及是否实际继承蒲某平遗产仍具有一定的不确定性，故为减少当事人诉累，维护当事人合法权益，法院确定三被告以继承或保管蒲某平的遗产的价值为限承担蒲某平对原告借款本息的清偿责任。

3. 协助型

在(2018)川0104民初4085号判决中，范某蔓、范某政、温某碧在不享有对范某遗产的实体权利的同时，对范某的债务可以不承担偿还责任，但这也造成了债务清偿义务主体的缺失，范某蔓、范某政、温某碧的行为有违《民法总则》第6条[②]规定的公平合理原则，故为了合理确定各方的权利和义务，法院确认范某蔓、范某政、温某碧应以范某的遗产实际价值为限，协助清偿诉争借款。

在(2018)川1123民初2173号判决中，吴某照的继承人吴某1、吴某2虽然放弃对吴某照遗产的继承权，但被告吴某1、吴某2作为吴某照仅有的两名法定继承人，应当对吴某照的遗产进行清理、处置，并协助债权人实现债权。被告吴某1、吴某2在本判决生效之日起10日内协助原告曾某清理处置吴某照的遗产，并在吴某照的遗产范围内清偿原告曾某借款本金8万元及利息。

---

① 《继承法》已废止，本条内容参见《民法典》第1161条。

② 《民法总则》已废止，本条内容参见《民法典》第6条。

综上，在债权人权益与继承人权益的抗衡中，法院倾向保障债权人的利益。

（三）实际遗产范围

在354份案件中，有151份判决通过债权人提供的证据、继承人陈述和相关生效法律文书确定了继承人可继承遗产的范围，其中59份有明确的遗产范围；有203份判决未明确继承人可继承遗产的范围，占所有判决的57%。

对于继承人应当履行债务清偿责任的情形，法院会判决继承人在继承被继承人遗产的实际财产价值范围内承担债务清偿责任。但在本报告中，有高达一半的判决里法院并未查明被继承人的实际遗产范围。从这203份判决显示的内容看，法院基本上将重心放在了基础债务是否存在的考察上，而不会考察被继承人有多少遗产、继承人是否继承了遗产、继承人继承了多少遗产以及被继承人的遗产能否清偿债务等系列问题，只要最终认定被继承人与债权人之间存在债务纠纷，便会判决继承人承担清偿债务。在（2019）川1324民初1523号判决载明："因本院无法核实邓某的具体遗产情况，也无法核实唐某、邓某1、邓某2、黄某是否继承过邓某的遗产。为了保障债权人权利，故本院对原告要求四被告在继承遗产范围内连带偿还借款45,000元，并从2018年3月1日起以45,000元为基数按照年利率24%计算利息的诉讼请求予以支持。原告当庭撤回对被告李某2的诉请，系对自己权利的处分，符合法律的规定，本院予以准许。"即使在59份明确遗产范围的判决中，也有大量对遗产具体价值表述不明晰的地方。在（2018）川0502民初4305号判决中，法院查明被继承人留有的遗产为泸州市意隆建材综合加工厂，其内有机械设备、生产材料和产品，并最终判决继承人在继承的泸州市意隆建材综合加工厂的价值范围内偿还原告借款。而对于价值范围如何确定，法院并未进行审理。笔者认为，法院可能是出于职业风险的考量，或者相关证据的缺乏和工作压力的增加而不愿意将时间花费在遗产实际范围的调查上。但这种处理方式并未实际解决当事人之间的纠纷，而是搁置了纠纷，这样很有可能导致债权人与继承人之间因被继承人有无遗产或遗产范围大小而引发新的纷争，或者产生债权人凭借生效判决申请法院执行，但法院以判决不属于具体给付之诉为由驳回申请的窘境。法院注重保护债权人的利益，但法院又给债权人设置了实现权利的阻碍。长远来看，当事人之间将会产生更多的纠纷，不利于维护司法的权威与社会的稳定。

贵州省法院审理继承案件裁判要旨总梳理

一、统计样本

标的额:50 万元以上。

根据以上检索条件通过 Alpha 系统共计检索到 188 个案例,人工剔除掉重复上传、无文书内容的案例后,最终以 172 个案例作为本部分报告的分析基础。同时因部分案例在同一分析项下存在多种情形,可能出现统计的总数超过案例总数的情形。

二、代位继承、转继承

涉及代位继承和转继承的案件往往因为时间久远,当事人仅仅凭户籍信息很难证明与被继承人之间的关系,故继承人要提供其他证据来证明其具备继承人身份。如果存在继承人无法联系、下落不明的情况,案件会进入公告送达程序。

三、继子女、养子女、非婚生子女继承裁判要旨

从统计结果来看,继子女、养子女、非婚生子女分不到遗产的原因,除了争议财产不属于遗产、遗嘱无效等与其他普通继承案件相同的原因外,最主要的原因即为养子女、非婚生子女与被继承人之间的亲子关系不成立,继子女与继父母未形成抚养关系。存在上述原因的案例样本共计 7 个,占未分得遗产案例的 46%。

1. 继子女关系案例。在(2018)黔 05 民终 2465 号判决中,法院认为:"……葛某 1 并非葛××的婚生子女或养子女,葛某 1 虽然与葛××存在事实上的抚养关系,但因汪某与葛××并非夫妻关系,葛某 1 也并不是葛××的继子女,故葛某 1 对葛某某的上述遗产依法不享有继承权……"在(2019)黔 0112 民初 2346 号判决中,法院认为:"……根据庭审查明的事实,在原告张某 1 与袁某 2 登记结婚时,原告张某 2 已经成年并参加工作,与袁某 2 未形成抚养关系,故原告张某 2 不能成为袁某 2 的继承人,对涉案遗产没有继承权……"

2. 养子女关系案例。在(2018)黔 01 民终 6164 号判决中,法院认为:"……经亲友、周围邻居证实左某 1 和左某 2 与左某 5、文某之间的称呼未曾改变,仅以叔叔、婶婶称呼,虽亲友、周围邻居证实双方生活在一起,但左某 1 和左某 2 未提交能证明双方身份关系的其他证据予以佐证双方之间存在收养关系。亲友、周围邻居作为外人,不能仅以其主观证言判定他人家庭内部关系。故原判认定左某 5、文某与左

某 1 和左某 2 之间不构成事实收养关系并无不当……"

3. 非婚生子女关系案例。在(2017)黔 0102 民初 8743 号判决中,法院认为:"……依据本院从公安机关调取的户籍信息,原告杨某于 2007 年 8 月初始登记户籍于贵州省龙里县 × ×村 × ×组,父亲为杨某 1,无母亲信息。该户户籍登记信息是公安机关依职权所作出,有客观真实性,其证据效力大于原告提交的证据……基于血亲身份认定关系重大且涉及遗产继承,应谨慎对待。因此,在证据不足的情况下,本院不宜认定原告杨某与被继承人唐某 5 之间存在直系血亲关系,故原告杨某主张继承被继承人唐某 5 遗产 100 万元的诉讼请求于法无据,本院不予支持……"

四、继承案件诉讼时效裁判要旨

继承案件是否适用诉讼时效的规定曾经存在适用与不适用两种不同的观点。根据最高人民法院《第八次全国法院民事商事审判工作会议(民事部分)纪要》(2016 年 11 月 21 日)第 25 条:"被继承人死亡后遗产未分割,各继承人均未表示放弃继承,依据《继承法》第二十五条规定应视为均已接受继承,遗产属各继承人共同共有;当事人诉请享有继承权、主张分割遗产的纠纷案件,应参照共有财产分割的原则,不适用有关诉讼时效的规定。"据此,继承案件不适用诉讼时效的规定已经明确。但在统计过程中,笔者发现在《第八次全国法院民事商事审判工作会议(民事部分)纪要》之后仍然有少数案例法院以超过诉讼时效为由,驳回了当事人的诉讼请求,如(2018)黔 04 民终 199 号判决、(2017)黔 0303 民初 2829 号判决、(2017)黔 0403 民初 1192 号判决、(2019)黔 03 民终 1120 号判决、(2018)黔 2322 民初 1606 号判决。

五、被继承人债务清偿裁判要旨

本次统计共检索到 11 个有关被继承人债务清偿的案件。在此类案件中,债务是否真实发生是案件较常见的争议焦点。通常情况下,继承人答辩时均称对债务情况不清楚,此时需债权人举证证明债务的真实发生及债务金额、利息约定等。本次统计的案例中有 3 个案件法院以债权人未能举证证明享有债权而驳回了债权人的诉讼请求。在(2019)黔 01 民终 4408 号判决中,法院认为:"李某主张周某、王某 1、王某 2 偿还被继承人王某某所欠的借款 50 万元,但首先,其所持《借条》载明的借款数额较大,并无相应的转账凭证证明借款行为已实际发生,周某、王某 1、王某 2、谢某对该借贷关系亦不予以认可。《借条》中记载的出借人陈某称其是每次给 2 万元到 3 万元的现金,借款到 10 万元、20 万元的时候王某某才打借条,最后换成了一张本案50万元的借条，但其并未提交相关证据证明其该项主张……”

被继承人债务清偿案件值得关注的另两个问题是：被继承人遗产如何确定？被继承人的遗产范围是否需要在案件中予以查明并明确价值？笔者认为，如能在案件中查明遗产范围，有利于案件的后期执行。如在案件中未查明遗产范围，当事人对哪些财产属于遗产仍然可能发生新的争议，例如，遗产可能涉及夫妻共同财产的分割或其他共有人财产的分割等情形。但从本次检索到的案例来看，仅有3个案件法院在审理查明的事实部分明确了遗产范围。在(2017)黔2301民初3150号判决中，法院认定事实如下：“……张某录的遗产有：位于贵州省某某市××别墅××栋，赵某某、李某某共同欠张某录代偿债务535,000元……”

云南省法院审理继承案件裁判要旨总梳理

一、法定继承裁判要旨

(一)析出属于遗产的情况

统计样本中,从夫妻共同财产中析出个人遗产的案件有105件(见图1),从家庭成员共有财产中析出个人遗产的案件有5件,无须析出的有80件。数据反映出,大部分当事人对自己财产的法律定性并不会提前做一个区分,尤其是夫妻共同财产中,这与这类案由中当事人的亲密关系有关。

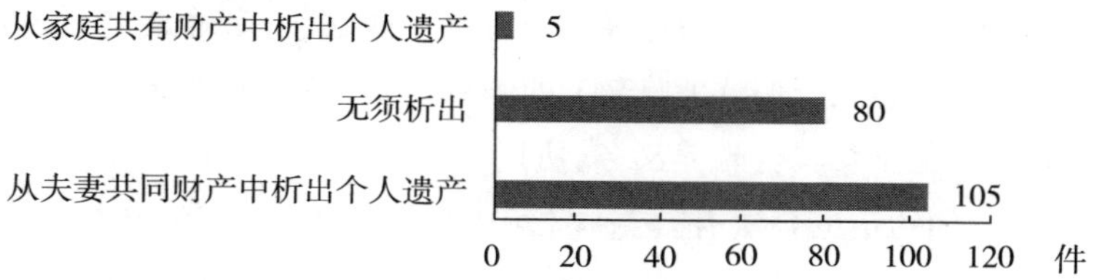

图1 析出遗产的情况

(二)驳回的原因分析

当事人诉请被驳回的案件有2件,驳回原因有二:第一,以遗产涉及共有财产未析出遗产份额,不宜分割为由驳回当事人诉请,如在(2019)云0129民初82号判决中,"因该财产目前尚未析分,涉及案外人的权益,本案不宜处理,被继承人韩某来的应有份额未确定,故原告要求继承该财产应有份额的主张尚不成立"。第二,因举证不能,判决驳回当事人诉请,如(2018)云01民终4985号判决中,"上诉人不能举证证明该款项的性质系垫付或是借款,且贾某某生前长时间并未主张该款,原审法院认定系其对父母所尽赡养义务的赠与行为并无不当,上诉人要求将该款项作为遗产分配的上诉理由不能成立"。针对第一种情况,裁判呈现的程序规则是,要求当事人先去分家析产,析出遗产后再来起诉法定继承。值得注意的是,在统计样本中,有5件案件在裁判中呈现了相反的规则,裁判规则呈现为直接在案件中将遗产份额从共有财产中析出,并进行遗产继承的确认,如在(2019)云0129民初203号判决中,其表述为:"双方讼争的因修建寻沾高速公路征收的刮扒山土地属于被继承人朱某与被告朱某2、陈某两家共同所有,所得的征地补偿款被告朱某2依法享有一半的权利,另一半则属于被继承人朱某的遗产,可由朱某的继承人予以继承。"

另外，当事人被驳回上诉的案件有17件，分析驳回上诉维持原判的原因，是上诉人认为没有查清事实，或者适用法律不当，或者程序适用错误。

关于被继承人是否留有协议与法定继承认定的关系，共有8件继承纠纷案件涉及，案件中的被继承人留下了协议，协议的名称有：《赡养母亲协议书》、《公证书》、遗嘱、《婚前协议》、《赠与协议》、《家庭会议记录》、《保证书》。这些协议对裁判法定继承的方向产生了影响，有5件案件按照约定的协议内容进行裁判，裁判规则均确认了协议内容合法有效，如在（2019）云0181民初2411号判决中，该案中的《赡养母亲协议书》是所有继承人和被继承人共同签订的对被继承人财产继承方案的共同确认，裁判中就按照约定进行了确认，表述为"《赡养母亲协议书》系原、被告及××的真实意思表示，该协议虽然约定××与曾某1同吃住，由曾某1对××进行生活上的照理等内容，客观上加重了曾某1的赡养负担，但并未排除其他子女的赡养义务，也未禁止其他子女履行赡养义务，所以《赡养母亲协议书》合法有效，其中当事人对财产处分的约定也合法有效"；在（2019）云03民终1136判决中，法院确认遗嘱部分无效，对遗嘱有效部分按照遗嘱继承处理，表述为"罗某某所立遗嘱，处分了属于他人的财产，该部分无效；根据其遗嘱的有效部分，罗某某的遗产应由被告曹某继承"；在（2019）云0112民初1023号判决中，法院对遗产份额的析出尊重了夫妻双方签订的协议，表述为"《婚前财产约定书》，对房屋权属进行了约定，确认符某拥有70%，李某拥有30%，该约定系双方真实意思表示，内容不违反法律规定，合法有效，本院据此确认上诉房屋70%属于符某遗产"。值得注意的是，协议的名称和实质内容并不会影响案由，如在（2019）云03民终1136号判决中还是按照法定继承案由处理，另外，法院在对有效协议的处理上基本尊重当事人的意思自治，只要协议未出现违反法律规定的情形。

否定协议的判决：在（2019）云23民终1278号判决中，裁判规则表述为"《家庭会议记录》是杨某与其子女协商养老和财产归属问题的协议，只有上诉人、被上诉人与杨某、杨某某签名，而杨某3未在该记录上签名，故《家庭会议记录》不符合遗嘱继承的形式要件，也不是口头遗嘱。本案应当是法定继承"；在（2018）云0802民初438号判决中，"原告写下保证书，保证放弃对普洱市思茅区房屋一套的继承"，因原告书写保证书时，被继承人高某未死亡，继承尚未开始，该"保证书"无效，法院确认原告对该房屋有继承权。由此可以分析出，法院在法定继承的案件中，否定协议的内容，裁判规则包括当事人主张为遗嘱的协议是否符合遗嘱有效的原则，当事人对权利的处分是否生效。

（三）继承人身份

继承人身份主要解决财产分给谁的问题，在绝大部分法定继承中，第一顺位的继承人占了近九成，其中，单列了第一顺位继承人的案件中，有1件案件确认了继女、养子的继承权，在(2019)云0428民初355号判决中，在法院查明的事实部分，对被继承人与继女和养子在生活中形成了抚养的事实予以确认，进而在法院认为中直接确认了继女和养子的继承权，即"郑某连系胡某1所生女、杨某之继女，杨某科系杨某、胡某1之养子。杨某生前未留下遗嘱，杨某去世后，对杨某的遗产应由胡某1、郑某连、杨某科继承"。有1件案件排除了继子女的继承权，在(2019)云0103民初6306号判决中，表述为："无相关证据证实陈某与苏某某是否形成长期、稳定共同居住、生活的状态，陈某作为继父是否对苏某某履行了相当于生父的照顾、抚养、教育的义务，本院认为原告提交的现有证据不能证实陈某与苏某某形成了继父与继子之间抚养关系的事实，不应继承苏某某的遗产"。两个案例统一反映了在继子女是否具有继承权的问题上，裁判的焦点集中在是否有证据足以支持继子女与父母之间形成了抚养关系的事实。

（四）遗产分割

对遗产分割时，居首位的分割方式是平均分割，其次是对履行赡养义务较多的人多分，同时为对被继承人生前照顾较多的非法定继承人保留一定份额，对生活有困难的缺乏劳动能力的继承人多分。裁判规则反应的和法律规定及中华民族尊老的美德一致，尊重法律的前提下，适当考虑亲情和社会道德的价值指引。

另外，对于债务是否在法定继承中一并处理的问题，有21件案件判决支持在法定继承中一并处理债务承担和在遗产扣减的问题。例如，(2018)云2622民初1480号判决载明："另外，杨某向单位借款20,000元发生于夫妻关系存续期间，但没有证据证明该借款用途以及偿还情况，故也应确定为杨某生前个人债务。我国原《继承法》规定，继承遗产应当清偿被继承人依法应当缴纳的税款和债务。"再如，(2019)云0428民初152号判决载明："属于张某份额的征地补偿款余额为28,891.5元、债务为10,825元，结合遗产的现状及债务状况，10,825元债务先予以扣除后，确定剩余的18,066.56元遗产由原告继承9000元、由被告继承9066.5元。"这反映出在法定继承纠纷中，法院上对消极财产也是可以支持一并处理的。

二、遗嘱继承裁判要旨

(一)析出属于遗产的情况

本次案件分析中,属于个人遗产可以直接裁判的有20件,区分共有人份额后析出属于个人遗产的案件有11件,区分夫妻共同财产后析出属于个人遗产的案件有19件,通常表述为:"对夫妻共同财产进行析产,其中一半为××的个人财产,其余为被继承人××的遗产",或表述为:"如果分割遗产,应当先将共同所有的财产的一半分出为配偶所有,其余的为被继承人的遗产"(见图2)。从数据分析中可以看出,对于遗嘱继承的案件不需要先对继承的标的物进行析出再来诉讼遗嘱继承纠纷,可以在遗嘱继承纠纷中一并进行处理。

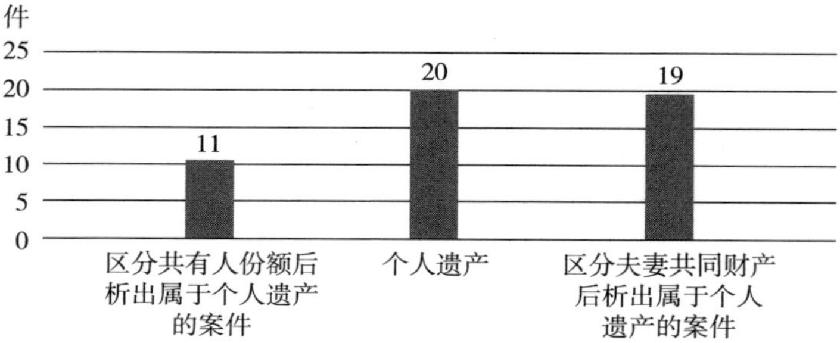

图2　析出遗产的情况

(二)遗嘱的法律效力

从表1可以看出,现在立遗嘱的方式还是以自书遗嘱为主。在云南省遗嘱有效的比例达到86%,集中在自书遗嘱和代书遗嘱两个类型,通常表述为:请他人代书遗嘱符合《继承法》第17条第2款①规定的,即"有两个以上见证人在场见证,由其中一人代书,注明年、月、日,并由代书人、其他见证人和遗嘱人签名",认定有效。在(2018)云06民终2032号判决中,对打印遗嘱,法院认为:"涉案遗嘱虽为打印件,但是遗嘱人的真实意思表示,遗嘱人签名捺印,并对着录像宣读,应为有效遗嘱。但随着科技的发展和时代变迁,打印遗嘱在生活中越来越多,对涉案遗嘱性质和效力的认定,应结合遗嘱形成过程及其他证据综合审查,准确体现遗嘱人处分意愿"。这是对打印遗嘱的肯定性评价。公证遗嘱没有出现被认定无效的情形,这与公证

① 《继承法》已废止,本条内容参见《民法典》第1135条。

机构本身的工作要求和工作人员的法律素养有关,确实保障了遗嘱的合法有效,在裁判中通常表述为:“遗嘱公证书,有公证申请登记表、遗嘱、公证处谈话记录、遗嘱公证书、送达公证书回证等证明,符合《继承法》第17条①关于公证遗嘱的规定,故该公证遗嘱真实合法有效”。

表1 不同类型遗嘱的效力案件情况

遗嘱类型	案件数量/件	有效/件	(部分)无效/件
代书遗嘱	16	13	3
自书遗嘱	26	22	4
公证遗嘱	8	8	0

另外,在认定遗嘱有效的前提下,除4件案件“酌情对属缺乏劳动能力又没有生活来源的继承人,保留其遗产份额”外,其余案件均按照遗嘱的约定对财产分配进行了确认。由此可以看出,当事人如果对财产继承有自己的意愿的,能够通过提前设定遗嘱的方式来进行安排,但是从总体案件数量不多的情形分析,中国人对遗嘱的认识程度和接受程度目前还不是特别普遍。

(三)裁判无效的影响因素

遗嘱(部分)无效的7件案件中,其中有3件案件为打印遗嘱,其被认定为代书遗嘱,因为欠缺法定的形式生效要件而归于无效,表述为:“该份遗嘱不符合法律规定的代书遗嘱的形式要件,没有法律效力”;1件案件因为违反法律规定的部分无效,表述为:“关于××改名才能取得房屋继承权的内容限制了自主决定姓名的权利,故遗嘱中的该部分内容无效”;3件案件因遗嘱人在遗嘱中处理了不属于自己的财产,对不属于自己财产部分的处理条款无效,表述为:“所立遗嘱中处分其个人所有的财产部分的处分行为有效,涉及对配偶遗产部分的处分应依法认定为无效,故本案所立遗嘱部分有效,部分无效”。因此,可以看出,在遗嘱效力裁判的因素中,导致遗嘱(部分)无效的因素有:(1)违反法律法规效力性规定;(2)处分了夫妻财产中属于配偶的财产;(3)最为重要的是代书遗嘱中对形式要件的要求,如果没有满足法律规定,则容易导致遗嘱无效。

① 《继承法》已废止,本条内容参见《民法典》第1139条。

（四）丧葬费、抚恤金的处理

共有 4 件案件的裁判涉及了丧葬费、抚恤金，裁判中法院对不属于遗产的认定是一致的，但是在处理的程序上，2 件案件法院认为："被继承人死亡后产生的丧葬费用并不属于被继承人的遗产，且被继承人在遗嘱中对其死亡的丧葬事宜作出了安排，如果存在垫付丧葬费的问题，则应当另案处理"。另外 2 件案件一并在案件中对丧葬费、抚恤金进行了处理，表述为："丧葬抚恤是对与死者生前存在紧密关系的亲属的一种精神性抚慰与物质性帮助，在发放时应综合考虑其与死者的亲属远近程度、共同生活的紧密程度、照顾程度以及该亲属的自主生活能力等因素。"

三、遗赠裁判要旨

在选取的 8 件遗赠纠纷案件中，1 件案件的遗嘱采用了公证的方式，6 件案件为自书，1 件案件存在代书遗嘱和自书遗嘱。在遗嘱效力上，均认定合法有效，通常表述为"该遗嘱系 × × 的真实意思表示，合法有效，本院予以确认。原告 × × 在 × × 死亡后，按照遗嘱，履行了相关的义务，故取得了遗赠的权利"，或者"遗嘱人与原告同居生活期间所立的'遗嘱'，内容和形式均符合法律规定中的遗赠要件，应视为对其名下财产的一种处分形式，故该'遗嘱'合法有效，本院予以确认。原告在遗嘱人去世后，一直居住在涉案房屋，应视为其接受遗嘱人的遗赠"，抑或"以亲笔自书遗嘱的方式将属于自己的财产赠与法定继承人以外的孙女胡某 × ×，其在规定时间内接受遗赠，符合相关法律的规定，属于有效的遗赠遗嘱"。由此可以看出，在遗赠纠纷中，法官裁判遗赠有效的认定规则与法律认定基本一致：一是遗嘱合法有效，二是受赠人有接受遗赠的意思表示。

四、遗赠扶养裁判要旨

（一）遗赠扶养协议的效力

在选取的 12 件遗赠扶养协议案件中，11 件有书面的遗赠扶养协议，1 件无书面的遗赠扶养协议。12 件案件中，认定协议合法有效的有 10 件，通常表述为"《遗赠扶养协议》属于双方的真实意思表示，该协议对双方均具有法律约束力，双方均应按照协议约定履行相应义务"。1 件认定为未生效，表述为"由于该合同第十条约定，本合同从公证之日起生效，根据《合同法》第四十五条①'当事人对合同的效力可以约定附条件。附生效条件的合同，自条件成就时生效'的规定，因原被告双方均未对该合同进行公证，故《招亲合同》未生效"。1件认定为无效，表述为"结合《遗赠赡养协议》中的见证人陈述，即其不清楚柘某与陆某之间签订《遗赠赡养协议》之事，以及《遗赠赡养协议》系柘某事先打印好，协议中涉及的内容较多，见证人不识字的实际情况，对柘某提交的《遗赠赡养协议》的真实性和合法性本院不予确认"。从以上数据分析可知，遗赠扶养协议，体现的是老人对身前需要有人赡养的意愿，这也符合中华民族尊老的美德，一般认定其有效。

（二）遗赠扶养协议的纠纷原因

原告诉求解除遗赠扶养协议，多是因为原来预定的遗赠扶养协议内容在实际中无法履行，多数原因是原告和被告实际生活在一起后，发现生活习惯和性格无法融合，被告没有对原告履行约定的赡养义务。对于继续履行遗赠扶养协议，多是因为一方履行了赡养义务而要求对协议涉及的财产利益按照约定确认自己的合法权益。

（三）遗赠扶养协议中的财产处理

在5件继续履行遗赠扶养协议案件中，对于财产处理均是按照约定判决；在6件解除遗赠扶养协议案件中，对于财产的处理是将已经履行的供养费返还；在1件终止遗赠扶养协议案件中，法院判决返还原物（见图3）。

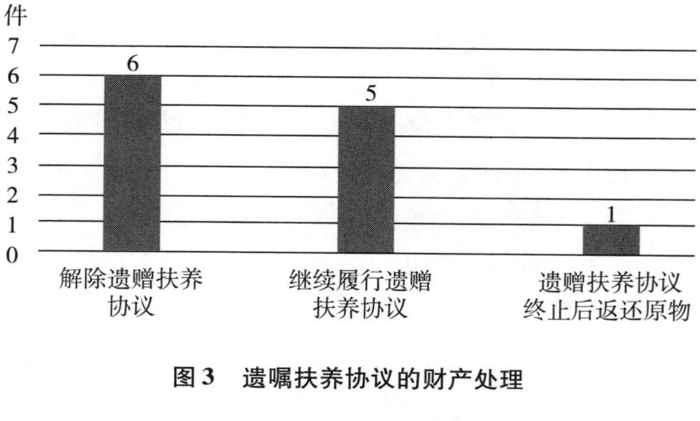

图3 遗嘱扶养协议的财产处理

① 《合同法》已废止，本条内容参见《民法典》第158条。

五、被继承人债务清偿裁判要旨

(一)债务类型

被继承人债务清偿案件中债务类型如图 4 所示,77% 属于民间借贷,其次是金融借款,还涉及侵权损害赔偿、工程款和抚养费。

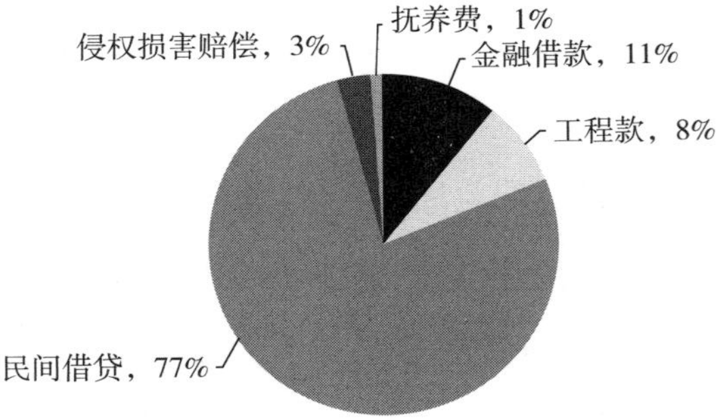

图 4　债务类型

(二)保险赔偿金

在 17 份存在意外身故保险赔偿款的案件中,认定赔偿款为遗产的占 14 件,未认定为遗产的有 3 件。认定为遗产的裁判规则为,未指定受益人,因此保险赔偿款作为遗产,表述为:"生前投保的安心保险并未指定受益人,根据前述规定,安心保险的保险理赔金 200,000 元应当作为遗产进行处理"。1 件未认定为遗产的案件的裁判规则为,指定了明确的受益人,应当作为受益人的财产而非遗产,表述为"本案属于明确指定受益人情形,即贾某 3 投保的人身保险金的受益人为其配偶邓某、母亲钱某、儿子贾某 1、贾某 2,案涉人身保险金不属于没有指定受益人或者受益人指定不明无法确定的情形,故不能作为遗产来处理"。1 件未认定为遗产的案件的裁判规则认为身故保险金不是个人生前遗留的合法财产,表述为:"对于被告领取的人身意外伤害保险金 600,000 元,系因 × × 死亡而产生的赔偿款,并非 × × 遗留的生前个人合法财产,因此不属于 × × 的遗产"。由此可以看出,法官裁判规则与保险法及保险法解释确定的一致,保险合同有明确受益人的,赔偿款属于受益人的财产,不认定为遗产。这一点,对合理法律关系构架下的保险合同,能够起到一定的债务风险的隔离作用。

六、总结

通过本次对统计样本的分析，在继承案件中，对涉及的财产权属变动和分割的裁判要旨总结如下，并提出有效减少当事人纠纷的若干建议。

（一）合法有效的当事人意思自治是对裁判要旨影响最大的因素

无论是在婚姻、家庭类纠纷案由下，涉及的离婚协议、分家协议，抑或是在继承纠纷案由下，涉及的遗嘱、遗赠扶养协议，再者是当事人在诉讼过程中协商一致的对财产处分，均体现了当事人对财产处分的意愿。在裁判中，只要这些内容是合法有效的，基本上法院都确认了当事人意思自治的内容，相应地对财产权属和分割进行裁判。既然如此，为什么统计样本中显示案件已经有当事人意思自治内容，很多当事人还是要产生争议呢？原因有以下几点：第一，当事人对涉及权属变动的财产法律定性理解不准确，比如在遗嘱中处分了夫妻共同财产中属于配偶一方的财产，或者在离婚协议中处分了属于家庭共有财产的份额，这个约定处分了他人的财产权利，导致协议部分无效；第二，当事人对涉及权属变动的财产有遗漏，比如当事人已经达成的离婚协议，有漏分财产的情况，就会对漏分的财产再生争议；第三，当事人对协议的真实性存疑，比如遗嘱，如果没有公证机关的介入，大部分是在当事人或者与见证人在场的情况下形成的，也就是当事人意思表示形成的过程没有第三方法定机构介入，这导致协议的真实性必须通过诉讼进行确认；第四，当事人约定了违反法律规定的内容，导致协议无效，比如遗嘱中对继承人继承附加了条件，但条件是限制继承人姓名权，继承人本身也对此存疑，因而产生争议；第五，当事人对意思自治形式要件存在盲点，导致无效，比如当事人因为法律知识的盲点，导致代书遗嘱形式要件不符合法律规定，遗嘱无效。

因此，通过以上分析建议如下：第一，无论是需要当事人双方协商一致达成的离婚协议抑或是单方意思表示可以发生法律效力的遗嘱，建议当事人通过专业机构落地书面协议，避免出现以上争议；第二，通过合法有效的书面协议，尤其是通过公证机关公证后的协议，实现当事人定向对财产进行权属变动和分割的法律效果，避免因没有当事人提前安排出现法律风险；第三，建议在婚姻家庭关系下，对财产的变动，充分尊重家庭成员意见，实现沟通一致，并且将意思自治的过程充分告知家庭成员，避免因信息不对称产生的不必要争议。

(二)平均分割是裁判要旨的主要法定基调

从统计样本中分析，基于家庭成员均视为平等的前提下，对婚姻中的财产、家庭中的财产以及法定继承中的财产，都以平均分割为法定的主要基调，裁判规则分为两步：第一，对财产的性质首先界定，在继承纠纷中，识别出属于个人财产的遗产；第二，对什么样的人有权利区分第一个前提下的财产进行界定，比如继承纠纷中，哪些人属于法定继承人。因此，建议当事人在日常生活中有意识地保管固定财产性质和身份性质的证据，便于证明案件事实。

(三)尊重生活基本经验法则为裁判重要因素

本次分析案由的突出特点是以家庭成员关系为基础，一个家庭就像一个团队，必然会有人为家庭付出较多，贡献较大。例如，在农村的自建房中，有人出资，有人出力，有人在房屋建盖后为实际管理付出较多，再如第二代家庭成员财力单薄，第一代出于美好的愿望，出资为子女购买房屋，法院尊重了人类生活的这种客观规律，也尊重了这种客观规律下的利益导向，那就是认为家庭成员的实际付出与财产分割之间的关系应该成正比，判决对贡献较多的一方多分财产。因此，建议当事人应当对家庭成员充分尊重、爱护，多一份对家人的付出也就多一份回报。

(四)引导正向社会美德的价值取向为必要裁判因素

裁判结果影响着人们对自己行为的价值预测，进而会对整个社会的基本道德法则和价值观产生影响。比如在法定继承案件中，在均分的基调下，对被继承人履行赡养义务较多的继承人，法院会多分。建议当事人在家庭关系中，发扬中华民族的美德，因为它也是裁判的一个必要部分，会对当事人产生影响。

陕西省法院审理继承案件裁判要旨总梳理

一、统计样本

我们对2017~2019年陕西省公布上网的继承类判决数据进行了整理和分析，撰写如下内容。

1. 遗嘱效力

从陕西省2017~2019年继承判决反映出来的情况来看，自书遗嘱最为多见，其次是代书遗嘱。但是，部分被继承人生前所立遗嘱效力存在瑕疵，具体情况如下：

在2017年陕西省的继承判决中，有30份遗嘱因为形式不合法或处分他人财产等被判定全部无效；2018年有22份遗嘱被认定全部无效；2019年也有8份遗嘱因为各式各样的情形被判定无效，其中大部分是由于遗嘱人在遗嘱中处分了不属于自己的财产，或者是遗嘱本身形式不合法。

综合陕西省2017~2019年继承纠纷中的遗嘱认定情况，通过研读既往判决，我们发现遗嘱无效或者部分无效的原因主要有三个方面：第一，遗嘱形式不合法；第二，遗嘱处分了他人财产；第三，超过诉讼期限（见图1）。

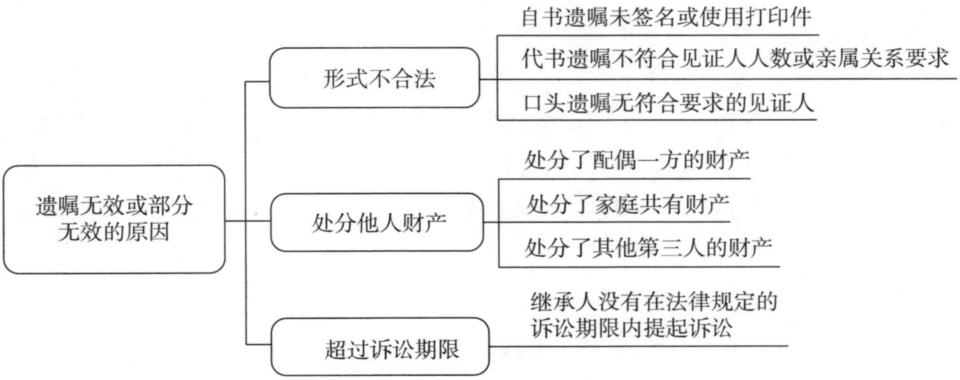

图1 遗嘱无效或部分无效的原因

2. 被继承人债务清偿

认定继承人无须在遗产范围内承担被继承人生前欠付债务的判决的裁判理由具有一定的相似性和典型性，或是原告债权人举证不足，或是继承人放弃继承权，或是超过诉讼时效，否则继承人必须承担被继承人生前的债务，不能逃脱。

另外，债务清偿的责任人主要是被继承人的婚生子女和配偶。大多数情况下，被继承人在死亡时年事已高，其父母大多已先于被继承人死亡。因此，作为主要继承人的婚生子女和配偶也就承担了清偿被继承人生前债务的责任。

二、遗嘱继承裁判要旨

1. 打印遗嘱效力裁判要旨

在《民法典》生效之前，法律并未直接规定遗嘱不能打印，因此在实践中，对打印遗嘱效力的认定就可能出现不同的情形。综合陕西省2017～2019年继承判决中涉及打印遗嘱效力的判决来看，法院不会单纯因为是打印件而直接判定该遗嘱无效，而是看遗嘱是否表达了被继承人的真实意思表示，是否有证据能够相互印证，是否可以排除合理怀疑，并满足其他的形式要求。

从具体的裁判情况来看，认定打印遗嘱效力的裁判要旨主要有以下几点：

（1）认定打印遗嘱内容由他人代为打印，非被继承人亲笔书写，系代书遗嘱。西安中院作出的（2019）陕01民终1254号判决写明案涉打印遗嘱，并非被继承人本人所写，依法属于代书遗嘱，适用代书遗嘱的形式要求。

（2）认为继承人需有证据证明被继承人在立遗嘱时具有完全民事行为能力，遗嘱系被继承人的真实意思表示。在莲湖法院作出的（2017）陕0104民初1323号判决和新城法院作出的（2017）陕0102民初3809号判决中，法院作出认定的依据均是继承人能够证明遗嘱人在立遗嘱时具有完全民事行为能力，系其真实意思表示。

（3）认定打印遗嘱应符合代书遗嘱的形式要求，并据此认定其效力。在长安法院作出的（2019）陕0116民初5402号判决中，法院依据被继承人所立遗嘱符合法律对于代书遗嘱的形式要求，处分的也是其个人的财产，认定了案涉遗嘱的效力。但西安中院作出的（2019）陕01民终1254号判决，却因为见证人不符合法定要求而被判定无效。

2. 代书遗嘱效力裁判要旨

从陕西省这三年继承纠纷中代书遗嘱出现的比例可以看出，人们对代书遗嘱的接受程度相对较高，其在全部遗嘱中所占比重较大。但是由于法律上对代书遗嘱的要求较多，实践中有大量的代书遗嘱因为形式不符合规定而被判无效。

从具体的裁判情况来看，对于代书遗嘱效力的认定主要有以下几个裁判要旨

（1）认定遗嘱内容明确，代书遗嘱程序合法，能够体现被继承人的真实意思表示，符合法定条件的代书遗嘱有效。在碑林法院作出的（2017）陕0103民初5299号判决中有2份代书遗嘱，但是法院的认定结果却完全相反，一份被认定有效，另一份被认定无效，被认定无效的那一份是因为遗嘱不符合法定的形式要件。目前，陕西对代书遗嘱的形式要求很严格，审查遗嘱效力必须严格遵守目前的法律规定。

(2)继承人若不能证明代书遗嘱处分的是被继承人的财产及其财产现状,代书遗嘱仍可能被认定无效。渭城法院作出的(2019)陕0404民初2449号判决中,由于继承人无法证明目前遗嘱所涉及财产的现状,无法确认遗嘱的效力状态。而在未央法院作出的(2019)陕0112民初1355号判决中,虽然一方当事人称案涉房屋不存在,但对方提交了拆迁安置卡、选房顺序卡等能够证明房产属于被继承人和房屋现状的证据,所以法院还是认定了遗嘱的效力。因此,从上述两份判决足以见得关于遗嘱所处分财产的证据同样重要。

3. 夫妻财产协议中遗嘱性条款的效力

在实践中,夫妻财产协议中的一些条款往往也会产生类遗嘱的效力。在我们统计的判决中,3份夫妻财产协议约定了财产继承的情况,其中2份为婚前协议,1份出现在编号为(2018)陕0402民初556号判决和(2018)陕04民终1537号的判决中,另1份出现在编号为(2017)陕0115民初3179号判决和(2018)陕01民终8113号的判决中。还有1份离婚协议,出现在编号为(2017)陕0103民初8311号判决和(2018)陕01民终6969号的判决中。对于这6份判决所涉3份夫妻财产协议中遗嘱性条款的效力,法官无一例外地认定被继承人在夫妻财产协议中对其财产的处置有效,法院依照双方夫妻共同财产协议的内容先对被继承人的遗产范围进行区分,该处置对财产的继承也产生了影响。上述判决均经过二审,二审法院认可了一审法院的观点。从这6份判决中可以看出,不仅法定的五类遗嘱会对遗产的继承产生影响,夫妻财产协议中的遗嘱性条款也可能对未来个人财富的传承发生影响,当然首先应保证该财产约定的合法有效。

三、继承析产裁判要旨

1. 房产的继承规则

在陕西省这三年的继承纠纷中,部分判决法官未对房产予以分割,或者判决同一案涉房产由多个继承人共同继承,因而会出现同一房产同时归属于多个继承人的情形。但从法院判决结果来看,判决房产归属婚生子女继承的比例较大。其中,在2017年涉及房产继承的371份判决中,判定由婚生子女继承的有212份,占比57.1%;在2018年涉及房产继承的289份判决中,判定由婚生子女继承的有160份,占比55.4%;在2019年涉及房产继承的96份判决中,判定由婚生子女继承的有46份,占比47.9%。从表1便可直观地看出,老百姓对于自己最重要的财产,还是倾向于留给自己的后代,希望自己的财产能够有序传承。

表 1　法院判决房产的继承情况

继承人	法院判决房产的继承情况					
	2017 年		2018 年		2019 年	
	份数	比例/%	份数	比例/%	份数	比例/%
配偶	93	25.1	62	21.5	21	21.9
父母	24	6.5	15	5.2	3	3.1
婚生子女	212	57.1	160	55.4	46	47.9
继子女	6	1.6	4	1.4	11	11.5
养子女	7	1.9	2	0.7	1	1.0
兄弟姐妹	2	0.5	3	1.0	2	2.1
其他人	27	7.3	43	14.8	12	12.5

另外，对于房产这类在判决中出现频率较高的遗产形式，我们在统计过程中也发现，配偶取得房产也是较为常见的。通常情况下，房产在婚姻关系存续期间取得，在被继承人死亡后，首先房产的一半份额属于配偶的个人财产，剩下的一半份额才能作为被继承人的遗产以法定继承或者是遗嘱继承予以分割，所以这种情况下配偶取得房屋所有权的概率也是比较大的。另外，一般情况下被继承人年龄较大，其父母可能已经先于其离世或在其遗产分割前离世，因此父母继承其遗产的判决相对较少。非婚生子女、继子女、养子女、兄弟姐妹、祖父母、外祖父母等继承人的出现次数更少，个别年份甚至未出现。而尽了主要赡养义务的丧偶儿媳、丧偶女婿或者通过转继承、代位继承来继承房产的孙子女、外孙子女等继承人的出现次数每年都在案件总数的一成左右。

经过对陕西省 2017～2019 年的继承判决的统计，我们发现遗产中的房产类型基本上集中在商品房、拆迁安置房和宅基地上所建房屋。对于城市里的商品房，不论早年是什么房产性质，随着政策不断的变动与落实，大多在继承开始时已经取得了产权证书，但是出于隐私的保护，网上公布的文书均隐去了产权证号，但是有明确产权的房屋，无论是适用遗嘱继承还是法定继承，均在法律规定的范围内进行分配，并无特别之处。需要注意的是，法院很少主动判决其他继承人配合办理过户手续，除非当事人在诉请里明确写明，这样还有一定的可能性。同时，对于同一房屋、同一院内的不同房间的继承，法官为了降低诉累以及日后各继承人生活的稳定，即使当事人诉请里未写明，法院一般也会在判项里加上楼梯或走道由各继承人共用，以防止发生不必要的争议。随着城市建设的不断推进，城中村村民的遗产往往会包含拆迁安置房和拆迁安置补偿款，而且房产数量较多，款项数额较大。被继承人生前如果没有合理分配此类遗产，继承人无疑会因遗产的继承产生纠纷。

而对于宅基地上所建房屋的继承，陕西法院目前有两种裁判观点：

第一，法院依据宅基地交费收据及"房随地走"的一般原则，认为宅基地上的自建房属于共同财产，结合案涉房屋与继承人的具体情况作出了所有权份额的划分与判决。如宝鸡市眉县人民法院于2019年3月18日作出的编号为(2018)陕0326民初1576号的判决书和西安市长安区人民法院于2019年7月18日作出的编号为(2019)陕0116民初2066号的判决书。

第二，法院认为宅基地是集体组织给予组织成员的待遇，不属于人民法院审理范围，案涉房屋未取得产权证书，依据继承法的有关规定对案涉房屋的使用权进行分割。如西安市莲湖区人民法院于2019年2月2日作出的编号为(2018)陕0104民初4349号的判决书，法院仅对案涉房屋的使用权进行了分割，划分50%的份额给被继承人的配偶，对主要陪伴老人的继承人适当增加了继承的份额。

随着城市化的推进，有很多宅基地上所建房屋已经转化为待安置房屋面积或拆迁安置面积。目前，关于待拆迁安置房的裁判有两种观点：

一种认为被继承人将要享有的安置房面积系其个人合法财产，可以依法继承。如在西安市未央区人民法院于2019年7月2日作出的编号为(2019)陕0112民初1355号的判决书，认定被继承人享有的85平方米待安置房屋面积，系其个人合法财产，依法可以继承。因其生前立有代书遗嘱，法院判决按照其意愿处分这部分财产。

另一种认为待拆迁安置面积尚无物权效力，无法进行权属分割，不予处理。在西安市长安区人民法院于2019年11月7日作出的编号为(2019)陕0116民初2430号的判决书中，案涉宅基地上所建房屋经翻建和拆迁，已转化为拆迁安置面积，法院认定相关货币补偿及安置面积为被继承人的遗产，但由于安置房屋建设尚未完成，尚未形成物权效力，无法进行权属分割，只处理了钱款部分，至于拆迁安置面积被继承人可另诉。

2. 保险分割规则

从陕西省2017～2019年继承判决中保险金被认定遗产的情况来看，涉及人身保险金的判决数量很少，却无一例外地被认定为遗产，这不外乎两种情形，一种是未指定受益人，另一种是受益人填写为法定。

在这些判决中，有一类判决需要重视，即当保险的受益人写成法定时，部分法院认定受益人约定不明，认为保险金为遗产，如咸阳市泾阳县人民法院于 2019 年 1 月 30 日作出的编号为（2018）陕 0423 民初 2442 号的判决书。

3. 区分作为遗产的财产和参照遗产处理的财产

在陕西省 2017～2019 年的继承纠纷中，涉及各类房产和现金的纠纷最多，其中现金名目繁多，究竟哪些属于遗产，要作为遗产处理，又有哪些需要参照遗产处理呢？首先，对于存款属于遗产这样不争的事实在所不论，下文主要区分丧葬费、抚恤金等费用。

丧葬费、抚恤金是国家在死者死亡后，发给死者亲属的费用。丧葬费是用于职工因工死亡或因工残废退职后死亡时办理丧葬事宜的一次性费用。死亡抚恤金是死者生前所在单位按照国家有关规定及政策发给死者直系亲属或者配偶或者需要抚养的被扶养人的生活费，具体包含丧葬补助金、供养亲属抚恤金和一次性死亡赔偿金等。享受抚恤金的人，必须符合两个条件：一是为死者的直系亲属，二是这些亲属主要依靠死者生前扶养。所以，国家发放此类费用，是用以优抚、救济死者家属的，并不是死者的个人财产，也就不能将其归为遗产之列。

对于这类费用的争议，法院一般有以下两种裁判规则：

一种是认定上述费用不属于被继承人的遗产，直接不予处理或者参照遗产处理。此类判决相对较多，在陕西省 2017～2019 年涉及此类费用的继承判决中，法院一般会直接写明参照遗产处理，或注明此类费用不属于遗产。西安市未央区人民法院于 2019 年 5 月 25 日作出的编号为（2018）陕 0112 民初 14482 号的判决书，便认定此类费用不能归为被继承人的遗产，但是可以参照遗产在近亲属间进行分配。

另一种则是由当事人直接提起抚恤金分割纠纷，法院按照近亲属生活对死者的依赖程度进行分配。安康市汉滨区人民法院于 2019 年 4 月 28 日作出的编号为（2019）陕 0902 民初 695 号的判决书便是这样。法院认为矿上支付的一次性抚恤金不是个人遗产，而是由死者近亲属共同共有的财产，在除去安葬费、交通费等费用以外，依照近亲属生活对死者的依赖程度对剩余款项进行分割。

4. 认定夫妻共同债务的规则

之所以在继承析产篇分析夫妻共同债务的认定，是因为越来越多被继承人债务清偿纠纷的出现。一直以来，原《婚姻法司法解释（二）》第 24 条广为背上巨额债务的配偶，法律从业者，乃至社会大众所诟病，2017 年 3 月 1 日施行的补充规定只规定了虚构债务和因从事赌博、吸毒等违法犯罪所负债务不属于夫妻共同债务，对现状改变不大。直到 2018 年 1 月 18 日，原最高人民法院发布的《关于审理涉及夫妻债务纠纷案件适用法律有关问题的解释》才明确：夫妻共同债务要双方共同签字或事后追认,对于在婚姻关系存续期间以个人名义为家庭日常生活需要所负、以个人名义超出家庭日常生活需要所负的债务,债权人需要证明该债务用于夫妻共同生活、共同生产经营或者基于夫妻双方共同意思表示,才能认定为夫妻共同债务。这在很大程度上缓解了原《婚姻法司法解释(二)》第 24 条造成的不良社会影响。

目前来看,对于被继承人债务清偿纠纷中夫妻共同债务的认定,陕西法院主要有以下几种观点:

(1)夫妻婚姻关系存续期间发生的借款,直接认定为夫妻共同债务。2018 年榆林市定边县、神木县以及 2019 年汉中市洋县和渭南市澄城县人民法院的判决,直接依据借款发生在婚姻关系存续期间将该借款认定为夫妻共同债务。

(2)夫妻婚姻关系存续期间发生的借款,配偶不能举证证明系个人债务的,法院认定为夫妻共同债务。延安市延川县人民法院于 2019 年 9 月 20 日作出的编号为(2019)陕 0622 民初 1275 号判决书与陕西省渭南市中级人民法院于 2019 年 12 月 19 日作出的编号为(2019)陕 05 民终 1967 号的判决书均是如此。

(3)被继承人在婚姻存续期间以个人名义发生的借款,用于夫妻共同生活、共同生产经营的,认定为夫妻共同债务。2018 年西安市蓝田县人民法院和商洛市镇安县人民法院作出的 7 份判决均是如此,另 2019 年陕西省西安市和延安市中级人民法院均是据此认定夫妻共同债务的。

(4)对于被继承人在婚姻存续期间以个人名义发生的借款,配偶一方经法庭传唤未出庭,亦未提交任何书面答辩意见及证据材料的,认定为夫妻共同债务。西安市雁塔区人民法院于 2018 年 8 月 31 日作出的编号为(2018)陕 0113 民初 460 号的判决书便是这样。

(5)被继承人与前配偶通过离婚协议或者其他法律文书将债务约定为夫妻共同债务的,法院予以认可。如陕西省西安市中级人民法院于 2019 年 10 月 11 日作出的编号为(2019)陕 01 民终 11223 号的判决书,被继承人及其前配偶在离婚协议中约定案涉部分债务属于夫妻共同债务,法院据此作出了判定。

综合陕西省 2017 ~ 2019 年被继承人债务清偿纠纷的实际情况来看,陕北地区和渭南市对原最高人民法院《关于审理涉及夫妻债务纠纷案件适用法律有关问题的解释》落实得不好,配偶还可能会因为借款发生在婚姻关系存续期间,自己又不能证明其为个人债务而担上债务。同时,西安市的被继承人生前所负债务也并非当然不会被认定为夫妻共同债务,具体情况还需要具体分析。

2021 年 1 月 1 日施行的《民法典》对夫妻共同债务进行了规定。《民法典》婚姻家庭编第 1064 条规定:“夫妻双方共同签名或者夫妻一方事后追认等共同意思表示所负的债务，以及夫妻一方在婚姻关系存续期间以个人名义为家庭日常生活需要所负的债务，属于夫妻共同债务。夫妻一方在婚姻关系存续期间以个人名义超出家庭日常生活需要所负的债务，不属于夫妻共同债务；但是，债权人能够证明该债务用于夫妻共同生活、共同生产经营或者基于夫妻双方共同意思表示的除外。”

甘肃省法院审理继承案件裁判要旨总梳理

律师团队对甘肃省2017～2019年共909份判决书进行整理,并针对相关数据进行科学分析,撰写本报告,供读者借鉴参考。

1.时间:2017年1月1日～2019年12月31日。

2.案例来源:聚法案例库、Alpha数据库。

3.案由:继承纠纷。

4.地域:甘肃省。

5.审理程序:一审、二审、再审、执行。

6.文书类型:判决书。

7.案件数量:909件。

8.数据采集时间:2020年2月19日。

特别说明:根据最高人民法院《关于人民法院在互联网公布裁判文书的规定》第4条规定:"人民法院作出的裁判文书有下列情形之一的,不在互联网公布:……(三)以调解方式结案或者确认人民调解协议效力的,但为保护国家利益、社会公共利益、他人合法权益确有必要公开的除外;(四)离婚诉讼或者涉及未成年子女抚养、监护的;(五)人民法院认为不宜在互联网公布的其他情形。"因此未公布的判决不在本次数据分析之列,特此说明。

另外,部分案件经历一审、二审以及再审,在统计时会分别计算案件量。本报告检索了两个案例库,个别数据会有差异。

本次检索获取了甘肃省自2017年1月1日～2019年12月31日继承纠纷裁判文书共909篇。

一、遗嘱继承裁判要旨

1.遗嘱处分土地承包经营权裁判要旨

根据《民法典》《农村土地承包法》等相关规定,我国农村土地承包采取农村集体经济组织内部的家庭承包方式,其含义是指家庭承包经营权属于农户整个家庭,而不是属于其中的一个家庭成员,在承包期内,农户中有部分成员死亡的,其他家庭成员仍可以承包经营;另外,家庭承包的耕地依法不得继承,只能由承包户的其他家庭成员继续承包。

甘肃省2017～2019年关于处分土地承包经营权的遗嘱继承纠纷案例较少,法院判决主要依据的是《农村土地承包法》第3条、第12条的规定。农村集体土地是以户为单位进行承包经营，土地承包经营权户内成员均有权利享有。例如，敦煌市人民法院于 2017 年 7 月 13 日作出的（2017）甘 0982 民初 273 号判决认为，被继承人遗嘱处分了家庭承包的土地承包经营权，侵犯了户内其他成员的合法权益，认定为无效，判决驳回原告的诉讼请求。

2. 自书遗嘱效力认定裁判要旨

从具体的裁判来看，自书遗嘱效力认定主要有以下几种情况：

自书遗嘱笔迹经过司法鉴定，内容意思真实，法院认为遗嘱合法有效。例如，兰州市中级人民法院 2017 年 4 月 2 日作出的（2017）甘 01 民终 836 号判决中认为，遗嘱系公民对自有财产在生前作出的处分，继承开始后，有遗嘱的，按照遗嘱继承或者遗赠办理。被继承人有权通过遗嘱处分其财产，被继承人的自书遗嘱经过司法鉴定符合法律规定的形式要件和实质要件，应为合法有效的遗嘱，涉案房屋应按该遗嘱进行继承。由此可见，自书遗嘱笔迹鉴定是认定其效力的重要因素。

无利害关系见证人见证自书遗嘱订立过程，保证遗嘱的真实性。相关案例如，庆阳市西峰区人民法院 2018 年 12 月 26 日作出的（2018）甘民 1002 初 6675 号判决认为，被继承人所作遗嘱为自书遗嘱，遗嘱见证人出庭证实了遗嘱的真实性，该遗嘱的主体、客体、内容、形式均符合法律规定，该遗嘱合法有效。

双方各持自书遗嘱内容相反，遗嘱真实性无法认可。在兰州市西固区人民法院 2019 年 6 月 27 日作出的（2019）甘 0104 民初 1089 号判决中，原告与被告各持有一份自书遗嘱，第一份遗嘱表明由原告继承遗产，第二份遗嘱表明由被告继承遗产。但两份遗嘱时间和内容发生变化，无法核实，该两份自书遗嘱对遗产的处理方式表达的意思相反，且双方均对对方所持有的遗嘱真实性不认可。当事人对自己提出的诉讼请求所依据的事实有责任提供证据加以证明。依照《民事诉讼法》相关规定，没有证据或者证据不足以证明当事人的事实主张的，由负有举证责任的当事人承担不利后果。本案中原告、被告双方的证据不足，遗嘱的真实性无法证明，导致自书遗嘱无效。

打印自书遗嘱不满足遗嘱的形式要件和实质要件，视为无效遗嘱。在兰州市七里河区人民法院 2017 年 11 月 30 日作出的（2017）甘 0103 民初 2571 号判决中，法院认为依据原《继承法》规定，自书遗嘱须遗嘱人亲笔书写，代书遗嘱须见证人之一书写。本案中原告提供的遗嘱均为电脑打印件，不符合遗嘱的法定形式要件，且无充分的证据证明遗嘱内容系被继承人的真实意思表示，结合事实认定部分，遗嘱应被视为无效遗嘱。由此可见，有能力手写遗嘱就不要打印，无能力手写找见证人之一代为书写是为上策。

3. 遗嘱继承中涉及股权纠纷的裁判要旨

甘肃省 2017～2019 年遗嘱继承判决相关数据显示,遗嘱中涉及股权纠纷的案件数量可谓凤毛麟角。在这类案件中,只有在确定被继承人享有明确股权的情况下,才能按照法律规定将股权作为遗产分割,若被继承人未在公司出资或未进行股权登记、股权不明确则不能将股权作为遗产分割。例如,在兰州市七里河区人民法院 2018 年 3 月 6 日作出的(2017)甘 0103 民初 2896 号判决中,遗嘱人订立的遗嘱将其所在有限公司 25% 的股份按 15%、15%、70% 的比例由各继承人继承,其在有限公司在工商管理机构的注册登记信息中显示为出资 25 万元占 25% 的股份。依据《公司法》第 6 条规定,设立公司,应当依法向公司登记机关申请设立登记。该法第 11 条规定,设立公司必须依法制定公司章程。该法第 25 条规定,股东应当在公司章程上签名、盖章。但在工商管理机构登记的信息中没有遗嘱人在该有限公司出资并享有股权的登记,股权作为遗产进行分割应以确定有明确股权。原告要求按照遗嘱继承股权财产的诉讼请求,因权利不明确,证据不足,法院不予支持。

二、法定继承裁判要旨

1. 宅基地及房屋继承裁判要旨

分析甘肃省 2017～2019 年法定继承判决中有关宅基地及房屋继承案例,关于遗产继承分割如何照顾弱势或多尽义务一方的问题,主要依据《民法典》第 1156 条“遗产分割应当有利于生产和生活需要,不损害遗产的效用。不宜分割的遗产,可以采取折价、适当补偿或者共有等方法处理”以及《民法典》第 1130 条“同一顺序继承人继承遗产的份额,一般应当均等。对生活有特殊困难又缺乏劳动能力的继承人,分配遗产时,应当予以照顾。对被继承人尽了主要扶养义务或者与被继承人共同生活的继承人,分配遗产时,可以多分……”的规定。从以上数据可以看出判决中对弱势或多尽义务方分得遗产照顾比例有所提高。

此外,就法院判决驳回诉讼的原因,主要有以下两种情况:

第一,不能证明宅基地及房屋属于被继承人遗产从而导致法院驳回诉讼。例如,兰州市西固区人民法院 2017 年 8 月 18 日作出的(2017)甘 0104 民初 1163 号判决中,原告不能证明两名被告宅基地上修建的部分房屋为其父母遗产。根据最高人民法院《关于适用〈中华人民共和国民事诉讼法〉的解释》第 90 条规定:“当事人对自己提出的诉讼请求所依据的事实或者反驳对方诉讼请求所依据的事实,应当提供证据加以证明,但法律另有规定的除外。在作出判决前,当事人未能提供证据或者证明不足以证明其事实主张的,由负有举证证明责任的当事人承担不利的后果。”原告主张分割两名被告宅基地上所建部分房屋拆迁补偿款的证据不足，法院判决驳回。

第二，宅基地房屋未取得合法产权证明，不能确定宅基地房屋是否按照遗产处分从而导致法院驳回诉讼。例如，兰州市西固区人民法院2018年12月10日作出的(2018)甘0104民初2344号判决中，原、被告双方均未向法庭提交宅基地房屋翻扩建审批手续，至今未取得合法产权证明。参照原《婚姻法司法解释(二)》第21条①的规定：“离婚时双方对尚未取得所有权或者尚未取得完全所有权的房屋有争议且协商不成的，人民法院不宜判决房屋所有权的归属，应当根据实际情况判决由当事人使用。当事人就前款规定的房屋取得完全所有权后，有争议的，可以另行向人民法院提起诉讼。”法院依据上述法律规定对尚未取得完全所有权的房屋进行处理，并未将此种宅基地房屋按照遗产处分，从而驳回诉讼。

2. 银行存款裁判要旨

法定继承判决中有关银行存款的数据比例相对适中，基本无驳回诉讼的情况。2017年涉及银行存款的案例有20件，占比25%，没有驳回诉讼的案例；2018年涉及银行存款的案例有18件，占比33%，没有驳回诉讼的案例；2019年涉及银行存款的案例有12件，占比28%，驳回诉讼的有1例。此类判决中，银行存款账单明确，除了继承人放弃继承以外，一般情况由继承人继承，法院依据法律规定并查明争议存款情况作出相关判决。另外，2019年驳回诉讼的案例，是榆中县人民法院2019年5月7日作出的(2019)甘0123民初1115号判决，该判决驳回原告的诉讼请求。此判决被兰州市中级人民法院2019年10月28日作出的(2019)甘01民终2363号判决书以认定事实不清，审判程序存在不当为由撤销并发回重审，即甘肃省2017～2019年法定继承判决中有关银行存款继承的案例基本无驳回诉讼的情况，法院对当事人的诉讼请求基本予以认可。

3. 保险分割裁判要旨

甘肃省2017～2019年法定继承中涉及保险的案例数量极少，在兰州市安宁区人民法院2018年11月18日作出的(2017)甘0105民初1397号判决中，明确将保险金作为遗产处理，对被继承人在中国太平洋人寿保险股份有限公司的个人保险单及保险费发票，法院予以确认，将意外伤害保险金、身故保险金予以分割。

---

① 原《婚姻法司法解释(二)》已废止，本条内容参见最高人民法院《关于适用〈中华人民共和国民法典〉婚姻家庭编的解释(一)》[以下简称《民法典婚姻家庭编司法解释(一)》]第77条。

三、被继承人债务清偿纠纷裁判要旨

1. 法院支持被继承人债务清偿的条件

继承人在其所继承的遗产范围内承担民事责任。该点的主要依据是《民法典》第1159条和第1161条的规定，即继承遗产应当清偿被继承人依法应当缴纳的税款和债务，缴纳税款和清偿债务以他的遗产实际价值为限。超过遗产实际价值部分，继承人自愿偿还的不在此限。继承人放弃继承的，对被继承人依法应当缴纳的税款和债务可以不负偿还责任。例如，酒泉市中级人民法院2017年6月20日作出的(2017)甘09民终333号判决便是这样。

借贷关系合法、有效，继承人未放弃继承遗产。例如，镇原县人民法院2017年5月8日作出的(2017)甘1027民初1094号判决中，原告与被继承人之间的借贷关系合法、有效，三被告作为合法财产继承人，未放弃继承遗产，法院判决支持债权人诉讼请求。

虽表示放弃继承，但对遗产进行实际管理和控制。例如，庆阳市西峰区人民法院2017年5月28作出的(2017)甘1002民初17号判决中，被告苟某茂作为苟某伟的法定继承人，虽明确表示放弃继承，但与被告毛某琴、苟某禄仍是遗产的实际管理和控制人，为保障债权人的合法权益，应当在继承遗产的范围内承担偿还责任。

2. 被继承人债务清偿中夫妻共同债务认定

债务发生在夫妻关系存续期间，为家庭共同生产经营负担。例如，天水市中级人民法院2017年5月8日作出的(2017)甘05民终160号判决中，被继承人系在夫妻关系存续期间，向债权人借款为砖厂经营周转之用，砖厂的收益为其家庭主要生活来源，因此，该笔债务符合"为夫妻共同生活"所产生，属于夫妻共同债务。

夫妻一方在婚姻关系存续期间以个人名义所负债务无证据证明为个人债务的应按夫妻共同债务处理。例如，张掖市甘州区人民法院2017年8月10日作出的(2017)甘0702民初7136号判决中，被告既未提交证据证明被继承人与债权人明确约定该笔欠款为个人债务，又未证明其与被继承人对婚姻关系存续期间所得的财产约定归各自所有且原告知道该约定。故被继承人在婚姻关系存续期间以个人名义所负的该笔债务应按夫妻共同债务处理，被告对该笔欠款负有偿付义务。

配偶一方在法庭抗辩不知债务，又无法举证证明债务用途，该债务应认定为夫妻共同债务。例如，武威市凉州区人民法院2017年5月25日作出的(2017)甘0602

民初 704 号判决即是如此。

上述报告基于公开的部分案例,因此未公布的判决不在本次数据分析之列,统计结果难免有所差异,供读者借鉴参考。

青海省法院审理继承案件裁判要旨总梳理

一、统计样本

关键词:全文为继承纠纷,地域为青海省,文书类型为判决,年份为 2017 年、2018 年、2019 年。

初步检索到的青海省 2017 ~ 2019 年的继承纠纷案件数量为:2017 年 67 件,2018 年 61 件,2019 年 52 件。剔除判决书不显示主文的案件后,案件数量为:2017 年 38 件,2018 年 37 件,2019 年 31 件,共计 106 件。

虽然继承纠纷案件数量不多,但是每一个案例都很有代表性,为小组的研究工作提供了宝贵的数据。

二、青海省遗嘱继承裁判要旨

(一)共同遗嘱效力裁判要旨

遗嘱符合法律规定,应按照遗嘱继承,其中一人先去世的,先将共同遗嘱人的财产进行分割,再由继承人按照遗嘱继承被继承人相应的财产份额,如(2017)青 0104 民初 2195 号判决。

(二)自书遗嘱效力裁判要旨

1. 遗嘱有效的裁判要旨

(1)自书遗嘱由遗嘱人亲笔书写,签名,注明年、月、日。当事人提交的遗嘱符合我国法律规定的自书遗嘱的形式要件的,是合法有效的遗嘱,按遗嘱继承,如(2018)青 0103 民初 455 号判决。

(2)遗嘱人虽年事已高,但立遗嘱时神志清醒,属完全行为能力人,其对个人财产的处分在遗嘱中表述清楚,且遗嘱有见证人现场见证签名,故该遗嘱属被继承人的真实意思表示,遗嘱合法,按遗嘱继承,如(2017)青 01 民终 1802 号判决。

2. 遗嘱部分无效的裁判要旨

遗嘱人以遗嘱处分了财产共有人的财产,遗嘱的这部分,应认定无效,遗嘱有效部分按遗嘱继承,无效部分按法定继承,如(2017)青 0103 民初 3016 号判决。

3. 遗嘱无效的裁判要旨

被继承人虽然留有遗嘱,但遗嘱存在部分处分他人财产的无效情形,同时遗嘱的内容缺乏可执行性,遗嘱内容相互之间有冲突,且遗嘱人在遗嘱之后的行为与其立遗嘱的意思表示相悖,因此遗嘱按无效处理,适用法定继承,如(2019)青01民终516号判决。

(三)代书遗嘱效力裁判要旨

1. 遗嘱形式有缺陷,但能证实该遗嘱是被继承人真实意思的表示,且事实存在的,可认定该遗嘱基本符合法律规定的代书遗嘱形式要件和实质要件,按遗嘱继承,如(2018)青01民终1576号判决。

2. 代书遗嘱打印后签字,未签日期且无证人证明代书过程的,遗嘱无效,适用法定继承,如(2018)青0103民初3494号判决。

(四)数份遗嘱冲突的裁判要旨

被继承人前后立了两份内容不一致的遗嘱,没有公证遗嘱的,以遗嘱人生前所立的最后一份遗嘱为准,如(2018)青0102民初1322号判决。

不过,《民法典》取消了公证遗嘱的优先效力,以最后一份有效遗嘱为准。

三、继承析产裁判要旨

(一)分割财产时先区分夫妻共同财产

遗产是公民死亡时遗留的个人合法财产。继承从被继承人死亡时开始。继承开始后,有遗嘱的按照遗嘱继承处理,没有遗嘱或遗赠扶养协议的按照法定继承办理。诉争的财产属于配偶与被继承人夫妻共同财产的,应先将夫妻共同财产进行分割,留出属于配偶的一半财产后,将属于被继承人的那部分财产作为遗产进行继承,如(2017)青2221民初1313号判决。

(二)房产的继承规则

1. 尊重当事人意思自治,继承人对房产所有权的归属协商一致的,法院予以确认,如(2017)青0103民初401号判决。

2. 遗产分割应当有利于生产和生活需要,不损害遗产的效用。房屋属于不宜分割的遗产,在法定继承中,法院判决由房屋实际使用人或管理人取得房屋所有权,由其折价补偿其他继承人,如(2016)青0102民初2166号判决。

3. 由占有该房屋大部分份额的继承人取得房屋所有权,由其折价补偿其他继承人,如(2018)青0105民初674号判决。

4. 由有疾病或生活困难的继承人取得房屋所有权，由其折价补偿其他继承人，如(2017)青0104民初1176号判决。

(三)其他遗产的继承规则

分割实物时，结合物品的实际使用情况，对被继承人扶养较多的继承人，适当多分遗产，如(2016)青0122民初1394号判决。

(四)继承份额是否有倾斜及倾斜的原因和比例

在85件法定继承案件中，有18件案件在分割财产时有所倾斜，有67件案件没有倾斜。在倾斜分割遗产的案件中，倾斜原因为继承人对被继承人生前照顾比较多的有10件，原因为继承人年老或丧失劳动能力的有4件，原因为继承人残疾或有疾病的有3件，因继承人求学没有经济收入生活困难的有1件。

1. 对于年老、残疾需要其他人照顾或丧失劳动能力的继承人，分配遗产时应适当对其予以照顾，如(2018)青2894民初150号判决、(2018)青0222民初997号判决。

2. 对于有疾病的继承人，分割遗产时可多分，如(2019)青0104民初168号判决。

3. 对于被继承人尽了主要扶养义务或者与被继承人共同生活的继承人，分配遗产时，可以多分，如2019青(0221)民初971号判决。

4. 继承人因在外地求学无经济收入，分配遗产时，应当依法予以照顾，如(2017)青0221民初585号判决。

(五)抚恤金的裁判要旨

死亡抚恤金不属于法律规定的遗产范围，故不能作为遗产继承。抚恤金是公民所在单位在公民死亡后按照有关规定发放给死者近亲属或抚养人的生活补助，同时具有一定精神抚慰的内容。给付对象是死者直系亲属，性质是对死者近亲属的一种经济方面的帮助或抚慰。

对于要求分割抚恤金和丧葬费的继承纠纷案件，各法院有不同的裁判规则：

1. 认为抚恤金不属于遗产，在继承案件中不予以处理，如(2017)青2223民初243号判决。

2. 虽认为抚恤金不属于遗产，但为减轻当事人诉累，参照原《继承法》予以处理，如(2017)青2221民初1268号判决。

宁夏回族自治区法院审理继承案件裁判要旨总梳理

作为课题组报告的一部分,笔者以Alpha数据库为基础,以“本院认为”为关键词进行检索,选择年份主要为“2017年”“2018年”“2019年”“2020年”,选择地区为“宁夏回族自治区”,选择文书类型为“判决”,选择案由为“法定继承纠纷”“遗嘱继承纠纷”“遗赠扶养协议纠纷”“遗赠纠纷”“其他继承纠纷”进行检索,共获得判决224份。

笔者对以上五类案由共计224份判决进行了阅读和统计,主要目的在于分析总结宁夏回族自治区继承案件的总体情况和特点,并归纳总结宁夏回族自治区法院审理继承案件的一般规则和特别规则。由于宁夏回族自治区继承案件总体较少,本报告也加入了其余年份的判决,以供参考。

一、遗嘱继承裁判要旨

1. 遗嘱效力

据统计,在35份自书遗嘱中,23份有效,6份无效,6份因无权处分部分无效;在11份公证遗嘱中,10份有效,1份无效;在9份代书遗嘱中,2份有效,7份(部分)无效,其中2份因无权处分部分无效;在5份录音遗嘱中,4份无效,1份因无权处分部分无效;1份口头遗嘱,无效(见图1)。

可见,公证遗嘱的有效比例是最高的,达到了90.9%,其次是自书遗嘱,有效比例为65.7%。

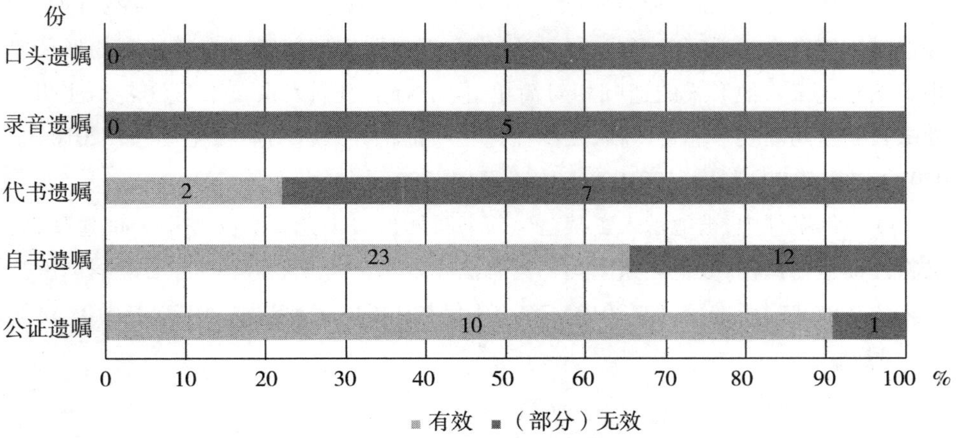

图1 各类型遗嘱的效力

2. 遗嘱无效的原因分析

(1)自书遗嘱。

顾名思义,自书遗嘱是指遗嘱人自己书写的遗嘱。由于操作简单,和公证遗嘱相比成本较低,自书遗嘱是现实中最常见的遗嘱形式。但是,我国《民法典》对自书遗嘱的形式要件提出了严格的要求,规定自书遗嘱必须由遗嘱人亲自书写、签名,同时必须注明年、月、日,这两者缺一不可,否则遗嘱无效。同时,有效的自书遗嘱也必须符合两项实质要件,即遗嘱必须是遗嘱人的真实意思表示,必须由遗嘱人本人独立订立并且本人必须具有行为能力。

宁夏回族自治区涉及自书遗嘱的判决书一共 35 份,其中 6 份无效,6 份部分无效。无效或部分无效的原因分别有:

①有 4 起案例是由于遗嘱人无权处分。其中一起案例经历了一审、二审、再审故而有 3 份判决书。该案中法院查明被继承人早年间已经将自有的几套房分家析产,并办理了房产证,因此被继承人早已不再享有涉案几套房屋的所有权,一审、二审和再审均认为,被继承人在遗嘱中对不属于自己的房屋进行处分的行为是无效的。而其他三则案例,则是因为遗嘱人对共有部分的财产进行了处理,因而部分无效,如(2018)宁 05 民再 10 号判决、(2017)宁 0104 民初 12595 号判决、(2016)宁 0104 民初 6699 号判决、(2016)宁 0521 民初 1092 号判决。

②经医院诊断,被继承人的精神残疾等级为"明确诊断'精神分裂症',其社会功能严重受损,生活不能自理,应为无民事行为能力人",因此,被继承人所立遗嘱无效,如(2018)宁 0104 民初 8222 号判决。

③一例案件中,强某坤虽然亲自书写遗嘱并签名,但因未注明立遗嘱日期,故该遗嘱不符合自书遗嘱的形式,属无效遗嘱。可见,我国法律对自书遗嘱的形式要求虽然相比于其他形式的遗嘱相对简单,但是对于遗嘱人亲自书写签名和注明立遗嘱日期这两项要求非常严格,缺少任何一项都将导致自书遗嘱无效,如(2018)宁 0202 民初 1521 号判决、(2019)宁 0104 民初 4772 号判决。

④一例案件中,被继承人王某兰生前书写两份自书遗嘱后又立下公证遗嘱,后又将公证遗嘱撤销,故上述遗嘱均不具有法律效力。可见,在先的自书遗嘱可以被后来的其他遗嘱所推翻,如(2019)宁 0104 民初 14636 号判决、(2017)宁 0104 民初 2087 号判决。

(2)代书遗嘱。

所谓代书遗嘱,是指根据遗嘱人口述的内容,由他人代为书写的遗嘱。我国对代书遗嘱的形式要件和实质要件作了非常严格的规定,这也是现实中大量代书遗嘱被认定为无效的原因。根据我国《民法典》,代书遗嘱的订立必须有两个以上见证人在场见证,由其中一人代书,注明年、月、日并由代书人、见证人和遗嘱人当场签署;同时,无行为能力人和限制行为能力人、继承人和受遗赠人、与继承人和受遗赠人有利害关系的人不得作为代书遗嘱的见证人。

在宁夏回族自治区的9份代书遗嘱中,2份有效,5份无效,2份部分无效。代书遗嘱无效或部分无效的原因有:

①5份判决中的代书遗嘱被认定为无效,均是因为其不符合"有2位无利害关系见证人"的要求,在这些无效案例中,或是见证人仅有一位,或是见证人由继承人担任因而不符合要求。其中有一起典型案例,被继承人由律师代书写下遗嘱,由于遗嘱是打印的,法院将其认定为代书遗嘱;但是,法院认为:律师代被继承人打印遗嘱时,郝某莲及二位证人并不在场,该遗嘱不是在郝某莲及见证人在场的情况下形成的,因此不符合代书遗嘱的形式要件,该遗嘱无效。可见,实践中对代书遗嘱的认定要求非常严格,如(2019)宁01民终1289号判决、(2017)宁0104民初13130号判决、(2018)宁0104民初26号判决、(2016)宁01民终2722号判决、(2018)宁0104民初13960号判决。

②还有2份判决,其中的代书遗嘱虽然符合形式要求,但是处分了属于配偶的份额,因此部分无效,如(2017)宁0104民初2087号判决、(2018)宁0502民初2708号判决。

(3)公证遗嘱。

公证遗嘱是经过了公证处证明的遗嘱。宁夏回族自治区的11份公证遗嘱中,10份有效,公证遗嘱是有效比例最高的遗嘱形式。但是其中1份判决中的公证遗嘱部分无效,值得引起注意:

我国《继承法》第19条[①]规定:"遗嘱应当对缺乏劳动能力又没有生活来源的继承人保留必要的遗产份额。"这是法律的强制性规定。在这一则部分无效的判决中,郭某去世时原告尚未成年,郭某所立公证遗嘱没有为原告保留必要的遗产份额,违反了继承法的相关规定,故被告在继承郭某遗产时,应当在继承遗产范围内为原告保留必要的遗产份额,剩余遗产参照遗嘱确定的分配原则处理。因此,即使是效力最高的公证遗嘱,也需要为缺乏劳动能力又没有生活来源的继承人保留必要的遗产份额,否则遗嘱对应当保留的必要份额的处分无效,如(2019)宁0104民初10999号判决。

---

① 《继承法》已废止,本条内容参见《民法典》第1141条。

(4)录音遗嘱。

除了以上三种常见的遗嘱形式，遗嘱人也可以通过录音的方式订立遗嘱。对于录音遗嘱，同样应当由两个以上的见证人在场见证，否则无效。宁夏回族自治区的5份录音遗嘱中，4份无效，1份部分无效。可见，要订立有效的录音遗嘱，形式要件也非常严格。

①4份无效的录音遗嘱，均是因为不符合应当有两个以上见证人在场见证的形式要求，被法院认定为无效，如(2018)宁04民终125号判决、(2017)宁0424民初917号判决、(2016)宁0424民初934号判决、(2016)宁0424民初934号判决。

②还有1份判决中，虽然录音遗嘱符合形式要求，但是由于遗嘱人无权处分了配偶的份额，被法院认定为部分无效，如(2016)宁0104民初6699号判决。

(5)口头遗嘱。

我国《民法典》还规定了口头遗嘱这种遗嘱形式。口头遗嘱的适用条件非常有限，遗嘱人在危急情况下可以立口头遗嘱，口头遗嘱应当有两个以上见证人在场见证，并且，危急情况解除后，遗嘱人能够用书面或者录音形式立遗嘱的，所立的口头遗嘱无效。宁夏回族自治区这1则判决对口头遗嘱的效力认定非常典型。该案件中，法院认为：自马某1立口头遗嘱至其死亡，中间间隔两日，其完全可以采取其他方式订立遗嘱，且其并非处于生命危急情况。同时根据继承法的规定，口头遗嘱要求有两位无利害关系人在场见证。当时的在场人均系马某1的亲属或继承人，系利害关系人。故马某1作出的口头遗嘱时，不符合危急情况及应有两个无利害关系人在场见证的法定条件，该口头遗嘱无效，如(2019)宁02民终945号判决。

3. 共同遗嘱

我国目前的法律法规尚未对“共同遗嘱”作出规定，因此，共同遗嘱的效力认定问题在各地的司法实践中可能存在不同的观点。本次研究中，笔者在宁夏回族自治区继承案件中发现2份判决中存在共同遗嘱，均为夫妻双方立下的共同遗嘱。在这2份判决中，法院并没有使用“共同遗嘱”这一概念，也没有对共同遗嘱的效力问题加以特别的分析，但是，这2份由夫妻订立的共同遗嘱均被法院认定为有效，如(2017)宁0105民初1769号判决、(2017)宁0104民初12306号判决。

二、遗赠和遗赠扶养协议裁判要旨

在遗嘱之外，我国法律还规定了遗赠和遗赠扶养协议，但宁夏回族自治区关于这两类的判决不多。

在涉及遗赠的2份判决中，法院均认定其中的遗赠有效，如(2016)宁0106民初

2040 号判决、(2018)宁 0104 民初 5016 号判决。

在涉及遗赠扶养协议的 2 份判决中：一份认定遗赠扶养协议有效，法院驳回了遗赠人要求解除遗赠扶养协议的主张，如(2018)宁 04 民终 948 号判决。另一份判决中，因遗赠人对所处分的财产没有处分权，属于无权处分，故法院认定遗赠扶养协议无效，如(2018)宁 05 民再 10 号判决。

三、法定继承裁判要旨

法定继承，是指在被继承人没有留下遗嘱的情况下，其个人的合法遗产由继承人依照法律的规定进行继承。继承人的范围、顺序和分配原则都依照法律来确定。在本报告统计的 224 份判决中，仅 53 份判决中立有遗嘱。因此，被继承人未立有遗嘱以及立下遗嘱但遗嘱被法院认定为无效的案例占了继承案件的大多数，法定继承是最主要的继承方式。

经过分析和总结后，宁夏回族自治区法院在审理法定继承案件时反映出以下几个典型的焦点问题：

1. 继承人放弃继承权的意思表示须在继承开始后作出，未作出放弃继承的意思表示，视为接受继承。

继承权作为一项民事权利，可以放弃，这也是处分原则的具体体现。但是，我国《民法典》对继承人放弃继承权作出了规定。《民法典》第 1124 条第 1 款规定："继承开始后，继承人放弃继承的，应当在遗产处理前，以书面形式作出放弃继承的表示；没有表示的，视为接受继承。"宁夏回族自治区有 2 份判决，其中关于放弃继承权的例子非常典型。

在(2018)宁 04 民终 770 号判决中，法院认为：柳某乙在被继承人生前作出的表示，不能认定为放弃继承权。本案柳某乙在继承开始后，并未作出放弃继承的意思表示，因此柳某乙享有继承权。也就是说，法律规定继承人放弃继承权的时间必须是在"继承开始后、遗产处理前"，在被继承人生前作出放弃继承权的意思表示无效。

在(2018)宁 01 民终 2826 号判决中有两位被继承人，案涉房屋属于被继承人巫某祯、邢某莲夫妻共同财产。二审法院认为：武某明、巫某影、巫某军在被继承人邢某莲所立遗嘱上签字表示"放弃"，该意思表示并不明确，不代表武某明、巫某影、巫某军放弃的是继承权。在被继承人去世后，继承人未明确表示放弃继承的，视为接受继承。由此可见，当事人放弃继承权，必须有明确的意思表示，否则视为接受继承。

2. 继承人故意杀害被继承人的，丧失继承权。

上述继承权的放弃是当事人自愿意志的行为，也是处分原则的体现，而《民法典》对特定情况下继承人丧失继承权的规定，则是法律的强制性规定，其中，继承人故意杀害被继承人的，丧失继承权。

在(2017)宁0205民初1576号判决和(2013)贺民初字第1547号判决中，继承人和被继承人均为夫妻关系，因继承人故意杀害被继承人，法院认定其丧失继承权。

3. 继子女取得继承权的前提条件是与继父母形成抚养/扶养关系。

由于我国社会的离婚率居高不下，再婚家庭的数量一再上升，继子女的继承权问题成为近年来司法实践中的热点问题。宁夏回族自治区涉及继子女继承权的判决共有11份，其中不乏一些典型案例，法院对继子女的继承权问题进行了详细的说理，值得分析研究。

在涉及继子女继承权的11份判决中，法院最终认定继子女具有继承权的有4份判决：(2019)宁01民终1543号、(2016)宁0502民初2042号、(2018)宁0104民初7986号、(2018)宁0104民初26号，法院最终认定继子女无继承权的有7份判决：(2018)宁0104民初7917号、(2017)宁02民终455号、(2016)宁0106民初5732号、(2015)贺民初字第2616号、(2017)宁01民终2751号、(2017)宁0122民初3760号。

针对继子女的继承权问题，宁夏回族自治区法院观点一致，继子女取得继承权的前提条件是与继父母形成抚养/扶养关系。

那么，如何认定抚养/扶养关系已经形成？在(2017)宁02民终455号判决中，法院认为：马某甲对毛某己的遗产享有法定继承权的前提条件是马某甲与毛某己是否形成抚养关系。认定双方形成抚养教育关系应考虑继子女是否未成年、抚养事实的存在及抚养事实持续时间长短。抚养事实持续时间一般应为两年以上，并且继父或继母承担了抚养费，付出了必要的劳务，履行了教育义务。本案中，毛某己与马某乙于2004年11月22日结婚并共同生活，此时马某甲已17周岁多，至马某甲成年，其与毛某己共同生活的期间不到一年。且马某甲随生父马某乙共同生活，马某乙承担了抚养马某甲的主要义务，故马某甲上诉称其对毛某己的遗产享有法定继承权的理由不能成立，本院不予支持。

继父母和生父母离婚后，继子女对继父母是否仍然享有继承权？宁夏地区有2份判决涉及了这一问题。在(2017)宁01民终2751号判决中，法院认为：继子女获得继承权的条件是与继父母形成扶养关系。扶养关系是建立在一定的亲属关系之上的，而继子女和继父母之间是因姻亲关系而产生的一种拟制血亲关系，这种拟制关系并不像血亲关系那样直接产生法定扶养义务。在继父母与生父母离婚后，即双方姻亲关系解除后，继子女对继父母是否仍享有继承权，应通过双方是否仍然具有相互扶养的关系予以判断。另一份判决为(2017)宁0122民初3760号。

4.法定继承中，原则上对遗产进行均分，但也有大量判决存在多分的情形，少量判决存在少分的情形。

根据法律规定，法定继承中，在一般的情况下，同一顺序的继承人应当均分遗产，但是我国《民法典》及其司法解释也规定了特定继承人可以多分、少分或者不分的特定情形。那么实践中如何认定呢？

在宁夏回族自治区的无遗嘱判决中，有41份判决中的法院对特定继承人判决多分，3份判决中的法院对特定继承人判决少分。

(1)多分。

在41份酌情多分的判决中，法院依据《继承法》第13条①及最高人民法院《关于贯彻执行〈中华人民共和国继承法〉若干问题的意见》第30条②，对生活有特殊困难的缺乏劳动能力的继承人和对被继承人尽了主要扶养义务或者与被继承人共同生活的继承人可以适当多分，典型的情形包括：

①在(2017)宁0502民初1182号判决中，原告、被告均认可其父母自2001年起一直由被告赡养，被继承人张某庆在2016年过世时也是被告办理的丧葬事宜，且被告为办理丧葬事宜支出70,000余元。参照《继承法》第13条③和最高人民法院《关于贯彻执行〈中华人民共和国继承法〉若干问题的意见》第30条④的规定，法院判令张某庆的遗产207,603元由原告四人每人继承20,000元，剩下127,603元由被告继承。

②在(2019)宁0221民初2108号判决中，被告焦某现已年逾76岁且因疾病瘫痪多年，属于丧失劳动能力且有特殊困难的继承人，因此法院判决由其继承7500元，由另外两名继承人分别继承5000元。

③在(2018)宁0502民初595号判决中，继承人现未成年正在上初中、小学，其二人的亲生母亲已再婚，现两个孩子只能与祖父祖母相依为命，故法院综合考虑继

---

① 《继承法》已废止，本条内容参见《民法典》第1130条。

② 最高人民法院《关于贯彻执行〈中华人民共和国继承法〉若干问题的意见》已废止，本条内容参见最高人民法院《关于适用〈中华人民共和国民法典〉继承编的解释(一)》第19条。

③ 《继承法》已废止，本条内容参见《民法典》第1130条。

④ 最高人民法院《关于贯彻执行〈中华人民共和国继承法〉若干问题的意见》已废止，本条内容参见最高人民法院《关于适用〈中华人民共和国民法典〉继承编的解释(一)》第19条。

承人适当多分遗产。

④在(2019)宁0104民初2107号判决中,考虑到被告与被继承人段某云、王某珍共同生活,尽到较多的抚养义务,故本院确定被告继承两套房屋各28%的份额,四原告各继承18%的份额。

(2)少分。

在4份判决中,法院对特定继承人予以少分:

依据一:《继承法》第13条[①]规定,对有扶养能力和有扶养条件但不尽扶养义务的继承人,予以少分。

①在(2016)宁0302民初4074号判决中,考虑到房某丙在老人生命的最后17个月中对老人精心照料,陪伴左右,该笔款项应当大部分由房某丙继承;其他原告在此阶段对房某丙赡养、照顾不够,应当不分或少分。

②在(2016)宁0324民初2778号判决中,原告、被告父母生前一直与被告共同生活,被告尽了主要赡养义务,分配遗产时应予以多分;原告任某1、任某3远在新疆居住,客观上难以照顾父母,分配遗产时应予以少分。

依据二:最高人民法院《关于贯彻执行〈中华人民共和国继承法〉若干问题的意见》第59条规定[②],人民法院对故意隐匿、侵吞或争抢遗产的继承人,可以酌情减少其应继承的遗产。

③在(2014)兴民初字第6061号判决中,在本案审理期间,案外人张某持张某茹出具的借条要求本案各继承人在继承遗产的范围内承担债务180万元,因张某不能合理解释款项的来源,本院审理后判决驳回其诉讼请求。张某茹给向张某出具借条的行为,意在减少可分配的遗产数额,存在以上法律规定的可酌情减少其应继承的遗产的情形。

④在(2011)金民初字第1303号判决中,被告黄某故意隐匿古玩数量较多,且已将售车款60,000元自行处置,现可确定价值的三套房产及存放于被告黄某处的古玩(无法确定价值)仅占遗产中小部分,被告行为导致原告的利益受损,故予以少分。

5. 被继承人去世已超过20年,继承人丧失诉权。

《民法典》第188条规定:"向人民法院请求保护民事权利的诉讼时效期间为三年。法律另有规定的,依照其规定。诉讼时效期间自权利人知道或者应当知道权利

---

① 《继承法》已废止,本条内容参见《民法典》第1130条。

② 最高人民法院《关于贯彻执行〈中华人民共和国继承法〉若干问题的意见》已废止,本条规定参见《民法典继承编司法解释(一)》第43条。

受到损害以及义务人之日起计算。法律另有规定的,依照其规定。但是,自权利受到损害之日起超过二十年的,人民法院不予保护,有特殊情况的,人民法院可以根据权利人的申请决定延长。”宁夏回族自治区有 1 份判决,由于被继承人已过世超过 20 年,法院判决继承人丧失诉权。

在(2016)宁 01 民终 2384 号判决中,法院认为:《继承法》第 8 条①中的但书内容系法律强制性规定,该内容表明,自继承开始后超过 20 年,继承人即丧失了诉讼权利,不得向人民法院提起诉讼主张权利。由于被继承人于 1986 年 4 月去世,现已超过 20 年,继承人对于其生母的遗产已不享有诉权。

四、财产继承裁判要旨

1. 房产

房产是常见的遗产类型,在 100 份涉及房产分割的判决中,有 10 份法院判决房产由继承人按照一定比例按份共有,其余 90 份法院采用了判给一方、由其对其他当事人进行折价补偿的分割方式。

2. 股权

被继承人生前持有的公司股权也属于遗产。宁夏回族自治区有 2 份判决涉及遗产中公司股权的继承:

在(2016)宁 01 民终 2722 号判决中,法院判决各继承人平均继承股权。该案中,一审法院认为:对于被继承人仇某凤持有的宁夏天宏爆破有限公司 12.3% 的股权,应由原告张某博和五被告应分别等额继承,故判决六名继承人分别继承 1/6 的股权,二审法院维持原判。

在(2017)宁 0104 民初 1550 号判决中,有 2 家公司,法院在认定现该公司股东无人受让作为遗产的股份并且同意其继承人继承股份的基础上,判决各继承人依照法定继承平分股权。该案中,宁夏银川馥裕昇餐饮有限公司 51.6% 的股份系被继承人与被告李某 2 的夫妻共同财产,现该公司股东无人受让徐某军股份,并且同意其继承人继承徐某军股份,故其中一半份额属于被告李某 2,原告、被告每人继承上述一半股份的 1/5,各占宁夏银川馥裕昇餐饮有限公司股份总额的 5.1% (51.6% ÷ 2 ÷ 5)。宁夏京都味清真餐饮有限公司系由徐某军、被告李某 2 与案外人共同出资设立的,现该公司股东亦无人受让徐某军股份,并且同意其继承人继承徐某军股份,故依法定继承确定各继承人的继承份额,被告李某 2 占有宁夏京都味清真餐饮

① 《继承法》已废止,本条内容参见《民法典》第 188 条。

有限公司股份总额的51.9%,原告徐某2、原告李某1、原告徐某1、被告徐某3各占有宁夏京都味清真餐饮有限公司股份总额的8.6%。

3. 知识产权

知识产权由于其特殊性,通常包含财产权利和人身权利两部分。根据法律规定,公民的著作权、专利权中的财产权利,也属于遗产。宁夏回族自治区有2份判决涉及知识产权的继承:

在(2017)宁0104民初1550号判决中,法院认为:"馥裕昇"商标由被继承人生前于2013年9月29日注册成功,被继承人系该商标申请人,该商标专用权系被继承人在婚内申请的,被继承人对该商标专用权享有的权利属于其名下遗产,继承人对该商标专用权均有权继承。法院最终判决被继承人在"馥裕昇"注册商标中的财产权利由4名继承人继承。

在(2016)宁0202民初2882号判决中,法院认为:根据著作权法的规定,公民的著作权包括人身权和财产权两部分。公民死后,其著作权中的财产权可以依法继承,因此判决原、被告四人每人对被继承人赵某忠著作权(《上帝手中的笔》)中的财产权各继承25%。

4. 存款、住房公积金、机动车等其他财产

常见的遗产类型还有存款、住房公积金、机动车、家具家电和日常用品等其他财产。在这一类遗产的分割中,对于存款、住房公积金等可以平均分割的财产,法院一般直接进行分割;对于机动车等无法分割的财产,由于这一类遗产价值不大,法院一般采取折价补偿的方式进行分割。

5. 两类特别的财产类型

值得注意的是,宁夏回族自治区继承案件中有两类财产的分割非常特殊。

第一类是关于抚恤金、死亡赔偿金、丧葬费等的处理。所谓抚恤金,通常是出于对死者家属的抚慰而发放的经济补偿金,由于抚恤金抚慰的对象是死者的家属,并且产生于死者过世之后,因此,本质上不属于遗产。死亡赔偿金,通常是指死者因工伤等原因死后,死者的工作单位等给予死者近亲属和被扶养人的生活补助费,由于其产生于死者过世后,亦不属于死者的遗产。因此,司法实践中对抚恤金、死亡赔偿金以及丧葬费的处理,可以一并分析。

宁夏回族自治区涉及抚恤金的判决数量众多,共有61份判决。对于这一问题,宁夏回族自治区法院达成了较为一致的原则性裁判要旨,但在个别判决中也存在例外。

(1)原则性裁判要旨:抚恤金虽然不属于遗产,但在继承案件中一并参照遗产进行分割、处理。

原则上,法院认为:由于抚恤金是国家相关部门给死者近亲属的金钱给付,不属于遗产,但其可以参照或者比照遗产进行分配,在继承案件中一并对其进行处理。法院在分配时,往往结合当事人有无稳定的生活来源、当事人与死者关系及当事人对死者生前所尽抚养义务的多少等因素综合考虑。

(2)例外:个别判决中的法院判决驳回,要求当事人另案起诉。

在原则之外,也有 7 份判决存在例外。在这些例外的判决中,法院在指出抚恤金不属于遗产的同时,还认为抚恤金的分配和继承案件不属于同一法律关系,因此判决当事人另案起诉,如(2018)宁 04 民终 125 号判决、(2017)宁 0424 民初 917 号判决、(2016)宁 0424 民初 934 号判决、(2019)宁 0521 民初 3517 号判决、(2016)020202 民初 3207 号判决、(2015)贺民初字第 2616 号判决。

(3)涉及抚恤金分配的遗嘱效力:裁判不一致。

对于涉及抚恤金分配的遗嘱,在(2017)宁 0104 民初 12595 号判决和(2017)宁 0106 民初 1529 号判决中,法院认为:由于抚恤金不属于遗产,因此遗嘱中对于抚恤金的分配部分无效,但在(2017)宁 0104 民初 2087 号判决中,法院认可了遗嘱中对抚恤金的分配。

第二类特殊财产是土地承包经营权。检索中,涉及土地承包经营权的判决共有 5 份。其中,4 份判决中,法院认为土地承包经营权不属于遗产,但在另 1 份判决中,法院存在相反的观点。

(1)土地承包经营权不属于遗产,不存在继承的问题。

在(2017)宁 0302 民初 3255 号判决、(2018)宁 0502 民初 1014 号判决、(2017)宁 0381 民初 818 号判决和(2016)宁 0302 民初 3090 号判决中,法院认为:土地承包经营权并非个人财产,而是以户为生产经营单位由本集体经济组织内部的农户进行的承包,属于家庭财产;虽然家庭成员死亡,但作为承包方的"户"仍然存在,承包地应由其他具有本集体经济组织成员资格的家庭成员继续承包经营;如果一"户"内的家庭成员均死亡,则土地承包经营权归于消灭,因此土地承包经营权不存在继承的问题。

(2)土地承包经营权可以继承。

在(2016)宁 0521 民初 1092 号判决中,法院认为:本案诉争的土地承包经营权及房屋均属于可以依法继承的公民其他合法财产,应按继承法规定的原则处理。本案涉及的土地承包经营权是依被继承人与中宁县恩和镇秦庄村村民委员会签订的土地承包合同取得的,应当由有继承权的人参与继承。最终,法院判决两名继承人分别继承面积为 0.55 亩和 0.95 亩的两块地的土地承包经营权。

新疆维吾尔自治区法院
审理继承案件
裁判要旨总梳理

一、统计样本基数及概述

本次大数据分析报告参考案例来自聚法案例数据库，检索关键词为“新疆维吾尔自治区”“新疆维吾尔自治区生产建设兵团分院”“继承纠纷”“判决”“200,000 字 - 500 字”“2019、2018、2017”。检索数据显示，新疆辖区兵团和地方两个系统的法院从 2017 ~ 2019 年公开离婚后财产纠纷案件判决书共计 512 份。其中，新疆维吾尔自治区地方法院系统 426 份，新疆维吾尔自治区生产建设兵团分院系统 86 份。

统计对象：继承纠纷类裁判文书。

范围：新疆辖区。

案例来源：聚法案例网。

二、2017 ~ 2019 年新疆维吾尔自治区继承纠纷案件总体情况分析

第一，对法定继承纠纷二审中涉及的问题及归属方式、处理原则进行统计，统计内容如表 1 所示：

表 1 法定继承纠纷概况

序号	具体情形		数量/份
1	是否有代理人	无	3
		一方律师	10
		双方律师	17
		其他	5
2	上诉请求	支持	2
		不支持	26
		部分支持	5
3	上诉人在一审地位	原告	15
		被告	22
		第三人	1

续表

序号	具体情形		数量/份
4	继承有关文件	有效遗嘱	4
		析产协议	2
		夫妻财产约定	0
		其他影响分配文件	8
5	权益分割原则	均等	6
		按比例	20
		照顾没生活来源的	3
		保留胎儿份额比例	1
		照顾被继承人多	3
		其他	1
6	继承人与被继承人关系	父母	11
		配偶	20
		婚生子女	29
		养子女	0
		继子女	3
		(外)祖父母	3
		其他	5
7	继承标的	20 万元以下	3
		20 万～60 万元	7
		60 万～100 万元	3
		100 万元以上	18
		未标注	2
8	被继人再婚状态	是	9
		否	24
9	继承人是否为唯一子女	是	2
		否	31

续表

序号	具体情形		数量/份
10	遗产类型	现金存款	1
		房产	19
		车辆	4
		股票	0
		基金	0
		抚恤金	1
		丧葬费	2
		保险	0
		土地使用权	19
		拆迁款	1
		股份股权	3

第二,对遗嘱继承纠纷审判中涉及的问题及归属方式、处理原则进行统计,统计内容如表2所示:

表2　遗嘱继承纠纷概况

序号	具体情形		数量/份
1	是否有代理人	无	4
		一方律师	21
		双方律师	13
		其他	9
2	遗嘱效力	有效	33
		无效	6
		部分有效	8
		其他	0
3	遗嘱鉴定	鉴定有效	3
		鉴定无效	0

续表

序号	具体情形		数量/份
4	遗嘱不支持理由	过诉讼时效	0
		越权处分	9
		遗嘱形式内容有瑕疵	4
		新旧遗嘱变更效力	3
5	继承有关文件	遗嘱	45
		析产协议	1
		夫妻财产约定及效力	1
		其他影响财产分配的文件	5
6	遗嘱类型	公证遗嘱	9
		自书遗嘱	21
		代书遗嘱	16
		口头、录音遗嘱	0
		共同遗嘱	2
		放弃、继承声明书	1
7	继承人与被继承人关系	父母	3
		配偶	13
		婚生子女	25
		养子女	0
		继子女	0
		(外)祖父母	6
		其他	5
8	继承标的	20万以下	4
		20万~60万元	24
		60万~100万元	7
		100万元以上	11

续表

序号	具体情形		数量/份
9	遗产类型	现金存款	1
		房产	43
		车辆	1
		股票	0
		基金	0
		抚恤金	1
		丧葬费	1
		保险	0
		国有、集体土地使用权	13
		拆迁款	1
		股份股权	0

第三，在被继承人债务清偿纠纷的78件判决中，债务种类涉及借款的最多，有51份，涉及货款的有10份，涉及其他欠款的有17份。可见，新疆债务类型仍旧比较传统和单一。78份判决中，诉争双方均聘请律师的仅有22件。

被继承人债务清偿纠纷案件中，债务承担者与被继承人的关系相对纯粹些，其中涉及婚生子女的最多，有48件，配偶34件，父母33件。

支持清偿债务的判决有63份，涉诉债务标的数额在20万元以下的居多，有52份，过百万元的仅4份。

需要注意的是，在被继承人生前购买保险的7份判决中，有6份判决中的保险金被当作遗产处分，1份判决中的保险合同的受益人是被继承人生前按揭贷款的银行。继承人直接按照保险合同来清偿债务（见表3）。

表3　被继承人债务清偿纠纷概况

序号	具体情形		数量/份
1	是否有代理人	无	15
		一方律师	26
		双方律师	22
		其他	16

续表

序号	具体情形		数量/份
2	未清偿事由	过诉讼时效	1
		证据不足	11
		遗产不足或无	2
3	债务种类	借款	51
		贷款	10
		欠债及其他	17
4	数额	20 万元以下	52
		20 万～60 万元	18
		60 万～100 万元	5
		100 万元以上	4
5	债务承担者	父母	33
		配偶	34
		婚生子女	48
		养子女	0
		继子女	0
		(外)祖父母	0
6	保险金被当作遗产处分的原因	没指定受益人	3
		受益人指定不明	3
		受益人先于被保险人死亡	0

全部参与人员名单[1]

北京市

郭晨雯:北京市中伦律师事务所

史冰雪:北京市中伦律师事务所

张誉琳:北京市中伦律师事务所

郑小雨:北京市中伦律师事务所

袁野童:北京市中伦律师事务所

王秀芳:北京市中伦律师事务所

苗莉莉:北京乾成律师事务所

章　青:北京德和衡律师事务所

刘慧卿:北京市中闻律师事务所

司桂萍:国浩律师(北京)事务所

曹　雁:北京市道可特律师事务所

聂一凡:安徽治邦律师事务所

董广华:江苏同祺律师事务所

张映雪:北京市京师(西安)律师事务所

牛爱平:北京高文(西安)律师事务所

胡文娟:陕西兰杜律师事务所

龙满年:安徽君江律师事务所

顾继云:上海市新闵律师事务所

林巧燕:北京市京师(无锡)律师事务所

赵沅蓁:上海兰迪(北京)律师事务所

陈小燕:北京市隆安(南京)律师事务所

---

① 本书参与人员所在地域与相应省份非对应关系。

王　龙:安徽仲天律师事务所
饶　静:湖北民本律师事务所
汪美芬:北京市长安律师事务所

天津市

赵　璠:北京嘉润(天津)律师事务所
廉雨霏:北京嘉润(天津)律师事务所
李耀宇:北京嘉润(天津)律师事务所
白　彦:北京嘉润(天津)律师事务所
于晓晖:上海段和段(济南)律师事务所
朱　瑶:西安航空职业技术学院

河北省

刘佳佳:北京市隆安(深圳)律师事务所
苗莉莉:北京乾成律师事务所
李小杰:内蒙古松川律师事务所
尹智颖:内蒙古松川律师事务所
杨荣艳:北京市盈科(石家庄)律师事务所
白娅静:北京市盈科(石家庄)律师事务所
崔亦男:北京市盈科(石家庄)律师事务所
王维亚:河北瀛冀律师事务所
丛培华:河北建平律师事务所
石　硕:河北瀛冀律师事务所
金品凤:河北正师律师事务所
张圆圆:河北建平律师事务所
王敬男:河北建平律师事务所
肖文彪:河北正师律师事务所
李　娜:北京市盈科(石家庄)律师事务所
肖贵允:北京家理律师事务所
陈　静:河北建平律师事务所

山西省

李晓玲:山西元升律师事务所

李晨曦:山西元升律师事务所

赵舸言:山西元升律师事务所

柴　晓:山西元升律师事务所

李云艳:山西元升律师事务所

王　贺:北京市兆亿律师事务所

张朝东:山西元升律师事务所

内蒙古自治区

银　莹:内蒙古海浦律师事务所

敖日格拉:内蒙古泽铭律师事务所

何文平:内蒙古泽铭律师事务所

伟力斯:内蒙古(呼和浩特)大法扬律师事务所

辽宁省

李　雪:北京盈科(沈阳)律师事务所

关　婷:北京盈科(沈阳)律师事务所

卢珊珊:辽宁跃重合律师事务所

邵　丹:辽宁壹品律师事务所

张　洁:辽宁壹品律师事务所

吉林省

柯　慧:北京大成(南京)律师事务所

吴小驰:北京大成(南京)律师事务所

杜婷婷:北京大成(南京)律师事务所

廖　芸:北京大成(南京)律师事务所

黑龙江省

阮　超:上海普世万联律师事务所

余　章:四川仁竞律师事务所

杨　玉:江苏荣誉祥律师事务所

蒲文昊:北京祥文律师事务所
钱森虹:上海普世万联律师事务所
周　洁:上海普世万联律师事务所
陈美金:武汉大学国际法学硕士

上海市

公维亮:北京天驰君泰律师事务所上海分所
张焕娥:上海兰迪律师事务所
程群爱:上海邦信阳中建中汇律师所
吴　琼:上海道朋律师事务所
刘　琪:上海市君悦律师事务所
张　珩:北京市惠诚律师事务所上海分所
李自洁:上海小城律师事务所
许慧芳:北京盈科(上海)律师事务所
赵　彪:上海得勤律师事务所
廖述兰:上海瀛泰律师事务所
贾轶财:上海正策律师事务所
谷金铭:上海中联律师事务所
吴琦奕:前上海邦信阳中建中汇律师事务所
张　洁:江苏崇宁律师事务所
陈文玉:北京盈科(上海)律师事务所
吉　祥:上海道朋律师事务所
王　悦:北京市汉坤律师事务所上海分所
夏　冉:北京盈科(上海)律师事务所
王以菲:北京盈科(上海)律师事务所
郑嘉轩:上海邦信阳中建中汇律师事务所
刘新艳:上海道朋律师事务所
王敏敏:上海道朋律师事务所
王兴华:上海道朋律师事务所
孙敏慧:上海道朋律师事务所
沈佳民:上海丰兆律师事务所
林怡静:华东政法大学2018级经济法学院研究生

江苏省

药　芳:北京市京师(无锡)律师事务所
孙　韬:国浩律师(南京)事务所
董　晶:江苏圆点律师事务所
肖　正:北京市高朋(南京)律师事务所
颜　燕:北京市金杜律师事务所上海分所
马芳林:国浩律师(南京)事务所
邹　武:江苏新高的(苏州)律师事务所
冯薇雅:北京大成(南通)律师事务所
马红君:江苏亿诚律师事务所
汪　雯:江苏宁嘉律师事务所
朱　蕾:北京盈科(张家港)律师事务所
刘兆兰:国浩律师(南京)事务所
陆　婷:江苏亿诚律师事务所
丁宇洁:北京大成(南通)律师事务所
文世春:江苏致邦律师事务所
汪素婷:国浩律师(南京)事务所
李　平:北京市中银(南京)律师事务所
刘智灿:北京市高朋(南京)律师事务所
王劭丹:北京市盈科(南京)律师事务所
张　洁:江苏崇宁律师事务所

浙江省

祝双夏:浙江京衡律师事务所
孙怡薇:浙江京衡律师事务所
张　漂:浙江京衡律师事务所
王凯燕:浙江京衡律师事务所
常璐璐:浙江京衡律师事务所
陈　辉:北京市闻泽律师事务所
杜　晶:浙江和义观达律师事务所
查菲菲:浙江和义观达律师事务所
谭玲玲:浙江震天律师事务所

杨慧丽:浙江诺航律师事务所
邓云文:浙江泰嘉律师事务所
王　晓:浙江海贸律师事务所
张运芳:上海海华永泰(杭州)律师事务所
吴敏华:浙江京衡(湖州)律师事务所
宋成瑜:浙江诺航律师事务所
金梅芳:上海君悦(杭州)律师事务所
马　惠:浙江泰嘉律师事务所
傅　云:上海君悦(杭州)律师事务所
钱董敏:浙江五正律所事务所

安徽省

曹冬梅:安徽永承律师事务所
刘　娟:安徽永承律师事务所
张　雨:安徽永承律师事务所
王梦圆:安徽永承律师事务所
黄　浩:安徽永承律师事务所
黄子燕:安徽永承律师事务所
夏丽丽:安徽永承律师事务所

福建省

叶丽虾:北京大成(厦门)律师事务所
叶妮妮:北京大成(厦门)律师事务所
罗和新:北京德恒(厦门)律师事务所
黄志勇: 北京德恒(厦门)律师事务所
陈丽虹:北京德恒(厦门)律师事务所
王晓艳:福建闽众律师事务所
方建锋:福建闽众律师事务所
魏斯文:福建闽众律师事务所
颜德安:北京盈科(泉州)律师事务所
李丽萍:福建厦信律师事务所

江西省

衷　震:江西求正沃德律师事务所

吴华萍:江西公仁律师事务所

张飞云:江西南芳(兴国)律师事务所

何丽华:北京盈科(上海)律师事务所

程斯蔓:江西君台律师事务所

桂水娇:江西善霖律师事务所

金彩虹:江西律嘉律师事务所

刘欢欢:北京市京师(南昌)律师事务所

刘淑英:广东金轮律师事务所

龚　昕:江西求正沃德律师事务所

年　佳:江西求正沃德律师事务所

余冬燕:江西求正沃德律师事务所

山东省

李　卉:国浩律师(济南)事务所

侯立伟:北京市盈科(青岛)律师事务所

于晓晖:上海段和段(济南)律师事务所

赵海霞:山东鑫士铭律师事务所

杨　婷:山东储誉律师事务所

满　莹:上海锦天城(济南)律师事务所

赵　虹:北京市盈科(青岛)律师事务所

苏　红:海南福嘉律师事务所

殷　静:国浩律师(济南)事务所

王盛汝:北京市盈科(青岛)律师事务所

徐长群:山东储誉律师事务所

陈　慧:山东法时律师事务所

林　英:山东鲁和律师事务所

王新艳:山东鲁宁律师事务所

河南省

付　丽:北京大成(郑州)律师事务所

刘　辉:河南国基律师事务所
赵卫萍:河南针石律师事务所
钟景前:北京市京师(郑州)律师事务所
杨冬冬:北京大成(郑州)律师事务所
刘文阳:江苏玖润律师事务所
郭亚楠:河南康益律师事务所
王加伟:国浩律师(南京)事务所
王　静:河南思敬律师事务所
李　丽:北京市盈科(郑州)律师事务所
王利云:金博大律师事务所
秦利娜:北京大成(郑州)律师事务所
赵　帅:北京大成(郑州)律师事务所
白晶宇:河南玉汝律师事务所
翟温馨:上海申同律师事务所
潘巧慧:河南针石律师事务所
喻威华:河南国基律师事务所

湖北省

谢文敏:湖北首义律师事务所
童　文:北京盈科(武汉)律师事务所
胡月红:湖北易圣律师事务所
邱　丹:湖北立丰律师事务所
焦美红:湖北今天律师事务所
杨文婷:湖北首义律师事务所
周晓彧:泰和泰(武汉)律师事务所
童丽君:湖北左岸律师事务所
李丽梅:湖北立丰律师事务所
吴文渊:湖北立丰律师事务所
程　欢:湖北立丰律师事务所
徐　敏:湖北易圣律师事务所
黄思奇:湖北易圣律师事务所
张一凡:湖北首义律师事务所

李娇娇:泰和泰(武汉)律师事务所
李　艳:湖北今天律师事务所
赵　莉:北京盈科(武汉)律师事务所
程　芳:上海市海华永泰(武汉)律师事务所
李光福:北京盈科(武汉)律师事务所
孙小英:湖北卓道律师事务所
王华珍:湖北瑞通天元律师事务所
王索谛:上海市海华永泰(武汉)律师事务所
王宇泽:北京盈科(武汉)律师事务所
赵晓玲:北京盈科(武汉)律师事务所
贾永萍:北京盈科(武汉)律师事务所
刘　巍:北京盈科(武汉)律师事务所
梁　勤:北京德和衡(武汉)律师事务所
崔名杨:上海市海华永泰(武汉)律师事务所
李雪晴:上海市海华永泰(武汉)律师事务所
杜　娟:湖北卓道律师事务所

湖南省

舒蓉月:湖南仁本律师事务所
戴佳林:湖南仁本律师事务所
谢美玉:湖南仁本律师事务所
林　琦:湖南仁本律师事务所

广东省

邓　杰:广东莞信律师事务所
庄菁琳:广东莞信律师事务所
陈金旭:广东莞信律师事务所
叶建平:广东莞信律师事务所
孟小宇:广东莞信律师事务所
苏晓蓉:北京市盈科(东莞)律师事务所
周　莹:北京市盈科(东莞)律师事务所
邓梦玲:北京市盈科(东莞)律师事务所

谢佩娜:北京市中银(珠海)律师事务所
周丽红:北京市中银(珠海)律师事务所
郭安慧:北京市 安通(东莞)律师事务所
李箫箫:广东国晖(东莞)律师事务所
凌　娜:上海锦天城(广州)律师所
陈园玉:人和启邦显辉(横琴)联营律师事务所
黄红芳:金鹏家裔(横琴)联营律师事务所
陈瑞莲:北京市盈科(广州)律师事务所
易美玲:北京市盈科(广州)律师事务所
邱艺嫦:北京市盈科(广州)律师事务所
谢婷婷:北京市盈科(广州)律师事务所
操晨帆:北京市盈科(深圳)律师事务所
卢煜璇:广东硕源律师事务所
黄珊珊:广东法制盛邦律师事务所
魏素琼:广东海际明律师事务所
苏家颍:北京市天元(广州)律师事务所
靳莉莉:江苏良翰律师事务所
杜晓萌:江苏良翰律师事务所
黄秀琳:北京市中伦(广州)律师事务所
吕欣欣:北京德恒(东莞)律师事务所
韩高峰:广东德良律师事务所
陈　霞:广东旭晨律师事务所
王　波:广东旭晨律师事务所
赵丹阳:广东益道律师事务所
林　冰:北京市京师深圳律师事务所

广西壮族自治区

陈　辛:北京市盈科(南宁)律师事务所
蒋三努:广西万凯律师事务所
蒋爱兵:北京德恒(南宁)律师事务所
周福冬:北京德恒(南宁)律师事务所
龙晓晓:广西万益律师事务所

刘远萍:广西万益律师事务所
吴清炎:北京市华泰(南宁)律师事务所

重庆市

杨　梅:上海中联(重庆)律师事务所
杜　佳:重庆百君律师事务所
敖良芳:北京京师(重庆)律师事务所
周佼娇:上海中联(重庆)律师事务所
李　敏:重庆百君律师事务所
邓　敏:北京京师(重庆)律师事务所
杨力霓:重庆静昇律师事务所
徐晓燕:重庆志同律师事务所
邓丹叶:重庆钜沃律师事务所
陈虹羽:上海中联(重庆)律师事务所
苟　静:中豪(两江新区)律师事务所
龚　燕:重庆钜沃律师事务所
陈　欣:上海中联(重庆)律师事务所
刘　沁:上海中联(重庆)律师事务所
谢孟芸:上海中联(重庆)律师事务所
谢光毅:北京京师(重庆)律师事务所
李国强:北京京师(重庆)律师事务所
罗先杰:重庆钜沃律师事务所
李英杰:重庆钜沃律师事务所
李云瑶:中豪(两江新区)律师事务所
李辉远:中豪(两江新区)律师事务所
冯　伟:重庆志和智律师事务所
张　悟:重庆百君律师事务所
周易欣:重庆坤源衡泰律师事务所
王　菁:重庆坤源衡泰律师事务所
崔　翔:国浩律师(重庆)事务所
蒋幕燕:重庆志和智律师事务所
余晓峰:泰和泰(重庆)律师事务所

路焕新:泰和泰(重庆)律师事务所
张永芳:重庆千禧年律师事务所
杨定洁:重庆泰源律师事务所
白敏娇:重庆万同律师事务所
陈永梅:重庆圣石牛律师事务所
罗　琪:重庆景誉律师事务所
吴文兰:重庆津舟律师事务所
牛博之:重庆金牧锦扬律师事务所
傅光进:重庆海力律师事务所
刘　倩:重庆华代律师事务所
贾仕艳:北京市炜衡(重庆)律师事务所
杨小婷:重庆中钦国彦律师事务所
黄　野:重庆光界(渝北)律师事务所
李　旺:重庆智策律师事务所
王　磊:重庆道伦律师事务所

四川省

张承凤:四川明炬律师事务所
都　平:四川明炬律师事务所
裘丰华:四川明炬律师事务所
宋仕杰:四川明炬律师事务所
王清玲:四川明炬律师事务所
刘川平:四川明炬律师事务所
白新群:四川明炬律师事务所
冯夏滢:四川明炬律师事务所
何益芸:四川法鑫律师事务所
李　箫:北京大成(成都)律师事务所
胥竹君:北京大成(成都)律师事务所
苏朝旭:中共泸州市江阳区委政法委员会
张　宇:中共荥经县委党校
董峻雨:北京盈科(成都)律师事务所
蒲　毅:四川韬世律师事务所

张建新:四川衡平律师事务所
李红燕:四川衡平律师事务所
杨　旭:泰和泰律师事务所
蔡有联:四川三才(盐边)律师事务所
张　洪:四川高扬律师事务所
张　珍:北京市惠诚(成都)律师事务所
金　琴:四川高扬律师事务所
谢一铵:北京盈科(成都)律师事务所
张诗浪:四川高扬律师事务所
宋雯婷:四川公生明律师事务所
陈　莉:四川明之鉴律师事务所
肖　俊:四川法之缘(成都)律师事务所
李　丹:四川宗华律师事务所
龚志立:四川法之识律师事务所
李　颖:四川有同律师事务所
刘　佳:四川科林律师事务所
胡小敏:四川原石律师事务所
陈应辰:四川原石律师事务所
潘　陈:四川原石(遂宁)律师事务所
陈勇良:四川原石律师事务所
吕　莹:四川原石律师事务所
徐　燕:四川治坛律师事务所
张　璐:北京中银(成都)律师事务所
岳美杉:四川原石律师事务所
周　阳:四川原石律师事务所
温　倩:四川阳安律师事务所
赖俊臣:重庆百君(成都)律师事务所
杨海刚:重庆百君(成都)律师事务所
尤　川:重庆百君(成都)律师事务所
唐应欣:北京德恒(成都)律师事务所
任孝涛:北京德恒(成都)律师事务所
赵明月:四川川达律师事务所

蔡开剑:四川府城律师事务所
刘媛媛:北京万商天勤(成都)律师事务所
陈　立:北京万商天勤(成都)律师事务所
张　颖:四川法之识律师事务所
黄钰婷:四川法之识律师事务所
张　雨:四川法之识律师事务所

贵州省

马　燕:贵州一锦律师事务所
田　妮:贵州黔春律师事务所
黄　灿:北京市炜衡(贵阳)律师事务所
齐江宁:上海市建纬(贵阳)律师事务所

云南省

李娅莉:云南华度律师事务所

陕西省

张　莹:北京浩天(西安)律师事务所
杨月婷:北京市盈科(西安)律师事务所
李　爽:北京浩天(西安)律师事务所
崔　佳:北京市盈科(西安)律师事务所
赵　婧:陕西稼轩律师事务所
董安琪:天津金诺律师事务所

甘肃省

罗　娟:甘肃合睿律师事务所
王红平:甘肃合睿律师事务所
马玉萍:甘肃合睿律师事务所
朱爱芸:甘肃合睿律师事务所
张宏霞:甘肃合睿律师事务所

青海省

许陆妹:广西广合律师事务所

潘玉云(广西)

宁夏回族自治区

袁　芳:北京市中伦(上海)律师事务所

秦卓瑜:北京市中伦(上海)律师事务所

新疆维吾尔自治区

葛俊丽:北京盈科(库尔勒)律师事务所

袁良健:北京盈科(库尔勒)律师事务所

唐钰腾:北京盈科(库尔勒)律师事务所

刘　晟:北京盈科(库尔勒)律师事务所

葛　畅(学生)